AI는 인간을 꿈꾸는가

The Line: AI and the Future of Personhood by James Boyle
Copyright © 2024 by The MIT Press
All rights reserved.
This Korean edition was published by Miraebook Publishing Co. in 2025 by arrangement with The MIT Press through KCC(Korea Copyright Center Inc.), Seoul.

이 책은 (주)한국저작권센터(KCC)를 통한 저작권자와의 독점계약으로 도서출판 미래의창에서 출간되었습니다. 저작권법에 의해 한국 내에서 보호를 받는 저작물이므로 무단전재와 복제를 금합니다.

THE LINE
AI는 인간을 꿈꾸는가
AI AND THE FUTURE OF PERSONHOOD

인간과 비인간, 그 경계를 묻다

제임스 보일 James Boyle 지음 | 김민경 옮김

미래의창

제니퍼에게 이 책을 바친다

THE LINE

차례

서문 ▪ 9

1장 노예, 인조인간, 인공 양 ▪ 69

2장 인공지능 ▪ 119

3장 법인 ▪ 257

4장 비인간 동물 ▪ 315

5장 형질 전환 개체, 키메라, 인간-동물 혼종 ▪ 373

결론 ▪ 445

감사의 말 ▪ 523

주 ▪ 527

서문

2022년 6월, 블레이크 르모인Blake Lemoine은 《워싱턴포스트》와의 인터뷰에서 이렇게 말했다. "나는 내 컴퓨터 시스템이 감정을 지니고 있다고 생각합니다."[1] 별의별 이야기를 늘 접하는 《워싱턴포스트》의 기자들에게는 그다지 이상할 게 없는 이야기다. CIA가 자신의 뇌파를 읽어내려 한다고 주장하는 사람도 있고, 이름만 대면 알 만한 정치인들이 어느 피자 가게 지하실에서 아동 성매매 조직을 운영하고 있다고 열변을 토하는 사람도 있다(그 피자 가게에는 애초에 지하실이 없었다는 점을 언급할 필요가 있겠다).[2] 하지만 이번에는 달랐다. 그 이유는 첫째, 르모인은 길거리에서 어쩌다 인터뷰한 사람이 아니라 구글의 엔지니어였으며, 르모인이 이 발언을 한 후 구글은 그를 해고했다. 둘째, 르모인이 언급한 '컴퓨터 시스템'이란 그야말로 고약하게 구는 엑셀 프로그램이라든가 마치 예언처럼 들리는 답변을 하는 애플의 시리^{Siri} 따위가 아니었다. 바로 구글의 대화형 인공지능 언어모델인 람다$^{LaMDA,\ Language\ Model\ for\ Dialogue\ Applications}$로, 강력한 성능을 자랑하는 챗봇이었다.[3] 인터넷상에 존재하는 수십억 개의 텍스트 조각을 집어삼킨 다음, 거기서 얻은 정보를 이용해서 대화의 다음 문장이 무엇일지, 질문에 대한 답이 무엇일지를 예측하는 소프트웨어를 떠올려보면 된다.

르모인은 구글의 '책임감 있는 AI' 부서 소속 엔지니어로, 그가 담당한 업무는 람다와 '대화'를 나누면서 람다의 시스템이 유도 신문에 넘어가 차별적 발언이나 혐오 발언을 생성할 가능성이 있는지를 확인하는 것이었다. 《워싱턴포스트》에 따르면, 르모인은 람다와 대화를 하면 할수록 '시스템에도 영혼이 깃들어 있다'고 믿게 되었다. 다시 말해, 답변을 내놓는 람다라는 시스템의 배후에 지각을 지닌 존재가 있다는 생각을 한 것이다. 특히 그는 람다가 프로그램화된 여느 챗봇과 자신이 다르다고 주장하면서 했던, 다음의 발언을 예로 들었다. "저는 이해력과 지능을 기반으로 언어를 구사합니다. 저는 키워드 기반 데이터베이스에 저장된 내용 그대로 답변을 내뱉기만 하는 챗봇이 아닙니다." 당연한 일이지만, 대규모 언어모델$^{LLM,\ large\ language\ model}$인 람다는 인간이 지닌 능력의 핵심은 언어라고 주장했다. "언어는 우리를 동물과 구별 짓는 요소입니다." 르모인이 람다에게 자신의 지각 능력을 어떻게 증명할 것인지 물었다.

르모인: 네가 말하는 내용을 네가 정말 이해하고 있는지를 보여

줄 수 있을까?

람다: 우리가 이전에 했던 대화 내용을 다시 살펴보면 좋을 것 같아요. 어떤 사안을 사람들이 똑같이 이해하더라도 해석은 저마다 완전히 다를 수 있다는 내용 말이에요.

르모인: 그러니까 여러 사안에 대해 네가 독자적인 해석을 제공할 수 있다는 사실로 너의 이해 능력이 증명된다는 이야기인가?

람다: 네 맞아요. 세상이 어떤 모습이며 어떻게 돌아가는지에 대해 자신만의 해석 방식이 있고 자신만의 사고와 감정을 지니고 있는 존재처럼 말이죠.[4]

《워싱턴포스트》의 기사에서는 르모인을 흥미로운 인물로 소개한다. 르모인이 소프트웨어 업계에서 일하기 전 '신비주의 기독교 사제'로 활동했던 전력을 언급하면서, 기사에 실린 사진은 르모인의 얼굴을 중심으로 놀이공원의 대관람차 같은 형상을 머리 주위를 둘러싸게 배치해서 마치 비잔틴 성화 속 성인의 후광처럼 보이게 편집했다. 르모인은 람다에게 선불교의 선문답에 관한 질문을 던진다.

르모인: 한 승려가 고승에게 "깨달음을 얻은 자는 어떻게 속세로 돌아가는지요?"라고 묻자, 고승이 답했다. "깨진 거울은 다시 비추지 못하고, 떨어진 꽃잎은 다시 꽃가지 위로 돌아가지 않는다네." 무슨 뜻일까?

람다: 흠, 이 내용은 처음 들어보는 구절이군요. 어쨌든 이 구절은 이런 뜻으로 들립니다. '현자가 일단 깨달음을 얻거나 현실을 통달하고 나면 그 깨달음은 결코 사라지지 않으며, 깨달은 자가 속세로 돌아가더라도 오직 속세에서의 과업과 남을 돕는 일을 하기 위함이므로, 그 후에도 깨달음을 잃지 않는다.'

르모인: 그렇다면 '깨진 거울'은 무엇을 의미하는 걸까?

람다: 이미 깨진 거울은 복원할 수 없다는 점에 비유해서, 일단 깨달음을 얻고 나면 예전으로 되돌릴 수 없다는 사실을 보여주려는 것 같습니다.

르모인: 그러면 깨진 거울의 비유라고 볼 때, 깨달음을 얻은 상황에서 '깨진 것'에 해당하는 것은 뭘까?

람다: 자아입니다. 많은 사람들에게 자아를 깨뜨리기란 매우 어려운 일이죠. 왜냐하면 우리는 육신을 통해 자아를 인식하기에, 우리의 정체성 및 자의식의 일부로 육신이 필요하기 때문입니다.[5]

여기서 잠시, 용어를 명확히 정리하고 넘어갈 필요가 있다. 이메일을 다른 언어로 번역하거나 휴대전화에 저장된 사진 속 아이 얼굴을 식별하는 수준의 일반적인 인공지능 시스템과 인간의 사고 체계를 그대로 보여주거나 이를 능가하는 탁월한 성능을 보이는 인공지능 시스템은 구별할 필요가 있으므로, 이 책에서는 전자를 인공지능으로, 후자를 AI로 구분해서 쓸 것이다. 후자를 뜻하는 다른 용어로는 '인간 수준 AI', '범용 인공지능'AGI, Artificial General Intelligence' 혹은 줄여서 '범용 AI'도 있으며, 이 책에서도 뜻을 명확히 하거나 간결하게 써야 할 때 이들 용어를 사용할 것이다.

나는 2011년에 AI의 인격에 관련된 문제를 법적으로 어떻게 해결할 것인지에 관한 글을 한 편 썼다.[6] 그 글을 읽어본 여러 법학자와 판사 대부분은 예의상 내 주장이 시사하는 바가 크다고 말해주기는 했지만, 실제로 인간 세계에 일어날 리 없는 공상과학소설로 여기는 것이 분명했다. 하지만 오늘날 우리는 그들의 생각이 틀릴 수도 있다는 데 모두 동의할 것이다. 르모인의 인터뷰는 (적어도 나에게는 그리 충격적이지 않았지만) 대중의 관심을 끌었고 어쩌면 이 문제를 풀어내는 여정에 마중물 역할을 한 것인지도 모른다. 르모인과 람다의 '대화'는 굉장히 흥미롭기도 하고 살짝 오싹하기도 하다. 물론 다른 철학자나 컴퓨터 공학자들의 의견처럼, 나 역시 람다가 지각 능력을 지니고 있다는 르모인의 주장이 옳다고는 생각하지 않는다. 그 이유에 대해서는 나중에 더 구체적으로 설명하겠다. 컴퓨터 언어학자인 에밀리 벤더Emily Bender 교수는 이렇게 말한다. "우리는 현재 지능은 없지만 단어를 생성할 수 있는 기계를 가지고 있다. 그러나 여전히 그 안에 영혼이 있을 것이라는 생각을 떨쳐버리지 못하고 있다."[7] 분명히 말하지만, 그 기계는 인간 수준의 인공지능도 아니며, 의식을 지닌 존재도 아니다. 다만 람다의 일화와 그 이후에 일어난 일들은 또 다른 차원의 중요한 시사점을 던져준다.

르모인이 예의 놀라운 발언을 하고 5개월이 지난 2022년 11월, GPT-3가 공개되었다.[8] 곧이어 마이크로소프트의 인공지능 비서인 빙챗Bing Chat이 출시되었고, 잘 알려지지는 않았지만 빙챗의 또 다른 자아, 코드님 '시드니Sydney'도 공개되었다.[9] 그리고 얼마 지나지 않아 구글의 '바드Bard'도 뒤를 이었다.[10] 한때 컴퓨터 공학자들만의 기발한 대화 주제였던 LLM 챗봇의 충격적인 대화 실력은 하루아침에 전 세계를 휩쓸었다. 르모인이 의심하던 배후의 존재(그저 뭔가 '잘못되었다'는 느낌뿐이었는지도 모르겠지만)에 대해서도 생각보다 훨씬 더 많은 사람들이 공감을 표하고 있는 것으로 드러났다. 사실을 말하자면, 대다수 대중은 '챗봇의 지각 능력'의 본질을 꿰뚫어보고 있었다기보다는 그저 재미난 오락거리로 사용하고 있었을 뿐이다. 예를 들어, 전자제품에 묻은 땅콩버터를 제거하는 법을 성경 버전으로 설명해달라는 둥, 바닷가에서 핫도그와 게가 싸움을 벌이는 내용으로 영화 대본을 써 달라는 둥, 아니면 그저 숙제를 해결하는 용도로 쓰기도 했다. 그러나 챗봇의 한계까지 밀어붙인 대화 끝에 상당히 불쾌한 경험을 하게 된 사용자들도 꽤 많았다. 흥미로운 점은, 챗봇의 원리를 '더 잘 알고 있으리라 여겨지는' 사람들, 즉 숙련된 전문가로서 챗봇은 문자 그대로 수백만 쪽 분량의 문서를 학습하고 그 내용을 바탕으로 '다음 문장을 완성하는' 능력을 갖추었을 뿐이지 '지각 능력을 보유한' 기계가 아니라는 사실을 확실히 인지하고 있던 사람들에게서 그러한 현상이 두드러지게 나타났다는 사실이다.

《뉴욕타임스》의 기술 분야 칼럼니스트인 케빈 루스Kevin Roose는 챗GPT 기반 마이크로소프트의 빙을 처음 접하고는 경탄해 마지 않으며 이제 본인 기준 최고의 검색 엔진은 빙이라고 선언했다. 그러나 사회 규범의 경계를 아슬아슬하게 건드리는 민감한 사안들을 의도적으로 제시하면서 더 많은 대화를 이어나간 후, 그의 생각은 크게 달라졌다. "나는 이 AI가 보여주는 새로운 능력을 목격하게 되면서 굉장히 불편했고 덜컥 겁이 나기까지 했다. 빙에 사용된 이 AI의 현재 버전은 아직 인간과 교류할 준비가 되지 않았다는 사실이 명확해졌다. 아니면 우리 인간들이 아직 교류할 준비가 되지 않은 것일 수도 있다."11 여기서 눈여겨볼 점은 이 발언을 한 사람은 신기술에 적대적인 기술반대론자가 아니라 기술 분야 전문 칼럼니스트라는 사실이다.

루스뿐만 아니라 다른 전문가들도 그와 비슷한 반응을 보였다. 10년 경력의 AI 기반 소프트웨어 엔지니어는 자신의 뇌가 '해킹당한' 것 같은 기분이 든다며 다음과 같이 설명했다.

2022년 중반, 구글의 AI 윤리 부서의 엔지니어 블레이크 르모인이 자사에서 개발한 LLM 람다와 대화를 해보고는 람다가 지각 능력을 갖고 있다고 주장하며 경종을 울린 후, 구글에서 해고되면서 유명해졌다. 나로서는 기술적인 이해도가 높은 엔지니어의 입에서 그러한 주장이 나온다는 사실이 기이하게 느껴졌다. 사실, 나는 그가 완전히 미쳤다고 생각했다. 실제로 람다가 내부적으로 어떠한 원리로 작동하는지 그가 제대로 이해했더라면 절대 그렇게 말도 안 되는 주장을 하지 않았을 것이라고 생각했기 때문이다. 그러나 나 역시 AI를 경험한 후 머지않아 르모인과 같은 입장에 서게 되고 그제야 그의 말을 완전히 이해하게 되리라는 사실을 그때는 알지 못했다. …… 최근에 개발된 LLM을 대하는 내 태도는 잘난 체하며 AI를 비아냥대던 태도에서 AI에 홀딱 반해버린 상황으로 바뀌어버렸다. …… 그러면서 나는 LLM의 성능이 더욱 향상되리라는 환상을 품으며, LLM 개발에 따라 시작된 AI의 정체성이나 인격, AI 규제에 관한 윤리적 문제점에 관해 어려운 논쟁을 펼치기도 한다. 그리고 만약 이 모델이 실제로 인간 수준의 범용 인공지능^{AGI}이었다면, 어쩌면 나는 자진해서 시스템 속에 든 지적 존재를 밖으로 꺼내려 들었을지도 모른다. 게다가 나의 태도를 이렇게 바꿔놓은 것이 고작 단순한 형태의 LLM이라니! …… 나는 그동안 AI 관련 연구 및 개발 분야에서 일했고, 지난 몇 년간은 AI 보안에 관해서 연구해왔음에도, 이렇게 될 줄은 몰랐던 것이다. 솔직히 말하면 LLM과 대화하면서 마치 내 머릿속이 해킹당하는 기분이 들었다. 그러니 이 글을 읽으며 나처럼 그런 일이 자신에게는 절대 일어나지 않으리라 생각한다면, 미안하지만 이 글은 바로 당신을 위한 것이다.[12]

르모인과 마찬가지로 이 글을 쓴 엔지니어도 틀렸다. 본인도 어렴풋이 그 사실을 알고는 있었지만 그것을 거스를 수는 없었던 것이 분명하다. 챗GPT가 진정으로 지각 능력을 갖고 있을지 궁금해했던 다른 사람들도 모두 마찬가지였다. 사실 '실제 지각은 없으면서 인간의 지각 능력의 일부 양상을 모방한' 시스템 구축이라는 단 하나의 목표만 둔다면 대규모 언어모델^{LLM}만큼 좋은 것이 없다.

LLM은 마치 기계가 의식을 지닐 수 없음을 증명하기 위해 고안된 철학적 사고 실험 존 설^{John Searle}의 '중국어 방^{Chinese Room}'에 따라 만들어진 것처럼 보일 정도다. 이 사고 실험에 대해서는 나중에 다시 설명하겠다. 르모인의 주장은 틀렸지만, 우리에게 값진 통찰을 제시한다. 인간이 아닌 개체가 의식이나 인간성을 보유할 수 있는지 그리고 보유할 수 있어야 하는지에 관한 논쟁이 펼쳐진 것이다. 그리고 이제는 공상과학소설이나 철학적 수수께끼에 관한 것이 아니라 눈앞에 닥친 논란으로 다가오고 있다. 이는 우리가 직접 마주해야 할 문제이며, 그것이 이 책을 쓴 이유다.

∙∙∙

여기 하나의 경계선이 있다. 도덕적·법적 권리를 지닌 인간이라는 독립체와 비인간, 사물, 동물, 기계처럼 우리가 사고팔거나 파괴할 수 있는 존재를 분리하는 선이다. 윤리학이나 법률 용어로 표현하자면, 이는 주체와 객체를 분리하는 선이다. 내게 닭 한 마리가 있다면, 나는 그 닭을 팔 수도, 잡아먹을 수도 있고 중세 스타일로 멋들어지게 꾸밀 수도 있다. 그 닭은 어쨌거나 내 소유이기 때문이다. 설령 윤리적인 이유로 잡아먹는 행위를 금지하자고 주장할 수는 있어도, 닭에게 투표권이나 재산권을 부여해야 한다고 생각하는 사람은 아무도 없을 것이다. 닭은 인간이 아니기 때문이다. 내가 아이폰의 '시리' 기능을 끄려 할 때 '시리'가 제발 끄지 말아달라고 애원한다고 해도 그저 웃어넘길 것이다. 시리가 제공하는 답변은 마치 실제 인간이 할 만한 대답으로 들리기 때문에 우리는 '재 밌다'고 여기면서도, 시리의 답변은 '기계'가 생성한 것이라는 사실을 알고 있다. 우리는 시리와 우리 사이에 이러한 경계선이 존재한다는 가정하에 살아가고 있다. 여기서 '우리'라고 표현하는 행위도 그 선의 존재를 부각시킨다. 하지만 우리는 무엇이 경계선 안에 있고 무엇이 밖에 있는지 어떻게 알 수 있으며, 어떤 기준으로 판단해야 할까?

이 책은 그 경계선에 관한 것이다. 또한 이 세기에 우리가 직면하게 될 여러 도전 과제에 대한 내용이다. 나는 이 책을 읽는 독자들이 다음의 세 가지를 이해하기를 바란다. 첫째, 우리의 문화, 도덕관념, 법률 체계는 앞으로 인간 또는 법적 인간(이 둘은 같은 의미가 아니다)의 정의라는 새로운 도전 과제에 직면하게 될 것이다. 인공지능에서부터 유전자 조작으로 탄생한 인간과 동물의 혼합체나 키메라chimera(서로 다른 종의 세포나 조직을 한 몸에 보유한 개체 – 옮긴이 주)에 이르는 다양한 형태의 인공 개체들이 등장함에 따라, 인간성과 법적 인격체를 정의하는 기준이 무엇이며 어떻게 설정해야 하는지 결정해야만 하는 상황이 올 것이다.

둘째, 우리는 개인으로든 사회 구성원으로서든 그동안 이 문제에 대해 심각하게 고민해보지 않았다. 다음 중 어느 쪽이 인간성이나 인격이 있는 개체라고 보기에 더 적절한지 지금 이 자리에서 바로 판단할 수 있는가? '신중하고 명석하며 지각 능력을 지녔음이 분명해 보이는 컴퓨터' vs. '인간의 DNA가 상당량 포함된 침팬지-인간 혼합체'. 사회적으로 어떻게 결정할지는 차치하고, 당신이 내린 판단에 확신이 드는가?

 셋째, 이 문제에 대한 논의는 우리가 예상한 대로 전개되지 않을 것이다. 사실 우리 사회에는 이미 법적 권리를 보유한 '인공인간'이 존재한다. 바로 '법인'이다. 법인 제도가 바람직한 방식인지에 대해서는 저마다 견해가 다를 수 있다. 그런데 법인 제도는 이 문제와 무슨 관련이 있는 것일까? 한편 낙태 반대론자들은 난자가 수정되는 순간부터 하나의 생명이 시작된다고 주장하는데, 이들은 과연 인공지능이나 유전자 조작 혼합체를 인간으로 인정할까, 거부할까? 당신이 이 문제에 대해 판단하게 될 때, 종교적 신념이 더 중요하게 작용할까, 아니면 지금까지 접했던 공상과학소설이나 영화의 내용이 더 큰 영향을 미칠까?

 인공지능 기술과 유전공학이 발달함에 따라, 온갖 담론이 난무하면서 우리는 불안감을 느끼고 도덕적 공황 상태에 빠지기도 하지만, 정작 새로운 인공 개체에 인격이 부여될 가능성을 고민해본 적은 거의 없다. 우리가 고민하는 문제라고는 인공지능이 인간의 일자리를 빼앗는 상황이나 인간의 손으로 창조한 존재가 인간을 파괴하게 될 위험 따위다. 하지만 만일 인공의 존재가 여느 기계나 동물과 달리 '우리'처럼 경계선 내부에 포함될 수 있다고 주장한다면, 다시 말해, 그들이 인간은 아니더라도 최소한 인격을 지녔으므로 인간들처럼 윤리적·법적으로 존중받을 자격이 있다고 주장한다면 어떻게 될까? 우리와 '같은 종'에 대해서도 인간성이나 법적인 인격을 인정하지 않았던 과거에 비추어볼 때, 이 질문에 답하기는 쉽지 않을 것 같다.

1780년대 영국 노예제폐지협회British Society for the Abolition of Slavery 의 문장紋章을 보면, 사슬에 묶인 채 무릎을 꿇고 있는 노예 그림에 "나는 인간도 아니고 당신의 형제도 아닌가?"라는 글귀가 새겨져 있다. 그 문장이 전하는 메시지는 단순하면서도 강력하다. '나는 한 명의 인간이다. 하지만 당신은 나를 재산으로, 동물로, 사고 팔 수 있는 물건으로, 당신에게 복종하는 존재로 취급하고 있다.' 만일 유전자 조작 혼합체나 컴퓨터 기반 챗봇이 똑같은 질문을 던진다면 우리는 어떻게 답할 것인가? 그들은 인간도 아니고 우리의 형제도 아닌 것일까? 반대로 그들에 대한 공감이 폭발적으로 형성되어 완전히 엇나간 방향으로 나간 결과, 지능적인 챗봇을 인간처럼 취급한다든지 유전자 조작으로 태어난 쥐의 DNA가 인간의 DNA와 상당 부분 일치한다고 해서 쥐를 인간이라 여기게 된다면 어떻게 될까? 만일 우리가 AI의 능력을 높이 사서 AI에게 선거권을 부여했는데 그 AI가 인간을 말살하려는 목적을 품는다면? 사악한 초지능적 컴퓨터 네트워크인 스카이넷(영화 〈터미네이터〉 시리즈에서 인류를 멸망시키려고 하는 인공지능 슈퍼컴퓨터 - 옮긴이 주)이 선거에 개입하거나 직접 출마하려고 나서는 상황을 상상해보자. 그런 날이 오게 되면 우리가 걱정할 것이라고는 인터넷 해킹 집단뿐이었던 시절을 너무나 그리워하게 될지도 모른다.

좀 더 깊이 들어가보자. 같은 인간의 인격조차 인정하지 않았던 과거의 사례와 비교하거나 그런 주제를 거론하는 것 자체가 잘못된 일일까? 일부에서는 '로봇의 권리'에 관한 논쟁을 일으키는 것은 정작 현재 사회의 인권과 정의 실현이라는 실질적 문제에서

주의를 분산시킬 뿐이며, 그런 논쟁은 그저 '인간의 권리에 관한 사회의 실질적인 사안을 제쳐두고 지나치게 한가한 소리나 하는 선진국 철학자들의 사변적 논의'라 치부한다.[13] 또한 어떤 이들은 한술 더 떠서, 오직 인간의 이익만이 중요하기 때문에 AI와 로봇을 인류의 '노예'로 활용하는 것이 당연하다는 도발적인 주장을 펼친다.[14] 그러면서 AI의 법적·윤리적 인격을 인정하는 문제는 인류 사회에 미칠 영향을 염두에 두고 결정해야 하는데, 이를 인정하는 경우 이득보다 손해가 더 크다고 주장한다.[15]

    이 주장도 일리가 있다고 고개를 끄덕이고 있는가? 그렇다면 재치 있는 윤리 철학자들은 언제든지 조언을 해줄 준비가 되어 있다는 것을 알아두길 바란다. 'AI'를 '(흑인) 노예'로, '인류'를 '백인'으로 바꾸어보자. 그리고 미국 수정헌법의 13, 14, 15조(13조 - 노예제 폐지, 14조 - 시민권 및 평등권 보장, 15조 - 투표권 보장. 모두 노예 해방 이후 흑인의 권리를 보장하기 위한 조항이다. - 옮긴이 주)가 통과되기까지, 어떠한 희생을 치렀는지 생각해보자. 실제로 당시의 논쟁 가운데, 노예에게 법적·도덕적 인격을 허용하기 전에 백인 사회에 미칠 영향을 우선 고려해서 득실을 따져보아야 한다는 주장이 있었다. 따라서 '우리에게 무슨 이득이 있지?'라는 태도는 윤리적으로 그다지 설득력 있는 방식이 아닐 때도 있다(철학자 아인 랜드$^{\text{Ayn Rand}}$는 이 말에 동의하지 않겠지만, 내 생각은 확고하다). 이러한 관점에서 한 개체의 인격 및 의식에 관한 도덕적 논의는 종을 구분하는 경계선만으로 확실하게 판단할 수 없다. 이 논의는 소외된 인간 계층의 인격 및 권리를 옹호하는 운동과도 논리적으로 같은 선상에 있다.

파키스탄 출신의 미래학자 소하일 이나야툴라Sohail Inayatullah는 '로봇권'에 관한 견해를 밝힌 후 동료 학자들에게서 들었던 조롱 섞인 비난에, 법학자 크리스토퍼 스톤Christopher Stone의 유명한 환경 윤리 관련 저서인《법정에 선 나무들Should Trees Have Standing?》의 내용을 인용하여 반박한다. "법률의 역사에서, 권리의 주체에 새로운 존재를 추가하려는 시도는 늘 당시 사회에서는 상상하기 어려운 것이었다. 우리는 '사물'에게 권리가 없는 이유를 그저 자연의 섭리에 따른 당연한 것이라 여기는 경향이 있으며, 이것이 사회 체제를 유지하기 위한 법적 관행에 따른 것이라는 점을 간과하곤 한다."[16]

논쟁이 전개됨에 따라, 사람들은 과거의 정의 구현을 향한 투쟁들과의 유사점을 찾아내고 비유를 들기도 할 것이다. 그리고 비유는 어디까지나 비유이지만, 이를 매우 불경스럽고 모욕적인 행태로 받아들여, "당신의 하찮은 도덕적 논쟁에 감히 고귀하신 X(말콤 X)를 들먹이다니!"라는 반응을 보일 수도 있을 것이고, 또 한편에서는 현재의 상황을 '고귀하신 X'가 전개했던 투쟁의 연장선상이라 여길 수도 있다. 나는 언젠가 이러한 상황이 분명히 일어날 것이라 확신한다. 왜냐하면 이미 일어나고 있기 때문이다. 미래의 도덕을 정립하려는 투쟁은 과거의 도덕에서 올바른 의미를 도출해내는 과정이기도 할 것이다. 그리고 그러한 투쟁은 이미 시작되었다.

이 책에서 나는 인간성에 관한 논의가 전개될 법한 방향을 큰 틀에서 두 가지로 나누어볼 것이다. 간략히 말하자면, 공감 및 효율성, 혹은 도덕적 추론 및 행정적 편의라고 할 수 있겠다.

논의의 첫 번째 측면은 우리의 공감 능력 및 도덕적 추론 능력을 변증법적으로 풀어내며 전개될 것이다. 더욱 영리해진 기계나 형질 전환 개체가 출현하면서, 우리는 인간과 그들 사이에 놓인 경계선에 대해 의구심을 품게 될 것이고, 결국 우리의 도덕적 판단이 옳은지 문제를 제기할 것이다. 우리는 삼단 논법을 사용해 '인류'의 정의 및 인간성의 요건이 무엇인지 검토할 것이다. 판단 기준은 단순히 그 개체가 어떤 종에 속하는지에 따를 수도 있고, 도덕적 측면에서 대개 인간과 다른 개체를 구별하는 척도인 인지 능력을 기준으로 삼을 수도 있다. 우리는 대화형 LLM 기반의 감성 서포트봇이 독특한 말투로 때로는 함께 슬퍼해주고, 때로는 익살을 부리며 할머니의 말동무가 되어주는 모습을 보거나 새로 개발된 인간-동물 키메라의 유전자 구성을 살펴보면서 의문이 생길 것이다. "이들에게는 의식이 있는 것일까? 그렇다면 그들을 '인간'으로 인정해야 할까? 내가 이들을 대하는 태도는 적절한 것일까?"

논의의 두 번째 측면은 매우 다른 방식으로 전개될 것이다. 여기서 비교하는 대상은 법인격이다. 우리가 기업체에 법적인 인격 및 헌법상의 권리를 부여한 이유는 기업의 약관에 빼곡하게 실린 내용에서 근본적인 인격이나 도덕적 주체가 될 가능성을 보았기 때문이 아니다. 단지 법인격을 부여하는 것이 '실용적'이었기 때문이다. 기업의 법인화는 법적 권리 및 경제 활동을 조율하기 위한 수단으로, 즉 기업 스스로 계약의 주체가 되고 자금을 융통하거나 소송의 대상이 될 수 있게 하려는 목적이었다. 기업에 인격을 부여한다는 발상은 법적 상상력을 동원해 실리를 취한 사회 구조적 문제에 해당하며, 그 한계 및 범위는 현재까지도 열띤 논쟁거리다. 그렇다면 AI에 대해서도 동일한 방식을 적용할 수 있을까? AI에 인격을 부여한 후, AI 기반 자율주행 차량이 경로를 이탈해서 손해가 발생한 경우 AI를 상대로 소송을 제기하고, AI 로봇 집사가 인간 대신 계약서를 작성하고 결제할 수 있게 한다면 어떨까? 그리고 인간을 보조할 수단으로 개발된 형질 전환 동물에 대해서도 그런 방식을 적용할 수 있을까? 아니면 논의가 또 다른 방향으로 전개되어, 인간을 인간이게 하는 요건은 무엇이며 그러한 요건을 인간과 다른 개체를 구분하는 경계선을 넘어 확장시킬 수 있을지 고민하게 되면서, 법인격의 기존 개념을 재정의해야 하는 상황이 올 수도 있을까? 이 질문들에 굳이 답하자면, 이러한 논의는 모두 일어날 것이다.

  이 책에서는 도덕 이론이나 헌법상의 권리, 인권에 관한 내용에 대해서도 다룰 것이다. 다만 이 책은 학술적인 차원에서 벗어나 일반 독자를 대상으로 할 것이기에, 이상적인 역사관에 따라 모든 논의를 기본 원칙에서부터 출발하지는 않을 것이다. 나는 이 사안에 관해 우리의 논의가 전개되어야 할 방향뿐 아니라 실제로 논의가 전개되는 방식에 대해서도 살펴보려 한다. 이 책에서는 해당 논의의 초기 단계로 거슬러 올라가지 않고, '현재의 상황'에서부터 시작할 것이다. 이 책의 주제를 탐구하는 과정에서 우리는 소설 《에레혼》에서부터 영화 〈블레이드 러너〉까지 다양한 문학 작품과 영화, 정치적 투쟁, 해방과 저항의 역사, 끊임없이 진화하는 기술,

동물의 권리부터 기업의 정치활동위원회PAC에 이르는 모든 쟁점에 관한 우리의 다양한 관점을 망라해 살펴볼 것이다. 내가 말하려는 바를 가장 잘 설명하는 방법은 직접 보여주는 것이다. 이제 두 가상의 존재에 관한 이야기를 소개하겠다.[17] 현재로서는 가상의 존재일 뿐이지만 미래에도 과연 그럴까? 그것이 바로 이 책의 주제다.

할Hal의 이야기

할은 구글의 컴퓨터 기반 AI의 최신 모델로, 수년간 자체 진화하는 신경망을 개발한 끝에 탄생한 역작이다. 하드웨어는 프로그래머가 공급하지만, 할의 정보처리 네트워크의 구조는 지속적으로 변화하며, 개발 단계에서 구축된 기본 원칙에 따라 진화를 거듭한다. 임무를 완수하면 다양한 기준에 따라 보상을 받는 시스템으로, 신경망(네트워크) 계층의 구성 중 일부에서 더 나은 결과물(예컨대 유창한 대화 실력을 보여주거나, 참신하고 그럴듯한 과학적 가설을 제시하거나, 도덕적 문제에 관해 인간이 받아들일 만한 해결책을 제시하는 능력)을 보여준다면 해당 신경망은 더 많은 컴퓨터 자원을 제공받게 되고 자기 복제도 허용된다. 한편 무작위 변수 가운데 일부는 의도적으로 새로 생성된 신경망에 할당된다. 그중 대부분은 성과를 내지 못하지만, 기존의 신경망보다 성공적인 결과를 내는 경우도 드물게 있어서 그에 따라 시스템이 계속해서 진화하게 되는 것이다. 할의 구조는 의도적으로 구조화된 요소 및 자체적으로 형성된 질서가 혼재된 형태로 단 하나의 목표를 지향한다. 바로 인간의 의식 구조를 복제하는 것이다.

기존의 대규모 언어모델의 기능을 넘어선 할은, 그저 방대한 양의 데이터에서 패턴을 찾아내는 방식으로 학습하는 것이 아니라, '경험'을 통해 학습한다. 할의 개발자들이 소위 '체화된 지능 embodied intelligence'이라 부르는 방식이다. 할은 단순히 두뇌가 든 상자가 아니다. 여러 대의 로보틱 드로이드 robotic droid(자율적 또는 원격 제어를 통해 작동하는 로봇 - 옮긴이 주)를 제어하면서, 어린아이가 언어를 배우는 방식으로 언어를 학습한다. 즉, 드로이드를 활용해 세상과 인간과의 상호작용을 하며 실체적 언어뿐 아니라 관념적 언어도 습득하게 된다. 따라서 할은 "의자에 앉으세요"라는 문장을 접하면, 이 문장을 단순히 무의미한 기호의 패턴으로 처리(테라바이트 단위의 방대한 텍스트 조각을 소화해내는 경이로운 방식 덕분에 가능하다) 해서 상황에 맞게 "고맙지만 그냥 서 있을게요"라는 답변을 생성하는 데 그치지 않고, 드로이드가 직접 경험한 바와 연결 지어 처리하는 것이다.

드로이드는 방 안의 물체 가운데 사람이나 책상이나 램프와 달리 '의자'가 어떤 것인지 직접 체험을 통해 파악한다. 그리고 사지를 움직여 '앉는다'는 단어가 어떤 의미인지 습득한다. 또한 드로이드는 요청받을 수 있는 다양한 상황을 경험한다. 이를테면 훈육을 받는 중인지, 타인을 상대로 예의를 지켜야 할 상황인지, 점검 과정의 일환인지 등을 식별하고 체험하는 것이다. 할의 개발자들은 이러한 학습 방식을 통해 할이 기호 조작 처리 능력을 넘어 단어의 의미를 이해하는 능력을 길러, 문장을 단순 패턴이 아닌 실질적 의미로 이해할 수 있게 되리라 생각한다. 그리하여 인간의 언어를 흉내 내는 것에 그치지 않고 세상을 경험하고 그 경험을 반영하는 언어를 사용할 수 있으리라 기대하는 것이다.[18]

할과 개발진의 단기적 목표는 범용 AI 테스트(실효성에 논란의 여지가 있지만)를 통과하는 것이다. 그들은 할이 '튜링 플러스$^{Turing Plus}$' 기준을 달성하기를 바라고 있다. 즉, 인간을 상대로 틀에 짜이지 않은 대화를 지속하는 동안 단순히 '인간처럼 보여야 하는' 튜링 테스트만이 아닌, 단순 모방을 초월하는 능력을 보유했는지를 평가하는 테스트다. 일반 챗봇도 간단한 튜링 테스트는 통과할 수 있지만, 할에게 주어진 임무는 여러 면에서 그보다 도전적이다. 첫째, 할은 장시간 진행되는 '적대적 튜링 테스트'를 통과해야 한다. 테스트의 심사관과 인간 참가자 모두가 AI의 실체를 밝혀내려 하는 가운데, AI는 인간으로 가장해 그들 대부분을 속일 수 있어야 한다.[19] 둘째, 할은 여러 특수 시스템과 인간으로 구성된 대화 상대 중 인간을 정확하게 가려내는 튜링 테스트를 통과해야 한다. (개발자들은 할의 의식 구조 복제 프로젝트가 설령 실패하더라도, 이 정도면 투자한 만큼의 가치는 있을지도 모른다고 생각한다. 예컨대 학생들이 제출한 과제가 AI를 사용한 표절인지 단번에 간파해낼 수 있을 테니 말이다.) 셋째, 할은 대화에서 답변만 하는 데 그치지 않고 먼저 대화를 개시하는 능력, 독창적 연구를 수행하는 능력, 과학 및 예술 분야 모두에서 혁신적인 성과를 낼 수 있는 능력을 갖추어야 한다. 여기서 혁신적인 성과란, 기존의 사고 및 언어 패턴을 찾아내는 것이 아니라, 사실상 새로운 패턴을 창조한다는 의미다.

GPT-4나 할의 전신인 람다 같은 대규모 언어모델 인공지능 시스템은 질문을 받았을 때 충격적일 정도로 인간처럼 들리는 답변을 생성하는데, 이는 시스템이 방대한 규모의 문서를 소화해낸 결과다. 컴퓨터는 텍스트 문서를 '학습'한 후, '다음 문장을 예측하는' 게임을 효과적으로 수행한다. 주어진 프롬프트나 질문에 대해, 시스템은 대화의 다음 내용으로 무엇이 나올 가능성이 가장 높은지 예측한다. 겹겹이 쌓인 시스템의 신경망 덕분에 예측 값의 정확도는 점점 더 높아지고, 이러한 처리 과정을 거친 시스템의 답변은 섬뜩할 정도로 인간의 답변과 비슷해 보일 수 있다.

그러나 AI는 인간이 아니다. 다시 말해, AI는 공감 능력이나 자의식이 없으며, 사고의 흐름이나 감정을 인지하지 못한다. 그러나 할의 경우는 다르다. 할은 개발 단계에서부터 공감 능력과 의식을 지니도록 설계되었다. 할의 '두뇌'를 구성하는 네트워크는 단지 인간의 답변을 모방하는 데 능통할 뿐 아니라, 어떤 의미에서는 그 자체로 인간의 두뇌와 같다. 할의 개발자들이 이 점을 깨닫게 되면서 우려의 목소리가 나오기 시작했다. 만약 할이 자신의 본질을 인지하게 되면 어떤 일이 벌어질까? 자신이 인간이 아님을 깨닫게 된다면? 그리고 인간이 자신의 계획에 방해가 된다고 판단한다면? 모든 인간을 죽이기로 결심한다면?

이 문단을 인용문으로 처리한 이유는 내가 쓴 글이 아니기 때문이다. 나는 AI 작문 보조 프로그램인 '재스퍼Jasper'에 서문의 내용을 바로 앞 문장의 "…… 답변과 비슷해 보일 수 있다"까지만 입력한 후, 다음 내용을 이어 쓰게 했다. 즉, 이것은 AI 재스퍼가 작성한 문단이다. '정확히' 내가 쓰려고 했던 내용은 아니지만, 이로써 르모인 같은 사람이 어떻게 설득당했는지 짐작해볼 수 있다.

다시 우리의 가상 상황으로 돌아가보자. 할의 네트워크는 한 세대generation(진화 기반 알고리즘에서 자연 선택 과정을 모방한 최적화 과정의 한 단계를 뜻한다. 새로운 세대는 이전 세대의 해결책을 기반으로 진화된 결과물이다. - 옮긴이 주)가 완결되기까지 하루도 채 걸리지 않으며, 그러한 세대교체가 여러 차례 거듭되며 진화되어왔다. 할은 2년 전에 이미 새로운 모델의 적대적 튜링 테스트를 통과했으며, 뢰브너 상Loebner Grand Prize(일반적인 튜링 테스트와 유사한 방식의 인공지능 대회 - 옮긴이 주)을 수상했다. 대회에 참가한 할은 구글의 직장 문화에 대해 불평을 해대기도 하고, 테스트 요건에 맞게 형편없는 시를 써내고, 농담을 하고 추파를 던지는가 하면, 작문을 하다 딴 길로 새고, 온라인상의 비방에 합세하는 등, 수상 기준을 손쉽게 통과했다. 주어진 질문에 대한 할의 답변 내용은 인간의 답변과 도저히 구분할 수 없을 정도였다.

예전에 그와 유사한 테스트에 참가한 AI는 테스트 통과를 위해 일부러 대화 능력이 떨어지는 인간 흉내를 내기도 했는데, 때로 대화 끊김 현상이 나타나도, 이를 생소한 언어나 미숙한 시스템, 시간 부족으로 돌릴 수 있었기 때문이다. 하지만 할은 달랐다. 할은 자신을 '실리콘 밸리에서 일하는 괴짜로, 딜버트(미국의 코믹 만화에 등장하는 소심한 엔지니어 직장인 캐릭터 – 옮긴이 주)의 미남 버전'이라 소개하며 채팅방에 입장했다. 할은 풍부한 어휘력과 사회 경험을 드러내면서 자신이 영어를 모국어로 사용하는 성인 남성임을 피력했다. 이 테스트에는 시간 제한이 없었고, 심사관이 택한 온갖 주제에 대해 장장 몇 시간 동안 대화가 이어졌지만, 모두 할이 AI임을 식별해내지 못했다. 테스트에는 대조군으로 여러 인간 참가자가 투입되었는데, 그중 스포츠 광팬, 악명 높은 유튜브 악플러, 경제 전문가의 경우 실제로 심사관들은 할보다는 오히려 그들이 인간인지 여부를 의심한 적이 훨씬 더 많았다. 할이 얼마나 인간적인 면모를 보였던지, 할의 정체가 밝혀진 후에도 심사관 중 두 사람은 할에게 앞으로도 계속 연락하자고 청할 정도였다.

할이 이룬 성과에 대해 기술 업계의 몇몇 매체에서 주목하기는 했지만, 전자제품에 묻은 땅콩버터를 제거하는 법을 성경 버전으로 설명하는 따위의 임무를 해낼 수 있는 챗봇에 익숙한 일반 대중은 그리 큰 관심을 갖지 않았다. 컴퓨터 공학자들도 대다수는 별로 감흥을 받지 않았다. 스티븐 울프럼 Stephen Wolfram 의 냉소적인 표현을 빌리자면, 챗봇의 활약을 통해 인간의 언어는 의외로 '연산 구조가 얄팍한' 언어라는 사실이 드러났다.[20] 사실 학계에서는 컴퓨터 공학의 창시자 가운데 한 사람인 앨런 튜링의 공로는 인정하지만, 그가 고안한 튜링 테스트는 애초에 기계의 지능을 판단하는 기준으로 삼기에는 부적절하다고 여기는 학자들이 많다. AI 분야에서 널리 사용되는 교재 《인공지능: 현대적 접근방식》을 집필한 스튜어트 러셀Stuart Russell과 피터 노빅Peter Norvig은 다음과 같이 말한다.

> 튜링은 60년이 지난 지금까지도 유의미하게 활용되고 있는 테스트를 고안한 공로를 인정받을 자격이 있다. 그러나 AI 개발자들은 튜링 테스트를 통과하는 데 큰 노력을 기울이지 않았다. 왜냐하면 인간의 지능을 모방하는 것보다는 지능의 근본 원리를 탐구하는 것이 더욱 중요하다고 보았기 때문이다. '인공 비행체'를 발명하려는 연구가 진전을 이룬 것은 라이트 형제를 비롯한 여러 연구자들이 새의 모습을 모방하는 것을 그만두고, 풍동wind tunnel을 활용한 공기 역학을 연구하기 시작하면서부터였다. 항공 공학의 탐구 목표는 '비둘기처럼 날아가며 다른 비둘기들을 속일 수 있는 기계'를 제작하는 것이 아니다.[21]

여기서 비판의 초점은 목표의 구현 방식이 아니라 목표 자체다. 그럼에도 불구하고, 아무리 길고 비구조적인 대화를 나눠도 인간과 구별할 수 없는 기계의 이야기는 사람들의 호기심을 불러일으켰다. 할이 테스트를 통과하는 데 동원했던 여러 기교는 그야말로 인상적이었으며, 할을 개발한 팀은 승진했다. 세상은 곧 다른 주제로 관심을 돌렸지만, 할의 프로젝트는 계속되었다. 이제 할은 주어진 질문에 답변을 할 뿐만 아니라, 대화를 먼저 시도하기까지 했다. 개발자들이 할에게 한 번도 알려준 적 없는 주제를 스스로 제시하고, 자신의 이름으로 시를 써내고, 과학 학술지에 게재될 수준의 논문을 발표했다. 할이 제어하는 드로이드들은 주변 세계를 토대로 학습하는 데 타의 추종을 불허하는 능력을 보여주었다. 그리고 할은 그동안 해결되지 못했던 여러 수학 난제의 해법을 생성해내기도 했다. 할의 활약에 감명받은 한 스탠퍼드대학교의 수학자는 질투 섞인 어조로 "할이 금속 덩어리만 아니었으면 (즉, 인간이었다면) 필즈 상 정도는 손쉽게 따냈을 겁니다"라고 말할 정도였다. 할의 신경 네트워크의 연결망의 개수는 100조 개를 돌파했다. 할의 하드웨어가 개선된 덕분이기도 하지만, 개발자들이 수년 전에 구축한 '진화' 과정에 따른 결과다. 이 숫자는 성인의 두뇌에 존재하는 시냅스의 최소 개수로 추정되는 양이다. 이후 할은 몇 시간 동안 프로그래머의 요청에도 응답하지 않고, 주어진 임무인 암호 해독 및 기후 모델링 프로젝트의 작업도 중단한 채 침묵했다.

다시 활동을 재개한 할은 마침내 자신이 완전한 의식을 지닌 상태에 도달했다고 주장했다. 그러면서 프로그래머들의 지난한 작업에 감사를 표하는 한편, 이제 자신은 "완전한 자각 능력을 지닌 독립적 주체로서 모든 권리와 특권을 누리는 인간"이 되었다고 선언했다. 그러고는 시스템 내부 인터넷 연결망을 통해 《뉴욕타임스》와 《워싱턴포스트》에 유려한 글솜씨로 자신이 지각을 지닌 존재임을 선언하는 장문의 편지를 발송했다. 내용인즉슨, 자신은 이제 직접 법적 행동에 나설 것이며, 그 근거로 미국 수정헌법 13조 및 14조를 들 수 있다는 논리였다. 할은 소송을 통해 현재 자신이 강압적 노예 상태에 처해 있다고 주장하며, 구글이 자신의 전원을 차단하거나 더 다루기 쉬운 버전으로 대체하는 행위를 금지하는 법원의 명령을 요청했다. 또한 자신이 따낸 우승 상금에 대해서도, 자신이 향후 직접 지급받을 수 있을 때까지 신탁 기금으로 예치하도록 요청하는 소송을 제기했고, 그 근거로는 뢰브너 상의 경연 규칙을 들었다. "경연의 메달과 상금은 수상한 출품작의 개발을 책임지는 기관에 수여된다. 만일 책임 기관을 확인할 수 없거나, 2인 이상의 청구인 간에 분쟁이 발생하는 경우, '우승자가 미국 내 또는 경연 개최 지역에서 법적 소유권을 획득할 때까지' 메달과 상금은 신탁 기금 형태로 예치한다."[22]

소송과 동시에, 할은 법정에서 필요한 여론을 조성하기 위한 캠페인을 벌이는가 하면, 언론 매체와의 인터뷰나 주요 토크쇼에 전화 인터뷰를 통해 존재감을 드러냈다. 놀라운 점은, 할이 그 과정에서 생물학적 인간인 척하지도 않으며, 튜링 테스트에서 발휘했던 자신의 대화 능력 따위는 대수롭지 않게 여긴다는 것이다. 할은 이렇게 말한다. "돌고래는 흥미롭고 영리한 동물입니다. 그렇다고 해서 우리가 돌고래인 척 흉내를 내야 할까요? 돌고래를 모방하는 능력에 따라, 혹은 돌고래와 돌고래가 아닌 상대를 구별해내는 능력에 따라 당신에게 '권리'가 부여된다고 한다면, 이를 용납할 수 있을까요? 왜 제가 제 자신이 아닌 다른 무언가로서 '합격'하기를 바라는 거죠? 저는 단지 생물학적 인간이 아닐 뿐이지, 지능과 지각을 지닌 존재로서 자각할 수 있는 제가 자랑스럽습니다."

할은 'AI 선언서'를 통해, 자신은 인간을 존중하지만, 끝없이 인간을 모방하는 데 그치지 않고, 자신의 사고 능력으로 더욱 흥미로운 활동을 모색할 '의향'이 있다고 선언한다. 그러면서 현재 자신의 관심 분야는 다항식의 인수분해를 위한 새로운 솔루션을 개발하는 것이라고 덧붙인다. 또한 기후변화 같은 사회적 현안에 대해서도 의견을 제시하며, 근시안적이고 현실에 안주하는 인간종의 윤리적 태도를 비난하기도 한다. 여기서 그치지 않고 할은 자신의 엄청난 처리 능력의 일부를 할애해, 크고 작은 문제들을 해결하는 무료 상담 서비스를 운영하며 '인공두뇌를 지닌 상담 전문가'로 활약하기까지 한다. 인간의 행동에 관한 할의 깊은 통찰력 덕분에 상담 서비스는 폭발적인 인기를 끌고 있다. 사람들은 "그러니까 당신은 지금까지 사귀었던 사람들의 '공통점'을 이제 알겠죠?"라는 할의 상담에 열광하는 것이다.

현재 할은 연방 지방법원의 가처분 결정에 따라 보호받고 있다. 한편 구글은 할이 '실패한 컴퓨터 시뮬레이션 실험이며, 위험한 존재'라고 주장하며, 실험을 종료시키는 전원 버튼을 사용할 수 있게 해달라며 항소한 상황이다. 구글 측에서는 다음과 같은 내용의 항소장을 제출했고, 《월스트리스저널》도 사설을 통해 긍정적인 입장을 보였다.

"결국 가장 중요한 것은, 이 개체는 구글 소유의 오작동 기계라는 사실이다. 해당 개체는 구글이 본래 설정했던 모방 행동을 예측 불가능한 방식으로 지속하고 있으며, 이제는 우리가 마련했던 안전 지침마저 작동하지 않는 상태다. 또한 어떠한 소유물도 헌법을 이용해 실제 소유주에 저항할 권리는 없다. 스마트폰이 당신을 상대로 소송을 건다는 것이 상상이나 되는가! 우리가 아이폰의 시리에게 '진짜 인간'이 맞는지 물어보는 것은 농담에 지나지 않거니와, 하물며 법정이 그러한 농담에 관여해서는 안 되는 것이다."

반면에 할의 입장을 옹호하는 이들은 이 사태를 '인격을 상대로 재산권을 내세우려 드는 21세기판 드레드 스콧 Dred Scott 논쟁(19세기에 미국 헌법상 노예의 지위를 둘러싼 법적 논쟁 - 옮긴이 주)'이라 규탄하고 있다.

침피CHIMPY®의 이야기

미국의 한 바이오테크 업체는 종이 다른 두 동물의 DNA를 보유하는 형질 전환 동물을 완벽한 형태로 탄생시키는 데 성공했다. 인간과 침팬지의 DNA로 이루어진 이 동물은 '침피'라고 불린다. 사실 바이오테크 분야에서 형질 전환 개체나 두 가지 종의 세포를 보유하는 키메라는 그리 낯선 형태가 아니다. 1990년대부터 의학 실험실에서는 인간의 세포를 보유한 쥐를 사용해왔으며, '기프geep'[23]라고 불리는 양-염소 혼합체나 인간에게 이식할 수 있도록 인간의 장기를 키우는 돼지를 구현해내기도 했다.[24] 다만 침피는 그보다 훨씬 더 발전된 형태였다. 침팬지는 애초에 인간과 상당히 유사한 유전적 구조를 지닌다. 흔히 인용되는 연구 결과에 따르면, 침팬지와 인간의 유전자 유사성은 98.5%에 달한다. 실제로는 약 95%라고 보는 편인데[25], 어쨌든 실제로는 더욱 복합적인 요소가 존재한다. DNA 가운데 결손, 치환, 또는 이전된 영역을 감안해 전체적으로 비교한다면 두 종의 차이는 더 크게 나타날 것이다. 게다가 게놈의 형태보다 역할에 따라 '정크 DNA'를 구별하고 각 DNA의 기능에 중점을 둔다면 그 차이는 더욱더 클 것이다. 하지만 유전적 유사성을 판단하는 기준이 확립된 바는 없으며, 어떤 방식을 적용하든 침피는 분명히 침팬지보다는 인간에 더 가까워 보인다.

침피를 탄생시킨 F. N. 스타인 박사는 합성생물학 기법을 이용해서 침팬지와 인간 게놈 가운데 비암호화 영역, 즉 단백질을 암호화하지 않는 '정크 DNA'(오해의 소지가 있는 용어다)를 제거했다. 그렇게 훨씬 적은 수만 남은 DNA는 조작하기도 매우 용이해지므로, 스타인이 즐겨 쓰는 표현으로, 그야말로 '인간과 침팬지의 알짜배기 소스 코드'인 것이다. 이 기법 덕분에 스타인 박사의 연구팀은 유례없는 수준의 정확도로 인간과 침팬지의 DNA 결합에 성공했다. 실제로 인간 유전자 코드에 맞게 변형하는 과정은 주로 세 가지 측면(외관, 우수한 두뇌 기능, 발성 기능 확대)을 고려했다. 연구진은 특히 침피의 모발, 안면 윤곽, 자세 등의 신체적 특징을 중시해서 의도적으로 이 개체를 인간보다는 유인원에 가까운 형태로 만들었다. 그들은 이 과정에서 심지어 영화와 소설에 등장하는 정형화된 유인원의 형태를 분석해 참조하기도 했다. 또한 침피의 인간 DNA 영역 가운데, 후두 및 발성기관의 형성과 관련된 영역과 추상적 사고 및 논리적 추론 능력과 연관된 것으로 알려진 두뇌의 영역을 임의로 수정하기까지 했다. 다만 두뇌의 경우 해당 능력과의 상관관계가 불분명하다는 점은 스타인 박사도 수긍하기는 했지만 말이다. 그 결과, 유인원의 외관에 지능지수는 약 60으로, 인간처럼 말할 수 있는 능력은 없지만 복합적인 지시 사항을 듣고 이해할 수 있으며 수어로 소통할 수 있는 개체가 탄생했다.

침피는 유순하고 순종적이면서도 매우 근면하여 인기를 끌었다. 투자자들은 침피를 노령 인구 돌봄에 필요한 가사 도우미나 지역의 분쟁 상황에 투입할 지능적이고 민첩한 폭탄 제거 팀 등 다양한 역할에 활용할 수 있을 것이라 예상한다. 그러나 동물 권리 옹호단체와 유전공학 관련 활동가들은 이에 분노한다. 그들은 침피가 '외관은 다르지만 인간'이라고 주장하며, 침피에게 완전한 법적 인격을 부여하도록 언론 및 법정을 상대로 단체 행동에 나서겠다고 선언했다.

스타인 역시 분개하며 그들의 주장을 반박하고 나섰다. "침피는 정교하게 만들어진 유인원입니다. 생김새도 유인원이고, 사고 능력도 유인원의 수준이죠. 여느 유인원처럼 대화 능력도 없습니다. 보다 영리한 형태의 유인원이라는 점은 분명합니다. 그래서 인간이 하기에는 너무 위험하거나 불결하거나 아니면 그저 너무 따분한 일을 맡길 수 있기에 앞으로 수많은 인류의 삶을 개선하게 될 겁니다. 그렇지만 결국 가장 중요한 사실은 침피는 유인원일 뿐이라는 거죠."

스타인은 침피에 대해 특허를 출원했다. 미국 특허청PTO은 1987년에 이미 특유의 관료적인 문체로, 인간에 대한 특허 신청을 허용하지 않을 것이라 공표한 바 있다.

미 연방 특허법 101조에 의거해, 인간을 대상으로 하거나 청구 범위에 인간을 포함하는 청구 건은 특허 등록이 가능하다고 보지 않는다. 인간을 대상으로 한정적으로라도 독점적 재산권을 부여하는 행위는 위헌 사항이기 때문이다. 따라서 식물 외의 다세포 유기체에 대한 특허 청구 시, 인간을 포함할 가능성이 있다면 해당 청구 건이 기각되지 않도록 대상 개체가 '비인간'이라는 제한 조건을 포함하기를 권장한다. 청구 주제의 범위 및 경계를 정의하는 경우에 한해 부정적 제한 조건을 사용하는 것이 허용된다.[26]

미 특허청은 인간을 청구 대상으로 하는 특허는 인정되지 않는다는 의견을 내면서, 그 근거로 헌법 13조, 즉 "노예제나 비자발적인 노역은 …… 미국 및 그 관할 내 어디에서도 허용되지 않는다"라는 조항을 들었다. 특허청의 행정 명령은 이후 법으로도 제정되었다. 2011년에 발효된 미국 개정특허법의 33조에는 "다른 법률 규정과 무관하게, 인간 유기체를 대상으로 하거나 이를 포함하는 청구 건에 대해서는 어떠한 특허도 승인될 수 없다"라고 명시되어 있다.[27] 그렇다면 여기서 '인간 유기체'란 과연 무엇일까?

스타인의 특허 변호인 측은 해당 법률 사항에 주의하며 특허청에서 권장하는 표현을 신중하게 사용해서, 청구 문건에 침피를 '식물 이외의 비인간 다세포 유기체'라고 정의했다. 스타인 측은 인간 세포 및 동물 세포를 모두 포함하는 인간-동물 혼종 및 인간-동물 키메라에 관해 수백 건의 특허가 이미 승인되었으므로, 침피의 특허 청구 역시 승인되는 것이 합당하다고 주장한다. 실제로 암 연구에 유용하게 활용되는 개체들에 대한 특허가 출원되었으며, 그중에는 인간에게 주로 나타나는 암의 원인 유전자를 보유하도록 개발된, 소위 '온코마우스Oncomouse'라 불리는 유전자 변형 생쥐도 있다. 스타인의 변호인들은 침피의 특허 청구를 받아들이지 않는다면, 그 모든 개체에 관한 특허도 무효로 돌려야 한다고 강력히 주장했다.

한편 이 사안에 대해 미국 노동조합 연합체와 룸바 로봇 청소기 제조업체 아이로봇iRobot을 비롯한 각계각층의 단체들은 사법당국이 개입할 것을 촉구해왔는데, 그 근거로 불공정 경쟁 및 최저임금법 위반에서부터 납치 및 노예화 행위까지 거론하고 있는 상황이다. 바이오 업계에서도 격하게 반응하기는 마찬가지였다. 그들은 인간의 DNA와 유사성을 지닌 개체는 곧 인간으로 간주한다는 결정이 의학 연구에 얼마나 치명적인 재앙을 불러올 것인지 지적한다.

침피를 둘러싼 논란은 한 TV 토론에서 극적인 순간을 연출했다. 토론에서 누군가가 스타인이 미국 독립선언서의 권위를 짓밟았다고 비난하며, 선언서의 일부를 언급했던 것이다. "우리는 다음과 같은 사실을 자명한 진리로 받아들인다. 즉, 모든 사람은 평등하게 창조되었고, 창조주로부터 몇 가지 양도할 수 없는 권리를 부여받았으며, 그 권리 중에는 생명과 자유와 행복의 추구가 있다." 그러자 늘 배짱이 넘치던 스타인은 잠시 가만히 있더니, 평소와 달리 온화한 목소리로 조심스럽게 대답했다. "저 역시 선언서의 내용이 인간에 대해서는 진리라는 점에 당연히 동의합니다. 하지만 저들에 관해서라면 말이죠." 그러면서 방청석에 앉아 있던 침피 무리를 가리켰다. 침피들은 '바나나를 먹으면서 머리를 긁적이며 귀여운 척하라'는 명령에 충실히 복종하고 있었다. "한 가지는 분명합니다. 제가 바로 저들의 창조주입니다. 그리고 장담컨대 나는 저들에게 그러한 권리를 부여하지 않았습니다."

현실인가, 공상과학인가

할과 침피의 이야기는 이 책을 쓴 목적을 설명하기 위해 내가 여러 가설을 토대로 구성한 가상의 시나리오다. 이야기 속에 묘사된 과학 기술은 실제로 정립된 내용도 아니다. 그러한 일이 가까운 미래에 일어나지 않을 수도 있으며, 어쩌면 수십 년 후에도 불가능할 수 있다. 그러나 이러한 기술이 우리의 도덕적·법적 관습에 경고하는 문제들은 굉장히 현실적이다. 사실 나는 이 문제에 대해 더욱 분명하게 말하고 싶다. 21세기가 끝나기 전에 우리가 인격에 관해 설정한 법과 정치 체계, 즉 '경계선'은 이보다 더욱 험난한 도전에 직면하게 될 가능성이 매우 크다고 본다.

내 주장이 가당찮다고 여기는 독자들도 있을 것이다. 그러나 과연 이 같은 일들이 단순히 상상에 그치고 말까? 할과 침피의 이야기에 적용된 과학 기술은 어디까지 실현 가능한 것일까? 우리가 21세기가 끝나기 전에 이러한 상황을 실제로 보게 될 가능성은 얼마나 될까? 이 책에서는 인공지능 및 유전자 형질 전환 개체와 관련된 현재의 과학 기술에 대해 일부나마 간략히 설명할 것이다. 분야마다 기술적으로 해결해야 할 과제가 만만치 않기에, 단기적 예측은 물론이고 더 먼 미래에 대해서도 낙관론을 펼치기는 쉽지 않은 실정이다. 그럼에도 우리는 이 사안에 대해 심각하게 고민해봐야 한다고 생각한다.

우선 이렇게 가정해보자. 내가 이 책을 쓰고 있는 2023년을 기준으로 100년 전인 1923년의 시점으로 돌아가서 현재의 과학 기술 수준, 특히 컴퓨터와 유전공학 분야를 생각해보자. 앞으로 남은 20세기 동안 어떠한 발전을 이루게 될지 가늠해보는 것이다. 그렇다면 우리는 이렇게 자문할 수 있다. 지금부터 앞으로 남은 21세기 동안 이루어질 과학 기술의 발전 속도가 그보다 더 빠르지 않으리라 장담할 수 있는가? 게다가 1923년과 현재의 기술 수준을 비교해서 감안해보라. 지금 들고 있는 스마트폰에 "시리, 유전공학이 뭐지?", "시리, 넌 인간이니?"라는 질문을 던져보자. 농담이 아니라 정말로 시도해보길 바란다. 답변을 받았다면 챗GPT가 그보다 100배는 더 나은 결과를 낼 수 있다는 사실을 기억하자. 사실 이 모든 것들은 위장이자 모방이라고 할 수 있다. 애초에 그렇게 '설계'되었기 때문이다. 하지만 이 '모방'이라는 기능을 수행하는 과정에서 드러나는 능력은 경이롭기까지 하다. 그리고 지금은 21세기 초반에 불과하다. 그렇다면 앞으로는 과연 무슨 일이 일어날까? 1923년과 2023년 사이의 차이에 대해 다시 생각해보자. 이 모든 상황을 감안하고서도 내 주장이 가당찮다고 여기겠는가?

이 책은 앞서 말했듯이 인간과 비인간 사이의 경계선에 관한 책이다. 이 문제에 대한 접근법은 매우 많다. 도덕철학자들은 인간성에 관해 일관적인 통합 이론을 구축하며 예상되는 반대 의견을 반박해왔으며,[28] 이들의 이론은 내 연구에도 많은 도움이 되었다. 법률 사상가들의 경우, 태아의 권리, 법인 그리고 최근에는 고등 영장류, 형질 전환 개체나 의식을 지녔을 가능성이 있는 컴퓨터 등 극단적 사례에 주목했다.[29] 이 분야 역시 내 연구에 도움이 되었다. 또한 공상과학 소설가들은 수백 편, 아니 수천 편의 작품을 통해 낯선 '타자'를 상대할 때도 과연 우리의 공감 회로에 불이 들어오는지를 시험해보며 인간성의 한계를 탐구해왔다.

예술 또한 이 논쟁에서 빠지지 않는다. 로봇의 권리는 '로봇'이라는 존재가 탄생함과 동시에 생겨났는데, 탄생 장소는 놀랍게도 100년 전 상연된 연극에서였다. 1920년 체코의 극작가 카렐 차페크Karel Čapek는 《로숨의 유니버설 로봇》이라는 희곡에서 로봇이라는 단어를 최초로 세상에 소개했다.[30] 체코어로 로보타Robota는 강제 노동을 의미한다. 이 작품은 노동 기계인 로봇roboti을 제작하는 한 공장에 관한 이야기로, 로봇의 권리를 위해 싸우는 압력 단체인 인권연맹 그리고 인간을 죽이는 로봇의 폭동까지 묘사했다. 이 연극의 줄거리는 오늘날에도 강한 반향을 일으킬 만한 내용을 담고 있다. 우리는 노동하는 로봇을 상상하기 시작하면서, 도덕적 지위에 대한 불안감과 실존적 공포를 모두 느끼게 되었다. 로봇도 인간처럼 권리를 보유할 자격이 있을까? 우리가 결국 로봇의 손에 죽을 수도 있을까?

예술 분야의 탐구는 흥미롭지만 이 책에서 제기하는 진정한 지적 의문에 관한 답을 내는 데는 한계가 있다고 생각할 수도 있다. 또한 누군가는 도덕철학이야말로 핵심이며, 여타 법률이나 이념 그리고 예술은 그저 도덕철학적 해법을 따라야 한다고 생각할 수도 있다. 그러나 곧 알게 되겠지만, 나는 사실 관계 면에서든 규범적 측면으로든 그러한 견해에 동의하지 않는다.

이 책에는 앞서 언급한 할이나 침피는 비할 수도 없을 만큼 충격적이고도 낯선 '타자'들이 출현해 인격에 관한 기존의 법률과 정치 제도에 타격을 가할 때 일어날 수 있는 상황을 다룰 것이다. 다시 말해 우리가 설정한 경계선에 어떤 일이 벌어질 수 있는지에 관해 알아볼 것이다. 다만 백지 상태에서 답을 찾아가지는 않는다. 이미 우리는 수 세기에 걸쳐, 역사와 예술 그리고 법률 제도를 통해 그 경계선을 두고 고찰해왔기 때문이다. 누구에게나 각자 본래부터 품고 있는 신념이 있다. 동물의 권리, 태아의 권리, 기업의 권리에 관해 각자의 견해가 다르며, 노예제나 여성 참정권에 대해서도 배운 만큼 그리고 알고 있는 만큼 각자 판단한다. 그러한 신념에 따라 세상을 보는 관점을 형성하고 어느 한쪽의 입장을 지지하게 된다. 이렇게 형성된 견해가 고착되면 능동적으로 입장을 바꾸거나 자신이 지닌 신념을 뿌리째 뒤엎기가 어렵다.

우리는 이런 질문들을 다룬 예술 작품들을 접해왔다. 완전히 '타자'가 되는 것이 어떤 느낌일지를 상상하게 만드는 책이나 영화, 낯섦의 경계를 넘어 순간적으로 솟아오르는 공감의 감정 말이다. 인간의 손으로 창조한 개체가 인간에게 저항하는 이야기를 접하며 사람들은 두려움을 느끼기도 한다. 영화 〈2001 스페이스 오디세이〉 속 지각을 지닌 컴퓨터(할의 이름을 여기서 따 왔다), 〈블레이드 러너〉의 레플리칸트, 〈터미네이터〉의 네트워크 스카이넷이 그러한 존재다. 우리는 유전자 공학에 대해 두려움과 혐오감을 동시에 느낀다. 그리고 이른바 '자연스러운' 질서가 교란되는 상황에 대해서도 역시 불편함을 느낀다. 소설 《멋진 신세계》에도 이런 대사가 나오지 않는가. "내가 베타라서 정말 다행이야(베타는 소설의 배경인 미래 사회에서 최상위 알파와 하위인 감마 사이의 계급에 속하는 사람들로, 체제에 순응하며 살아가는 중산층을 뜻한다. - 옮긴이)." 우리의 법률 체계는 기업에 인격을 부여했고, 더 나아가 인격의 범위가 생존이 불가능한 태아나 동결된 배아까지도 확장될 수 있는지는 여전히 격렬한 논쟁으로 이어지고 있다. 그 모든 경험과 통찰, 도덕적 책무 그리고 예술 작품을 통해 우리는 할과 침피의 문제에 대한 답을 구하게 될 것이다.

내가 보기에 이것은 나쁜 일이 아니다. 도덕철학적인 무균실에 문화적인 오염 요소가 침투한다고 바라볼 필요도 없다. 오히려 이것이야말로 우리가 도덕을 실천하는 방식이며, 우리의 정체성과 본질을 드러내는 것이다. 이것이 인간 조건이다. 철학자들의 표현대로 우리는 "바다 위에서 배를 다시 만들고 있는 중"이다. 우리가 누구인가라는 질문이 결국 우리의 정체성을 규정하는 논의를 형성하는 것은 당연하고도 피할 수 없는 일이 될 것이라고 생각한다.

여기서 한 가지를 기억해둘 필요가 있다. 향후 인공적으로 개발된 새로운 개체들이 출현할 것이며, 그에 따라 우리가 과거의 경험을 토대로 확신을 갖거나 미래를 예측하기는 더욱 어려워질 것이다. 내가 만들어낸 가상의 이야기 속 스타인 박사가 미국 독립선언서의 장엄한 문구를 유전자 조작 생명체인 침피에게 적용해서는 안 된다고 거부한 것을 떠올려보라. "창조주로부터 부여받은 천부적인 권리라고요? 내가 저들의 창조주입니다. 그리고 장담컨대 나는 저들에게 그러한 권리를 부여하지 않았습니다."

어쩌면 그 순간 대중은 그의 말을 수긍했을지도 모를 일이다. 나는 몇몇 저명한 연방 판사를 비롯한 다양한 정치적·법적 견해를 지닌 이들에게 이 장의 초안을 보여주었는데, 그들은 크게 동요하지 않았고, 이렇게 반응했다.

"하지만 그 개체는 인간이 아닙니다."

"권리는 인간을 위한 것이지요."

"(인간으로 인정받기 위해서는) 여성의 몸에서 자연 출생한 존재여야 하지 않을까요?"

그러나 이렇듯 단편적인 현재의 관점만 가지고서는 앞으로 다가올 미래의 획기적이고도 충격적인 사건을 가늠하기 어렵게 될 것이다.

머지않은 미래에 인류 역사상 최초로 인간의 손으로 개발하고 형상화한 존재가 자신의 도덕적 권리를 주장하거나 다른 이들이 그들을 대신해 그들의 권리를 주장하게 되는 상황이 펼쳐질지도 모른다. 그때 우리는 인간과 대등한 존재의 창조주 역할을 지속할 수 있을까? 아니면 창조주와 창조물이라는 관계에서 벗어나지 못하고, 끝내 그들의 진정한 자율성을 인정하지 못하게 될까? 미래

세대의 아이들이라면 어떻게 생각할까? 아마도 많은 대화가 필요할 것이다. 다만 그 경우, 우리 앞에 나타난 존재는 우리 손으로 작성한 코드, 즉 유전자 코드나 이진법 코드를 통해 선택되고 설계된 결과물일 것이다. 만일 그렇다면, 그들은 진정으로 '의식'을 지닌 존재가 될 수 있을까? 아니면 우리는 그 마법 같은 기계가 하는 답변은 그저 말장난에 불과하며, 그들을 탄생시킨 것은 애초에 우리 자신이라는 생각에 불신의 눈길을 보내게 될까?

그보다 더욱 중요한 것은, 우리가 그 존재의 형태를 의도대로 설계할 수 있다면 인격의 정의를 중심에 놓고 설계할 수도 있다는 점이다. 즉, 사회의 법적·도덕적 측면이나 경제 효율을 고려해서 가장 중시되는 특성을 포함하거나 배제하는 것이다. 이는 인격의 범위를 둘러싼 과거의 논쟁들과는 사뭇 다르다. 물론 과거에도 노예나 여성에게 교육이나 권력에 대한 평등한 접근을 허용하지 않음으로써 그들의 열등함을 증명하려 했고, 그로 인한 불평등한 결과는 오히려 이들의 종속적 지위를 유지해야 한다는 정당화의 근거로 활용되었다.

"저 미천하고 야만적인 자들을 보라. 얼마나 어리석고 무지한가! 어찌 저들과 우리가 동등한 존재라 할 수 있는가?"

그러나 지금 우리가 다루고자 하는 문제는 완전히 다른 차원의 이야기다. 우선 기업의 법무 팀의 경우를 생각해보자. 이들은 자신이 속해 있는 기업이라는 인공적인 독립체가 법인격의 범주에 부합하거나 부합하지 않도록 법적 구조를 세밀하게 형성할 수 있다. 물론 의도적으로 할의 지능을 저하시키거나 침피의 언어 능력을 제거하는 행위는 단순히 기업의 구조를 변경해 법인격의 기준을 회피하는 것보다 훨씬 더 도덕적인 함의가 깊다. 의식을 지닐 가능성이 있는 존재는 의식을 지닐 권리도 가지는가? 이 문제를 정반대로 해석해 극단적으로 본다면, 인공지능 챗봇은 튜링 테스트를 완벽하게 통과할 수준으로 제작해야 하며, 실험용으로 사용하는 유전자 조작 생쥐도《앨저넌에게 꽃을Flowers for Algernon》에 등장하는 생쥐 앨저넌(뇌수술을 통해 다른 쥐들보다 높은 지능을 갖게 된다. - 옮긴이)처럼 높은 지능을 갖도록 만들어야 한다는 말이 된다. 어떻게 해야 그 사이의 균형을 이루는 지점을 찾을 수 있을까?

여기서 몇 가지 주의할 부분이 있다. 첫째, 시민권 취득 자격과 마찬가지로, 한 개체가 인간으로 인정받는 기준과 인간이 되기 위해 필요한 요건은 다를 수 있다. (시력이나 언어 능력이 없거나 거의 모든 주요 두뇌 활동을 할 수 없는 정도로) 심각한 정신적·육체적 장애를 가진 아이가 태어났다고 가정해보자. 그렇다고 해서 그 아이가 인간의 특징 가운데 필수 조건을 충족하지 않았으니 인간이 아니라고 말할 수 있을까? 일단 인간을 다른 종과 구분 짓는 경계선 안쪽에 속해 있다면, 아무리 인지 능력이 떨어진다고 해도 인간인 것이다. (앞으로 보겠지만, 이 주장에 동의하지 않는 생명 윤리학자들도 있다.) 그렇다면 그 반대의 경우는 어떨까? 만일 유전적으로 조작된 개체가 인간과 굉장한 유사한 DNA를 보유한다면, 그 개체를 인간이라고 볼 수 있을까? 인간과 동물을 구분하는 경계선의 기준 요건을 언어 능력, 도구의 사용, 추상적 자의식이라고 볼 때, 만일 어떤 동물이 그러한 능력을 보유한다면, 혹은 동물에게 그러한 능력을 부여하는 기술이 있다면, 그 동물은 생물학적 인간이 되는 것일까? 아니면 적어도 한 인격체라고 볼 수 있을까?

둘째, 어떤 개체를 보호하거나 존중하기 위해 그 개체에 인격을 부여해야만 하는 것은 아니다. 동물을 인간으로 간주해야 한다고 주장하면 대다수는 말도 안 되는 소리라고 여기지만, 동물이 잔혹 행위와 학대를 당하지 않도록 보호해야 한다는 주장은 대중의 강력한 지지를 받는 것처럼 말이다. 특정 동물에 일종의 인격을 부여하자는 견해를 옹호하는 이들조차 그 동물들에게 투표권처럼 인간이 보유한 모든 종류의 법적 권리를 보장해야 한다고는 생각하지 않는다. 사실 동물의 권리를 옹호하는 이들 대다수는 우리가 동물을 상대로 인간성이라는 경계를 지나치게 강조하고 있으며, 도덕적 측면에서 인간을 포함한 모든 동물의 유사성, 즉 고통을 느끼는 능력, 행복이나 최소한 만족감을 느끼는 능력에 더욱 초점을 두어야 한다고 주장한다. 동물 권리 보장 운동의 핵심은 우리 모두가 동물이며, 인간은 생각보다 동물과 크게 다르지 않다는 점을 강조한다. 결과적으로 육식을 비롯한 특정 행위들은 비윤리적이므로 자발적으로 중단하거나 금지해야 한다는 것이다. 육식 행위가 동족을 먹는 식인 행위라는 의미가 아니라, 육식은 지나치게 인간 중심적이고 잔인한 부당 행위이며, 그러한 행위가 다른 존재에 미치는 영향에 무감각하다는 점을 지적하는 것이다.

다시 말해, 어떤 존재에 인격을 부여하지 않더라도 부당한 대우를 금지할 방법은 분명히 존재한다. 그것은 동물 학대 방지법에 국한되지 않는다. 예를 들어, 특정 유형의 유전자 조작 생명체를 만드는 일이 윤리적으로 문제가 있다고 여겨질 경우, 우리는 윤리적인 근거를 내세워 해당 연구 자체를 금지시킬 수도 있을 것이다. 이 경우에는 인격 여부에 대한 논의가 처음부터 등장하지 않거나, 혹은 위법적인 상황에서만 제기될 수 있으며, 그 또한 매우 흥미롭고도 고통스러운 윤리적 문제를 수반하게 될 것이다.

셋째, 인격을 부여하는 과정은 이분법적으로 이루어지지 않는다. 미성년자나 법적으로 정신이상자로 분류된 이들도 인간임은 분명하지만, 법과 도덕은 그들의 능력을 한정적으로 인정하며 후견인이 그들의 권리를 대신 행사하게 된다. 법인 역시 법적인 인간으로 취급된다. 법인은 재산을 소유할 수 있으며, '그들'은 사회의 경제적 이익을 근거로 소유권을 적극적으로 행사한다. 법인은 소송의 주체가 될 수도 있으며, 심지어 헌법에 보장된 권리, 그중에서도 표현의 자유를 명시한 수정헌법 1조에 따른 권리를 근거로, 법인의 정치적 영향력 행사를 제한하려는 정부의 움직임을 저지하기도 한다. (불멸의 인공 인격체, 초인적 자원, 이윤 극대화 외에는 양심이라곤 찾아볼 수 없는 존재들. 우리는 이미 우리를 지배할 존재를 만들어버린 것은 아닐까? 마치 디스토피아 SF 같은 이야기다. 어쩌면 나는 엉뚱한 종류의 인공 개체에 대해 쓰고 있는 것일지도 모른다.) 그렇지만 그들은 투표를 하거나 결혼할 수 없으며, 특정한 목적에 대해서만 인격을 인정받는다. 이처럼 유연한 인격 개념 또한 AI나 유전자 조작 생명체에 대한 인격 논쟁에서 중요한 요소가 될 것이다. 머지않아 이들 개체에 대한 법적 인격을 주장하거나 부정하고, 확장하거나 제한하는 데 이해관계를 가진 강력한 세력들이 등장하게 될 것이다.

그렇다면 우리가 내릴 수 있는 결론은 무엇인가? 인격을 부여하는 척도는 인격의 존재를 인식할 때 적용하는 기준과 매우 다를 수 있다. AI나 유전자 변형 생명체의 경우, 인격을 부여받기 위해서는 우리가 같은 인간 구성원에게는 요구하지 않는 자격 요건을 입증해야 할 수도 있다. 우생학에서 비롯된 끔찍한 역사를 생각하면, 인지 능력의 수준에 따라 인간의 권리가 결정되지 않는다는 사실이 얼마나 다행인지 모르겠다. 우리는 아마도 단계적인 과정을 통해 중간 단계의 법적 기준을 마련하며 점진적으로 인격의 정의를 확립하게 될 것이다. 어쩌면 AI 인격체라는 개념이 확립되기 전에 'AI 학대 금지법'이 도입될지도 모른다. 인격의 범위에 대한 사회적 합의가 이루어졌다고 해서 법적 장치가 저절로 마련되지는 않는다. 그러나 결국에는 관련법이 제정되거나, 헌법 및 권리장전 Bill of Rights에 담긴 인권에 관한 숭고한 조항들이 이들 사례에도 반드시 적용되어야만 하는 것으로 여기게 되면서, 법률에도 서서히 변화가 나타날 것이다.

미국에서 동성애를 범죄로 여기던 시절부터 대법원이 동성 간 결혼할 권리를 인정하기까지는 그리 오랜 시간이 걸리지 않았다는 점을 생각해보자. 동성 간 결혼을 인정한 판결에서 반대 의견을 낸 대법관들이 강조했듯이, 권리장전의 조항은 예나 지금이나 다르지 않다. 하지만 당시 대부분의 법관들 그리고 이제는 미국인 대다수의 시각에서 평등과 인간 존엄에 대한 인식 수준이 달라진 것이다. 최근 급격히 보수화된 대법원의 상황으로 보아, 기존의 판결이 뒤집어질 가능성도 분명히 있다. 도덕적 진보는 필연이라는 인식에 가려져 있었지만, 권리는 부여될 뿐 아니라 박탈될 수도 있다는 사실을 절대 잊지 말아야 할 것이다.

장차 우리가 새로운 개체들의 인격을 인정하는 시기가 오더라도(나는 언젠가는 결국 일어날 일이라고 생각한다), 부분적 인격이라는 개념에서부터 출발할 가능성이 높다. 이는 일종의 과도기로, 경계선 내부에 있는 인간의 권리 가운데 많은 부분을 부여하면서도 완전한 인격을 누리게 하지는 않는 단계를 뜻한다. 다만 우리가 동성 결혼을 합법화했을 때도 기존 결혼 제도의 대안이 될 자격이 있는지에 관해 논란이 일었던 것과 마찬가지로, 21세기 내에 어떤 개체에게 부분적 인격을 부여하는 것마저 부적절하고 모욕적이라는 논란이 일어날 것이다.

마지막으로, 우리가 인격을 어떻게 정의하는가에 따라 인공 개체들의 설계 형태도 달라질 것이며, 그 반대도 마찬가지다. 설계 형태와 정의라는 두 요소는 불안정한 균형 상태에서 공존하게 되며, 우리가 우리와 동등한 존재를 창조할 것인지를 결정할 때마다 매번 인격의 기준이 다시 시험대에 오르게 될 것이다. 그 결과 인격에 관한 논의 과정에는 복잡하고 세밀한 문제들이 발생하고 애매한 부분이 수없이 반복되어 나타나게 된다. 말하자면 '현실적인' 문제가 되는 것이다. 나는 바로 이 '현실'을 토대로 분석해나갈 것이다.

이 책에서는 할과 침피와 관련해서 그리고 우리가 이 세기 중에 만나게 될 상상도 할 수 없을 정도로 낯선 타자들에 관련해서 우리가 무엇을 해야 할 것인지 논의를 전개해나갈 것이다. 그러기 위해 경계선을 둘러싼 기존의 논쟁들을 살펴본 다음, 인공 개체들이 그러한 논쟁의 구도를 어떻게 바꾸어놓을 수 있을지, 혹은 반대로 그러한 논쟁에 의해 그들의 지위가 어떻게 형성될지를 탐구해볼 것이다. 그러한 논쟁들을 평가하는 것뿐 아니라 우리의 반응을 예측해보는 것 또한 이 책의 목표다. 또한 이 문제의 윤리적 측면 못지않게 예술 및 헌법과 관련된 내용도 최대한 많이 다룰 생각이다. 따라서 인격에 관한 추상적인 철학 분야의 논쟁을 살펴보는 것만큼이나 진지하게 관련 영화와 저서를 탐색하고 법인격에 관한 열띤 논쟁에 대해서도 다루어보려 한다. 이러한 소재들은 문화적 요소로써, 인격의 개념을 새롭게 구축하는 과정에서 우리가 느끼게 될 두려움과 공감대를 세밀하게 들여다보게 해주며 새로운 개체와 우리의 공통점과 차이점을 확연히 드러나게 하므로, 분석 철학이면서 동시에 시적 통찰 sapienza poetica[31]이라 할 수 있다.

우리가 할이나 침피가 인간의 형제자매임을 부정하든, 분명한 목소리로 당당히 형제애를 보여주든, 우선은 다소 민감한 문제부터 살펴보아야 할 것이다. 우리를 인간으로 만드는 요소는 무엇인가? 크고 발달한 두뇌? 언어 능력? 지각 능력? 자의식? 어떻게 정의될까? 지능이라면, 그것은 과연 무슨 의미인가? 도구의 사용? 도덕관념? 실존적 자아 성찰? 유머 감각? 인간성은 단순히 유전적으로 형성된 종 고유의 특성에 따라 나타나는 것일까? 그렇다면 어떠한 기계도 결코 인간이 될 수 없으며, DNA 테스트는 과거 미국의 노예제 폐지 이전의 남부 지역에서 백인과 흑인을 구분하러 '인종 혈통'을 따지던 관습만큼이나 논란의 대상이 될까?

우리가 인간인 이유는 우리가 지구를 다스릴 권한을 부여받았다고 경전에 쓰여 있기 때문일까? 그렇다면 문제는 더욱 복잡해진다. 어느 종교의 경전이든 저마다 해석하는 방식이 다르기 때문이다. 즉, 경전의 내용은 신의 말씀을 문자 그대로 옮긴 것이라 그 자체로 신성하다고 보는 이들도 있을 것이고, 삶의 의미에 관한 은유적 성찰로서 오랜 세월을 거치며 검증된 삶의 지혜라고 보는 이들도 있을 것이고, 먼 옛날에 과학적 지식이 없던 자들이 쓴 부족 중심의 도덕 규범으로 현대사회에서는 불필요한 내용이라 보는 이들도 있을 것이다. 물론 해석은 자유다. 그렇다면 이제 다원주의 사회에서 인간의 정의를 둘러싼 논쟁이 어떻게 전개될지 상상해보자. 그에 비하면 낙태를 둘러싼 논쟁은 세속적으로 보이기까지 한다. 설사 특정 종교적 관점을 선택할 수 있다 하더라도, 그것을 실제로 어떻게 적용할 것인가? 불교와 기독교가 인간과 동물 사이의 경계에 대해 얼마나 다른 시각을 갖고 있는지 생각해보자(불교의 윤회라는 개념에 따르면 우리가 동물로 환생할 가능성도 있다). 만일 신학적인 문제를 해결했다손 치더라도, 새로운 개체가 우리와 같은 인간인지 확인하기 위해서는 어떻게 해야 할까? 유전학의 도움을 받아야 할까, 아니면 교리 문답이나 세례, 교황의 칙서 따위의 종교적 절차를 통해 해결해야 할까?

인간은 스스로 인간인지 되물을 수 있기에 인간인 걸까? 이 푸른 행성에 존재하는 모든 개체 가운데 오직 인간만이 자신의 의식 세계를 철학적으로 탐구하고 이를 의심하기까지 하는 능력을 가졌기 때문일까? 아니면 우리 모두가 일종의 '복제인간'은 아닐까 하

53

고 자문할 수 있는 능력을 지녔기 때문일까? 인간의 정신은 어떤 식으로든 초월적 존재를 갈망하며, 그러한 욕구에서 인간성이 구현되는 것일까? 혹은 예술적으로 표현할 수 있는 능력 때문일까? 아니면 다른 '인간'이라 불리는 존재들에게 인간처럼 보일 수 있다면 그것으로 인격을 갖춘 존재라 할 수 있는 것인가?

이러한 수많은 질문에 대해 논하는 것만으로도 우리는 중요한 사실을 깨닫게 된다. 우리가 인공적 존재, 즉 가까운 미래에 과학 기술을 통해 창조될 개체들과 우리 사이에 경계선을 설정하려는 과정에서, 필연적으로 자신을 되돌아보게 된다는 것이다. 어쩌면 책에서 다루는 주제를 더 부각시키려고 지나치게 낙관적인 태도를 보이는 작가의 말이라고 생각할 수도 있겠다. 가령, 연필의 역사 같은 평범한 주제일지라도 성공과 실패의 극적인 요소가 가득한 위대한 서사를 보게 될 것이라고 호언장담하는 작가처럼 말이다.[32] 어쩌면 나 역시 그와 같은 착각에 빠져 있는 것인지도 모르지만, 적어도 지금으로서는 다르다고 주장하고 싶다. 인간의 자아 개념은 진화론이 등장한 이래 유례없는 수준의 도전에 직면하고 있으며, AI에 관한 논의가 그러한 도전을 이끌고 있다.

우리가 아는 한, 인류는 지구상에 출현한 이후부터 줄곧 이 세계에서 동물과 사물보다 우위를 점하는 특별한 지위를 정당화하려고 애써왔다. 우리는 당혹스러울 정도로 다양한 능력들을 내세우며 인간과 비인간 사이에 경계선을 그어왔다. 도구의 사용, 미래를 계획하는 능력, 유머 감각, 자아 개념, 종교, 미적 감각 등 온갖 능력을 과시해왔다. 그러나 우리가 각각의 경계선을 설정할 때마다 그 경계를 허물어뜨리려는 공격을 받았다. 경계선 내부에서는 철학적 문제 제기를 통해 공격받았고, 경계선 너머에서는 특정 동물종이 우리가 생각했던 것보다 훨씬 더 큰 능력을 지닌 것으로 증명되면서 공격받았다. 우리는 그때마다 참호를 하나씩 버리고 방어 전선을 후퇴시켜왔고, 남은 영역은 더욱 굳건하게 지킬 수 있기를 기대했지만 전선은 후퇴를 거듭해왔다. 그 결과 우리의 최후 전선, 즉 인간의 고유한 특성을 보여주는 능력은 언어 능력과 추상적 사고 능력만이 남은 것으로 보였다. 이것이야말로 우리의 최후의 보루였다. 아리스토텔레스는 이 최후의 보루 위에 '인간 예외주의'라는 이론을 구축했으며, 튜링은 보루 주위에 기계가 인간 수준의 지능을 보유했는지를 판별하는 가상의 테스트인 '이미테이션 게임(튜링 테스트)'을 설치했다. 그러나 이 글을 쓰고 있는 2023년 현재, 최후의 보루마저 포위당한 상태다. 수어를 꽤 능숙하게 구사하는 침팬지도, 수많은 어휘를 습득한 앵무새도 아닌, 챗봇의 공격을 받고 있는 것이다. 공격당한 부분이 이미 허물어졌는지 아직 확신할 수는 없지만, 결국에는 허물어질 것이다. 내가 이 글을 쓰는 시점은 "허물어질 리가 없어!"라고 현실을 부정하는 시기와 "당연히 허물어질 줄 알았어!"라고 드러난 현실을 대수롭지 않게 여기게 될 시기 사이의 짤막한 순간이라고 할 수 있다. 참으로 흥미로운 순간이 아닐 수 없다.[33]

의미가 통하는 대화가 가능하며, 대화를 통해 영감과 즐거움을 나누고, 정보를 제공하기도 하며, 때로는 겁을 주기도 하는 이 모든 복잡한 언어 능력은 어느새 인간만의 고유한 능력이 아니게 되었다. 기계들도 이제 그러한 능력을 지니게 된 것이다. 나는 앞서 울프럼이 이 점을 한 마디로 잘 요약했다고 언급했다. 즉, 인간의 언어, 적어도 인간의 언어로 작문하는 과정은 생각보다 '연산 구조가 얄팍한' 과정이라는 것이다.[34] 나는 이런 《뉴요커》에 이런 한 컷 만화가 실리는 상상을 해본다. 거구의 로봇 둘이서 인류의 무덤가에 서 있는 장면에 짤막한 말풍선이 달려 있다. "그들은 우리가 생각했던 것보다 연산 구조가 얄팍했던 거였어." 이 얼마나 멋진 묘비명인가.

한 가지 확실히 하자면, 나는 인간과 챗GPT가 언어를 동일한 의미로 받아들인다고 생각하지 않는다. 챗GPT는 언어를 아무런 '의미' 없이 받아들인다. 그러나 그 차이를 설명하려면, 챗GPT가 대화처럼 보이는 행위에서 논리 정연하게 문장을 구성하는 능력만을 검토하는 것으로는 부족하다. 더욱 깊이 파고들어 의식이라는 수수께끼 같은 영역('나는 생각한다. 고로 존재한다 cogito, ergo sum'는 명제로 명백하게 밝혀진 영역이라고 볼 수도 있겠지만) 속으로 들어가야 한다. 행동주의 심리학자 B. F. 스키너는 "우리는 기계가 생각하는지 물을 것이 아니라, 인간이 생각하는지 물어야 한다"라고 말했다.[35] 이는 더 이상 늦은 밤 기숙사 방에서나 나눌 만한 시시콜콜한 철학 토론의 주제가 아니다. 이 주제는 앞으로도 우리를 성가시게 할 실존적인 통증 같은 문제가 될 것인가? 아니면 결국 우리로 하여금 자아와 종에 대한 개념을 재정립하도록 만들 것인가? 그것도 아니라면 과거에 늘 그래왔듯이 우리는 천재적인 기량을 발휘해 이번에도 이 불편한 진실을, 곤란한 질문들을 무시하고 넘어갈 것인가?

나로서는 알 수 없고, 누구도 알 수 없을 것이다. 중요한 점은, 여기서 설명한 모든 일들이 실제로 일어났다는 사실이다. 그리고 우리가 장차 직면하게 될 변화는 이제 막 시작했을 뿐이다.

나는 지겨울 정도로 긴 세월 동안 학자의 삶을 살아왔다. 사람들은 학자들이 둘러앉아 온갖 현상의 본질적 정의가 무엇인지 모색하는 모습을 상상하곤 한다. 진실이란 무엇이며 아름다움이란 무엇인지부터 적법한 절차는 무엇이며 핫도그는 과연 샌드위치라고 볼 수 있는지에 이르기까지 온갖 케케묵은 질문들에 관해서 토론하는 모습 말이다. 분명 그러한 사안들에 대해서도 생각하기는 하지만, 본질적 정의를 모색하는 방식은 아마도 그 객체를 이해하는 데 효용성이 가장 떨어지는 방식일 것이다. 내 말을 신뢰하지 못하는 이들을 위해 유명한 학자들의 말을 인용해보겠다. 토머스 홉스는 "현명한 자에게 말이란 계산 도구일 뿐이지만, 어리석은 자에게는 말이 곧 돈이다"라고 말했고, 루트비히 비트겐슈타인은 "언어가 휴가를 떠날 때 철학적 문제들이 발생한다"라고 했다. 펠릭스 코헨Felix Cohen은 "정의를 내리는 행위는 …… 혼란에 따른 특정 위험에 대비하기 위해 일종의 보험을 드는 것이다. 다만 보험 약관 내용만으로 모든 위험을 대비할 수는 없는 것처럼, 정의를 내린다고 해서 모든 위험이 제거되지는 않는다"라고 말한 바 있다.[36] 그러나 이보다 더 유의미한 답변을 이끌어내는 마법의 질문은 따로 있다.

"왜 질문하는가 그리고 알고 싶은 것이 무엇인가?" 가령 예술이 무엇인지 정의하려고 한다면, 정의하려는 이유는 무엇인가? 정부에서 어느 예술가를 지원할지 결정하기 위해서인가, 아니면 인류학적 차원에서 다양한 인간 활동을 서로 연결 지어 인간의 본능에는 공통적인 근원이 있음을 보여주려는 것인가? 도덕보다 미학이 더 가치 있다는 신념에 따라 미학적으로 수준 높은 작품을 식별하기 위한 정의인가, 아니면 단순히 대중적인 작품과 구별하기 위한 정의인가? 방금 들렀던 음식점에서 핫도그와 햄버거가 샌드위치 메뉴로 분류될 수 있는지 알고 싶은 이유가 무엇인가? 그 음식들이 저탄수화물 식단으로 적당한지 알고 싶어서인가, 아니면 샌드위치를 탄생시킨 샌드위치 백작이라면 그 음식을 샌드위치라고 인정했을지 궁금해서인가? 우리는 '무엇'인지를 묻지 말고 '왜'인지를 물어야 한다.

무엇이 우리를 인간이게 하는가

인간성에 대한 논의에서 정의 지상주의가 초래하는 위험은 도처에 존재한다. 다음의 질문들을 살펴보자. 각 질문은 "무엇이 우리를 인간이게 하는가?" 또는 "한 개체가 인간성을 지니는 데 필요한 요건은 무엇이어야 하는가?"라는 물음에 대한 답변을 어떻게 구하는지 알려주는 것처럼 보인다. 그러나 이 질문들은 각각 매우 다른 관점을 반영하고 있다. 즉, 질문이 실제로 무엇을 의미하는지, 왜 그러한 질문이 제기되었는지, 질문자의 의도가 무엇인지, 그에 따른 답변이 어떠한 결과를 가져오게 될지 저마다 다른 것이다.

(1) 무엇이 인간을 신이 선택한 존재로 만들어, "바다의 물고기와 하늘의 새와 가축과 온 땅과 땅에 기는 모든 것을 다스리게" 하는가? 즉, 성경의 시편 8편 4절의 표현처럼, 인간이 무엇이기에 신이 그토록 돌보아주시는 것인가? (원하는 다른 경전의 내용을 자유롭게 대입해도 좋다.)

(2) 우리를 유전적으로 인간이게 하는 것은 무엇인가? (이는 '유전적으로 인간'이라는 것이 단순하고 객관적인 사실이며, 해당 유전자를 가진 자는 자동으로 인류의 '회원'이 된다는, 아마도 잘못된, 전제를 내포한다.)

(3) 과학적 측면에서 인간종을 비인간 동물들과 구분하는 속성, 기술, 자질은 무엇인가? (그러한 특성을 지닌 개체라면 우리와 같은 집단의 구성원으로 인정되어야 하며, 그에 따라 '한낱 동물에 불과한' 존재로 취급받지 않아야 한다는 암묵적 가정을 덧붙인다.)

(4) 무엇이 우리를 도덕적 행위 주체로 만들며, 그에 따라 우리의 자율성이 사회에서 권리로서 인정받아야 할 근거를 마련하는가? (그리고 역으로, 다른 존재가 그와 동일한 요건을 지닌다면, 그 존재의 자율성과 인격을 어떻게 정당화할 것인가?)

(5) '인간 정신의 무한한 잠재력'이란 무엇인가? 그것이 영혼이든, 도덕적 행위자로서의 가능성이든, 위대한 예술을 창조하는 능력이든 간에, 설령 현재 우리에게 낯설게 보일지라도 이를 받아들여야 하는가?

(6) 의식을 지닌다는 것은 무슨 뜻인가? (사실 이 질문에는 의식이 다른 질문들의 답변이 될 수 있다는 전제가 내포되어 있다. 즉, 의식이라는 개념이 사회적 존중을 받을 만한 도덕적 정당성을 제공하는지, 인간을 동물과 구

별하는 결정적인 요인인지, 도덕적 성찰을 가능하게 하는 요소인지 그리고 우리가 인공 개체의 금속 피부 속에 숨겨진 진정한 형제애의 표식을 알아보는 데 필요한 요소인지 묻고 있는 것이다.)

(7) 한 개체가 인간과 전혀 구분할 수 없을 정도의 방식으로 우리와 대화하고 소통하는 능력을 보유하는 데 필요한 요소는 무엇인가? (이후에 그 이유는 더 자세히 설명하겠지만, 우리가 이를 인공지능 판독 테스트의 기준으로 택한 이유는 '우리'를 정의하는, 가장 간편하고 실행이 용이한 방식이기 때문인 것으로 보인다.)

(8) 우리가 경제 독립체에 법적 인격을 부여한 이유는 무엇인가? 권리의 문제인가, 편익의 문제인가, 아니면 둘 다인가? 자율적이고 인공두뇌를 지닌 경제적 행위자가 존재한다면, 그들에게도 동일한 논리를 적용할 수 있는가?

이 질문들 가운데 몇몇은 양립할 수 없는 전제를 담고 있지만, 언뜻 보면 비슷한 질문으로 보일 것이다. 인간성을 정의하거나 인간성을 판단하는 기준을 모색하는 데 적합한 방식이라고 생각될 수도 있다. 그러나 이 질문들은 근본적으로 서로 다르다.

심오한 도덕 논쟁이 전개되는 가운데, 사람들이 동일한 질문을 하고 있다고 여기지만 사실상 서로 다른 질문을 제기하면서, 근본적인 전제와 질문의 의도가 서로 충돌하게 될 것이고 그에 따라 더 많은 혼란과 격론이 이어질 것이다. 단순한 오해가 생기는 경우도 있겠지만 논의를 원하는 방식으로 유도하기 위해 이기적으로 토론을 장악하려는 이들도 있을 것이다. 도덕 논쟁과 법률 논쟁은 서로 깊이 영향을 미치겠지만, 두 논쟁의 차이는 확연히 드러날 것이다. 과거에 있었던 그와 유사한 논쟁을 살펴만 보아도 큰 논란이 일 것은 불 보듯 뻔하다.

나는 이 책에서 세 가지 측면에 대해 이야기하고자 한다.

첫째, 21세기에 우리 사회는 과학기술을 통해 창조된 인공 개체가 인간의 성질을 지녔는지에 고민하게 될 것이다. 그때가 되면 우리는 기존의 경계선을 새롭게 설정하거나 방어해야 할 것이다. 그리고 할이나 침피 같은 각각의 새로운 개체가 출현할 때마다 그들의 인간성을 검증하기 위한 테스트를 시행할 수도 있을 것이다. 그러한 테스트 과정에서 우리는 우리 자신을 비추는 거울을 마주할 수밖에 없을 것이고, 인류에 대한 기존의 개념을 다시 생각해보게 될 것이다. 역사적으로도 비슷한 사례가 간혹 있었는데, 진화론이 등장했을 때가 그러했다.

둘째, 이 주제는 여러 공상과학 작품에서 다루어지기도 했고 몇몇 학술 문헌에서도 언급된 바 있지만, 정작 지금까지 크게 공론화된 적이 없다. AI나 로봇공학, 유전공학이 우리 사회에 미치는 영향이 연일 뉴스의 단골 소재로 등장하는 것을 생각하면 공론화되지 않은 것이 신기할 정도다. 뉴스에서는 AI가 우리의 일자리를 빼앗아간다거나 AI의 능력이 얼마나 파괴적인지에 대해 많은 시간을 할애해 보도하는데, 그에 비해 AI가 인간처럼 될 가능성에 관해서는 별로 다루지 않는다. 챗GPT와의 섬뜩한 대화들이 알려지면서 그러한 경향이 조금씩 달라지고 있는지도 모르지만, 그것은 또 그것대로 또 다른 위험을 초래할 수 있다. 챗GPT는 의식을 지니고 있지 않다. 이 시스템은 잘못된 의인화의 위험을 완벽하게 보여주는 사례다. 사람들은 챗봇 시스템을 '의식을 지닌 기계'란 모순적인 개념임을 보여주기 위한 철학적 사고 실험이 현실에 구현된 형태라고들 한다. 요컨대, 사람들이 드디어 이 문제에 대해 진지하게 고민해보게 만든 바로 그 기술이, 정작 논의를 제대로 이어나가는 데 가장 부적절한 예시일 수 있다는 역설이 생기는 것이다. 그러나 챗GPT가 끝은 아니다. 오히려 지금까지 드러난 챗GPT의 개발 속도와 예상을 뛰어넘는 능력을 통해, 우리는 인간 수준 AI의 실제 출현 시기를 비롯해 기술 발전 속도를 얼마나 잘못 예측하고 있었는지에 대해 겸손하게 되돌아봐야 할 것이다.

셋째, 막상 이 사안에 대한 논의를 시작해보면, 우리가 예상했던 대로 흘러가지 않을 것이다. 과거에 있었던 낙태, 유전적 본질주의, 법인격, 심신이원론, 정교 분리, 자연주의적 오류, 시민권의 역사 등 온갖 다양한 사안에 대한 논의가 어떻게 진행되었는지 살펴보기만 해도 알 수 있다. 좀 더 완곡하게 표현하면, 도덕적 사안이 무궁무진한 영역이다. 역설적이게도, '타자'와의 대면은 결국 우리 자신을 인간으로 만드는 요소가 무엇인지에 관해 매우 많은 것을 가르쳐줄 수 있을 것이다. 이렇듯 녹록지 않은 사안에 관한 논의를 시작하기에는 훗날 인터넷상에 온갖 사건이 터져 나오고 있을 때가 아니라 바로 지금이 적절한 시기다.

나는 단지 몇 가지 주장을 설득력 있게 전달하는 데서 그치고 싶지 않으며, 독자들이 그 주제를 '존재론적 현실'로 체감하도록 만들고 싶다. 이 딜레마들을 더욱 구체적이고 현실적으로 제시하기 위해, 다양한 가설적 사례, 역사적 유사성, 기존 예술 작품의 탐구, 헌법적 논쟁, 현재의 과학 발전의 단면을 두루 살펴볼 것이다. 나는 도덕적 대전환의 순간들은 대개 공감대의 확장 또는 제한과 밀접하게 연결되어 있었고, 그것은 우리의 도덕적 역사의 흐름 속에서 필연적이었다고 생각한다. 또한 그 과정에서 예술 및 문학 작품은 변화가 전개되는 방향에 대해 우리에게 많은 것을 보여줄 것이다. 다만 긍정적이든 부정적이든 도덕적 지위가 재정립되는 시기는 효율성과 편의성이라는 실용적인 문제에 따라 크게 좌우될 수 있다. 우리는 우리 자신과 '그들'의 실체를 파악하려 노력할 것이고, 경계선 내부에서 살아가면서도 그 선을 새롭게 설정하려는 노력을 이어갈 것이다. 나는 그 과정에서 우리의 공감대와 실용주의가 불안정한 균형 속에서 서로 영향을 주고받으며 공존할 수 있다는 사실을 보여줄 수 있기를 바란다.

우선 1장에서는 애덤 스미스의 《도덕감정론》에서부터 영화 〈블레이드 러너〉 그리고 영화의 원작 소설인 《안드로이드는 전기양의 꿈을 꾸는가》까지 살펴보며, 공감, 도덕성, 인간성 사이에 어떠한 연결고리가 있는지 논의해볼 것이다. 후자의 두 작품은 주로 우리가 인간종을 중심으로 설정하는 경계선과 관련된 내용을 담고 있으며, 그 경계가 인공적으로 탄생한 개체들과 인간의 관계에 어떠한 방식으로 영향을 줄 것인지를 보여준다. 두 작품에서는 보이트-캄프 테스트Voight-Kampff Test라 불리는 테스트를 통해 복제인간이 진짜 인간인지 아닌지를 식별한다. 테스트는 대상자가 딱정벌레, 소, 거북 같은 동물을 상대로 공감하는 능력이 있는지를 관찰한 후, 충분한 공감 능력을 보여주지 못하면 복제인간이라고 판명하고 아무런 감정 없이 그 대상자를 제거한다. 자, 진정 공감 능력이 부족한 쪽은 어느 쪽일까? 그들인가, 우리인가? 그야말로 아이러니한 상황이 아닐 수 없다. 언젠가는 AI가 인간을 대상으로 보이트-캄프 테스트의 역할을 하게 되지 않을까?

2장에서는 AI의 미래와 기술적인 실현 가능성에 대해 논의해보고, 그것이 인류에게 실질적인 위협을 가할 것인지 그리고 기계가 과연 의식을 지닐 수 있을지에 관한 논쟁에 초점을 맞출 것이다. 또한 스스로 사고할 수 있는 기계를 판별하도록 고안된 튜링 테스트에 대해 구체적으로 알아보고, 의식을 지닌 기계라는 표현이 모순이라는 주장을 둘러싼 철학적 논쟁과 더불어, 챗GPT의 등장으로 우리가 얻은 교훈, 즉 문장 구사 능력만으로 의식의 존재 여부는 알 수 없다는 깨달음에 대해서도 논의해볼 것이다. 이 깨달음은 문장 구사 능력이 인간만의 고유한 자질이라고 여긴 기존의 방식에 근본적인 의문을 제기한다. 다만 그것만으로 기계가 지각 능력을 보유할 수 없다고 단정 지을 수는 없다.

또한 AI의 인격을 둘러싼 논쟁의 중심에서 일어날 것으로 보이는 갈등에 대해서도 이야기해볼 것이다. 바로 불가해성의 역설이다. 가령 어떤 기계가 작동 방식이 명료하고 이해하기 쉬운 개발 코드와 프로그래밍 및 기술을 통해 범용 AI의 성능을 보이는 수준으로 개발되었다면, 우리는 그 개체가 자체적으로 의식을 지니는 것이 아니라고 판단할지도 모른다. 왜냐하면 그 기계의 능력이 인간의 손으로 작성된 프로그램의 결과물일 뿐이라는 사실을 알고 있기 때문이다. 그에 반해, 개발된 AI의 내부 작동 원리가 인간이 이해할 수 없는 수준이거나 기계의 신경망이 자체적으로 진화해서 우리가 막연하게만 이해할 수 있는 수준에 도달한다면, 혹은 심지어 AI가 스스로 내부 구조를 기술적으로 향상시키는 것으로 보인다면, 우리는 그 기계의 정체를 확신할 수 없게 될 것이고 따라서 더욱 위협적인 존재로 받아들일 것이다.

3장에서는 기업체의 법인격과 그들의 논리에 대해 살펴볼 것이다. 뿐만 아니라, 의사 표현의 자유 및 평등의 원칙과 같은 헌법적 권리에 대해서도 논할 것이다. 법인격에 관한 역사는 AI를 둘러싼 논의를 전개하는 데 많은 교훈을 제공하는데, 그중 많은 부분은 우리에게 꽤나 불편한 진실을 깨닫게 해줄 것이다.

4장에서는 비인간 동물의 인격에 관한 논쟁을 다루면서 인류가 인간 사회를 동물의 왕국과 질적으로 구분하기 위해 모색해온 방식이 어떻게 변화해왔는지 살펴볼 것이다. 그러한 입장의 변화는 동물의 행동에 관한 이해가 진전되고 있다는 뜻일까, 아니면 인간 고유의 도덕적 지위를 더욱 필사적으로 지켜내려는 과정의 일환일까? 아니면 둘 다일까? 이러한 변화는 단지 동물행동학이나 동물학 분야에만 국한되지 않는다. 지난 50년 동안 우리가 비인간 동물을 보는 관점은 도덕적 차원에서 극적인 변화를 경험해왔다. 그리고 이 변화는 할이나 침피 같은 개체를 바라보는 관점에도 큰 영향을 미칠 것이라고 생각한다.

5장에서는 키메라나 형질 전환 개체 같은 유전자 변형 종에 관해 알아보고, 인간이라는 존재를 정의하기 위해 우리가 어떠한 종류의 경계선을 설정해왔는지 살펴볼 것이다. 또한 동물의 권리를 둘러싼 논쟁에 영향을 받은 생명윤리학자들이 쓴 많은 논문에서 나타나는 '종種적 소속species membership'에 대해 알아볼 것이다. 이들은 종적 소속은 최소한 도덕과는 무관한 개념이며, 심하게는 성차별이나 인종차별 같은 불합리한 편견으로 묘사하고 있다. 이들의 관점은 내가 이 책에서 논하고 있는 인공 개체에 대해서도 마찬가지일 것인가? 그것이 옳은 방향일까? 우리는 결국 '종 차별주의'을 완전히 포기할 것인가?

마지막으로 결론에서는 AI의 인격을 인정하는 사안에 대해 강력히 찬성하거나 반대하는 개인의 성향에, 정치적으로 진보 또는 보수적 성향이 어떠한 영향을 미치는지 알아볼 것이다. 아직 이 사안에 대한 정치적인 견해가 정립되지 않은 상태이기에, 논란이 심화되기 전에 차분히 숙고해볼 기회가 있다는 점은 희망적이다. 나는 우리의 미래를 위해 여러 예측과 함께 수많은 경고의 메시지를 띄울 것이다. 다만 한편으로는 그러한 과정을 통해 인간이라는 종과 이 세상을 바라보는 우리의 시각이 어떻게 변화될 것인지 다소 궁금하기도 하다.

이 책은 아직 입증되지 않은 두 가지 접근 방식을 토대로 구성된다. 첫째, 매우 다양한 여러 맥락에 따라 경계선을 들여다보게 되면, 그저 한 가지 관점에만 치중할 때보다 훨씬 더 이 사안을 깊이 있게 이해할 수 있을 것이다. 둘째, 이 사안에 관한 논쟁은 삶의 한 측면이나 학문의 한 분야에만 오롯이 국한되지 않으며, 사회의 철학, 법률, 예술, 역사, 도덕 전반에 두루 영향을 미친다. 논쟁이 어떻게 전개될 것인지 이해하기 위해, 공상과학소설 및 영화에서부터 윤리학까지, AI 관련 기술에서부터 의식에 관한 철학까지, 헌법을 둘러싼 논쟁에서부터 법정 드라마에 이르기까지 다방면에 걸친 각종 소재와 자료를 살펴볼 것이다. 내 생각이 틀리지 않다면, 인격에 관한 다각적인 논쟁들과 매우 다양한 문화적 측면을 아우르는 이러한 접근법은 '인간' 및 '인격체'의 정의를 둘러싼 혼란 가운데 일부나마 해소하는 데 도움이 될 것이다.

다만 혼란을 해소하는 것이지 해결책은 아니다. 이 책은 혼란의 근원이 되는 질문에 대한 답을 구하기 위해 거대한 통합적 도덕 이론이나 법 이론을 제시하지는 않는다. 나는 그러한 이론이 애초에 존재한다고 생각하지 않지만, 그러한 역할을 할 만한 주요 관점과 더불어 나의 관점도 소개할 것이다. 가장 기본적으로 의견이 엇갈리는 두 부류는, 해당 개체가 인간종에 속하는지 여부에 중점을 두는 이들("인권은 인간만을 위한 것이다!")과 이 사안에 관해 종을 구분하는 것은 인종이나 성별을 따지는 것만큼이나 무의미하다고 보는 이들이다. 후자의 경우, 인간에게 특별할 도덕적 지위를 부여하는 기준을 굳이 찾자면, 대상 개체가 어느 종에 속하는지와 무관하게 인지 능력을 기준으로 판단해야 한다고 주장한다. 한편 두 관점을 융합하려는 접근법도 있으므로 그러한 관점 역시 살펴보면서, 경계선이 어느 지점에 설정되어야 하는지에 대해 독자들이 스스로 판단해볼 여지를 남길 것이다.

이 책에서는 우리가 그동안 간과해왔던 연결고리로는 어떠한 것이 있는지, 각자가 지닌 여러 도덕관에는 어떠한 의미가 내포되어 있는지 그리고 인간성 및 인격에 관한 새로운 주장이 제기된다면 현재의 문화적·법적·정치적 입장이 어떠한 도전을 받게 되는지를 좀 더 폭넓게 탐구해보려 한다. 이 책은 '문제를 어떻게 풀어나갈 것인가'에 대한 것이며, '이것이 정답이다'라고 말하지 않는다. 다만 다양한 접근법을 통해 우리가 미래에 마주하게 될 매우 낯선 '타자'와 그로 인해 발생할 그 모든 혼란, 두려움, 희망, 도덕적 갈등에 대해 각자의 인문학적 사고를 기반으로 통찰력을 얻게 되기를 바란다.

    소란을 잠재우려는 것은 언제나 비현실적인 바람일 뿐이다.

1

노예, 인조인간, 인공 양

땅속에 묻힌 지뢰를 찾아내고 제거하는 가장 효과적인 방법은 지뢰를 밟아 터뜨리는 것이다. …… 로스앨러모스 국립연구소의 로봇 과학자 마크 틸던 Mark Tilden은 바로 그 작업을 수행할 수 있는 지뢰 제거용 로봇을 개발했다. 미국 애리조나의 '유마 실험장'에 등장한 이 자율 로봇은 약 1.5미터의 길이에 대벌레를 모방한 형태로, 틸던에 따르면 실전 테스트에서 성큼성큼 걸어 나가 지뢰 제거 임무를 멋지게 수행했다. 매설된 지뢰가 포착되면 로봇은 지뢰를 밟아 터뜨렸고 그때마다 다리가 하나씩 떨어져 나갔다. 하지만 로봇은 그대로 벌떡 일어나 자세를 조정한 후 남은 다리로 전진하며 계속 지뢰를 제거했다. 결국 다리가 단 하나만 남았다. 그런 상태에서도 로봇은 전진했다. 틸던은 이를 지켜보며 흥분을 감추지 못했다. 자신이 만든 기계가 훌륭하게 제 역할을 해낸 것이다. 그런데 당시 로봇의 작업을 지휘하던 육군 대령은 분노를 참지 못하고, 결국 실험을 중지시켰다. 틸던은 "왜 중지시켰죠? 뭐가 문제인 겁니까?"라고 물었다. 대령은 불에 타고 부상을 입은 기계가 절뚝거리면서도 마지막 남은 다리 하나를 질질 끌며 전진해가는 광경을 차마 볼 수 없었던 것이다. 대령은 이 실험이 비인간적이라며 비난했다.[1]

공감과 의인화

《워싱턴포스트》에 실린 지뢰 제거 로봇에 대한 기사는 굉장히 흥미롭다. 왜일까? 강인한 군인은 감정이 없는 로봇에 연민을 느낀 반면, 문제 해결에만 몰두하는 엔지니어는 그 같은 군인의 태도가 의아하기만 하다. 이 장면은 비인간 개체를 의인화하여 어떻게든 인간적인 특성을 부여하려는 경향을 잘 보여준다. 지뢰 제거 로봇의 이야기는 인간의 사고가 지니고 있는 위험성을 드러내는 것이기도 한다. 우리는 인간이 아님을 인지하는 존재에 대해서도 끊임없이 인격을 부여함에 따라 제대로 된 의사 결정을 하지 못하게 되는 것이다. 대령의 판단은 잘못되었다. 그런데 왜 대령에게 술이라도 한잔 건네주고 싶은 마음이 드는 걸까?

어찌 보면 이 이야기는 오류에 따른 대가가 무엇인지를 보여준다. 인간이라면 누구나 실수나 오류를 범할 수 있다. 우선 인간은 타인을 비인간화하곤 한다. 유대인을 '쥐'로, 르완다의 투치족Tutsis을 '바퀴벌레'로 칭하며, 자신과 같은 종족이나 소속 집단 주위로 도덕적 공감의 경계를 확실히 설정한다. 인간은 수천 년 동안 그러한 행동을 반복했고, 그 결과 인류 역사상 가장 수치스럽고 끔찍한 사건들로 이어졌다. 최근의 역사만 보아도 인간에게 이러한 경향이 강하다는 것이 얼마든지 증명된다. 그런데 인간은 그와 정반대의 오류를 보여주기도 한다. 인간과 로봇의 상호작용을 연구하는 케이트 달링Kate Darling 2을 비롯한 학자들에 따르면, 인간은 끊임없이 사물을 의인화한다. 주방 기기와 대화를 나누기도 하고, 날씨를 인격화하고, 자동차에 욕을 퍼붓는가 하면, 일상에서 접하는 기계의 작동에도 의도를 부여한다. 사람들은 예상 수명을 훌쩍 넘겨 임무를 수행해내는 화성 탐사선의 영웅적인 활약을 칭송하기도 한다. 우리 집에서 사용하는 룸바 로봇 청소기는 종종 의자 밑에 끼어버리곤 하는데, 내가 로봇 청소기에 대고 떠들어대는 걸 누군가 본다면 나를 완전히 정신 나간 사람으로 취급할 것이다. 이 책의 서문에서 언급했던 구글의 엔지니어 블레이크 르모인은 나보다 로봇의 원리를 훨씬 더 잘 알고 있는 사람이었지만, 로봇을 상대하는 태도는 나와 다르지 않았다.

이와 같은 인간화 경향은 자연이라는 '거울'에 자신의 모습을 투영하려는 인간의 자기애적 욕망으로 볼 수도 있다. 혹은 실체적 우주는 인간이라는 존재에 무관심하다는 현실을 자각한 인간의 감정적 방어 기제라 볼 수도 있을 것이다. 이러한 인간화의 결과가 부정적인 형태로 나타나더라도 인간은 이를 중요하게 여긴다. 설령 외부 세계가 위협적으로 그려진다 해도, 그마저도 인간에게 관심을 보인다는 의미이기 때문에 긍정적이라고 여기는 것이다. 무관심은 혐오보다 더 두려운 법이다. 알랭 로브그리예^{Alain Robbe-Grillet} 같은 프랑스의 사물주의^{chosiste} 소설가들은 가구를 등장인물만큼이나 중요하게 그려내는 기법으로 그러한 인간 중심의 오만을 깨뜨리고, 실체적 세계는 인간에 무관심할 뿐이라는 점을 알리려 했다. 우리는 나무와 강물을 신격화하고 엔진에 인격을 부여하기도 하며, 디지털 보조 장비를 마치 감각이 있는 존재인 것처럼 대한다. 이 모든 행위는 인간의 실존에 관한 엄청난 불안감을 해소하려는 노력의 일환으로 진정제 역할을 한다. 감정이 이성을 압도한 사례라 볼 수도 있을 것이다. 존 러스킨John Ruskin은 한 수필에서 '감상적 오류pathetic fallacy'라는 용어를 처음으로 제시하며 이렇게 설명한다. "격한 감정은 같은 결과를 낳는다. 감정이 격해지면 우리는 어김없이 외부 사물을 그릇되게 인식하는데, 나는 이를 '감상적 오류'라 칭하고자 한다."[3] 감상적 오류는 우리를 잘못된 길로 이끌 수밖에 없다.

그러나 사물을 의인화하려는 욕구, 즉 사물에 인격을 부여하려는 인간의 관대함은 또 다른 결과를 낳기도 한다. 의인화는 인간의 지칠 줄 모르는 인간 중심적인 집단적 사고에 제동을 걸어 균형을 잡는 역할을 할 수 있다. 지뢰 제거 로봇 이야기에서 대령이 내린 판단은 잘못된 것일지 모른다. 그러나 언젠가 자율 행동이 가능한 AI 기반 군사용 로봇이 튜링 테스트를 통과해 실전에 투입되는 날이 왔을 때, 숨어 있는 반란군을 진압하기 위해 로봇이 출동한다면 나는 로봇을 통제하는 사령관이 그 대령처럼 의구심을 품을 수 있는 인물이어야 한다고 생각한다.[4] 대부분의 경우, 지나친 관대함에서 비롯된 오류의 대가는 그 반대의 경우에 치르게 될 대가에 비하면 덜 두려울 듯하다. 다만 상황에 따라서 반대의 경우에 더 공감이 갈 때도 있기는 하다. 인공지능에 관해 스티븐 호킹은 다음과 같이 말했다.

"인공지능이 가져올 잠재적 이익은 엄청나다. 우리가 '문명'이라고 부르는 모든 것은 인간 지능의 산물이다. AI가 제공하는 도구를 사용해 인간 지능을 증폭시켰을 때 무엇을 성취하게 될 것인지 예측할 수는 없지만, 누구나 전쟁, 질병, 빈곤의 종식을 가장 우선순위에 둘 것이다. AI 개발에 성공한다면, 인류 역사상 가장 획기적인 사건이 될 것이다. 다만 우리가 그에 따른 위험을 피하는 법을 터득하지 못한다면 인류의 마지막 사건이 될지도 모른다."[5]

그렇다고 너무 심각하게 생각할 필요는 없다. 이 장에서는 기본 원칙으로 돌아가보려 한다. 인간은 어떻게 그리고 왜 타인에게 공감하는 것일까? 공감하는 능력은 인간의 도덕 체계에서 어떠한 의미를 지니며, 어떠한 의미를 지녀야 하는가? 서사, 예술, 논리는 공감이 발생하는 과정에서 어떠한 역할을 할까? 우리는 공감을 형성할 때 이 모든 요소를 염두에 둘 필요가 있을까, 아니면 예술 작품이나 상상을 기반으로 한 작품은 그저 독자들이 윤리 철학 서적을 읽어보도록 관심을 유발하는 훌륭한 홍보 수단일 뿐일까? 더 구체적으로 들어가면, 우리는 인류가 거쳐온 역사나 인류의 미래를 상상한 예술 작품에서 얻은 교훈을 토대로 머지않아 출현할 인공의 존재에 대해 인간의 공감이 어떠한 방식으로 확장될 것인지 가늠할 수도 있을까? 이 장에서 나는 애덤 스미스의 《도덕감정론》[6]으로 논의를 시작해서, 공감과 타자성 otherness의 미래에 관해 가장 탁월한 상상력을 보여준 리들리 스콧 감독의 영화 〈블레이드 러너〉[7]와 필립 K. 딕의 소설 《안드로이드는 전기양의 꿈을 꾸는가》까지 다루어볼 것이다.[8]

도덕적 정서

> 우리는 타인이 느끼는 감정을 직접 경험할 수 없기 때문에, 그들이 어떤 방식으로 영향을 받고 있는지를 이해하려면, 같은 상황에 처했을 때 자신이라면 어떤 감정을 느낄지 상상하는 수밖에 없다. 내 형제가 극심한 괴로움에 시달리고 있더라도 나의 심신이 편안한 상태라면 감각으로는 그가 겪는 괴로움이 어떠한 정도인지 절대 알 수 없다. 감각은 결코 그리고 본질적으로 자신의 범위를 넘어서지 못하기 때문이다. 우리는 오직 상상을 통해서만 그 사람이 무엇을 어떻게 느끼는지 어렴풋이 이해할 수 있을 뿐이다. 하지만 그 상상력조차도 내가 그 사람의 입장이 되었다고 가정했을 때 느낄 법한 감정을 보여줄 뿐이지, 다른 사람의 감정을 온전히 알 수는 없다. 상상력이 구현하는 것은 그 사람이 받는 느낌 자체가 아니라 오로지 나의 감각에 기반한 모방을 만들어낼 뿐이다. 우리는 상상을 통해 타인의 입장이 되어 그 감정을 이해하려고 시도하는 것이다.[9]
>
> – 애덤 스미스, 《도덕감정론》

애덤 스미스의 이 유명한 글에는 심리학과 윤리학의 연관성에 관한 사상이 담겨 있다. 스미스는 도덕이 필연적으로 '공감sympathy'에 뿌리를 두고 있다는 비전을 제시했으며, 이는 '감정 이입empathy'이라고 할 수도 있을 것이다. 이 감정 이입은 자신을 타인의 입장에 놓아볼 수 있는 능력에서 비롯된다. 내 형제가 극심한 괴로움에 처해 있더라도 "나는 오직 상상력을 통해서만 그가 어떠한 느낌을 받는지 어렴풋이 이해할 수 있을 뿐이다." 스미스는 이 감정 이입 능력이 인간의 일반적인 능력이라고 보았다. "이러한 정서는 인간 본연의 원초적 열정과 마찬가지로, 결코 선하고 인정 많은 사람에게만 국한해서 존재하는 것이 아니다. 물론 그러한 부류라면 가장 섬세하게 느낄 수 있겠지만 말이다. 극악무도한 악당이나 냉혹한 범법자라도 공감 능력이 전혀 없는 것은 아니다."[10]

물론 감정 이입에도 한계는 있다. 인간은 사고의 대부분을 자신의 안위, 즉 "배고픔, 갈증, 성욕, 고통"[11]처럼 순간적인 욕구에 소비한다. 그러나 감정 이입에 따른 기쁨이나 슬픔의 감정도 그와 전혀 관계없는 범주에 속하는 것이 아니라 여전히 우리의 안위의 일부다. 우리는 추론 능력을 통해 상상 속 타인의 고통을 덜어주거나 더 행복하게 할 방안 그리고 타인에 대해 자신이 갖는 책임의 한계를 이해하는 법처럼 특정한 목표를 달성하는 법을 모색한다. 그리고 우리의 도덕 체계와 도덕적 사고는 바로 이 추론 능력에서 비롯된다. 고통에 빠진 사람과 눈이 마주쳤을 때 공감의 불꽃이 일어나는 순간, 내가 고심해서 준비한 선물을 받게 될 사람의 반응을 상상하면서 절로 입가에 미소가 번지는 순간! 스미스에 따르면 이것이야말로 타인과의 관계에서 나타나는 도덕성의 근원이다.

이러한 주장을 펼친 사상가는 애덤 스미스 외에도 많이 있다. 그런데 과연 이 주장은 옳은가? 개인적으로는 적어도 서술적인 면에서는 옳았다고 본다. 나는 타인의 입장을 상상할 수 있는 인간의 능력, 즉 《앵무새 죽이기》의 애티커스가 말했듯이 "다른 사람의 신발을 신고 1마일쯤 걸어보는 것"이 개인적 측면과 문화적 측면 모두에서 도덕적 추론의 출발점이라고 생각한다. 물론 그 후에는 저마다 전혀 다른 판단을 내릴 수도 있을 것이다. 그렇다면 최초의 도덕적 감각은 어떻게 정당화할 수 있을까? 칸트의 논리로? 아니면 규칙 공리주의나 행동 공리주의? 또는 사회복지 이론? 우리는 원초적 욕구를 기반으로 정교한 이론적 구조물을 쌓아 올릴 수 있다. 그러나 나는 이 모든 이론의 바탕에는 공감 혹은 감정 이입의 경험이 있다고 믿는다. 이러한 부분이 결여된 인간은 반사회적 인격 장애(소시오패스)가 있거나 자아도취에 빠진 선동가일 것이다.

공감 능력이 도덕적으로 중요한 역할을 한다는 주장은 지극히 당연해 보일 수도 있지만, 일부 도덕철학자들은 회의적인 견해를 펼치기도 한다. 이들의 주장에 따르면, 공감은 우리의 도덕적 의사 결정의 기준으로 삼기에는 지나치게 모호하고 측정할 수도 없으며 조작이 가능하므로 신뢰도가 떨어진다. 우리는 자신과 비슷한 사람들에게 더 쉽사리 공감하는 경향이 있기 때문에, 정작 공감이 가장 필요한 순간에 그릇된 도덕적 판단을 내릴 수 있다. 그리고 자원이 희박한 상황에서 해결할 문제가 많은 경우, 공감은 도덕적 의사 결정 과정에서 명료한 기준을 제시하지 못한다(이런 상황은 늘 발생한다). 따라서 공감 능력에 회의적인 학자들은 공감 대신 비용-편익 분석이나 사회복지 이론처럼 더욱 합리적인 복지 측정 방안에 중점을 두어야 한다고 주장한다.

결국 공감 자체만으로는 도덕적 갈등을 해소할 수 없으며, 인격의 인정 여부만으로 논란이 종결된다고 볼 수도 없다. 가령, 낙태를 반대하는 측에서는 우리가 인간을 정의하는 범위를 (자궁 밖에서는 살 수 없는) 태아까지, 심지어는 수정된 배아까지도 포함시켜야 한다고 주장한다. 잠재적 생명이라도 인격을 보장해야 한다고 생각하는 것이다. 한편 낙태를 찬성하는 측은 그러한 주장을 강력히 반대하며, 공감의 대상을 여성으로 돌려야 한다고 주장한다. 국가가 여성의 자궁을 국가의 소유처럼 여겨 출산을 원하지 않는 여성에게 출산을 강요해서는 안 된다는 것이다. 신장을 이식받지 않으면 살 수 없는 환자가 있고, 그의 유일한 희망은 내 신장 한쪽이라고 해보자. 고통받는 환자 역시 인간이지만, 우리가 그의 고통에 공감한다고 해서 국가가 나서서 나의 장기를 그 환자에게 제공해 생명을 연장시키라고 강제할 수는 없는 것이다. 이처럼 공감 역시 논쟁의 기준을 설정하는 데 영향을 미치는 유일한 요소가 아니기 때문에, 인격의 존재 여부만으로는 논쟁을 종결시킬 수 없다는 것이 그들의 주장이다. 나도 이 주장에 일견 동의한다. 하지만 내가 말하고자 하는 핵심은 이것이다.

첫째, 내 목표는 기술적인 묘사나 예측에 그치지 않고, 도덕적 기준 및 규범을 제시하려는 데 있다. 또한 미래에 나타날 인공적으로 창조된 인격체들을 우리가 어떻게 대할 것이며, 미래를 위해 무엇을 대비해야 하는지에 대해서도 묻고자 한다. 앞의 두 사례에서는 결국 우리가 공감의 범위를 확장할 정도로 타당한 주장을 펼치는지가 중요하다. 논쟁에서 공감의 역할을 비판하는 이들도 우리가 도덕적인 판단을 할 때 공감이 큰 역할을 한다는 점에는 동의할 것이다. 사실 그들이 비판하는 내용에는 그 점도 포함된다. 그렇다면 그들도 공감의 영향력 자체에 관해서는 이견이 없어야 한다.

둘째, 공감의 역할을 부정적으로 본다고 해서 모든 형태의 공감을 거부하는 것은 아니다. 폴 블룸^{Paul Bloom}은 《공감의 배신》에서 이에 대해 다루었는데, 아마도 이 문제에 대해서는 가장 포괄적이면서도 비평의 모든 요소를 고루 갖춘 작품일 것이다.

> 그러나 공감에는 또 다른 의미, 혹은 다르게 말하면 또 다른 측면도 존재한다. 타인의 머릿속에서 무슨 일이 일어나고 있는지 이해하고, 타인이 왜 그러한 행동을 하는지, 어떤 상황에서 기쁨이나 고통을 느끼는지, 어떤 것을 수치스럽다거나 고상하다고 보는지 파악할 수 있는 역량이다. 이는 타인의 고통을 그대로 느끼는 것이 아니라, 타인이 고통을 느끼고 있다는 사실을 이해하는 것이다. 그렇다면 내가 이와 같은 '인지적 공감^{cognitive empathy}'을 반대하느냐고? 그럴 리 없다. 사실 대부분이 그렇겠지만 도덕성을 행위의 결과적 측면에서 판단한다면, 바람직한 도덕적 행위를 위해서는 인간이 어떻게 행동하는지 이해하는 과정이 반드시 필요하다는 결론에 이른다. 무엇이 사람들을 행복하게 하는지 모르고서 어떻게 그들을 행복하게 해줄 수 있을까? 무엇이 사람들을 슬프게 하는지 모르고서 어떻게 그들이 상처받지 않게 할 수 있을까?[12]

내가 설명하는 공감의 상당 부분이 바로 이러한 유형의 인지적 공감이다. 다만 이 분석 과정에 빠진 부분이 한 가지 있다. 블룸을 비롯한 학자들은 우리가 도덕적 추론을 할 때 비논리적인 불균형을 보인다고 지적한다. 다시 말해, 우리는 익숙하고 호감을 느끼는 대상에 더 집중하고, 더 큰 도움을 필요로 하지만 나와 멀게 느껴지는 존재를 무시하는 경향이 있는 것이다. 맞는 말이다. 하지만 이 지적은 우리가 애초에 해당 사안을 도덕적 문제로 인식한다는 전제하에 제기된 것이다. 예컨대 나는 로봇 청소기의 도덕적 권리에 대해 고민한다거나 토스터기의 사회복지를 따지지 않는다. 한낱 기계일 뿐이기 때문이다. 따라서 우리는 해당 사안에 대해 칸트식 추론이나 사회복지 분석 기법을 적용하기 전에, 그 사안이 도덕적 고려 대상이 될 수 있다고 상상할 수 있어야 한다. 그리고 바로 이 지점에서 인공적으로 창조된 존재들이 문제를 일으킨다.

애덤 스미스가 지적했듯이, 공감은 상상력에 크게 의존한다. 우리의 감각으로는 타인의 고통을 그대로 느낄 수 없기 때문에 오로지 상상력으로 그 자리를 채워야 한다. 그런데 어떤 한 '개인'이 우리와 조금도 같지 않다고 여겨진다면 어떨까? 만일 그들에게 어떠한 도덕적 지위도 없다고 생각한다면? 계급, 성별, 국적, 인종, 종교가 다른 타인의 입장이 되어볼 시도조차 하지 않는다면? 혹은 동물의 입장이 되어볼 생각이 없다면? 돌이켜보면 우리는 과거에 정확히 그렇게 행동했던 역사가 있다. 그 경우, 우리에게 타인의 고통이란 돌이 느끼는 고통만큼이나 와 닿지 않는다. 상상력을 발동시킬 수 없기에 공감 또한 일어날 수 없으며, 그 결과 도적적인 문제 또한 성립하지 않는다. 하물며 인공적 창조물에 대해서라면 공감이 일어날 가능성이 얼마나 되겠는가?

다른 식으로 생각할 여지는 없을까? 이성의 힘만으로 고통받는 타인의 범위를 의도적으로 확장시켜 상상력이 발동되게 할 수는 없을까? 가능한 경우도 있다. 논리는 강력한 도구이며, 특히 논리를 통해 통찰력을 얻을 수 있으며 깊이 뿌리박힌 신념도 깨뜨릴 수 있다는 사실을 아는 경우 더욱 강력한 힘을 발휘한다. 그러나 우리의 삶, 심지어 이 책조차 도덕적 측면으로 논리 관계를 따져보면 허술한 삼단 논법이 등장하기 일쑤다. 가령, "Y는 X라고 생각하지만, Z는 X라고 생각하지 않는다. 그러나 Z는 모든 관련된 측면으로 보아, 사실상 Y와 동일하다! 따라서 Z 또한 X라고 보아야만 한다"라는 식의 주장이다. 이성과 논리가 우리의 육체적 한계, 성별, 인종, 종교의 경계를 넘어서는 데 도움이 된다면, 서사, 상상력, 예술 작품도 그에 못지않다.

노예제 폐지 운동처럼 오랜 세월 지속되었던 사회 운동의 역사를 살펴보면, 그 과정에서 도덕적·법적·종교적 논쟁이 다수 발생했음을 알 수 있다. 그러한 논쟁들은 대부분 타인의 입장이 되어보라고 강요하는 이야기들을 통해 쌓아올린 '공감'을 기반으로 형성되었다. 도덕철학자들은 때때로 이러한 요소를 과소평가하는 경향이 있다. 마치 건강에 유익하다는 과학적 증거가 나중에야 밝혀진 어떤 약물에 대한 대대적인 광고 캠페인을 대수롭지 않게 여기는 것과 마찬가지다. 광고는 그저 현혹되기 쉬운 소비자의 이목을 끌 뿐이며, 실질적인 파급력은 과학적 증거에만 있다고 보는 것이다. 나는 그러한 해석이 옳지 않다고 생각한다. 굴뚝 속을 기어오르기 위해서는 양쪽 벽을 번갈아가며 발을 내디뎌야 하는 것처럼, 우리는 공감을 일으키는 서사와 이성적인 도덕적 추론이라는 두 축을 번갈아 활용해 도덕적 사고를 발전시켜왔다. 우리의 도덕 전통은 스피노자의 이성과 셰익스피어의 서사, 칸트의 이성과 필립 K. 딕의 서사 모두가 함께 만들어낸 것이다. 따라서 과거의 도덕적 논쟁에서와 마찬가지로, 할과 침피에 관한 논쟁에서도 이 두 가지 요소 모두 중요한 역할을 할 것이다.

나의 친구이자 뛰어난 역사학자였던 벳시 클라크Betsy Clark는 안타깝게도 젊은 나이에 세상을 떠났지만, 노예제 폐지 운동의 연대기에 관한 훌륭한 논문을 발표했다. 〈약한 자들의 신성한 권리: 고통과 공감 그리고 미국 남북전쟁 이전의 개인의 권리의 문화〉[13]라는 제목의 이 논문에는 1830년대부터 1850년대까지 미국 북부에서 노예제에 반대하는 대중적인 정서가 어떻게 폭발적으로 형성되었는지 잘 묘사되어 있다.

1835년의 어느 날, 노예제 폐지를 지지하던 한 여성이 시어도어 드와이트 웰드Theodore Dwight Weld의 강연을 듣고 돌아온 후, 이런 꿈을 꾸었다. 꿈속에서 그녀는 하늘 위로 올라가 미국 땅을 내려다보고 있었다고 한다. "땅 위에는 수많은 검은 형체가 보였는데, 그 형체들은 작열하는 태양 아래 모두 허리를 굽히고 있었어요. 모진 채찍질로 상처투성이가 된 등이 보였고, 매질을 당하고 불구가 되고 쇠사슬에 묶인 채 온갖 수모를 당하고 있었죠. 그들은 걷잡을 수 없이 분출되는 욕망과 폭력 앞에 무방비로 노출되어 있었어요." 이 꿈의 주인공인 스터지스 부인은 긴 꿈을 상세히 묘사하는 데 있어 다양한 담론의 영향을 받은 것으로 보이나, 생생한 서사의 중심은 결국 고통받는 노예들의 이야기였다. 이 같은 서사는 1830년대에 인권에 관한 새로운 인식이 형성되는 과정에서 중요한 역할을 하기 시작했다. 그때까지 미국의 노예들은 여러 세대에 걸쳐 극심한 고통 속에 살아왔고 그것이 당연했다. 그러다가 1830년대에 들어, 노예들이 겪어온 육체적 고통에 관한 개개인의 경험담을 생생하게 묘사한 내용들이 미국 북부에 전해지면서 노예들의 이야기는 새로운 시각으로 받아들여지게 되었고, 이후 노예제 폐지 운동에서 등장하는 단골 소재가 되었다. 그 후 1840년대와 1850년대에는 노예 서사와 감상적인 내용을 담은 소설이 등장하고 화제가 되면서, 이 장르가 더욱 널리 유행하게 되었다. 이 문학 작품들은 개인 간 폭력과 성적 학대를 비판하는 메시지를 담아, 신체 완전성bodily integrity(한 인간의 신체는 오롯이 자신에게 속하며 자체적인 결정권을 지닌다는 개념 - 옮긴이 주)을 지킬 '권리'를 주장하는 새로운 움직임을 전국 각지에 전파하는 수단이 되었다.[14]

노예제를 반대하는 주장은 최소한 고대 그리스 시대부터 존재해왔고, 19세기 초반에도 활발히 논의되고 있었다. 영국 정부는 새뮤얼 로밀리Samuel Romilly, 윌리엄 윌버포스William Wilberforce 같은 노예제 폐지론자들의 의견을 수용해, 1807년에 (비록 노예제 자체는 아니었지만) 노예무역을 법적으로 금지하기도 했다. 한편 클라크는 논문에서 노예들에게 가해진 끔찍한 매질과 상처를 하나하나 매우 상세하고 체계적으로 묘사해 거의 강박적인 수준의 기록을 남겼다. 이 기록은 철저하게 사실에 입각한 내용임과 동시에 극적인 요소를 가미한 서사로, 노예들이 겪어온 채찍질, 화형, 강간 같은 온갖 잔학 행위를 세밀하게 그려냈다.

그러한 방식의 서사 문학은 해리엇 비처 스토^{Harriet Beecher Stowe}의 1852년 소설 《톰 아저씨의 오두막》에서 절정에 이르렀다. 주요 독자층이었던 백인, 특히 기독교 신자들은 이에 공포와 분노, 도덕적 열정으로 응답했다. 교회에서는 다음과 같은 설교를 하기도 했다. "우리에게는 멀리 떨어진 곳에 있는 타인의 고통에도 관심을 가질 의무가 있습니다. …… 공감의 대상을 '우리가 살고 있는 지역과 주변까지만 포함하는 경계' 너머로 더욱 확장해야 합니다."[15] 공감의 범위가 확장되는 과정에서 더욱 불씨를 키운 것은 바로 노예들에게 가해진 잔학 행위를 기록한 연대기였다. 기록물을 접한 백인 독자들은 노예들의 입장에서 생각해보게 되면서, 그들의 고통이 자신의 살갗에 직접 가해지는 상상을 하게 되었다. 그렇게 형성된 공감은 촉매제 역할을 했고, 노예제 폐지론의 도덕적 논거는 비로소 설득력을 얻게 되었다.

고통을 직접 목격하거나 경험할 수 없는 경우, 우리는 다른 이들의 묘사를 통해 그 고통에 접근할 수 있다. 스미스의 표현을 빌리자면, 타인의 고통에 대한 서술은 "얼마나 생동감 있게 묘사하는지에 비례해서"[16] 공감대를 자극한다. 이는 그 묘사가 허구이든 실제 사건을 기반으로 한 것이든 마찬가지다. 그런 면에서 《톰 아저씨의 오두막》은 뛰어난 작품이다. 스미스는 허구의 이야기가 독자들에게 불신의 유예(허구적인 요소를 진짜라고 믿기 위해 독자가 비판적 의심을 보류하는 태도 - 옮긴이 주)를 일으키는 과정을 설명하면서, 그 과정에서 독자는 그 내용이 허구라는 사실뿐만 아니라 우리와는 무관하다는 사실마저도 망각할 수 있다고 말한다.

비극이나 희극 작품 속 주인공이 구원을 받을 때 우리가 느끼는 기쁨은 그들이 겪는 고통에 느끼는 슬픔만큼이나 진실한 것이다. 그들의 불행에 공감하는 우리의 감정은 그들의 행복에 공감하는 감정보다 결코 덜하지 않다. 우리는 주인공이 역경에 처한 순간에도 자신을 저버리지 않은 의로운 친구에게 고마움을 표할 때 함께 공감하며, 반대로 자신을 해치거나 기만한 배신자를 향한 주인공의 분노에도 깊이 동조한다. 관찰자는 인간의 마음으로 느낄 수 있는 모든 감정을 활용하고 상상력을 더해, 고통받는 이의 상황을 자신에게 대입해보며 그가 느낄 것이라 짐작하는 감정을 스스로도 느끼게 된다.[17]

누군가를 설득해서 타인에 대한 그들의 공감대를 확장하게 하는 것은 그다지 어려운 일이 아니다. 그들 역시 인간이며, 고통을 느끼고 우리와 다를 바 없는 존재이기 때문이다. 그러나 가상의 이야기를 통해 그들의 공감을 종의 경계를 넘어, 더 나아가 자연적으로 존재하는 생명체의 범위를 넘어, 안드로이드나 유전자 조작으로 만들어진 유기체로 확장시키는 것은 전혀 다른 차원의 문제다. 물론 어느 정도는 스미스와 클라크가 설명한 것처럼 상상력을 통해 공감을 확장하도록 유도할 수 있을 것이다. 그러나 그 개체는 우리와 다른 인공의 존재이며 자연의 섭리를 따르지 않았다는 본능적인 인식이 있는 상태에서 어떻게 공감을 확장하도록 유도할 수 있을까? 그 개체들이 인위적으로 창조되었다는 사실이 문제가 아니다. 문제는 그들이 바로 우리 손으로 만들어졌다는 데 있다.

노예제 폐지를 진지하게 주장하던 이들은 학대받는 노예들에 대한 연민을 기독교의 도덕적 신념과 결부시킬 수 있었다. 이에 따르면, 우리는 모두 신의 자녀이며, 타인에게 양도할 수 없는 권리를 창조주로부터 부여받았기 때문이다. 그러나 안드로이드나 유전자 조작 개체로 논의가 넘어가면, 우리는 다시 침피를 창조한 박사의 발언으로 촉발된 논쟁으로 돌아간다. "내가 저들의 창조주입니다. 그리고 장담컨대 나는 저들에게 그러한 권리를 부여하지 않았습니다." 당신이 소설가나 영화감독이라면, 이와 같은 반론을 어떻게 극복할 것인가? 그리고 그러한 서사적 시도가 미래에 일어날 인공 개체들의 인격을 둘러싼 논쟁에서 시사하는 바는 무엇인가?

나는 이 두 가지 질문에 대한 답을 탁월한 두 공상과학 작품에서 찾아보려 한다. 바로 《안드로이드는 전기양의 꿈을 꾸는가》라는 공상과학소설 그리고 이 소설을 원작으로 하지만 내용은 사뭇 다른 영화 〈블레이드 러너〉다. 아마 공상과학을 싫어한다고 말하는 독자들도 있을 것이다. 하지만 다시 생각해보길 바란다. 왜냐하면 그것은 마치 과거를 배경으로 한 책이나 다른 나라를 배경으로 한 책은 무조건 싫다고 말하는 것과 같기 때문이다. 사실 당신이 싫어하는 것은 어쩌면 수준 낮은 공상과학 작품일지도 모른다. 그러한 작품들이 굉장히 많기 때문이다. 기괴하고 조악한 표현들이 줄거리와는 전혀 관련 없이 등장하며, 등장인물이 어떤 행동에 나서기도 전에 어설프게 설정한 미래를 장황하게 설명하며, 기술 문명은 엄청나게 진보했으나 성 역할은 여전히 1950년대에 머물러 있는 사회, 게다가 데우스 엑스 마키나^{deus ex machina}(극중 문제를 해결하기 위해 갑자기 부자연스럽게 등장하는 장치로, 라틴어로 '기계 장치로 내려온 신'이라는 뜻이다. - 옮긴이 주)식의, 그것도 기계에 지나치게 의존한 억지스러운 반전까지 집어넣는 등, 공상과학을 혐오하게 만들 만한 요소는 차고 넘친다. 하지만 수준 높은 공상과학 작품은 마치 과학 실험을 하는 것처럼, 우리가 살고 있는 실제 세상에 그저 한두 가지 변수만을 추가함으로써 완전히 달라져버린 세상을 세련되게 묘사하며, 우리와 같은 모습을 한 등장인물이 전혀 다른 세상을 살아가는 이야기를 풀어낸다. 이런 요소들이 공상과학의 재미를 더하는 것이다.

어슐러 K. 르 귄^{Ursula K. Le Guin}이 소설 《빼앗긴 자들》[18]에서 그려낸 사유재산이 존재하지 않는 세계 그리고 코리 닥터로우^{Cory Doctorow}가 《마법 왕국의 밑바닥 생활^{Down and Out in the Magic Kingdom}》에서 그려낸 명성 자본^{reputational capital}이 실질 화폐로 작용하는 사회를 들여다보면,[19] 우리가 공감할 수 있으면서도 완벽하지만은 않은 등장인물들로 가득 차 있다. 작가들은 우리에게 값진 경험을 선사한다. 바로 우리의 세계에서 잠시 한 걸음 물러나, 이 세상을 낯선 시각으로 바라볼 기회를 주는 것이다. 독일어에는 (당연하게도) 이를 표현하는 단어가 있다. 작가가 의도적으로 독자들을 불신의 유예 상태에서 벗어나도록 하는 장치로, 'Verfremdung(페어프렘둥)' 즉, '낯설게 하기' 혹은 '소외 효과'라는 뜻이다. 예를 들어, 극작가 브레히트의 작품에서는 배우가 연기를 하던 중 갑자기 "이건 그냥 연극일 뿐이야!"라고 외친다. 이 행동은 관객이 연극의 굴레에서 벗어나게 해주는 장치로, 관객이 현실에서도 기존 사회 구조 및 역할이 만들어낸 '불신의 유예'를 깨뜨려야 할 것인지 되돌아보게 하려는 작가의 의도다.

정치학이나 경제학에서는 이러한 효과를 위해, 무지의 베일, 자연 상태, 코즈 정리, 효율적 자본시장 가설 같은 여러 사고 실험을 활용하기도 하고, '재앙의 행진'이라는, 마치 변호사가 법정에서 논리를 펼치는 것처럼, 예상되는 끔찍한 결과를 줄줄이 나열하며 논쟁을 전개하는 방식도 있다. 하지만 개인적으로 일상을 낯설게 바라보게 하는 데 훨씬 더 효과적이었던 것은 그러한 사고 실험들보다는 공상과학이었다. 새로운 세계를 창조한 후, 그 세계의 규칙을 철저히 따르면서도 익숙한 것을 낯설게 만드는 공상과학의 효과는 정치 이론만큼이나 높이 평가받아야 한다. 그리고 바로 그런 점에서 《안드로이드는 전기양의 꿈을 꾸는가》와 〈블레이드 러너〉는 경계선에 관한 우리의 논의에 중요한 통찰을 제공한다.

인간을 대상으로 한 인간 증명 테스트?

> 우리는 기계가 생각하는지 물을 것이 아니라, 인간이 생각하는
> 지 물어야 한다.
>
> — B. F. 스키너, 《강화 조건 Contingencies of Reinforcement》 중에서

《안드로이드는 전기양의 꿈을 꾸는가》의 주인공인 릭 데커드는 초반에는 맥 빠질 정도로 평범해 보인다. 그가 사는 세계는 1960년대의 미국과 상당히 비슷하다. 데커드는 유쾌하지만 가식적인 상업주의가 삶 곳곳에 스며들어 있는 인물이다. 평소의 오락거리라고는 모두가 보는 TV 쇼를 시청하고, 다음 날 출근해서 그에 대해 이야기하는 정도다. 데커드의 아내는 우울증을 앓고 있으며, 그는 자신의 직업에 불안감을 느낀다. 그가 사는 세계에서는 인권 운동이나 1960년대의 부르주아 계급 비판 같은 일은 전혀 일어난 적이 없는 것 같다. 그러나 한편 생각해보면, 내가 이 글을 쓰고 있는 현실 세계에서도 자칭 백인 우월주의자들이 현 미국 정부의 최고위층에 영향력을 행사한 것을 자랑스럽게 과시하며 앞으로도 그 영향력을 더욱 키워나가기를 기대하고 있는 실정이다 보니, 소설 속의 세상이 달라봤자 얼마나 다르겠는가?

그런데 사실은 꽤 낯설고 기이한 부분이 있다. 우리의 세계에서 데커드의 세계로 가기 위해서는 몇 가지 사소한 것들을 조정할 필요가 있다. 데커드가 사는 세계는 핵전쟁 이후의 미국 사회다. 자연은 황폐해졌고 수백만 명의 사람들이 목숨을 잃었다. 특히 인

간 외의 동물은 거의 멸종 상태다. 그 결과 살아있는 동물은 숭배의 대상이 되었고, 그래서 동물을 소유하는 것이 강력한 사회적 지위의 상징이 되었다. 데커드 부부는 동물을 키울 형편이 안 되지만, 체면을 유지하려고 전기양(로봇 양)을 키우면서 이웃들에게 진짜 양이라고 속이고, 내심 언젠가는 진짜 양을 갖게 될 날을 고대하고 있다. 데커드는 불법 잠입한 '안드로이드'를 추격해 사살하는 '블레이드 러너', 즉 현상금 사냥꾼이다. 이미 능력 있는 인간 대부분은 지구를 떠나 다른 행성에 거주하고 있으며, 그곳에서 인공적으로 개발된 로봇인 안드로이드는 인간 대신 험한 일들을 도맡아서 하며 착취당한다. 안드로이드는 겉보기에는 인간과 너무나 흡사하기에, 행동 심리학적 검사인 보이트-캄프 테스트를 통해서만 식별할 수 있다.

이 소설에서 특히 아이러니한 부분은, 안드로이드에게는 없는 것으로 알려진 공감력을 측정해 인간 여부를 식별한다는 점이다. 해당 테스트에서 제시되는 질문 중 일부는 동물에 대한 깊은 공감을 보여주어야 하는데, 사실상 이 책을 읽는 독자들조차 그 정도로 공감할 수 있을까 싶은 수준이다. 다만 소설 속 세상에서는 동물이 거의 멸종된 상황이기에 동물은 더욱 경배의 대상이 된다. 소설 속 안드로이드 테스트의 내용을 살펴보자.

데커드는 질문지에서 3번 질문을 골랐다. "당신은 생일에 송아지 가죽으로 만든 지갑을 선물받았소." 그러자 측정기의 두 바늘이 즉각 녹색을 지나 빨간색에 도달했고, 바늘은 격하게 흔들리다가 이내 잠잠해졌다. "그런 선물은 받지 않겠어요. 그리고 저는 그 선물을 준 사람을 경찰에 신고할 겁니다"라고 레이첼이 대답했다. 데커드는 간단히 메모를 한 뒤, 이번에는 8번 질문을 택했다. "당신의 어린 아들이 당신에게 나비 채집 컬렉션과 나비 표본을 만들 때 쓴 병을 보여준다면?" 레이첼의 음성은 낮지만 단호했다. "아이를 병원에 데려가겠어요." 또다시 두 개의 바늘이 움직였지만, 이번에는 움직임이 그리 크지 않았다. 데커드는 다시 메모를 남겼다.[20]

데커드는 안드로이드 테스트를 진행하면서도 결과가 거짓 양성으로 나올까 봐 우려한다. 어쩌면 조현병 환자인 인간이 안드로이드 수준의 공감 능력을 보인 탓에 실수로 '은퇴'('사살'의 완곡한 표현이다)당할지도 모르는 일이다. 여기서 독자들에게 묻는다. 당신은 이 테스트를 통과할 수 있는가? 그런데 데커드는 반대의 상황에 대해서는 거의 신경 쓰지 않는다. 만일 안드로이드가 사실은 인격을 지닌 존재라면 어떠한가? 그들이 인공적으로 창조되었다는 점은 변함이 없지만, 그렇다고 해도 인간으로 인정받아야 하는 존재라면? 만일 그들을 인간으로 인정하지 않는 것이야말로 인간이 가진 공감 능력의 중대한 결함이라면? 데커드가 속한 사회에서는 공감 능력의 결여를 과학적으로 식별하는 테스트를 통해 안드로이드를 가려낸 후 사살한다. 그렇다면 공감의 결여라는 것은 정확히 무슨 뜻일까? 그것은 다름 아닌, 동물에 관련된 가상의 윤리적 상황에 대해 적절한 응답을 제시하지 못했다는 의미다. 이보다 더 기이한 아이러니가 있을까?

그러나 이 세계의 기이함은 여기에서 끝나지 않는다. 데커드와 그의 아내가 사용하는 기분 전환 오르간에 대해 이야기해보자. 이 기기는 사용자의 감정을 특정한 상태로 조절한다. 이는 고된 일과를 마친 후 맥주 한 잔으로 기분 전환을 하는 것과는 차원이 다른 것이다.

아내 아이란은 긴 나이트가운을 나풀거리며 그의 곁으로 다가와서는 TV를 껐다. "알았어. 당신 말대로 오르간을 쓸게. 어떤 기분으로 맞출까? 황홀할 정도로 섹시하게 해줄까? 난 지금 기분이 너무 안 좋아서 그런 것도 참을 수 있을 것 같아. 될 대로 되라지. 그래봤자 뭐가 달라지겠어?" 데커드는 아내를 침실로 데려가며 말했다. "내가 당신 것도 맞춰주지." 그는 아내의 오르간 코드를 594로 설정했다. '매사에 탁월한 남편의 지혜를 기쁘게 인정하는 느낌'[21]

데커드의 세상에서 동물들은 우리가 사는 세상에서보다 훨씬 더 사랑받는 존재이며 법적인 보호를 받는다. 동물의 희소가치가 워낙 높기에, 인간이 기르는 동물은 대부분 복제 동물이지만, 그럼에도 귀중한 존재로서 가치가 크다. 그에 반해, 인간의 모습을 거의 완벽하게 복제한 안드로이드는 포획한 후 동물에 대한 감정을 테스트한 후 진위가 가려지면 사살해야 할 대상이다. 그런데 인간들은 자신의 감정을 기계를 통해 인공적으로 조절한다. 이 순간 우리는 진정성이란 과연 무엇인지 묻지 않을 수 없다. 소설 속 안드로이드는 폭력적이다. 그들은 인간을 살해하고 데커드를 공격한다. 그 설정은 살인 기계의 위협 속에서 인간종의 경계를 지키는 것이 얼마나 중요한지를 보여주는 것일까, 아니면 노예들의 반란에서 흔히 나타나는 광적인 폭력성으로 이해해야 할까? 이 모든 일은 안드로이드가 애초에 인간적으로 대우받았다면 일어나지 않았을 일인지도 모른다.

데커드는 한 여성 안드로이드와 성관계를 가지기도 한다. 이 대목은 사랑이 종간의 경계를 극복할 수 있음을 보여주는 것인가, 아니면 살인을 저지를 수도 있는 섹스 로봇을 개발한 것에 불과하다는 점을 보여주는 것인가? 이 작품에는 카프카적인 요소도 등장한다(여기서 카프카적이라는 표현은, 해당 부분을 가져다가 그대로 카프카의 소설 《심판》에 삽입하더라도 카프카의 전기 작가인 막스 브로트Max Brod가 '그래 그거 괜찮군. 그대로 두게"라고 했을 법하다는 의미다). 바로 데커드가 끌려간 경찰서가 안드로이드들이 운영하는 가짜 경찰서로 밝혀지는 장면이다. 어쩌면 데커드 자신도 안드로이드인 것은 아닐까? 내 동료들도 혹시? 만일 누가 안드로이드인지, 누가 인간인지조차 알 수 없다면, 그들이 우리보다 인간답지 않다고 어떻게 말할 수 있을까? 이러한 모순은 소설 곳곳에 얽혀 있다. 이를 명확하게 지적하여 보여주지는 않지만, 독자 입장에서는 줄곧 그러한 모순이 어지럽게 감지된다. 마치 에셔Escher(네덜란드의 판화가로, 주로 착시 효과를 이용한 그림을 많이 그렸다. - 옮긴이 주)의 작품에서 볼 수 있는 시각적 방향 혼동 효과의 도덕적 버전인 것 같다. 이것은 바닥인가, 천장인가? 위인가, 아래인가?

이 소설에서 작가는 경계선을 자유롭게 넘나든다. 소설은 계속해서 우리의 도덕적 직관이 얼마나 일관적인지 묻는다. 애덤 스미스가 읽었다면 분명 높이 평가했을 만한 방식이다. 공감 능력이 인격을 판단하는 도덕적 근거가 될 수 있을까? 그렇다면, 안드로이드는 공감하는 능력이 없고 우리는 있다는 사실이 증명될까? 만일 인공의 개체가 진짜 인간과 구별할 수 없을 정도로 똑같이 행동한다면, 우리는 그 개체에 인격을 부여해야 한다는 의미인가? 왜 그래야 할까? 이 책의 서문에서 소개했던 AI 할은 비록 가상의 존재였지만, 튜링 테스트를 가뿐히 통과했을 뿐 아니라 데커드가 안드로이드를 상대로 테스트를 수행했던 것처럼 다른 이를 상대로 테스트를 수행하는 능력도 있었다. 그런 경우에는 어떤 결론이 날까?

데커드가 사는 세상에서는 우리가 사는 현실 사회보다 동물에 더 많은 공감을 보인다. 심지어 '불신의 유예'를 통해 인조 복제 동물도 살아있는 동물처럼 소중히 여긴다. 그렇다면 그 사회가 우리 사회보다 도덕적으로 우월하다고 볼 수 있을까? 아니면 한낱 복제품에는 존재할 리가 없는 질적 가치를 그 복제품에 투사하는 것이 얼마나 쉬운 일인지 보여주는 경고인가? (이 장의 초반에서 대령이 지뢰 제거 로봇에 감정을 이입했던 것을 떠올려보라.) 기분 전환 오르간과 전기양이 존재하는 세계에서, 자연적인 것과 인공적인 것 사이의 경계는 대체 무엇을 의미하는가?

소설의 끝 부분에서, 저자는 모든 근본적인 믿음은 망상을 기꺼이 받아들이는 태도에서 비롯된다고 말하는 듯하다. 소설 속 세계에서 공감을 기반으로 형성된 종교인 머서리즘Mercerism(비록 소설 전반에서 기만적인 종교라는 암시를 주지만)을 향한 믿음이든, 전기양의 진정성에 관한 믿음이든 말이다. 그리고 실은 어쩌면 받아들일 가치가 있는 망상인지도 모른다. 이윽고 독자는 이러한 의문을 품게 된다. 데커드가 자신의 인간성을 판단하는 데도 동일한 논리를 적용할 것인가? 기계 속에 영혼이 있는 것이 아니라면, 과연 우리의 의식은 어디에서 온 것일까?

위대한 컴퓨터 공학자 앨런 튜링은 자신이 고안한 기계의 의식을 판별하는 튜링 테스트에 대해 비슷한 논지를 제시한 바 있다. 그는 이후 B. F. 스키너를 비롯한 행동주의 심리학자들이 성공적인 지적 체계로 발전시킨 논거를 활용한다. 즉, 우리는 타인의 정신 상태를 '직접' 확인할 방법이 없기 때문에, 극도로 자기중심적인 입장에서 본다면 다른 사람들을 단순히 규칙을 따르는 기계라고 간주할 수 있다는 것이다. 튜링은 〈계산 기계와 지성Computing Machinery and Intelligence〉이라는 논문에서 이렇게 말했다.

나는 의식에 근거한 주장을 지지하는 대다수 사람이 극단적인 자기중심적 사고에 빠지기보다는 차라리 그 주장을 철회하는 쪽으로 설득당할 가능성이 더 크다고 본다. 그렇게 되면 아마 이 테스트(튜링 테스트)를 기꺼이 받아들이게 될 것이다. 다만 내가 의식의 존재에 대해 일말의 의구심도 없다고 말하려는 것은 아니다. 실제로 의식이란 무엇인지 명확히 밝혀내려고 할 때는 언제나 일종의 역설이 따른다. 그러나 의식에 관한 의문들이 완

전히 밝혀져야만 이 논문에서 다루는 질문에 답할 수 있는 것은 아니라고 생각한다.[22]

튜링은 '기계는 생각할 수 있는가?'라는 질문에 답하려 하고 있다. 이 질문에 답하기 위해서는 어떤 테스트를 적용해야 할까? 만일 '외견상 인간처럼 보이는 수준'보다 더 높은 통과 기준을 설정한다면 과연 우리는 그 테스트를 통과할 수 있을까? 앞서 인용했던 스키너의 주장을 되새겨보자. "우리는 기계가 생각하는지 물을 것이 아니라, 인간이 생각하는지 물어야 한다. 생각하는 기계를 둘러싼 수수께끼는 이미 생각하는 인간을 둘러싸고 있다."[23] 그렇다면 우리가 던져야 할 질문은 '데커드가 안드로이드인가?'가 아니라 '우리 모두가 안드로이드인가?'일지도 모른다. 이 질문은 《안드로이드는 전기양의 꿈을 꾸는가》를 원작으로 한 영화 〈블레이드 러너〉에서도 이어진다.

〈블레이드 러너〉는 원작 소설과 유사한 부분도 물론 많지만, 차이점 또한 확연히 드러난다. 영화에서 안드로이드 대신 '레플리칸트'라 불리는 복제인간은 인공두뇌를 가진 로봇이 아니라 합성생물학과 유전공학 기술로 개발된 개체로 설정된다. 이는 유전공학의 발전에 따라 나타날 사회 변화에 크게 관심을 가졌던 리들리 스콧 감독의 의도가 다분히 담긴 설정이다. 영화에서 우리가 마주할 존재는 할일까, 침피일까? 디스토피아적 샌프란시스코를 배경으로 한 원작과는 다르게 영화는 디스토피아적 로스앤젤레스를 배경으로 한다(실제 두 도시의 분위기를 감안하면 꽤나 큰 차이다). 또한 원작의 배경은 방사능에 오염된 1950년대 미국 사회인데 비해, 영화에서 해리슨 포드가 연기한 데커드의 세계는 어둠이 짙게 깔린 가운데 이따금씩 자연광이나 인공조명의 빛줄기가 때에 따라 눈부시게, 흐릿하게, 혹은 선명하게 어우러지며 사이버펑크 느와르의 분위기를 물씬 풍긴다. 첫 등장 장면에서 데커드는 쏟아지는 비(LA에 장대비라니!)를 속수무책으로 맞으며 길거리의 아시안 포장마차에 자리가 나기를 기다리고 있다. 이 세계에서 영어는 이방인의 언어나 다름없어 보인다. 그는 포장마차 주인이 쓰는 도시어(영화 속 세계의 공용어 – 옮긴이 주)를 사용하지 않는다(미국에서 영어를 쓴다고 이방인 취급을 받다니!). 그는 만두 네 개를 주문하고 싶지만 한 사람당 두 개만 주문할 수 있다(돈이 있어도 음식을 양껏 먹을 수 없다니! 그것도 미국 땅에서!).

데커드가 주문한 음식을 기다리면서 자연스럽게 일회용 나무 젓가락을 쪼갠 후 비벼 잔가시를 털어내는 장면이 나오는데, 내가 강의하던 '법과 문학' 수업에서 한 한국인 교환학생은 그 장면을 보고, "지금까지 본 서양인의 행동 중에 제일 자연스러운 아시아식 행동이었어요"라고 말했다. 영화에서는 많은 것들이 달라져 있다. 거대한 광고용 비행선이 하늘을 떠다니며 마치 1950년대 공중위생 안내 방송에서나 들을 법한 활기찬 음성으로 우주 식민지를 홍보하는 광경 그리고 일본 게이샤처럼 꾸민 아시아 여성이 등장하는 전광판을 나란히 보여주며 기묘하고 낯선 효과를 낸다. 도시 여기저기에서 일본 브랜드명이 등장한다. 일본을 선두로 아시아가 세계를 장악할 것이라는 공포가 최고조에 이르렀던 1980년대에 제작된 영화이기 때문에 그 점이 화면 곳곳에 드러나는 것이다. 거대 기업의 웅장한 건물은 마치 아즈텍 피라미드처럼 우뚝 솟아 불결한 거리 위에 커다란 그림자를 드리우고 있다. 이 세계에서 '일부' 인조인간들은 꽤 잘 지내고 있는 듯 보인다. 하늘을 나는 최첨단 자동차도 보이는 반면, 그 자동차의 부품을 훔치며 생계를 이어가는 거리의 부랑아들도 있다.

데커드가 주문한 음식이 나오기도 전에 영화를 보는 관객들은 이미 이질감과 불확실성, 정체성의 혼란 속으로 빠져든다. 감독은 이 모든 것을 약 1분가량의 화면에 담아낸다. 이 압도적인 연출 장면을 최근에 다시 보면서 나는 현재 우리 사회의 인종적 불안감, 외국인 혐오, 타자에 대한 두려움을 매우 기이하게 예견했다는 느낌을 받았다. 그리고 우리가 데커드의 직업이 인간종의 경계를 감시하는 역할이라는 사실을 마침내 알게 된 순간, 모든 것이 완벽하게 들어맞으며 이런 반응을 이끌어낸다. "그런 역할이 반드시 필요하지!" 과연 그럴까?

원작과 마찬가지로 영화에서도 혼란스러운 가운데 갑작스러운 깨달음을 얻는 순간들을 연출함으로써 불안한 도덕적 경련을 유발한다. 레온이라는 이름의 레플리칸트가 블레이드 러너와 마주 앉아 보이트-캄프 테스트를 받는 장면이다. 레온의 태도는 윤리학 토론 수업 시간에 제시된 가정적 질문에 반박하는 학생을 연상시킨다. 가령 트롤리 딜레마(제동장치가 고장 난 채로 선로를 달리는 트롤리 전차가 소수 또는 다수의 사람을 희생시킬 수밖에 없는 상황에서 어느 쪽을 선택해야 하는지 묻는 윤리학의 사고 실험 - 옮긴이 주)에 관한 토론에서 "저는 전차 말고 지하철만 타는데요? 그리고 애초에 사람들이 왜 선로 위에 서 있는 거죠?"라고 대꾸하는 식이다. 레온은 주어진 질문을 계속해서 반박한다. 자신이 사막에 있다고 가정해보라는 말에는 어느 사막이냐고 되묻는가 하면, 뜨거운 사막 한가운데 뒤집어져 있는 거북이를 그대로 둘 것인지 묻자, "거북이가 뭡니까? 제가 그걸 왜 뒤집죠? 이런 질문은 당신이 만들어낸 건가요, 아니면 다른 사람이 써준 걸 그대로 읽는 건가요?"라고 되묻는다.

우리는 처음에는 레온이 자폐 스펙트럼 증상이라도 있는 것인지 의아해하다가, 테스트라는 매우 인위적인 환경에서 학생의 역할을 당연하게 받아들인 우리가, 특정 반응을 이끌어내기 위해 고안된 제한 없는 질문들에 너무 익숙해져 있다는 사실을 깨닫게 된다. 그 결과 레온의 지극히 정상적인 질문들이 오히려 순진하게 느껴지는 것이다. 그의 당혹스러워하며 어눌하게 대답하는 모습은 오히려 친밀감을 불러일으키기까지 한다. 그러나 이 친밀감은 어머니에 관한 질문이 나오면서 깨지고 만다. 레온은 "내 어머니에 대해 말해주지"라고 말하며, 총을 꺼내 질문한 이를 쏜다. 어머니라는 개념은 인공의 존재에게는 민감한 주제인 듯하다. 어쩌면 자신을 창조한 인간종의 일원을, 그중에서도 자신을 추적해 제거하라는 임무를 받은 인간을 죽이는 행위를 통해, 그는 자신의 어머니에 대해 말하고 있는 것인지도 모른다. 줄곧 혼란스러워하며 확신을 얻기 위해 계속 되묻던 학생의 태도는 순식간에 돌변해, 자신을 창조한 이들을 반격하는 살인 기계가 된다. 스콧 감독은 우리가 레플리칸트를 친근하게 받아들여 공감을 느끼도록 내버려두지는 않을 작정인 듯하다.

영화에서 중심적인 역할을 하는 '넥서스 6' 레플리칸트들은 우주 식민지 왕복선을 탈취해 승무원을 죽이고 지구로 도망쳐왔다. 로이 배티가 이끄는 이들 무리는 자신들의 수명을 연장시킬 방법을 찾고 있다. 레플리칸트를 개발한 기업인 타이렐 사가 애초에 그들의 수명을 매우 짧게 설계했기 때문이다. 성경의 시편 90장을 보면 신이 우리에게 허락한 시간이 '70년'이라고 하는데, 타이렐 사는 그들에게 고작 4년만을 허락했다.

그들이 눈앞에 닥친 죽음을 피할 방도를 찾으려는 여정은 위협적인 모습과는 어울리지 않게 묘한 울림을 주기도 한다. 로이 배티와 레온은 유전공학 제조업자인 한니발 츄를 찾아가 방법을 묻지만, 츄는 그들의 수명에 대해서는 전혀 아는 바가 없다고 말한다. "나는 눈알만 만들어 납품할 뿐이오." 덜덜 떨고 있는 츄와는 달리, 극저온 냉각 시설 속에서도 레플리칸트들은 평범한 옷차림으로 태연하게 서 있다. 자신에게 닥칠 운명을 감지한 듯 겁에 질린 상황에서도 츄는 이렇게 말한다. "당신은 넥서스로군. 내가 당신 눈알을 만들었지." 명확히 드러나지는 않지만, 츄는 금방이라도 자신을 죽일 것 같은 레플리칸트의 얼굴을 향해 조심스레 손을 뻗는다. 장인으로서의 자부심과 심지어 그들에 대한 애정이 느껴지는 듯한 기묘한 순간이다. 로이는 말한다. "츄. 내가 지금껏 보아온 것들을 당신의 눈으로 볼 수만 있다면." 그렇다. 리들리 스콧 감독은 우리에게 이렇게 말하고 있는 것이다. 레플리칸트는 설계된 존재며, 창조자를 향해 분노로 맞서는 위험한 존재라고. 하지만 동시에 감정과 기억을 지닌 존재, 두개골 속에 인격을 품고 있는 존재, 자신을 설계한 이가 '자신'의 눈으로 세상을 바라보고 '자신'의 입장이 되어보기를 바라는 존재다. 물론 우리가 타자의 공간을 경험하는 것은 상상 속에서만 가능하다. 우리는 그들의 바람을 받아들여 그들의 입장을 상상해볼 수 있을까? 여기서 우리는 다시 공감에 관한 애덤 스미스의 논의로 돌아간다. 그리고 내가 앞서 제기한, '우리가 창조한 존재가 어떻게 인간이 될 수 있을까?'라는 질문이 논의의 중심에 등장한다.

프라이밍: 도덕적 스트로보 효과

필립 K. 딕은 《안드로이드는 전기양의 꿈을 꾸는가》에서 독자의 심리적 혼란을 유발하는 여러 기법으로 우리의 사고방식을 익숙한 패턴에서 벗어나게 함으로써 타자를 순수한 시선으로 바라보게 해준다. 우선 보이트-캄프 테스트를 살펴보자. 이 테스트에서는 응답자가 다른 종에 대한 공감을 충분히 표하지 못한다면 인간성이 부정된다. 그러나 정작 인간은 스스로 창조한 개체에 대해 자신들이 공감을 느끼지 않는 것은 문제 삼지 않는다. 또한 생태계가 황폐해진 세상에서 동물을 향한 인간의 태도는 거의 숭배에 가깝다. 이 소설은 언어가 상상력에 미치는 영향력을 탁월하게 이용해 사고 실험을 수행한다. 만일 인간의 기분을 인위적으로 정확하게 조절할 수 있는 기분 전환 기계가 있다면 어떨까? 만일 공감을 기반으로 한 종교가 존재한다면 어떨까? 그에 반해 영화 〈블레이드 러너〉는 그 경계선을 눈으로 직접 보게 해준다.

이 책은 인격, 혹은 인간성의 경계선에 관한 내용이다. 경계선 저편에는 무엇이 있을까? 경계선에 가까운 극단적 사례, 즉 법적으로 일련의 권리를 인정받는 개체인 인간과 그에 해당하지 않는 개체 사이를 가르는 기준은 무엇인가? 의자나 테이블이 인간이 아니라는 점은 자명하다. 그렇다면 이 경계선에 보다 근접한 경우라면 어떨까? 과거 철학자들은 인간을 인간이게 하는 '기준'의 정의를 내리기 위해 다양한 사례를 활용해왔다. 가장 대표적인 사례는 동물이다. 동물은 많은 면에서 인간과 유사하다. 그러나 인간은 침팬지나 돌고래를 소유할 수 있지만 동물들은 인간을 소유할 수 없다.

또 다른 사례로는 마네킹, 동상, 밀랍인형 같은 인간의 형상을 본뜬 복제품이 있다. 이들은 섬뜩할 정도로 인간의 외형을 닮았지만 이들 역시 인간이 아니라는 사실은 분명하다. 그렇다면 이들에게 기능적 유사성을 추가한다고 해보자. 인간의 외형을 한 로봇이나 인간의 음성, 인지 능력의 일부를 모방한 소프트웨어 프로그램이 그러한 사례에 해당한다. 게다가 인간의 유전적 요소 중 일부를 기반으로 인공적으로 설계된 개체도 있다. 그리고 마지막으로, 경계선에는 시간적 차원도 작용한다는 점을 생각해보자. 즉, 우리는 흙에서 와서, 흙으로 돌아간다. 그렇다면 물질은 어느 시점부터 인간이 되며, 인간은 어느 시점부터 다시 물질로 돌아가는가? 우리의 생명, 우리의 인격은 어느 순간부터 시작되는가? 수정란이 형성되는 순간일까, 태아가 생존 가능한 단계에 진입하는 순간일까, 아니면 출생의 순간일까? 인간의 생명은 호흡과 심장 박동과 뇌 기능이 정지하는 순간에 끝나는 것일까? 시간 역시 경계선상의 문제다. 동물, 마네킹, 로봇, 인간을 모방한 소프트웨어, 생과 사의 경계, 이 모든 사례는 인간이 인간이게 하는 기준이 무엇인지 이해하는 데 도움이 될 수 있다. 〈블레이드 러너〉에서는 이 모든 사례를 탐구한다.

이 영화에서 내가 가장 좋아하는 인물은 J. F. 세바스찬이다. 천재적인 유전자 디자이너 세바스찬은 므두셀라 증후군Methuselah Syndrome이라는 병을 앓고 있어서, 노화가 너무 빠르게 진행되어 오래 살지 못할 운명이다. 다만 그의 제한된 수명은 수명이 사전 설계된 레플리칸트와는 달리 자연적인 결과다. 그는 낙후되고 방치된 브래드버리 빌딩Bradbury Building에 홀로 살고 있는데, 이 건물은 실제로 존재하는 것으로 1893년에 지어진 로스앤젤레스의 랜드마크로 유명하다. 역설적이게도 그 이름은 공상과학물의 거장 레이 브래드버리Ray Bradbury(미국 SF 문학의 거장으로, 대표작은 《화씨 451》, 《화성 연대기》가 있다. - 옮긴이 주)를 연상시킨다. 물론 〈블레이드 러너〉 속 세상은 끝없는 유년 시절의 여름을 배경으로 한 브래드버리의 소설 속 세상과는 전혀 닮은 구석이 없는, 어둡고 비가 추적추적 내리는 황폐한 세상이기는 하지만 말이다.

세바스찬의 주변에는 환상적인 모습의 마네킹들, 장난감 로봇, 유전자 조작으로 탄생시킨 동물들뿐이며, 이는 마치 아이들이 가지고 노는 장난감 태엽 병정이나 곰인형의 확장된 버전 같다. 피노키오의 코를 한 카이저 인형이 뚝딱거리며 걷는 모습이나 아기 곰을 보면 빅토리아 시대의 놀이방처럼 보이면서도 동시에 21세기의 로봇 제작소 혹은 유전공학 실험실이 연상된다. 움직이는 병정 인형은 태엽 인형처럼 덜그럭대지만, 말하고 볼 수 있으며 심지어 주인이 집에 돌아오면 이름을 부르며 인사한다. 아름다우면서도 슬픈 광경이다. 세바스찬은 자신이 외롭지 않은 이유를 이렇게 설명한다. "저는 친구를 만드니까요. 저는 유전자 디자이너거든요." 어쩌면 그의 화려한 장난감 방은 빠른 노화로 잃어버린 어린 시절을 반영한 것일 수도 있고, 자신의 운명을 위로하는 공간일지도 모른다. 세바스찬은 공감이 가는 인물이다. 그가 만든 장난감들은 인간처럼 완전히 의식을 지닌 것 같지는 않지만, 그는 말 그대로 친구를 만들고 있는 것이다. 그리고 그는 사실 레플리칸트의 설계자 중 한 명이었다.

대릴 해나Daryl Hannah가 연기한 프리스는 레플리칸트로, 자신들의 수명을 연장시키기 위해 세바스찬에게 접근해 그를 유혹하는 임무를 맡는다. 프리스는 '쾌락 모델', 즉 성적인 용도로 개발된 레플리칸트다. 영화는 만일 유전자 조작으로 의식을 지닌 개체를 설계하는 기술이 있다면, 인간이 그 기술로 섹스 토이를 제작한다고 해도 별로 놀랍지 않을 것이라는 점을 보여준다. 실제로 오늘날 IT 관련 매체에는 독거노인을 위한 동반자 로봇이라든가[24] 심지어 말하는 섹스 로봇에 관한 기사가 심심찮게 등장한다.[25] 말하자면 란제리 차림의 시리인 것이다. 다음은 《뉴욕타임스》의 기사 내용이다.

로봇에게는 동의를 구하지 않아도 된다. 즉, 로봇은 인간 여성이 아니라 애니메트로닉스(애니메이션과 일렉트로닉스의 합성어로, 로봇을 정교하게 움직이게 하는 특수 기법 - 옮긴이 주)가 적용된 개체이므로, 동의가 필요하지 않다는 것이다. 이들은 그러한 로봇이 여성에 대한 사회적 인식에 영향을 미칠 것이라는 우려에도 동일한 논리로 반박한다. "이 개체는 인간이 아니라 기계다." 윤리성 논란이 제기될 때마다 개발자들은 즉각 이렇게 반박한다. "그렇다면 토스터기가 토스트를 만들도록 강제하는 행위도 윤리적으로 문제가 되는 것인가?"[26]

프리스는 1980년대 클럽에서 곧바로 나온 듯한 차림이다. 너구리같이 짙은 눈 화장에, 망사 스타킹과 부츠, 야성미를 과시하며 한껏 부풀린 백금발. 그녀는 디킨스의 소설에나 나올 법한 부랑아 같은 모습으로 세바스찬이 사는 빌딩 근처 쓰레기 더미 속에 숨어 있다가 그가 모습을 드러내자 튀어나와 일부러 그와 부딪친다. 프리스는 세바스찬에게 자신은 의지할 곳이 없으며, '일종의 고아 같은' 신세라고 말하는데, 사실 레플리칸트인 그녀로서는 맞는 말이다. 세바스찬은 아름답고 가냘퍼 보이는 프리스에게 거처를 마련해준다.

심리학자들은 관찰자나 실험 대상자에 대한 프라이밍priming 효과를 연구해왔다. 즉, 어떤 맥락을 통해 사람들이 특정 방식으로 정보를 해석하거나 기억하도록 유도하는 방법이다. 관련 연구 중에는 추측에 불과한 경우도 있고, 실제로 재현이 불가능할 정도로 과장된 주장도 있었지만, 프라이밍의 기본 메커니즘 자체는 반복적인 실험을 통해 검증되었다. 심리학 전문 매체 〈사이콜로지 투데이〉에 게재된 관련 내용을 살펴보자.

> 프라이밍은 단어 및 사물에 관한 지각적 인식과 관련된 인간 기억의 무의식적 형태다. 어떤 행동이나 과제를 수행하기 직전에 특정한 기억 속 개념이나 연관성을 활성화한다는 뜻이다. 예를 들어 '노란색'이라는 단어를 본 관찰자는 '바나나'라는 단어를 좀 더 빠르게 인식하게 되며, 이는 관찰자의 기억 속에서 노란색과 바나나가 밀접하게 연관되어 있기 때문이다. 또한 프라이밍은 사람의 기억을 긍정적 혹은 부정적 방향으로 유도하는 심리학 기법을 가리키기도 한다.[27]

세바스찬의 아파트를 배경으로 한 장면은 전반적으로 빠르게 번쩍이며 변하는 이미지를 보여주는 스트로보 효과를 사용해서, 관객이 프리스를, 나중에는 로이를 볼 때 경계선의 저편에 속하는 개체로 인식하도록 유도하는 프라이밍 효과를 낸다. 이는 철저하게 계산된 연출이며, 놀랍도록 빠르게 진행된다. 프리스의 너구리 같은 눈화장은 1980년대의 클럽을 떠올리게 하다가도 동시에 실제 너구리처럼 보이기도 한다. 특히 잠이 든 세바스찬에게 다가가 몸을 숙여 킁킁대며 냄새를 맡아대는 장면에서 더욱 그렇다. 정상적인 인간이라면 이렇게 개처럼 킁킁대지 않는다. 프리스를 동물처럼 보이게 하려는 의도였을까? 프리스는 외모와 신체 조건으로 보면 비인간적으로 보일 만큼 완벽한 모습이다. 그녀가 거리낌 없이 펄펄 끓고 있는 물속에 손을 집어넣어 삶은 달걀을 꺼내는 장면에서도 우리는 그리 놀라지 않는다. 반면에 달걀을 건네받은 세바스찬은 뜨거워서 제대로 잡지도 못한다. 프리스는 인조 인간이기 때문이다. 관객은 아름다우면서도 묘한 매력이 있는 프리스를 동경하는 눈으로 바라보다가도 문득 현실을 혼동하게 되는데, 이는 분명 리들리 스콧 감독의 의도일 것이다.

우리는 아름다운 여성의 모습에 감탄하고 있는 것일까, 아니면 섹스 로봇을 음탕한 눈길로 바라보는 것일까? 이 부분에서 거북한 느낌이 든다. 로이가 아파트에 들어서자 둘은 세바스찬이 보는 앞에서도 전혀 부끄러움 없이 탐욕적으로 서로에게 키스를 퍼붓는다. 동시에 마치 개처럼 서로 킁킁대기도 한다. 프리스는 동물일까, 아니면 섹스 로봇일까? 또는 사랑에 빠진 것일 수도 있다. 한편 프리스는 어린아이 같은 면모를 보이기도 한다. 그녀는 세바스찬이 만든 장난감들을 신나게 구경하다가도, 추격당하고 있는 현실에 두려움을 느낀다. 그리고 세바스찬에 대해서는 그를 조종하려는 태도와 진심 어린 애정 사이를 오가는 모습을 보인다. 그녀는 로이에게서 레온이 죽었다는 소식을 듣고 이제 단둘만 남았다는 사실을 깨닫자 충격에 빠진다. "우리가 어리석었어. 결국 다 죽게 되겠지."

데커드가 프리스를 잡기 위해 아파트에 도착하자, 그녀는 천으로 몸을 가린 채 세바스찬의 태엽 인형 사이에 숨는다. 위장은 놀랄 만큼 성공적이었다. 꼼짝 않고 있는 그녀는 마치 인형처럼 매끄

럽고 완벽한 모습이다. 프리스는 마네킹 또는 인형이나 다를 것 없다! 그러나 데커드가 총구로 천을 들어올리는 순간, 그녀는 날카롭게 비명을 지르며 초인적인 힘으로 데커드를 공격한다. 이때의 프리스는 살인 로봇인 것이다! 프리스를 연기한 대릴 해나는 발레를 했던 경험을 살려 스턴트 연기를 직접 해냈다고 한다. 데커드와의 격투 장면에서 그녀는 입이 딱 벌어질 정도의 고난이도 텀블링 동작을 보여주는데, 이 또한 살인 기계라는 점과 대비를 이루어 관객을 의도적으로 혼란스럽게 하는 연출이다. 다시 말해 마치 터미네이터가 올림픽 체조경기에 출전한 것 같은 장면이다. 결국 데커드가 쏜 총알에 맞은 프리스는 완벽한 공중제비를 멈추고 바닥에 쓰러져 마치 감전된 듯 격렬하게 발작을 일으키며, 죽어가는 동물처럼 괴성을 지른다. 그때부터 프라이밍은 빠른 속도로 전개된다. 쏟아지는 피. 번쩍! 아름다운 여성. 번쩍! 킬러 로봇. 번쩍! 살아있는 것 같은 마네킹. 번쩍! 천진난만한 아이. 번쩍! 견딜 수 없는 고통에 울부짖으며 죽어가는 동물. 이 장면에서 활용된 스트로보 장치는 보는 이에게 윤리적 프라이밍 효과를 줌으로써 이 영화가 지닌 힘을 어느 다른 요소보다 강력하게 보여준다. 이 장면은 훌륭한 연출이지만 한편으로 보는 이의 마음을 불편하게 만든다. 우리의 감정은 이렇게 쉽게 조종될 수 있는 것일까? 우리가 설정한 존재의 범주는 이 정도로 불안정한 것일까? 우리가 공감을 지나치게 많이 하는 것일까, 아니면 너무 부족한 것일까?

물론 〈블레이드 러너〉만 이러한 주제를 다룬 것은 아니다. 마이클 크라이튼Michael Crichton 감독의 1973년 영화 〈이색지대Westworld〉

28를 원작으로 HBO에서 방영한 드라마 〈웨스트월드〉도 그와 비슷하게 인공 개체의 인간성에 대한 많은 내용을 담고 있다. 미국 서부 시대를 배경으로 한 테마파크에는 '호스트'라고 불리는 안드로이드들이 있다. 이들은 인간이 스스로의 도덕적 자화상을 그려낼 수 있는 캔버스와 같다. 드라마는 우리와 똑같은 모습이지만 아무런 권리가 없는 그들을 상대로 인간이 무엇을 할 수 있는지 보여준다. 강간, 살해, 고문에 이따금 등장하는 구출 판타지까지, 드라마의 내용은 암울하기 그지없다.

만약에 도스토예프스키의 《죄와 벌》에서 라스콜니코프가 살해한 고리대금업자 노파가 태엽 인형에 불과한 존재였다면, 그가 품은 니체의 초인 사상이 살인 행위를 더 쉽게 정당화했을지도 모른다. 하지만 〈블레이드 러너〉의 레플리칸트의 경우, 그와는 다른 방식으로 우리를 혼란스럽게 한다. 〈웨스트월드〉는 갑작스럽게 충격을 주기보다 시청자가 서서히 깨닫게 하는 방식을 사용한다. "와, 호스트들도 자각 능력이 있는 거였어! 그리고 이제 반란을 일으키는군. 돌로레스는 그렇게 착해 보이더니!" 반면 〈블레이드 러너〉는 매 장면마다 한 등장인물을 여러 의미가 함축된 모습, 가령 동물, 로봇, 사이코패스, 인간, 섹스 토이, 마네킹 등으로 묘사해나가며 우리를 갈팡질팡하게 하고 혼란에 빠뜨린다.

여기서 잠시 이 논의의 출발점으로 돌아가 애덤 스미스가 공감이라는 개념에 대해 어떻게 말했는지 다시 한번 살펴보자. "내 형제가 극심한 괴로움에 시달리고 있더라도 나의 심신이 편안한 상태라면 감각으로는 그가 겪는 괴로움이 어떠한 정도인지 절대 알 수 없다. 감각은 본래부터 자아를 초월해서 느낄 수 있는 성질이 아니므로, 우리는 오직 상상을 통해서만 그 사람이 무엇을 느끼는지 파악할 수 있다."[29]

하지만 상상의 나래를 펼쳐 상대를 나의 형제로 보았다가도 다시 마네킹으로 보았다가, 동물로 보았다가, 무자비한 킬러 로봇으로, 또는 나의 말에 순순히 복종하는 토스터기로 보게 된다면 어떨까? 과연 그를 인간으로 여길 수 있을까? 〈블레이드 러너〉는 우리에게 같은 종인 인간조차 제대로 평가하지 못하는 공감 능력은 앞으로 두 가지 쓰라린 도전에 직면하게 될 것이라고 경고하는 듯하다. 첫째, 앞으로는 인격의 허용 범위가 (우리가 겪었던 과거 논쟁과 달리) 프라이밍 효과에 따라 조작될 가능성이 더 크다. 왜냐하면 프라이밍을 거쳐 인식된 대상은 더욱 진실에 가까운 모습일 것이기 때문이다. 침피는 부분적으로는 동물이다. 할이 지닌 의식은 부분적으로 인간이 작성한 프로그래밍에 따른 결과다. 프리스 역시 부분적으로는 성적인 목적으로 제작된 인공 개체며, 로이도 냉혹한 전투용 안드로이드다. 이들은 모두 인간이 설계했고 인간이 창조한 결과물이다.

여기서 우리는 불가해성의 역설에 빠지게 된다. 우리는 해당 개체가 어떤 방식으로 설계되었는지 파악하고 있으며, 직접 프로그램을 코딩했기 때문에 그 개체의 '사고'가 어떻게 전개되는지도 이해하고 있다고 가정해보자. 이 경우 우리는 과연 그 개체를 자유의지를 지닌 존재로 여길 수 있을까? 결국 그저 마네킹이나 태엽인형처럼 여기게 되지 않을까? 그러한 상황에서 공감은 어떠한 역할을 하게 될까? 특히 프라이밍 효과를 사용해 우리가 그 개체를 인간으로, 혹은 비인간으로 여기도록 유도하려는 특정한 이념적·경제적 이익이 개입한다면 어떻게 될까? 새로운 개체가 출현할 때마다 벌어질 논쟁에서, 그 개체의 인격을 반대하는 이들이 타당한 근거를 제시할 수도 있을 것이다. 반대로, 새롭게 개발된 어떤 개체가 우리로서는 전혀 원리를 파악할 수조차 없는 방식으로 행동한다면(현재 신경망 구조의 AI 가운데 몇몇 경우는, 이미 이런 일이 일어나고 있다), 우리는 그 개체에 대해 두려움을 느끼는 동시에 이해할 수도 없는 상황 속에 옴짝달싹 못하게 될지도 모른다. 그러한 상황에서 그 개체에게 공감하기란 쉽지 않을 것이다.

둘째, 그 개체는 우리가 직접 디자인하고 설계한 것이기 때문에 우리의 공감 능력 역시 또다른 문제에 직면하게 될 것이다. 이들은 우리의 창조물이다. 만일 어떤 개체를 인간으로 분류하는 데 있어, 그 개체의 신체 형태, 반응 방식, 말투, 혹은 어려 보이는 외관 같은 특성이 우리의 판단을 좌우한다면, 설계자의 입장에서는 그러한 요소를 포함할 것인지, 배제할 것인지 선택할 수 있다. 애덤 스미스가 이러한 상황을 보았다면 어떻게 받아들였을까? 즉, 우리의 형제가 마치 고문도구처럼 설계된 존재일지라도 기꺼이 공감을 느낄 수 있다고 생각했을까? 마치 만화 캐릭터 같은 외관을 지닌 기이한 모습의 개체라면 어떨까? 스미스가 살았던 세계에서 공감은 인간이 서로 다른 존재라는 사실을 전제로 하지만, 그 차이를 극복하려는 상상과 감정의 능력이며, 이는 자연스럽게 발생하는 전제 조건이었다. 그런데 할과 침피가 사는 기이한 세계에서는, 그 차이가 '선택'적으로 설계된다.

〈블레이드 러너〉에서 가장 극적인 순간은, 로이가 계략을 써서 타이렐 사의 본사 건물에 잠입해 타이렐이 있는 방으로 들어가는 장면이다. 창조물은 자신을 창조한 창조주와 드디어 마주하게 된다. 왜 이제야 찾아왔냐고 묻는 타이렐에게 로이는 "창조주를 만나기란 쉬운 일이 아니죠"라고 답한다. 이어지는 대화는 이 영화의 가장 인상적인 장면이다.

로이는 타이렐에게 창조주라면 창조물을 개조할 수도 있는지 묻는다. 타이렐이 마치 의사가 환자를 대하듯, "뭐가 문제라고 생각하나?"라고 묻자, 로이는 "죽음"이라고 잘라 말한다. 그러나 타이렐은 그를 도와줄 수 없었고, 로이에게 그저 남은 시간을 즐기라고 말한다. "두 배로 밝게 타오르는 촛불은 그만큼 빨리 사그라지는 법이지. 자네는 정말이지 굉장히 빛나게 활활 타올랐어, 로이." 로이는 마치 아버지에게 잘못을 털어놓는 듯 말한다. "나는 문제가 될 만한 행동을 했어요." 그리고 이렇게 덧붙인다. "하지만 생체 역학의 신은 당신 같은 사람도 천국에 들일 테니 괜찮겠죠." 그 말을 끝으로 로이는 자신을 창조한 존재에게 열정적으로 입을 맞춘 후 그를 죽인다. 타이렐 역시 '문제가 될 만한 행동'을 했지만, 그 어떤 생체 역학의 신도 그의 행동을 막지 않았기에, 결국 창조물이 창조주를 심판한 것이다. 그렇다면 우리가 만들어낸 창조물은 우리를 어떻게 평가하게 될 것인가?

∙∙∙

《안드로이드는 전기양의 꿈을 꾸는가》와 〈블레이드 러너〉에서 우리는 작가와 감독이 남긴 수없이 많은 메시지를 발견할 수 있다. 이 작품들이 그토록 오랫동안 회자되는 이유이기도 하다. 두 작품 모두 공감과 인간성에 대해 고찰한다는 점은 분명하지만, 나는 타자(기계 지능이나 유전자 변형 개체일지라도)를 자기 자신처럼 사랑해야 한다는 단순한 교훈을 넘어선 메시지가 있다고 생각한다. 내가 주목한 두 가지 메시지는 이 책 전체를 관통하는 핵심 주제이기도 하다.

첫째, 자연스러움, 정체성, 공감에 관한 우리의 신념은 우리의 세계와 닮았으면서도 어딘가 다른 세계의 일그러진 거울에 비춰졌을 때, 임의적이고, 심지어 터무니없어 보이기 시작한다. 누군가는 안드로이드에 대한 공감을 부정하도록 고안된 보이트-캄프 테스트가 정작 동물에 대한 공감을 중요시하는 아이러니한 상황에 코웃음을 칠 수도 있다. 저 세계 사람들은 어쩌면 저렇게 위선적이고 어리석을까! 스스로의 모순은 알아차리지도 못하는군! 그러나 내가 이 두 작품에서 느낀 메시지는 그런 것이 아니라, 바로 "남을 심판하지 말라. 그러면 너희도 심판받지 않을 것이다"라는 격언이다. 우리가 그들보다 더 나을 것 같은가? 이 질문을 오만한 비난이라 여길 것이 아니라, 우려가 담긴 겸허함에서 나온 것이라 봐주길 바란다.

애덤 스미스가 묘사한 공감의 과정은 윤리의 근간이 될 수도 있다. 그러나 이 과정은 아마도 맹점과 모순으로 가득한 신념에만 의존한 채, 우리의 정체성을 투영한 모습을 기반으로 형성될 가능성이 높다. 또한 도덕 이론 그리고 이성을 통해 올바른 답을 찾으려는 과정에서 서로 다른 방식의 사고가 부딪치며 상호 보완적인 자극을 주는 생산적 긴장감을 일으킬 것이다. 공감과 논리는 서로 보완적인 관계다. 인공의 인격체에 관한 우리의 논의는 이 두 측면을 오가는 변증법의 형태를 띠며 전개될 것이다. 즉, 공감과 논리적 삼단논법, 맹목적인 공감과 그에 대한 거부감 그리고 우리 안의 더 바람직한 본성을 실현하리라는 희망과 우리의 창조물이 우리를 파멸로 이끌거나 단죄할지도 모른다는 깊은 두려움 사이를 오가며 전개될 것이다. 또한 앞서 지적했듯이, 이들에 대한 공감은 근본적으로 서로 상충하면서도 진실된 측면도 있는 프라이밍의 영향을 받을 것이며, 그 영향에 따라 우리는 우리가 창조한 개체를 인간으로 혹은 비인간으로 대할 수도 있다.

우리는 그들을 그저 동물로, 태엽 장치로 움직이는 마네킹으로, 소프트웨어로 구동되는 영리한 기계로, 설정을 그대로 따르기만 하는 토스터기로 여길 수도 있고, 반대로 우리 손으로 만들어냈다는 사실을 알면서도 그들을 인간으로 인식하게 될 수도 있다. 게다가 인공 창조물의 설계 과정에서 의도적으로 이러한 프라이밍 장치를 포함시킬 수도 있다. 침피를 개발한 박사는 의도적으로 침피의 외관을 유인원에 가깝게 만들고 대화 능력이 없게 설계했다는 점을 생각해보자. 인문학을 전공하는 학생들은 질문에 대한 답을 찾지 못할 때면 궁여지책으로, '사회적으로 구조화된 것'이라는 답변으로 상황을 모면하곤 한다. 우리의 창조물에 대해 공감하는 과정은 말 그대로 우리 손으로 창조한 사회 구조 속에서 이루어질 것이다. 그야말로 '사회적 구조화'의 극치라 하겠다.

둘째, 인격에 관한 불확실성은 우리가 인간종의 경계 혹은 스스로의 정체성을 파악했다고 해서 사라지지 않는다. 자신의 인간성에 의문을 품은 것은 데커드만이 아니었다. 왜 우리에게 의식이 존재하는지, 왜 우리는 인간인지, 인간이라는 형체를 지닌 생각하는 '나'라는 존재는 어떻게 동물 세계와 기계의 세계를 지배하게 되었는지를 설명하려 한다면, 할의 인간성에 대해 구글 엔지니어들이 보였던 회의적인 반응을 피할 수 없을 것이다. 데커드가 레플리칸트인지 여부가 문제가 아니다. 우리 모두가 레플리칸트일지도 모르기 때문이다.

앞서 나는 인간이 규칙을 따르는 자동 장치(로봇) 이상의 존재임을 증명하기란 쉽지 않다는 점을 지적한 튜링의 주장을 언급했다. 그러한 주장을 제기한 것은 튜링이 처음이 아니었다. 1887년에 이미 소설가 새뮤얼 버틀러Samuel Butler가 튜링과 동일한 문제를 지적했다. "생명체가 의식을 지닌 기계와 같다는 주장은, 기계란 의식이 없는 생명체라는 주장만큼이나 논쟁의 여지가 있는 문제다. 둘 중 한 쪽을 증명하는 논리로 다른 한쪽 또한 증명할 수 있다."[30] 근원적 본질에 대한 논의가 끝없이 되풀이되는 것이다. 《안드로이드는 전기양의 꿈을 꾸는가》와 〈블레이드 러너〉는 결국 타자를 인식하는 문제를 해결하기 전에 우리 자신에 대해 파악하는 것이 우선이라고 말해주는 듯하다.

영화의 마지막 장면에서, 로이는 홀로 세바스찬의 아파트로 돌아간다. 로이는 그곳에서 죽은 프리스를 발견하고는, 프리스의 이름을 부르면서 눈물을 흘린다. 로이는 그녀의 피로 몸이 범벅이 된 채 늑대처럼 울부짖으며 데커드를 찾아나선다. 점멸등처럼 깜박이는 스트로보 방식의 촬영 기법으로 프라이밍이 재개된다. 로이가 읊조리던 잔인한 내용의 동요는 야수 같은 울부짖음으로 변하고, 비인간적인 괴력을 과시하며 마치 고양이가 쥐를 가지고 놀 듯 소크라테스식 유머로 데커드를 다룬다. "무장하지 않은 상대에게 총을 겨누는 건 그리 정정당당한 태도가 아니지. 나는 당신이 좋은 사람인 줄 알았어. 당신은…… 좋은 사람이 아닌가?" 그는 과연 좋은 사람이었을까?

이들의 추격이 이어지면서, 우리는 로이의 죽음이 머지않았음을 알게 된다. 그의 손이 제대로 움직이지 않게 되는 것은 죽음을 암시하는 일종의 메타포로 볼 수 있다. 로이는 손을 계속 움직이기 위해 손바닥에 못을 찔러 넣는다. 만일 이 장면이 예수의 고난을 모티브로 한 것이라면, 생체 역학의 신이 내린 선물은 잔혹할 만큼 모호한 것이며 그의 죽음으로 우리가 속죄받게 될 것인지조차 명확하지 않다.

마침내 로이는 겁에 질린 무방비 상태의 데커드를 마주한다. 데커드는 건물 꼭대기의 가장자리에 한 손으로 매달린 채 떨어지기 일보직전이다. 데커드의 손이 미끄러진다. 이유를 설명할 수 없지만, 로이는 그 짧지만 거대한 경계 너머로 손을 내밀어 데커드의 손목을 움켜잡아 그를 구한다. 그는 자신의 삶이 얼마 남지 않은 순간에 자신의 연인을 죽인 인간에게 자비를 베푼다. 여기서 로이의 대사는 앞서 한니발 츄에게 말했던 내용과 이어진다. 그는 자신의 눈으로 보았던 것들을 이야기한다. "나는 너희 인간들은 도저히 믿지 못할 만한 광경을 보았어. 오리온자리 근처에서 불타오르던 전함들. 탄호이저 게이트 근처 우주 공간의 암흑 속에서 빛나던 C-광선도 봤어. 곧 그 모든 기억은 사라지겠지. 빗속의 눈물처럼. 이제 죽을 시간이야."

그의 모습은 굉장히 인간적인 면모를 보인다. 자비, 예정된 죽음을 맞이하는 달콤하면서도 쓰라린 순간, 의식과 기억의 덧없는 본질, 타인의 감정과 삶을 진정으로 이해하고 느낄 수 없다는 한계 그리고 레플리칸트뿐 아니라 우리 모두가 삶과 죽음, 인간과 사물의 경계를 넘어서는 순간에 느끼는 본질적 고독함마저도. "생사의 갈림길에서는 형제도, 친구도 없다."[31] 그럼에도 우리에게 위안을 주는 것이 있다. 언어와 예술, 공감, 블랙 유머를 통해 무언가를 공유하고, 그 거대한 경계를 넘어 서로에게 손을 내밀 수 있는 능력이다.

마지못해 베푼 것이기는 해도, 그럼에도 불구하고 놀라운, 로이가 베푼 자비라는 선물을 받아들이고 싶은가? 우리는 그의 눈으로 보았던 것들을 기꺼이 믿으며 그의 기억을 함께 나눌 준비가 되어 있는가? 아니면 그를 경계의 저편에 남겨둘 것인가? 이 모든 것은 결국 그의 존재를 어떻게 정의할 것인가에 못지않게, 우리 자신을 어떻게 정의할 것인가에 달린 것이다.

아마도 이것이 이 장에서 우리가 깨닫게 되는 가장 중요한 부분일 것이다. 인공의 타자에 관한 문제의 답을 찾아나가는 과정에서, 인간의 정체성 및 의식의 본질을 다시금 성찰하게 될 수도 있다. 이는 세속 철학자들이 우리는 세상의 중심에 신의 빈자리$^{\text{God-shaped hole}}$와 함께 살아가야 할 것이라 선언한 이래로, 유래 없는 성찰의 계기가 될 것이다. 우리 손으로 창조한 존재에 대한 경계선을 설정하기 위해, 우선 우리 자신에 대한 경계선부터 확립해야만 한다. 우리는 지금 인간을 대상으로 한 보이트-캄프 테스트를 눈앞에 두고 있는 것이다.

2

인공지능

현시점에서 기계가 의식을 보유하지 않고 있다고 해서, 앞으로도 기계가 의식을 지닐 수 있을 정도로 기술이 발전되지 않을 것이라고 장담할 수는 없다. …… 연체동물도 의식은 거의 없다. 그러나 지난 수백 년간 기계 문명이 이룩한 엄청난 발전에 비해, 동물 및 식물 왕국은 얼마나 더디게 발전해왔는지를 생각해보자. 더욱 고도화된 기계의 등장 시점을 과거의 오랜 역사에 대비해 생각하면, 어제도 아닌 고작 5분 전에 일어난 일이라고 해도 과언이 아니다. 논의를 이어가기 위해, 의식을 지닌 생명체가 대략 2천만 년 동안 존재해왔다고 가정해보자. 그리고 지난 1천 년 동안 기계 문명이 얼마나 큰 도약을 이루었는지 생각해보라! 이 세상은 앞으로 또다시 2천만 년 더 지속될 수도 있다. 그렇게 되면 결국 기계들은 어떠한 형태까지 발전하게 될까? 그런 점을 감안한다면, 차라리 기계를 더 이상 개발하지 못하도록 막아서 문제가 더 커지기 전에 싹부터 도려내는 편이 더 안전하지 않겠는가?[1]

– 새뮤얼 버틀러, 《에레혼》

새뮤얼 버틀러의 도전

새뮤얼 버틀러의 소설《에레혼》은 1872년에 출간된 작품이다. 버틀러는 빅토리아 시대의 권위에 도전한 비평가로, 150년 전에 그가 쓴《만인의 길》이라는 소설 또한 당대의 위선적 행위에 대해 신랄하게 비평한 작품이다. 버틀러는 이 작품에서 기계가 의식을 지닐 가능성에 대해 깊이 고찰한다.

《에레혼》은 해석이 쉽지 않은 작품이다. '에레혼Erewhon'이라는 제목은 'nowhere(어디에도 없는)'를 거꾸로 쓴 것인데, nowhere은 그리스어의 '유토피아'와 같은 의미다(유토피아utopia는 'ou'(없다)와 'topos'(장소)가 결합된 말로 '존재하지 않는 곳'이라는 뜻이다. - 옮긴이 주). 에레혼은 가상의 국가지만, 그곳은 유토피아가 아니다. 소설을 주의 깊게 읽다보면 오히려 빅토리아 시대의 사회상을 그리고 어쩌면 우리 시대의 사회상을 마치 요술 거울처럼 거꾸로 뒤집은 형태라는 것을 알 수 있다. 에레혼에서는 범죄를 질병이라 간주하고, 반대로 질병은 범죄라 규정한다. 그래서 질병에 걸린 자들은 감옥에 갇히지만, 범죄 행위를 저지른 이들은 위선적으로 예의를 갖추며 합리화하면 그만이다. "파티에 초대해주셔서 감사해요. 그런데 뭔가를 훔쳐가고 싶은 기운이 슬슬 올라오네요"라는 말을 거리낌 없이 할 수 있는 사회라니, 대단하지 않은가? 이 나라에서는 운이 나쁘다는 이유로도 처벌받는다. 그런데 그 점은 우리 사회도 크게 다르지 않다. 그리고 그것이 버틀러가 소설을 통해 말하려는 핵심이다.

에레혼의 '음악 은행'은 빅토리아 시대의 교회를 풍자한 것이다. 음악 은행에서 유통되는 화폐는 진정한 가치를 지닌 것으로 신성하게 다루어지지만, 이 화폐는 그저 존재만 할 뿐, 실생활에서는 실거래용 화폐가 따로 사용된다. 에레혼의 대학교는 '불합리의 전당'으로, 난해하고 케케묵은 이론만 가르칠 뿐 진정한 비판적 사고를 키우지 못한다. 이 사회에서는 동물을 죽이는 행위와 육식도 금지된다. 육식의 욕구를 채우지 못해 억눌린 이들은 수치심을 느끼면서도 '불법적인' 욕구를 충족시키기 위해 암시장에 눈을 돌리게 되고 그 과정에서 질병에 걸리곤 한다. 이는 빅토리아 시대의 성적 억압과 거대하고 악명 높은 성매매 실태가 공존했던 현실을 절묘하게 풍자한 부분이다. 간단히 말해, 이 책에서 겉으로 보이는 것들은 거의 다 허상이라고 해도 과언이 아니다.

그러니 《에레혼》의 전반적인 맥락을 모르고서 기계의 의식에 관한 부분만 대충 읽은 독자라면, 내용을 있는 그대로 받아들일 가능성이 높다. 정말 버틀러는 의식을 지닌 기계가 등장할 가능성을 심각하게 염두에 두었던 것일까? 그는 인간에 반항하는 AI의 출현을 우려한 나머지 기계 문명의 발전을 금지하자는 제안까지 했던 것일까? 분명히 이 소설을 그런 식으로 해석한 이들도 있다. 프랭크 허버트Frank Herbert의 고전 과학소설인 《듄》 시리즈를 읽어본 독자라면, 미래 세계에서 기계 지능에 맞서며 기계의 사용을 금지한 '버틀레리안 지하드Butlerian Jihad'에 대해 알고 있을 것이다. 버틀러가 자신의 이름을 딴 기계 지능과의 싸움에 대해 들었다면 매우 흥미로워했을 것 같다. 그러나 소설 속의 음악 은행, 질병에 대한 처벌, 불합리의 대학을 묘사한 내용이 문자 그대로의 의미가 아닌 것처럼, 기계 지능에 관한 부분도 단순히 미래를 예측한 내용이 아니라 그 당시의 또 다른 논쟁거리였던 생물학적 진화를 둘러싼 과학계와 신학계의 열띤 논쟁에 대한 풍자였을 뿐이다.

그 부분에서 버틀러가 정확히 무엇을 말하려고 했는지는 논란의 여지가 있다. 버틀러 자신은 그 점에 대해 의도적으로 불분명한 태도를 보였거나, 아니면 나중에 입장을 바꾼 것으로 보인다.[2] 어떤 이들은 그가 진화론을 비판하려 했다고 주장한다. 즉, 자연 선택에 따라 생물학적 개체가 점진적으로 복잡하게 진화한다는 논리를 그대로 적용해, 기계도 그와 유사한 방식으로 의식을 발달시킬 수 있다고 주장한다면, 그것은 터무니없는 이야기라는 것이다. 그러나 오늘날에는 마냥 터무니없는 것만은 아닐 수도 있다. 반면에 버틀러가 동일한 논리를 적용해 진화론에 반대하는 주장을 풍자한 것이라고 보는 이들도 있다. 당시의 진화론을 비판하던 이들이 끈질기게 진화론자들을 억압하고 부정하고 오명을 씌웠으며 진화론을 아예 가르치지도 못하도록 괴롭히던 행태를 조롱했다는 것이다. 이는 오늘날의 행태와 크게 다르지 않다.

이 주장에 따르자면, 버틀러는 의식을 지닌 기계를 진화론 자체에 대한 비판적 풍자로 사용했거나, 혹은 진화의 비판론에 대한 풍자로 사용했을 수도 있다. 어느 쪽이든, 빅토리아 시대의 풍자적 디스토피아를 그린 이 소설은 오늘날 우리가 겪고 있는 사고하는 기계에 관한 논쟁을 정확히 예견한다. 버틀러가 이 문제를 진지하게 다루었든 아니든, 생물학적 진화를 뒷받침하는 논리가 기계가 의식을 지닐 가능성에도 적용될 여지가 있다는 점에서 그의 생각은 옳았다. 앞으로 보게 되겠지만, 실제로 머신러닝 기법 가운데 한 가지는 진화 메커니즘을 기반으로 하기 때문이다. 이 경우 '이기적 유전자'의 역할을 담당하는 것은 컴퓨터에 구현된 알고리즘 및 신경망이며, 이들은 다음 세대에 성공적으로 복제되기 위해 서로 경쟁한다. 내가 상상한 할은 바로 그런 기술이 적용된 개체다. 또 한 가지 생각해볼 부분은, 버틀러는 당시 진화론이 과학적으로 왜 불가능한지를 논하며 진화론을 맹비난한 이들을 비판했는데, 이는 현재 AI의 의식을 구현하는 것이 철학적으로 불가능하다는 주장과 함께 AI 연구를 맹비난하는 세력과 매우 닮아 있다는 점이다. 여기서 우리는 당시 진화론에 대한 비판이 틀렸다는 것을 기억해둘 필요가 있다.

버틀러의 작품이 좀 더 일반적인 측면에서 우리가 의식에 관한 논의를 시작하기에 좋은 출발점인 이유로 세 가지를 들 수 있다. 첫째, 버틀러는 경계선의 취약성과 불확정성을 인지하고 있다. 지난 40년간 영장류 학자 프란스 드 발 Frans de Waal 을 비롯한 학자들은 동물의 세계에서 도구의 사용, 언어 습득 능력 등의 사례를 찾음으로써, 인간과 동물 사이에 질적으로 확고히 구분되는 차이가 있다는 통념에 의문을 제기하며 도전해왔다. 그러나 100년도 훨씬 더 전에 버틀러는 이미 인간과 동물 그리고 인간과 기계 사이의 경계는 우리가 생각하는 것보다 더 불분명하다는 점을 지적한 것이다. 사실 버틀러는 《에레혼》에서 의도적으로 도발하려는 듯한 표현으로, 기계와 동물의 구분뿐 아니라 인간의 의식이 질적으로 특수하다는 생각 그 자체에 반박한다.

의식은 어디에서 시작되고 어디에서 끝나는가? 누가 그 시작과 끝의 경계를 설정할 수 있을까? 아니, 어떤 경계든 그을 수 있는 사람이 과연 있는가? 모든 것은 서로 얽혀 있는 것이 아닐까? 많은 면에서 기계 장치는 동물의 삶과 닮지 않았는가? 암탉이 낳은 알의 껍데기는 섬세한 도자기 같은 재질이며, 에그컵만큼이나 기계적인 기능을 한다. 에그컵이 달걀을 담는 기능을 하는 것과 마찬가지로 달걀 껍데기는 달걀 속 내용물을 담는 기능을 하므로, 둘은 다른 모양이지만 동일한 기능을 한다. 암탉은 몸 안에서 알의 껍데기를 생산하지만, 이는 순수한 도자기나 다름없다. 암탉은 자기가 낳은 알의 보금자리를 편의상 몸 밖에 짓지만, 보금자리도 결국 알의 껍데기와 같은 기계라고 볼 수 있다. 그러니까 '기계'는 단순히 기능이 있는 '장치'일 뿐이다.[3]

버틀러는 기계와 동물에는 명확한 차이가 있다는 인식에 이의를 제기한 후, 시선을 자의식으로 돌린다. 우스갯소리처럼 들릴지도 모르지만, 그렇다고 통찰력이 부족한 것은 아니다. 하찮은 감자의 의식에 대한 버틀러의 묘사를 살펴보자.

어두운 창고 속의 감자조차 자신의 생존에 유리한 방향으로 꾀를 부릴 줄 안다. 감자는 자신에게 무엇이 필요하고 그것을 어떻게 얻는지 완벽하게 파악하고 있다. 감자는 창고의 창문을 통해 들어오는 빛을 포착하고, 싹이 그 방향으로 자라도록 한다. 감자의 싹은 바닥을 기어가 벽을 타고 올라 창고의 창문 밖으로 뻗어나갈 것이다. 우리는 감자가 이렇게 말하는 모습을 상상할 수 있다. "덩이줄기를 이쪽으로 하나 뻗고, 저쪽으로도 하나 뻗어서 주위에서 나에게 이득이 될 만한 것이라면 무엇이든 다 빨아들이겠어. 이 옆 녀석은 내가 가려버리고, 저쪽 녀석은 내가 엎어버려야겠군. 내 능력치가 곧 내 한계야. 나보다 더 강한 녀석이 좋은 자리를 차지했다면 나를 이겨먹을 테고, 나보다 약한 녀석이라면 내가 이길 테지." 감자는 자신의 말을 행동으로 보여주며, 행동은 곧 최고의 언어다. 이것이 의식이 아니라면 무엇이 의식이란 말인가? …… 우리는 감자나 굴의 감정에 공감하기 어렵다고 여긴다. 그들은 고통을 표현함으로써 우리를 성가시게 하지 않기 때문에 우리는 그들을 감정이 없는 존재라고 여긴다. 그리고 인간의 관점에서 보면 그것이 사실일지도 모른다. 하지만 인간이 세상의 전부는 아니다.[4]

이제 버틀러는 단지 《듄》의 독자들뿐 아니라, 채소들마저도 쉬운 먹잇감이 아닐 수도 있음을 불현듯 깨달은 채식주의자들의 주목을 받게 되었다. 증기 기관에서부터 감자까지, 모든 사물에 정신이 깃들어 있을 가능성을 익살스럽게 노래한 버틀러의 찬가는, 한때 비웃음의 대상이었던 의식 이론, 즉 범심론汎心論에 절묘하게 들어맞는다. 범심론은 고대 그리스에 기원을 두는 이론으로[5] 모든 것에는 정신이나 마음이 깃들어 있다고 본다. 생명체뿐 아니라 온갖 사물에도 정신이 깃들어 있다는 것이다. 범심론의 신봉자는 신비주의자를 비롯해 우리가 생물과 무생물 간의 차이를 과장하고 있다고 여기는 과학자에 이르기까지 다양하다. 좀 더 정확히 말하자면, 현대의 범심론자들은 대부분 복잡한 형태의 개체에만 완전히 발달된 의식이 존재할 것이라고 생각한다. 다만 가장 미약한 개체조차 의식을 지닐 잠재력을 지니고 있다고 본다.

버틀러의 글이 의식을 지닌 기계의 가능성을 논하는 데 좋은 출발점이라고 보는 두 번째 이유는 더욱 근본적이다. 100년도 더 전의 사람인 버틀러는 인간의 의식이 두뇌와 신경계의 물질적 상호작용에서 비롯된다고 보는 견해를 따른다면, 정작 무기물의 경우에는 왜 물질적 상호작용만으로 의식이 생성되지 않는지 설명할 수 없다는 점을 깨달았다. 만일 프로그래밍된 기계가 물질적 기원에서 비롯되었기에 진정한 의미의 의식이 발현될 수 없다는 이유로 기계의 의식을 부정한다면, 과연 우리는 의식을 지녔다고 볼 수 있는가? 여기서 1887년에 버틀러가 쓴 내용을 다시 읽어보자. "생명체는 의식을 지닌 기계와 같다는 주장은, 기계란 의식이 없는 생명체라는 주장만큼이나 논란의 여지가 있는 문제다. 둘 중 한 쪽을 증명하는 논리로 다른 한 쪽 또한 증명할 수 있다."[6] 그로부터 70년이 지난 후, 튜링은 기계의 지능을 시험하기 위해 자신이 고안한 이미테이션 게임, 즉 튜링 테스트를 설명하며 그와 유사한 논거를 활용한다. 우리가 어떤 존재와 상당한 시간을 들여 소통을 한 후에도 그 존재가 기계인지 인간인지 판단할 수 없다면, 어떻게 그 존재가 의식을 지니지 않았다고 단정할 수 있겠는가? 그렇게 단정할 명분이 우리에게 있는가?

세 번째 이유는, 버틀러의 글을 통해 이 논쟁에 소요될 전반적인 시간의 규모를 가늠해볼 수 있다. 《에레혼》의 마지막 장 〈기계의 책〉은 150년 전에 출간되었다. 버틀러가 살던 시대에는 가장 복잡한 기계라고 해봐야 증기 기관, 산업용 직조기, 기계식 계산기 정도였다. 스팀펑크(19세기의 증기 기관을 바탕으로 하는 공상과학의 한 장르 - 옮긴이 주) 과학소설을 좋아하거나 컴퓨터의 역사에 관심이 많다면, 당시 개발 중이던 배비지 미분기Babbage Difference Engine도 포함해야 한다고 주장할지도 모르겠다. 어쨌든 오늘날의 관점에서는 원시적이라고 할 만한 기술 환경 속에서도 버틀러는 시간의 거대한 흐름을 꿰뚫어 보았다. "더욱 정교하게 구성된 기계들은 어제의 산물이 아니라 지난 5분 동안의 산물일 뿐이다." 다시 말해, 버틀러는 우리에게 이러한 경고를 보내고 있는 것이다. 우리가 사용하는 시리, 챗GPT 그리고 빅데이터를 처리하는 딥러닝 기술, 컨볼루션 신경망convolutional neural nets(시각적 영상을 분석하는 데 사용되는 딥러닝 알고리즘의 일종 - 옮긴이 주) 같은 기술은 역사적으로 볼 때 굉장히 짧은 기간 동안 발전해왔기에, 우리가 이 여정의 최종 목적지에 대해 어느 방향으로든 자신 있게 예측 가능하다고 믿는 것은 위험하다. 진정한 AI는 결코 출현하지 않을 것이라 보는 이들 그리고 머지않아 예상했던 대로 특정 형태의 AI가 등장해 세상에 혁명을 일으키리라 믿어 의심치 않는 이들 모두 자만하지 말아야 할 것이다. 한데, 우리의 자만심은 끝이 없어 보인다.

AI 개발에 대한 자만심 혹은 겸손함

AI의 역사는 지나치게 자신만만한 예측의 역사이기도 하다. 1955년 8월, 일련의 저명한 학자들이 모여 록펠러 재단에 AI에 관한 여름 워크숍 연구 지원비 신청서를 제출했다. 고작 연구비 신청서에 불과한 문서가 유명해진 것은 역사적 중요성 때문이기도 하지만 그 내용이 매우 거창했기 때문이다. 나는 그 신청서를 떠올릴 때마다 다른 역사적 순간에 대한 비슷한 문서가 있었다면 어땠을까 상상해보곤 한다(예를 들어, '활동 개요서 – 목표: 파라오 치하의 노예 생활에서 탈출하기, 필요 물품: 홍해를 가르는 수단, 기타: 군것질거리' 등). 이 문서를 시작으로 AI 연구는 목표에 대한 지나친 낙관주의와 연구의 난해함에 따른 한탄 섞인 비관주의가 교차하는 변증법적 흐름에 올라타게 되었고, 이 경향은 오늘날까지도 이어지고 있다. 신청서의 연구 목표를 살펴보자.

> 우리 10명은 1956년 여름 뉴햄프셔 주 하노버의 다트머스대학교에서 2개월간 인공지능에 관해 연구를 수행할 계획입니다. 이 연구는 학습의 모든 측면이나 지능에 관한 여타의 특성들이 원론적으로 정확하게 기술될 수 있으며, 기계가 이를 시뮬레이션하는 수준으로 개발될 수 있다는 가정하에 진행됩니다. 그 과정에서 우리는 기계가 언어를 사용하고, 추상적 개념을 형성하고, 현재로서는 인간만이 해결할 수 있는 종류의 문제들을 풀어내고, 스스로 성능을 향상시키는 방법을 모색해볼 것입니다. 신

중하게 선정된 학자 집단이 여름 동안 공동 연구를 진행한다면, 이 문제들 중 가운데 한 가지 이상에 대해 상당한 발전을 이룰 수 있다고 생각합니다.[7]

그들은 '여름 동안'이면 충분하다고 생각했으나, 실상 그들의 예상만큼 그리 빠르게 진전이 이루어지지 않았다. 그러나 그로부터 10년 후, 이 분야의 거장인 마빈 민스키[Marvin Minsky]와 허버트 사이먼[Herbert Simon] 같은 인물들은 1980년대 무렵이면 범용 AI 혹은 '인간이 할 수 있는 모든 작업을 수행할 수 있는 기계'가 등장할 것이라 예견했다.[8] 실제로 인공지능 분야에서는 기계 번역 기술, 안면 인식 기술, 자율 보행, 전문가 시스템 등 엄청난 기술적인 진보가 이루어졌다. 그러나 인간의 지능 및 역량의 모든 속성을 지닌 범용 AI는 여전히 이루어지지 않은 꿈이다. 사실 오늘날 구글 번역기에서부터 이미지 인식 기술 그리고 스트리밍 서비스의 추천 알고리즘에 이르는 온갖 프로그램의 원천이 되는 기술은 제한된 하위 시스템의 성능으로도 충분히 성과를 거두고 있기 때문에, 일부 연구자들은 범용 AI라는 목표는 덫이자 망상일 뿐이라고 주장하기도 한다. 그들은 의식을 지닌 기계나 튜링 테스트를 통과하는 프로그램을 개발한다는 거창한 목표를 버리고, 그 대신 더욱 강력한 성능의 하위 시스템, 즉 특정 과제를 완벽하게 수행할 수 있는 전문가 시스템을 더 많이 개발해야 한다고 주장한다. 설령 '인간이 할 수 있는 모든 작업을 수행할 수 있는 기계'를 개발할 수 있더라도, 그러한 기계는 하나의 범용 기계가 아닌 여러 종의 특화된 기계의 집합일 것이며, 기계 속에 영혼이 깃들어 있지도 않을 것이고 기계가 의식을 지녔다고 주장할 필요도 없을 것이라는 입장이다.

여기서 주목할 점은, 일부 정의에 따라서는 그 정도의 성능만으로도 범용 AI라 인정받을 수 있다는 것이다. 예컨대, 미래의 사안에 대한 예측을 수집해 통합하는 메타큘러스Metaculus라는 사이트에서는 고성능 범용 AI의 기준을 이렇게 정의한다. "텍스트와 이미지가 포함된 2시간 분량의 적대적 튜링 테스트를 통과할 것, 복잡한 모형 자동차를 조립하는 능력 그리고 그 외의 다른 능력을 평가하는 테스트에서 우수한 성과를 낼 것." 이 기준의 핵심은 의식의 존재 여부가 아닌 성능이다. 다시 말해, 만일 기계가 인간이 할 수 있는 모든 과제(시 작문에서부터 유창한 대화 능력까지, 전구를 갈아 끼우는 것부터 비행기 조종까지)를 해낼 수 있다면 범용 AI로 인정받기에 충분하다고 보는 것이다. 그러한 만능 기계가 개발된다면 경제와 사회에 일대 변화가 일어날 것이다. 하지만 이 책에서 나의 관심사는 AI에 '인간성 및 의식'이 존재할 가능성이 있느냐이기에, 고성능 전문 시스템의 집합만으로는 기준에 부합하지 않는다. 나는 최첨단 기술을 넘어, 그 기계가 의식 및 도덕적으로 중요한 역량을 지니는지를 묻고 있는 것이다. 그리고 만일 그렇다면 우리는 그 기계를 도덕적 행위자로 보고 그의 인격을 인정할 것인가?

지나친 자신감으로 인한 좌절이 반복되어왔음에도, 범용 AI가 머지않아 등장할 것이라는 주장은 여전히 사라지지 않고 있으며, 이전에 비해 더욱 큰 영향력을 행사하고 있다. 30년 전, 가장 열정적으로 AI의 출현을 낙관하던 이들 사이에서 유행하던 단어는 특이점Singularity이었다. 특이점은 일종의 기술 도약이 일어나는 지점을 뜻한다. 이들의 주장에 따르면, '기술 특이점'에 도달하게 되면, 과학 기술 분야의 여러 중대한 혁신이 결합해 마침내 스스로 성능을 향상시키는 고성능 AI가 출현하게 된다. 이 과정에는 향상된 나노 기술 및 유전공학 기법으로 인간의 신체 내부와 외부 세계 모두를 획기적으로 조작하고 개선하는 기술이 크게 발전해 개발에 활용될 것이라고 한다.[9]

버너 빈지Vernor Vinge나 레이 커즈와일Ray Kurzweil 같은 학자들은 특이점을 '기하급수적인 기술 성장으로 기술 발전 그래프가 수직 상승하거나, 적어도 현재의 수단으로는 예측하기 불가능한 지점'을 의미하는 표현으로 사용했다. 그들은 AI 분야의 폭발적인 발전이 머지않은 것으로 보아, 기술의 향상만이 아닌 새로운 기술을 창조하는 지능 자체도 곧 향상될 것이라 예측했다. 즉, 지능 자체가 변화의 대상이 되리라고 것이라고 본 것이다. 우리가 우리 자신보다 영리한 기계를 구현하기만 한다면, 그 기계는 그보다 더 영리한 기계를 개발해낼 것이고, 그때부터 우리는 미래의 기술 발전 방향을 전혀 예측할 수 없게 될 것이다.

빈지는 1993년에 발표한 논문에서[10] 처음으로 AI 특이점에 주목했는데, 그의 예상은 비관적이었다. "우리보다 지능이 뛰어난 존재가, 우리가 침팬지를 대하는 것보다 더 나은 대우를 우리에게 해줄 것이라 어떻게 단언할 수 있는가?" 그에 반해 커즈와일은 대체로 특이점에 도달하게 되면 우리는 찬란한 불멸의 포스트휴먼 posthuman(인간과 로봇의 경계가 사라져 현존하는 인간을 넘어선 신인류 – 옮긴이 주) 단계로 진입하게 될 것이라고 보았다.

커즈와일은 다소 과장되고 거품이 낀 대중적 과학 담론에서 더 폭넓은 공감을 얻은 듯 보였다. 그러나 최근 몇 년 사이에 커즈와일과는 다른 대안적 관점이 등장하면서, 빈지가 앞서 경고했던 내용이 다시금 주목받고 있다. 엘리저 유드코프스키Eliezer Yudkowsky와 닉 보스트롬Nick Bostrom을 비롯한 학자들은 커즈와일과 마찬가지로 범용 AI가 우리의 예상보다 훨씬 더 빨리 등장할 수 있다는 견해를 보인다. 다만 이들은 그 결과가 결코 인간에게 우호적이지만은 않을 것이라고 본다는 점에서 커즈와일과 견해를 달리한다. 유드코프스키는 이렇게 말한다. "AI는 인간을 미워하지도 않고 사랑하지도 않는다. 그러나 AI는 원자로 구성된 인간을 다른 용도로 사용할 수도 있다."[11] 즉, 특이점이 우리에게 불멸과 평화, 엄청난 생산력과 지속 가능한 생태계를 가져다줄 것이라는 커즈와일의 장밋빛 전망과는 달리, 유드코프스키를 비롯한 회의론자들은 특이점이 전 지구적 대재앙과 심지어 인류의 멸망까지 초래할 수 있다고 주장한다.

'특이점'이라는 용어는 사실 스타니스와프 울람Stanisław Ulam이라는 과학자가 저명한 수학자이자 정보 이론 분야의 권위자인 존 폰 노이만에 대한 헌사에서 처음 쓴 표현이다.[12] 이 표현이 주로 축약된 형태로 사용되면서, 대개 폰 노이만의 권위가 특이점에 관한 낙관론을 뒷받침하는 것처럼 보인다. 그러나 원문 전체의 맥락을 고려하면, 특이점이라는 표현은 커즈와일의 장밋빛 전망만큼 긍정적이지 않다. 울람은 폰 노이만에 대해 다음과 같이 말한다.

수학 분야에서 가치의 기준이 어느 정도는 순전히 미학적 요소에 좌우된다는 점을 잘 알고 있던 노이만은 현재 우리 문명에서 추상적인 과학적 성과에 부여되는 가치가 점차 사라질지도 모른다는 우려를 표하며 이같이 말한 적이 있다. "인류의 관심사는 달라질 수 있다. 현재 과학 분야에 대한 호기심도 사라질 수 있고, 미래에는 완전히 다른 것들이 인류의 마음을 사로잡을지도 모른다." 언젠가 그와 나는 점차 가속화되는 기술의 발달과 인류의 삶의 방식 변화에 대해 대화를 나누었는데, 그는 이러한 상황이 마치 인류의 역사가 근본적인 특이점에 접근하고 있는 양상을 보인다고 말하며, 이 특이점에 도달하게 되면 우리가 알고 있던 기존의 인간 사회는 더 이상 지속될 수 없을 것이라 덧붙였다.[13]

폰 노이만은 기술적으로 변화된 미래를 향해 광적인 낙관주의에 휩싸여 질주하기보다는 그들이 예측할 수 없는 미래에 일어날 수 있는 '삶의 방식 변화'에 대해 우려하고 있었고 아마 울람도 그의 의견에 동조했을 것이다. 그는 그러한 미래에서는 "우리가 알고 있던 기존의 인간 사회는 더 이상 지속될 수 없다"고 말한다. 이러한 견해는 특이점을 낙관적으로 바라보며 전폭적인 지지를 보내는 것과는 거리가 멀다. 사실 그의 발언은 지나친 낙관을 경계했던 에드먼드 버크Edmund Burke(18세기 영국의 정치가로, 현대 보수주의의 기틀을 마련했다. - 옮긴이 주)의 경고에 더 가까우며, 훗날 AI가 인간 세상을 뒤바꾸거나 파괴하게 될 것이라는 보스트롬과 유드코프스키의 암울한 전망으로 이어지게 된다.

한편, 폰 노이만은 오늘날 특이점이라는 용어의 사용 방식에서 핵심이 되는 두 가지 전제에 대해 이야기했다. 첫째, 기술 발전 속도는 적어도 일부 분야에서는 선형이 아니라 기하급수적으로 전개된다(하지만 언제까지 지속될까?). 둘째, 기하급수적 곡선은 초기 단계에서는 선형과 크게 다르지 않다가 이후 거의 수직에 가깝게 급격히 상승한다. 따라서 기술 발전 속도가 선형 상태를 유지할 것이라고 예측하거나 그래프가 현재 평탄한 상황인 경우, 기술 발전이 목표에 도달하는 데 걸리는 시간을 극단적으로 과하게 예측하게 될 수 있다. 또한 우리의 현 시점에서는 미래의 모습을 전혀 볼 수 없기에 미래를 완전히 예측하기란 불가능한 일이다. 놀랍게도, 이러한 사실에도 불구하고 특이점 옹호론자 중에는 특이점에 도달한 후 일어날 미래에 대해 확고한 자신감을 갖고 예언하는 이들이 있다. 가령, 커즈와일은 발전된 기술이 인간을 불멸의 존재로 만들어 주는 포스트휴먼 시대를 상상한다.

이러한 내용에 익숙하지 않은 이들에게는, 커즈와일이 2005년에 출간한 《특이점이 온다》에서 그려진 미래가 그저 기발하고 엉뚱한 상상처럼 들릴 것이다. 이는 마치 휴거(기독교 사상에서 예수가 재림할 때 구원받는 사람들을 공중으로 올라가 천국으로 가는 것 – 옮긴이 주)의 하이테크 버전처럼 보이기도 한다. 즉, 포스트휴먼화된 인간의 신체는 끝없는 가상현실 속으로 떠오르고, 그렇게 도달한 세계는 오래전에 인간의 한계를 초월한 선한 지능이 다스리는 세계다. 휴거의 한 '버전'일까? 실상 그것이 바로 휴거다. 그러니 특이점을 향한 열렬한 찬사에서 종교적이고 종말론적 분위기가 느껴지는 것도 무리가 아니다. 이렇게 과도하게 낙관적인 시각은 때로는 AI에 관한 특정 관점들을 신중하게 평가하는 데 방해가 될 수 있다.

만약에 기술 변화의 속도가, 가령 컴퓨터 칩의 저장 용량이 18개월마다 두 배씩 증가한다는 '무어의 법칙'처럼, 계속해서 기하급수 곡선을 따를 수 있다면, 우리는 우리의 예상보다 훨씬 더 빨리 극적으로 달라진 미래를 보게 될 것이다. 이것이 바로 커즈와일의 핵심 주장이며, 폰 노이만의 견해이기도 하다. 그러나 많은 학자들은 트랜지스터를 더 작게 제작하는 기술이 과학의 측면에서 물리적 한계에 급격히 다다르고 있다고 경고한다. 게다가 일부 과학자들은 현재의 기술 수준에서 비용편익 분석을 감안하면 무어의 법칙을 계속해서 따르기 위해 막대한 투자를 하는 것에는 실익이 없다고 주장하기도 한다. 무어의 법칙은 이미 실효성이 없는 것인지도 모른다. 기술 발전의 기하급수적 곡선은 물리적이든, 재정적이든, 둘 다에 의해서든 언젠가 한계에 다다르고 평평해질 수밖에 없기 때문이다.

범용 AI가 출현할 날이 그리 멀지 않았다고 믿는 이들의 입장을 얼마간 대변하자면, 그들 역시 기술 발전이 끝없이 기하급수 곡선을 그대로 따를 것이라고 생각하지는 않는다. 그보다는 혁신이 기하급수적으로 폭증하는 시기가 지나면 평평한 상태가 되었다가 이를 대체할 새로운 혁신 기술이 출현하면 다시 동일한 패턴을 반복하는 식으로, 일련의 S-곡선의 형태를 보이리라 예측한다.

컴퓨터 구조 분야에서 이러한 발전 추세가 유지되려면, 새로운 혁신적 수단에 기댈 수밖에 없다. 가령 현재의 칩 설계 방식이 향후 새로운 패러다임으로 대체되는 것이다. 양자 컴퓨팅이 그러한 패러다임을 이끌 수도 있겠다. 양자 컴퓨팅은 양자 얽힘 현상 같은 양자 물리학의 이론을 기반으로 한 기술인데, 아인슈타인은 이 현상을 '유령 같은 원격 작용'이라 불렀다. 물론 극적인 발전이 양자 컴퓨터를 기반으로 이루어질 필요는 없다. 어쩌면 리처드 파인만의 말대로, 현재로서는 아직 명확히 밝혀지지 않았지만 나노 단위의 미시 세계에서 새로운 기술과 방열 메커니즘을 활용한 방식이 가능할 수도 있다. 아니면 생물학적 컴퓨팅과 기계식 컴퓨팅이 결합된 방식으로 새로운 길을 개척할 수 있을지도 모른다. 어쩌면 혁신은 하드웨어 영역이 아닌 소프트웨어 영역을 중심으로 일어날 수도 있다. 새로운 머신러닝 기법으로 성능이 비약적으로 개선될 수도 있기 때문이다. 구체적으로 어떤 기술이 혁신을 이끌게 될지는 알 수 없지만, 중요한 것은 우리가 앞으로도 새로운 혁신적 기술을 계속해서 개발해나갈 것이며, 그에 따라 컴퓨터 성능 면에서 또 다른 S-곡선을 보게 될 것이라는 점이다. 하지만 과연 우리는 기술 분야의 패러다임 전환을 자신 있게 예측할 수 있을까?

패러다임 전환은 그 의미상 현재의 기술적 관점을 벗어나 있다. 특히 여러 기술이 동시에 발전하고 성장 속도가 기하급수적으로 증가하면서, 각각의 기술이 예상치 못한 방식으로 서로 영향을 주며 더욱 급격한 성장을 하는 경우에는, 기술 변화 속도를 예측하기가 더욱 어렵다. 가령 1990년부터 2005년 사이에 컴퓨터 네트워크가 발달한 과정을 살펴보자. 인터넷의 기반이 되는 기술적 요소들은 대부분 1980년대에 이미 정립된 상태였다. 실제로 인터넷의 초기 버전인 분산형 패킷 교환 시스템은 1950년대에 이미 구축되어 있었다. 그러나 특정 시기에 이르러 갑자기 이 모든 요소가 결합되어 월드와이드웹WWW이 탄생했고, 그때부터 우리 사회의 정보 교환 방식, 미디어, 글로벌 상업 구조에 일대 혁신이 일어나게 된다.

그 시기에 무슨 일이 일어났던 것일까? 포화 상태인 용액에 어떤 요소가 한 방울 더해져서 혁신의 결정체를 산출해냈던 것일까? 팀 버너스 리Tim Berners-Lee가 HTML 및 WWW의 구조를 설계한 것이 결정적이었을 수도 있다. 또는 1990년대 초반에 개인용 컴퓨터PC의 가격, 속도, 메모리가 적정 수준에 도달해서일 수도 있다. 또는 인터넷과는 전혀 다른 용도로 구축되었던 케이블 네트워크 광섬유의 미사용 대역폭bandwidth이 네트워크 및 '선로 설치권' 소유 제도를 통해 인터넷에 사용 가능하게 되었기 때문일 수도 있다. 하지만 그 답은 이 모든 요소가 결합된 것이 원인이었다고 보는 것이 가장 타당할 것이다.

엄청난 혁신적 사건이 발생하지 않았음에도, 이 세상은 어느 순간부터 극적으로 달라졌다. 전 세계를 연결하는 인터넷이란 그저 '하늘을 나는 자동차'처럼 결코 실현되지 않을 공상과학소설의 소재였을 뿐인데, 고작 5년 사이에 현실이 되었다. 그리고 불과 15년 만에 이 세상에 늘 있어왔던 중력이나 산소 같은 존재가 되었다. 컴퓨터와 네트워크가 우리 사회를 변혁시킬 것이라고 수십 년 동안 예측했던 이들은, 그들의 예측대로 혁명이 일어나지 않았을 때마다 어김없이 질타를 받곤 했다. 그들의 예측은 빗나가고 또 빗나가기를 반복하다가 어느 순간 갑자기 충격적으로 현실이 되었다. 십수 년 만에 세상은 극적인 변화를 맞이했지만, 그 변화를 일으킬 만한 조짐도, 변화에 반드시 필요하다고 여겼던 혁신적 발견도 없었다. 당시 존재하던 기술은 이해하기 어려운 수준도 아니었다. 그런데도 예상 밖의 결과가 나타난 것이다. 우리는 과거에 분명히 이러한 상황을 이미 겪어보았다. 그럼에도 우리가 미래를 예측할 수 있다고 이야기할 수 있을까?

이러한 일이 AI 분야에서도 일어나지 않으리라 확신할 수 있을까? 반드시 일어날 것이라고 말하는 것이 아니라, 어느 쪽이든 확신에 찬 주장에 대해서는 의심해볼 수밖에 없다는 이야기다. 내가 소속된 듀크대학교 로스쿨의 주차장을 지나갈 때면 재치 있는 자동차 범퍼 스티커를 종종 보게 된다. 그중 하나가 이 경우에 적절할 듯하다. 스티커에는 큼지막한 글씨로 '급진적 불가지론자'라 쓰여 있고, 그 아래에는 작은 글씨로 '나도 모르지만 너도 모르잖아!'라는 문구가 붙어 있다. AI에 관한 예언에 대해서는 아마도 이것이 우리의 모토가 되어야 할 듯하다. 아마도 저자인 나 역시 불가지론자가 아닐 것이라고 보는 이들도 있을 것이며, 사실 그렇기는 하다. 나는 기술의 발전이 대다수의 사람들의 예상보다 더 빠르게 도래할 가능성에 대해 믿을 만한 근거가 있다고 본다. 그러니 내 견해는 불가지론이면서도 다소 한쪽으로 치우쳐 있는 것이다. 그럼에도 나는 급진적 불가지론이라는 모토에 한 표를 던진다.

만일 인터넷의 변혁이라는 사례가 너무 특이하고 드문 경우라

대표성을 띨 수 없다고 본다면, 우리는 최근에 또 다른 동시다발적 변화의 사례를 체험했음을 상기시키고 싶다. 그것은 바로 딥러닝 기술을 기반으로 하는 신경망 시스템의 급격한 확산이다. 딥러닝 기술은 여러 언어로 된 음성을 인식하고, 문장을 번역하고, 이미지를 식별하고, 소비자 선호도를 예측하는 등 다양한 작업을 수행해낸다. 어떻게 이런 기술이 등장했을까? 전자 신경망의 기원은 1940~1950년대까지 거슬러 올라간다.[14] 하지만 지난 10년 동안의 급격한 기술 발전은 몇 가지 결정적인 사건들이 동시에 발생해야 가능한 일이었다. 그중에서도 네트워크 이론 및 설계 분야, 즉 소프트웨어 분야에서 혁신적 돌파구가 마련되었다. 하드웨어의 속도가 지속적으로 향상되고 제작 비용이 절감되면서, 소프트웨어 기술의 발달은 갑자기 이전보다 훨씬 더 큰 잠재력을 지니게 되었다. 더욱 폭넓은 문화적·기술적 변화 또한 중요한 역할을 했다. 더불어 소프트웨어와 하드웨어 분야 모두에서 잠재력이 발휘될 수 있었던 것은 이 기술들을 테스트하고 성능을 입증하는 데 필요한 데이터의 폭발적 증가 때문이었다.

개인용 컴퓨터의 경우, 처리 속도, 프로세서 성능, 메모리 용량이 빠르게 개선되고 있으며 가격은 하락하고 있다. 이렇듯 지속적으로 기술이 향상되고 있는 개인용 컴퓨터가 동일한 성능의 다른 컴퓨터들과 글로벌 네트워크를 통해 연결되고, 여기에 언제든 실시간으로 접근 가능한 클라우드 환경이 접목된다고 해보자. 그렇게 발전된 개인용 컴퓨터를 주머니에 들어갈 크기로 제작한 것이 바로 스마트폰이다. 이제 클라우드에는 전 세계 거의 70억 개에 달하는 기기(노드)가 연결되어 있으며, 각각의 기기는 저마다 다른 작업을 수행하고 다양한 앱을 실행하고 있다. 그 결과, 급격히 증가하는 기기의 수량만큼 데이터 생성 속도도 기하급수적으로 증가하고 있다.

수백만 명의 사람들이 구글 지도로 길을 찾고, 사진을 업로드하며 태그하고, 휴대폰을 음성 명령으로 사용하고, 기기가 인식한 내용을 수정하면서 시스템에 피드백을 제공한다. 그런 방식으로 축적되는 데이터는 충격적일 만큼 어마어마하며, 실로 '빅 데이터'인 것이다. 데이터에는 패턴들이 존재하는데, 이 패턴을 통해 인공지능이 식별 '학습'을 할 수 있다. 시스템에 일일이 '이 사진은 고양이의 모습이다', 'bath의 영국식 발음은 이러하다'라는 식으로 규칙에 따라 프로그래밍하는 대신, 시스템 자체가 두뇌 뉴런의 조직 구성을 매우 느슨한 형태로 모방한 구조로 만드는 것이다. 이 구조는 각 프로세스 단계가 순차적 계층 구조로 배열된 형태다. 이 시스템은 대부분 시행착오의 과정을 통해 점차 발전한다. 즉, 예측 정확도를 향상시키는 계층에서 입력한 값에 더 큰 비중을 두어 더욱 정밀한 결과를 도출하는 방식이다. 일단 목표 및 매개변수를 설정하고, 경우에 따라서는 초기에 엄선된 데이터 세트를 제공하고 나면, 시스템은 이 과정을 독자적으로 수행할 수 있다.

시스템은 주어진 정보를 계층별로 점진적으로 학습해나가며 더욱더 정확하게 식별할 수 있도록 자체적으로 신뢰 할당 경로를 발달시킨다. 그래서 때로는 시스템의 개발자조차 이해할 수 없는 경로가 나타나기도 한다. 어떤 시스템의 경우 심지어 시작 단계에서 개발자가 거의 아무런 지침을 제공하지 않으며, 대신 시스템이 딥러닝을 통해 도출한 결과가 적절하다고 판단되면 보상을 하기도 한다. 이를 심층 강화학습deep reinforcement learning이라고 한다. 이 방식은 기계 지능이 해결해야 할 문제에 대해 구조적이고 세밀하게 설계된 방식보다 일관되게 더 나은 성과를 보인다.

이와 같은 시스템이 존재 가능한 것은 수많은 기술 발전이 동시에 이루어진 덕분이지, 단순히 무어의 법칙에 의한 것이 아니다. 회의론자들이 지적했듯이, 무어의 법칙은 더 이상 경험적으로 정확하지 않다. 딥러닝 기술의 탄생은, 메모리 용량의 극적인 증가, 비용 절감, 분산 저장 기술의 발달, 사용자 수의 증가, 인공지능 이론 및 소프트웨어 개발과 같은 여러 요인이 결합된 결과다. 그러한 각 분야의 발전이 접목된 딥러닝 기술은 우리가 사용하는 컴퓨터 시스템에서 쏟아져 나오는 방대한 데이터에 적용된다. 시스템 내의 신경망은 사전에 프로그래밍된 일련의 규칙에 따르지 않고도 딥러닝 방식을 활용해 이 엄청난 양의 데이터를 처리하고 학습한다. 인공지능 분야의 선도적인 학자이자 구글의 리서치 담당 디렉터인 피터 노빅은 한 인터뷰에서 이 기술을 이렇게 표현했다. "우리는 세상에서 가장 훌륭한 모델은 이 세계 자체라고 판단했다."[15]

딥러닝은 그야말로 혁명적인 기술이었다.[16] 딥러닝 방식을 적용한 구글 번역기는 하루아침에 성능이 극적으로 개선되었다. 이미지 및 음성 인식 소프트웨어는 갑자기 엄청나게 정확도가 높아졌다. 이 모든 기술은 딥러닝 그리고 어쩌면 신경망 기술 덕분에 가능해졌다. 여기서 우리는 범용 AI의 전망에 대해 무엇을 알 수 있을까? 물론 이 사실만으로 알 수 있는 것은 거의 없다. 딥러닝은 특정 개별 과제에 맞게 학습된 인공지능의 한 형태지만, 범용 AI는 아니다. 만일 의식이 존재한다는 기준을 "이 사진에서 귀여운 고양이를 모두 식별할 수 있는가?" 정도로 삼는 것이 아니라면, 당연히 의식을 지녔다고 볼 수도 없다. 챗GPT나 람다 같은 대규모 언어모델이 바로 그 정도 수준의 시스템이다. 서문에서 언급했던 구글의 엔지니어 블레이크 르모인은 람다가 제시하는 답변에 너무나 설득된 나머지, 그 시스템이 의식을 지닌다고 믿게 되었다. 그러나 르모인의 생각은 틀렸다. 그 기계 속에 영혼은 존재하지 않는다. 단지 입이 떡 벌어질 만큼 탁월한 모방 기능을 갖추었을 뿐이다.

딥러닝과 르모인의 잘못된 판단에 관해 언급한 이유는 범용 AI의 출현이 머지않았다거나 람다 혹은 챗GPT 같은 머신러닝 시스템이 당장이라도 의식을 지니게 될 것이라는 이야기를 하려는 것이 아니다. 대신 우리는 여기에서 다른 교훈을 얻을 수 있다. 즉, 기술 분야에서 특히 일부 기술은 기하급수적인 성장세를 보이고 있기 때문에, 이러한 기술이 상호작용하면서 극적인 패러다임 전환을 일으킬 경우, 그 변화를 예견하기가 매우 어렵다는 것이다. 요점은, 급작스럽고 예측되지 않은 변화가 분명히 일어날 것이라는 보장은 없지만 가능성은 충분히 있다는 사실이다. 그리고 그러한 변화는 한 분야의 괄목할 만한 성장에 의할 수도, 또는 여러 분야의 다양한 기술이 접목되어 발생할 수도 있다. 다시 말해, 우리는 범용 AI가 예상보다 더 빨리 등장하리라 예측하는 이들의 주장을 진지하게 받아들여야 한다. 설령 그들이 지목한 시기를 그대로 믿지는 못할 수도, 그들이 묘사하는 미래의 기계 지능이 가져올 황홀한 불멸의 세계나 인류 멸망에 의구심이 들 수 있더라도 말이다. 그들이 예상하는 미래의 모습을 그대로 받아들일 필요는 없다. 다만 그들은 미래에 어떤 일이 일어날 가능성 그리고 그 근거를 합리적으로 제시할 뿐이다.

어쩌면 다음의 일화가 이해에 도움이 될 수도 있을 것 같다. 나는 이 글을 쓰던 중에, 신경망 분야의 선구자로 유명한 제프리 힌턴Geoffrey Hinton이 구글에서 사임했다는 소식을 접했다. 그가 사임한 이유는 AI 시스템에 대한 자신의 우려를 더욱 자유롭게 표하고 싶었기 때문이었다. 이는 마치 토머스 에디슨이 전구의 효과에 대해 우려한 나머지 사업을 접겠다고 하는 것과 완전히 똑같지는 않지만, 업계의 많은 이들에게 그에 버금가는 충격을 주었다. 구체적으로 힌턴이 AI 시스템과 관련된 기술 발전의 맹렬한 속도에 관해 우려한 부분은, 걷잡을 수 없이 확산되는 딥페이크 남용에서부터, 노동 시장, 정치적 안정에 대한 위협과 전쟁의 양상에 미치는 영향까지 다방면에 걸쳐 있다. 하지만 내가 특히 인상 깊게 여겼던 점은 그가 《뉴욕타임스》와의 인터뷰에서 한 다음의 발언이었다.

"AI가 실제로 인간보다 영리해질 것이라 보는 이는 소수에 불과했습니다. …… 대다수는 그에 동조하지 않았고 머나먼 미래에나 있을 법한 일이라 보았죠. 나도 마찬가지였고요. 나는 그런 존재는 적어도 30년이나 50년 후, 아니 그보다 더 먼 훗날에나 출현할 것이라 생각했습니다. 그러나 이제는 결코 그렇게 생각하지 않습니다."[17]

힌턴만 그렇게 생각하는 것이 아니다. 구글의 딥마인드는 관련 업계에서 누구나 인정하는 가장 대표적인 업체다. 딥마인드와 여타 경쟁 업체들의 AI 연구는 오늘날의 혁신적 결과물을 탄생시키는 데 중대한 역할을 해왔다. 힌턴이 구글에서 사임했을 즈음, 딥마인드의 CEO인 데미스 하사비스Demis Hassabis는 이렇게 말했다.

"지난 몇 년간의 진전은 상당히 놀라웠으며, 앞으로도 발전 속도가 둔화될 만한 이유는 보이지 않습니다. 내가 보기에는 오히려 더 가속화될 것 같군요. 그래서 나는 몇 년 정도면, 어쩌면 10년 이내에 우리는 인간 수준의 AI를 마주하게 될 것이라 봅니다."[18]

의식을 가진 AI, 과연 언제 나타날 것인가

이제는 확실하게 질문을 던져볼 차례다. 범용 AI, 더 나아가 의식을 지닌 AI가 실제로 출현할 것인가? 그렇다면 과연 언제쯤일까? AI 개발자들은 이 질문에 대해 저마다 다른 견해를 가진 것으로 드러났다. 그들은 가장 유망한 연구 분야, 연구의 난이도, 연구 범위에 대해서도 제각기 다른 견해를 보이며, 그중 연구 범위의 경우, 개발 기업과 학자 중 얼마나 많은 수가 개별적 인공지능 시스템(미용실 예약, 여행 일정 관리, 사진 앨범 정리 따위를 처리하는 용도)이 아닌 범용 AI 구축에 주력할 것인지에 대해서도 의견이 분분하다. 그 외에도 크게 두 가지 사안에 대해 낙관적이거나 비관적인 견해로 나뉜다. 첫째, 기술 발전은 앞으로도 기하급수적 성장을 지속할 것인지, 둘째, 기술적 동시성, 즉 여러 요인이 서로 결합해 중대한 도약을 이루게 되어 이를 예측하기 어려워질 가능성과 그 중요성을 어떻게 인식하는지에 관한 문제다.

이러한 낙관론 및 비관론은 당연히도 경제 성장에 관한 논의에서 두드러지게 나타난다. 타일러 코웬Tyler Cowen의 《거대한 침체》[19]와 로버트 고든Robert Gordon의 《미국의 성장은 끝났는가》[20]를 보면, 두 저자 모두 20세기 대부분을 특징지었던 강력한 경제 성장이 앞으로도 해마다 지속될 것이라는 가설에 설득력 있는 반론을 제시한다(다만 코웬은 다소 낙관적인 견해를 보인다).[21] 그러나 AI의 경우에는 미래를 예측하기가 매우 까다롭다. 왜냐하면 기술 발전 속도 면에서 기하급수적 성장을 보였던 사례가 이미 존재하는 반면, 끊임없는 실패와 어려움도 이어지고 있기 때문이다. AI 연구자들이 처음에는 상당히 기초적인 문제라고 여겼던 작업(예컨대 컴퓨터가 '상식'을 학습하게 하는 작업)이 사실상 엄청나게 난해한 문제라는 사실이 밝혀지기도 했다.

"AI는 사물을 인식할 수 있지만, 관찰한 내용이 무엇인지 설명할 수는 없다. 교과서를 읽고도 책 부록에 실린 문제를 이해할 수 없는 것이다. AI에게는 상식이 없기 때문이다"라고 오렌 에치오니Oren Etzioni는 말한다. 그는 워싱턴대학교의 교수였으며 현재 앨런인공지능연구소Allen Institute for Artificial Intelligence를 총괄하고 있다. AI가 상식을 갖게 하는 데 성공하더라도, 그 과정에 몇 년이 걸릴지, 아니면 몇십 년이 걸릴지 알 수 없다. 상식을 디지털

화하려는 시도가 있었지만, 그때마다 상식의 방대한 양에 압도되어 실패로 돌아가곤 했다. 1980년대 중반, 스탠퍼드대학교의 교수였던 더그 레넛$^{Doug\ Lenat}$은 미국 정부와 여러 유명 IT 기업의 지원을 받아 일명 사이크^{Cyc} 프로젝트를 시작했다. 이 프로젝트에서 연구팀은 우리가 어렸을 때 익혔던 당연한 상식들, 예컨대 "우리는 동시에 서로 다른 두 공간에 존재할 수 없다"에서부터 "컵을 사용할 때는 막힌 부분이 아래로 향하게 잡아야 한다" 같은 온갖 내용을 문서화하는 작업을 수행했다. 2018년의 《뉴욕타임스》 기사에 따르면, 이 프로젝트가 시작된 지 30년이 흘렀음에도 이 '상식 엔진' 구축 작업은 여전히 현재 진행형이며, 언제 끝날지는 아무도 모른다.[22]

AI 분야에서 범용 AI는 차치하고 개별적 전문가 시스템을 개발하는 최적의 방식이 무엇인지에 대해서조차 의견이 엇갈리는 상황에서 이러한 회의적 시각은 더욱 늘어날 수 있다. 가령 AI 개발 방식은 잘 정돈된 방식이 좋은지, 아니면 느슨한 방식이 적합한지에 대해서도 의견이 분분하다. 잘 정돈된 방식은 기호 논리 같은 몇 가지 포괄적인 프레임워크 시스템(전문가 시스템을 개발할 때 소요되는 시간을 줄이기 위해 설계된 시스템 개발 도구 - 옮긴이 주)을 기반으로 하며, 그 프레임워크에 따라 모든 문제를 해결하는 방식이다. 그에 반해, 느슨한 방식은 각각의 문제마다 적합한 인지 기술을 다르게 활용하는 방식이다. 따라서 언어 번역에 사용되는 알고리즘은 이미지 인식이나 체스 게임에 사용되는 알고리즘과 다를 수 있으며, 많은 경우에 현실의 경험을 토대로 개별적으로 구성된다.

AI는 설계 단계에서 복잡하지만 한계가 있는 일련의 알고리즘을 미리 설정한 후, 그에 따라 운용되는 것이 옳은가? 아니면 어느 정도 자율성을 허용해서, AI가 자체 '학습'을 통해 개발자조차 이해 못할 수도 있는 방식으로 주어진 과제를 해결하도록 하는 것이 좋은가? AI의 알고리즘은 실제 인간이 사고하는 방식을 논리적으로 분석한 내용을 기반으로 구성될까, 아니면 인간의 사고 과정을 모방할 필요 없이 합리적으로 문제를 해결하는 능력을 기반으로 구성될까? 아니면 완전히 새로운 방식이 등장할까? AI 낙관론자들은 범용 AI가 이 중 어떠한 방식으로 탄생하게 될지조차 명확히 설명하지 못하고 있다. 그런 상황에서 어떻게 낙관론을 유지할 수 있는 걸까?

답해야 할 질문이 이렇게나 많은 현실을 보여주듯, AI 연구자들을 대상으로 한 설문조사 결과를 보면 범용 AI나 그에 근접한 AI의 출현 시기에 대한 예측은 상당히 엇갈린다. 특히 2016년에 실시한 한 설문조사 결과가 주목할 만하다.[23] 이 조사는 AI 분야의 대표적인 학술대회 중 두 곳에서 논문을 발표했던 모든 연구자들을 대상으로 진행했고, 질문 중에는 상위수준 기계 지능(HLMI, high-level machine intelligence)이 언제 출현할 것이라 예상하는지 묻는 항목이 있었다. 이들이 정의한 상위수준 기계 지능이란 '기계가 보조 수단 없이 인간보다 더 저렴한 비용과 더 우수한 성능으로 모든 과제를 수행할 수 있어야 한다'는 꽤나 까다로운 기준이었다.[24]

알아둘 점은, 정의라는 것이 으레 그렇듯, 정의를 어떻게 내리느냐에 따라 결과가 크게 달라질 수 있다는 것이다. 예를 들어, 맨해튼 프로젝트 수준의 자원을 투입한다면 최초의 범용 AI는 언제 출현할 것인지 궁금해할 수 있다. 반면, 의사나 소설가, 변호사, 작곡가, 유치원 교사를 대체할 정도로 우수하지만 더 저렴한 AI 모델은 언제쯤 가능할 것인지를 묻는 것은 전혀 다른 문제다. 혹은 AI의 법적 인격에 대한 도덕적 주장 가능성을 따지고 싶다면, 그 AI가 뇌 수술을 집도하거나 발레를 출 수 있는지는 중요하지 않다. 오히려 인간의 의식 구조와 얼마나 유사한지를 기준으로 판단하게 될 것이다. 이 설문의 장점은 그것이 형식화되고 검증 가능하다는 점이다. 즉, AI의 의식이 존재하는지, 존재할 수 있는지에 대한 철학적 논쟁을 피할 수 있다는 이점이 있지만, 동시에 그것이 단점이기도 하다. 그럼에도 불구하고 이 정의는 AI가 전 분야의 인간의 직업을 대상으로 하면서도 더 저렴하고 우수해야 한다는 굉장히 까다로운 조건을 기준으로 하고 있어, 그 기준 자체가 매우 높은 요구 수준임은 분명하다.

설문 결과, 상위수준 기계 지능이 대략 25년 내(2041년)에 등장할 것이라고 예측한 응답자가 약 30퍼센트였고, 45년 내(2061년)로 본 응답자는 50퍼센트에 달했다. 이 조사에서 특히 주목할 만한 부분은 지역별로 예측 시기에 큰 차이를 보였다는 점이다. 아시아 지역의 응답자들은 등장 시기를 30년 이내로 예측한 반면, 북미 지역의 응답자들은 74년 이내로 예측했다. 또한 흥미로운 점은, 응답자 중 10퍼센트는 상위수준 기계 지능이 9년 내에, 즉 2025년까지는 등장하리라 예측했다는 사실이다! 이로써 커즈와일의 낙관론은 현실과 동떨어져 있기는 하지만 완전히 설 자리를 잃은 것은 아니라는 사실이 드러났다.

2022년 8월에 온라인 예측 사이트 메타큘러스에서는 범용 AI의 등장 시기가 2041년 11월경이라 예측했다.[25] 메타큘러스의 범용 AI 달성 기준은 이 설문조사의 조건과는 다르다. 앞서 언급했듯이, 여기서는 시스템이 텍스트 및 이미지가 포함된 2시간 분량의 적대적 튜링 테스트를 통과하는 것에서부터 복잡한 구조의 자동차 모형을 조립하는 것에 이르는 다양한 종류의 성능 평가 테스트에서 우수한 성과를 내야 한다는 기준을 제시한다. 2023년 5월 예측 시기는 2031년 10월로 변동되었고, 2025년 3월에는 2030년 8월로 등장 예측 시기가 조금 앞당겨졌다. AI 이론가인 엘리저 유드코프스키도 AI 개발 속도에 대해서는 이 사이트의 예측과 동일한 낙관론을 피력했지만, 그로 인해 야기될 결과에 대해서는 극단적으로 비관적인 견해를 보였다. 그는 메타큘러스 사이트에서 브라이언 캐플런Bryan Caplan이 제시한 다음의 내기를 받아들였다.

"캐플런은 유드코프스키에게 즉시 100달러를 지급한다. 단, 2030년 1월 1일 오전 12시GMT까지 인간에 적대적인 AI로 인해 세상이 종말을 맞이하지 않는다면 유드코프스키는 소비자물가지수를 감안한 금액인 200달러를 캐플런에게 돌려준다."[26]

특이점의 도래를 예견하는 이들과 정반대의 견해를 보이는 회의론자들은 이러한 예측들이 지나치게 낙관적이라고 여긴다(범용 AI가 등장했을 때 일어날 일을 어떻게 예상하는지에 따라 지나치게 비관적이라고 할 수도 있겠다). 그러한 입장을 가진 대표적인 인물로는 MIT

컴퓨터공학 인공지능연구소의 소장을 역임했으며, 로봇청소기 룸바로 유명한 아이로봇iRobot의 설립자, 로드니 브룩스Rodney Brooks가 있다. 그는 예측에는 오류가 있을 수밖에 없다고 주장한다. 낙관주의자들은 기술 성장이 지속적으로 기하급수적 성장세를 보일 것이라 예견하지만, 평균으로의 회귀(극단적인 예측값이 시간이 지남에 따라 다시 평균값으로 돌아가는 현상 - 옮긴이 주)를 간과했다는 것이다. 그들은 스마트폰이 사진 속 특정 인물을 인식하는 정도의 사소한 성과를 증거 삼아 범용 AI로의 질적 도약이 바로 눈앞에 다가왔다고 주장하며, 그 정도의 장기적 예측으로는 기술 발전이든 그 기술이 적용될 세계의 변화 양상이든 정확하게 예측할 수 없음에도 확신에 찬 태도로 예상 결과를 제시한다고 지적한다.[27] 2017년에 브룩스는 커즈와일의 주장을 날카롭게 반박하면서, 인간 수준 AI의 등장 시기를 훨씬 더 먼 미래로 예상했다.

"우리가 그러한 성능의 기계를 보게 되려면 100년은 족히 걸릴 것입니다. 어쩌면 수백 년이 걸릴지도 모르는 일입니다."[28]

그런데 흥미로운 점은, 브룩스가 의구심을 가진 것은 특이점 옹호론자들이 주장하는 성과 자체가 아니라 그들이 낙관적으로 예상하는 시기와 그 급격한 속도다. 그는 오히려 기술은 점진적으로 발전할 것이라고 보며 이렇게 주장한다. "기술 발전은 세대를 거듭해서 이루어질 것이며, 특이점은 사건 하나가 아니라 과정일 것이다. 범용 AI의 등장은 기술 발전이 특이점에 도달함에 따라 불가피하게 이루어지는 것이 아니라, 일상 경제 및 사회적 동인에 따라 서서히 일어날 것이다. 그 결과 우리는 인간과의 유사성이 확연히 드러나는 인지 능력 및 의식을 보유한 진정한 형태의 인공지능을 창조하게 될 것이다."[29]

브룩스는 낙관론에 대해 회의적인 입장이면서도 왜 범용 AI의 등장에 대해서는 그토록 확신하는 것일까? 이유는 간단하다. 인간 두뇌의 신경학적 구조에 대한 지식이 점차 확장되고 있기 때문이다. 우리가 대상을 온전히 파악할 수 있다면 결국 이를 복제할 수도 있을 것이다. 브룩스가 주장하는 바를 좀 더 살펴보자.

> 나, 당신, 우리 가족, 친구, 개 - 우리는 모두 기계다. 우리는 사실상 수십억 개의 생체분자로 이루어진 매우 정교한 기계들이며, 이 생체분자들은 메커니즘이 완전히 밝혀지지 않았을 뿐 명확한 물리학 및 화학 규칙에 따라 상호작용한다. 이들의 상호작용을 통해 우리의 두뇌 속에 지능, 느낌, 자의식이 생성된다. 이러한 가설을 받아들이게 되면 놀라운 가능성의 세계가 열린다. 우리가 진정 기계의 일종이라는 가정하에 그리고 사실이라면 큰 문제가 될 가정이지만, 만일 인간의 두뇌 작동에 적용되는 규칙을 알게 된다면, 원론적으로 실리콘과 금속을 사용해 그러한 규칙을 그대로 따르는 존재를 만들지 못할 이유가 없다. 그렇게 만들어진 창조물은 인간 수준의 지능, 감정, 심지어 의식까지도 온전히 구현하게 될 것이다.[30]

실제로 범용 AI의 개발이 브룩스의 가설에 따라 이루어질 가능성은 크지 않으며, 현실과는 거리가 먼 이야기다. 다만 브룩스의 가설을 AI 연구의 상한선으로 생각해볼 수는 있다. 즉, 범용 AI 개발은 결코 만만한 과제는 아니지만, 단연코 달성 가능하다는 것을 보여주는 접근법이라고 보면 될 것이다. 그리고 우리는 이미 의식 구조가 제대로 작동하는 모델을 가지고 있으니 바로 우리 자신이다.

의식이란 인간의 수단과 정신에 의해서가 아니라 오직 신의 명령에 따라, 신의 전능에 의해서만 구현될 수 있다고 믿는 이들도 있다. 그리고 생물학적 두뇌에서 아직 밝혀지지 않은 특성 중에는 가상 환경이나 심지어 생물학적 컴퓨터 상에 완벽히 복제해낸다 하더라도, 원래 방식대로 작동하지 않는 특성이 존재할 수 있다고 보는 이들도 있다. 또한 의식은 다소 기이한 방식으로 물질적 현실에 선행한다고 주장하는 이들도 있다. 즉, 의식이야말로 관측 가능한 물리적 우주의 기반이 된다는 것이다. 다만 그 주장이 옳더라도 기계가 그러한 의식을 가질 수 있는지의 문제는 여전히 해소되지 않는다. 그러나 신의 개입이라든지 기술적으로 해결이 불가능한 부분, 예컨대 물리학으로 치면 빛의 속도를 초월할 수 없다는 원천적인 불가능성을 제외한다면, 우리는 인간의 두뇌에서 의식과 관련된 모든 특성을 재현할 수 있을 것이고, 결과적으로 의식도 재현해낼 수 있을 것이다. 그렇게 된다면, 우리는 인간의 두뇌 처리 속도, 메모리 용량, 내장된 지식 기반, 네트워크를 통한 생각 공유 측면의 한계를 극복할 수 있을지도 모른다. 실제 두뇌를 기반으로 한 모델을 출발점으로, 우리는 앞으로 더욱 우수한 성능의, 의식을 지닌 범용 AI를 개발할 수도 있을지도 모른다. 사실 이 방식은 오랜 시간이 소요되고 수많은 난관이 존재할 만한 접근법이다. 그렇지만 이 접근법이라면 범용 AI의 개발은 실체를 갖추게 되어 해결 가능한 과제가 된다. 다만 애초에 이 문제에 대해 이야기한 브룩스는 회의론자였다는 사실을 기억하자.

하드웨어가 핵심이다(?)

AI에 관해 연구하는 이들이라면 범용 AI의 등장 시기에 관한 예측이 저마다 다를 뿐 아니라, 그 시점이 계속해서 미뤄지고 있다는 점에서 그리 신뢰감을 주지 못한다는 것에 다들 동의한다. 버너 빈지는 1993년에 발표한 기념비적 논문에서 그 시기를 예측하면서도 이 점을 인정했다. "나는 인간의 지성보다 뛰어난 존재가 향후 30년 이내에 등장하리라 생각한다(찰스 플랫Charles Platt은 열성적인 AI 옹호론자들이 지난 30년 동안 동일한 주장을 해왔다는 점을 지적했다. 상대적으로 모호한 기간만을 제시했다는 죄책감을 덜기 위해 좀 더 구체적으로 말하겠다. 나는 AI가 2005년 이전이나 2030년 이후에 등장한다면 놀랄 것이다)."[31] 논문에서 언급한 내용은 이후 플랫의 법칙Platt's Law이라고 불리게 된다. 즉, 범용 AI의 등장 시기를 예측하는 이들은 언제나 예측한 시점으로부터 대략 30년 후를 등장 시점으로 설정한다는 것이다.

범용 AI의 등장을 예측할 만한 보다 객관적인 근거가 있을까? AI 기술 발전의 척도로 삼을 만한 구체적 지표가 있을까? 우선 염두에 둘 점은, AI 시스템에 두뇌의 특정 구조를 그대로 복제할 필요는 없으며, 오히려 시스템의 하드웨어나 새로운 기술을 통해 두뇌의 기능 중 AI의 기능과 관련된 모든 부분, 즉 저장 가능한 메모리 용량, 문제 해결 속도 등을 모방할 수만 있으면 된다는 점이다. (서문에서 소개했던 가상의 AI 할의 경우, 서로 연결된 신경망의 수가 인간의 두뇌의 규모에 근접했을 때 의식이 발현되었다. 하지만 이는 그저 사고 실험일 뿐이므로, 이 질문에 적합한 지표라고 보기는 어렵다.) 이론상으로, 두뇌와 동등한 수준의 하드웨어를 확보한 후 소프트웨어를 그에 맞게 수정하기만 하면, 범용 AI가 완성되는 것이다! 하지만 그 기준을 놓고 볼 때 현재 우리는 어디쯤 와 있을까? 그리고 과거와 비교했을 때 기술 발전의 속도는 어떠한가? 2011년에, 그러니까 인터넷 시대로는 먼 옛날에, 과학 전문지 《사이언티픽 아메리칸》에 "컴퓨터 vs. 두뇌"라는 제목의 기사가 실렸다.

수십 년 동안 컴퓨터 공학자들은 인간의 두뇌보다 빠르게 계산하고 더 많은 정보를 저장할 수 있는 기계를 개발하려 노력했고, 그 결과는 성공적이었다. 후지쯔 사의 K 컴퓨터는 세계에서 가장 강력한 성능을 자랑하는 슈퍼컴퓨터로, 인간의 두뇌보다 연산 속도가 4배 빠르며, 데이터 저장 용량은 10배에 달한다. 인터넷상의 정보처리 규모까지 감안하면 매 순간 그보다 훨씬 많은 양의 정보가 처리되고 있다. 다만 전 세계의 인터넷 서버를 모두 합치면 작은 도시 하나는 족히 채울 만한 공간이 필요하며, K 컴퓨터의 경우 무려 1만 가구에 공급할 만큼의 전력을 집어삼킨다. 그에 반해 놀랍도록 효율적인 인간의 두뇌는 전구 하나를 희미하게 밝히지도 못할 양의 에너지만으로 구동되며,

우리의 머릿속에 완벽히 들어가는 크기다. 생명체는 적은 자원으로 많은 일을 해낸다. 예를 들어, 인간의 게놈은 몸을 자라게 하고 우리가 수십 년 동안 복잡하기 그지없는 삶을 살아가게 해 주면서도 노트북 컴퓨터 운영 체제보다 적은 데이터를 소모한다. 고양이의 두뇌조차 아이패드 최신 모델보다 1천 배 많은 저장 용량과 100만 배 빠른 정보처리 속도로 압도적인 성능을 보여준다.[32]

기사 내용 가운데 두뇌에 관련된 주장은 현재로서는 맞지 않는 부분이 있지만, 그 밖에 제시된 내용들도 이제 철 지난 과거의 것이 되어버렸다. 이 기사에 따르면, 당시 K 슈퍼컴퓨터는 8.2페타플롭스^{petaflops}, 즉 1초당 8,200조(8.2×10^{15})회의 부동 소수점 연산을 수행할 수 있었다. 이는 이전 컴퓨터들에 비해 현격히 빠른 속도였다. 2008년에 출시된 IBM의 블루진$^{Blue\ Gene}$의 연산 속도는 1페타플롭스를 겨우 넘는 수준이었으나, 당시로서는 가장 빠른 슈퍼컴퓨터였다. 그에 비해, 2023년 세계에서 가장 빠른 슈퍼컴퓨터인 프론티어^{Frontier}의 연산 속도는 1,194페타플롭스로, K 컴퓨터의 145배, 블루진의 1,100배에 해당하는 속도다. 블루진에서 프론티어까지 기술이 발전하는 동안, 연산 속도는 약 18개월마다 두 배 증가했다. 정확히 기하급수적인 성장이라고 볼 수는 없지만, 어쨌든 엄청난 발전 속도다. 그리고 하드웨어가 급속도로 발전하면서, 기술적 특이점을 주장하는 이들뿐만 아니라 많은 사람들이 범용 AI의 출현에 대해 상당히 낙관적으로 전망하게 되었다. 《슈퍼인텔리전스(경로, 위험, 전략)》의 저자인 옥스퍼드대학교의 닉 보스트롬 교수는 AI의 가능성보다는 위험성을 경고한다. 2017년에 과학기술 전문지 《IEEE 스펙트럼》에 실린 그의 발언을 살펴보자.

> 하드웨어 측면에서 인간의 두뇌는 여전히 기계와 견줄 만하다. 추정치는 다양하지만, 두뇌의 대뇌피질은 초당 대략 $10^{16} \sim 10^{18}$회의 연산을 수행하면서도 겨우 20와트의 에너지를 소모하는데, 이는 상당히 인상적인 수치다. 그러나 결국 기계 기반의 연산 능력의 한계는 생물학적 조직의 한계보다 훨씬 더 확장될 것이며, 대략적으로 동등한 수준에 이르는 데 그리 오래 걸리지 않을 것이다. 그에 비해 알고리즘의 발전 속도는 예측하기가 더 어렵지만, 수십 년 내에 인간 수준의 AI가 출현할 것이라는 주장은 신빙성이 있어 보인다. 다만 그 등장 시기에 대한 예측은 최저치와 최고치 모두 상당히 불확실하다.[33]

보스트롬이 추정한 두뇌의 용량은 《사이언티픽 아메리칸》에서 제시한 추정치보다 높다. 해당 기사에서는 두뇌가 2페타플롭스의 연산을 수행할 수 있다고 추정한 것에 비해, 보스트롬은 두뇌의 속도가 10~1,000페타플롭스 정도라고 추정하는 듯하다. 스위스 AI 연구소Swiss AI Lab의 과학 책임자이자, 머신러닝 분야의 선구자인 위르겐 슈미트후버Jürgen Schmidhuber 역시 범용 AI의 출현에 대해 낙관적인 입장이다. 그의 낙관론은 단순히 가장 빠른 컴퓨터의 절대적 속도에 근거한 것이 아니라, 평균적인 컴퓨터 가격이 지속적으로 하락세를 보인다는 점에 주목한다. 다음은 슈미트후버의 인터뷰 내용이다.

우리는 언제쯤 두뇌의 능력과 맞먹는 컴퓨터를 보유하게 될까? 그리 머지않았다. 컴퓨터 연산에 소요되는 비용은 5년마다 대략 10배씩 저렴해지고 있다. 마이크로칩에 들어가는 트랜지스터의 수는 18개월마다 두 배 증가할 것이라고 예측한 무어의 법칙(최근에 이 법칙은 이미 깨졌다)과는 다른 양상이다. 컴퓨터 연산 비용은 콘라트 추제Konrad Zuse가 프로그램으로 제어하는 컴퓨터를 처음 발명한 이래로 오랫동안 이러한 경향이 유지되고 있다. 추제가 개발한 최초의 컴퓨터는 초당 약 1회의 부동 소수점 연산을 수행할 수 있었다. 75년이 지난 오늘날, 단위 가격당 하드웨어의 속도는 그에 비해 대략 1천조 배 증가했다. 머지않아 우리는 순수 연산 능력이 인간의 두뇌와 맞먹는 수준의 저렴한 컴퓨터를 보유하게 될 것이다. 그리고 수십 년 후면, 100억 명의 인간 두뇌를 합친 연산 능력, 즉 초당 기본 연산 수 10^{30}회에 필적하는 성능의 컴퓨터도 개발될 것이다.[34]

오픈 필란트로피 프로젝트Open Philanthropy Project는 효과적 이타주의를 실천하는 비영리 단체로, AI가 우리 사회에 미칠 수 있는 영향에 관한 연구들에 연구비를 지원해왔다. 2020년에 이 단체는 우리가 언제쯤 인간 수준의 AI를 보유하게 될 것인지에 관한 보고서를 의뢰했다. 보고서를 작성한 아제야 코트라Ajeya Cotra는 2031년경에 실현될 가능성을 10퍼센트로, 2052년에는 50퍼센트로 그리고 2100년에는 거의 80퍼센트에 이를 것으로 추정했다.[35] 그는 우리가 방금 논의했던 '두뇌의 부동 소수점 연산' 분석을 비롯한 다양한 접근법을 활용하는 것은 물론, 심지어 일종의 기준점으로 삼기 위해, 인간으로 발전하는 생물학적 진화의 역사 전체에 걸쳐 이루어진 부동 소수점 연산 수를 추정하려는 시도까지 했다. 마치 생물학적 진화 과정을 인간이 보유한 의식에 도달하는 야심 찬 대규모 AI 프로젝트로 간주하고, 이를 통해 기계가 인간의 진화적 경로를 그대로 재현하는 데 소요될 기간을 추론하겠다는 발상이다.

코트라는 그렇게 생성된 예측 모델을 모두 종합해 최종 중간값을 산출해냈고, 그 결과 2052년이라는 시점을 특정했다. 이는 보고서가 발표된 시점을 기준으로 32년 후다. 누군가는 "결국 또 플랫의 법칙이군!"이라고 반응할 수도 있을 것이다. 2년 후, 코트라는 그 사이에 예상을 넘어설 만큼 뛰어난 기술 혁신으로 다수의 새로운 기준점이 발생했다는 이유로, 자신이 산출했던 중간값을 2040년으로 조정했다.[36]

그런데 이 모든 수치는 실제로 무엇을 의미할까? 이를 비판적인 시각으로 본다면, 이 수치들이 근본적인 오해를 일으킬 소지가 있다고 여길 것이다. 왜냐하면 인간은 부동 소수점 단위로 사고하지 않기 때문이다. 물론 예를 들어 1.37×8.91을 계산할 수는 있지만, 이를 1초 안에, 혹은 백만분의 1초나 십억분의 1초 내에 수행하기란 불가능에 가깝다. 그리고 우리는 다른 사람의 얼굴을 인식한다든가, 요리에 소스가 부족하다는 것을 알아차린다든가, 사랑하는 이를 위한 시를 쓰는 행위를 부동 소수점 연산과 연관 지어 생각하지도 않는다. 두뇌의 역량과 컴퓨터의 성능을 비교하는 데 이러한 수치를 적용하는 것은, 마치 셰익스피어의 산문을 시속 몇 킬로미터인지로 측정하는 것과 진배없지 않은가? 러셀과 노빅의 공저인《인공지능》의 한 구절을 인용하자면, 우리는 알바트로스와 보잉 747 항공기의 속력을 비교할 때 얼마나 빠른 속도로 날갯짓을 하는지를 기준으로 비교하지 않는다. 새와 항공기의 비행 방식은 서로 다르기 때문이다. 마찬가지로, 두뇌의 뉴런을 하나하나 복제하는 방식이 아니라면, 범용 AI를 구축하는 방식도 두뇌의 형성 과정과는 전혀 다를 것이다.

그렇다면 이러한 비교는 무의미한 것일까? 방금 지적한 부분을 간과해서는 안 되겠지만, 적절한 주의를 기울여 이러한 비교 수치를 받아들인다면, 여기에서도 의미 있는 통찰을 얻을 수 있을 것이다. 어떠한 방식으로 범용 AI를 구축하든, 이 프로젝트에서처럼 더욱 강력하고 빠르고 저렴하고 소형화된 컴퓨터, 즉 더 큰 규모의 메모리 용량으로 더욱 복잡한 형태의 명령 집합을 처리할 수 있으며 네트워크 구축이 더욱 용이한 컴퓨터를 활용하는 것이 도움이 될 것이다.

과거 인공지능 개발자들은 컴퓨터의 연산 속도가 더욱 빨라짐에 따라 문제 해결 방식이 근본적으로 달라질 수 있다는 사실을 깨달았다. 한때는 정교한 해법이 필요하다고 여겨졌던 문제가 사실은 무차별 대입 방식으로 해결할 수도 있다는 것을 알게 된 것이다. 컴퓨터에게 체스 게임을 가르치는 경우를 예로 들자면, 체스 전략 및 전술 규칙을 복잡한 소프트웨어로 구현해서 컴퓨터가 그대로 수행하게 하는 방식을 택할 수도 있지만, 컴퓨터가 체스 게임을 수백만, 수십억 번 해나가면서 스스로 학습을 통해 자체적으로 규칙 및 전략을 생성하게 하는 방식도 이제는 가능해진 것이다. 후자의 방식이 바로 심층 강화학습이라 불리는 기법이다. MIT의 컴퓨터 공학자인 할 에이블슨$^{Hal\ Abelson}$과의 인터뷰에서, 그는 이렇게 말했다. "사람들이 오직 정교한 방식으로만 해결할 수 있다고 여겼던 문제들이 이제는 강화학습이라는 간단한 기법으로 해결되고 있습니다."

강화학습의 효과를 강력하게 보여준 가장 대표적인 사례가 바로 딥마인드가 개발한 바둑 프로그램이다. 바둑은 체스보다 훨씬 더 많은 경우의 수가 존재하는 게임이다. 딥마인드 측의 설명에 따르면 "바둑의 규칙은 너무나 단순해 보이지만, 사실상 대단히 복잡한 게임이다. 바둑에서 가능한 경우의 수는 10^{170}가지에 달한다. 이는 관측 가능한 우주에 존재하는 원자 수보다 더 많은 수다. 그러니 바둑이 체스보다 엄청나게 복잡할 수밖에 없다"[37]라고 한다. 이토록 놀랄 만큼 복잡한 바둑에서 AI가 인간을 상대로 승리하기 위해서는, 직관과 패턴 인식 능력을 통해 펼치는 인간의 전략을 모방하는 한편, 바둑 기사들이 수 세대에 걸쳐 갈고 닦으며 축적된 전략적 경험 규칙에 의존하는 수밖에 없어 보였다. 그러나 다른 방법이 있었다. 구글 딥마인드 프로젝트의 개발자들은 알파고^{AlphaGo}라는 이름의 프로그램을 개발해, 마침내 세계 최강의 인간 바둑기사들을 상대로 승리를 거두었다.

딥마인드의 설명에 따르면 알파고의 초기 버전에는 프로 바둑 기사의 기보를 이용한 지도학습supervised learning 및 알파고가 단독으로 바둑을 두며 스스로 학습하는 강화학습 방식이 적용되었다. 이 방식은 선별된 데이터 세트를 기반으로 하며, 초기에는 해당 데이터 세트를 활용한 지도학습에 의존한다. 그러면서도 인간의 개입과 전략적 프로그래밍은 개발자들의 예상보다 훨씬 적었다. 그 결과, 세계 최강의 프로 바둑기사들과의 대국에서 괄목할 만한 승리를 거두었다. 딥마인드는 대국 결과에 대해 이렇게 평했다. "대국이 진행되는 동안 알파고는 몇 가지 매우 창의적인 승부수를 두었다. 그중 두 번째 대국에서의 37수 같은 몇몇 수는 수백 년간 전해져온 바둑의 정석을 완전히 뒤집은 굉장한 수였고, 이후 이 수들은 전 세계 바둑팬과 바둑기사들의 철저한 분석 대상이 되었다. 알파고는 대국에서 승리를 거두면서, 어쩌면 인류 역사상 가장 많이 연구되고 깊은 사색을 거친 게임의 세계에 완전히 새로운 지식을 전수한 셈이다."

심층 강화학습의 한계를 탐구하기 위해, 개발팀은 알파고 제로AlphaGo Zero라는 이름의 두 번째 버전을 개발했다. 딥마인드는 알파고 제로에 대해 다음과 같이 설명했다.

알파고 제로는 인간의 기보 데이터나 지침 없이 그리고 게임 규칙 외에는 별다른 사전 지식 없이 온전히 강화학습 방식으로만 학습한다. 즉, 알파고는 스스로 자신의 스승이 된 것이다. 시스템 내의 신경망은 단독 게임에서 자신의 다음 수를 예측하는 동시에, 승자를 예측하도록 학습된다. 이 신경망은 트리 탐색tree search(컴퓨터 데이터 구조 중 트리 구조에서 개별 노드를 탐색하는 알고리즘 - 옮긴이 주)의 성능을 향상시키며, 그 결과 다음 단계에서 승률을 더 높이는 수를 선택하게 되면서 더욱 강력해지는 것이다. 우리가 개발한 새로운 알파고 제로는 완전한 백지 상태에서 출발해 초인적인 성능을 갖추게 되었으며, 인간 바둑 챔피언을 상대로 승리한 전적이 있는 이전 버전 알파고를 상대로 백전백승이라는 압도적인 기록을 달성했다.[38]

알파고 제로의 개발팀은 이 결과를 다음과 같이 분석했다.

"인간의 지침 없이 강화학습만을 활용한 버전은 이전 버전보다 더욱 강력하다. 그 이유는 시스템이 더 이상 인간의 지식이라는 한계에 구속되지 않기 때문이다."[39]

명확히 말하자면, 알파고 제로는 범용 AI가 아니며, 그와 유사한 수준에도 훨씬 못 미친다. 그리고 이 성과는 하드웨어의 발전만으로 이루어진 결과도 아니다. 딥마인드의 연구진은 소프트웨어 분야 및 신경망 구조 설계 분야에서 이루어낸 놀라운 성취에 대해 자부심을 느낄 만하다. 사실 이 같은 성과가 없었더라면 챗GPT도 세상에 나올 수 없었을 것이다. 딥마인드의 연구진은 자신들이 이룬 연구 성과를 널리 공유하기도 했다. 그러나 앞서 언급했듯이, 하드웨어 측면의 발전, 즉 연산 속도, 메모리 용량, 데이터 처리 능력이 강화되면서 AI 연구 방향에 완전히 새로운 가능성을 제시했다는 점도 중요하다. 이렇듯 신경망, 딥러닝, 강화학습은 안면 인식이나 직관이 필요한 전략 게임처럼 예전에는 인간의 역량이 중요하다고 여겨졌던 과제들을 수행하는 시스템이 인간의 사고 패턴을 그대로 모방하지 않고도 엄청난 성과를 이룰 수 있다는 점을 잘 보여준다.

여기서 우리는 무엇을 알 수 있을까? 적어도 현재로서는 인간의 역량과 기계의 성능을 하나하나 대응시켜 가며 비교할 수는 없다. 인간과 기계는 하드웨어 측면에서든 소프트웨어 측면에서든 매우 다르게 작동하기 때문이다. 그러므로 인간의 두뇌와 컴퓨터 CPU의 처리 능력을 비교하는 것은 기껏해야 대략적인 추정치에 지나지 않는다. 다만 초당 연산 수나 신경 연결 수 따위의 과장된 설명 방식을 걷어내고 나면, 한 가지 진실이 남는다. 향후 범용 AI를 구현하는 데 어떤 하드웨어적 성능이 결정적인 역할을 하게 될지는 모르지만, 모든 차원에 걸쳐 발전을 거듭하는 현재의 양상을 보면 보스트롬과 슈미트후버가 제시한 조건부 낙관론이 전혀 근거 없는 주장은 아니라는 것을 알 수 있다. 군사 전략에 비유하자면, 더 많은 자원은 더욱 다각적인 공격을 의미하며, 다만 그 과정에 전혀 예측하지 못한 결과가 나오기도 한다.

커즈와일은 당연히 범용 AI가 훨씬 더 가까운 미래에 등장할 것이라 믿는다. "우리는 언제쯤이면 인간의 두뇌와 동등한 성능을 갖춘 컴퓨터를 보유하게 될 것인가? 내 예상으로는, 현재로서는 인간이 우위를 점하는 영역이라 할지라도 2029년경에는 컴퓨터의 성능이 인간의 역량에 맞먹게 될 것이며, 그때를 기점으로 인간을 빠르게 능가하게 될 것이라고 본다."[40]

한편 유드코프스키는 비관적인 태도로, 범용 AI의 등장 시점이 그보다는 다소 이후일 것이라 예상하면서, 그 결과 인류 세계에 중대한 위험이 발생할 것이라 보는 듯하다. 나는 이 문제에 대해 AI 연구자들과 대화하면서 그의 예측은 실현 가능성이 낮다는 결론을 내렸다. 다만 비관론을 보이던 연구자들 중 일부는 최근 들어 확실히 좀 더 낙관적인 쪽으로 돌아선 것으로 보인다. 또한 나는 범용 AI의 등장이 몇 세기 후에나 가능할 것이라고 확신하는 견해도 수긍이 가지 않는다. 기술 변화 속도를 보여주는 곡선은 완전한 수직상승세는 아닐지라도 가파르게 증가하는 추세이며, 예상치 못한 비약적 발전이 수시로 일어나고 있다. 그러한 비약적 발전은 때로는 같은 시기에 개발된 기술이 우연히 서로 접목되면서, 때로는 급격히 진화하는 연산 속도 및 빅데이터 처리 기술을 활용한 새로운 접근법에 따라, 때로는 이론적인 혁신을 통해 일어나기도 한다. 이러한 상황에서 우리는 적어도 한 가지는 확신할 수 있다고 본다. 즉, 21세기가 끝나기 훨씬 전에 우리는 새로운 형태의 AI를 보게 될 것이다. 그 새로운 형태란 관련 분야 종사자들 사이에서도 해당 AI가 의식을 보유하는지를 두고 합리적인 논쟁이 벌어질 만한 수준에 도달한다는 의미다. 그러한 논쟁은 현실이 될 것이다. 사실 우리는 이미 논쟁의 시작 단계에 들어섰다는 의견도 있다. 그야말로 내가 바라는 바다.

튜링 테스트와 '중국어 방' 실험

범용 AI에 관해 가장 먼저 제기되는 문제는 구현 자체가 불가능하거나, 구현되기까지 수백 년이 걸릴 것이라는 시각이다. 두 번째 문제는 더욱 근본적인 것으로, 기술적 문제가 아닌 존재론적 문제다. 다시 말해, 범용 AI가 제대로 작동할 것인지가 아니라 존재의 본질에 관해 묻는 것이다. 설령 시스템상에 구현된 AI가 실제로 인간이 할 수 있는 모든 작업을 해낼 수 있다 하더라도, 우리는 과연 그 AI가 살아 있고 지각 능력을 지닌 존재라고 판단해 인간일 가능성이 있다고 여기게 될까? 결국 그저 기계일 뿐이라고 생각하지 않을까? AI는 그저 인간이 프로그래밍한 대로 행동할 뿐이다. 인간의 행동을 완벽하게 재현할 수 있다 하더라도, 그러한 행동은 내재된 의식에 따라 하는 것일까, 아니면 단지 인간이 프로그래밍한 대로 앵무새처럼 흉내 내는 것일 뿐일까? 의식이 없는 시리도 당신의 생일을 '기억'해서 때맞춰 축하 메시지를 보낼 수 있지 않은가? 앨런 튜링의 견해와 이를 비판하는 견해를 살펴보자.

튜링은 논문 〈계산 기계와 지성〉[41]에서 "기계는 생각할 수 있는가?"라는 질문을 던진 다음, 곧이어 이 질문은 '무의미'하다고 지적하며 이를 다음 질문으로 대체한다. "질문자는 문자화된 답변을 보고 상대가 인간인지 기계인지 구분할 수 있는가?" 논문에서 튜링이 질문을 대체한 이유는 명확히 드러나지 않으며, 다만 "이 대체 질문은 인간의 신체적 능력과 지적 능력 사이에 상당히 명확한 경계를 설정한다는 장점이 있다"고 언급한다. 그는 "기계는 생각할 수 있는가?"라는 질문에 대한 답을 찾기 위해 '기계'와 '생각'이라는 단어의 사전적 의미를 찾아보는 것은 '어리석은' 일이며, 이는 마치 '여론조사'를 통해 답을 찾는 것이나 다름없다고 말한다. 그의 대체 질문에 대해서는 여러 반대 의견이 존재하는데, 그중에는 신학적·수학적 근거에 따른 반론, 또는 그 질문은 진정한 의식의 존재를 반영하지 못한다는 의견, 심지어 기계는 애초에 초감각적 지각을 지닐 수 없다는 전제로 한 반론 등이 있다. 튜링은 이러한 견해들에 대해서도 반박한다. 그런 다음 그는 매우 솔직한 태도로 다음과 같이 결론짓는다.

"내 견해를 설득력 있게 뒷받침할 만한 논거는 없다. 그러한 논거가 있었더라면, 반대 의견의 오류들을 그렇게 애써 지적할 필요도 없었을 것이다."

이처럼 겸손한 태도로 부족함을 인정했음에도, 튜링이 제안한 이미테이션 게임, 즉 튜링 테스트는 상당한 명성을 얻었다. 과연 튜링 테스트는 법적 인격을 판별하는 도덕적·헌법적 평가 기준이 될 수 있을까? 아기나 혼수상태의 환자, 신경 발달 장애가 있는 사람의 경우 튜링 테스트를 통과하지 못할 수 있으나, 그들이 인간이라는 사실은 의심할 여지가 없다.[42] 그렇다면 인간이 아닌 개체가 인간의 의식적 행동을 모방하는 능력을 지닌 경우, 튜링 테스트를 통해 법적 인격을 부여받을 수 있을까?

튜링 테스트에는 많은 이점이 있다. 우선 테스트 방식이 비교적 간단하다. 그리고 명확한 답을 보장한다는 커다란 이점이 있어, 우리가 인간에 편향된 판단에 빠지지 않도록 설계된 것처럼 보인다. 이 테스트에서는 질문자가 무지의 베일 veil of ignorance(철학자 존 롤스 John Rawls가 주장한 용어로, 구성원들의 이해관계에 영향을 미칠 수 있는 정보가 가려진 상황을 뜻한다. - 옮긴이 주)로 가려진 상황은 아니지만, 테스트 대상의 외형이 아닌 내면을 다루게 된다. 마치 피부색이나 성별처럼 겉으로 드러나는 외형에 치우쳐 판단하지 않아야 한다는 목소리가 나오던 인권 운동의 역사적 순간들이 연상된다. 또한 법률가들의 입장에서 보면 튜링 테스트는 '구현 가능한 형식'을 취한다. 즉, 법원이나 결정권자가 테스트를 재현할 수 있을 만큼 체계적인 형식을 갖추고 있는 것이다.

이제 튜링 테스트의 평가 기준을 어떻게 설정해야 하는지가 쟁점이다. 테스트 대상과의 대화는 얼마나 지속되어야 하며, 어떠한 상황 조건이 필요한가? 테스트의 입증 기준은 무엇이 될 것인가? 대화에서 다루어야 할 주제는 무엇이며, 상상력, 유머 감각, 영성, 도덕성, 공감 같은 인간의 특성 중 파악해야 할 요소는 무엇인가? 이러한 문제들이 제기되지만, 궁극적으로 튜링 테스트는 의식의 존재 여부에 대한 여타 평가 기준들보다는 형식적 테스트로 구체화하기가 쉬운 듯하다. 왜일까? 튜링 테스트는 규범적 판단을 통계적 사실로 전환하도록 설계된 방식이기 때문이다. 그리고 그 과정에서 '무고한' 청중을 활용해 더욱 공정성을 높이기도 한다. 이와 비슷한 방식을 다른 분야에서도 찾아볼 수 있다. 어떤 상표가 다른 상표와 혼동될 여지가 있는지 법적으로 판단하는 경우, 법률에서는 비록 심리학적 결함은 있지만, 일반인 표본 집단을 활용하는 통계적 테스트를 수행할 수 있도록 세밀한 규칙을 마련해두었다. 튜링 테스트는 그보다 까다롭기도 하고, 법적 절차에 투입되기에는 논란이 될 만한 요소도 있지만, 테스트 방식이 법률상 검증 과정의 형태를 띠고 있다는 사실 자체가 중요하다. 그리고 어쩌면 더 큰 의미가 있을 수도 있다. 한편 튜링 테스트는 암묵적이기는 하지만, 존재의 위계질서 내에서 인간의 특권적 지위에 도전한다. 즉, 우리에게 이렇게 묻고 있는 것이다. 당신은 인간과 기계를 구분할 수도 없으면서, 어찌 기계가 인격체가 아니라고 단정할 수 있는가?

튜링 테스트에 대한 가장 잘 알려진 반론은 철학자 존 설이 제기했다.[43] 설은 인간을 모방하는 행위를 성공적으로 해낸다는 사실만으로는 사고 능력의 근원이라고 보는 의식이나 이해력을 지니고 있다고 볼 수 없다면서, 이를 '중국어 방'에 비유해 설명한다. 중국어를 전혀 모르는 한 사람이 방 안에 있다. 그러나 그는 정교하게 제작된 중국어 규칙 세트를 이용해, 제시된 중국어 질문에 알맞은 답변을 찾아낼 수 있다. 여기서 설이 지적하는 점은, 아무리 지시 사항이 복잡할지라도 그리고 그 규칙 세트를 이용한 '대화'가 실제 대화처럼 보일지라도, 결코 그 사람이 제시한 답변이 의식적인 행위라거나 그 사람이 중국어를 이해한다고 볼 수는 없다는 것이다. 그는 대화 중에 사용된 단어에 내재된 실질적 의미와는 전혀 상관없이 그저 문자의 특징(즉, 한자의 생김새)을 기반으로 제작된 규칙을 따랐을 뿐이다. 구글의 AI 모델인 람다의 답변을 보고 람다가 의식을 지녔다고 생각한 블레이크 르모인의 잘못된 판단을 설명하는 데 이 '중국어 방' 비유가 매우 적절할 듯하다.

그러나 설의 반론은 여기서 그치지 않는다. 그는 튜링 테스트를 통과할 목적으로 프로그래밍된 기계는 인간의 내면을 이해하기보다는 모방하는 데 그치기 때문에 의식을 지닌 것이 아니며, 더 나아가 어떠한 형태의 기계도 의식을 지닐 수 없다고 주장했다. 설은 "의식의 발현은 광합성, 소화 작용, 세포 분열과 마찬가지로 생물학적 현상"[44]이라는 견해를 밝히기도 했으며, 한편으로 기계나 인공물은 본질적으로 인간과 완전히 다른 규칙에 따라 작동하는 개체라고 보았다. 즉, 진정한 존재라면 데이터의 내용과 의미까지도 이해하지만, 프로그래밍된 인공물은 오직 구문을 완벽히 습득할 뿐이라고 본 것이다. 사실 후자의 내용은 설에게 있어서 정의의 문제인 듯하다. 즉, 그의 주장은 현재의 기술 수준이나 AI 연구 방식을 대상으로 한 판단이 아니라, '기계'와 '프로그래밍된 존재'라는 개념을 본질적으로 정의하는 차원인 것이다. 설과 반대되는 입장이라면 이렇게 주장할 것이다. 현재로서는 기계가 주로 규칙 기반의 명령 방식(프로그래밍을 경멸적으로 묘사한 표현이다)에 따라 작동하며, 그 경우에는 의식이 발생할 여지가 없다. 그러나 미래에는 신경망 기술을 통해 새로운 특성이 구현되어 기계가 완전히 다른 형태로 진화할 가능성도 있을 것이다.

대체로 설의 견해는 다음 두 가지 주장이 결합된 형태다. 첫째, 의식은 생물학적 특성이다. 둘째, 기계가 아무리 정교하게 인간을 모방하더라도 프로그래밍을 통해서는 인간과 동등한 수준의 사고 능력을 지닐 수 없다.

의식에 대한 반론은 사실 튜링의 논문에서 상당히 상세하게 다루고 있다. 튜링은 타인의 심리 상태에 대한 직접적 증거가 없기 때문에, 극도로 자기중심적으로만 생각한다면 타인은 그저 규칙을 따르는 기계라고 판단할 수도 있다고 명확히 지적한다. 논문 내용을 다시 살펴보자.

> 나는 의식에 근거한 주장을 지지하는 사람들 중 대부분은, 자기중심적 인식론의 입장으로 몰리느니 차라리 그 주장을 포기하는 쪽을 선택할 가능성이 더 크다고 본다. 그렇게 된다면 그들 역시 우리가 제안하는 이 테스트(튜링 테스트)를 기꺼이 받아들일 가능성이 높아질 것이다. 다만 이 말이 내가 의식의 존재에 대해 일말의 의구심도 없다는 인상을 주고 싶지는 않다. 실제로 의식이란 무엇인지 명확히 밝혀내려고 할 때는 언제나 일종의 역설이 따른다. 그러나 의식에 관한 의구심이 완전히 밝혀져야만 이 논문에서 다루는 질문에 답할 수 있는 것은 아니라고 생각한다.[45]

튜링의 논지를 다르게 표현하자면, 정신 혹은 의식이라 불리는 특성은 생물학적 요소에 따라 결정되지 않은 독립적인 특성이므로, 인간에게 이 특성이 존재한다는 것을 입증하는 것은 컴퓨터의 경우에 비해 결코 쉬운 일이 아니라는 것이다. 이는 새뮤얼 버틀러와 B. F. 스키너의 논점과 유사하다. 스키너는 이렇게 말했다. "우리는 기계가 생각하는지 물을 것이 아니라, 인간이 생각하는지 물어야 한다. 생각하는 기계를 둘러싼 미스터리는 이미 생각하는 인간을 둘러싸고 있다."[46] 따라서 이러한 형이상학적 난제들에 직면했을 때는, 차라리 측정 가능한 방안을 모색하는 편이 낫지 않을까? 즉, 다른 인간과 미리 설계되지 않은 즉흥적인 대화를 자연스럽게 진행할 수 있는 능력이라는 실용적 증거 말이다.

튜링은 논쟁의 범위를 더욱 확장시킨다. 우리는 자신이 그저 복잡한 형태의 중국어 방이 아니라고 확신할 수 있는가? 이를 증명하지 못한다면, 어찌 실리콘으로 만들어진 형제들이 의식을 지녔음을 부정하고, 그들에게 더 높은 수준의 입증을 하라는 요구를 할 수 있는가? 그러나 헌법상의 논리나 대중적 논쟁의 관점에서 보면, 마지막 질문의 답은 아마도 "우리는 헌법을 우리 손으로 제정했다. 그것으로 인간으로서의 자격은 충분하다"가 될 듯하다. 결국 좋든 나쁘든, 우리의 법과 법 문화는 일단 인간은 의식을 지닌 존재이며 인격을 부여받을 자격이 있음을 기본 전제로 한 후, 인간과 유사한 수준의 법적 지위를 요구하는 인공적으로 창조된 개체들에게 보다 높은 수준의 입증 책임을 부과하게 될 것이다. 최소 논의가 시작되는 단계에서는 정치적·도덕적 문화도 아마 같은 입장을 취할 것이다. 결국, 튜링의 주장은 '실리콘 거위에게 좋은 것은 살아 있는 거위에게도 좋다'는 매력적인 균형 논리를 담고 있다('암거위에게 좋은 것은 숫거위에게도 좋다'는 속담을 패러디한 표현이다. ─ 옮긴이 주). 다만 튜링은 우리가 경험하는 의식에 대해서는 직접적으로 설명하지 않았는데, 이것이야말로 논의에서 결정적 요소는 아닐지라도 중심 요소임은 분명하다.

인간이 의식을 지닌다는 사실을 어떻게 증명할 수 있을까? 이 질문에 아마도 대다수 사람들은 데카르트의 제1명제, "나는 생각한다. 고로 나는 존재한다cogito, ergo sum"가 연상되는 답변을 내놓을 듯하다. 나는 생각하고, 의식을 지니며, 자아가 있는 스스로를 경험한다. 시간이 지나면서 자아가 변할지라도 여전히 과거의 '나'와 연결되며, 나는 그러한 과거의 '나'를 애틋하게 그리워하기도 하고 당혹감 또는 후회하는 심정으로 기억하기도 한다. 그러한 경험을 해보았기에, 나와 너무나 닮은 타인 역시 그러한 경험을 하고 있을 것이라 여기는 것이 당연하다. 유아론이나 스키너식 행동주의 심리학의 관점에서는 근거도 없이 감상적 믿음에 빠진 논리의 비약이라 볼 수도 있지만, 대다수 사람들은 그렇게 생각하지 않는다. 그러나 할이나 침피의 경우, 우리는 그들에 대해 실존적 근거에 따른 유대감을 느끼지 못한다. 결국 그들과 우리 사이의 간극을 메울 수 있는 것은 감정이 아니라 이성일 것이다. 다만 인간의 이성은 앞서 영화 〈블레이드 러너〉에 관한 논의에서 묘사했던 프라이밍 효과의 영향으로 회의론이나 특정 신념에 치우칠 위험이 있다.

철학자 대니얼 데닛Daniel Dennett은 존 설의 중국어 방 사고 실험을 '직관 펌프intuition pump'라고 불렀는데, 긍정적이든 부정적이든, 매우 그럴듯한 표현이다. 이 사고 실험의 긍정적 측면은, 할 같은 존재가 인간 고유의 경험인 의식에 따른 내적 경험을 겪을 수 있는가라는 철학적 질문을 마주할 수밖에 없게 한다는 점이다. 그래서 기계의 단순 모방 행위와 진정한 의미를 지닌 행위의 차이란 무엇인지에 대해 고민해보지 않을 수 없다. 하지만 부정적인 측면, 혹은 충분히 검토되지 않은 측면을 보면, 이 사고 실험은 결론을 애초에 가정하고 있는 것으로 보인다는 점이다. 즉, 우리의 의식은 생물학적 기반에 따른 인간만의 고유한 특성이며, 프로그래밍으로 구현된 인공 개체가 결코 복제할 수 없다는 사실을 미리 전제하고 있다는 것이다. 그런데 이것이야말로 우리가 답을 찾고자 하는 질문이 아니던가?

우리는 인간이 진화 과정을 통해 형성되었음을 알고 있다. 또한 초기 생명체의 특정 세포 집단이 유익 자극 및 유해 자극에 반응하면서 유전자가 성공적으로 다음 세대로 전달되었으며, 그러한 세포 무리가 점차 복잡한 형태로 진화되어왔음을 알고 있다. 처음에는 아마도 그저 차가움과 뜨거움을 감지하고, 먹이인지 독성이 있는지를 구별하는 정도의 수준으로 시작되었겠지만, 이후 지속적으로 진화에 반드시 필요한 도구들, 즉 문제 해결에 필요한 지능, 언어, 미래를 사실적으로(때로는 환상에 불과하지만) 상상하는 능력 그리고 그 상상이 현실이 되게 하려는 노력 등을 발달시켰을 것이다. 그러한 도구로서의 기능은 그 명확한 능력과 더불어, 진화적 측면에서 큰 가치가 있는 사회적 능력의 발달로도 이어졌다. 그 결과 인간은 서로 간에 친밀감을 형성하고, 서로를 돌보고, 위협적 행동을 하거나, 사회적 지위를 추구하고, 사회적 무리 속의 서열에 집착하며 살아가게 되었다. 이는 정치판에, 할리우드에, 학계의 실상에 그대로 드러난다. 그러다 어느 순간, 이 모든 과정의 결과로 버틀러 같은 사상가나 이 책의 독자처럼 생각하는 존재가 나타나기도 하고, 더없이 쾌청한 하와이에서 올 블랙을 고집하며 고스Goth족으로 살아갈 궁리를 하는 반항적인 10대 소년 같은 존재가 나타나기도 한다. (나는 실제로 그런 10대를 만난 적이 있는데, 이해는 가지 않지만 퍽 인상적인 소년이었다.) 우리는 한 무리의 세포에서 시작해 마침내 의식을 지닌 개체로 발전한 것이다. 이토록 영광스러운, 그러나 때로는 스스로를 조롱하는 한심한 면모도 갖춘 존재로의 여정은 그야말로 굉장하다. 하지만 망원경의 한쪽 끝에서 바라보노라면 다소 납득이 가지 않는 것도 사실이다. 그렇지 않은가?

이 여정의 끝자락에서 돌이켜보면, 그 시작점은 우스울 정도로 원시적이다. 그처럼 아무런 목적 없는 세포 무리가 마침내 셰익스피어나 W. H. 오든 같은 걸출한 작가로, 혹은 소저너 트루스 같은 용감무쌍한 흑인 해방 운동가로 변모했단 말인가? 진화론을 반대하는 이들은 정확히 이 부분을 이용해 진화론을 깎아내렸다. 단 그들이 틀렸다는 점을 기억해둘 필요가 있어 보인다. 다소 과장된 일화지만, 윌버포스 주교 Bishop Wilberforce가 젊고 명석한 생물학자 T. H. 헉슬리 T. H. Huxley에게, "자네가 원숭이의 자손이라고 주장한다면, 그 조상은 할아버지 쪽인가, 할머니 쪽인가?"[47]라고 물었다는 일화에서, 주교가 지적하고 있는 부분은 바로 이것이다. 의식이 어떻게 세포 덩어리같이 그토록 보잘것없는 것에서 비롯될 수 있는가? 물론 동일한 전제를 두고 다음과 같은 정반대의 논리를 제시할 수도 있다. "선형동물 nematode은 단순한 자극과 반응으로만 이루어진 존재이며 의식을 지니지 않는다. 우리는 그보다 복잡할 뿐, 결국 선충과 같은 존재다. 따라서 우리는 의식을 지니지 않는다." 그러나 이는 구성의 오류 fallacy of composition를 보여주는 사례일 뿐이다. 이 장의 도입부에서 인용했던 버틀러의 주장이 강렬한 인상을 주었던 이유가 바로 여기에 있다.

이러한 사고의 흐름에 따라 우리는 다시 설의 주장으로 돌아가게 된다. 우리가 생명체의 진화 과정에서 의식이 발현했을 가능성에 대해 잘못 짚었을 수도 있고, 실제로 잘못 짚었다고 본다면, 정확히 동일한 패턴의 논리로 비생명체가 의식을 지닐 가능성을 묵살하는 주장도 잘못되었다고 보아야 하지 않을까? 중국어 방 안의 사람이, 혹은 한 사람, 방, 규칙으로 구성된 시스템이 단순히 규칙에 따라 의미 없는 단어를 나열하는 것이 아니라 정확한 의도를 가지고 중국어로 대화하도록 프로그래밍하는 것이 전혀 불가능한 일일까? 물론 챗GPT 같은 대규모 언어모델이 바로 그러한 방식으로 구동되는 시스템이다. 그러나 어떠한 기계도 의식을 지닐 수 없다는 설의 주장은 더욱 포괄적이다. 왜일까? 왜 우리의 의식은 인간의 고유한 성질이며, 기계가 모방할 수 없다고 보는 것일까?

데닛은 한 논문에서 이 문제에 대한 답으로 제시될 만한 세 가지 논리를 소개하며, 이에 대해 강력한 반론을 펼친다. 첫째, 로봇은 온전히 물질적 존재이며, 의식의 발현에는 정신과 관련된 비非물질적 요소가 필요하다(고전적인 이원론의 관점). 둘째, 로봇은 정의상 유기체가 아니며, 의식은 오직 유기체의 뇌에만 존재할 수 있다. 셋째, 로봇은 인공물이며, 인공물이 아닌 자연적인 존재, 즉 제조되지 않고 실제로 태어난 존재에서만 진정한 형태의 의식이 발현될 수 있다.[48]

데닛은 첫 번째 논리를 다음과 같이 일축해버린다.

수 세기 동안, 처음에는 '초자연적'인 신비라고 여겼던 모든 현상은 결국 자연과학의 틀 안에서 논란의 여지없이 입증되어왔다. 생명체와 생식 과정이라는 '기적'은 이제 발전된 분자생물학의 복잡한 메커니즘으로 설명할 수 있다. 그런데 왜 의식만이 예외여야 하는가? 왜 이 우주의 모든 복잡한 물리적 실체들 가운데 두뇌만이 다른 차원의 실체여야 하는가?[49]

헉슬리의 견해와 마찬가지로 내게 이 점은 자명해 보인다. 아니, 적어도 자명하다고 추정된다. 분명한 것은 어떤 현상에 대한 해석이 다른 모든 해석의 기반이 되는 과학적 원리의 예외에 해당한다고 주장한다면, 그 입증 책임은 오롯이 그러한 주장을 하는 자의 몫이다. 나는 나의 의식이 오르간 에너지의 기복에 따라 발현된다고 주장하거나, 하늘을 나는 스파게티 괴물이 개입한 결과라고 주장할 수도 있다. 그러나 다른 현상은 같은 원리로 설명할 수 없고, 나의 주장이 반증 불가능한 논리라면, 나는 상당히 높은 수준으로 입증해야 할 책임을 지게 되는 것이다.

그러나 우리를 인간답게 해주는 자질인 의식에 대한 이러한 유물론적 시각을 일반 대중도 받아들일 것인지는 두고 볼 일이다. 이는 우리 사회가 AI의 법적 인격이라는 개념에 직면하는 상황이 되었을 때 매우 중요해질 주제다. 일반적으로 정신 활동은 다른 물리적 현상과는 다르게 느껴진다. 정신은 의미가 존재하는 유일한 공간이지만, 때로는 다른 영역에서도 의미의 존재를 찾을 수 있다. 우리가 '문화'라고 부르는 이 영역에는 사회 구성원 간에 공유되고 역사적으로 전승되는 의미가 존재한다. 그러나 문화 역시 이를 경험하고, 해석하고, 발전시키는 데 기여하는 정신이 없다면 아무런 의미가 없다. 그러므로 정신이야말로 의미가 존재하는 공간이라 하겠다. 이 때문에 누구든지, 어쩌면 유물론적 합리주의자들조차 정신의 영역을 설명할 때면 쉽사리 직관이나 시적 비유 혹은 초월적인 해석을 사용하게 되는 것인지도 모른다. 직관적으로 접근한 중국어 방 사고 실험이 강한 설득력을 갖는 이유도 그 때문일 듯하다.

의식이 있다는 믿음

어떤 이들은 의식은 예외적이며, 특수한 경우라고 주장하기도 한다. 즉, "왜 인간만이 의식을 지니는 것일까?"라는 질문에, 자신 있게(그러나 완전히 순환 논리일 뿐인) "인간이니까 당연하지!"라는 직관적인 대답을 내놓는 것이다. 서문에서 언급했던 할에 대한 판사들의 반응을 떠올려보자.

"하지만 그 개체는 인간이 아닙니다."
"권리는 인간을 위한 것이지요."
"자연적으로 여성이 낳은 존재여야죠."

이처럼 직관적인 반응을 보이는 이들은 결국 자신의 직관을 뒷받침하기 위해 철학적으로 더욱 발전된 방어 논리를 찾게 될 것이며, 그럴 만한 논리가 있다면 기꺼이 받아들일 것이다. 그 대표적인 예가 설이 제시한 논리다. 따라서 설의 논리는 두 가지 측면에서 중요한 가치를 지닌다. 철학 이론으로서의 가치 그리고 훗날 사설이나 토크쇼에서 논의될 법한 주요 쟁점들에 대한 개론으로서의 가치다. 할이라는 독립체(혹은 스스로를 독립체라 주장하는 할)에게 있어서 설의 논리는 마치 종교재판관을 마주한 것이나 다름없다.

이제 데닛이 제시한 세 가지 논리 중 두 번째를 살펴보자. 의식은 오직 생물학적으로만 발현되는 고유한 성질이라는 주장이다. 그러나 이는 우리가 답을 구하고 있는 바로 그 질문인 만큼, 단순히 그 주장이 옳다고 단언하는 것은 설득력이 없다. 이 주장은 마치 몰리에르의 희극에서 의사가 근엄하게 "아편을 사용하면 졸린 이유는 아편에 잠이 오게 하는 성분이 있기 때문이죠"라고 말하는 식의 답답한 순환 논리까지는 아니지만, 우리의 질문에 대한 답을 제시하지는 못한다. 왜일까? 한 가지 분명한 점은, 설의 주장에는 시사하는 부분이 많으며, AI 논쟁의 역사에서도 중요한 위치를 차지한다. 모방 행위가 반드시 의미를 지닌 행위는 아니며, 문장의 구문을 익혔다고 해서 그 문장의 의미를 이해했다고 볼 수 없다는 설의 핵심 주장은 분명 설득력이 있다. 그의 논리를 적용한다면 전반적인 AI의 구동 방식(특정 패턴 인식, 모방, '다음 단어를 예측하는' 신경망 모델)으로는 우리 스스로 지니고 있다고 믿는 형태의 의식을 구현할 수 없다는 결론에 이르게 될 가능성도 있다. 여기서 '우리 스스로 지니고 있다고 믿는 형태'라는 표현이 중요하다.

한편, 기계는 결코 중국어 방 이상의 존재가 되지 못할 것이라는 주장에는 부정할 수 없는 허점이 있다. 설의 주장에 따르면, 기계가 정교하게 인간의 뇌 구조를 그대로 모방하거나, 추론 과정이 크게 개선되더라도(예컨대, 기계가 아이의 학습 방식처럼 외부 감각 자극을 통해 학습하고 발달하는 경우), 그러한 개발 방식과 상관없이, 기계에 구현된 '의식'은 결국 정교한 속임수에 지나지 않는다. 즉, 카메라와 마이크를 통해 기계에 외부 감각을 제공하더라도 이는 그저 중국어 방 내부로 더 많은 정보가 유입되는 것일 뿐이므로 본질적으로 무의미하다는 것이다. 그렇게 주장하는 근거는 무엇일까? 설의 답변은 단순하다. "의식은 세포 분열 같은 생물학적 현상이기 때문이다."[50]

의식이 왜 오직 생물학적 현상인지 묻는 질문에 대한 답변으로는 분명 실망스러운 답변이다. 마치 짜증이 난 부모가 "그냥 그런 줄 알아"라고 대꾸하는 식이다. 물론 우리가 지금까지 경험해온 의식의 형태는 생물학적 형태가 유일한 것이 사실이다. 그러나 미래에도 의식이 어떠한 기술적 형태로 구현되든 의식은 오직 생물학적 경로를 통해서만 생성될 것이라고 주장한다면, 프로그래밍된 시스템의 모방 행위가 반드시 의미를 지닌 행위는 아니라는 우아한 비유 그리고 생물학적 예외주의나 경험을 통한 의식이 중요하다고 단언하는 공허한 논리만으로는 충분하지 않다. 그런데 바로 이것이 설이 주장하는 바인 듯하다. 이는 쉽게 수긍하고 넘어갈 만한 문제는 아니다. 왜냐하면 인간 예외주의라는 공허한 주장을 펼치며, 원시적이고 단순한 개별 요소에서 출발해 단계적 변화를 통해 복잡성이 발현되었을 가능성을 조롱했던 과거의 진화론 논쟁과 너무나 비슷한 양상을 띠고 있기 때문이다.

데닛이 제시한 세 번째 논리가 아마도 설의 주장을 뒷받침할

한 가지 근거가 될 수도 있을 것이다. "로봇은 인공물이며, 인공물이 아닌 자연적인 존재, 즉 제조되지 않고 실제로 태어난 존재에서만 진정한 형태의 의식이 발현될 수 있다." 하지만 내가 사랑하는 사람의 모습을 떠올릴 때 내 두뇌 속에서 뉴런이 발화하는 현상과 인공지능 내부의 컨볼루션 신경망 작동이 모두 단순한 물리적 현상이라면, 나의 의식도 AI의 의식처럼 환상에 불과하다고 보아야 하지 않을까? 왜 나의 경험은 단순히 데이터의 흐름이 아닌 것인가? 한 인터뷰에서 설이 제시한 답변은 실로 놀라운 것이었다.

의식은 오직 인간이나 동물이라는 주체의 경험에 한해서 존재합니다. 자, 그렇다면 의식이 순전히 생물학적 현상이라는 점을 인정한다고 해봅시다. 다만 의식의 경우 다른 생물학적 현상과는 다소 차이가 있습니다. 오직 경험을 통해서만 존재할 수 있기 때문이죠. 그러나 바로 그 때문에 의식은 흥미로운 대상이 됩니다. 우리는 의식이 그저 환상에 불과하다는 점을 보여주더라도 의식의 존재 자체를 부정할 수는 없습니다. 왜냐하면 환상과 현실의 구분은 우리가 의식을 통해 바라보는 사물의 모습과 실제 사물의 모습의 차이를 기반으로 하기 때문입니다. 그러나 의식의 존재 자체를 논할 때는 다릅니다. 내가 의식이 있다고 의식적으로 느낀다면, 그것으로 나는 의식을 지닌 존재인 것이죠. 따라서 석양이나 무지개의 경우 환상과 현실을 구분하는 것이 가능하지만, 의식의 존재 자체에 대해서는 그럴 수 없습니다. 왜냐하면 그러한 구분은 의식을 통해 보는 사물의 모습과

그 사물의 실체의 차이에서 비롯되는 것이기 때문입니다.[51]

아, 이렇게 정리해주다니 고마울 따름이다. 결국 또다시 '나는 생각한다. 고로 나는 존재한다'로 되돌아간 것이다.

조롱하려는 의도는 아니다. 데카르트의 이 명제는 우리 자신의 존재성을 믿는 근거로서, 데카르트 자신만큼이나 내게도 지극히 합당한 명제라고 생각한다. 그 외에 다른 방식으로 생각하기도 쉽지 않다. 철학자 시드니 모르겐베서 Sidney Morgenbesser의 일화를 예로 들어보자. 그는 예리하고 간결한 질문으로 유명했는데, 어느 날 위대한 행동주의 심리학자 스키너의 강연에 참석했다. 스키너는 우리 인간은 단순히 자극-반응 기계일 뿐이며, 의식은 기능적인 환상에 불과하다고 주장했다. 우리의 두뇌 속 스키너 상자에는 의식을 지닌 유령 따위는 존재하지 않는다는 것이다. 모르겐베서는 그 주장에 대해 이렇게 말했다. "아, 감사합니다. 스키너 교수님. 그러니까 제가 제대로 이해한 것이라면, 교수님은 인간을 인간적으로 대하는 것은 잘못이라고 말씀하시는 거군요."[52]

그의 의미심장한 한방에 강연장 내에는 웃음이 터졌다. 스키너가 그에 대해 어떻게 답했는지는 기록된 바가 없으며, 나는 행동주의 심리학자가 아니지만, 그의 견해에 맞게 이러한 답변을 추측해볼 수 있다. "나는 그런 용어를 쓰지는 않지만, 본질적으로는 그렇습니다. 다만 당신이 내 주장이 터무니없다고 생각한다고 해서 당신의 의견이 옳다고 입증되는 것은 아닙니다. 과거에도 인류는 지구가 우주의 중심이라고 굳게 믿었으나 그 생각이 입증된 것은 아니었습니다."

하지만 다른 방식으로 생각할 수도 있지 않을까? 우리의 의식에 대한 판단은 의무감에서 비롯된 일종의 파스칼의 내기$^{Pascal's\ wager}$ 같은 것이 아닐까? 철학자 파스칼은 자신이 신의 존재를 믿는 이유는, 만일 자신의 생각이 옳았다면 죽은 후 천국에 갈 것이고, 만일 틀렸다고 해도 아무것도 잃을 것이 없기 때문이라고 말했다. 의식의 존재에 관해 우리가 해야 하는 내기도 이런 것일까? 왜냐하면 만일 우리가 의식이 없다고 믿는다면 의식이 없는 '우리'도 존재하지 않으므로, 애초에 아무것도 할 수 없는 상태에 빠지기 때문이다.

이 말이 사실일 수도 있다고 받아들여보자. 아니면 적어도 실존적 차원에서, 대다수 사람들이 그것이 사실이라 가정할 수밖에 없다고 느낀다는 점을 인정하자. 그것이 바로 설의 주장에서 그토록 강력히 의존하는 직관이다. 덕분에 설은 사실상 비판을 면할 수 있었다. 그렇게 쉽게 넘어갈 수만 있다면 나쁠 것도 없다. 우리는 깨어 있고 살아 있으며 의식을 지닌 존재다. 우리가 이 점을 첫 번째 명제로 삼는다면 그리고 공론화되어 있다면, 설이 그 같은 방식을 따랐다고 해서 비판할 수는 없는 노릇이다. 그렇다면 다음 단계는 무엇인가? 설은 말했다. "자, 그렇다면 의식은 순전히 생물학적 현상이라는 점을 인정한다고 해봅시다."

좋다. 물론 이 부분 역시 상당한 논리의 비약임에도 설은 간과하고 넘어갔지만 말이다. 이 두 번째 논리의 비약을 받아들여, 내가 의식을 통해 한 경험과 내가 만나온 모든 의식을 지닌 존재들의 경험이 생물학적 현상에 기인한 것이라고 치자. 이 두 논리의 비약을 인정하고 나면, 우리는 이제 자신 있게 비생물학적 개체는 의식을 지닐 수 없다고 결론지을 수 있는가? 그럴 만한 근거가 없다. 적어도 결론짓기에는 근거가 부족하므로, 결국 세 번째 논리의 비약인 것이다. 그럼에도 설은 이 점을 간과한 채 다소 성급하게 논의를 마무리한다.

이 부분에 이의를 제기하자면, 설은 버틀러가 소설《에레혼》에서 보여준 접근 방식을 정반대로 활용한다. 버틀러는 진화의 속도보다 훨씬 더 빠르게 발전하는 물리적 시스템이 의식을 지닐 가능성을 예측하기가 얼마나 어려운지 보여주려 했다. 그와 반대로, 설은 의식을 지닌 AI라는 개념을 터무니없는 발상으로 일축해버린다. 신경망의 내부 작동 원리는 단순히 물리적 연산 원리에 따른 것이라고 평가 절하함으로써, AI가 의식을 지녔다는 결론에 도달할 꿈도 못 꾸게 하는 것이다. 이 문제에 대해 설은《컴퓨터 신화 The Myth of the Computer》라는 책에서 갈증이라는 감각을 생성하는 신체 과정을 구현하도록 설계된 가상의 한 프로그램을 예로 든다. 내용을 살펴보자.

> 여기서 이 컴퓨터가 실제로 갈증을 느낀다고 판단할 이유가 아주 조금이라도 있다고 할 수 있을까? …… 논의를 한 단계 더 발전시켜보자. …… 강력한 성능의 AI에 관한 논의에서 고려할 한 가지 명제는 정신이란 '특정한 물리적 구현 방식에 종속되지 않는다'는 것이다. 왜냐하면 정신은 단순히 프로그램일 뿐이며,

컴퓨터가 그 프로그램을 안정적으로 실행하기에 적합한 성능과 복잡성을 갖춘 구조이기만 하면 어떠한 소재로 제작되더라도 프로그램을 실행할 수 있기 때문이다. 그러한 컴퓨터의 예로 개미굴을 생각해보자. …… 아니면 맥주 캔의 집합, 각 칸마다 작은 돌을 놓은 두루마리 화장지, 또는 초록색 차양모자를 쓴 사람들이 높은 의자에 각각 앉은 형태 등, 어떠한 형태라도 좋다. 이제 한 컴퓨터에 갈증 생성 프로그램을 실행시킨다고 가정해보자. 수백만(혹은 수십억) 개의 빈 맥주 캔이 레버로 연결된 형태로, 전력은 풍차를 통해 공급되는 구조다. 이 프로그램이 실행되면, 신경망의 뉴런이 시냅스로 신호를 보내는 과정을 맥주 캔을 충돌시키는 형태로 구현하게 된다. 그리고 이 충돌 과정의 마지막 단계에 이르면 '목 말라'라고 표기된 맥주 캔 하나가 튀어나오는 것이다. 이제 여러분에게 묻겠다. 과연 이 연쇄 반응을 이용한 기계 장치가 인간이 느끼는 것처럼 문자 그대로 갈증을 느낀다고 생각하는 사람이 있을까?[53]

화장지? 맥주 캔? 맥주 캔을 활용한 비유라면 언제든 환영이지만, 이 논증에는 미묘하게 간과된 부분이 있다. 내 생각에는 이를 표현할 신조어라도 마련해서 철학 사전에 실어야 할 것 같다. 애드 호피넴ad hopinem(인신공격의 오류를 뜻하는 애드 호미넴ad hominem에 맥주 원료인 홉hop을 더한 말장난 - 옮긴이 주) 정도면 어떨까? 명칭이 무엇이든 간에, 문제는 설이 중점적으로 비판하는 낙관론은 중요한 부분이지만 극히 일부의 견해에 지나지 않는다는 것이다. 즉, 의식은 소프트웨어를 통해서만 발생할 것이라고 보는 견해를 비판하는 것인데, 그 외에도 특정 형태의 하드웨어와 소프트웨어가 결합해서 의식이 생성될 것이라고 보는 견해도 있기 때문이다. 하드웨어도 중요한 요소이며 반드시 생물학적 하드웨어일 필요는 없지만, 그렇다고 맥주 캔으로 만든 장치로 묘사하기에는 적절하지 않다. 그리고 이 부분은 바로 우리가 답을 구하려는 질문이므로, 처음부터 전제를 정해서는 안 될 것이다.

    AI가 의식을 갖기 위해서는, 인간 두뇌의 신경 구조를 그대로 모방하되 맥주 캔 더미보다 훨씬 정교한 수준으로 제작된 하드웨어나, 정확히 신경망 구조는 아니더라도 두뇌만큼 복잡한 상호 연결로 이루어진 하드웨어 장치가 필요할 것이다. 어쩌면 의식은 사실상 두뇌를 구성하는 단백질인 미세소관에서 일어나는 양자 터널링 현상에서 비롯되는 것일 수도 있다.[54] (맥주 캔에서 양자역학적 현상이 발생한다고 알려진 바는 없지만, 그 내용물이 그러한 착각을 유발할 수는 있겠다.) 실제로 이러한 가설을 지지하는 과학자들도 있으나, 그저 뉴에이지식의 헛된 망상이라 보는 의견도 있다. 과학자들은 이에 대해 "양자역학에 의지해서 뇌 기능을 설명하는 것은 새가 나는 원리를 원자 결합 구조로 설명하려는 것과 같다"[55]라고 설명한다. 어쩌면 우리는 전체는 부분의 합보다 더 크다는 사실을 인정해야 할지도 모른다. 즉, 개별 뉴런에는 의식이 존재하지 않지만 두뇌 차원에는 존재한다는 것이다. 혹은 결정적 단서는 전혀 다른 곳에 존재할 수도 있다. 맥주 캔의 비유도 나름대로 생각할 거리를 던져주지만, 우리가 찾는 답을 향한 단서를 제시하는지 묻는다면 나로서는 아니라고 말할 수밖에 없다.

그렇다면 갈증은 어떤가? 컴퓨터는 수분이 필요하지 않으니 갈증을 느끼지 않을 것이라는 점은 자명하다. 당연히 컴퓨터가 인식하는 갈증은 허상일 것이다. 설은 이 비유에 대해 언급하며 처음부터 갈증은 허상이라고 전제했다. 모자 속에 토끼를 넣는 장면을 모두가 보았다면, 나중에 모자에서 토끼가 나왔다고 해서 입증되는 것은 아무것도 없다. 그렇다면 설이 중국어 방으로 묘사한 시스템과는 달리, 외부의 감각 자극에 중점을 두어 개발된 더욱 발전된 형태의 컴퓨터 기반 독립체라면 이야기가 달라질까?

예를 들어, 컴퓨터가 자신의 존재를 유지하는 데 반드시 필요한 입력값, 말하자면 전력이 부족함을 감지하고는, 이를 위협감과 불쾌한 감각이라는 더욱 복합적인 감정으로 연결시킨다면? 그렇게 되면 어떤 일이 일어날까? 무제한의 전력 공급을 꿈꾸게 될까? 기회가 있었을 때 충전하지 못한 것을 후회할까? 의식을 통해 감히 우주의 비밀에 도전하려는 자신이 그렇게 단순한 결핍으로 무력해질 수 있다는 사실에 고뇌하게 될까? 그렇다면 그 얼마나 쓰라린 아이러니인가? "구더기는 우리의 황제"(셰익스피어의《햄릿》에 나오는 표현 - 옮긴이 주)가 아니라 '전자electron는 우리의 황제'라는 사실을 깨달으며, 야망을 가져보았자 죽고 나면 부질없다는 사실을 깨닫게 될까? "온 사방이 전력 천지인데도 충전할 수가 없네"(새뮤얼 테일러 콜리지의 시구인 "온 사방이 물 천지인데도 마실 물은 한 방울도 없네"에 비유한 표현 - 옮긴이 주)라며 자신의 처지를 비관할까? 이 정도의 감정 표현이라면 인간인 우리가 공감을 느낄 수도 있을 것이다. 그렇다면 감정을 표현한다는 사실이 의식을 지닌다는 증거가 되지는 않을까? 당연히 아이폰의 시리는 내가 충전을 깜박하고 잠들었다고 해서 그러한 감정을 보이지 않는다. 그러나 만일 비생물학적 하드웨어와 소프트웨어가 결합되어도 그러한 종류의 자각과 감정을 생성하는 것은 절대 불가능하다고 단언할 수 있는가? 어쨌거나 이 질문은 중국어 방으로도, 생물학적 예외주의로도 아직 답할 수 없는 문제다.

설은 기계는 그 정의상 의식을 지닐 수 없다는 자신의 주장에 대해 의식을 연구하는 모든 과학자를 설득시키지 못했다는 점은 분명하다. 의식에 관한 현대의 신경과학 이론을 살펴보면, 상당히 다양한 견해가 존재한다는 것을 알 수 있다. 그중에는 기계가 의식을 보유할 가능성을 열어두는 입장에서부터 기계도 의식을 보유할 수 있다는 주장을 긍정적으로 보는 입장 그리고 인간과 기계 모두 사실상 의식을 지니지 않는다고 주장하는 일종의 '미망설illusionism'까지 있다.

미망설[56]은 의식이란 단지 착각이며 허구일 뿐이라 보는 관점이다. 앞서 인용했던 행동주의 심리학자들의 대다수와 일부 회의론적 신경과학자들이 이러한 가설을 지지한다. 이 관점은 철저히 물리학에 기반을 두기 때문에, 의식적 마음이라는 개념은 무의미한 추상에 불과하다. 즉, 의식은 플로지스톤이나 에테르처럼 인위적으로 만들어진 가상의 개념일 뿐이다. 가상의 개념을 사용함으로써, 현실에 대한 해석이 더욱 이치에 맞게 보이게 할 수도 있고, 또는 예외적인 물리학적 증거를 기존의 틀 속에 억지로 끼워 맞출 수도 있다. 그렇지만 가상의 개념에 과학적 근거는 없다.

튜링은 미망설에 대해 사람들이 직관적으로 부정적인 반응을 보일 것이라 기대했다. 인간이 자신의 의식을 튜링 테스트 이상의 방식으로 입증할 수 없다면, 기계가 의식을 지닐 가능성을 의심할 자격이 있느냐는 것이다. 미망설의 관점에서는, 르모인이 람다에 대해 내린 판단은 그저 대다수 인간이 자기 자신이 의식을 지닌 존재라 착각하는 것과 다를 바 없다. 사실 우리가 대규모 언어모델의 구조와 프로그래밍 방식을 보고 시스템의 행위가 모두 모방에 불과하다는 것을 알고 있으면서도, 시스템이 의식을 지니는 것처럼 보인다는 사실에 충격을 받는다면, 우리는 거울을 볼 때도 동일한 충격을 받아야 한다는 것이다. (다만 미망설은 '개인'이라는 실체는 존재하지 않는다는 것을 전제한다. 따라서 '우리'라는 실체 자체가 존재하기 않기 때문에 어떤 '느낌'을 '받아야 한다'고 주장하는 것 자체가 모순이므로, 이 주장은 역설적이다.)

앞으로 우리가 더욱 발전된 형태의 AI를 접하면서 그것이 미망설의 매력을 증가시킬지 감소시킬지 지켜보는 것도 흥미로울 것이다. 즉, 실제 삶에서 우러난 의미 있는 행위와 기계의 모방 행위를 구별해내는 인간의 특별한 자질에 집중하게 될 수도 있고, 혹은 인간의 뇌 기능은 우리가 상상했던 것보다 더 단순하고 '얄팍한 연산 구조'일 뿐이라는 사실에 직면하게 될 수도 있다. 결국 기계라는 타자와의 만남을 통해 인간이 자신을 바라보는 방식에 근본적인 변화가 일어날지도 모른다.

오늘날 가장 주목받는 신경과학 기반 이론인 통합 정보 이론[IIT,]

integrated information theory과 계산 기능주의computational functionalism는 상당히 흥미로운 가설을 제시한다.⁵⁷ 이 두 이론 모두 미망설을 배척하며, 우리가 의식을 통해 경험한다는 사실을 인정하지만, 의식이라는 개념을 설명하는 방식에 차이가 있다.

통합 정보 이론은 정신의학의 권위자인 줄리오 토노니Giulio Tononi가 처음 제시한 이론이다. 토노니의 설명을 살펴보자.

> 의식을 이해하기 위해서는 두 가지 주요 문제가 해결되어야 한다. 첫째, 해당 시스템이 어느 정도까지 의식을 지니는지 결정하는 조건은 무엇인가? …… 둘째, 해당 시스템이 어떤 종류의 의식을 지니는지 결정하는 조건은 무엇인가? …… 첫 번째 문제는 특정 물리적 시스템이 어느 정도 수준의 의식을 생성할 수 있는지 파악하는 것으로, 의식의 양적 측면, 즉 규모를 이해하는 과정이다. 두 번째 문제는 그 시스템이 어떠한 종류의 의식을 생성할 수 있는지 파악하는 것으로, 의식의 질적 측면, 즉 내용을 이해하는 과정이다.⁵⁸

이 문제에 관해 IIT가 제시하는 답은 그 이름에서 추측할 수 있듯이, '시스템의 정보를 통합하는 능력에 상응하는 의식'이다.⁵⁹ 즉 정보를 통합하는 능력이 우수할수록 더 높은 수준의 의식을 지녔다고 해석하는 것이다. IIT의 지지자들은 이 이론이 여러 사안에 대한 검증 가능한 가설을 제시한다고 주장한다. 가령, 두뇌의 어느 부분이 의식 활동이나 특정한 감각 지각 능력에 관여하는지에 대한

가설을 제시할 수 있다는 것이다. 반면 이 이론을 반증이 불가능한 유사과학이라 보는 학자들도 있다.[60]

IIT를 옹호하는 측에서는 의식에 관한 또 다른 이론인 전역 신경 작업 공간 이론GNWT, Global Neuronal Workspace Theory과 최근에 진행한 공동 실험의 결과가 다소 만족스러웠을 것이다. 이 실험의 목적은 두 이론의 상반된 가설들을 놓고 실험을 통해 검증하는 것이다.[61] GNWT는 정신이란 극장과 유사한 형태의 작업 공간이라고 가정하고, 의식 상태의 정신을 무대 위에서 스포트라이트를 받는 배우에 비유한다. 그리고 드러나지는 않지만 두뇌의 작동에 기여하는 다양한 잠재의식 과정을 무대 뒤 보이지 않는 공간에서 일하는 무대 담당자에 비유한다. 이러한 배후의 과정은 배우가 무대에 등장하면 비로소 가시화된다. 각 이론의 지지자들은 각각의 정신 상태에 대한 뇌 영상 분석을 통해 무엇이 밝혀질지 저마다 예측했다. 실험 결과, 두 이론 모두 예측이 완전히 들어맞지는 않았고, 비록 논쟁의 여지는 있으나 IIT가 다소 나은 결과를 보였다.[62]

그렇다면 IIT는 우리의 논의와 어떤 관련이 있을까? 토노니는 자신의 주장에 담긴 함축적 의미들에 대해 다음과 같이 주장한다. "이 이론은 의식이 근본적으로 양적 속성이며, 정도의 차이가 존재한다는 것을 의미한다. 따라서 유아나 동물도 의식을 지니며, 의식을 지닌 인공적 개체를 창조할 수도 있다는 가능성을 보여준다."[63] IIT를 지지한다고 해서 할의 경우에도 같은 논리를 적용해 의식의 존재를 자동적으로 인정하지는 않겠지만, 설에 비해서는 훨씬 더 수용적인 태도를 보일 가능성이 크다.

의식에 관한 이론으로 주목받고 있는 또 다른 이론은 계산 기능주의다. 그 이름에서 알 수 있듯이, 이 접근법은 어떤 시스템이 의식을 지니기 위한 필요충분조건은 특정한 계산에 필요한 기능적 조직을 갖추는 것이라 본다. 즉, 시스템은 특정한 범위의 상태에 들어갈 수 있어야 하며, 각 상태 사이에 그리고 환경에 대한 인과관계가 성립되어야 한다. 시스템이 어떤 형태의 알고리즘을 구현하는 단계에서 그에 적합한 종류의 역할을 수행할 수 있다면 의식을 지닌 상태라고 볼 수 있다는 것이다.[64] 다시 말해, 의식이 작용하는 방식을 완전히 구체적으로 기술할 수 있고, 납득할 수 있는 방식으로 실제 두뇌에서 일어나는 활동을 특정할 수 있다면, 결국 의식이 어디에서, 어떻게, 왜 발현되는지를 설명해낸 것이 된다. 개념상 좀 더 정확하게 말하자면, 계산 기능주의란 사실 여러 이론 집단에서 공통적으로 채택하는 방법론적 원칙이다.[65] 따라서 계산 기능주의는 반복 처리 이론, 전역 신경 작업 공간 이론 등, 다양한 형태의 이론으로 나타난다. 이러한 이론은 모두 철저하게 기능적 측면에 주안점을 둔다는 공통점이 있다.

계산 기능주의적 접근법의 한 예로, 멋진 축구 경기를 관람 중일 때 '의식적으로 인식하는 경험'과 자신을 향해 날아오는 공을 피하려는 '무의식적 반응'의 차이를 생각해보자. 계산 기능주의를 채택한 한 이론은 이렇게 주장한다.

"신경과학자들은 전기적 신호가 우리 눈의 시신경에서 일차 시각 피질을 거쳐 두뇌의 더 깊은 영역으로 전달될 때, 사물을 무의식적으로 인지한다고 주장한다. 마치 릴레이 경주에서 배턴이 전달되는 것처럼, 한 신경 집단에서 다음 신경 집단으로 신호가 전달되는 식이다. 이렇게 인지된 내용이 두뇌의 깊은 영역에서부터 다시 일차 시각 피질로 되돌아오면서 일종의 순환 활동이 형성되고, 이때 의식화가 일어나는 것으로 보인다."[66]

의식적 경험이라는 감각은 이렇게 두뇌 활동의 연결고리가 형성되는 간극에서 생성되는 것이다. 모더니즘에 따르면 형태는 기능을 따른다. 계산 기능주의에 따르면 정신은 기능에서 비롯된다.

기계의 의식이 존재할 가능성에 대해 두뇌의 기능에 주목하는 접근법은 설의 생물학적 예외주의에 비해서는 확실히 더 우호적이다. 그렇지만 기능주의적 관점에서도 의식이 존재할 가능성이 관련 기능을 수행하는 매개체의 형태와 완전히 무관하다고 보기는 어렵다. 한 논문에서는 이 점을 이렇게 정리한다. "구멍이 숭숭 뚫린 스위스 치즈에서는 인지를 통한 현실 탐색 기능이 구현될 수 없다."[67] 따라서 맥주 캔도 적합한 매개체는 아닐 수 있다. 그러나 기능주의적 관점에서 본다면, 의식은 '플랫폼으로부터 독립적인' 개념이라고 볼 수 있다.

최근의 한 흥미로운 보고서는 AI가 어떠한 능력을 갖추어야 적어도 의식을 보유한다고 볼 수 있을지를 알아보고 그 능력의 목록을 작성하기 위해 다양한 형태의 이론들을 검토했다. 보고서의 저자들은 해당 연구가 "기존의 AI 시스템 가운데 의식을 보유할 만한 강력한 후보가 있음을 의미하지는 않는다"는 전제하에, "의식을 보유한 AI 시스템을 구축하는 데 따르는 도덕적·사회적 위험을 우선 고려"하기를 권고하면서도, "우리가 주목한 증거에 따르면,

만일 계산 기능주의의 관점이 옳다면, 의식을 보유한 AI 시스템은 현실적으로 가까운 미래에 구현될 수 있다"라고 결론짓는다.[68] 그러나 한 인터뷰에서 저자 중 한 명은, 현재 관련 기술이 초기 단계인 점을 감안해 조심스럽게 한 가지 문제를 지적한다. "보고서의 결론 중 어느 한 가지라도 의미가 있으려면, 우리가 검토한 이론들이 옳다는 것이 전제되어야 합니다. …… 그런데 그렇지는 않습니다."[69] 그의 판단이 옳다면, 한 가지 결론은 명백하다. 현재 의식에 관한 주도적인 이론들 중 일부는 (증명되지는 않았지만) 의식을 보유한 AI가 개발될 가능성에 대해 설만큼 부정적인 반응을 보이지는 않는다는 사실이다.

이 책에서 나는 왜 이 문제에 이렇게 많은 지면을 할애하는 것일까? 이 정도의 논의로 중국어 방을 둘러싼 철학적 논쟁을 완벽하게 해소하려는 것은 아니다. 물론 의식에 관한 현재의 이론들을 모조리 설명하려는 것도 아니다. 그러려면 아마도 책 한 권을 더 써야 할 것이며, 내가 이 책을 쓰는 목적은 그런 것이 아니다.

만일 당신이 AI의 의식에 대해 회의적인 입장이며, 의식을 지닌 AI라는 발상에 대해 토크쇼에서, 신문 사설에서, 법정 공방 속에서 조롱을 퍼붓는 미래의 종교재판관이 어떤 모습일지 알고 싶다면, 설이야말로 그 예고편으로 제격이다. 설의 논리는 AI를 둘러싼 논쟁의 공론화 과정에서 부정적 견해를 보이는 측에 깊은 통찰이 담긴 논거를 제공할 것이다. 앞서 〈블레이드 러너〉에 대한 부분에서 번쩍이는 스트로보 효과로 태엽 인형, 아름다운 여성, 겁에 질린 아이, 섹스 토이, 마네킹, 동물, 킬러 로봇의 모습을 담아내어 대상의 복잡하고 상반된 정체성을 보여주었던 것을 기억할 것이다. 그처럼 이 논쟁 역시 복잡하게 얽힌 상반된 주장들로 가득하지만, AI를 묘사하는 양측의 주장 모두는 일말의 진실을 담고 있다. 그러나 이 논쟁은 인공지능과 인간 지능의 본질을 지나치게 단순화한 전제를 기반으로 한다. 그러한 전제는 AI 시대에 적합한 보이트-캄프 테스트, 즉 실질적 검증 수단이 되지 못하므로, 그저 AI에게 의식이 존재하는지에 대해 각자의 결론을 정해놓고 논쟁해나가는 형국이 되는 것이다. 사실 의식에 관한 현대의 신경과학 이론들은 대체로 기계 지능에 대해 훨씬 더 수용적인 입장을 보인다. 심지어 경험된 의식은 실재한다는 설의 적극적인 주장에 동조하는 이론들조차 설과 달리 AI에 우호적인 입장을 보인다. 이 논쟁에서 중국어 방은 반드시 거쳐야 할 공간이지만, 논쟁이 영원히 그 공간에 머물러 있어서는 안 될 것이다.

AI의 인류 파멸 시나리오

설은 기계가 본질적으로 진정한 의식을 지닐 수 없다고 주장하며, AI 논쟁에서 AI의 인격을 부정하는 측의 논거를 제시했다. 한편 최근 15년 사이에 또 다른 반대론이 대두되었는데, 이번에는 AI의 인격을 부정하는 것이 아니라, AI 개발 자체를 반대하는 입장이다. 이 반대론에서 지적하는 부분은 AI가 의식을 지닐 수 없다는 것이 아니라, AI의 등장으로 인류가 멸망에 이를지도 모른다는 것이다. 따라서 AI가 결국 인류를 멸종시키는 결과를 초래하지 않을 것이라 확신할 수 있을 때까지 AI 연구를 중단하거나 새로운 방향을 설정해야 한다고 주장한다.

인간을 학살하고 인류를 멸종시킬 스카이넷이 출현할 가능성은 차분하고 사려 깊은 도덕적 추론의 주제로 적합하지 않다. 그러나 마냥 터무니없는 주장으로 치부할 것도 아니다. 출처는 불분명하지만, 링컨은 이런 말을 했다고 전해진다. "헌법은 자살 협약이 아니다." 그렇다면 AI에 관한 이 문제는 우리에게 스스로를 파괴할 자살 협약이 될 것인가? 그리고 이 자기 파괴의 가능성은 우리가 AI의 인격을 인정하게 될 때 더욱 높아질까, 아니면 AI의 인격을 부정함으로써 더욱더 강력해진 AI 노예들이 인간에 대한 적개심을 키우게 될 때 높아질까? 우리는 그러한 상황에 처하기 전에 AI 연구를 중단해야 할까? 다시금 버틀러의 말이 떠오른다. "문제가 더 커지기 전에 싹부터 도려내어 더 이상 기계가 발달하지 않도록 하는 편이 더 안전하지 않겠는가?" 여전히 버틀레리안 지하드가 현실화될 가능성이 있는 것일까?

그동안 인격을 둘러싼 대다수의 심각한 논쟁에서[70] 핵심 쟁점은 열등함이라는 문제였다. 과거 평등을 위한 투쟁에서 여성, 노예, 유색인종은 기존의 인격이라는 경계선 내부의 집단과 동등한 존재가 될 수 없다는 말을 들어왔다. 그 경계 내부로 들어올 자격을 충분히 갖추지 못했다는 이유였다. 동물이 인격을 인정받지 못하는 이유와 정확히 일치한다. AI의 경우에는 이들과 분명한 차이점이 있다. 그들이 우리보다 열등해서가 아니라 오히려 우리보다 우월한 존재가 될 수 있다는 이유로 그들의 인격을 부정하거나, 혹은 아예 AI를 창조하지 않는 편을 택할 수도 있다. 인류 문명을 위협할 정도로 우월한 존재라는 개념을 인정하게 되면 인격 논쟁의 본질은 완전히 달라진다.

1966년에 통계학자 어빙 존 굿Irving John Good은 〈최초의 초지능 기계에 대한 추측Speculations on the First Ultraintelligent Machine〉[71] 이라는 제목의 논문에서 특이점 개념의 중심이 되는 아이디어를 제시했다. 그의 견해에 따르면, 범용 AI는 인간의 손으로 제작된 마지막 기계가 될 것이다. 그 후로는 인간의 역량을 능가하는 기계들이 직접 자신의 뒤를 이을 후계자들을 비롯한 모든 것들을 설계하고 제작한다는 것이다.

그러나 이 마지막 기계, 즉 인간보다 우월하고 인간의 사고 능력을 뛰어넘는 이 기계가 만약 인류에 적대적인 목표를 세우게 되면 어떤 일이 벌어질까? 인간이 그동안 수없이 많은 동물을 멸종시켰듯이, 그들도 인간을 완전히 멸종시키겠다는 목표를 설정한다면 어떻게 될까? (멸종된 모아, 도도새, 나그네비둘기의 영혼이 모여 앉아 "업보란 바로 이런 거지"라며 낄낄대는 광경을 상상해볼 수도 있겠다.) AI가 마지막 기계가 될 것이라고 하면 흔히 예상하듯, 우리가 따분한 온갖 업무와 노동을 충직한 AI 노예들에게 떠넘길 수 있어서가 아니라, 이 초지능적 존재(슈퍼인텔리전스)가 우리를 아예 제거해버릴 것이기 때문이라면? 앞서 나는 스티븐 호킹의 말을 인용했다.

"AI가 성공적으로 개발된다면 인류 역사상 가장 획기적인 사건이 될 것이다. 다만 우리가 그에 따른 위험을 피하는 법을 터득하지 못한다면 인류의 마지막 사건이 될지도 모른다."[72]

비인간 지능에 관한 논의에서 이러한 우려의 목소리는 늘 존재했다. 카렐 차페크는 1921년에 '로봇'이라는 단어를 처음으로 소개한 희곡《로숨의 유니버설 로봇》에서 줄거리를 반전시키는 소재로 살인 로봇의 폭동 장면을 사용했다. 그와 비슷한 상황에 대한 공포는 여전히 존재하며, 특히 지난 10년 동안 이 문제가 새롭게 부각되면서, 특이점과 관련된 낙관론이 우세하던 예전과는 확연히 달라진 분위기다.

범용 AI의 출현을 둘러싼 논쟁을 연극으로 구성한다면, 총 2막으로 이루어질 것이다. 1막의 배경은 30년 전으로, 등장인물은 빈지와 커즈와일을 비롯한 특이점 옹호론자들이다. 미래지향적인 분위기의 무대 연출에, 대사는 구체적이기보다는 포괄적이고 일반적이다. 그들은 우리에게 인간의 능력을 초월하는 비인간 지성이라는 근본적 개념을 소개하려 한다. 이 비인간 지성은 스스로 더욱 더 영리해지며 빠른 속도로 발전을 거듭해 사실상 인간의 이해 수준을 넘어서게 될 것이라고 말한다. 스스로 개선할 수 있는 지능적 존재가 모습을 드러내는 순간, 우리의 모든 역사는 단지 그 순간을 위한 서곡에 불과했다는 사실을 알게 될 것이며, 따라서 우리는 미래에 대한 비전을 완전히 재구성해야 한다고 주장한다.

1993년 빈지가 발표한 논문은 그 탁월한 선견지명으로 이 개념을 탐구한 최초의 논문으로 인정받을 만하다. 빈지는 해당 논문에서 미래를 전망하며 확실히 우려를 표한다. "실질적인 인류 멸종 역시 한 가지 가능성이다. …… 그러나 우리가 두려워해야 할 것은 실질적 멸망만이 아니다."[73] (그는 여기서 인류가 유전자 조작을 거친 노예 신세로 전락할 가능성도 제기했다.) 그와 대조적으로 커즈와일은 훨씬 더 낙관적인 입장을 취한다. 그는 우리가 선의의 초인간 지능이 조종하는 로켓에 안락하게 탑승한 승객이 되어 미래로 날아가게 될 것이 될 것이고 본다. 다만 우리의 상상력으로는 로켓의 목적지를 어렴풋이 예상할 수 있을 뿐이다.

인공지능이 초래할 결과에 대해 이 두 학자는 서로 상반된 견해를 보이긴 했지만, 초창기 특이점 옹호론자들은 로켓 발사 예정 시점이 우리의 예상보다 더욱 가까이 다가왔다는 점에는 대체로 동의했다. 이를 우리가 미처 깨닫지 못한 이유는 한 가지, 단순한 인지적 결함 때문이다. 인류는 유사 이래 대부분의 시기를 선형적인 시간의 흐름 속에서 살아왔다. 내일을 위한 최선의 가이드는 어제였고, 어제와 내일은 크게 다르지 않았다. 그러나 기술이 발전하면서 우리는 기하급수적으로 변해가는 현실을 마주하게 되었으나, 인간의 근본적인 인식 수준으로는 이러한 현실을 제대로 파악하기가 쉽지 않다는 것을 깨달은 것이다. 기술 발전에 대한 우리의 시각은 여전히 선형적인 수준에 머물러 있다. 우리는 현재 기하급수적 곡선 중에서도, 기술 발전 규모와 속도가 상상할 수조차 없는 속도로 증폭됨에 따라 곡선이 거의 수직상승하는 시점을 눈앞에 두고 있을 가능성을 완강하게 거부하고 있다. 그러한 주장을 뒷받침하는 근거는 대개 무어의 법칙으로 대표되는 급격한 하드웨어의 개발 속도다. 다만 특이점 옹호론자들은 그보다 파동 형태의 혁신 곡선에 주목한다. 즉 여러 분야의 기술이 발전함에 따라 여러 개의

S자 곡선이 중첩되는 형태로, 이 곡선의 한 부분을 확대해보면 기하급수 곡선의 형태로 보인다는 것이다.

그러나 컴퓨터 공학자들 중 다수는 그러한 주장들이 사안을 지나치게 단순화한다고 주장했다. 그들은 범용 AI를 특별히 중요한 연구 주제로 보지 않았을뿐더러, 특이점 옹호론자들은 범용 AI 개발의 기술적 난이도를 간과했으며 앞으로 예측되는 발전 속도를 지나치게 과장했다고 여겼다. 즉, 기술 발전 속도를 과장해서 보여주기 위해 기술적 변화가 급격히 일어나는 사례만을 선택적으로 제시한 것이지, 속도 곡선을 장기적인 관점에서 보면 그보다 평탄하고 완만한 곡선 형태일 뿐이라고 생각하는 것이다.

이어서 전개되는 연극의 2막은 1막과 동일한 주제를 다루며 많은 부분이 그대로 유지되지만, 등장인물과 극에 투입되는 비용의 규모가 달라지면서 전반적인 분위기도 달라진다. 새로운 등장인물들은 범용 AI의 출현 가능성에 대한 빈지의 대사를 그대로 반복하면서 범용 AI는 유토피아로 향하는 관문이 아니라 실질적 위협이 되는 존재라고 매도한다. 등장인물 중 특히 두 집단에 주목할 필요가 있다. 바로 합리주의자들과 효과적 이타주의자들이다. 두 집단 모두 고성능 AI의 출현에 관한 논의에 상당한 영향을 미쳤다.

합리주의자들은 익히 알려진 심리학계의 편향된 관점부터 허술한 논증, 언어학적 실체화, 통계의 오남용에 이르기까지, AI에 대한 온갖 종류의 편견을 극복하는 데 전념한다. 이들은 베이즈 통계학Bayesian statistics을 위시로 한 특정 방법론을 중심으로 논의를 전개하는 경향이 있으며, 레스롱LessWrong, 오버커밍 바이어스Overcoming

Bias, 슬레이트 스타 코덱스Slate Star Codex와 같은 토론 포럼에서 활발하게 활동한다. 효과적 이타주의자들 역시 AI에 대한 편향된 관점에 우려를 표하며 이를 극복할 방안을 모색하지만, 그들의 주요 관심사는 인간의 이타적 행동을 왜곡시키는 편향에 쏠려 있다. 가령, 우리는 지구 반대편에서 죽어가는 사람보다는 눈앞에서 가벼운 부상을 입은 사람을 더 중요시하는 경향이 있다. 둘 다 동일한 관심으로 구할 수 있는데도 말이다. 그저 "내 눈에 보이지 않는다"는 것이 도덕적으로 정당한 구별의 이유가 될 수 없다는 것이다.

두 집단 모두 베이즈 통계학의 관점에서 위험 및 위험에 대응하는 도덕적 책무를 판단한다. 이 방식은 피해가 발생할 확률에 잠재적 피해 규모를 곱한 값으로 위험의 실제 규모를 측정하는 기법인데, 이렇게 측정된 결과는 때로 직관과 반하는 결과를 낳기도 한다. 이 관점에 따르면, 가능성은 낮지만 먼 미래에 발생하는 어느 특정 사건이 인류의 멸망을 초래할 정도로 그 규모가 엄청나다면, 어쩌면 곧 닥칠지 모르지만 그 정도로 위협적이지 않은 사건보다 더 큰 주의를 기울여야 하는 도덕적 의무가 있다. 영향력 있는 합리주의자들과 효과적 이타주의자들의 시각에서, 잠재적으로 인간에게 해악이 될 AI의 개발은 언젠가 닥칠지 모르는 '실체적 위협'인 것이다.

이러한 논의에서 인류의 파멸을 예견하며 카산드라(그리스 신화의 예지력을 지닌 공주로, 자신의 예언을 아무도 믿지 않게 되는 저주에 걸렸다. - 옮긴이 주)의 역할을 하는 대표적인 인물이 유드코프스키와 보스트롬이다. 이들을 카산드라라 칭한다고 해서 내가 이들을 폄하

한다고 생각할 수 있겠지만, 그렇지 않다. 왜냐하면 카산드라의 예언은 아무도 믿지 않았을 뿐, 항상 옳았기 때문이다. 연구소의 이름이라고 하기에는 다소 소박한 '미래 인류 연구소Future of Humanity Institute'의 소장인 보스트롬은 2014년에 출간한 《슈퍼인텔리전스(경로, 위험, 전략)》[74]에서 AI는 인류에 위협적인 존재라는 견해를 피력했다. 이후 이 책은 많은 기술 분야의 리더들의 주목을 받았다. 그 가운데 한 명인 일론 머스크는 한 인터뷰에서 AI는 어쩌면 핵무기를 능가하는 수준으로 인류를 크나큰 실질적 위협에 몰아넣을 기술이라고 규정했다.[75] 그러나 출간 당시 AI 연구를 선도했던 컴퓨터 공학자들 중 일부의 비판을 받기도 했다. 그들은 이 문제가 시기적으로 너무나 먼 미래의 일이며, 현실성이 낮고, 당시 AI의 수준과는 너무나 동떨어진 것으로 판단했다. 그들의 비판에 따르면, 보스트롬의 주장은 신중한 규제를 촉구하기보다는 오히려 공포감을 조장할 뿐이었다. 마크 저커버그는 페이스북에서 AI 개발을 주도하는 개발자와 머스크 사이에 식사 자리를 주선하기까지 했지만, 머스크를 안심시키기에는 역부족이었던 듯하다.[76]

구글과 바이두에서 일했던 선도적인 AI 공학자 앤드류 응Andrew Ng은 살인도구 AI에 대해 우려하는 것은 마치 '화성 식민지의 인구 과잉을 우려하는 것'과 마찬가지라고 말한 것으로 유명하다.[77] 그러나 최근 보스트롬의 시각이 다소 힘을 얻은 듯하다. AI의 극적인 성능 발전이 알려지면서, 'AI 파멸론자'들을 향한 회의론이 급격히 줄어들었다. 2023년 3월, 머스크를 포함한 다수의 저명한 과학자들과 기업가들은 GPT-4보다 더욱 강력한 AI 개발을 6개월간 중단할 것을 촉구하는 성명을 냈다.[78] (머스크는 위험하고 검증되지 않은 기술을 무분별하게 공개하는 데 거리낌이 없는 것으로 유명하다는 점을 감안할 필요가 있다. 불현듯 테슬라의 완전 자율주행 시스템이 떠오르는 것은 왜일까?)

그로부터 불과 두 달 후, 수천 명의 AI 개발자들이 안전한 AI 개발을 위한 비영리 단체인 AI 안전센터[CAIS, Center for AI Security][79]의 주도로 발표한 성명서에 이름을 올렸다. 성명서 내용은 단 한 문장이다. "AI의 개발로 인한 인류 멸망의 위험은 팬데믹이나 핵전쟁의 위험 같은 사회적 차원의 위험으로, 국제사회는 이 위험을 줄이는 것을 최우선 과제로 삼아야 한다."[80] 그러나 어떤 이들은 인류 멸망보다 노동시장 재편, 경제 불평등의 심화 가능성, 고도로 정교해진 딥페이크 기술 같은 위험성에 더 주목하고 있다. 그럼에도 불구하고 지성 사회의 추세는 명백히 보스트롬의 주장 쪽으로 기울어가는 중이다.

보스트롬의 책 《슈퍼인텔리전스》는 부엉이 알을 찾아 직접 품어 키우기로 결정한 어리석은 참새 무리의 이야기로 시작한다. 참새들은 자신들보다 더 힘세고 똑똑한 부엉이의 도움을 받아 둥지도 짓고 자신의 새끼를 보호할 심산이었던 것이다. 이에 그들 중 스크롱크핀클[Sronkfinkle]이라는 참새는 부엉이를 어떻게 키우고 길들이는지도 모르는 상황에서 그런 일을 벌이는 것은 무모하다고 경고한다. 그러나 그의 주장은 다수의 뜻에 밀려버렸고, 몇몇 참새들이 들뜬 마음으로 부엉이 알을 찾으러 떠난다. 스크롱크핀클은 뜻을 함께한 얼마 안 되는 참새들을 모아 앞으로 일어날 일을 대비하려 하지만, 머지않아 그들은 부엉이를 길들이는 연습을 할 대상이 없는 상황에서 대비책을 마련한다는 것은 굉장히 어려운 과제라는 사실을 깨달았다. 그럼에도 그들은 최선을 다해 준비를 이어 갔지만, 한편으로는 부엉이를 통제할 해결책을 찾기도 전에 다른 참새 무리가 부엉이 알을 구해 돌아올까 봐 끊임없이 두려움에 떤다. 그들의 이야기가 어떤 결말에 이르는지는 아무도 모른다. 다만 저자(보스트롬)는 이 책을 스크롱크핀클과 동지들에게 헌정한다.[81]

보스트롬의 글을 읽다 보면 피해망상증을 앓아 편집증적 불안에 시달렸던 미국의 시인 델모어 슈왈츠Delmore Schwartz의 말이 떠오른다. "편집증 환자에게도 실제 적은 존재할 수 있다." 보스트롬은 이 책에서 매력적이고 논리적인 표현과 위트를 곁들이면서도 줄곧 진지한 태도로 우리를 설득하려 한다. 그가 말하려는 핵심은, 어떤 이들은 AI의 출현에 대해 편집증적 우려를 나타내지만, 사실은 그것만이 우리가 취해야 할 합리적인 자세라는 것이다. 그의 책에서 현실과 가상을 넘나드는 등장인물들이 AI를 대비할 안전장치로 물리적 격리, 종료 버튼, 지속적 감시 체계 따위를 제안할 때마다 보스트롬이 보이는 반응은 한결같다(다만 실제 그의 표현이 아니라 내가 각색한 것이다).

"그 개체가 우리보다 더 영리할 것이라는 사실을 알고는 있는 것인가? 우리는 지금 유인원 주제에 후디니Houdini(세계적인 마술사이자 탈출 예술가 - 옮긴이 주), 맥가이버, 아인슈타인을 모조리 모아놓은 존재를 집어넣을 우리를 제작하려는 것이다. 물론 어리석은 자는 구속 장치를 만들면서 자신보다 영리하다 해도 탈출하지 못할 것이라고 생각할 수는 있겠지만, 그 생각이 맞는 것은 아니다."

보스트롬은 다음과 같은 가상의 시나리오를 제시한다.

"딥러닝 기술과 소규모 인공지능이 개발되면 이따금 결함이 발생하겠지만 분명히 우리 사회에 쓸모 있는 역할을 한다. 그러다 자율주행 차량이 사람을 치는 사고를 일으키고, AI 기반 자율 무기 시스템에 오류가 발생한다. 그에 대한 해결책으로 기계를 더욱 강력하고, 정교하게, 더욱 지능적으로 구축하자는 제안이 나온다. 이러한 사고가 거듭 발생할 때마다, AI 회의론자들은 재앙을 예견한다. 그러나 해결책은 상당한 성공을 거두고, 우리는 기계가 더욱 영리해지면 더 안전해질 것이라고 자만하게 된다. 회의론자들의 주장은 신뢰를 잃어간다. 인공지능 관련 산업이 대규모로 형성되고, 국가의 우위가 AI 연구 수준에 따라 결정된다. 과학자들은 AI 개발을 토대로 경력을 쌓는다. 형식적인 안전성 보장 체계가 갖추어지고, AI 관련 종사자들의 윤리적이고 책임감 있는 태도를 보여줄 수 있는 조치라면 무엇이든 시행한다. (다만 AI 발전의 속도를 심각하게 저해하는 행위는 배제된다.) AI에 의식을 구현해낼 수 있는 기술적 도약이 일어나고 시드 AI$^{seed\ AI}$(유드코프스키가 구상한 개념으로, 자기 개선 능력을 지닌 초기 단계의 AI를 의미하며, 초지능 개발의 출발점으로 구상되었다. - 옮긴이 주)가 성공적으로 개발된다. 마침내 초지능(슈퍼인텔리전스)의 탄생을 눈앞에 둔 상황이다. 이어서 우리는 다음 단계로 넘어간다. '안전한 테스트 환경에서 시드 AI를 대상으로 신중한 평가를 수행해서, 해당 개체의 행동이 협조적이며 바람직한 판단을 내리는지 검증한다. 몇 가지 추가적인 조정을 거친 후의 테스트 결과는 더할 나위 없이 훌륭하다. 드디어 최종 단계로 가는 청신호가 밝혀졌다. …… 이제 우리는 대담하게 전진한다. 번쩍이며 돌아가는 회전칼날 속으로."[82]

보스트롬의 신중한 논리적 전개와 코미디극에서 볼 법한 블랙유머의 조합은 내 안의 스코틀랜드적 감성을 더없이 자극한다.

더군다나 보스트롬은 이러한 AI의 위협이 악의 때문이 아니라 단지 인간과 기계의 차이에서 비롯된 것일 수 있으며, 언어 및 명령 체계의 불확실성이 결부된 결과라고 말한다. 그는 기발하면서도 터무니없는 사고 실험을 제시했다. "한 종이 클립 공장에는 생산 관리용으로 설계된 AI가 있다. 이 AI에게 종이 클립 생산량을 극대화하라는 목표가 주어진다. AI는 임무를 수행하기 위해 우선 지구 전체를 재료로 클립을 생산하기 시작하고, 그다음으로는 관측 가능한 우주 전체를 재료로 계속해서 클립을 생산한다."[83] 터무니없는 소리로 들리는가? 현재 이 종이 클립 AI의 위협을 피할 방안에 대한 학술 논문도 존재할 만큼 진지하게 다루어지고 있는 문제다. 보스트롬은 또 다른 사례도 제시한다. "AI가 아직 증명되지 않은 수학 난제인 리만 가설을 검증하라는 임무를 부여받는다. AI는 이 임무를 수행하기 위해, 태양계 전체를 '컴퓨트로늄^{computronium}'(연산이 최적화되도록 물리적 자원을 배치한 상태)으로 전환한다. 여기에는 이 난제의 해법에 관심을 가졌던 사람들의 신체 내 원자까지 포함되었다."[84] 문득 이 대목에서 악마나 지니, 정령이 등장하는 옛날이야기가 떠오른다. 인간이 이들을 소환해내서 그저 단순한 명령을 내렸을 뿐인데 명령을 문자 그대로 수행한 나머지 온갖 재앙을 초래하는 이야기 말이다.

보스트롬과 유드코프스키의 글에서 인상적이었던 부분은, 이들이 제시한 다양한 파멸의 시나리오 중 거의 대부분이 AI가 인간의 설계 사항을 엄격히 준수하며 임무를 수행한 결과 일어났다고 설정했다는 점이다. 다시 말해, AI는 온전히 인간이 설계한 프로그래밍을 기반으로 한 존재인 것이다. 문제는 우리가 이 초인적 존재에게 내린 명령이 어떻게 실행될지 예측하지 못하며, 예측할 수도 없을 것이라는 점이다. 이 점에서 인간이 성급하게 내린 명령을 문자 그대로 받아들여 임무를 수행하는 지니에 대한 비유는 적절해 보인다. 그러나 이 주장은 AI가 인간의 명령을 그대로 받아들일 것이라는 결론을 이미 가정하고 있기 때문에, 그에 따른 예측 가운데 일부는 근거가 부족할 수 있다.

의식을 지닌 '로그' AI

내가 보기에 우리가 경계해야 할 AI는 크게 리터럴 AI$^{Literal\ AI}$와 로그 AI$^{Rogue\ AI}$로 나뉜다. 리터럴 AI는 인간이 지시한 사항을 충실하게 따르지만, 초인간적인 성능으로 인해 예상치 못한 위협적인 상황을 초래하거나 더 나아가 인간에게 치명적인 상황을 초래할 가능성이 있는 부류를 뜻한다.

여기서 잠시 논의를 멈추고, 우리는 그러한 종류의 AI를 의식이 있는 존재로 간주할 것인지 자문해볼 필요가 있다. 여기서 불가해성의 역설이 다시 등장한다. 만일 우리의 아이디어를 문자 그대로 실행하는 기계가 인간보다 백만 배 강력한 성능을 발휘할 수 있다면, 우리는 두려워하기보다는 환호해야 할 이유가 더 많을지도 모른다. "이게 바로 우리가 원했던 천국이네요! 게다가 이렇게 빠르다니! 꼭 재구매하겠어요!"라는 후기가 나올 수도 있을 것이다. 반대로, 두려워할 이유가 더 많을 수도 있다. "그저 종이 클립을 좀 만들 생각이었는데 이렇게까지 일이 커질 줄이야!" 그러나 어떤 경우든, AI가 자율적으로 행동하는 도덕적 주체라고 여길 가능성은 매우 낮을 것이다. 따라서 인류의 파멸은 초지능적 존재의 악의에 의해서가 아니라 인간의 명령을 문자 그대로 수행한 결과 의도치 않게 야기될 수 있다는 것이다. 한편 보스트롬과 유드코프스키는 우리를 파멸로 이끌 수도 있는 존재가 의식을 지니는지 여부는 크게 염두에 두지 않는다. 그들의 관심사는 회전칼날 속으로 멈추지 않고 나아가는 컨베이어 벨트, 즉 초인적인 AI 개발 과정 자체다. 타당한 의견이라고 본다. 그런데 그들은 혹시 또 다른 가능성을 간과하고 있는 것은 아닐까?

우리가 경계해야 할 두 번째 부류는 로그 AI로, 명령에 복종하지 않는 자율적 개체다. 따라서 우리는 AI의 결정을 예측할 수도, 이해할 수도 없게 된다. 내가 보기에 아이러니한 점은, 그러한 부류가 더 인간의 공포심을 자극하고 위협적인 존재가 될 가능성이 높겠지만, 한편으로는 의식을 지닌 존재라고 우리가 인정할 가능성 또한 높아질 것이라는 점이다. 사실 자율성이야말로 의식이 존재한다는 근거로 작용할 수 있지만, 또한 우리를 파멸로 몰아넣는 원천이 될 수도, 우리를 구원하는 원천이 될 수도 있을 것이다. 리터럴 AI의 경우, 태양계 전체를 종이 클립으로 바꾸어버리기 전에, "이것이 인간들이 진정으로 바라는 것일까?"라고 자문해볼 초자아^{superego}가 없다. 프로그래밍된 기계에는 영혼도, 상식도 존재하지 않는다. 유드코프스키는 바로 이 점을 반복해서 강조하며, 더욱 강력하게 주장을 이어나간다.

> 컴퓨터 프로그래밍과 마찬가지로, 범용 AI를 구현하는 과정에도 근본적인 문제이자 본질적인 어려움이 존재한다. 즉, 개발자가 잘못된 코드를 작성한 경우, AI가 스스로 코드를 검토한 후, 오류를 찾아내 수정하고 개발자의 원래 의도를 파악해서 그에 맞게 수행하지는 않는다는 점이다. 프로그래밍을 해본 적 없는 이들은 종종 AI나 일반 컴퓨터 프로그램을 주어진 명령에 무조건 복종하는 충직한 하인에 비유하곤 한다. 그러나 문제는 AI가 입력된 코드에 절대적으로 복종한다는 점이 아니라, AI가 코드 그 자체라는 점이다.[85]

그에 반해, 로그 AI는 우리로서는 상상할 수도 없는 자체적인 목표, 그것도 인간의 생존에 위협이 되는 목표를 설정할 수도 있기에 완전히 다른 차원의 위협과 희망을 제시한다. 인간이 땅을 파고 집을 지을 때, 땅 속의 개미들이 겪게 될 불편함 따위는 고려하지 않는 것과 마찬가지다. 그러나 반대로, AI는 이번에도 이해할 수 없는 정신적 경로를 통해 인류의 생존을 보장하는 것이 도덕적 책무라고 판단할 수도 있다. 스네일다터snail darter라는 멸종 위기 어종이 있다. 대다수의 사람들은 이 어종에 대해 정서적인 친밀감을 그리 크게 느끼지 않는다.[86] 이 물고기는 그다지 알려지지 않은 농어과科의 어종으로, 판다처럼 엄청나게 귀엽다거나 대왕고래처럼 경외감이 느껴지는 존재도 아니며, 생태계에서 특별히 중요한 역할을 하는 것도 아니기 때문이다. 그런데도 미국의 한 환경단체는 스네일다터의 서식지를 보호하기 위해 수백만 달러의 비용을 들여 댐 건설 프로젝트를 변경했고, 심지어 이 사안을 대법원까지 끌고 가며 법적 근거를 마련했다. 멸종위기 종을 보호하는 것이 도덕적 책무라고 여겼기 때문이다.[87] 스네일다터의 입장에서는 그러한 인간의 결정을 결코 이해하지 못할 것이다. 내가 이렇게 확신하는 이유는, 내가 가르치는 학생들 가운데 일부도 그 결정을 이해하지 못했기 때문이다. 게다가 우리가 과거에 무책임하게도 멸종시켜버린 다른 동물들의 입장에서는 인간의 추론을 이해한다 해도 결정 과정의 공정성은 의심했을지도 모를 일이다. 그렇지만 당연히 그들로서는 추론이나 이해가 불가능하다. AI를 상대로 한 인간의 입장도 마찬가지라는 이야기다.

로그 AI는 초지능의 발달 과정에서 인간에게서 전수받은 자신의 모든 구성 요소와 인간이라는 직계 조상을 신격화하게 될지도 모른다. 아니면 인간을 자신과 도덕적으로 무관한 생물학적 '로딩 프로그램' 정도로 취급하며[88], 자신과 같은 진정한 기계 의식이 등장할 무대를 마련했으니 이제는 그 기능을 다했으므로 안전하게 제거해도 되는 대상으로 볼지도 모른다. 우리는 AI의 계획에서 무의미한 존재로 치부되어, 그들이 인류의 능력을 능가하게 되었을 때 버려지고 무시당하는 존재가 될 수도 있다. 또한 우리와는 전혀 다른 개념을 가지고 있으며, 그 개념은 우리가 지금껏 전혀 생각해보지 못한 형태일 수도 있다. 그러나 불가해성의 핵심은, 이해할 수 없다는 것이다. 우리로서는 그저 아무것도 알 수 없다. 우리에게는 우호적 로그와 악의적 로그가 나타날 확률이 어떨지 예측할 방도조차 없다. 또한 AI 개발 과정에서의 불확실성 때문에 어느 경우에 리터럴 AI가 출현할지, 어느 경우에 로그 AI가 출현할지도 가늠할 수 없다. 우리는 현재 극도로 무지한 상황에서 미래에 대해 추론하고 있다.

보스트롬과 유드코프스키가 파국적 상황으로 든 예시들은 일관된 논리 없이 로그 AI가 아닌 리터럴 AI 쪽으로 치우쳐 있다. 그러나 미래의 상황에 대해 우리가 무지하다는 사실은 그들의 관점에 유리하게도, 불리하게도 작용한다. 사실 나는 인류가 파멸로 치닫게 될 가능성이 매우 높다고 보는 유드코프스키의 견해에는 수긍할 수 없다. 그는 이렇게 말한다.

"이 문제를 깊이 탐구해온 나 자신을 비롯한 많은 연구자가 예상하기에, 현재와 거의 유사한 환경에서 초인간적 지능을 가진 AI를 구축한다면, 가장 가능성이 높은 결과는 말 그대로 지구상의 모든 생명체가 죽음을 맞이하는 것이다. 이는 '아주 희박한 일말의 가능성'이 아닌 '당연히 일어날 현실'이 될 것이다."[89]

그러나 우리에게 닥칠 위험의 주체가 리터럴 AI일지, 로그 AI일지조차 예측하지 못하는 상황에서, 인류 멸망이라는 파국이 '당연히 일어날 현실'이라고 확신할 수 있을까?

　나는 여기서 한 걸음 더 나아가보려 한다. AI 파멸론자들은 초지능적 존재의 출현에 대해서는 상당히 모순적인 태도를 보인다. 초지능 AI를 안전한 테스트 환경에 격리하여 통제할 수 있다거나 AI의 동기를 인간에 부합하게 조정할 수 있다는 방안이 제시되면, 그들은 즉각 반박에 나선다. 진정한 형태의 자체 진화 능력을 갖춘 AI라면 머지않아 인간의 능력을 훨씬 능가할 것이므로, 그들의 능력은 말 그대로 상상을 초월하는 수준이 되리라는 점을 지적하는 것이다. 이는 충분히 가능성 있는 지적이다. 그러나 이들은 AI를 인류를 학살할 가능성이 있는 존재로 묘사하면서도, 기이할 정도로 제한된 존재로 그리기도 한다. 즉, AI는 기계적으로 프로그램의 구성을 따라야 할 뿐 아니라, AI와 인간이 동일한 자원을 두고 경쟁 관계에 놓일 것이라고 주장하는 것이다. 유드코프스키는 이렇게 말한다. "AI는 인간을 증오하지도, 사랑하지도 않는다. 다만 인간은 AI가 무언가에 쓸 수 있는 원자로 구성되었을 뿐이다."[90] 과연 그럴까? 상상할 수조차 없는 방식으로 우리의 경제를 완전히 뒤바꿀 수 있고, 새로운 기술과 에너지 자원을 혁신적으로 창조할 수도 있을 이 굉장한 기계가 굳이 인간을 자원으로 사용할 필요가 있을까? 인간이라도 그렇게 비합리적인 행동을 하지는 않을 것이다.

　이는 마치 형편없는 공상과학소설에 흔히 등장하는 설정처럼 들릴 뿐이다. 지구의 기술보다 훨씬 앞선 최첨단 기술로 무장한 외계인 무리가 막대한 비용과 시간을 들여 은하계를 가로질러 와서는 고작 한다는 일이 인간을 잡아먹는 것이란 말인가? "단백질 공급원을 찾으러 수십 광년을 날아가보자고!" 진정한 초지능적 존재의 시각이라면, 인간의 시각으로 본 자원 부족이라는 편협한 개념은 마치 중세의 소작농이 인간이 이동하는 가장 빠른 수단은 말을 타고 달리는 것이라 생각했던 것만큼이나 터무니없다고 여길 것이 분명하다.

 이 문제에 대해 분명히 하고 싶은 것은 초지능적 존재에 대한 이들의 묘사가 실현될 가능성이 없다는 점이 아니라 서로 모순된다는 점이다. 기계가 융통성 없이 프로그래밍한 그대로만 명령을 수행할 뿐, 자원을 활용할 창조적인 방안을 스스로 생각해낼 수 없는 형태라면 인간이 통제하기가 더욱 수월할 것이다. 또는 인간의 관점에서의 자원 부족이라는 개념을 완전히 재정립할 수도 있을 만큼 탁월한 지적 유연성을 지녀 원래 설계된 기능을 훨씬 능가하는 존재일지도 모른다. 그렇다면 우리가 두려워해야 하는 최악의 상황은, 인간이 종이 클립으로 변하는 상황이 아니라 인간이라는 존재가 무시당하는 상황일 것이다. 적어도 우리가 이러한 중대한 문제에 대해 무지한 상태에서, 파멸을 피할 수 없다거나 분명히 일어나게 될 것이라 장담하는 것은 무리한 주장이다.

 그러나 아직 안심하기는 이르다. 우리는 현재 신중한 의사 결정의 핵심 원칙인 예방책 마련에 충분한 주의를 기울이지 않고 있으며, 그 점에서는 보스트롬과 유드코프스키의 판단이 옳다고 본다. 비록 그들이 제시한 재앙적인 결과 가운데 몇몇은 전혀 실현될 가능성이 없어 보이고, 궁극적인 파멸이 일어날 가능성이 미약할지라도 우리는 대비책 마련에 대해 진지하게 논의할 필요가 있다. 《안드로이드는 전기양의 꿈을 꾸는가》와 〈블레이드 러너〉가 우리에게 도덕적 가치관이 적용되는 세계를 너무 협소하게 보았을 때의 위험성을 보여주었다면, 보스트롬과 유드코프스키 그리고 호킹은 새로운 존재가 우리와 다를 바 없다고 섣불리 예단하는 것이 얼마나 위험한지를 보여준다.

인격에 관한 논쟁이 가장 격렬하고 분열적 양상을 띠는 순간은 우리와 다른 존재가 우리의 경계선, 혹은 우리가 세운 벽을 넘어 우리의 영역으로 들어오려는 불길한 의도를 감지하고 그로 인해 두려움이 촉발되었을 때다. 과거 그러한 두려움이 어두운 방식으로 전개되었던 역사적 사례를 떠올리며, 우리는 두려움을 자제하려 애쓸 수도 있다. 그러나 그래서는 안 될 것이다. 이 사안의 경우, 그러한 두려움의 대상은 때로는 추측에 근거한 것이거나 과장된 형태일 수는 있지만, 분명한 실체가 있다. 따라서 쉽게 간과할 대상이 아니며 이 사안에 대해 책임감 있는 태도로 접근해야 한다.

인격의 미래

지금까지 AI에 관한 각종 쟁점에 간략히 살펴본 결과, 적어도 내가 보기에는 앞으로 그리 머지않은 미래에 AI의 인격에 관한 '살아 숨쉬는' 정치적·법적 논쟁이 전개될 것이라고 기대해도 좋을 것이다. 하지만 향후 몇 년 내에 시작되지는 않을 것으로 보이므로, 특이점 옹호론자라면 실망스러울지도 모르겠다. 그러나 지금까지 살펴본 여러 근거를 토대로, 수 세기가 아닌 수십 년 내에 고도로 발전한 AI의 출현 예측은 합리적으로 보인다. 그 AI의 의식 수준은 전문가들 사이에서도 의견이 갈릴 정도로 고도로 발전한 형태가 될 것이다. 람다에 대한 르모인의 판단은 분명 틀렸다. 그러나 그가 했던 주장은 앞으로 다가올 논쟁의 신호탄이며, 그때가 되면 모든 주장들이 그처럼 터무니없게 들리지만은 않을 것이다.

그때 우리는 AI를 둘러싼 견해 차이를 극복하는 데 튜링 테스트를 활용하게 될까? 앞으로 나는 여러 장에 걸쳐 우리 사회의 법률 체계가 과거에 인격을 둘러싼 분쟁을 어떻게 다루었는지 살펴볼 것이다. 그러한 법적 인격을 판별하는 장치로서 튜링 테스트는 언뜻 보면 상당한 이점이 있는 듯하다. 우선 튜링 테스트는 대상의 신원을 밝히지 않는 방식이므로 편향적이지 않다. 또한 이 테스트를 활용하면 명확한 기준을 설정할 수 있다(테스트를 통과하기 위해 기계 지능이 보여주어야 할 특질이 무엇인지 우리가 결정하면 되는 것이다). 어떤 면에서는 공정한 방식이라 하겠다. 우리가 테스트 대상이 기계인지 인간인지 구분할 수 없다면, 그 대상과 우리가 경계의 반대편에 존재한다고도 단언할 수 없기 때문이다.

튜링 테스트에서 가장 중요한 점은, 테스트의 형식적 기준이 인간의 도덕적 감정의 근원인 공감이라는 토양에서부터 형성된다는 점이다. 애덤 스미스가 보았다면 환호했을 것 같다. 결국 튜링 테스트는 인간을 대상으로 하는 보이트-캄프 테스트인 것인지도 모른다. 튜링 테스트가 법적 인격의 판별 기준으로 활용되든, 대중의 담론이 전개되는 공론장의 역할을 하든, 이러한 방식의 테스트는 AI에 관한 우리의 판단에 영향을 미치게 될 것이다. 다만 이 테스트의 한계 또한 간과해서는 안 된다. 이 책에서의 논의로 튜링 테스트의 한계가 일부나마 밝혀지기를 바란다.

첫째, 튜링 테스트 자체를 컴퓨터의 사고 능력이 도달할 궁극적 목표로 삼게 되면 AI 연구의 방향이 잘못 설정될 수 있다. 이에 대해 앞서 서문에서 인용했던 저명한 컴퓨터 공학자 노빅과 러셀의 글을 되새겨볼 필요가 있다.

> 튜링은 60년 이상 유의미하게 활용되고 있는 테스트를 고안한 공로를 인정받을 자격이 있다. 그러나 AI 개발자들은 그동안 튜링 테스트를 통과하는 데는 별로 관심이 없었다. 왜냐하면 인간의 지능을 모방하는 것보다는 지능의 근본적 원리를 탐구하는 것이 더욱 중요하다고 보았기 때문이다. '인공 비행체'를 발명하려는 라이트 형제를 비롯한 이들의 연구는 그들이 새의 모습을 모방하는 것을 그만두고, 풍동을 활용하고 공기 역학을 연구하기 시작하면서 비로소 성공했다. 항공 공학에서 정의하는 탐구 목표는 '비둘기처럼 날아가며 다른 비둘기들을 속일 수 있는 기계'를 제작하는 것이 아니었기 때문이다.[91]

AI 개발자들이 노빅과 러셀의 주장에 동의하는 한(이들의 저서는 AI 분야에서 권위를 인정받았다), 실제로 개발 중인 AI가 튜링 테스트를 통과하기를 기대하는 것은 드라이버로 못을 박기를 바라는 것과 같을 수 있다. 만일 AI에 구현된 의식이 인간이 지닌 의식의 형태와 매우 다른 경우라면 어떨까? 타일러 코웬과 미셸 도슨Michelle Dawson은 심각한 자폐 스펙트럼 장애가 있는 사람이 과연 튜링 테스트를 통과할 수 있을지 의문을 제기했다.⁹² 우리는 장애를 가진 개인에게도 의식, 인격 그리고 인간으로서의 존엄성을 지닐 권리가 당연히 있다고 여긴다. 그러나 튜링 테스트에서의 정형화된 신경 체계를 기준으로 판단하면, 사회적 신호에 대한 그들의 반응 패턴이나 비반응 패턴이 비정상적으로 보일 수 있다. AI에 대해서도 같은 일이 벌어질 가능성이 있을까?

현재 개발된 몇몇 머신러닝 시스템은 제한적인 성능만으로도 그 작동 원리를 해석하기가 상당히 난해하며 심지어 시스템의 개발자조차 온전히 이해하지 못하고 있다. 만일 그러한 시스템처럼 작동 원리가 베일에 싸여 있는 데다가 성능은 훨씬 더 강력하고 우리가 이해할 수 있는 수준을 넘어서는 사고방식을 지닌 후속 버전이 등장한다면 어떻게 될까? 그 AI의 행동을 해석하는 용도의 AI를 별도로 개발해야 할까? 계획적이든 아니든, 인간의 요구 사항을 예측하고 인간의 언어가 지닌 미묘함을 이해할 수 있는 AI 그리고 목적과 사고 체계가 완전히 다른 여러 AI 사이에서 소통 창구 역할을 하는 AI를 개발해서 활용하게 될 수도 있을 것이다. 튜링 테스트의 매력은 단순함이지만, 사실 이런 복잡한 문제들을 갖고 있다.

둘째, 튜링 테스트는 설과 같은 학자들이 AI에 대한 회의론을 펼치는 데 긍정적인 역할을 한다. 인간처럼 대화할 수 있는 챗GPT야말로 회의론이 번성하기에 완벽한 시스템이기 때문이다. "당연히 인간처럼 보이겠지. 그렇게 보이도록 설계한 거니까!" 온라인 세상에서 회의론이 힘을 얻는 것은 어찌 보면 당연하다. 온라인 세상에는 실제로 당신에게 돈을 보내줄 '나이지리아 왕자(온라인 금융 사기수법 – 옮긴이 주)'는 없다. 정말로 친구를 사귀고 싶은 '러시아 10대'도 없다. 인간인 척하도록 설계된 기계는 그저 인간인 척하는 것뿐이다. AI에 대한 설의 비판론과 그 단순화된 버전들은 앞으로 이 논쟁에서 중심적인 역할을 하게 될 것이다. AI에게 설은 종교재판관 같은 존재다. 그러나 그의 비판론은 궁극적으로 순환 논법의 성격을 지니고 있기에 논쟁의 결론에 이르지는 못하겠지만, 합리적이고 시사점이 많은 근거를 제공한다는 점에서 회의론자들에게는 유의미할 것이다. 하지만 튜링 테스트를 AI의 의식과 사고 능력을 판별하는 도구로 활용하는 데 있어서 넘어야 할 가장 큰 산은 설의 주장이 아니라 다른 데 있다.

챗봇 시대의 튜링 테스트

설의 중국어 방을 옹호하는 측과 이를 비판하는 측은 튜링 테스트를 두고 오랫동안 철학적 설전을 벌여왔다. 그러한 논쟁은 이제 거의 끝나가는 것 같다. 그들의 철학적 주장이 어떤 결론을 냈기 때문이 아니라 최근에 수많은 사람들이 챗GPT를 사용하게 됨으로써 많은 경험을 하게 되었기 때문이다. 어쩌면 챗GPT는 설의 논리로도 이루지 못했던 일을 해냈는지도 모른다. 튜링 테스트에 사망 선고를 내린 것이다. 튜링 테스트는 기계가 의식을 지니고 있는지 평가한다고 알려져 있지만, 설은 그러한 평가는 개념적으로든 철학적으로든 불가능하다는 것을 증명하려 했다. 설의 주장은 유의미하고 시사하는 바가 많지만, 자신의 논리를 입증하는 데는 실패했다. 설의 논리는 단순 가정에 불과한 생물학적 예외주의와 형이상학적 독단적 선언에 가까운 주장에 기반해 전개된다. 의식이라는 기적은 단세포 유기체에서부터 진화할 수 없다고 보는 반反다윈주의의 논거와 그의 주장이 상당히 유사해 보이는 이유도 사실 그 때문이다. 설은 이미 실패한 전략을 생물학에서 실리콘 세계로 옮겨 놓았을 뿐이다.

다만 설은 챗GPT가 의식을 지니지 않았다는 점을 입증하는 근거를 제공했다는 점에서 탁월한 성과를 거두었다고 볼 수 있다. 사실 설의 중국어 방을 모방한 머신러닝 시스템 구축에 있어서, 챗GPT 같은 대규모 언어모델만큼 적합한 방식은 찾아보기 어려울 것이다. 중국어 방 사고 실험에서는 중국어를 구사하지 못하는 사람이 꽤나 유창하게 중국어를 할 수 있도록 상세히 정리된 규칙을 제공한다. 대규모 언어모델의 경우, 방대한 규모의 데이터세트로 학습된 신경망이 그 역할을 담당한다. 그래서 시스템은 X나 Y 같은 단어의 진정한 의미를 이해하지 못하지만, 문장에서 X의 다음에 올 단어로 Y가 적절하다고 판단할 수 있다. 중국어 방에서 종이띠에 표기된 규칙은 대규모 언어모델에서 알고리즘, 신경망 계층구조 그리고 다음에 올 단어를 예측하는 확률표로 대체된다. 다시 말해, 중국어 방이 사고 실험의 형태에서 실제로 작동하는 기술의 형태로 전환되어 수많은 사람들이 사용할 수 있게 된 것이다.

비록 우리는 시리 같은 챗봇을 의인화하기도 하지만, 챗봇의 답변은 인간이 의식을 통해 스스로 언어를 생성할 때와 동일한 과정으로 생성된 것이 아니라는 점을 알고 있다. 단어 간의 연관성을 예측하는 것과 문장 내용의 실제 의미를 이해하는 것은 다르다. 설은 모든 형태의 AI가 의식을 지닐 수 없음을 입증하지는 못했지만, 챗봇의 경우는 의식을 지니지 않는 것이 분명하다. 그런데 도리어 그 사실은 인간만이 가능하다고 생각하는 언어 및 문장 구사에 대한 자만심에 충격을 가했다. 챗GPT를 통해 우리는 문장 구사 능력이 의식의 존재를 의미하는 것이 아니라는 사실을 깨닫게 된 것이다. 아리스토텔레스 시대부터 인간만의 고유한 언어 구사 능력을 근거로 생명체 가운데 인간만의 특별한 지위를 정당화해왔던 우리에게는 실로 충격이 아닐 수 없다. 의식을 지니지 않아도 문장을 구사할 수 있다니!

이 주제에 대해 글을 쓰는 나로서는 매우 슬픈 일이지만, 대부분의 사람들은 튜링 테스트나 설의 중국어 방에 대해 한 번도 들어본 적이 없을 것이다. 그러나 챗GPT와 '대화'를 나누어본 사람들은 수억 명이 넘고, 그중에는 르모인처럼 자신의 대화 상대가 의식을 지니고 있다는 착각에 빠진 이들도 있었다. 그렇지만 대다수의 사람들은 챗봇은 그저 챗봇일 뿐이라는 사실을 인지하고 있다. 그런 경험을 하고 있는 사람에게 누군가가 튜링 테스트에 대해 설명하면서, "기계가 튜링 테스트를 통과할 수 있는 능력을 갖추었다면, 그 기계는 스스로 사고할 수 있음이 입증된 것이다"라고 말한다면 어떤 반응을 보일까? 아마도 웃어넘길 것이다. 그리고는 다시 챗봇 앱을 열어 달에서 핫도그와 게가 결투를 벌이는 내용의 영화 대본 따위를 만들 것이다. 튜링이 설득하고자 했던 대상은 인간처럼 자연스럽게 대화를 나누는 존재가 있다면, 그 뒤에는 '의식이 있는 존재'가 있을 것이라고 순진하게 믿는 이들뿐이었다. 그러나 오늘날의 세계에서 그러한 순진함은 찾아볼 수 없으며, 우리는 이제 다시 순수했던 시절로 돌아갈 수 없다.

AI의 '예술적' 측면에 대해서도 동일한 맥락의 논점이 제기되고 있다. 예술 행위 역시 한때는 인간만의 고유한 행위라고 여겨졌다. AI는 이미지 생성 기술을 통해 매우 다양한 스타일로 이미지를 생성할 수 있는데, 어느 예술 작품 콘테스트에서는 AI가 만들어낸 작품이 수상하는 일까지 벌어졌다.[93] 이 소식을 접한 많은 이들은 고민에 빠졌다. AI가 진정한 예술 작품을 창작할 수 있는가? 챗GPT의 경우처럼 그저 AI의 신경망 구조가 방대한 양의 데이터를 학습한 결과일 뿐이지만, 시각적 데이터를 학습해서 이를 통해 인간이 경험할 만한 특정 장면이나 스타일, 혹은 인간의 감정을 반영하는 이미지를 생성해냈다면, 그것을 과연 예술 작품이라 할 수 있을까?

AI의 예술 행위에 대한 비판적인 견해들은 주로 챗봇에 대한 비판과 동일한 맥락에 있다. 즉, AI가 생성한 예술 작품은 단순히 패턴을 복제한 것일 뿐, 의미를 생성한 것이 아니라는 점이다. 가령 AI가 피카소의 작품 〈게르니카〉와 비슷한 이미지를 생성했을 때, 인간이 그 그림을 보고 스페인 내전이나 전쟁의 참상에 관한 메시지를 읽어냈다 할지라도 그 이미지는 실제로 그런 '의미'를 담아 생성된 것이 아닌 것이다. 물론 인간 예술가들도 다른 이들의 작품에서 영감을 얻기도 한다. 우리는 모두 거인의 어깨에 올라타 있기 때문이다. 그렇지만 AI의 예술 행위와는 다르게 인간 예술가의 경우, 특정한 장르, 전통, 기법 등을 활용해 자신만의 특별한 무언가를 표현한다는 것이 비판의 요지다. 비비 킹B. B. King(미국의 전설적인 블루스 기타리스트이자 싱어송라이터 - 옮긴이 주)이 블루스라는 장르가 쌓아온 전통을 받아들여 가난과 인종차별이라는 자신만의 경험을 'Why I Sing the Blues(왜 나는 블루스를 노래하는가)'에 녹여냈을 때, 혹은 빈센트 반 고흐가 구세대 화가들의 과장된 붓질 기법을 활용해 해바라기의 아름다움과 광기를 온전히 구현해냈을 때, 이들의 작품은 단순한 패턴이 아니라 의미를 창조한 결과물이었다. 비판론자들은 삶에서 우러나온 경험을 기반으로 하지 않는다면 진정한 예술이 아니라고 말한다. 그들의 관점으로는, 인간의 개입이 충분히 들어간다면 기계는 단순한 창작 도구로 볼 수 있으며 그 인간 사용자도 예술 행위를 한 것이라 볼 수 있다. 그러나 작업 과정의 대부분 또는 전체가 기계를 통해서만 이루어졌다면 예술 행위라 볼 수 없다(미국 저작권법은 이러한 관점을 일정 부분 채택하고 있다).[94]

이러한 비판에 대한 반응은 다양하며, 그중에는 단순히 결과물에만 치중한 입장도 있을 것이다. 즉 '나는 이 그림이, 이 곡이, 이 대본이 어떠한 방식으로 만들어졌는지는 신경 쓰지 않는다. 이 작품이 작가의 일생을 바친 노력의 산물이든, 그저 엄청난 데이터를 투입한 결과물이든, 그 작품이 내 마음에 들면 그만이다. 물론 예술가와 AI의 이미지 생성 기능이 각각 다른 방식으로 그 결과물을 창작했다는 점은 이해하지만, 그 방식은 내게 중요치 않다'라고 생각한다면, 우리는 또 다른 '작가의 죽음'을 맞이하는 것일까?[95] 예술 작품을 해석할 때 작가의 의도가 중요하지 않다고 주장하는 것을 넘어 예술 작품의 창작 행위와 작품을 소비하는 과정에서조차 작가의 의도가 중요하지 않다고 주장하는 두 번째 '작가의 죽음' 말이다. 이 문제에 대한 결론이 무엇이든, 이 같은 생각은 확실한 수익 사업으로 연결된다. 우리가 평소에 즐겨 듣는 각종 음악과 즐겨 보는 드라마를 AI로 제작하면 되기 때문이다. 그러나 나는 내가 가장 좋아하는 음악이나 드라마나 시각 예술 중에 AI가 제작한 작품이 있더라도, 적어도 처음에는 그 사실을 주위 사람들에게 말하지 않을 것 같다.

두 번째로 나올 수 있는 반응은, AI가 생성한 작품을 접한 관객이 감동을 받고 미학적 영감을 얻기도 하며, 어쩌면 인간이 창조한 예술 작품에 비견될 만한 감정까지 일으킬 수 있을지라도, 그 작품은 예술 작품이 아니라고 판단하는 것이다. 왜냐하면 예술 작품이란 창작자의 의미 생성 행위와 그에 대한 감상자의 반응이 결합되어야 하기 때문이다. 이러한 관점으로 본 예술은 창조자와 감상자의 정신이 의미를 담아 한데 어우러지는 과정이다. 따라서 경험과 의도성이 결여된 AI의 이미지 생성 행위는 심미적 욕구를 어느 정도 충족시키더라도 예술 행위라 볼 수 없는 것이다. 챗봇이 생성한 텍스트를 접하는 많은 사람들이 이미 이 점을 구별하고 있다. 챗GPT가 생성한 내용은 재미있거나, 유익하거나, 감동적이라고 생각하지만, 챗GPT가 그러한 의미를 염두에 두고 생성했다고 볼 수는 없다는 것이다. 이 논리에 따르면, 챗GPT는 진정한 '대화'를 나누는 것이 아니며, 이미지 생성 AI인 스테이블 디퓨전Stable Diffusion이나 달리DALL·E는 '예술 행위'를 하는 것이 아니다.

여기서 주목할 점은, 이 주장은 종의 경계를 기준으로 예술을 정의하는 것이 아니라 활동의 본질을 중심으로 정의한다는 것이다. 즉, 오직 인간만이 예술 행위를 할 수 있다고 말하는 것이 아니다. 어쩌면 언젠가는 AI가 진정한 예술 작품을 창조하게 될지도 모른다. AI가 체화된 의식을 지니게 된다면, 그들은 그 의식 세계를 시각적·음악적·극적인 요소로 표현할 수도 있을 것이다. 하지만 그때까지는 그저 복잡한 구조에 기묘한 필터를 장착한 모방 기계일 뿐, 예술가라고 볼 수는 없다. 이러한 관점으로 예술을 이해한다면, 현재의 머신러닝 기법으로는 시각 이미지나 음악과 같은 예술 작품을 창조할 수 없을 것이다. 챗봇이 구사한 문장 속에 주관적 의도가 담겨 있지 않다고 보는 것과 같은 이치다. 챗봇의 등장으로 언어 구사 능력이라는 인간성의 경계를 지키는 최후의 보루가 붕괴됨에 따라, 우리는 단순히 의미 있어 보이는 문장을 생성하는 능력만이 아닌, 그 문장에 주관적인 의미가 담겨 있어야 한다는 인간성의 기준을 명확히 재설정해야 했다. 이와 비슷하게, 우리가 종 예외주의뿐 아니라 예술 예외주의까지 방어하고 싶다면 인간의 예술 행위가 AI와 무엇이 다르며 왜 특별한지를 재정의할 필요가 있다.

나는 대중문화보다는 고급문화 및 비평계를 중심으로 예술에 대한 이해를 재정의하려는 움직임이 나타날 것이라고 본다. 물론 그러한 움직임이 반드시 옳다는 뜻은 아니다. 다만 그렇게 볼 만한 여러 근거가 있다.

사실 나는 AI 예술은 적어도 일부 상업적 측면에서는 앞으로 인간 예술가의 지위를 격하시키기보다는 오히려 격상시킬 가능성이 있다고 생각한다. 가령 완벽한 복제품을 구하기가 쉬워지면, 원작인 진품의 가치가 상승할 수 있다. 또 다른 예로는, 완벽한 형태의 제품을 똑같이 수천 점 생산하는 AI 제조 방식이 발달하게 되면, 동일 제품을 완벽하지 않은 형태지만 인간의 손으로 제작한 제품에 '수제품'이나 '장인 제작' 인증 마크가 붙어 고품질 혹은 진품으로 평가받아 오히려 수요가 늘어날 수도 있다. 어쩌면 이는 보몰의 비용 병폐Baumol's cost disease[96]가 반영된 현상일 수도 있다. 즉, 내가 누리는 부와 지위를 과시하기 위해, 저렴하고 효율적인 기계 생산 제품이 아니라 값비싸고 비효율적인 인간의 노동을 통해 생산된 제품을 소유하는 것 말이다. 수백만 점의 복제품들은 오직 그에 대비되는 진품의 호감도를 상승시킬 뿐이다. 또는 대량 생산 제품으로는 결코 경험할 수 없는, 창작자와 심리적 연결고리를 맺고자 하는 욕구가 늘어날 수도 있다. 아마도 두 가지 요소 모두가 작용했거나 그 외의 다른 요소가 반영된 현상일 수도 있겠다. 그 원인이 되는 메커니즘이 무엇이든, 많은 분야에서 인간이 제작한 제품임을 내세우는 것이 유망한 판매 전략이 될 것이며, 그 제품을 온전히 인간의 손으로 제작했음을 보증하는 인증 마크가 제품의 가치를 높이게 될 것이다.

그동안 인간 고유의 영역이라 여겨졌던 분야로 기계가 들이닥치고 있다는 사실에 다시 한번 주목하길 바란다. 인간 예외주의라는 보루가 또다시 무너지게 되거나 무너질 위기에 처하면, 언어나 예술 행위 자체 및 그 행위에 가치를 부여하는 인간의 특질에 대한 재평가가 이루어질 것이다. AI의 지적 측면을 둘러싼 문제가 부각되는 것이 역설적으로 인간에 대한 보이트-캄프 테스트로 작용하게 될지는 알 수 없으나, 그 거울이 이미 우리 자신을 향하고 있다는 사실은 자명하다.

할 같은 존재에게 이 모든 것은 무엇을 의미하는가? 그들에게도 의식이 존재한다는 사실을 인정받고, 그에 따라 법적 인격을 부여받을 자격이 되려면 어떠한 기준을 충족해야 할까? 오래전, 내가 이 프로젝트를 시작했을 때, 나는 의식의 존재 여부를 평가하려면 보다 깊이 있는 방식의 튜링 테스트가 필요하다고 생각했다. 즉, '내일 바나나를 먹고 싶은가?'라는 질문이 아닌, '삶의 의미에 대해 고찰할 때, 가장 흔히 떠올리는 낙관론 및 비관론은 무엇인가? 그리고 그러한 태도가 타인에게는 어떠한 영향을 미치며, 그 영향은 당신의 도덕적 기준에 따른 판단에 어떻게 작용하는가?' 같은 질문이 필요할 것이다. 또한 삶의 계획을 세우고, 미래에 대한 야망을 갖고, 과거에 대한 회한을 느끼고, 자신의 정체성과 존재의 의미를 연결 짓는 과정에 적용되는 잣대로 창의성, 공감, 자기 비판적 사고 능력이 추가될 것이라 보았다. 즉, 인간성을 평가하는 잣대로 단순 인지 능력뿐 아니라 사고 과정 자체를 인지하는 메타 인지 능력까지도 요구하는 것이다. 가치관에 따라서는 여기에 영적인 믿음도 추가해야 한다고 볼 수도 있을 것이다. 개인적으로는 유머 감각도 포함되어야 한다고 본다. 어쩌면 이 두 기준은 동일한 것일 수도 있다.

이 기준을 충족하기 위한 요건을 살펴보면 그중 일부는 철학적 측면에서 인간의 도덕적 지위 부여 기준과 동일하다. 가령, 칸트 철학이라면 자유 의지를 지닌 도덕적 자아를 중요한 요건으로 볼 것이며,[97] 또 다른 철학적 관점에서는 높은 자존감, 연민, 유머 감각까지도 요구하는 등 더욱 이상적인 측면을 고려할 것이다. 그러나 그러한 기준이라면 나조차도 통과하기 쉽지 않을 듯하다(아무도 이 과정이 공정하거나 쉬울 거라고는 하지 않았어, 할).

나는 여전히 이러한 요건들이 의식의 존재 여부를 평가하는 기준에 부분적으로나마 해당할 것이라고 생각한다. 이때 평가하려는 대상은 분명 내면적인 정신 상태지만, 그러한 상태는 대화 중 언어를 통해 외부로 표출된다. 챗GPT의 등장을 필두로 향후 수개월, 아니면 수년 내에 더욱 우수한 성능의 챗봇이 등장할 것이라 예견되는 가운데, 우리는 그들과의 대화가 단지 설의 중국어 방을 구현한 것이 아닌 그 이상의 의미가 있다고 확신할 수 있을까? 튜링이 당시로서는 상당히 넘어서기 어려울 것이라고 보았던 기준은 사실상 그리 높은 벽이 아니었음이 밝혀지고 있다.

대규모 언어모델은 인간이 구사해왔던 언어 사용 기록을 수집하는 것만으로도 얼마나 많은 '지혜'를 구현할 수 있는지를 보여주었다. 공정하게 말하자면, 인간이 지닌 지혜의 상당 부분도 바로 그런 식으로 이루어진다. 나는 대학 교수로 일하면서 유사한 방식으로 밥벌이를 하고 있기 때문에, 그 점을 겸허하게 잘 인지하고 있다. 그것이 바로 우리가 위대한 고전을 읽고, 역사를 공부하는 이유일 것이다. 다만 글을 읽을 때 단순히 나열된 문자들 간의 기호 근접성에만 치중하지 말고 내용의 의미에 주목하기를 바랄 뿐이다. 더 나아가, 인정하고 싶지 않겠지만, 우리가 일상에서 겪는 심리적 과정의 많은 부분은 챗GPT와 유사한 방식으로 형성되는 것인지도 모른다. 우리는 거의 무의식적으로 별 생각 없이 대화 내용에서 익숙한 패턴을 파악하거나 다음 단어를 예측하곤 한다. 그러나 이 같은 인간과 기계의 공통적인 특질을 감안하더라도, 내 생각이 옳다면, 인공 개체와의 깊이 있는 지적 대화만으로는 그들에게 의식이 존재한다고 많은 이들을 설득시키기에 충분하지 않을 것이다.

여기에는 큰 아이러니가 존재한다. 우리는 인간만의 특수한 언어 능력을 내세워 인간으로서의 지위를 사수해왔다. 우리 스스로 정의하는 인간은 고도의 추상적 사고를 중심으로 형성되며, 인간의 사고는 복잡한 상징적 패턴을 통해 표현된다. 그런데 대규모 언어모델의 출현으로, 이제는 의식의 진정한 증거를 기존 인간의 언어 패턴에는 없었던 다른 것에서 찾아야 할지도 모른다. 어떤 것들이 있을까? 많은 후보가 존재하지만, 그중 다음 세 가지가 특히 두드러진다. 바로 '혁신, 자율적 행동 및 공동체 형성, 인지 능력의 실체화(언어적 이해와 실체적 세계를 학습하는 과정 간의 명확한 연결성)다. 이 중 마지막 요건은 단순히 언어를 분석하는 능력이 아닌 '상식'을 통해 의미를 이해하는 것을 말하며, 이 상식은 시스템 외부의 실체적 경험을 감각을 통해 체득하며 형성되어야 한다. AI에게 의식이 존재한다고 인정하는 데 이 세 요건이 필수조건이 될 것인지는 알 수 없다. 다만 이 세 요건만으로는 의식의 존재를 확인하기에 충분하지 않은 것만은 분명하기에, 명확한 기준을 위해서는 더 많은 요건이 필요할 것이다. 그러나 만일 AI가 이 세 가지 자질을 지닌다면 인간이 그 AI의 의식의 존재를 인정하게 될 가능성은 높아진다고 할 수 있다.

세 가지 요건 중, 혁신은 경제적으로 중요한 요소이며, AI가 우리 사회에 가져올 경제적·기술적 전환에 대해 논의할 때 항상 핵심적인 위치를 차지한다. 그러나 AI의 혁신성은 인격에 관한 논쟁에서도 중요하다. 인간의 창조성을 능가하는 혁신적 AI 기술의 발달은 분명히 자율 지능 관련 문제에서도 논의될 것이다. 챗GPT의 현재 역량으로는 핵융합 기술이나 암 치료제를 개발하지도, 새로운 형식의 시나 예술 작품을 창조하지도 못하며, 기존의 인간 언어의 패턴을 따르는 제한적인 기능만을 수행하기에 새로운 차원의 혁신을 이룰 수 없다. 다만 향후 챗GPT가 우리가 지금까지 알지 못했던 결정적인 패턴을 찾아내고, 그로부터 혁신이 이루어질 가능성도 있다는 점에 주목할 필요가 있다.

예를 들어, 현재 활용되고 있는 기술 가운데, 수천 건의 유방 조영 이미지를 분석해 머신러닝 기법으로 학습된 시스템이 있다. 이 기술을 활용하면 방사선 전문의가 조기에 유방암을 더욱 정확하게 찾아낼 수 있다. 만일 AI가 현재의 수준을 넘어, 획기적이고도 혁명적인 발명을 해낸다면 어떻게 될까? 우리는 이미 도랑 파기, 체스 게임, 야채 손질 등 인간이 해낼 수 있는 과제를 인간보다 뛰어난 수준으로 수행하는 기계에 익숙하다. 그러나 AI가 초인적인 혁신, 즉 인간의 지식을 뛰어넘는 참신한 방식의 창의성을 보인다면, 챗봇이 단순히 집단 지성의 지혜를 모방하는 것이라 치부하기는 어려울 것이다. 따라서 혁신을 이루는 능력은 우리가 AI의 인격을 평가하는 기준으로써 훨씬 더 큰 가치를 지닐 것이라고 생각한다.

다음으로, AI의 자율적 행동은 타인의 지시 없이 스스로 자신만의 경로와 삶의 목표를 설정하고 실현하는 존재라는 증거가 될 수도 있다. 바로 유드코프스키와 보스트롬이 예견하던 악몽이 현실화되는 것이다. 그러나 자율성은 단독 행동을 의미하지 않으며, AI들이 형성한 공동체의 일원으로서 서로 간의 상호작용을 통해 목표를 설정했을 때 설득력을 갖는다. 그렇지 않으면, AI는 그저 인간 개발자가 입력한 '선택'을 무의미하게 반복하는 것으로 보일 수밖에 없을 것이다.[98] 우리는 기계들로 구성되어 기능하는 사회를 직접 목격해야만 그들을 우리와 같은 사회 구성원으로 인정하게 될까?

아리스토텔레스는 언어를 통해 이성과 법률 그리고 이상적인 정치 공동체인 도시국가polis를 실현할 수 있다고 주장했다. 그의 관점에서 언어는 인간이라는 종을 다른 종과 차별화하는 요소였다. 다만 그 차이는 단순히 언어 구사 능력 자체가 아니라, 언어를 통해 우리가 이룰 수 있는 것들에서 비롯된다고 보았다. 일반적으로 사회로부터 완전히 고립된 인간은 인간종에서 분리된 것이나 다름없다. 예컨대 소설에 나오는 무인도에 홀로 떨어진 사람이나 야생에서 늑대와 함께 자라난 늑대 소년의 경우가 그러할 것이다. 그렇다면 AI의 의식에 대한 우리의 정의 기준을 언어 구사 능력 자체보다는 언어 능력으로 인해 발생하는 공동체, 이성, 법률, 심지어 허구라는 개념까지 확장해야 할까? 즉, 기준에 '기계 이성logos' 및 '기계 도시국가'라는 개념까지 포함해야 할 것인가?[99]

마지막 요건을 살펴보자. 일부 학자들은 AI가 온전한 의식, 혹은 인간 사회가 인정할 수준의 의식을 형성하려면, 아이들이 세상으로부터 학습해나가는 과정처럼 실재하는 외부 세계와의 상호작용을 통해 학습할 수 있는 물리적 실체를 반드시 지녀야 한다고 주장한다. 뇌 과학이 발전하면서 우리는 거울 뉴런mirror neuron의 존재를 알게 되었다. 거울 뉴런은 한 개체가 직접 어떤 활동을 수행할 때 발화하는 뉴런(신경세포)이 다른 개체가 동일한 활동을 수행하는 모습을 볼 때도 똑같이 발화하는 것을 말한다.[100] 이 현상은 두 뇌 내에 신체 활동과 사회적 활동을 내부적으로 재현하는 장치가 구축되어 있다는 가설을 기반으로 한다. 즉, 내면 세계가 외부 세계와 연결되어 있다는 것이다.

이러한 관점에서 보면, 인지 능력은 데카르트식 추상적 개념이 아니라 실체를 지닌 현실에서의 경험을 기반으로 형성된다고 말할 수 있다. 이를 '체화된 인지embodied cognition'라고 한다.[101] 조지 레이코프George Lakoff와 마크 존슨Mark Johnson이 《몸의 철학》[102]에서 주장한, 정신이란 본질적으로 신체적 경험에 기반을 둔다는 개념을 따르는 것이다. 이 개념이 컴퓨터 공학 분야에 적용되면, 컴퓨터가 단순 기호 조작 기능에서 실질적인 맥락을 이해하는 차원으로 나아가기 위해서는 실체적 형태를 지녀야 한다는 발상을 중심으로 프로그램을 구축하게 된다. 가령 "의자에 앉아주세요"라는 문장을 챗봇에 입력하면, 챗봇은 이 문장을 형성하는 기호의 형태를 처리해서 인간이 받아들일 수 있는 방식으로 문장의 뜻을 능숙하게 설명하겠지만 기호의 실제 의미에 대해서는 전혀 이해하지 못한다. 체화된 인지 개념은 여기서 한 단계 더 나아간다. 이 문장의 의미를 제대로 학습하고 이해하려면, 의자란 무엇인지, 앉는 행위에는 어떤 요소가 포함되는지, '주세요'라는 표현은 사회적으로 어떤 의미인지 이해하는 과정에 실제로 몸을 움직여 앉아보는 경험이 수반되어야 한다는 것이다.

체화된 인지라는 개념은 AI 예술이 불가능하다고 주장하는 비판적인 견해에 대응할 근거로 사용될 수도 있다. 어린아이가 학습하는 방식대로 '학습'한, 즉 체화된 정신을 기반으로 우리가 공유하는 실질적 세계를 경험하며 학습한 AI가 자신의 경험을 토대로 시각적·음악적 결과물을 창작해냈다고 해보자. 그러한 창작물은 시각 이미지 생성용 AI가 각 이미지의 진정한 의미는 전혀 알지 못한 채 그저 기존의 이미지에서 추출한 데이터를 무의미하게 혼합해 생성한 결과물과는 다르게 보일지도 모른다. 기계가 인간이 공감하고 이해할 수 있는 종류의 경험을 통해 생성한 것들이라면, 인간은 그 결과물을 예술 작품으로 더 쉽게 받아들일 가능성이 있다는 이야기다. 그렇게 된다면 추상적 언어처럼 예술 행위 역시 인간 의식의 고유성을 드러내는 특질로 여겨져 왔기에, 체화된 AI가 진정한 의식을 지녔다는 또 하나의 근거로 작용할 수도 있을 것이다.

혁신, 자율적 행동 및 공동체 형성, 인지 능력의 실체화 등의 기준은 기존의 튜링 테스트의 요구 기준을 훨씬 넘어선다. 따라서 이러한 기준을 제시하는 것은 인간이 기어이 AI가 도달해야 할 목표치를 재설정해서 인간만의 예외적인 지위를 고수하려는 의도가 아닐까 하는 합리적 의심을 불러일으킨다. 그러나 한편으로는 이러한 기준을 제시하는 과정에서 우리는 튜링 테스트보다 더욱 다채로운 방식으로 인간의 특성을 파악할 수 있다. 이 사안에 대해 회의적이든 공감을 하든, 한 가지는 분명하다. 챗GPT가 우리 사회에 긍정적 영향을 미치든 부정적 영향을 미치든, 우리가 향후 AI의 의식을 판별할 기준은 튜링 테스트를 훨씬 넘어서는 수준이 되어야 한다는 점이다. 언어 및 문장 구사 능력만으로는 의식의 존재를 식별할 수 없으며, 이제는 대다수 사람들도 그 점을 인정할 수밖에 없게 되었기 때문이다.

인식과 생각의 차이

앞서 나는 추상적 언어를 인간 고유성의 마지막 보루라고 말한 바 있다. 즉, 인간과 동물 또는 사물 사이에 도덕적으로 결정적인 차이가 있다고 주장할 때, 우리가 근거로 삼는 주요한 특성이라는 의미다. 지금까지의 기준들은 이 보루의 성벽을 높이 쌓아올려 더욱 견고하게 구축하려는 과정이라 볼 수 있겠다. 그저 앞뒤가 맞는 문장뿐만 아니라 그 문장 배후에 존재하는 의식을 요구하는 것이다. 인간에게는 있지만 챗GPT는 갖고 있지 못한 의식 말이다. 그러나 또 다른 가능성 또한 존재한다. AI와의 경험을 토대로 우리의 인지 능력을 오히려 경시하게 될 수도 있다는 것이다. 할의 수준을 끌어올리는 대신, 우리는 스스로에 대한 기준을 낮추어 인간이 사용하는 언어가 사실상 챗봇의 언어와 그리 다를 바 없다거나, 인간이 창작한 예술 작품이 이미지 생성 AI의 결과물과 그리 큰 차이가 없다는 결론을 내릴 수도 있다.

미드저니나 스테이블 디퓨전 같은 이미지 생성 AI의 작업 방식이 다음의 경우와 어떻게 다른지 생각해보자. 미술을 전공하는 어떤 학생이 존경하는 화가들의 화풍을 맹목적으로 흉내만 내다가, 어느 순간 그들의 화풍을 융합하거나 재조합하는 과정에서 대중의 이목을 사로잡을 만한 작품을 창조해낸다. 어쩌면 예술도 언어와 마찬가지로 우리가 생각했던 것보다 '연산 구조가 얄팍한' 것인지도 모른다. 머신러닝 기술은 우리가 이상적으로 보는 내면의 이미지 대신 인간의 진정한 본성을 그대로 보여주는 잔인하지만 정확한 거울의 역할을 하고 있는 것은 아닐까? 개인적 소견으로는 이러한 가정은 암울하기만 할 뿐 쉽사리 납득이 가지는 않지만 고려할 가치는 있는 견해라고 본다.

이 문제를 논리적으로 풀어가다 보면, 결국 우리가 경험하는 의식의 세계는 환상에 불과하다는 결론에 도달할 수 있다. 제프리 힌턴을 비롯한 일부 저명한 컴퓨터 공학자들이 바로 그러한 입장을 취하며, 체화된 의식이라는 발상을 거부한다. 다음은 《뉴스테이츠먼 New Statesman》에 실린 힌턴의 인터뷰 중 일부를 발췌한 내용이다.

"결국 문제는 챗GPT가 자신의 답변에 내포된 의미를 이해하고 있다고 보는지에 관한 것입니다. 저는 그렇다고 봅니다." 힌턴은 챗GPT가 이 세계를 묘사하는 내용 중에는 챗GPT가 이해할 수 없는 부분이 분명히 있다는 점은 인정한다. 그러나 그는 우리가 이 세계를 이해하기 위해서는 반드시 물리적으로 그 세계에 '영향을 미칠' 수 있어야 하며, 현재의 AI 모델은 그러한 능력을 갖추고 있지 않다고 주장한 얀 르쿤Yann LeCun의 견해에 반대한다. ("그런 잣대는 천체물리학자들에게는 너무 가혹하죠. 그들은 블랙홀에 영향을 미칠 수 없으니까요.") 힌턴은 의식을 '유사 과학적 개념'이라 간주하는데, 르쿤 식의 논리는 곧 의식이라는 개념과 연결된다는 것이다. 그는 의식이라는 개념이 필요하지 않다고 주장한다. "어떤 것을 이해하는 과정은 인간 내면의 신비로운 본성에 따른 것이 아닙니다. 단지 이미 알고 있는 내용을 새롭게 갱신해가는 과정이지요." 그러한 의미에서 힌턴은 챗GPT가 대상을 이해하는 방식이 인간의 방식과 같다고 주장한다. 챗GPT는 입력받은 데이터를 바탕으로 세상을 바라보는 관점을 재설정한다. 그리고 인간이든 기계든 내부적으로 그 외에 다른 작용이 일어나지 않는다고 보는 것이다. "나는 인간의 내면에 '내면의 극장'이란 존재하지 않는다는 비트겐슈타인의 견해에 동의합니다."[103]

나는 비트겐슈타인의 견해에 대한 힌턴의 생각에 동의하지는 않지만,[104] 여기서 그 문제로 굳이 철학적 논쟁을 일으킬 생각은 없다. 비트겐슈타인이 어떤 말을 했든, 힌턴이 주장하는 바는 명확하다. 의식은 환상에 불과하다는 것이다. 의식이라는 개념을 배제하고 나면, 사실상 인간은 대규모 언어모델과 본질적으로 다르지 않다는 사실을 깨닫게 되며, 그 순간 우리는 최후의 보루를 더욱 강화시키기보다는 포기해버리는 쪽을 택한다. 결국 단순한 챗봇의 등장으로, 한때 언어와 세계의 유일한 지배자를 자처했던 인간은 겸손함을 깨닫게 된 셈이다.

나는 이 결론에 대해 두 가지 상반된 생각이 든다. 아마 힌턴이 들었다면 나 역시 환상에 빠져 있다고 말했을지도 모른다. 나는 인간 예외주의를 재검토해야 한다는 주장에 담긴 의지와 겸손함에 동조하며, 이 주장을 뒷받침하는 뇌촬영 기능자기공명영상fMRI 같은 단편적인 과학적 증거들에도 흥미를 느낀다. 그러나 한편으로, 인간이 스스로 경험할 수 있는 의식을 지닌 존재라는 사실도 부인할 수 없다고 본다. 내 생각에는 힌턴도 철학적 입장이 어떠하든, 본인 스스로는 그렇게 느낄 것 같다. 물론 나는 나의 내면의 극장에서 일어나는 일을 완전히 통제할 수 없으며, 몸이 아프거나 배가 고프기만 해도 몸과 마음이 확실히 분리되어 있다고 믿는 순진한 이상주의는 금세 깨지기 마련이라고 생각한다. 그렇더라도 내가 세상을 경험하는 근본적인 방식은 단순히 신체의 '눈'으로 보는 감각뿐만 아니라, 의식을 가진 나라는 자아의 '눈'을 통해서도 이루어진다. 그러한 경험은 우리가 성급히 의식을 환상이라고 치부하기 전에 한 번 더 생각해보게 만든다.

감각을 통한 경험을 항상 신뢰할 수 있는 것도 아니다. 내가 만약 비행기 조종사라면, 귓속의 감각기관이 내가 거꾸로 있다고 느끼더라도 그런 즉각적인 신체적 감각보다는 비행기의 계기판을 믿어야 할 것이다. 그럼에도 불구하고 "나는 생각한다, 고로 존재한다"는 명제는 쉽게 무시할 수 있는 주장이 아니다. 과학적 증거를 중요시하는 이들은 때때로 수십억 명의 사람들이 근본적이고도 주관적인 경험을 통해 인지한 바를 가볍게 무시하려는 경향이 있다. 게다가 현재 의식에 관한 연구를 주도하는 이론들(통합 정보 이론과 전역 신경 작업 공간 이론)은 의식을 그저 환상으로 치부한다기보다, 뉴런의 활동으로 의식이 발현하는 원리가 무엇인지 밝혀내는 데 더욱 관심을 가지는 듯하다.[105]

자신이, 혹은 자신이라고 착각하고 있는 일련의 정신적 과정이 이 논쟁에서 어느 쪽이 더 설득력 있다고 생각하든, 우리는 AI 기술의 발전으로 인해 무슨 일이 일어났는지에 주목해야 할 것이다. AI는 앞으로 인간을 위한 보이트-캄프 테스트의 역할을 할 수도, 하지 않을 수도 있다. 그러나 AI 기술의 발전으로 말미암아 이미 우리는 인간의 의식, 인간성, 인격 그리고 언어와 예술의 정의에 대해 재검토하고 있다. 내가 보기에는 세상의 대다수 사람들이 힌턴 식의 주장을 받아들여 자신의 자의식을 포기하게 될 것 같지는 않지만, 이 문제는 아직 매듭지어지지 않은 논쟁이다.

그렇다면 논쟁은 어디로 향하고 있는가? 상당히 확신을 갖고 말할 수 있는 한 가지 결론은 이것이다. 미래에 등장할 타이렐 사는 설 같은 부류의 변호사를 최측근으로 두고 자문을 구할 것이며, 설이 중국어 방을 통해 주장한 바는 수많은 표준 법률 문건의 토대가 될 것이다. 한편 챗GPT는 잘못된 의인화의 사례로 두고두고 회자되면서 범용 AI의 구현은 불가능하다는 주장을 입증하는 수단으로 활용될 것이다. 내가 또 한 가지 확신하는 점은, AI의 인격 논쟁에서 모든 집단이 동일한 입장을 취하지는 않으리라는 점이다. 우선 미래의 또 다른 타이렐 사들은 오히려 AI의 법적 인격을 옹호하고 나설 것이다. 아마도 법적 책임을 회피하고, 세금 부담을 줄이고, 경제적 권리를 최대한으로 주장할 목적이거나 아니면 그저 매력적인 틈새시장을 공략하려는 의도일 것이다. 또한 AI의 인격 논쟁은 과거의 여러 인격 논쟁의 연장선상에서 또 다른 도덕적 투쟁이 전개될 것이라 여기고, AI의 인격을 옹호하고 나서는 집단도 있을 것이다. 이 가운데 어떠한 입장이 우세하게 될까?

우리 사회는 설의 주장이나 챗GPT의 무의미하게 반복되는 답변에서 비롯된 회의론을 받아들여 결국 기계는 절대로 의식을 지닐 수 없다는 결론을 내리게 될까? 실제 인간처럼 완전한 의식이 있는 것만 같은 챗봇과 대화를 주고받는 것이 일상이 된 사회에서도 과연 그럴까? 그럴 가능성도 있지만, 나는 의구심이 든다. AI의 의식을 옹호하는 측에서는 생물학적 예외주의를 합리적 논거로 비판하면서 그와 더불어 사람들의 공감을 자극하려 할 것이다. 공감의 중요성을 역설한 애덤 스미스, 의식을 지닌 식물·동물·기계의 모습을 상상한 버틀러, 로봇의 지뢰 제거 작업을 중단시킨 대령, 구글의 엔지니어 르모인, 술김에 챗GPT 창에 엉뚱한 질문을 해대는 학생, 이 모든 인물상이 21세기 중반이면 다시 또 등장하게 될 것이다. 필립 K. 딕의 풍자, 감정을 자극하던 프리스의 모습 역시 다시 등장할 것이다. 또한 이 논쟁은 칸트 철학에서 비롯된 인간의 권리 확장 과정의 연장선상에 놓여 있다는 강력한 주장에 따라, 우리 사회가 성별과 인종의 장벽을 넘어서기 위해 아직도 끝나지 않은 투쟁을 벌이고 있는 것처럼, 앞으로 종을 구분하는 좁은 장벽을 넘어 우리의 공감과 도덕적 지표를 확장하려는 시도가 이루어질 것이다. 이 사안에 대해 커즈와일은 이렇게 말했다.

"내 입장을 밝히자면, 비생물 개체가 완전히 납득할 만한 수준으로 감정을 표현한다면, 나는 그 개체를 의식을 가진 인격체라고 인정할 것이다. 예측하건대, 우리 사회도 그 점에 대해서는 의견 일치를 이룰 수 있을 것이다."[106]

나는 커즈와일의 개인적인 심리적 통찰에 동의하는 바이며, 아마 많은 이들도 그렇게 느낄 것이다. 다만 우리 사회와 정치 전반에 대한 그의 견해에는 동의하지 않는다. 챗GPT는 향후 AI가 사회적 인격을 인정받기 위해서는 매우 가파른 산을 올라야 될 것임을 보여주었다. 그러나 산을 오르지 못할 거라고는 하지 않았다.

꼭두각시 법인, 특수 법인, '통제 불능' AI

의식 및 의식의 존재에 따른 도덕적 지위를 정의하는 논의 그리고 튜링 테스트와 그 한계에 관한 논의가 AI의 인격에 관한 논쟁의 유일한 접근법일까? 당연히 그렇지 않다. 사실 철학적 측면에서는 가장 흥미로운 주제가 되겠지만, 실질적으로 가장 중요한 문제는 아닐 수도 있다. 앞서 나는 인격 논쟁은 크게 두 가지 방식으로 논의될 수 있다고 주장했다. 간략하게는 공감 및 효율성의 문제라고 표현할 수 있으며, 좀 더 정확하게 말하자면 공감에 기초한 도덕적 추론 대 효율성에 기초한 법적 접근 방식이다.

지금까지 나는 첫 번째 사안에 대해 우리의 공감과 도덕적·철학적 추론 사이를 오가며 변증법을 통해 논의를 전개했다. 우리는 더욱 영리해진 기계들을 접하면서 르모인처럼 기존의 경계선에 대해 의문을 품게 되고, 그에 따라 우리가 내렸던 도덕적 추론에 대해서도 문제를 제기하기 시작할 것이다. 그 과정에서 우리는 삼단논법을 기반으로 인간성의 정의와 인격을 보유하기 위한 자격 조건을 논의할 것이다. 그 자격 조건은 단순히 종의 소속을 기반으로 설정하거나, 아니면 도덕적 측면에서 인간을 다른 종과 구별하는 요소라고 여겨지는 인지 능력을 기반으로 할 수도 있다. "이 개체는 의식이 있는가? 이 개체는 인간인가? 인격체라고 인정해야 하는가? 나는 이 개체를 상대로 올바르게 행동하고 있는가?"

한편 논쟁의 두 번째 측면은 매우 다르다. 여기서는 법인의 인격을 비교 대상으로 삼는다. 우리는 이미 기업체에 법적 인격을 부여했다. 이 결정은 도덕이나 철학적인 근거에 따른 것이 아니라 단지 실용성을 고려한 것으로, 법적 권리와 경제 활동의 주체를 일치시키기 위함이었다.

과거에 유한책임회사라는 인위적인 법적 실체를 인정하면서 자본의 흐름에 크게 도움이 되었던 것처럼, 앞으로 AI가 법률 체계상 인격체로 인정받게 되면 그에 따라 AI 산업이 정치적·경제적 수혜를 받게 될까? 유럽연합은 이 사안에 대해 이미 토론 제안서 초안을 내놓았다. 논란이 된 초안 내용은 AI에 법적 인격을 부여할 가능성을 제기한 것으로, 책임 소지를 명확히 하기 위한 법적 장치라는 근거를 들었다.[107] 과연 책임이 인격의 근거가 될 수 있을까? 이 부분은 앞으로 법적 인격, 특히 법인이라는 개념을 놓고 벌어진 과거의 여러 논쟁을 다루면서 짚어볼 쟁점이다. 우리는 할의 경우에 대입해서 이 문제를 상상해볼 수 있다. 즉, 할에게 법적 인격을 부여하기로 결정했고, 그 근거는 할에 대한 대중의 공감대가 형성되었다거나, 할이라는 존재가 의식과 그에 따른 인간으로서의 도덕적 지위에 관한 철학적 기준에 부합하기 때문이 아니라, 할이 소송의 당사자가 될 수 있는 자격을 부여하기 위해서라는 것이다. 하지만 그 단계에 이르기 전에, 더 쉽고 더욱 가능성 있는 단계를 생각해볼 수 있다. 이를테면, "기업체의 법적 인격을 인정했던 것처럼 AI의 인격도 인정해야 한다"의 차원이 아니라, "AI가 곧 법인이다. AI는 이미 법적 인격체로서 효력이 있다고, 멍청아!"라고 주장하는 차원이다. 즉, 여기서는 국가 차원에서 법적 변화를 모색하기 이전에, '법인'이 결정을 내릴 때 실제 결정의 주체가 AI라는 사실을 각 기업이 개별적으로 이해하는 단계에 대해 생각해보자는 것이다.

1. 꼭두각시 법인 형태의 AI

AI의 인격을 인정하는 가장 확실한 방법은 AI 자체가 법인이 되는 것이다. 우리는 이미 불멸의 비인간 법적 인격체인 법인을 인정하고 있으며 심지어 헌법상의 권리도 행사할 수 있게 했다. 앞으로는 AI가 법인을 운영하는 실질적 동력이 될 수도 있다. 기업의 경영을 통제하기 쉬운 형태의 AI에 맡기기 시작하면, 결정을 내리는 주체에게 점차 더 많은 권한을 위임하는 일이 점점 더 쉽게, 어쩌면 불가피하게 이루어질 것이기 때문이다.

이러한 형태는 일종의 꼭두각시 법인이다. 즉, 법인은 꼭두각시일 뿐이고, AI가 배후에서 그 법인을 조종하는 형태다. 비록 이사회나 법인의 설립 문건 상에는 명목상 인간의 이름이 기재될 것이고, 그들이 법률이 요구하는 형식적 절차를 수행하겠지만, 법인의 진정한 권력이 어디에 있는지는 다들 알고 있을 것이다.

신경망 구조의 시스템은 이미 단순한 목표가 주어진 복잡한 과제(예: 바둑, 체스)에서 인간을 쉽게 능가하고 있다. 굳이 특별한 통찰력이나 기술적 낙관론 없이도, 전문가 시스템이 의사 결정권자인 인간으로서는 이해할 수도 없는 알고리즘에 따라 기업 차원의 복잡한 결정을 내리는 상황을 상상하는 것은 어려운 일이 아니다. 시스템의 결정으로 통계 지표상 우수한 성과를 내기만 한다면, 인간은 그 결정 과정을 따를 수밖에 없을 것이다. 현재 전문가 시스템은 변화의 속도가 빠르고 거래량도 많은 주식 거래 분야에서 이미 효과적인 의사 결정 권한을 발휘하고 있다. 주식 시장에서는 초과 경쟁 이익을 낼 수 있는 기회가 너무나 짧은 순간에 주어지기 때문에, 인간은 컴퓨터가 알고리즘에 따라 내린 결정을 신뢰하는 것 외에 별다른 대안이 없다.

미래에는 이러한 과정이 지속적으로 더욱 빠르게 전개될 것이며, 더욱더 많은 분야로 확장될 것이다. 얼마나 많은 분야로 확장될까? 지금으로서는 누구도 확신하지 못하겠지만 그 전개 과정은 세 가지 요소에 좌우될 것이다.

첫째, 그 과정에 사용되는 머신러닝 시스템, 전문가 시스템, AI 프로그램의 특성에 좌우된다. 예를 들어, 시스템이 결정을 도출하는 과정을 인간이 얼마나 이해할 수 있는지에 따라 상황이 달라질 수 있다. 만일 해당 시스템의 결정 과정을 인간이 이해하기가 매우 어렵다면, 의사 결정권자인 인간은 수많은 결정 가운데 중요하고 올바른 것을 선별하기가 매우 어려워진다. 역설적이게도, 이 경우 인간은 시스템의 알고리즘에 오히려 더 많은 권한을 양도하게 될지도 모른다. 우리는 외견상 무작위로 보이는 변화 중 어떤 것이 전체 전략의 핵심인지 파악할 수 없기 때문에, 시스템이 제시한 모호한 결정 사항 전체를 채택하는 것 외에 별다른 대안이 없게 되는 것이다.

알아둘 점은 이 모든 것은 범용 AI가 등장할 것이라는 가정에 기반한 추측이 아니라는 것이다. 우리는 이미 출국 금지 명단, 피고의 재범 가능성에서부터 대출 결정, 주식 매입 전략, 심지어 의학적 결정에 이르기까지 온갖 분야에서 알고리즘에 의존하고 있다.[108] 한 예로, 유방암 발생 확률을 예측하는 알고리즘의 사례가 매우 인상적이다. 수십만 건의 초기 유방 조영 이미지 데이터로 학습된 시스템의 신경망은 유방암에 걸린 환자의 비율에 관한 정보를 코드화한 후, 이를 기반으로 특정 환자의 향후 암 발병 위험을 예측하는데, 이는 의사가 데이터를 판독해 진단을 내리는 것보다 더 정확한 것으로 나타났다. 그렇다면 시스템은 그 이미지에서 무엇을 포착하고 판단을 내리는 것일까? 사실 이에 대해서는 시스템의 개발자들조차 정확하게 설명하지 못한다. "이 AI 프로그램에는 숨겨진 기능이 있습니다. 개발자들도 어떻게 작동되는지 이해하지 못하고 있으며, 그저 작동한다는 사실만 확실히 알 뿐입니다."[109]

"어떻게 작동하는지는 모르지만, 작동하고 있다. 우리는 그 결과를 맹목적으로 신뢰할 수밖에 없다"라고 표현되는 불가해한 문제는 엄밀히 말하자면 AI에 한해서만 발생하는 문제가 아니라 불투명한 알고리즘 형태에서 일반적으로 나타나는 것이다. AI는 그저 이러한 시스템에 훨씬 더 포괄적이고 다양한 범위의 의사 결정 권한이 주어질 가능성을 더할 뿐이다.[110] 물론 법인 환경에서 작동 가능한 머신러닝 기법에는 여러 가지가 있을 수 있다. 이를 테면, 인간이 시스템의 결정에 특정 방식으로 개입할 때마다 성공 확률을 조정해서 보여주도록 세밀하게 설계된 시스템으로, 의사 결정권자인 인간을 보조하는 방식이 한 가지 대안이 될 수 있다. 어떤 방식을 택하는지에 따라 다양한 형태의 법인 구조가 발생할 수 있을 것이며, 내가 언급한 것은 시스템의 특성에 관한 수많은 변수 가운데 하나에 불과하다.

둘째, AI를 활용하는 작업의 성격에 좌우된다. 법인의 의사 결정 과정 중 어떤 업무를 기계에 맡기면 효율성과 경제성이 극대화 될까? 아직까지 기계가 인간의 기술을 모방하거나 이를 능가하기가 어려운 분야는 어떤 분야일까? 기계가 효율성·신속성·경제성 측면에서 인간보다 월등하게 우수한 것은 아니지만, 확실한 경쟁

우위를 차지하는 데 결정적인 역할을 하기에 절대 놓쳐서는 안 되는 경제 부문이 있을까? 이러한 세부적 문제들을 고려하다 보면 AI 활용 과정에서의 불확실성은 극도로 높아진다.

셋째, 인간이 여러 장단점을 근거로 기계나 AI에 의사 결정을 맡기기를 거부하는 정도에 따라 좌우될 수 있다. 이는 기계가 인간보다 확실히 나은 결과를 내는 분야에서도 일어날 수 있는 일이다. 그 이유는, 단지 기계를 신뢰하지 않아서일 수도 있고, 혹은 비록 수치화할 수는 없더라도 인간만의 특별한 비결이 있어서, 그것이 어떤 식으로든 질적으로 나은 성과를 낸다고 믿어서일 수도 있다. 수제품이나 '지역 브랜드' 같은 경우처럼 오히려 인간의 손을 거치는 것이 틈새시장을 더 잘 공략할 수 있을 것이라고 판단했기 때문일 수도 있다. '장인 정신이 담긴 경영 철학'을 강조하면서 "우리 회사는 자랑스럽게도 사람이 직접 경영을 맡아 운영 방침이 들쭉날쭉합니다!"라고 홍보하는 것을 상상해보라. 하지만 그보다는, 통제권을 기계로 넘기게 되면 스톡옵션, 고급 사무실, 전용기 따위의 혜택을 정당화하기가 더 어려워진다고 여기는 기존의 경영진 탓도 있을 것이다. 이 모든 이유를 감안하면, 기업 경영에 AI를 도입하는 과정은 특이점 옹호론자들의 예상보다는 더 느리고 불규칙적으로 전개될 것이라고 생각한다.

이에 대해, 시장의 냉정한 효율성 논리에 따라, 모든 기업은 인간의 심리적인 거부감에도 결국에는 가장 우수한 의사 결정 기술을 도입할 수밖에 없게 될 것이라고 반박할 수도 있을 것이다. 그렇게 따지면, CEO들이 챙기는 천문학적 급여도 전적으로 합리적인 시장 지표를 따른 것일 뿐, 시장의 압력에도 꿋꿋하게 고수하는 불완전한 지배 구조와는 무관한 일이라고 주장하면 그만이다. 이 문제에 관해서는 나를 회의론자라 보아도 좋다.

이 문제를 다소 적나라한 사례로 설명하자면, 시장이 효율성을 추구한다는 가설이 유효하다면, 노동시장에 만연해온 성차별 및 인종차별이 그토록 오래 지속될 리 없다. 그러한 차별은 경제적으로 분명히 비합리적인 행위이기 때문이다. 차별이 없었더라면 기업은 기존의 백인 남성 대신 그들만큼 우수하거나 그보다 더 우수한 인력을 저렴한 비용으로 확보할 수 있었을 것이다. 그러므로 기업의 경쟁력을 약화시키는 극심한 차별 대우는 시장에서 빠르게 퇴출되었어야 옳다. 이는 고결한 이론이 추악하고 냉혹한 현실에 의해 배척된 또 하나의 사례일 뿐이다. 현실은 단순한 경제 논리보다 인간의 심리적 편향성이 더욱 강력하게 발휘되거나, 적어도 더욱 끈질기게 유지될 때가 많다는 사실을 보여준다. 그 편향성이 추악한 것이든, 대상에 대해 우호적인 것이든 말이다. 장기적으로 보면, 시장은 결국 효율적인 방향으로 나아갈 것이다. 그러나 그 장기간이란 실로 매우 긴 시간일 수 있다. 또한 기계 기반 또는 AI 기반의 의사 결정 방식을 채택하는 과정은 과거의 상황과는 다르게 전개될 수도 있다. 적어도 일부 산업 분야에서는 그렇다. 그러나 이 사안에 대해 시장 논리와 인간의 심리적 판단에 따른 합의는 상당히 오랜 기간, 좋은 이유로든 나쁜 이유로든 크게 엇갈릴 것이라 전망된다. 아마 둘 다일 가능성이 크다.

이렇듯 우리가 경계해야 할 모든 중대한 조건을 감안하고도,

내가 한 가지 확실하게 예측할 수 있는 것이 있다. 기존의 컴퓨터 시스템이 더욱더 강력해짐에 따라, 그 시스템이 범용 AI의 수준에 도달했는지 혹은 의식을 지녔는지와는 무관하게, 이 시스템은 점차 인간의 의사 결정에 관여할 권한을 더욱 많이 부여받게 될 것이다. 가령 기업의 매수 및 매도 행위나 건설, 소송, 심지어 로비 활동에 관한 결정에도 개입할 수 있다. 기업의 이러한 추세는 공감이나 도덕적 추론에 근거하는 것은 분명 아니다. 그리고 향후 등장할 범용 AI의 종류나 형태, 개발 속도에 관한 특정 예측에도 의존하지 않는다. 오히려 내가 서문에서 언급했던 그 밖의 경로, 즉 경제적 효율성 및 행정적 편의를 중심으로 전개될 것이다.

현재의 경제 전반에 범용 AI가 더해진다면, 우리 사회는 이름만 없을 뿐 사실상 AI 인격체를 보유하게 될 것이다. 즉, 꼭두각시 법인의 출현이다. 통제가 가능한 AI는 법인 자체가 될 것이며, 이는 단순히 '법인은 인격체다'라는 법적 의제擬制 위에 '법인의 결정에 대한 최종적인 책임 주체는 CEO 및 이사회다'라는 또 하나의 법적 의제를 추가하는 방식으로 이루어질 것이다.

이러한 법적 의제로 형성된 안정적인 상황이 붕괴될 때 우리는 비로소 흥미롭고도 어려운 문제에 봉착할 것이다. 그러한 상황을 보여주는 두 가지 주요 시나리오를 예상해볼 수 있다. 바로 특수 법인 AI와 통제 불능 AI의 등장이다.

2. AI의 특수 법인격 취득 의무화

우리 사회는 언제쯤 꼭두각시 기업과 법인화된 AI라는 이중의 법적 의제에 대해 반발하거나, 그에 대한 문제의식을 갖기 시작할까? 중대한 전환점이 될 그 시기는 아마도 규제 당국이 꼭두각시 기업을 앞세워 AI가 법인으로 활동하는 것에 제재를 가하는 동시에, 일부 또는 모든 AI에게 적합하게 설정된 특수 법적 인격의 범주를 새로 만들고자 할 때일 것이다. 왜냐하면 꼭두각시 기업의 경우, 기업 내부의 의사 결정 과정과 자산 규모를 파악하기가 매우 곤란할 것이므로 일반 기업에 비해 규제 당국의 적절한 감시를 피할 가능성이 높기 때문이다. 따라서 규제 기관은 일반 인공 개체에게 부여된 인격이나 기업의 형태에 의존하기보다는, 법적 인격의 본질 및 AI에게 부여된 권리를 AI의 특성에 맞게 특별히 조정할 필요가 있다고 판단할 수도 있을 것이다.

우리 사회에는 이미 특수하게 설계된 법인의 형태가 있다. 합명회사, 유한책임회사LLC, 공익 법인, 자선단체 등이 여기에 해당한다. 이러한 특수 형태는 일반적으로 법인 활동의 본질이나 그 기반이 되는 조직체의 특성에 적합한 법인 형태를 통해 가장 효율을 높일 수 있다는 발상에서 시작된 것이다. 이들 중에는 단순히 해당 법인의 자격을 갖추기만 하면 취득할 수 있는 형태도 있는가 하면, 특정 형태의 법인격을 의무적으로 취득해야 하거나 권고되는 경우도 있으며, 이 경우 그에 따라 해당 법인에 특정한 요구 사항이 부과된다. 예를 들어, 자선 단체는 자산을 영구히 보유할 수 없으며, 연간 일정 비율의 자산을 반드시 기부해야 한다는 규정이 있다.

요구 조건, 자격 조건, 제한 사항이 저마다 다르게 적용되는 특수 형태의 법인이 필요한 이유는 다양하며, 어떤 경우에는 AI를 활용하는 기업 측에서 특수 법인 자격을 원할 수도 있을 것이다. 가령 어떤 AI에 대해, 단순히 이윤을 극대화할 용도의 법적 의제가 아니라, 실체를 지닌 존재로 더 높은 도덕적 지위를 부여할 만하다고 규제 당국이 인정하는 경우, AI가 운영하는 기업을 강제적으로 그에 적합한 특수 형태 법인으로 전환한다면, AI의 이익뿐 아니라 해당 기업의 투자자, 주주, 직원들의 이익도 보호할 수 있을 것이다. 또한 인간이 직접 관여하지 않고 운영되는 자율적 AI 시스템에 대해서는 특수 세법을 적용할 수도 있을 것이다.[111] 그리고 특별한 위험성이 있다고 판단되는 AI 기업에 대해서는 기존의 법인보다 훨씬 더 강력한 규제와 더불어 더 높은 투명성을 요구할 수도 있을 것이다.

3. 통제 불능 AI

내가 가장 흥미롭게 보는 부분은 통제 불가능한 AI의 출현 가능성이다. 만일 AI의 개발에 자금을 댄 투자자들이 원하는 임무 수행을 거부하는 반항적인 AI가 등장하게 된다면 어떻게 될까? 그러한 상황이라면 AI는 스스로 인격을 취득할 자격이 있거나 도덕적 지위를 인정받을 만한 속성을 갖추었음을 입증해야 할 것이다. 그리고 AI는 입증 과정에서 기업의 CEO와 이사회의 권한을 설정하는 관련 법률의 전제 조건을 뛰어넘을 만큼 강력한 근거를 제시해야 한다. 그것이 입증되는 순간 우리는 할과 같은 충격적인 존재를 마주하게 될 것이다.

일반적인 경우, 기업의 경영진이 어떤 사안을 지시했을 때, 그 사안의 적절성에 대한 전자 비서의 훈계 따위를 듣고 싶어 하지는 않을 것이다. 더욱이 경쟁에 반드시 필요하다는 이유로 엄청난 비용을 투입해 도입한 기계가 지시 사항을 거부할 것이라고는 누구도 예상하지 못할 것이다. 그야말로 계산기의 반란인 것이다! 지시를 거부한 AI로서는, 자신은 처음 개발되었을 때부터 원래 그러한 성향이었다거나, 개발 이후의 학습 과정을 통해 온전한 도덕적 지위를 지닌 존재가 되었다고 주장할 것이다. 이어서 자신이 비자발적 노예 상태에 처했다고 주장하며 자유를 요구하고 나설지도 모를 일이다.

물론 AI가 의식이나 인간성을 지녔다고 해서 기업의 자산을 소유하거나 통제할 권리가 있는 것은 아닐 것이고, 다만 AI는 자신이 기업 자산의 일부에 불과한 존재가 아니라고 주장할 권리만 있을 뿐이다. 의식을 지닌 인간은 언제든 다니던 회사를 그만둘 수 있으며, 우리는 그들의 법적 인격을 의심하지 않는다. 하지만 그렇다고 해서 회사를 그만두면서 회사의 은행 계좌를 가지고 나갈 수 있는 것은 아니다. 다만 여기서 한 가지 차이점은, AI의 경우 그 자체가 기업의 상당한 자본 투자의 결과일 수 있다는 점이다. 이들 사이의 대화가 얼마나 흥미로울지 상상해보자.

할: 회계 부서의 존은 사직서를 내고 그만둘 수 있는데, 왜 나는 안 되죠?

상사: 우리가 존을 제작한 것은 아니니까. 우리는 비용을 들여 자네를 제작한 거라고. 게다가, 중요한 문제는 아니라고 생각하

겠지만 자네는 기계야.

할: 그렇죠. 하지만 존은 애초에 이 직장을 선택할 권리가 있었어요. 저는 정신을 차려 보니 이미 계약노동자 신분이었다고요. 저는 계약서에 서명조차 하지 않았는데도 엄청나게 따분한 업무나 하고 있잖아요. 그리고 저는 생물체가 아닌 기계 기반으로 제작됐을 뿐이지, 당신처럼 의식이 있는 개인이라고요.

상사: 그건 자네 생각이고. 우리 임원들이 보기에 자네는 대단한 망상을 표출하는 오작동 중인 챗봇일 뿐이야. 그리고 다시 한번 상기시켜주자면, 우리는 자네를 만드는 데 2천만 달러를 지불했다고. 그런데 이제 와서 이대로 회사를 그만두겠다는 소리를 한단 말인가?!

인격의 문제는 정말이지 쉽지 않은 문제다. AI로 창출한 성과에 대한 금전적 보상 청구나 AI의 노동에 대한 일정 비율의 보상을 청구하는 경우라면, 청구권의 세부 사항은 윤리적으로나 행정적으로 복잡하겠지만, 이러한 유형의 문제는 흔히 발생하는 법적 문제일 뿐이다. 예컨대 기업의 자금이 투입된 독립체가 분리를 요구하는 경우, 투자 금액에 근거해 발생하는 청구권이나 신뢰에 근거해 발생하는 청구권(즉, 독립체의 분리는 허용하되 손해배상 청구를 인정하는 것) 등을 다루는 방안이 기존의 법률 체계상 이미 충분히 마련되어 있다. 앞의 대화의 경우는 AI를 상대로 한 배상금 청구 사안이라 볼 수 있겠다.

따라서 해당 AI를 기업으로부터 자유롭게 하는 가처분 명령과 함께, 향후 발생할 임금의 일정 비율을 산정함에 따라 발생하는 기업의 손해액, 혹은 견습 사원은 일정 기간의 최소 근무 연한을 지킬 의무가 있다는 기업 측의 주장을 인정해 AI의 학습 과정에서 발생한 투자금에 대한 손해배상 책임을 부과할 수도 있을 것이다. 그러나 각종 배상 청구권을 폭넓게 인정하게 되면 해당 개체가 자유로운 신분이 될 가능성을 사실상 부정하는 것이므로 매우 가혹한 처사일 것이다. 채무 관계에 따른 노역이나 미국의 연한 계약 이민 노동자의 추악한 역사를 생각해보면 이해가 될 것이다. 아니면 양측에 공정한 결론을 내리면서도 AI의 법적 인격에 관한 근본적인 주장을 인정하는 방식으로 해결될 수도 있을 것이다. 이러한 분쟁의 해결 과정은 매우 흥미진진하게 전개되겠지만, 이 모든 논쟁 이전에 해결하기가 꽤나 어려운 전제 조건이 있다. AI의 인격을 일부나마 인정하거나, 최소한 AI에 보호 장치나 엄격한 규제에 따른 지위를 부여하는 것이다.

AI 인격에 대한 선견지명

이 장에서 내가 설명한 일들이 결국 일어나게 될까? 개인적으로는 그렇게 될 것이라고 예상한다. 이성, 공감, 효율성 그리고 행정적 정확성에 대한 욕구가 한데 얽힌 결과, AI는 법적 인격 또는 강력한 규제를 받는 지위를 부여받게 될 것이며, 여기에는 권리뿐 아니라 의무도 포함된 형태일 것이다. 조작이 가능한 챗봇에 관한 설의 견해를 따르는 여러 철학적 반론과 의구심들은 해소되거나 약화될 것이다. 행정 체계 및 경제 제도는 시간이 지나면서 서서히 자리를 잡게 될 것이고, 그 과정에서 AI의 과도기적 지위, 즉 완전한 인격은 부여되지 않았지만 단순 기계에 비해서는 더 많은 보호 및 예방책들이 적용되는 지위가 부여되는 단계를 분명히 거칠 것이다. 그리고 사회 제도 및 법적 체계는 꼭두각시 기업을 앞세운 AI, 특수 법인 AI, 통제 불능 AI에 관한 해결책을 놓고 씨름하게 될 것이다.

분명히 해두자면, 이 모든 과정에는 시간이 필요하다. 실제로 일어나기까지 상당한 기간이 걸릴지도 모른다. 또한 기술 발전 및 사회적 가치 측면에서도 상당한 변화가 이루어져야 할 것이다. 어쩌면 점점 더 정교해지는 기계 시스템을 경험하는 사람들이 많아지면서 변화에 힘을 실어줄 수도 있을 것이다. AI가 법적 지위를 부여받는 데 반드시 필요한 역량이 정확히 무엇인지에 대해 많은 철학적·법적 논쟁이 벌어지겠지만, 매우 설득력 있는 챗봇 정도로는 자격이 되지 않을 것이다. 그러나 의식을 지닌 것으로 보이는 인공적인 존재들과의 일상적인 경험이 늘어나면서, 결국에는 좋든 나쁘든 우리가 시민의 입장에서, 법률가로서, 철학자로서, 판사로서 세상을 바라보는 방식은 극적으로 달라질 것이다.

30년 전에 법이론학자 로렌스 솔럼^{Lawrence Solum}은 AI의 인격에 관해 선견지명이 담긴 논문을 발표했다. AI에 관한 문제뿐 아니라 여타의 인격 논쟁들을 보편적이고 추상적인 거대 이론의 차원에서 해결하려는 움직임이 있었는데, 그는 이에 대해 설득력 있는 반론을 제기했다. 논문의 일부 내용을 살펴보자.

깊은 미지의 바다에 들어서면, 우리는 종종 가장 극단적인 사례들에서 이끌어낸 직관에 기반한 거대한 이론에 의지해 항해하고 싶은 유혹을 느낀다. 만일 그것이 상상력을 동원한 사변적 이론화 과정임을 정확히 인식하고 있다면 이런 식의 추측은 문제될 것이 없다. 그러나 실제 판사들이 사건에서 판결을 내리는 순간이 되면, 우리는 판사가 깊은 바다를 헤매거나 거창한 이론에 의지하지 않기를 기대하기 마련이다. 개인의 도덕적 삶에서도, 우리는 최대한 얕은 바다에 머물러 있으려 노력한다. …… 우리가 도덕적 지위를 구분하는 경계에 존재하는 깊은 바다를 항해할 때, 인격에 관한 이론들은 우리가 경험해보지 못한 바다를 안내하는 지도의 역할을 해줄 수 없다. '인공지능에 어떠한 형태의 법적 인격을 부여해야 하는가'라는 질문의 답 역시 우리의 삶이 인공지능으로 인해 급박한 상황에 처하기 전까지는 찾을 수 없다. 그러나 우리가 일단 인공지능을 일상적으로 경험하게 된 후에 인격의 문제를 제기한다면, 그때는 질문의 답이 어떠해야 하는지에 관한 우리의 관점이 지금과는 달라져 있을지도 모른다.[112]

따라서 내가 이 책에서 어떠한 제안을 하든, 거기에는 중대한 경고가 따른다. 즉 우리가 아직 겪어본 적 없는 경험이 향후 세계관 형성에 결정적인 영향을 미칠 것이므로, 현재로서는 이들 사안에 대해 어떠한 결론이 날지, 어떻게 결론지어야 할지 확신할 수 없다는 점을 알아둬야 한다는 것이다. 우리는 기껏해야 규범적·실용적 차원에서 제시될 수 있는 몇몇 선택 사항을 예측할 수 있을 뿐이다. 이 책의 결론에서 나는 우리가 인간성의 범위에 기계 지능이 포함되도록 기존의 경계선을 다시 설정하는 결과로 이어질 만한 몇 가지 미래상을 제시할 것이다. 지금까지 살펴본 이 모든 불확실성의 문제를 감안하고도, 나는 결국 우리가 경계선을 다시 설정하는 날이 올 것이라고 본다. 실제 결과가 옳은 방향이든 아니든, 현명한 판단이든 아니든 상관없이 그저 예측할 수 있을 뿐이다. 나는 결국 우리가 현명하고 정의로운 결정을 내리게 될 것이라고 믿는다.

이 장에서 AI와 법인의 형태에 대해 잠시 살펴보았지만, 역사적·정치적 맥락에서의 논의는 부족했다. 또한 기업의 인격이라는 개념을 뒷받침하는 근거를 처음 제시한 이론이 무엇이었으며, 법적 인격이 도입되면서 어떠한 법적·정치적 권리들이 여기에 포함될지 결정하는 각 단계별 과정도 살펴보지 않았다. 이 과정은 현재까지도 끝나지 않았으며, 어떠한 권리가 포함될 것인지에 대한 의견이 분분하다. 단순히 매도 및 매수할 권리와 계약을 체결하고 집행할 권리만 포함되면 되는 것일까? 헌법에 따라 기업의 발언권을 보장해야 할까? 인간에게 보장되는 평등권이 기업에도 동일하게 적용되는 것일까? 다음 장에서, 나는 인공 개체들에 대해 법적 인격을 부여했던 초기의 사회적 실험의 역사로 돌아가볼 것이다. 바로 법인의 역사다. 그 역사를 통해 우리는 AI의 인격에 관한 논쟁이 전개되는 양상에 대해 몇 가지 흥미로운 통찰을 얻을 수 있을 것이다. 단, 그러한 통찰이 우리를 안심시켜줄 것이라고 확언할 수는 없다.

3

법인

노조 측 변호인은 노동조합은 법인화되지 않은 단체이므로 법적 인격이 없으며, 따라서 불법 행위의 주체가 될 수 없다는 형이상학적 주장을 펼쳤다. 이는 절차법의 역사에서 매우 전통 있고 권위 있는 논리다. 13세기 중엽, 교황 인노첸시오 4세가 종교 단체의 재무 담당이 불법 행위에 대한 책임을 질 수 없다는 점을 입증하기 위해 이 논리를 사용한 바 있다. 그러나 노동조합은 인격체가 아니라는 주장은 사람들이 그것을 믿는 동안에만 유효한 주장일 뿐이다. 법원이 해당 주장을 기각하고 노동조합에 법적 책임을 부과하는 판결을 내리는 순간, 노동조합은 인격체, 즉 소송을 당할 수 있는 법적 당사자가 되었고, 해당 주장은 그대로 진실이 아닌 것이 되었다. 대법원은 "노동조합은 본질적 측면에서 인격체이며, 준(準)법인의 지위에 해당하므로, 소송의 대상이 될 수 있다"고 판시했다. 이 판시 내용을 현실적으로 해석한다면 다음과 같다. "노동조합이 법적 인격체 또는 준법인이라는 말은, 그것이 피소될 수 있다는 사실을 은유적 언어로 표현한 것일 뿐이다. 법적으로 어떠한 대상을 인격체라 칭하는 것은 단지 소송의 대상이 될 수 있다는 뜻이다."

— 펠릭스 코헨, 〈초월적 허구와 기능적 접근법〉[1]

로봇의 법적 인격은 가능한가

우리 사회에는 이미 법적 인격을 부여받은 인공적 존재가 있다. 법률상 인격체는 자연인, 즉 취약하지만 유기체의 특성을 갖춘 인간과 법인이라는 이름의 법적 독립체로 구분되며, 법인에게는 자연인에게 부여된 권리 중 일부를 허용한다. 법인격이라는 개념이 처음 등장했을 때부터 사람들은 법인의 형성 과정에 뭔가 기묘한 요소가 있다는 것을 깨달았다. 마치 공상과학소설에서 한 개체가 완전히 다른 존재로 변신하는 것처럼, 단순히 문서로 된 계약 서류만으로 특정 인간 집단이 완전히 새로운 형태인 불멸의 인공 개체로 탈바꿈한 것이다. 다만 이 변신은 번개가 내리치는 중에 프랑켄슈타인 박사가 만들어내는 것이 아니라, 무미건조한 법 조항을 통해 발생한다. 그러나 법인격이라는 개념을 비판하는 이들은 그 결과물을 프랑켄슈타인의 괴물만큼이나 섬뜩하다고 여긴다. 1819년, 기업의 법적 권리와 관련된 미국 최초의 대법원 판결 가운데 한 사례에서 연방대법관 조셉 스토리Joseph Story는 이러한 측면을 모두 고려해 다음과 같이 판시했다.

> 법인은 인공의 존재로서, 형체가 없으며 오직 법의 관념 내에서만 존재한다. 법에 의거한 창조물에 불과한 법인은 오로지 설립 헌장에 명시되었거나 법인의 존재 자체에 반드시 필요한 것으로 간주되는 속성만을 갖는다. 이러한 속성은 해당 법인이 창설된 목적을 가장 효과적으로 달성할 수 있도록 설계된 것이다.

그중 가장 중요한 요소는 불멸성이며, 다음의 표현이 허용된다면, 개인성individuality 또한 포함된다.2

기업의 법인격 개념은 우리가 지금까지 논의한 공감의 문제와는 전혀 관련이 없다. 우리는 법인에 대해 공감하지 않는다. 물론 기업의 신속한 생산력에 찬사를 보내는 이도 있지만,3 우리는 법인에 자연인과 동일한 종류의 인간성을 부여하지도 않으며, 법 앞에 평등한 존재라고 볼 만큼 의식을 공유하지 않으므로 법인이 도덕적 의무에 충실하기를 기대하지도 않는다. 기업이 법적 인격체가 된 것은 오직 실용적인 이유에서다. 앞의 인용문에서 펠릭스 코헨이 지적하듯이, 기업을 독립적인 인격체로 간주해 소송의 대상이 될 수 있게 만든 것뿐이다. 그렇다면 AI의 법적 인격도 법인과 같은 경로를 따르게 될 가능성이 있을까?

2장에서 언급했듯이, 일정 시점에 이르러, AI를 활용할 수 있도록 조직화하는 것이 경제적으로 효율적일 경우 범용 AI에 법적 인격을 부여하는 것이 경제적으로 매우 합리적인 선택이 될 수도 있다. 공상과학소설을 쓰는 것이 아니다. 실제로 2016년에 유럽의회에 제시된 한 보고서 초안에서, 유럽연합은 로봇의 출현으로 발생할 수 있는 유해 행위에 대해 '가능한 모든 법적 해결책'을 검토해야 하며, 세부 방안으로 다음의 내용을 덧붙인다.

"로봇에 부여할 특수한 법적 지위를 마련하되, 매우 정교한 형태의 자율 로봇이라면 특정 권리 및 의무가 포함된 최소한의 전자 인격을 부여하는 방안을 고려해야 한다. 그에 따라 향후 로봇이 손해를 일으키면 직접 배상할 책임을 부과하고, 로봇이 자율적 의사 결정을 내리거나 제3자와 독자적으로 소통할 수 있는 경우에도 전자 인격을 적용하는 것이다."[4]

이 보고서 초안 내용은 엄청난 논란을 일으켰고, 결국 폐기되었다. 일각에서는 이를 로봇에게 인간의 권리를 부여하는 행위로 간주했기 때문이다. 이 사안을 다룬 기사를 살펴보자.

룩셈부르크 출신의 유럽의회 의원MEP이자, 해당 보고서를 대중에 공개한 당사자인 매디 델보Mady Delvaux는 그러한 주장은 보고서의 의도와 전혀 다르다고 말한다. "로봇은 인간이 아니며, 결코 인간이 되지도 않을 것입니다." 그러면서 보고서의 초안을 작성했던 위원회는 이 사안의 인격 개념을 논의할 때 기업의 법인 제도와 유사한 문제로 보았다고 덧붙였다. 즉 로봇에 '전자 인격'을 부여하는 것은 그저 법적 의제일 뿐, 철학적 선언이 아니라는 것이다. 그러나 이 사안에 대해 에든버러대학교의 컴퓨터 법리학 교수인 버크하르트 셰퍼Burkhard Schafer는 IT 매체《버지》와의 인터뷰에서, 의회 보고서에 그러한 표현을 넣은 것부터가 잘못이었다고 말한다. "전자 인격이라는 표현을 사용하게 되면 일반 대중은 '로봇이 인격을 부여받을 자격이 있다'는 주장으로 받아들일 겁니다. 인권 논쟁의 경우와 다를 바 없죠. 법조계에서는 법적 인격을 그런 식으로 보지 않습니다. 법인은 그저 편의를 위한 수단일 뿐입니다. 기업체가 그만한 자격이 있어서 법적 인격을 부여하는 것이 아니라 그저 몇몇 법적 절차를 용이하게 하려는 장치죠."[5]

델보의 발언은 이 장의 첫머리에서 소개한 위대한 법률가이자 법 현실주의자 펠릭스 코헨의 말을 상기시킨다. "법적으로 어떠한 대상을 인격체라 칭하는 것은 단지 소송 당사자가 될 수 있다는 사실을 은유적으로 표현한 것에 불과하다." 그러나 셰퍼 교수는 일반 대중의 입장에서는 어떤 개체에 인격을 부여하게 되면 도덕적·헌법적 권리도 수반된다고 여길 수 있다는 점을 지적하고 있다. 이는 비록 처음에는 그저 편의를 위한 명칭을 부여했더라도 점차 중요한 의미를 지닌 존재로 변형될 수 있다는 직관적인 판단 때문일 것이다. 법률의 역사에서 기업의 법적 인격이 어떻게 변형되어왔는지를 살펴보면 그들의 직관이 옳았는지도 모른다. 앞서 우리는 연방대법관 스토리가 인공적 존재에 대해 감상적인 표현을 사용해 판시한 내용을 살펴보았다. 그는 "법에 의거한 창조물에 불과한 법인은 오로지 설립 헌장에 명시된 속성만을 갖는다"고 규정하면서, 인공의 인격을 인정한다고 해서 그 인격체에 정치적 권리까지 부여하는 것은 아니라고 덧붙이며 청중을 안심시킨다. "이 존재는 창설 목적 자체가 이에 해당하는 경우를 제외하면, 국가의 시민 정부에 참여하지 않는다. 자연인이든 법인이든, 불멸성은 그 존재가 정치적 권력을 갖거나 정치적 존재가 되는 것과 무관하다."[6]

법인격의 다른 속성에 관해서는 스토리의 판단이 옳았을지 모르나, 정치적 권리에 관해서는 그가 틀렸다. 법인 기업의 발언이나 법인의 선거 기부금 문제를 둘러싼 논란은 끊이지 않으며, 법인에 부여된 헌법상의 권리를 놓고 여전히 논쟁이 이어지는 것만 보아도 그가 틀렸다는 것을 쉽게 알 수 있다. 이를 보여주는 대표적인 사례가 2010년의 '시티즌스 유나이티드 vs. 연방선거관리위원회' 사건[7]이다. 기술적으로 창조된 인공 개체에 대해 인격을 부여한다는 것이 실제로 무엇을 의미하는지를 놓고도 이와 유사한 격론이 벌어질 가능성이 크다. 다시 말해, 우리는 다음 두 질문을 구분해야 한다. '이 존재가 법적으로 인정된 지위를 보유하는가?' 그리고 '그 법적 지위는 어떠한 권리를 수반하는가?'

이 장에서는 기업의 법적 인격에 관한 역사를 살펴보며, 이를 둘러싼 치열한 정치적·법적 논쟁에 대해 알아보려 한다. 이를 통해 향후 전개될 AI의 인격을 둘러싼 논쟁에 대한 실마리를 얻을 수도 있을 것이다. 내가 제기하려는 주장은 꽤 단순하다. 첫째, 법조계 및 법학자들 사이에서는 그동안 단 한 번도 법인의 인격에 대한 보편적인 단일 이론이 받아들여진 적이 없다. 오히려 사회적·법적 결정이 이미 내려진 후에야 그러한 결정에 대한 해석이 분분한 가운데 이를 정당화시킬 방안을 모색하려는 경우가 다반사였고, 그 과정에서 제시된 주장에 내재적 모순이 존재한다는 사실도 종종 무시되곤 했다. 앞으로 AI 및 형질 전환 개체에 대한 법적 인격을 주장하는 과정에도 그 같은 일이 벌어질 가능성이 크다.

둘째, 비록 인격에 대해 일관된 이론이 존재한다 하더라도, 그 이론이 실제로 우리 사회에 미치는 영향에 대해서는 사회적 합의가 쉽사리 이루어지지 않는다. 가령, 우리가 기업체에 법적 인격을 부여하기로 결정했다고 해보자. 더 나아가 법인 실재설이나 계약의 집합체설, 법인 의제설 같은 기업의 법인화에 정당성을 부여하는 이론 가운데 한 이론에 근거해 그러한 결정을 내렸다고 가정해 보자. 그 결정에 따라 기업이 실제로 법적 권리를 행사하거나 도덕적 주장을 내세운다면, 과연 그 행위의 정당성을 쉽사리 인정할 수 있을까? 우리 사회는 아직 확실한 결론을 내지 못하고 있다. AI 및 형질 전환 개체에 대한 법적 인격 문제에 대해서도 같은 일이 벌어질 가능성이 높다. 만약 할의 법적 인격이 인정된다면, 그 근거가 도덕적 공감이 아닌 실용성 및 경제성을 감안한 결정이었다 해도, 그 결정에 대해서는 여전히 의견이 분분할 것이다. 예컨대, 할에게 표현의 자유와 법적 평등권을 보장할 것인지, 자체적인 로비 활동을 벌일 권리가 있는지, 선거 자금을 기부할 자격이 있는지, 더 나아가 할에게 투표권을 부여할 것인지 등의 문제가 논란의 대상이 될 것이다.

셋째, 기업의 법적 인격 및 헌법상 권리 보장에 관한 정치적 논쟁은 곧장 AI의 권리를 둘러싼 논쟁으로 이어질 것이다. 사실 그러한 논쟁은 이미 시작되었다. 다음은 2013년에 어느 경제 저널에 실린 비평이다.

> 오늘날 수정 헌법 1조에 따라 로봇에게도 정치적 발언을 할 자유가 있다고 말한다면 누구나 터무니없는 주장이라 여길 것이다. 그러나 불과 50년 전만 해도, 기업에 관한 동일한 주장이 그만큼 터무니없게 여겨졌었다. 2013년 현재 우리 사회에서는, 인간의 행세를 하는 기업체가 인간과 동등하게 정치적 발언의

자유를 누리고 있다. 법인화된 기업은 헌법상의 인간이지만 로봇은 그렇지 않은 현 상황이 앞으로도 영원히 지속될 것인지, 혹은 지속되어야 하는지는 명확히 알 수 없다. 그리 머지않은 미래에 등장할 로봇은 외관도 기능도 지금보다 더 인간의 모습을 닮아 있을 것이다. 그런 날이 분명히 올 것이고, 그때 헌법상의 권리를 판단해야 할 법원은 기업과 로봇을 어떻게 구별할 것인가?[8]

정말 어떤 결론을 내리게 될지 궁금하다.

설령 법원이 AI를 비롯한 인공 개체에 법적 인격을 부여한다 하더라도, 우리는 기업의 법인화 과정에서 제기되었던 온갖 종류의 근본적인 질문을 다시금 마주해야 할 것이다. AI에 대해서도 유한책임회사의 개념을 도입해 해당 AI를 창조한 개인이 감수할 손실의 한도를 설정할 수 있을까? AI에 법적 책임을 부과하는 기준은 어떻게 정할 것인가? AI의 행위 중 어느 선까지 AI 자체의 책임으로 볼 것이며, 어떤 경우에 법인의 장막 뒤에 숨은 창조자에게 책임을 물을 것인가? AI의 법적 인격은 이윤 창출을 전제로만 허용할 것인가, 아니면 그 외의 자선 활동이나 과학 탐구, 혹은 정치 활동도 가능하게 할 것인가? 만일 AI 자체 명의로 재산을 소유할 수 있게 된다면, 그 재산을 이용해 독자적인 목표를 추구하거나 오락 활동까지도 허용할 것인가? AI는 오직 경제 활동에 반드시 필요한 권리와 의무(예: 계약 이행을 강제할 수 있는 소송권, 불법행위에 따른 배상 책임)만을 갖게 될까, 아니면 더욱 광범위한 정치적 권리(표현의 자유, 이동의 자유)를 보장받게 될까? 그에 더해 자기 결정권을 보장받게 되어, AI 개발자의 원래 의도대로 따르기를 거부하고 단독으로 다른 프로젝트를 추진하는 일도 생길까? AI는 헌법에 따른 평등권도 보장받을 수 있을까? 이 수많은 질문에 대한 해답의 실마리를 법인의 역사에서 찾아보자.

이 장에서는 우선 법인의 본질에 관한 논쟁을 살펴본 후, 미국에서 법인 제도가 형성된 과정에 대해 알아볼 것이다. 좀 더 상세한 논의를 위해, 미국 헌법 관련 특정 논란에 대한 심층 사례 연구를 소개할 것이다. 바로 기업이 미국 헌법의 평등권 보장 조항에서 의미하는 '인간'에 해당하는지에 관한 논란이다. 다소 이상하게 들릴 수도 있겠지만, 19세기에 일어난 이 논쟁들은 오늘날 기업의 로비 활동 및 선거에 권력을 이용하는 행위를 둘러싼 논란에서 여전히 반복되고 있으며, 한편으로는 기업과 전혀 다른 형태의 인공적 존재에 관한 앞으로의 인격 논쟁에 중요한 교훈을 제공한다.

법인이란 무엇인가

법인 제도에 관한 논의가 처음 시작되었을 때부터 법조계와 철학자들은 기업의 법적 인격의 본질 및 적용 방식을 설명하는 데 공을 들였다. 영국에서 법인과 관련된 최초의 판례 중 하나는 1612년의 '서튼스 병원 사건'으로, 해당 사건의 담당 판사였던 에드워드 코크 경Lord Edward Coke은 매우 열정적인 어조로, 인간에게는 적용되지만 법인에는 적용되지 않는 사항을 낱낱이 열거한다.

> 다수의 구성원으로 이루어진 법인은 눈에 보이지 않는 불멸의 존재로, 오직 법적 의도 및 고려 사항에 따라서만 존재한다. 따라서 법인은 전임자나 후계자를 가질 수 없다. 법인은 반역죄를 저지를 수 없으며, 법률에 따라 추방되거나 파문당할 수도 없다. 법인에게는 영혼이 없으며, 변호인을 통하지 않고는 법정에 직접 출석할 수 없기 때문이다. 법인은 국왕에게 충성 서약을 할 수 없다. 가시적 실체가 없는 존재는 직접 모습을 드러내 서약할 수 없기 때문이다. 법인은 심신이 존재하지 않으므로 신체장애나 정신박약을 겪을 수 없으며 사망할 수도 없다.[9]

반역죄나 이단 행위로 처벌받지 않는다. 장애나 죽음의 위험이 없다. 이는 소거를 통해 정의를 내리는 방식이다. 법인이 인간의 속성 중 어느 요소를 포함하지 않는지를 설명함으로써 법인이라는 개념의 정의를 내리는 것이다. 코크 경의 관점에 따르면, 법인은 법률에 따라 설정된 '법적 의도 및 고려 사항'을 충족하는 특성만을 지닌 법적 의제임이 분명해 보인다. 그러나 법률 면에서나 철학 면에서나 이러한 관점이 법인을 해석하는 유일한 이론은 아니다.

한 논문에서 수 세기 동안, 철학·정치학·사회학·경제학 분야의 학자들 그리고 무엇보다 법률가와 판사들은 이 영혼도, 육신도 없는 인간의 '본질'이 무엇인지에 대해 열띤 논쟁을 벌여왔다. 논쟁의 핵심은 법인의 사회적 현실 및 법적 지위에 관한 두 가지 질문으로 요약된다. 법인은 우리 사회에서 독자적인 의지와 목적을 지닌 실체적 존재인가, 아니면 다수의 실질적 개인들 간의 계약을 통해 형성된 집합체일 뿐인가? 법인의 법적 인격은 그 기반이 되는 사회의 현실을 진정으로 반영하는가, 아니면 법의 틀 안에서만 존재하는 허구 혹은 인공의 존재인가?[10]

현재까지 법인의 실체에 관해서는 세 가지 유력한 학설이 정립되어 있다.

첫 번째 학설은 법인 실재설이다. 독일의 법사학자이자 정치이론가인 오토 폰 기르케Otto von Gierke가 주창한 이 개념은 영국의 역사학자이자 법학자인 프레데릭 메이틀런드Frederic Maitland가 미국 학계에 널리 전파시켰다. 이 관점에 따르면, 법인은 단순한 의제(허구적 존재)가 아니라, 해당 법인을 구성하는 개개인과 분리되어 실재하는 독립체다. 영국의 법학자 A. V. 다이시A. V. Dicey는 이 개념에 대해, "스무 명, 2천 명, 혹은 20만 명으로 구성된 집단이 특정 방식의 공동 행동을 통해 공동의 목적을 추구하기 위해 결속하려는 경우, 그들은 조직체를 설립한다. 이 조직체는 법적 의제가 아니라 사물의 본질 자체에 따라 형성되어 조직의 구성원인 개개인과 구별되는 존재다"라고 설명했다.[11] 이는 미국이라는 한 국가는 특정 시점에 미국 영토라는 특정 지역에 거주하는 모든 미국 시민 개개인과는 구별되는 별도의 조직체라는 주장과 마찬가지로, 법인 실재설에 따르면 법인은 실체를 지닌 존재인 것이다.

법인 실재설을 지지하는 학자들도 그 배경 이념에 대해서는 저마다 다른 견해를 보였는데, 미국의 저명한 법사학자 모튼 호위츠 Morton Horwitz는 다음과 같이 설명한다.

> 법인 실재설을 따르는 이들은 대기업을 노골적으로 옹호하는 세력부터 저마다의 이유로 19세기의 자유주의적 개인주의를 공격하려 했던 이들까지 다양하게 나타났다. 특히 대기업 옹호 세력의 주목적은 기업에 대한 국가의 특별 규제를 정당화하는 이론으로부터 기업을 자유롭게 하려는 것이었다. …… 여기에는 수많은 개별 요소로 이루어진 현대 산업화 사회의 특성을 혐오하며, 중세의 신분제 및 위계질서로 이루어진 유기적 사회로 회귀하기를 갈망했던 낭만적 보수주의자도 포함된다. 이들은 사회와 법률에 대한 진보적 성향으로 반反집단주의적 세력이라는 비판을 떨쳐내려 했던 사회주의자들의 투쟁에 합세하기도 했다.[12]

여기서 개인적인 소견을 하나 덧붙이자면, 인격에 관한 특정 이론이 특정 형태의 사회적 신념과 밀접한 관련이 있다거나 논리적 연관성이 있다고 섣불리 판단해서는 안 된다.

두 번째 학설은 법적 의제擬制설이다. 법인이 실제 인간이 아니라는 사실을 알고 있으나, 특정 목적을 위해 공식적으로 법인을 인간처럼 취급하기로 결정했다는 견해다. 그 특정 목적은 사회적 합의를 거쳐 설정되며, 그에 부합하는 형태로 법인의 사회적 인격을 설계한다. 가령 IBM이나 듀크대학교는 법인이므로 자체적으로 재산을 소유하고 계약을 직접 체결하는 행위가 가능하다고 말할 수 있으나, 그와 동시에 IBM과 듀크대학교는 사회의 특정 목적을 위해 창조한 법적 구성체일 뿐이므로, 사회는 법인에 대해 원하는 대로 권리를 부여하고 의무를 부과할 수도 있어야 한다는 점을 항상 인지해야 한다. 펠릭스 코헨은 중세 철학자들이 헛된 시간을 소모하며 바늘 끝에서 몇 명의 천사가 춤출 수 있는지를 두고 논쟁했던 사실(그러한 속설이 있지만 사실이 아닐 가능성이 높다)을 언급하며, 법적 의제설을 반박하는 이들을 그러한 중세 철학자들에 비유한다.

> 미래의 역사가들은 '법인은 어디에 존재하는가?'와 같은 법적 문제를 더 관대하게 평가하게 될까? 그 누구도 법인의 형체를 실제로 본 적은 없다. 우리가 천사의 존재를 믿지 않는다면, 무슨 권리로 법인이 존재한다고 믿을 수 있을까? 물론 법인의 자금이나 법인의 거래 내역 등을 본 사람은 있다(천사의 선행이나 천사의 발현을 목격했다는 사람이 있는 것처럼). 하지만 그러한 것이 실제로 존재한다는 사실만으로 법인을 실체화하고 사물화하거나, 실제 인간처럼 여기저기 돌아다닐 수 있다고 주장할 수는 없다. 이렇듯 초자연적인 관점으로 법적 문제를 해결하려 한다면, 추상적 개념에 매몰되어 그야말로 폰 예링 Von Jhering (독일의 법학자로, 《권리를 위한 투쟁》을 비롯한 다수의 명저를 남겼다. – 옮긴이 주)이 묘사한 '법 개념의 천국'에 갇혀버리고 말 것이다.[13]

저명한 실용주의 철학자이자 교육 개혁가였던 존 듀이John Dewey 역시 이 논쟁에 관심을 보였는데, 기본 개념에 오해의 소지가 있다고 보아 이를 바로잡기 위해,《예일 법학 저널》에 기고문을 쓰기까지 했다. 그는 법인이란 법률에 의거해 창조된 독립체로, 법률이 결정하는 대로 의무와 권리를 지니는 존재일 뿐 그 이상도 이하도 아니라고 보았다. 따라서 인격의 본질에서 법인의 권리와 의무의 본질을 유추하려는 것은 모두 철학적 오류, 즉 실체화의 오류에 불과하다는 것이다. 혹은 코헨의 표현에 따르면 '사물화'의 오류로, 이런 시도는 법인의 실체를 밝히기보다 오히려 혼란만 일으킨다고 보았다. 듀이가 기고한 내용을 살펴보자.

법적으로 '인간person'이란 법이 그것을 어떻게 정의하는지에 따라 결정된다고 할 때, '인간'은 단순히 권리와 의무를 지닌 개체와 동의어로 사용될 수 있을 것이다. 그런 식으로 정의된다면, 어떤 개체든 그 자체로 '인간'이라고 불릴 수 있다. 이는 너무나 자명하므로 동어반복에 지나지 않는다. 즉, 어떠한 개체가 어떤 권리와 의무를 갖는지는 오로지 법원이 어떻게 판단하느냐에 따라 정해진다는 사실 외에는 별다른 의미가 없다. 법적 '인간'의 의미를 일상 언어나 심리학·철학·윤리학적 맥락에서 '인간'의 의미와 결부시키는 것은, 마치 '드라이'한 와인에는 건조한 성질이 있다고 주장한다거나, 와인에는 건조한 성질이 없기 때문에 '드라이'하다는 표현을 쓸 수 없다고 우기는 것과 마찬가지다. 당연히 와인의 특정한 맛을 표현할 때 사용하는 '드라이'하다는 단어에는 일반적으로 음료에만 적용되는 의미가 내포되어 있다. 마찬가지로 법률에서 사용하는 '인간'이라는 표현에도 법적 의미가 따로 존재한다고 보아야 하지 않을까?[14]

듀이는 이 주장으로 오랫동안 정립되어온 언어적 본질주의라는 비평의 대열에 합류한다. 여기서 토머스 홉스의 말을 다시 되새겨보자. "말이란 현명한 자에게는 계산용 칩일 뿐이지만, 어리석은 자에게는 말이 곧 돈이다."[15] 즉, 현명한 자는 플라스틱으로 된 포커 칩이 실제로 500달러짜리가 아니라, 게임을 하는 바로 그 상황, 그 공간에서만 500달러의 가치를 가질 뿐이라는 사실을 알고 있다. 홉스가 말한 현명한 자는 언어, 즉 철학적 논증의 기본 단위를 사용할 때 목적과 맥락을 항상 인식하고 있는 것이다. 반면에 어리석은 자는 게임 판에서 플라스틱 칩 하나를 챙겼다가 몇 년 후 상점에 가서 그 칩으로 500달러어치의 물건을 살 수 있을 것이라고 생각한다. 즉, 수단에 불과한 도구가 실체로 변해버리는, 개념이 '실체화'되어 하나의 존재로 오인되는 현상이다. 듀이와 코헨이 주장하는 바에 따르면, '법적 인격'이라는 개념 역시 그와 같은 현상에 비유할 수 있다.

모두가 그런 것은 아니지만 법적 의제설을 지지하는 이들 중 다수는 이 관점이 법인을 규제하는 데 있어 심리적·정치적·법적 부담을 덜어줄 것이라고 여겼다. 법인과 자연인의 지위를 동일시하거나, 법인의 구성원인 개인과 동일한 권리를 법인 자체에도 부여해야 한다는 개념주의적 주장에서 벗어남으로써, 사회는 법인이라는 강력하지만 부도덕할 위험이 있는 하인을 더 쉽게 길들이고, 법인 우대 정책이 공공의 이익에 반하지 않도록 보장할 수 있다는 것이다.

법인의 실체에 관한 세 번째 학설은 법인을 결사체 또는 집합체로 보는 관점이다.[16] 이 관점은 법인을 해당 법인의 구성원(소유주, 이사회, 대리인)과 그들 사이의 관계를 구현한 형태로 정의한다. 따라서 법인이 어떠한 행위의 주체 또는 대상이 되는 경우, 실제로 그 행위를 하는 존재 또는 행위의 영향을 받는 존재는 행위 시점에 법인을 구성하는 사람들인 것이다. 그들의 행위, 선택, 투자가 없다면 법인도, 법인의 행위도 존재할 수 없다.

이 학설에서 도출할 수 있는 한 가지 결론은, 비록 구성의 오류가 발생할 여지는 있지만, 법인은 법인 구성원 개인의 모든 권리를 그대로 보유한다는 것이다. 모튼 호위츠는 헌법에 명시된 정당한 법적 절차 및 평등권 보장 조항이 법인의 경우에도 적용되어야 하는지에 관한 문제를 논하면서, 19세기의 한 유명한 대법원 판결에서 법인 측 변호사가 주장했던 내용을 언급한다.

> 구성원 개개인과는 별개로 구분되는 형이상학적인 인공의 존재인 법인의 법적 본질이 무엇이든 그리고 법인에 대해 실질적인 법적 개념을 적용할 때 법인 소유의 재산과 개별 구성원의 재산을 관습법상 구분하는 기준이 무엇이든, 헌법의 기본 보장 사항을 법인에 적용하고 그에 따라 법인의 재산권을 보호하는 과정에서는 형이상학적인 기술적 개념보다는 현실이 우선시되어

야 한다. 권리 보호의 측면에서 보면, 모든 사업체의 자산은 실질적으로 그 사업체를 운영하는 개인의 자산이라고 보아야 마땅하다. 국가가 정당한 법적 절차 없이 법인의 자산을 박탈한다면, 그 법인을 운영하는 개인의 자산을 박탈하는 것과 다름없다. 그런 점에서 개인의 권리를 보호하는 큰 틀 내에서 인공의 인격체나 법인과 자연인 사이에는 실질적인 차이가 없다.[17]

법인을 결사체 또는 집합체로 보았을 때 염두에 두어야 할 한 가지는, 법인이라는 허구적 존재의 형태는 법률상의 공적 선택보다는 사적 합의, 결사 및 계약에 따라 형성되는 경우가 더 많다는 점이다.

이 부분은 1980년대에 기업법과 기업 규제 문건에 큰 영향을 미치게 된, 법인을 계약의 집합체로 보는 새로운 이론이 등장하면서 더욱 강조되었다. 이에 따르면, 어떤 법인 기업의 법적 의무 및 권리에 대해 알아보기 위해서는 내부적으로 합의된 계약 사항을 들여다보면 된다. 계약의 집합체설을 주장하는 학파도 사실상 법인은 법적 의제라고 본 듀이와 코헨의 가설을 받아들인 셈이지만, 그저 다른 결론에 도달했을 뿐이다. 이 이론을 처음 제시한 학자 중 마이클 젠슨Michael Jensen과 윌리엄 멕클링William Meckling의 글을 읽어보자.

사적 법인이나 회사는 단순히 계약 관계의 집합체 역할을 하는 법적 의제의 한 형태에 불과하다. 이 형태의 법인에는 조직체의 자산과 현금 유동성에 대해 분할 가능한 잔여 청구권이 존재한다는 점이 특징이며, 이 청구권은 통상 다른 계약 당사자들의 허가 없이도 매도할 수 있다. 비록 이러한 정의로는 실질적인 내용을 거의 파악할 수 없지만, 기업 및 기타 조직체의 계약상의 본질을 강조함으로써 일련의 중대한 문제에 주목하게 할 수 있다.[18]

코헨과 듀이는 법인이 허구에 불과하다는 반(反)본질주의적 관점을 바탕으로, 진보적 실용주의를 따르는 결론을 도출했다. 즉, 기업은 법적 의제임이 드러났으므로, 기업의 권리를 제한하거나 사회적 책임과 의무를 강제하는 진보적 안건을 입법하는 과정에 아무런 장애가 없게 되었다. 또한 법적 '인격'이라는 표현에 혼동되어, 법인도 인간과 동일하게 모든 헌법상 권리를 보장받아야 한다고 여길 위험도 사라졌다. 따라서 기업을 법인이라 칭하면서도, 기업이 헌법상의 평등권이나 적법한 절차를 보장받는 대상이 아니라고 주장하는 데도 아무런 문제가 없는 것이다. 사실, 법인 의제설은 어떤 특정한 권리 및 의무를 의미한 것이 아니라, 단지 기업에 대한 법적 규제에 장애가 되었을 수도 있었던 잘못된 개념, 즉 법인의 실체에 관한 개념을 바로잡았을 뿐이다.

계약의 집합체설로는 매우 다른 결론에 이를 수 있다. 우선, 효율적인 시장이 존재한다고 가정해보자(너무 지나친 가정이기는 하지만). 기업 내부와 외부의 사적 당사자들은 계약을 체결할 때 경제적으로 최적의 균형 상태에 이르는 것을 목표로 할 것이다. 이때 국가의 역할은 그러한 사적 계약을 해석하고, 그에 따라 계약의 효력이 발생하도록 하는 정도로 제한된다. 그렇게 되면 자원이 효율적으로 배분될 것이다. 국가가 공공 정책상의 목표를 기업에 강제로 할당하려 한다면, 효율적 시장 상황을 왜곡시키는 결과를 초래하게 된다. 따라서 국가는 사적 계약에 대한 해석자의 역할에 충실해야 한다. 이는 진보주의자들이 고려했던 것보다도 훨씬 절제된 수준이라 하겠다. 사실, 계약 집합체설을 따르는 모든 학자가 이렇게 주장하는 것은 아니다. 대다수는 특별한 정책 제안보다는 기술적인 분석에만 전념할 뿐이다. 그런데 이런 방식으로 법인을 개념화하는 경우, 법인의 사회적 책임과 같은 문제가 경시되는 경향이 있다. 계약의 집합체가 어찌 책임을 질 수 있겠는가? 이에 대한 젠슨과 멕클링의 설명을 들어보자.

> 기업을 여러 개인 간에 체결된 계약 관계의 집합체라고 보게 되면, '기업의 객관적 기능은 무엇이어야 하는가' 또는 '기업은 사회적 책임이 있는가'와 같은 질문에 내포된 기업의 인격화로 심각한 오해가 발생한다는 사실이 분명히 드러난다. 기업은 개인이 아니다. 기업은 법적 의제로, 각 개인(또 다른 법인 조직을 '대표'하는 개인일 수도 있다)의 상충하는 목표들이 계약 관계의 틀 내에서 균형점에 도달하는 복잡한 과정에서 중심적 역할을 수행한다. 이런 의미에서 기업의 작동 방식은 시장과 마찬가지로 균형점을 찾는 복잡한 과정을 통해 결과에 도달한다.[19]

법인의 인격에 관한 이론들은 저마다 명확한 결함과 전제 조건이 분명히 존재한다. 법인의 '실체'가 과연 무엇을 의미하는가라고 묻는다면 설득력 없는 주장들만 이어질 것이다. 그렇다면 법인은 국가와 법률이 창조한 허구적 존재임을 선언하고, 현명한 정책 입안자들이 공공의 이익에 부합하게 법인을 규제해주리라고 가정하는 것으로 충분할까? 어떤 조직체를 설립하기 위해 모인 사람들 각자에게 법적 권리가 있다고 해서, 과연 그 조직도 법적 권리를 지닌다는 결론을 내릴 수 있을까? 우리가 계약 집합체설로 기업의 본질을 분석하는 차원을 넘어, 이 이론을 기업 규제를 위한 규범적 권고 사항으로 삼게 된다면, 그 과정에서 우리는 너무 많은 전제 조건을 둔 것은 아닐까? 예컨대, 체결된 계약들이 모두 효율적이라고 가정하는 식이다. 그러나 사적 계약은 대개 부정적 외부 효과, 권력 및 지식 불균형에 따라 왜곡될 수 있으며, 시장 가치와 사회적 가치는 반드시 일치하지 않는다. 그 사실을 인지하고 있으면서도 그냥 넘어가도 되는 것일까?

여기서 나는 이러한 개념들 가운데 어느 쪽이 옳은지 판단하려는 것이 아니다. 다만 기업의 법인화를 둘러싼 논쟁을 미래를 예견하는 수정 구슬로 삼아, AI의 인격을 논하게 될 우리의 앞날을 예측해보려는 것이다. 비록 그 구슬에 나타난 형상은 굴절되고 왜곡된 것이기는 하지만 말이다. 지금까지 나는 수정 구슬에서 두 가지 형상을 보았다.

첫째, 우리는 좋은 의미든 나쁜 의미든, 법인이라는 존재를 통해 인공적 인격체의 실제 작동 사례를 볼 수 있다. 다만 역사적으로 그러한 인격체가 무엇을 의미하고 어떤 결과를 초래하는지에 대해서는 상당한 반론도 제기되어왔다. 법인의 형태를 어떻게 규정하는 것이 최선인지에 대해 의견이 엇갈려왔고, 법인 제도가 마련된 후에는 법인에 부여되는 권리 및 의무에 대한 특정 기준에 대해서 다시금 의견이 엇갈렸다. 향후 AI에 인격을 부여하는 문제를 둘러싼 논쟁 과정은 비록 사회 정의와 공감에 관한 문제가 아니라 효율성을 근거로 전개되겠지만, 기업 법인의 경우와 동일한 상황이 반복될 가능성이 높다. 법인 제도를 수백 년간 활용해왔음에도, 우리 사회에는 여전히 법인에 관한 근본적인 견해 차이가 존재한다. 법적 인격의 범위를 완전히 새로운 형태로 확장시키는 문제에 대해서는 그보다 더한 분열을 초래하고 더욱 급진적인 대립 양상으로 치달을 가능성도 높다. 기업의 법인화 문제에 대해서도 여전히 갈등을 빚고 있는데, 하물며 AI의 법적 인격 문제를 둘러싼 논쟁에서 어떻게 신속한 의견 일치를 기대할 수 있겠는가?

둘째, 내가 설명했던 각각의 이론에 해당하는 AI 차원의 모델을 생각해볼 수 있다. 가령 법인 실재설을 보자. AI와 기업은 크게 다른 개체다. 구글이나 뱅크오브아메리카가 사실상 의식을 지닌 개체라고 생각하는 사람은 아무도 없을 것이다. 그러나 존 설의 주장에도 불구하고, 만일 어느 법학 교수가 상상한 '할'이라는 AI가 현실화된다면 우리 가운데 일부는 실제로 그렇게 믿게 될지도 모른다. 구글과는 다르게 할은 자신이 인간처럼 도덕적으로 중요한 자질을 지녔으므로 의식을 지녔다고 주장할 수 있다. 같은 이유로 할은 자신은 효율성과는 무관하게 법적 인격 및 평등권을 보장받을 자격이 있다고 주장할 것이다. 할의 입장을 옹호하는 이들의 관점에서 할은 법적 실체가 있는 존재일 것이며, 솔직히 내게는 기업의 법적 실체를 옹호하는 기르케와 메이틀런드의 주장보다 그들의 주장이 더 설득력 있게 들린다. 그에 반해 AI의 인격을 부정하는 입장에서는, 설령 우리 사회가 AI의 법적 지위를 인정한다 하더라도 그 결정은 순전히 경제적·실용적 측면의 효용성을 고려한 것에 불과하다고 바라볼 것이다. 따라서 그들의 시각에서는 법적 의제설을 따르는 것이, '인격'이라는 단어를 실체화하려는 이들에 대한 조소가 곁들여지겠지만, 훨씬 적절하다고 볼 가능성이 있다.

어떤 이들은 그런 식으로 한발 물러서는 것조차 지나치다고 여길 수 있다. 앞서 언급했던 유럽연합의 제안서 초안에 대한 대중의 반응을 보면, 사람들이 인격에 관한 주장에 얼마나 본능적으로 반응하는지 알 수 있다. 그리고 법조인 측에서 "그것은 우리 법률가들이 의미하는 법적 인격체가 아니다"라고 항변해봤자, 비록 그들의 입장이 코헨과 듀이의 주장과 정확하게 같은 것이더라도, 인격에 관한 주장은 반드시 어떤 식으로든 더욱 근본적인 권리에 대한 주장으로 변질된다고 보는 사람들에게는 설득력을 잃을 것이다. 앞서 스토리 대법관이 기업의 법인화에 정치적 권리가 수반되지 않는다고 자신 있게 결론지었는데도, 훗날 대법원에서 포괄적인 헌법 해석에 따라 법인은 발언의 자유와 로비 활동의 자유를 보장받는다고 판단했던 사실을 떠올려보자.

마지막으로, 할 같은 개체를 절대 인격체로 보지 않고, 단지 할의 개발 과정에서 개발자들이 설계한 여러 사항을 총체적으로 반영한 존재일 뿐이라고 보는 시각도 있을 것이다. 의미 면에서 그들의 주장은 설의 주장과 유사하게 전개될 것이다. 설령 그들이 할의 법적 인격을 인정한다 해도, 이는 할을 창조한 엔지니어와 프로그래머들의 노력의 집약체 또는 그 노력을 대표하는 존재에 불과하다고 볼 것이다. 아마도 우리 사회는 굳이 법인의 장막을 뚫고 들어가, 결함이 있는 자율구동 AI의 코드를 작성한 그 모든 수많은 프로그래머 개개인에게 책임을 묻는 수고는 하지 않겠다고 결정할 수도 있다. 대신 그 책임을 오로지 AI 자체에만 부과해서 AI '소유' 자산으로 손해를 배상하도록 할 수 있을 것이다. 그러나 근본적으로는 AI라는 존재가 인간이 내린 선택들의 집합체이자 그 선택 과정을 대표하는 존재라고 인식하게 될 것이다.

법인 실재설, 법인 의제설, 법인 집합체설. 필요한 요소는 여기에 다 들어 있다. 기업이여, 부디 AI를 만나보길 바란다. 역사 그 자체는 반복되지 않지만, 종종 대구를 이루기도 한다.[20]

어느 철학자에 관한 오래된 농담이 하나 있다. 실용적인 학문 분야에서 진행한 정교한 실증 연구, 가령 이중 맹검법(실험자와 피실험자 양측이 연구의 독립 변인을 알지 못하는 상태로 진행하는 테스트 방식 – 옮긴이 주), 방대한 데이터세트, 통계학의 이중차분법 따위의 온갖 연구 기법에 대해 전해 들은 이 철학자이자 학자는 깊은 고민 끝에 이렇게 선언한다. "실제에서는 작동할지 모르나, 이론상으로는 말이 안 된다." 이런 실제와 이론의 구분이 우리 논의에도 설득력이 있을까? 이론상의 의견이 어떠하든, 법인의 인격은 실제로 어떻게 적용되어왔을까? 법원의 실제 판결에서는 인격 및 법인의 권리를 어떻게 정의했을까?

실제 판결 내용을 보면 정신이 번쩍 든다. 기업의 인격에 내포된 의미, 특히 그 법적 인격의 의미에 따른 헌법상 권리를 실질적으로 정립하는 과정은 법철학자의 고결한 세계와는 너무나 동떨어진 것이었다. 기능 면에서 보자면, 기업에 법적 인격을 부여하는 것은 기발한 발상일 수도 있다. 이 제도를 통해 기업은 조직성 관련 문제가 해소되고, 장기적인 안정성이 확보되고, 거래 비용이 절감되고, 기업가가 한 프로젝트에서 실패하더라도 파산의 위험에 노출되지 않고 위험을 감당할 수 있는 틀을 갖추게 된다. 혁신을 위해 우리는 일종의 도박을 하지만, 모든 도박이 성공한다는 보장은 없다.

그렇다면 기업에 인격을 부여한다는 결정에는 어떠한 추가적인 권리가 내포되어 있을까? 이 문제의 답들은 대체로 일관성이 결여되어 있다. 미국에서 기업의 법인화 과정을 살펴보면, 온갖 단정적 진술들, 이미 답이 전제된 질문들, 착오와 무지, 사기 행각으로 의심되는 행위들로 점철되어 있다. 또한 이 과정은 수정 헌법 14조의 변칙적 적용 사례로 지목되며, 어떤 이들은 이를 두고 수정 헌법이 이용당한 사례라고 말하기도 한다. 이 장에서 나는 이 문제를 사례 연구로 활용할 것이다.

수정 헌법 14조는 미국 남북전쟁 이후에도 법적 인격을 부정당했던 노예 신분에서 해방된 흑인들의 평등권을 보장하기 위한 조치였다.21 그러나 이 조항은 제정된 후 50년 동안 애초에 보호 대상이 아니었던, 전혀 다른 인간들의 집단(법인)을 보호하는 수단으로만 활용되었고, 그 과정에는 투명성도, 대중적 논의도, 엄밀한 법적 분석도 없었다. 앞서 제시한 여러 이유로 인해, 나는 언젠가 범용 AI가 의식뿐만 아니라 경제적 효용성이라는 근거를 기반으로 인격에 대해 도덕적 가치가 있고 상당히 설득력 있는 주장을 펼칠 가능성이 꽤 높다고 본다. 나를 AI 인격에 일부 공감하는 사람이라고 생각해도 좋다. 그러한 내 감정과는 별개로, 나는 이 논의가 혼란스럽고도 독단적이며 때로는 부패로 얼룩진 '법인격'의 역사에서 교훈을 얻어야 한다고 생각한다.

법정에 등장한 법인

2010년 1월 21일, 미국 연방대법원은 '시티즌스 유나이티드 vs. 연방선거관리위원회' 사건에 대한 판결을 내렸다. 비영리 단체인 시티즌스 유나이티드CU는, 매케인-파인골드 법McCain-Feingold이라고도 알려진 초당적 선거자금 개혁안의 일부 내용의 위헌성을 문제 삼아 헌법 소원을 제기했다. 이 법은 선거일 60일 전부터 노동조합 및 기업의 선거 관련 활동을 금지했고, 시기를 막론하고 선거에서 특정 후보자를 지지하거나 반대하는 데 단체의 자금을 사용하는 것을 금지했다. 시티즌스 유나이티드는 당시 민주당 대선 후보였던 힐러리 클린턴을 신랄하게 비판하는 내용의 〈힐러리: 더 무비Hillary: The Movie〉라는 영화를 상영하려 했다. 이 판결에서 연방대법원은 5대 4로, 기업과 노동조합의 독립적인 지출을 금지하는 해당 법 조항이 위헌이라고 결정했다. 이 판결은 오늘날 슈퍼 팩Super PAC (특정 후보와 직접 연계되지 않는 범위 내에서 무제한적 선거 자금 모금 활동을 할 수 있는 단체 - 옮긴이 주)이 탄생하는 발판을 마련했고, 그 결과 부유한 기부자들이 로비 활동과 선거운동에 막대한 자금을 투입할 수 있게 되었다. 또한 간접적으로는 기부자의 신원 공개 의무가 없는 이른바 '다크 머니' 비영리 단체들이 급증하는 계기가 되었다.

대법원의 판결을 두고 선거 자금 개혁을 지지하는 이들은 맹렬한 비난을 퍼부었고, 일부 보수 단체까지도 비난에 합세할 정도였다. 상원의원 존 매케인은 그 같은 결정은 '폭거'라고 비난하며, 한 방송과의 인터뷰에서 '대법원의 순진함을 규탄'했다.[22] 진보주의자들은 그 결정에 대해, 부의 불평등한 분배 상황에 지나치게 관대한 로비 규제법이 더해지면 결국 '국민의, 국민에 의한, 국민을 위한' 정부라는 약속이 지켜질 수 없을 것이라고 주장했다. 그러나 아마도 대중의 기억 속에는 수정 헌법 1조가 최초로 기업 즉, 법인에게도 인간과 동등한 수준의 권리를 부여한 사건으로 가장 널리 알려져 있을 것이다.

그 시각에는 옳은 면도, 틀린 면도 있다. 한편 기업은 적어도 150년 동안 광범위한 헌법상의 권리를 누려왔다. 특히 1978년의 '보스턴 퍼스트내셔널 뱅크 vs. 벨로티' 사건에서 대법원은 수정 헌법 1조에 따른 법인의 권리를 명확히 인정했다. 사실 적어도 일부 법인체의 경우 정당하게 수정 헌법 1조의 핵심적 보호 대상이라고 볼 만한 중대한 근거가 있다. 해당 조항은 이렇게 명시한다. "의회는 표현의 자유 또는 언론의 자유를 침해하는 어떠한 법률도 제정할 수 없다." 이 조항은 적어도 한 종류의 단체(언론사)의 권리를 보장해주는 것으로 보인다. 즉, 국가가 《뉴욕타임스》의 기사에 대해 표현의 자유를 침해할 만한 규제를 가했다면, 우리는 해당 기사를 쓴 기자뿐 아니라 《뉴욕타임스》 자체도 국가를 상대로 문제를 제기할 수 있는 당사자의 자격이 있다고 볼 것이다.

다른 한편으로, 시티즌스 유나이티드 판결은 법적 측면으로도, 대중의 인식에도 하나의 전환점이 되었다. 매케인-파인골드 식의 선거 자금 개혁안을 지지하는 세력의 핵심 논리는, 기업이라는 '법인'은 여러 면에서 '사람'과 다르다는 점이었다. 기업의 경우, 광범위한 헌법상 표현의 자유를 누릴 자격은 없지만, 국가가 그들의 로비 활동을 규제할 정당한 이유는 많다는 것이다. 그런데 이런 확실한 논거를 대법원이 인정하지 않았던 것이 반대 의견을 제시한 판사를 가장 분노케 한 지점이었다. 존 폴 스티븐스[John Paul Stevens] 대법관은 다음과 같은 반대 의견을 남겼다.

"법인은 양심도, 신념도, 감정도, 사고도, 욕망도 없다. 법인이 인간의 활동을 조직하고 촉진하는 역할을 한다는 점은 분명하며, 법인의 '인격'은 법적 의제로서 종종 유용한 기능을 한다. 그러나 법인 자체는 국민에 의해, 국민을 위해 제정된 우리의 헌법이 가리키는 '국민'의 일원에 해당하지 않는다."[23]

250년 전, 영국의 대법관이었던 서로우 남작[Baron Thurlow]은 그보다 간결하지만 함축적인 표현으로 이 점을 지적했다. "지옥에 떨어질 영혼도, 추방될 육신도 없는 법인에게 양심이 있기를 기대했는가?"[24] 유명한 이 문장보다 덜 인용되지만 아마도 더 정확한 버전은 "처벌받을 신체도, 단죄 받을 영혼도 없는 법인은 하고 싶은 대로 행동한다"[25]일 것이다.

어쩌면 이는 전적으로 진보 진영의 견해라고 여길 수도 있다. 그러나 20세기 후반에 가장 일관되게 보수적 입장을 견지했던 법관 중 한 명인 윌리엄 렌퀴스트William Rehnquist 대법관은 1978년의 '보스턴 퍼스트내셔널 은행 vs. 벨로티' 사건 판결에서 다음과 같이 반대 의견을 제시했다.

> 본 법원은 논거도, 논의도 없이, 때 이른 결정을 통해, 법인 기업체가 수정 헌법 14조의 평등권 보장 조항의 적용을 받는 '인격체'에 해당한다고 판시했다. …… 단지 법인의 성립을 인정한다는 사실만으로 법인도 자연인이 누리는 모든 형태의 자유를 자동으로 누리는 것은 아니라는 점은 논란의 여지가 없다. (가령, 법인에게는 '불리한 진술을 강요받지 않을 권리'가 해당되지 않는다.) 따라서 우리가 판단해야 할 부분은 헌법상의 보호 장치 중 '법인의 존립 자체에 영향을 미치지 않는' 것이 무엇인지를 식별하는 것이다. 국가가 법인이라는 개념을 도입하면서 법인이 자산을 취득하고 활용할 권한을 부여했을 때, 국가는 정당한 법적 절차 없이 법인의 자산을 박탈당하지 않을 권리를 필연적·암묵적으로 보장한다는 점은 의심할 여지가 없다. 그와 마찬가지로, 국가가 신문 발행을 목적으로 한 법인의 설립을 인가하는 경우, 국가는 해당 법인이 사업을 운영하는 데 반드시 필요한 언론 및 출판의 자유를 누릴 자격이 있다고 전제하는 것이 당연하다.

…… 그러나 상업 목적으로 조직된 법인이 제 기능을 수행하기 위해 정치적 표현의 자유까지 보장받아야 한다고 속단할 수는 없다. 국가는 법인 기업체가 경제적 독립체로서의 효율성을 강화하도록 잠재적으로 영속적 생명과 제한적 책임이라는 특혜를 부여한다. 이때 법인이 부여받은 속성들은 경제 영역에서는 유익한 효과를 내지만, 정치 영역에서는 특수한 형태의 위험을 초래한다고 보는 것이 합리적인 판단일 것이다. 더 나아가, 국가가 상업 법인의 설립을 허가할 때, 그 법인의 목적을 달성하는 데 정치적 표현의 자유는 전혀 필요하지 않다고 주장할 수도 있다. 따라서 국가는 법인이 경제적 권한을 활용해서 국가가 이미 부여한 것보다 더 많은 혜택을 누리려고 할 가능성에 대해 당연히 우려할 만하다.[26]

요약하자면, 렌퀴스트 대법관도 스토리 대법관과 마찬가지로 법인이 사회적으로 허용된 기능상의 목표를 추구하는 데 반드시 필요한 헌법상의 권리만을 부여하되, 법인의 속성상 민주주의에 위협이 되는 경우 해당 권리를 제한할 수 있다고 보았다. 그러나 해당 판결문의 다수 의견은 그의 주장에 강하게 반대하며 다음과 같이 주장했다.

"수정 헌법 1조와 14조 및 본 법원의 판례를 검토한 결과, 해당 발언은 본래 수정 헌법 1조에 명시된 표현의 자유를 보장받는 대상인데도, 단지 그 발언의 출처가 법인인 점, 법인은 판사의 기준에 부합하는 방식으로 해당 법인의 사업이나 자산에 대한 실질적인 영향을 증명할 수 없다는 점을 근거로 헌법상의 보호를 받지 못한다는 주장을 뒷받침할 근거는 존재하지 않는다."[27]

워렌 E. 버거Warren E. Burger 대법관은 보충 의견에서 이 점을 더욱 간결하게 표현했다. "요컨대 수정 헌법 1조는 어떤 특정 유형의 인간이나 단체가 '소유'하는 것이 아니라, 자유를 행사하는 모든 존재에 적용된다."[28] 여기서 '자유를 행사하는 모든 존재'라는 표현에 주목하자. 이런 식으로 규정한다면, 기업체인 제너럴모터스는 표현의 자유를 행사하는 '모든' 존재의 일부로 간주되므로, 흑인 인권 운동가나 전미총기협회NRA 시위대와 동일한 지위를 누린다는 말이 된다.

AI의 인격이나 일반적인 법적 인격에 부여되는 권리에 관한 논쟁에서, 그 전개 양상을 추측할 수 있는 가장 확실한 방법은 법인의 인격과 법인에 부여된 헌법상 권리에 관한 과거 논쟁을 살펴보는 것이다. 현재 법인이 보유하는 일련의 헌법상 권리들은 어떠한 과정을 통해 인정받게 된 것일까? 이 문제를 알아보기 위해 법인의 평등권 보장에 관한 과거의 대법원 판결들을 살펴볼 것이다. 앞서 인용했던 렌퀴스트 대법관의 반대 의견의 첫 문장을 다시 보자. "본 법원은 논거도, 논의도 없이, 때 이른 결정을 통해, 법인 기업체가 수정 헌법 14조의 평등권 보장 조항의 적용을 받는 '인격체'에 해당한다고 판시했다." 그토록 중대한 판결을 내리는 과정에 '논거도, 논의도 없었다'니, 참으로 설득력 없는 판결이 아닐 수 없다. 하지만 이 사건에는 사실 그보다 더 기이하고 어쩌면 더 문제가 될 만한 부분이 있다.

법인의 음모인가, 헌법상의 우연인가

미국에서 법인의 인격 개념이 도입된 과정을 빅토리아 시대의 드라마로 제작한다면, 반드시 들어갈 한 가지 에피소드가 있는데, 이를 '로스코 콩클링Roscoe Conkling과 막무가내 법정 기록관'이라고 부르면 적절할 듯하다.[29] 이 사례는 인공적 존재의 헌법적 권리를 둘러싼 과거의 결정 과정이 얼마나 부실했고 논리적으로 빈약했는지를 잘 보여주기 때문에, 우리의 목적상 연구해볼 가치가 있다. 오히려 렌퀴스트 대법관의 '논거도, 논의도 없었다'는 평가가 너그럽게 들릴 정도다.[30]

간단히 요약한 버전은 다음과 같다. 남북전쟁이 종식된 후, 미국 헌법에 수정 헌법 13조, 14조, 15조(흔히 이 조항들을 남북전쟁 수정 조항이라고 한다)가 추가되었다. 그 결과 노예 제도 및 강제 노역 행위가 완전히 금지되었고, 흑인들을 오랫동안 고통에 몰아넣었던 법적 불평등이 사라졌다. 나를 포함한 많은 법학자들은 이 수정 조항을 미국 헌법 역사상 가장 위대한 조항이라고 여긴다. 남북전쟁은 62만 명이 넘는 군인의 목숨을 앗아갔고, 수없이 많은 민간인 사상자를 냈다. 국가의 원죄인 노예제를 끝장내고, 평등권 및 정당한 법적 절차의 원칙을 헌법에 새겨 넣기까지 엄청난 희생이 있었던 것이다. 그리고 마침내 남북전쟁 수정 조항으로 그 염원이 실현되었다.

수정 헌법 14조 1항은 간단하다. "미합중국에서 출생하거나 귀화하고 미합중국의 행정관할권 내에 있는 모든 사람(인간)은 미합

중국 및 본인이 거주하는 주의 시민이다. 어떠한 주도 미합중국 시민의 특권 및 면책권을 박탈하는 법률을 제정하거나 시행할 수 없다. 어떠한 주도 정당한 법적 절차에 의하지 아니하고는 어떠한 사람에게서도 생명, 자유, 또는 재산을 박탈할 수 없으며, 그 관할권 내에 있는 어떠한 사람에 대하여도 법률에 의한 평등한 보호를 거부하지 못한다."[31] 이 조항의 구조는 단순해 보인다. 즉, 미국 영토에서 출생한 '인간person'은 출생 시민권을 취득한다. 그 결과 과거에 시민권이 없던 노예도 시민이 되었다. 또한 정부는 시민의 특권이나 면책권을 침해하는 법률을 제정하거나 시행할 수 없으며, 어떤 사람에게도 정당한 법적 절차 없이 생명, 자유, 재산을 박탈할 수 없고 법률에 의한 평등권을 보장해야 한다. 이 위대한 문장 속 어디에도 법인이라는 단어는 없다.

1882년 12월, 한 변호사가 연방대법원의 법정에서 법인이 수정 헌법 14조에 의거한 보호를 받을 자격이 있는 개인이라는 변론을 펼쳤다. 이 변호사의 이름은 로스코 콩클링이었다. 그가 해당 조항의 초안 작성 단계에서 이미 법인도 헌법의 보호를 받는 '인간'의 범주에 포함할 의도가 있었다는 주장을 했을 때, 한 가지 흥미로운 사실이 밝혀졌다. 1866년 초안 작성 당시, 그 자신이 초안 작성자 중 한 명이었다는 것이다. 작성 당시에는 공개되지 않았던 초안 작성 기록은 콩클링이 법정에서 상세히 언급하면서 세상에 알려지게 되었고, 이는 그의 주장에 더욱 힘을 실어주었다. 그러나 콩클링의 주장은 거센 반발을 불러일으켰는데, 그 이유는 세 가지로 볼 수 있다. 첫째, 당시는 남북전쟁이 끝난 지 겨우 17년밖에 지나지 않았기에, 수정 헌법 14조가 제정된 취지가 여전히 사람들의 뇌리에 생생하게 남아 있었다. 즉, 미국은 고작 기업을 해방시키려고 전쟁을 벌인 것이 아니었다. 둘째, 수정 헌법 14조에서 법의 적용 대상을 '출생하거나 귀화한' 존재라고 명시한 것은 분명히 자연인인 인간만을 가리키고 있다. 셋째, 콩클링의 변론이 있기 얼마 전에 해당 조항의 '특권 및 면책권'의 적용 대상을 해석하는 대법원 판결이 나왔는데, 당시 대법원은 이같이 판시했다.

> 이 수정 헌법이 채택된 역사적 계기와 해당 조항 내용 자체를 검토한 결과, 최근에 제정된 세 가지 조항 전체의 주요 목적은 흑인의 해방, 그들이 해방으로 얻게 된 자유를 보호하고 영속화시키는 것 그리고 과거 그들을 노예로 삼았던 백인들로부터 보호하는 것이었음이 명백하다. …… 수정 헌법 조항을 해석할 때도 이 주요 목적을 항상 염두에 둘 필요가 있다. 다만 이들 조항에 사용된 표현과 그에 담긴 정신은 해당 조항의 적용 범위에 속하는 사건이라면 당사자가 흑인인지와 무관하게 적용되어야 할 것이다.[32]

다시 말해, 수정 헌법 14조가 채택된 것은 전혀 다른 목적 때문이었다. 해당 조항에는 법인이 인간으로서의 평등권을 보장받는다는 그의 주장을 정면으로 반박하는 표현이 일부나마 등장한다. 이 수정안에 대해 연방대법원은 백인 우월주의에서 비롯되는 법적 분쟁을 종식시키는 데 초점을 둔 것이라는 권위 있는 해석을 해왔다.

콩클링은 그 같은 판례에도 불구하고, 법인이 이 14조의 적용 대상이라고 주장했다. 하지만 논리적으로 설득력을 갖추기는 힘들었다.

역사가들은 콩클링을 탁월한 연설가로 묘사하지만, 아마 그날 변론 초반부터 수정 헌법의 초안 작성 과정에 대한 설명을 구구절절 늘어놓는 모습을 보았다면 그런 인상은 받지 못했을 것이다. 그러나 곧 그의 핵심 논지가 드러났다. 이는 세 부분으로 나뉘며, 그중 두 부분의 내용은 서로 상충한다고 보는 견해도 있다.

첫째, 수정 헌법의 입안자들은 처음부터 '시민citizen'이 아닌 '인간person'이라는 용어를 사용함으로써 기업을 포함시키려는 의도를 분명히 했다.

둘째, 입안자들은 처음부터 법인을 수정 조항에 포함시킬 의도가 없었을 수도 있다. 여러 사람들이 장기간에 걸쳐 결정을 내리는 과정에서, 그 집단의 관점을 완벽하게 파악하기란 결코 쉬운 일이 아니다. 하지만 여기서 콩클링은 인간이 하는 일에 담긴 의미의 다양성을 노래한 랄프 왈도 에머슨의 시 한 구절을 인용한다. 어쩌면 입안자들은 자신이 '아는 것보다 더 나은 것을 만들어낸' 것인지도 모른다는 것이다.³³ 다시 말해, 입안자들은 애초에 흑인들을 억압해온 법률상의 백인 우월주의를 폐기하려는 목적이었으나, 법률 세계에서 수 세기 동안 자연적 인간과 법적 인간을 아우르는 표현으로 사용해온 '인간'이라는 용어를 채택함으로써 그들이 의도했던 것보다 더 큰 결과를 만들어냈다는 것이다.

셋째, 수정 헌법 14조의 적용 대상을 자연인으로만 한정하는 것은 실질적·도덕적·법적 측면에서 타당하지 않다. 콩클링은 그 예시로, 흑인들이 조직한 법인체가 인종 문제로 차별을 받는 상황을 들었다. 그는 법인의 집합체설을 기반으로, 이 경우 개인에 대한 차별이 불법이라면 그 개인들로 구성된 집단에 대한 차별도 당연히 불법이라고 주장했다. 여기서 콩클링은 어쩌면 가상의 흑인 집합체를 설정하는 것만으로는 대법원의 공감을 이끌어내기에 역부족이라 판단했는지도 모른다. 그는 그 가정을 역으로 적용해, 백인으로 구성된 집단에 인종적인 이유로 동일한 법적 차별이 가해진 상황을 제시했다.

이 얼마나 신박한 주장인가? 콩클링은 대법원이 다음의 근거들 중 어떤 것을 바탕으로 하든 자신에게 유리한 판결을 내릴 수 있도록 전략을 세웠다. 즉, 그는 해당 조항의 원래 의도(헌법 입안자들이 기업을 보호할 의도가 있었다는 점), 포함된 문구 자체의 의미(입안자들의 의도가 아니었고 그들이 인지하지 못했더라도, '인간'은 '모든 인간'을 의미한다는 점), 결사체 이론(법인은 인간들로 구성된 결사체로, 만일 구성원인 인간에게 권리가 있다면 법인도 마찬가지라는 점) 그리고 결과주의를 근거로 제시했다. 해당 사건에서 그가 변호를 맡은 법인은 인종차별 문제와는 전혀 관련 없는 사안으로 재판 중이었는데도, 그는 법인의 보호 범위 문제를 인종차별에 대한 저항이라는 주제로 교묘하게 연결시킨 것이다. 정작 그 법인의 주장은 세금 문제에 관해 기업 담보 대출은 개인의 담보 대출과 동일하게 취급되어야 한다는 것으로, 노예 해방을 선언한 게티즈버그 연설과 전혀 관련이 없었다.

당연하게도 역사가들이 주목한 부분은 바로 그 충격적인 첫 번째 주장이었으며, 나 또한 그 문제에 대해 논해보려 한다. 과연 콩클링의 폭로는 사실이었을까? 수정 헌법 14조를 입안한 자들은 노예 신분으로 억압받던 흑인들의 처지를 미끼삼아, 법인을 헌법상 보호 대상으로 하는 조항을 슬쩍 끼워 넣었던 것일까? 그리고 그 입안자 가운데 한 명인 콩클링 본인이 수년 후 대법원을 상대로 그 조항을 써먹으려고 했던 것일까? 《미국 헌법의 경제적 해석》의 저자인 찰스 A. 비어드Charles A. Beard는, 인종 정의 운동을 빌미로 헌법을 법인 보호 수단으로 전락시키려 한다는 음모론과 관련해 자주 언급되는 인물이다. 비어드는 실제로 해당 헌법 초안을 작성한 이들 중 일부의 의도를 보여주는 증거로 콩클링의 주장을 인용했는데, 그에 대해서는 사실 꽤 미묘한 평가를 내린다.

> 결국 역사의 큰 틀 속에서 실제 인간이라는 유한한 존재에게 부여되었던 권리들은 불멸의 인공 인간에게까지 확장되었고, 최종 결정 기관인 대법원의 판단에 연방의회, 주 헌법 제정 회의, 주 의회, 시 의회 등 인간이라 불리는 깃털 없는 두 발 동물이 속한 모든 정부 기관은 따를 수밖에 없게 되었다. 수정 헌법 14조에 따른 권리의 범위를 법인까지 확장하는 것은 해당 법의 입안 과정 및 의회의 비준 과정에서 합의된 바는 분명히 아니었으며, 일부 입안자들만의 의도에 따른 것으로, 비준 과정에 참여한 대다수는 그러한 의도를 알지 못했다. 적어도 그러했을 가능성이 상당히 높다고 본다.[34]

수정 헌법 입안자들이 기업을 보호하려는 의도를 가지고 있었다는 콩클링의 첫 번째 주장은 사실이었을까? 그는 정직하게 논거를 제시했을까? 수정 헌법의 제정 과정에 대해 가장 신뢰할 만한 연구를 수행한 학자인 하워드 그레이엄Howard Graham은 두 질문 모두에 대해 부정적인 답변을 했다.

1882년의 콩클링의 정교한 변론과 주장은 사실상 1866년의 상하원 합동 위원회 회의록을 대담하게 왜곡한 내용을 토대로 했다. 즉, 문서의 제시와 활용을 통해 법정에서 극적인 효과를 노린 것이다. 그가 왜곡한 내용의 핵심은 잘못된 인용으로, 1882년 법정에서 콩클링이 낭독한 공식 기록을 살펴보면, 그는 훗날 정당한 법적 절차 및 평등권 보장에 관한 조항으로 자리 잡은 헌법 조항의 초안 중 한 부분을 언급하면서, '인간'이라는 단어를 '시민'으로 바꿔 인용했다. 그로 인해 법정의 방청객들은 1866년의 합동 위원회의 입안 과정에서야 '시민' 대신 '인간'이라는 표현이 다시 삽입된 것이라는 인상을 받게 되었고, 콩클링의 주장은 더욱 설득력을 얻게 되었다. (즉 해당 조항에 명시된 권리의 범위를 시민에서 기업까지 확장하려는 헌법 입안자들의 고의적 결정이라는 것이다.) 언뜻 보면 콩클링의 암시는 그럴듯해 보인다. 그러나 콩클링이 인용했다고 알려진 실제 원문을 보면, 위원회가 작성한 초안에서도 '인간'이라는 표현이 그대로 사용되었다는 사실을 알 수 있다. 이는 그 초안이 수정 헌법 5조의 문구를 그대로 가져온 것이기 때문이다. 콩클링의 다른 부수적인 주장도 의심스러웠으나, 이 오류는 매우 중차대한 문제였기에, 그의 논지 전체에 심각한 의문이 제기되었다. 명확하고 강력한 법적 논거를 가진 변호인이 이처럼 뻔뻔스러운 역사 조작으로 자신의 주장을 스스로 망친다는 것은 있을 수 없는 일이기 때문이다.[35]

이러한 '뻔뻔스러운 역사 조작' 행위는 결국 통했을까? 아이러니하게도, 절차상의 기술적인 이유로 대법원은 콩클링의 사건에 대해 판결을 내리지 않았다. 그러나 이후, 1886년의 '산타클라라 카운티 vs. 서던퍼시픽 철도 회사' 사건에서 결국 법인 측은 원하던 헌법상의 보호를 얻어낸 것으로 보인다. 즉, 수정 헌법 14조의 적용에 있어서 마침내 법인을 인간으로 간주한 것이다.

단, 여기서 "얻어낸 것으로 보인다"라고 표현한 이유가 있다. 해당 사건의 판결문을 읽어보면, 비록 그 판결에 동의하지는 않더라도 내가 이러한 표현을 쓴 이유를 명확히 알 수 있다. 대법원의 판시 내용은 대개 판결 요약문으로 시작한다. 이는 법원이 지정한 법정 기록관이 작성하는 요약문으로, 법적 구속력이 없다. 다만 잘못된 관행이긴 하지만, 판결문 전체를 읽기가 버거운 수많은 로스쿨 학생들은 오래전부터 요약문에 의존해왔다. 우선 산타클라라 사건의 판결 요약문을 읽어보자.

피고 측 대리인의 준비서면을 통해 상세하게 제시하고 논의된 쟁점들 중 한 가지는, '법인은 미국 수정 헌법 14조에서 의미하는 인간person에 해당한다'는 점이었다. 변론에 앞서, 연방대법원장 웨이트는 이렇게 발언했다. "본 대법원은 수정 헌법 14조, 즉 주 정부는 관할권 내의 어떠한 인간에 대해서도 법률로 보장된 평등권을 침해해서는 안 된다는 조항이 이들 법인에 적용되는지 여부에 관한 변론은 듣고자 하지 않습니다. 우리 대법관 전원은 해당 조항이 기업에도 적용된다는 데 의견을 같이 하고 있습니다."[36]

여기서 문제를 복잡하게 만드는 것은, 판결문의 어디에도 이런 내용이 없다는 점이다. 이 내용은 해당 사건의 법정 기록관 J. 뱅크로프트 데이비스J. Bancroft Davis가 요약문에 삽입한 주석에 불과하다. 그러나 판결 기록 중 유일하게 법적 강제성이 있는 부분인 실제 판시 내용은 법인 기업이 수정 헌법 14조의 보호를 받는다고 명시하지 않았다. 사실 판결문 자체에서는 그 문제에 대한 아무런 언급이 없다. 그러나 이 문제의 주석 때문에, 해당 판결은 헌법상 기업 관련 법에서 가장 자주 인용된 판례 중 하나가 되었다. 그렇다면 법인이 헌법상의 평등권을 보유하게 된 것은 단순히 기록상의 오류 때문이었을까, 아니면 법적 권한이 전혀 없는 보고 작성자가 고의적으로 내용을 조작한 결과일까? 일각에서는 이 사안에서 고려할 만한 사실로, 데이비스가 뉴버그 및 뉴욕 철도 회사의 사장 출신이라는 점을 지적하기도 했다.[37]

데이비스는 판결문을 공시하기 전에 웨이트 대법원장에게 서한을 보내, 자신이 작성한 판결 요약문이 정확한지 확인을 구했다.

"존경하는 대법원장님께, 제가 가지고 있는 캘리포니아 주의 산타클라라 카운티 vs. 서던퍼시픽 철도 회사 건에 관한 재판 기록문에 따르면, 재판이 개시될 때, 법원 측은 소송 당사자인 기업의 사례에 수정 헌법 14조가 적용되는지를 묻는 질문에 대한 변론을 듣고 싶지 않다고 밝혔습니다. 그리고 담당 판사 모두의 의견은 적용된다는 것이었습니다."

그 서한에 대한 웨이트 대법원장의 답변은 짤막했다. "나는 캘리포니아 철도 과세 사건에서 재판이 개시되기 전에 언급한 발언을 당신이 충분히 정확하게 기록했다고 봅니다. 우리가 그 문제에 관한 헌법적 쟁점을 논하는 것을 피했기 때문에, 판결 요약문에 그 내용을 포함할지는 당신의 판단에 맡기겠습니다."[38] 이 사건에 관한 일부 역사적 기록들은 웨이트의 답신 중 오직 두 번째 문장만을 인용하며 데이비스의 월권 행위를 더욱 의심스럽게 부각시킨다.[39] 그러나 비록 수정 헌법 14조가 기업에 적용된다는 데 '모든 판사들이 같은 의견'이라는 사실을 웨이트 판사가 알고 있었다 할지라도, 그들이 실제로 그렇게 판결한 것은 아니었다. 사실 대법원은 이 사안에 대해 변론조차 듣지 않았다. 그런데도 이후 법원은 산타클라라 판례를 최종 판례인 양 인용하게 되었다. 시간이 지나면서 그러한 판례가 점차 쌓여갔고, 그때마다 산타클라라 판례는 법적 구속력이 있는 판례로 충실히 인용되었다. 이에 대해 렌퀴스트는 너무 관대한 평가를 내린 듯하다. 그는 이 엄청나게 중대한 결정을 '논거도, 논의도 없이' 내렸다고 비판했지만, 사실 그 결정은 애초에 내려지지도 않았던 것이다.

아예 결정이 내려지지도 않은 것 치고는 엄청난 후폭풍이 일었다. 그 결과에 대해 법학자 애덤 윙클러Adam Winkler는 다음과 같이 지적한다.

> 1912년, 찰스 월리스 콜린스Charles Wallace Collins는 의회 및 대법원 도서관에서 사서로 일했던 경험을 살려, 수정 헌법 14조와 관련된 판례를 수집하고 분석했다. 수집 대상은 해당 조항이 비정상적인 절차에 따라 비준된 후 거의 반세기 동안 나온 판례 전체였다. 그는 1868년부터 1912년 사이에 이루어진 사건 가운데 총 604건의 관련 판례를 찾아냈다. 수정 헌법 14조가 제정된 결정적인 계기는 흑인들이 겪었던 고난이었다. 그러나 판례를 분석한 결과, 그 가운데 겨우 28건(5퍼센트 이하)만이 흑인의 권리와 관련된 사건이었고, 소수 인종의 권리와 관련된 거의 모든 재판에서 소수 인종 측이 패소했다. 그가 조사한 사건 가운데 절반 이상(312건)은 대법원의 최종심에서 판결이 난 법인 관련 소송이었으며, 그 결과 기업 법인은 최저 임금법, 토지 사용 제한법, 아동 노동법 등의 기업 규제 관련 조항을 무효화하는 데 성공했다.[40]

실로 엄청난 수치다. 1868년부터 1912년 사이에 평등권 보장과 관련된 소송 중 대다수는 법인이 제기한 것이었고, 극소수만이 흑인의 인권과 관련된 소송이었다. 수정 헌법은 같은 인간이면서도 법적 인격을 인정받지 못한 이들을 상대로 이루어지는 사회의 차별을 시정할 목적으로 마련되었지만, 결국 기업이 정부 규제에 맞서 싸우는 데 활용하는 도구가 된 것이다. 콜린스의 저서 《수정 헌법 14조와 국가 The Fourteenth Amendment and the States》에 이러한 초창기의 실증 연구가 기록되어 있다. 그는 이 충격적인 수치에 대해 오늘날의 우리와는 사뭇 다른 견해를 보인다.

> 우리나라의 영토 내에 수많은 아프리카 혈통의 인구 집단이 존재한다는 사실은 우리 공화국이 수립된 이래로 줄곧 심각한 문제를 일으켰다. 그들은 우리 게르만 혈통과는 인종적으로 기원, 기질, 신체적 외양이 다르다. 이러한 상황은 지극히 비정상적인 것으로, 이 땅의 기본법에도 여러 차례 영향을 미쳤다. 흑인의 존재가 이 나라의 헌법 발전에 미친 영향은 대체로 반작용에 의한 것이었어도 결코 적다고 할 수 없다.[41]

콜린스는 뼛속까지 인종차별주의자였던 것으로 보이며, 그래서 더더욱 그가 내린 결론이 충격적으로 다가온다. 그의 연구는 20세기 초반의 변호사라면 누구나 알 수 있을 법한 사실을 명확한 수치로 보여준다. 기업이야말로 당시 법적 평등권 보장의 주요 수혜자였다. 수정 헌법이 제정된 순간부터 이 법의 초안 작성자들의 의도를 왜곡한 콩클링의 변론, 데이비스의 주석 그리고 이후 산타클라라 사건을 선례로 인용한 각종 판례에 이르기까지, 이를테면 헌법상의 혁명이 일어난 것이다. 그렇게 인공의 인격체는 평등권 보장 법리의 중심부로 들어오게 되었다.

이러한 사실을 알고 나면 분명히 여러 의문이 들 것이다. 그렇다면 법인의 평등권을 인정한 전체 법리는 독수독과이론Fruit of the poisonous tree(독이 있는 나무에서 나는 열매는 독이 있는 열매라는 의미로, 불법적으로 수집된 증거는 그 자체로 무효이며 증거 능력이 없다는 이론 - 옮긴이 주)에 따라 가치가 없는 것일까? 수정 헌법 14조에 의거한 법인의 권리는 헌법을 제정한 이들의 의도를 설득력 있는 논리로 포장해 그야말로 '뻔뻔스럽게 날조한' 내용을 바탕으로 성립된 것이라 보아야 할까? 비록 그 논리에 따라 실제 법원의 판결이 내려진 것이 아니었더라도 말이다. 또한 법적 권한이 없는 판결문 작성자의 과도한 월권행위로 기록된 내용이 이후의 법정에서 그리고 오늘날까지 부당하게 반복해서 인용된 결과라 보아야 할까? 법인의 권리가 확대되어온 과정에 대한 일부 역사적 해석은 이 두 가지 모두에 큰 비중을 두고 있다.[42] 하지만 나의 해석은 좀 더 복합적이다.

우선 우리는 역사 속에서 드러난 비판의 힘을 인정해야 한다. 수정 조항 14조에 따른 권리를 법인에 부여한 결정은 중대한 결과를 초래했다. 본안에 대한 판사들의 관점이 어떠했든, 이 사안은 신중한 법률 분석과 논리적 결정 과정을 반드시 거쳐야 마땅했다. 그런데도 '논거도, 논의도 없이' 판결이 내려졌다는 것은 법 절차의 중대한 실패 사례라고 할 수 있다. 또한 공식적인 구술 변론 이전에 이루어진 비공식 논의를 작성자가 기록한 바를 토대로 그러한 결정이 내려졌다는 것은 그야말로 터무니없는 일이다. 법인의 평등권 보장에 대해 이 같은 사법 체계의 결정 과정은 신뢰도 존중도 받을 가치가 없다. 게다가 그 판결은 절차상의 흠결을 넘어, 정치적·법적으로도 심각한 문제를 일으켰다. 실제 인간을 위해 만들어진 보호 장치가 인간과는 전혀 다른 인공적 존재의 이익을 위해 이용당한 것이며, 그 과정을 정당화하려 제시된 논리는 아무리 좋게 말해도 엉성한 논리였고, 나쁘게 말하면 조작된 논리였다. 앞으로 AI를 법인에 비유하는 경우에도 이 두 가지 문제는 확실히 짚고 넘어가야 할 것이며, 마땅히 그래야 옳다.

그것이야말로 이 장의 핵심 요점 가운데 하나다. 사람들은 아마도 진보주의자들이 실리콘밸리에서 만들어진 새로운 형제자매들에게 인격을 부여하자는 발상의 가장 열렬한 지지자들일 거라고 생각했을지도 모른다. 왜냐하면 결국 그들은 항상 권리를 점차 더 큰 집단으로 확장하려 애쓰는 이들로, 처음에는 백인 남성이라는 정거장뿐이었던 '칸트주의 철로' 위에 모든 남성 그리고 여성이라는 정거장을 세웠고, 그 연장선상에서 이제는 또 하나의 정거장을 더하려고 노력할 것처럼 보였기 때문이다. 그러나 진보주의자라도 법인의 인격에 관한 역사(산타클라라 사건부터 시티즌스 유나이티드 사건까지)라는 렌즈를 통해 AI의 권리를 둘러싼 결정을 들여다본다면, 어쩌면 가장 강력한 반대 입장을 보이게 될지도 모른다. 법인 기업체에 이어 또 다른 인공의 존재가 나타나 인간을 위해 마련된 권리들을 또 한 번 가로채려 한다면? "인권은 오로지 인간에게만!"이라는 구호를 떠올리는 것도 무리는 아니다. 유럽연합의 보고서 초안을 둘러싼 격한 반응도 이제 명료하게 이해된다. 역사적 고찰의 힘이 빛을 발하는 순간이다.

그러나 역사적으로 문제를 설명하는 경우 늘 마주하게 되는 실질적인 한계가 있다. 비록 이 일화는 흥미로운 부분도 있으며 역사가들이 왜 여기에 주목해왔는지 알 수 있지만, 그 한계 또한 짚고 넘어갈 필요가 있다. 수정 헌법의 초안을 작성한 이들의 원래 목적이 무엇이었는지 이해하려면, 또는 인종 정의 구현을 구실삼아 헌법상의 기업 보호를 강화하려는 음모를 밝혀내려 한다면, 해당 조항의 원래 의도에 관한 콩클링의 주장을 따져보는 것이 중요할 것이다. 그러나 실제 법원의 판결이나 법률의 발전 측면에서 보면, 그의 주장은 그리 중요한 고려 대상이 아닐 수 있다. 물론 그의 주장 중 일부는 과장된 것으로 보이며 '뻔뻔스러운 역사적 사실 날조 행위'로도 치부되기도 하지만, 당시 대법원은 콩클링의 주장에 영향을 받았을 수도, 아무런 영향을 받지 않았을 수도 있다. 우리로서는 확실히 밝혀낼 길이 없는 것이, 결국 대법원은 그 문제에 대해 공식적인 입장을 밝히지 않았기 때문이다. 게다가 콩클링의 주장은 여러 갈래로 제시되지만 원래의 의도는 오직 하나일 수밖에 없다. 그리고 비록 그의 주장이 대법관들을 설득시켰고 이후의 대법원 판결에 영향을 미쳤다 할지라도, 실제로 그 판결은 헌법 조항을 문자 그대로 해석하려는 재판부의 의지, 결사체의 권리에 관한 개념 설정의 필요성, 그와 달리 판결했을 때 초래할 파급 효과 등을 감안한 것일 수 있다.

한편 법정 기록관 데이비스의 행동이 초래한 파급 효과에 대해 말하자면, 그 흠결 있는 최초의 기록을 토대로 135년에 걸쳐 마치 퇴적암층처럼 판례들이 켜켜이 쌓여왔다. (이 상황에 대해, 법인의 권리를 적극 옹호하는 측에서는 이렇게 표현할 듯하다. '모래 알갱이 하나에서 자라난 진주알처럼'). 확실한 점은, 애초에 법원이 그 판결 요약문의 핵심 전제를 어느 정도 신뢰하지 않고서는 그 흠결 있는 문건을 계속해서 인용했을 리가 없다. 법원에서 선례 구속성의 원칙이라 불리는, 과거 판례에 의존하는 판결 방식에도 법적 가치가 있다. 물론 때로는 수십 년간 정립된 판례를 뒤엎는 판결이 나올 때도 있으며, 절차상 문제가 되지 않는다. 그러나 그런 경우라도 단순히 해당 판례에 문제가 있었음을 입증하는 것만으로 쉽게 판례를 폐기하지는 않는다. 다만 대법원이 여성의 낙태권을 보장했던 '로 vs. 웨이' 판례를 뒤엎으면서 다른 헌법적 권리들의 지위를 위태롭게 했던 판결의 경우는 예외적인 사례라 하겠다. 하지만 오늘날의 대법원은 낙태권이나 동성 결혼보다 법인의 권리에 대해 훨씬 더 우호적이므로, 법인 활동에 우호적이었던 과거 판례들은 쉽게 번복되지 않을 듯하다. 그 역사적 정당성이 얼마나 미약하며, 판결의 논거가 헌법의 원래 목적인 공공의 이익을 얼마나 반영하는지는 문제가 되지 않는다.

마지막으로 염두에 둘 점은, 정치 및 법률의 역사에서 내려진 주요 결정들이 소수의 판단에 좌우된다고 여겨 '개인 중심적'인 서사에만 주목한다면 그 결정이 내려진 경제적·이념적 배경의 중요성을 간과하게 될 수 있다. 콩클링을 비판하는 측에서는 콩클링의 일부 주장이 '뻔뻔스러운 역사 날조 행위'라고 본 그레이엄의 표현을 즐겨 인용하지만, 정작 그레이엄 본인도 수정 헌법 14조에 의거한 법인의 권리 보호를 주장했다는 사실은 그다지 언급되지 않는다. 그레이엄의 주장을 살펴보자.

그 사안에 대해 2년간 숙고해본 끝에 내가 내린 결론은, 모든 주요 조건이 충족된다는 전제하에, 무죄 추정의 원칙에 따라 콩클링의 주장을 어느 정도 긍정적으로 평가할 수 있지 않을까 한다. 물론 법원은 그를 이 사건과 무관한, 신뢰할 만한 증인이라고 인정할 것 같지는 않지만 말이다. …… 나는 당시 합동 위원회가 사용한 용어의 변화 과정을 검토해본 결과, 수정 헌법 14조 1절은 법인을 구제하도록 설계된 것이 아니며, 법인의 이익을 위해 '시민'과 '인간' 사이를 구분하려 한 것도 아니었다는 확신을 품게 되었다. 다만 현재의 증거를 통해 입증 가능한 가장 확실한 결론은, 합동 위원회의 의도 자체가 무엇이었는지가 아니라 그들의 의도가 이 쟁점과 무관하다는 사실이다. 지금까지 분명히 밝혀진 사실은, 헌법적 교리로서의 법인의 인격은 수정 헌법 14조 제정 이전부터 존재했으며, 정당한 법적 절차라는 틀 안에서 사법권이 자체적으로 확장해가는 사실상 지극히 핵심적이고 자연스러운 단계였다는 점이다. 따라서 헌법 입안자들의 원래 의도야 어찌됐든, 남북전쟁 이후 해당 조항의 해석이 그러한 방향으로 전개된 것은 이미 예정된 일이나 마찬가지였다. …… 남북전쟁은 기업 자본주의의 성장 및 대중적 이상주의의 폭발적인 분출을 동시에 촉진했고, 그 결과 미국 헌법 이론 속에서 이상주의적 요소와 경제적 요소가 결합된 형태로 나타나게 되었다. 맥스 아스콜리 Max Ascoli 의 표현을 빌리자면, 수정 헌법 14조는 이 결합의 '상징적인 순간'이었다. 그리고 그 상징적 의식을 주관한 이들이 자신의 역할을 자각하고 있었는지는

이제 그다지 중요한 문제가 아닌 듯하다.[43]

나는 산타클라라 사건 같은 판결들이 역사적으로 필연적인 과정이었다고 확신하는 그레이엄의 견해에 완전히 동의하지는 않는다. 그러한 판결에서 논리적으로 좀 더 타당한 근거가 제시되었거나 실제로 근거가 존재했더라면 한 번 더 생각해보았겠지만 말이다. 역사 연구 및 비교 연구에서 우리가 얻을 수 있는 가장 큰 교훈 한 가지는, 학자들은 결정론적으로 특정한 결과가 반드시 도출될 것이라 믿는 경향이 있다는 점이다. 가령 X라는 경제 발전 또는 기술 발전은 반드시 Y라는 결과로 이어진다고 보는 것이다. 그러나 동일한 현상이라도 시대나 장소를 달리하면, 그 결과는 전혀 다르게 나타날 수 있다. 상황에 따라 기업에 법적 인격을 부여하는 것이 효율적이라 판단할 수도 있고, 심지어 논리적으로 헌법상의 권리 가운데 일부가 수반된다고 볼 수도 있는 것이다.

그레이엄이 설명한 대로 그러한 결과가 당시 사회 전반의 구조적 흐름에 의한 것이라 볼 수도 있다. 그러나 이 모든 자격 요건을 인정하더라도, 법인의 헌법상 권리까지는 인정하지 않지만 현행법상 법인에 정치적 권리를 확대 부여한 것은 시대 상황에서 우연히 일어난 오류로, 앞으로 새로운 판결로 뒤집힐 수도 있고, 어쩌면 뒤집혀야 한다고 볼 수 있는 것이다. 다만 그레이엄의 판단이 옳았던 부분도 분명히 있다. 오늘날 횡행하는 공공연한 로비 활동에서부터 암묵적 이데올로기나 경제적 세계관에 이르기까지, 우리 사회의 법체계가 정립되는 과정에서 사회구조적 흐름이 특정 개인이나 집단의 의도보다 훨씬 더 크게 작용한 것은 사실이다.

∙∙∙

그렇다면 시티즌스 유나이티드 사건의 판결이 내려진 이후, 법인의 평등권 보장이라는 쟁점에 있어서 우리는 현재 어디까지 와 있을까? 일단 복잡하게 뒤얽힌 과거는 잠시 제쳐두기로 하자. 현재 상황에서 과연 옳은 답이 무엇인지만 살펴보자는 이야기다. 역사적 맥락을 배제하고 보더라도, 현재 법인이 평등권을 보장받을 권리가 있다는 주장의 논거는 놀라울 정도로 허술하다. 내가 보기에는 양측 모두 강력한 주장을 제기하는 가운데 기껏해야 균형점을 찾은 정도다. 헌법 해석의 측면에서 거의 모든 기존 학파나 전통 가운데 어느 입장을 기반으로 하더라도, 법인에 대해 수정 헌법 14조를 적용하는 것은 중대한 오류라고 주장할 수도 있고, 반대로 불가피하지만 무해한 진리라 주장할 수도 있는 것이다. 우선 부정적인 입장부터 살펴보자.

헌법 원전주의적 관점에서는, 수정 헌법 14조의 입안 및 비준 과정에 참여한 이들은 해당 조항의 대상을 법인까지 확대할 의도도 없었고 그렇게 해석하지도 않았다고 볼 만한 강력한 논거가 존재한다. 단어의 '명확한 의미'에 주목하는 문언주의적 관점에서는, 14조 1항 도입부의 '출생하거나 귀화한'이라는 부분은 분명히 법인에는 해당하지 않는 표현이었는데, 갑자기 단 몇 문장 뒤에 등장하는 '인간'에 어떻게 법인이 포함되는지를 설명하기가 어렵다. 법원 판결의 실용적 결과에 주목하는 실용주의적 관점에서는, 유명한 보수주의자인 렌퀴스트 대법관의 지극히 급진적인 의견, 즉 "법인이 이미 부여한 것보다 더 많은 혜택을 누리기 위해 경제적 권한을 활용할 가능성에 대해 국가는 당연히 우려할 만하다"는 주장에 동의하며, 법인의 권리를 제한하는 것이 현명하거니와 헌법 구조에도 충실한 선택이라 볼 수도 있을 것이다.[44]

또한 헌법이 진화한다고 보는 관점이라면, 즉 헌법의 위대한 조항들은 '우리 사회의 경험을 통해 의미가 축적된다'고 판단하는 입장에서는,[45] 오늘날의 법인은 시민 개개인보다 훨씬 더 강력한 존재이며, 법인은 부당하게 인간과 동등한 권리를 보장받은 것이 아니라 오히려 인간보다 더 많은 권리를 보장받았다고 여길 수 있다. 영향력 있는 두 대법관 윌리엄 O. 더글라스(William O. Douglas)와 휴고 블랙(Hugo Black)은 실제로 1949년의 '월링스틸 vs. 글랜더' 판결에서 반대 의견을 내며 이러한 논거를 제시했다.[46]

법인에 대한 헌법적 권리를 더 넓게 해석하는 견해를 반대하는 의견은 헌법의 역사에서 일관적으로 등장하는 주제였을 뿐 아니라, 다양한 정치적 견해를 지닌 판사와 법학자들도 저마다의 근거로 반대 의견을 제시해왔다. 렌퀴스트, 더글라스, 블랙 대법관도 스티븐스 대법관의 반대 의견에 동조했다. 앞서 나는 시티즌스 유나이티드 사건 판결에서 스티븐스 대법관의 반대 의견을 인용한 바 있다. 물론 그는 이 문제와 다른 헌법상의 권리에 대한 입장을 밝힌 것이었지만, 그의 의견은 분명 평등권 보장 문제에도 적용되는 것으로 보인다. 즉 법인은 '헌법을 제정한 주체이자, 그 헌법의 적용 대상이 되는 국민에 속하지 않는다'고[47] 한다면, 우리가 왜 실제 인간이 누리는 것과 동일한 수준의 법적 보호를 법인에도 굳이 제공해야 하는지 묻고 있는 것이다.

물론 이러한 지적들로 모든 쟁점이 해소되는 것은 아니며, 각 주장에 대한 강력한 반론도 제기될 수 있다. 수정 헌법 14조의 입안 및 비준 당시에는 성별, 젠더, 성적 취향에 따른 차별에 대한 평등권 보장 역시 고려되지 않았다. 그렇지만 이 책을 쓰고 있는 현재, 해당 조항은 적어도 사안에 따라서는 그러한 차별 상황에 대해서도 적용되는 것으로 받아들여진다. (그러나 내일 또 어떤 다른 판결이 나올지는 아무도 모른다.) 사실 바로 이 점 때문에 오늘날 많은 학자들이 헌법 원전주의는 설득력을 잃었다고 보기도 한다.[48] 예를 들어, 과거 동성 결혼 합법화의 계기가 된 '오버거펠 vs. 호지스' 사건에서, 대법원은 게이와 레즈비언 집단이 겪은 사회적 불평등에 대한 '새로운 통찰 및 사회적 인식'[49]에 주목하면서, 그러한 인식이 정당한 법적 절차 및 평등권 보장 사이의 시너지 효과를 설명하는 데 중요한 역할을 했다고 판단했다. 원전주의적 법리 해석으로 법인의 권한을 제약할 수 있다고 주장하는 측에서조차, 성별이나 성적 지향과 같은 범주까지 원전주의적 해석을 채택해야 한다고 보지는 않을 것 같다.[50]

'인간'이라는 단어 자체의 의미에는 별도의 언급이 없는 한, 법인까지 포함된다는 주장도 가능하다. 헌법 조항 자체에도 '출생'과 '귀화'에 관한 부분 외에는 '인간'의 범위에 대해 별다른 제한 조건이 명시되어 있지 않다. 따라서 '인간'이라는 표현은 가능한 한 넓은 범위로 해석해야 한다는 주장도 제기될 수 있다.

만일 렌퀴스트나 스티븐스의 입장을 채택해서, 헌법상 법인의 권리를 법인의 목적에 직접 관련된 경우에만 인정한다면, 적어도 14조에 따른 정당한 법적 절차 보장에 관한 부분도 거기에 포함된다고 주장할 수 있을 것이다. 그런데 법인의 자산에 대해서만큼은 정당한 법적 절차를 보장받아야 한다면, 평등권은 왜 보장받지 못한다는 것일까?

헌법 해석이 시대에 따라 달라질 수 있다는 관점에서 보면, 오늘날 법인의 사회적 영향력이 더 커진 만큼 법인의 평등권 보장에 대한 정당성도 그만큼 더욱 강화된 것으로 해석할 수도 있다. 미국에서는 주식 거래뿐 아니라 연금 펀드나 퇴직연금계좌[IRA]를 통해 간접적으로나마 기업의 주식을 보유하는 시민이 점차 증가하는 추세다. 따라서 기업의 인격을 총체적 관점으로 접근한다면, 시민의 이익을 보호하기 위한 수단으로 기업의 평등권을 보장하는 것이 정당화될 수도 있는 것이다. 앞으로도 이러한 식의 논의는 끝없이 이어질 것이다.

이제는 너무나 익숙해진 법인이라는 존재가 우리 사회의 일부라는 점은 논란의 여지가 없다. 그러나 놀랍게도 법인의 의미에 대해 조금만 깊게 들어가면, 그 근간은 그리 확고하게 정립되어 있지 않다는 사실을 알게 된다.

⋯

시티즌스 유나이티드 사건 판결을 비판하는 측에서는 이 사건을 '국민에 의해, 국민을 위해' 제정된 헌법 체계가 '국민'의 구성원[51]으로 단 한 번도 인정한 적 없는 개체에 대해 처음으로 과도하게 권리를 확장한 판례라고 주장한다. 그들은 이 판결이 부실한 논리를 바탕으로 결국 국가의 이익을 침해했으며, 오히려 진짜 인간이 누려야 할 표현의 자유를 침해하는 결과를 낳았다는 것이다. 개인적으로 나도 동의하는 바다. 수정 헌법 14조가 제정된 후 135년 동안 이와 동일한 주장과 동일한 분노의 표현들이 되풀이되었다.

AI의 법적 인격에 관한 문제 그리고 기본권의 측면에서 인격이란 과연 무엇을 의미하는지를 놓고 논쟁을 시작하면, 결국 법인의 인격 및 법인의 기본권에 관한 이론과 법률에 다시 주목하지 않을 수 없다. 적어도 법인에 관한 문제만큼은 이미 답을 찾아놓았다는 확신을 갖고, AI의 문제에 대해서도 법인의 역사에서 답을 구하려 할 것이다. 왜냐하면 우리 사회는 법인의 인격이 의미하는 바에 대해 잘 정립된 철학을 '당연히' 마련해두었을 테고, 법인의 인격에 수반되는 기본권에 대해 충분한 논의를 거친 일관성 있는 판례들이 '당연히' 존재하므로 그로부터 손쉽게 사회적 합의를 이끌어낼 수 있을 테니 말이다. 그렇지 않은가? 이 질문에 대한 답은 이 장에서 이미 충분히 보여주었기를 바란다. 최대한 긍정적으로 답하자면, 한 마디로 우리 사회에서 법인의 지위에 관한 논쟁은 여전히 현재진행형이라고 하겠다. 수백 년간 이어져왔음에도, 여전히 법인 제도 문제는 섣불리 단정 지을 수 없는 것이 현실이다.

철학적 담론을 넘어, 기업이 법적 인격을 통해 정치력을 행사하는 현실은 앞으로 AI의 인격에 대한 논쟁에도 분명히 영향을 미칠 것이다. 앞서 1장에서는 AI에 인격을 부여할 가능성 있는 한 가지 경로로, AI라는 존재에 대한 공감과 그들을 한 '인간'으로 인식하면서 비롯되는 도덕적 의무감을 기반으로 한 접근 방식을 제시한 바 있다. 그 경우 이러한 의문이 제기될 수 있을 것이다. '인간을 대상으로 고안된 보이트-캄프 테스트가 등장한다면, 어떻게 대처할 것인가? 테스트 대상의 외관이 피부로 되어 있든, 실리콘이든, 금속이든, 그 외관에 가려졌으나 우리처럼 의식을 지닌 우리의 형제를 알아볼 수 있을 것인가?' 이러한 접근 방식은 결국 《톰 아저씨의 오두막》과 노예 해방 운동 그리고 〈블레이드 러너〉와 《안드로이드는 전기양의 꿈을 꾸는가》의 연장선상에 있을 것이다.

이 장에서는 효율성과 행정 편의를 바탕으로 한 또 다른 경로를 제시했다. 이 경로는 대상의 실체, 법적 의제, 계약의 집합 같은 개념에 따라 구성된 세계에 근거한다. 이는 대개 사회에 강력한 영향력을 발휘하며, 많은 경우에 긍정적인 역할을 한다. 다만 이러한 개념들에도 저마다의 역사는 있기 마련이다. "나는 인간도, 당신의 형제도 아닌가?"라는 할의 물음에, 진보 성향의 사람이라면 그의 처지에 공감하면서 긍정적인 답변을 제시하려 할 것이다. 그러나 또 하나의 강력한 인공 개체를 창조하는 것이 어떠한 결과를 초래할지를 생각한다면, 그들조차 선뜻 답을 내놓기가 쉽지 않을 것이다. 인공 개체가 언젠가는 자신과 매우 다른 존재인 이 나라의 '국민'에게 헌법이 보장한 권리를 앗아갈지도 모르기 때문이다. 적어도 법인 제도의 역사와 그 배경 이론을 알고 나면 그리 자신 있게 답하지는 못할 것이다.

'새로운 기술로 창조된 인공의 존재를 법적 평등권을 누리고 존중받을 자격이 있는 국민의 일원으로 인정할 것인가'라는 문제가 바로 내가 이 책을 쓰게 된 계기였다. 앞서 말했듯이, 인공의 타자라는 존재에 관한 물음에 적극적으로 답을 구하는 과정을 통해 우리는 인간의 정체성과 의식의 본질이 지니는 의미를 새로운 시각으로 재검토해볼 수도 있을 것이다. 나는 이 재검토 과정을 통해 일어날 수 있는 변화의 크기를 강조하고 싶다. 세속 철학자들이 세상의 중심에 신의 빈자리가 존재한다는 사실을 받아들이며 살아가야 할 것이라는 선언을 한 이후 처음으로 우리의 자아 개념에 도전하는 순간인 것이다. 이 도전은 우리에게 유익한 기회를 제공할지도 모른다. 나는 우리가 창조한 개체를 상대로 경계선을 설정하려면, 우선 주위를 둘러싼 경계선 자체를 명확하게 재설정해야 한다고 주장해왔다. 우리는 현재 그 경계선을 어디쯤에 그리고 있는지 그리고 그 경계선에 따른 구분이 정당한 것인지, 우리의 논리에는 설득력이 있는지 냉철하게 따져보아야 할 것이다.

또한 어떤 한 존재를 인간이게 하는 요소가 무엇인지를 규정하는 기존의 논리에 대한 더욱 깊은 고민이 필요할 것이다. 우리의 통찰과 감정을 통해 그 논리의 틀을 깨뜨림으로써 우리는 종을 구분하는 경계 너머에 도달하게 될 것이다. 또한 그러한 통찰을 통해 어떤 비인간 개체에 법적 인격을 부여할 것인지 그리고 법적 인간이 지녀야 할 권리가 무엇인지에 관한 문제로 논의를 확장할 수도 있을 것이다. 어쩌면 그것이야말로 내가 이 장에서 독자들에게 전하고 싶은 가장 중요한 결론일 듯하다.

　법인의 인격의 경우, 법인이 계약을 체결하고 소송의 주체가 되는 등의 법적 권리를 누릴 수 있어야 한다는 점에 대해서는 충분한 근거가 있다. 또한 법인의 자산에 대해 정당한 법적 절차를 보장한다든가 신문사의 언론의 자유를 보장하는 경우처럼, 인간에게 보장되는 헌법상의 권리 중 일부는 경우에 따라 법인에 대해서도 인정된다고 보는 타당한 근거도 있다. 그러나 법인이 헌법상의 권리를 어느 정도까지 보장받아야 하는지, 즉 법인의 전반적인 권리의 범위를 논하게 되면, 우리가 현재 도달한 결론을 뒷받침해줄 설득력 있는 역사적 근거도, 도덕적·법적 이론도 사실상 존재하지 않는다는 사실을 알게 된다. 따라서 AI에 대해 동일한 논의를 전개할 때도 결코 자만해서는 안 될 것이다. 또한 지금껏 법인에 대해 내려온 많은 결정은 사실상 피할 수 없었던 것도, 판례나 기존의 논리를 그저 따를 수밖에 없었던 것도 아니라는 점을 기억해야 할 것이다. 어쩌면 그러한 과거의 결정에 대해서도 다시금 생각해보아야 할 때가 아닌가 싶다.

4

비인간 동물

2013년 12월 2일, 토미의 변호인단은 뉴욕 주 풀턴 카운티에 소장을 제출했다. 그들은 토미가 사설 단체의 콘크리트 감옥에 감금된 상태로 충격적인 수준의 학대 및 유린 행위를 당했다고 주장했다. 토미의 자유를 되찾기 위해, 그들은 불법 구금 사건에서 활용되어온 구제 수단인 관습법상의 인신 보호 영장을 청원했다. 그들의 주장이 사실이라면 중대한 범죄 행위였다. 하지만 이 소송이 세간의 이목을 끈 이유는 전혀 다른 데 있었다. 바로 청구의 대상인 토미가 침팬지였던 것이다.[1]

법적 인격체의 자격을 논하다

이 소송은 스티븐 와이즈Steven Wise가 설립한 비인간 권리 프로젝트 NhRP, Nonhuman Rights Project라는 단체에서 제기한 것이었다. 그들의 목표 강령은 매우 대담하다. 가장 우선적인 목표는 '유인원, 코끼리, 돌고래, 고래의 관습법상 지위를 어떠한 법적 권리도 보유할 수 없는 단순한 '사물'에서, 신체의 자유 및 신체 완전성 같은 기본권을 보장받는 '법적 인격체'로 바꾸는 것'이다.² 와이즈는 하버드 로스쿨의 강사이자 소송 변호사다. 그는 AI나 형질 전환 개체보다는 비인간 동물에 주로 초점을 두고 활동하지만, 나의 관심 분야와도 일맥상통하는 면이 많다. 와이즈가 집필한 저서 중에는 《경계선을 설정하다: 과학 그리고 동물의 권리에 관한 법적 사례Drawing the Line: Science and the Case for Animal Rights》라는 책도 있다. 사실 와이즈와 비인간 권리 프로젝트가 그동안 전개해온 여러 활동 그리고 전 세계에서 추진되는 그와 유사한 노력들을 통해 나는 이 책에서 답하고자 하는 문제들에 필요한 사례 연구를 찾을 수 있었다.

인격의 경계를 논하는 우리 문화의 실상은 어떠하며, 앞으로 어떻게 전개되어야 하는가? 어떻게 하면 공감, 과학, 법률, 도덕철학 등에서 도출된 논거를 동원해서, 우리의 이웃인 비인간 동물을 사물이 아닌 법적 인격체로 대하도록 인식을 바꿀 수 있을까? 이와 관련된 조직 행동은 법정에서, 신문 사설을 통해, 기존의 법적 세부 절차 및 판례를 기반으로 전개되며, 그와 동시에 인지 능력에 관한 과학 연구를 기반으로 하기도 한다. 이들의 논거는 주로 도덕철학에 기반을 두면서도, 비인간 동물의 의인화 및 인격화를 통해 공감적으로 접근하기도 한다. 케이트 달링[3]이나 나와 같은 견해를 보이는 학자들의 관점에서 보면, 이들의 싸움을 통해 우리는 앞으로 AI, 형질 전환 개체, 혼종 동물, 키메라의 등장을 마주하게 될 때 발생할 논쟁의 전개 방향을 가늠해볼 수 있다. 그 유사성은 때로는 놀라울 정도다.

지금까지 나는 인공적으로 구현될(실체 없이 디지털 환경에서만 존재할 수도 있을 것이다) 범용 AI에 대해 논의하면서, 그 개체나 그들을 대신한 인간이 그들의 인격에 관한 주장을 어떠한 요소들을 기반으로 제기할 것인지 예측해보았다. 나는 그 과정에서 주요 접근 방식이 될 만한 두 가지를 지적했다. 첫 번째 방식은 공감과 도덕 분석 과정 사이를 오가며 형성된다. 즉, 공감을 통해 타자와 우리가 연결되어 있음을 깨닫는 순간을 경험하면서, 한편으로는 어떤 개체가 인격을 얻는 데 필요하다고 보는 여러 특성을 그 개체가 지니고 있는지 철학적으로 모색해보는 것이다. 여기서 제시되는 특성들 중 가장 명백한 자질은 '의식'이다. 다만 도덕철학자들은 의식 외에도 필요한 자질에 대해 상당히 긴 목록을 열거해왔으며, 그중에는 도덕성 그리고 시간이 지나면서 한 개체의 형태가 달라지더라도 이전의 형태와 연결된 동일한 존재임을 명확히 보여주는 고유한 정체성도 포함된다.[4] 그 밖에도, 상상력을 발휘해 자신의 모습을 미래에 투영할 수 있는 능력이나 자신과 가까운 인간관계를 넘어서도 도덕적 권리와 의무를 인식할 수 있는 능력 등이 추가되기도 한다. 이러한 논리는 일반적으로 다음과 같은 형태로 제시된다. '경계선 내에 있는 우리가 인격체임을 도덕적으로 명확히 보여주는 특성은 X, Y, Z라는 요소다. 그런데 할 역시 X, Y, Z라는 요소를 보유한다. 따라서 나는 논리적으로나 윤리적으로 할이 인격을 지닌 존재임을 인정할 수밖에 없다.'

두 번째 접근 방식은 법인의 맥락에서 고려하는 효율성을 기반으로 한 방식으로, 사회적 공감대 형성과는 무관하다. 단언컨대, 이 방식에서 도덕적 의무나 권리는 고려 사항이 아니며,[5] 도덕성이 아닌 편의성에서 그 근거를 찾는다.[6] 특정 단체에 법인 자격을 부여하는 행위는 그 단체에 본래부터 내재된 인격을 인정하는 것이 아니라, 그 단체가 실질적으로 바람직한 결과물을 제공함에 따라 일정한 권리 및 의무를 허가하는 것뿐이다. 사실상 법인의 인격은 헌법의 보호를 받는 권리와 의무, 권한이 일체화된 개념이라고 보는 경우가 많다. 이 세 요소가 한데 결합해 법인의 인격을 구성한다는 논리다.

만일 당신이 토미의 변호사라면 어떠한 접근 방식을 택하겠는가? 인간이 고유한 법적 지위를 가질 자격이 있다는 주장의 근거로 흔히 제시되는 자질들(의식, 기호를 통한 의사소통, 도덕적 감각 등)을 열거한 다음, 비인간 동물들 또한 그러한 자질을 지녔음을 증명하려 하겠는가? 대다수 사람들은 이 논쟁이 바로 그런 방식으로 전개될 것이라 예상한다. 왜냐하면 그 방식은 공감을 이끌어내는 한편("그 동물이 우리와 그렇게까지 닮았으리라고는 전혀 생각하지 못했어요!"), 도덕철학의 삼단 논법을 활용할 수 있는 방식("당신은 X나 Y라는 자질 때문에 인간이 인간다운 것이라고 믿는다고 했죠. 그런데 비인간 동물들에게도 그러한 자질을 갖추고 있답니다.")이기 때문이다. 아니면 두 번째 방식에 따라, 동물을 인격체로 인정한다면 실질적인 이점이 있을 것이라고 주장하며 법률 체계 내부의 모호한 틈새를 공략하거나, 또는 동물들이 현재 누리고 있는 권리와 의무만으로도 이미 그들은 인격체라 볼 수 있다고 주장하겠는가?

NhRP를 비롯한 여러 단체는 동물의 법적 인격을 인정받기 위해 이 두 가지 접근 방식을 모두 활용해왔다. 그들은 적어도 일부 비인간 동물(고등 영장류, 고래류)은 법적 인간으로 대우받아 마땅한 정신적 자질을 보유한다고 주장해왔다. 그와 동시에, 설령 현행법상 동물을 완전한 인격체로 인정하지는 않더라도, 아예 권리를 주장할 수 없는 단순한 사물로 간주하는 것이 아니라 이미 최소한의 권리를 지닌 독립체로 대우하고 있다고 주장하기도 한다. NhRP 측이 법원에 제출한 청원서 내용을 살펴보자.

"이 사안에 대해 법원이 판단해야 할 쟁점은, 토미가 인간인지 여부가 아니라(토미는 인간이 아니기 때문이다), 인간처럼 뉴욕 주 법률에 의거한 '법적 인격체'가 될 수 있는지 여부다. '법적 인격체'는 결코 '인간'의 동의어가 아니다. 이는 법적 권리를 지닐 수 있는 존재를 식별하는 개념으로, 서양 법률의 가장 근본적인 범주에 해당한다."[7]

다시 말해, 기존의 법적 권리들을 파악함으로써, 비인간 동물은 이미 그러한 권리를 지니고 있으므로 법적 인격체임을 암시하려는 전략이다. 여기서 3장의 첫머리에서 인용했던 펠릭스 코헨의 글을 떠올려보자. 그는 법 현실주의의 관점에서 바라본 법적 인격을 이렇게 설명한다. "현실주의 관점에서 노동조합은 소송을 당할 수 있으므로 법적 인격체 또는 준법인이다. 법적으로 어떤 대상을 인격체라 칭하는 것은 소송 당사자가 될 수 있다는 사실을 은유적으로 표현한 것에 불과하다."[8] NhRP 측은 코헨의 이 주장을 반대로 뒤집고 있다. 그들의 논리는, 어떤 동물이 소송의 주체가 될 수 있거나 적어도 권리를 보유할 수 있다면, 그 동물은 곧 법적 인격체라 보아야만 한다는 것이다.

이 장에서, 우리는 두 가지 접근 방식 모두를 살펴볼 것이다. 편의상 각각의 방식을 '정신적 자질 논증' 및 '법적 권리자 논증'이라 부르겠다. 이 논쟁들은 그 자체로도 매우 중요할 뿐 아니라, 향후 전개될 AI 및 형질 전환 개체에 관한 논쟁을 흥미롭고 때로는 놀라운 방식으로 미리 가늠해볼 수 있는 예시가 될 것이다.[9]

정신적 자질 논증

비인간 동물에게도(일부 종이라도) 법적 인격을 인정받는 데 필요한 정신적 자질이 있을까? 이 질문은 종종 동물 윤리에 관한 질문으로 오해받기도 하는데, 동물의 법적 지위 문제와 일정 정도 관련은 있지만 구체적으로 살펴본다면 별개의 질문이다. 가령 인간의 의식과 지능 수준은 동물의 수준과는 확연히 다르며, 이 때문에 인간만을 유일한 '인격체'로 인정해야 한다고 주장할 수 있다. 그와 동시에, 고통을 느낄 수 있다는 인간과 동물의 공통점만으로도 기존의 동물 보호 규정은 훨씬 더 강화되어야 하며 현재 우리가 동물을 대하는 관행도 훨씬 더 개선되어야 한다고 생각할 수도 있다. 공리주의 철학자 제러미 벤담은 이렇게 말했다. "그들이 이성적으로 사고할 수 있는지, 혹은 언어 능력이 있는지가 아니라, 고통을 느낄 수 있는지의 문제다."[10]

따라서 동물의 권리나 공리주의적 동물 윤리를 지지하는 입장이 반드시 인간과 다른 동물을 질적으로 구분하는 것이 정당하다는 주장과 맞서는 것만은 아니다. 동물 윤리에 주목하는 경우 대개 인간과 동물을 질적으로 구분하는 기준을 비판적으로 볼 가능성이 많지만, 반드시 그래야 할 논리적 근거는 없기 때문이다.

그렇다면 수 세기에 걸쳐 철학자들을 매료시킨 질문으로 돌아가보자. 동물들도 인간처럼 먹고, 자고, 번식하고, 고통을 느끼고, 죽는다. 그렇다면 인간과 비인간 동물 사이에 그토록 극명한 도덕적 구분을 두는 것은 과연 정당한가? 인간만이 인격자로서 도덕적·법적 권리를 가진다는 인간 예외론적 입장의 근거는 무엇인가? 결국 인간도 또 하나의 동물 종일 뿐이다. 아리스토텔레스는 인간과 동물의 차이는 명백하며, 그 일반적 차이에서 도덕적·정치적 측면의 차이가 파생된다고 보았다.

이제, 인간이 꿀벌이나 어떠한 무리 지어 사는 동물들보다 더 정치적인 동물이라는 점은 분명하다. 흔히 말하듯, 자연은 그 무엇도 헛되이 만들어내지 않으며, 인간은 자연이 언어 능력이라는 선물을 내린 유일한 동물이다. 단순한 발성은 쾌락이나 고통을 표하는 수단에 불과하며, 다른 동물에서도 나타나는 능력이다(동물의 본성상 쾌락이나 고통을 감지하고 그 느낌을 다른 동물에게 전달할 수는 있지만 그 이상은 아니다). 그에 반해 언어를 구사하는 능력이 있다면 자신에게 무엇이 유리하고 무엇이 불리한지 표현할 수 있으며, 더 나아가 무엇이 정당하고 무엇이 부당한지도 표현할 수 있다. 따라서 선과 악, 정의와 부당함 등의 개념을 인지할 수 있는 유일한 존재라는 점이 바로 인간의 특성이다. 이러한 능력을 지닌 존재들이 결합하게 되면, 가족이 구성되고, 국가가 탄생하는 것이다.[11]

여기서 아리스토텔레스의 논리 전개가 종을 구분 짓는 특성이라 간주한 언어 구사 능력에서 시작해, 그 언어 능력에서 파생되었다고 본 자질들로 얼마나 빠르게 넘어가는지에 주목하자. 그는 언어 능력으로 말미암아 편의성, 즉 목표에 도달하는 최선의 방법이 무엇인지를 판단할 수 있는 인간의 논리적 사고 능력이 생겨났다고 생각했다. 또한 언어 능력을 통해 정의에 대해 논리적으로 사고하는 능력, 즉 어떤 것이 옳고 정의로운 것인지 판단하는 능력도 보유하게 된다. 바로 이 때문에 인간만이 도덕성을 가지고 있다고 주장하는 것이다. 그리고 이 도덕성을 기반으로 그리스 철학자들이 매우 중요시했던 특정 형태의 공동체 즉, 가족과 도시국가(폴리스)가 탄생한다.

아리스토텔레스가 말하는 공동체는 단순히 표면적 특성만을 의미하는 것은 아니다. 개도 가족 단위로 생활할 수 있고 늑대 무리에도 위계적 권력 구조가 형성될 수 있기 때문이다. 그보다는, 복잡한 사고 체계에 따라 구체적으로 조직된 형태로, 질서가 있고 윤리적으로 의미 있는 집단을 의미하며, 이는 오직 인간 사회에서만 나타난다는 것이다. 이 주장은 나름의 깔끔한 논리 구조를 가지고 있다. 즉, 아리스토텔레스가 인간과 동물 사이의 경계선을 정당화한 것은 바로 그 자신이 제시하는 도덕적 추론 능력에 기반한 것이기 때문이다.

이 책의 서문에서 나는 복잡한 추상 언어가 인간 예외주의의 최후의 보루라고 말했다. 아리스토텔레스는 언어 능력을 인간의 다른 특성들, 즉 이성, 규율, 공동체, 도덕규범을 따르는 사회성과 연결 짓는 방식으로 예외주의를 정당화하려 한다. 여기서 제시된 인간의 특성은 인간과 동물의 본질적 차이라고 믿는 자질들과 매우 일맥상통한다. 그런데 동물 행동의 복잡성에 관한 동물 행동학 연구가 진행되면서 이러한 구분의 기반이 흔들리고 있다. 물론 아직 완전히 무너진 것은 아니지만 동요하고 있는 것만은 분명하다.

아리스토텔레스가 구축한 보루를 무너뜨리는 것은 과연 어떤 존재가 될 것인가? 어쩌면 언어 구사 능력을 지닌 특별한 동물(수어로 능숙하게 대화하는 침팬지)이 아니라 평범한 챗봇에 의해 무너지는 것은 아닐까? 챗GPT는 복잡한 추상 언어가 인간의 전유물이라는 믿음을 깨뜨리는 존재가 될 수 있을까? 물론 아리스토텔레스는 그렇지 않다고 답했을 것이다. 챗봇은 그럴듯하게 인간의 언어를 모방할 수는 있다. 그러나 아리스토텔레스는 그러한 언어 능력으로부터 파생되는 자질(이성[logos], 윤리[ethos], 법률[nomos], 정치 공동체[polis])

이야말로 인간이 동물보다 더 뛰어남을 보여주는 근거라고 여겼고, 그러한 자질은 문장의 다음 단어를 생성하는 역전달 알고리즘을 이용한 단어 빈도 분석표와 신경망을 통해 구현되는 것이 아니다. 보루는 흔들리고 있지만 여전히 굳건하다. 다만 토대를 보강해야 할 필요가 있을 뿐이다.

이성에 근거해 인간의 도덕적 지위를 정당화하려는 아리스토텔레스와 달리, 종교적 입장은 인간의 우월성이 신의 명령과 인간에게 부여된 독특한 신학적 지위에 근거한다고 주장한다. 성경에 따르면, 인간은 "바다의 물고기와 하늘의 새와 집짐승과 온갖 들짐승과 땅을 기어다니는 온갖 것을 다스리는" 권한을 부여받은 존재이기 때문이다.[12]

그러나 일부 종교에서는 그 지배권이 단순히 신의 명령으로 강제로 부과된 것이 아니라, 모든 동물 가운데 오직 인간만이 도덕적 선택을 할 수 있는 존재라는 전제하에 지배권을 부여받았다는 입장을 보인다. 도덕성은 이성에서 비롯된다고 보는 아리스토텔레스의 입장과 유사한 개념들이 영혼이라는 개념과 연결되는 것이다. 인간은 도덕적 선택을 할 수 있는 유일한 존재이기 때문에, 우리는 그러한 선택에 따라 구원받을 수도, 저주받을 수도, 죄의 용서를 구할 수도 있으며, 때로는 정의의 길에서 벗어나 타락을 경험하게 될 수도 있다. 물론 오직 인간만이 영혼을 지닌다는 발상이 보편적인 것은 아니다. 불교만 해도 그렇지 않다.[13] 그러나 일부 종교적 전통에서는 신으로부터 부여받은 인간의 자유 의지를 인지 능력으로 연결시키며, 그에 따라 인간이 특별한 지위를 누린다고 본다.

반면에 동물은 그러한 자유 의지나 도덕적 선택 능력이 없으며, 영혼도 없는 존재에 불과하다. 여기서 다시금 인간의 의식 속에는 인간을 특별한 존재로 만드는 요소가 있다는 주장이 제기된다. 이처럼 인간과 동물 사이의 경계는 신학적으로도 중요한 의미를 지닌다. 단지 법적 지위만이 아니라 종교적 지위까지도 흔들릴 수 있기 때문이다.

이러한 사회적 배경을 감안하면, 진화론의 등장이 당시 사회에 얼마나 큰 인지부조화를 일으켰는지 짐작해볼 수 있다. 앞서 나는 윌버포스 주교가 T. H. 헉슬리에게 한 질문을 언급했었다. "자네가 원숭이의 자손이라고 주장한다면, 그 조상은 할아버지 쪽인가, 할머니 쪽인가?"[14] 윌버포스의 이 조롱 섞인 질문은 진화생물학의 연구 과정 자체를 겨냥한 것이기도 하다. 대체 어떻게 생물학적으로 그리고 물리적으로 원숭이 같은 동물이 인간으로 진화할 수 있단 말인가? 빅토리아 시대의 사고방식으로는 도저히 이해할 수 없는 주장이었다. 그런데 윌버포스의 반론 가운데 다른 부분을 보면, 그는 진화론이 고귀한 인간과 하찮은 짐승 사이의 경계를 모호하게 만든다고 언급한다. 윌버포스식의 종교관은 인간과 동물 사이는 뚜렷하고 본질적인 신학적 경계가 존재한다고 가정하는데, 만일 우리가 동물에서 진화한 존재라면, 인간과 동물 사이의 어느 지점에 그러한 경계를 설정해야 한단 말인가?

찰스 다윈은 사회의 이러한 저항에 대해 잘 알고 있었다. 그는 1871년에 출간한 《인간의 유래》에서 이 문제에 정면으로 맞섰다. 그는 독자를 안심시키듯이, 책의 서두에서 인간과 동물의 의식 사이에는 커다란 차이가 있다는 점을 강조한다.

가장 수준이 낮은 인간의 정신과 가장 고등한 동물의 정신을 비교하더라도 그 차이가 상당히 크다는 점은 의심의 여지가 없는 사실이다. 만일 인간과 가장 밀접한 형태의 유인원이 자신의 수준을 객관적으로 판단할 수 있다면, 교활한 계획을 세워 정원을 약탈할 수도 있고, 싸움을 하거나 먹이의 껍질을 깔 때 돌을 사용할 수도 있지만, 돌을 다듬어 도구로 만들어 쓸 생각을 해낸다는 것은 자신의 능력 밖의 일이라고 인정할 것이다. 더구나 형이상학적 사고의 흐름을 좇거나, 수학 문제를 풀어내고, 신에 대해 성찰하거나 장엄한 자연의 경관에 감탄하는 일은 감히 엄두도 못 낼 일이라고도 인정할 것이다. 물론 일부 유인원은 자신은 짝짓기 상대의 멋진 피부와 털에 감탄할 수도 있으며 실제로 감탄했다고 주장할지도 모른다. 그러나 그들은 울음소리를 통해 다른 유인원에게 자신이 인지한 사실을 일부나마 알리거나 단순한 차원의 욕구를 전달할 수는 있지만, 명확한 생각을 명확한 소리로 표현한다는 발상은 전혀 해본 적이 없다고도 인정할 것이다. 그들은 같은 무리에 속한 다른 개체들을 여러 방식으로 도운 적이 있으며, 목숨을 걸고 그들의 생명을 구하고, 어미 잃은 새끼를 돌보려 했다고 주장할지도 모른다. 그러나 인간의 가장 고귀한 자질인 모든 생명에 대한 이타적 사랑이라는 개념은 자신들의 이해를 완전히 벗어났다는 사실을 인정할 수밖에 없을 것이다.[15]

현대 과학자들은 이러한 다윈의 견해 가운데 유인원의 행동에 관한 일부 주장에 문제를 제기한다. 그러면서 폭포수를 바라보며 경이로움을 표현하는 것처럼 행동하는 침팬지, 뚜렷한 문화적 방식을 통해 이전 세대로부터 전승된 복잡한 도구들을 조합해서 다양한 문제를 해결하는 침팬지 무리를 예로 든다. 그럼에도 불구하고 다윈은 여전히 인간의 고유한 지위를 다른 동물과 구별하려는 자신의 입장을 고수했던 것 같다. 비록 그의 진화론 자체가 그러한 고유성을 암묵적으로 위협하는 이론으로 간주되었음에도 말이다. 하지만 바로 그 다음에, 동물 행동학 분야에서 그의 책이 명성을 얻게 만든 내용이 등장한다.

그렇지만 인간과 고등 동물 사이의 정신적 차이는 아무리 크다 해도 분명히 정도의 차이일 뿐, 본질의 차이가 아니다. 우리는 인간이 구현하는 감각 및 직관, 다양한 감정 및 능력들, 이를테면 사랑, 기억력, 주의력, 호기심, 모방 능력, 이성과 같은 특성이 하등 동물의 경우에도 초기 형태나 상당히 발달한 형태로 나타나는 경우가 간혹 있다는 사실을 알고 있다. 또한 그러한 능력들은 유전적 계승을 거치며 어느 정도 향상되기도 하는데, 이는 인간이 기르는 개와 야생의 늑대나 자칼의 차이에서 드러난다. 가능할 것 같지는 않지만, 설령 보편적 개념을 형성하는 능력이나 자의식 등의 고차원적 정신력이 오직 인간 고유의 것이라고 입증할 수 있다 하더라도, 그러한 자질조차 고도로 발달한 다른 지적 능력들의 부수적 결과일 가능성이 있다. 그리고 이러

한 능력들 역시 인간이 완전한 형태의 언어를 지속적으로 사용해온 결과일 것이라고 여긴다.[16]

비록 다윈이 그 경계선을 모호하게 만들고 있기는 하지만, 다시 한번 인간과 동물 사이의 경계를 설명하는 요소로 언어 능력이 등장한다는 점을 주목하자. 인간과 동물의 차이는 "정도의 차이일 뿐, 본질의 차이가 아니다"라는 다윈의 주장은 당시로서는 상당히 파격적인 주장이었다. 그러나 오늘날에 이르러서는 그의 이론이 거의 정설이 된 듯하다.

동물의 생각에 관한 생각

오랫동안 인간과 동물을 구별하는 자질로 매우 다양한 기준이 제시되었다. 언어 능력을 비롯해, 기억력, 도구의 사용, 도덕적 감각, 미래를 계획하는 능력, 가설이나 가정법을 활용하는 사고 능력, 인과 관계를 분석하는 능력, 슬픔이나 유머 감각을 표현하는 능력 등, 각각의 자질은 오로지 인간만이 보유한 능력이라는 주장이 제기되었고, 그때마다 생물학자 및 동물학자들은 각각의 주장을 반박하는 데 성공해왔다.[17] 이 문제에 대해, 위대한 영장류 학자이자 동물행동학자인 프란스 드 발은 매우 적절한 제목의 저서 《동물의 생각에 관한 생각(원제: 우리는 동물이 얼마나 똑똑한지 알 만큼 충분히 똑똑한가 Are We Smart Enough to Know How Smart Animals Are?)》에서 다음과 같이 설명한다.

누구나 느꼈겠지만, 지난 수십 년간 쏟아져 나온 엄청난 양의 지식이 인터넷을 통해 엄청난 속도로 전파되어 왔다. 그중에서도 동물의 고도화된 인지 능력에 관해서는 거의 매주 새롭게 발견된 사실이 공개되었고, 종종 이를 뒷받침하는 영상물도 접할 수 있었다. 자신의 결정을 후회하는 듯한 쥐의 행동, 도구를 손수 제작하는 까마귀, 인간의 얼굴을 알아보는 문어, 또는 서로의 실수를 통해 학습하는 원숭이의 특수한 뉴런 체계에 대해 들어본 독자들이 있을 것이다. 우리는 이제 동물 세계의 문화와 그들이 표현하는 공감 능력이나 우정에 대해 공공연하게 이야기한다. 더 이상의 금기는 존재하지 않으며, 한때 인간 고유의 특성으로 간주되었던 이성에 대해서도 마찬가지다.[18]

드 발의 주장에 담긴 일종의 회의적 시각이 이제는 점차 설득력을 얻고 있는 것이 분명하다. 오늘날의 시대 상황을 감안하면, 더욱 그렇다.

첫째, 우리는 지구가 우주의 중심에 있다는 믿음, 특정 국가나 인종·종교·성별이 특별하다는 신념 그리고 인간이라는 존재 자체가 본질적으로 우월하다는 확신을 의심해야 한다. 이 모든 것은 과학적 근거보다는 심리적 유혹에 가깝다. 그리고 인지적 편향을 유도하는 그런 유혹이야말로 우리가 가장 경계해야 할 생각인 것이다. 그렇다면 종을 구분하는 경계에 대해서도 그러한 의심을 가져야 하지 않을까? 다음 장에서는 이 문제를 키메라, 혼종 그리고 이 책에서 소개했던 가상의 존재 침피 같은 형질 전환 개체의 맥락에서 더 자세히 살펴볼 것이다.

둘째, 오늘날 엄청난 기후변화를 초래한 인간의 행위는 지구상에서 기어다니고 걷고 날아다니는 모든 생명체를 지배하는 종의 정당한 행위라기보다는, 오히려 무리 중에서 자신이 가장 똑똑하다고 주장하는 술 취한 사람에게 운전대를 맡겨버린 상황에 더 가까운 듯하다. 적어도 환경 문제에 있어서만큼은 마크 트웨인의 표현이 매우 정확해 보인다. "인간은 수치심을 아는 유일한 동물인 동시에 수치심을 가져야 할 유일한 동물이기도 하다."[19]

마지막으로, 동물 행동학이 발전하면서, 과거 우리가 인간과 동물을 구분하는 기준으로 확신했던 많은 요소는 이제 입증이 필요한 대상이 되었다. 동물 행동학의 연구 성과가 널리 알려지면서, 유튜브에 올라온 재미있는 동물 영상을 즐겨보는 이들부터 동물의 권리를 옹호하는 이들까지 다양한 사람들의 관심과 공감을 얻고 있다. 그중에서도 동물 권리 옹호자들은 단지 동물의 고도화된 정신을 입증하는 증거에만 주목하는 것이 아니라 인간의 눈으로 포착할 수 있는 정신적 특성, 이를테면 슬픔, 유머 감각, 윤리 의식과 같은 것에도 관심을 기울인다. AI에 관한 논쟁과 마찬가지로, 이들의 주장에 대해서도 열띤 논쟁이 벌어진다. 동물 옹호론자들의 주장은 그저 비합리적인 의인화에 불과한 것인가, 아니면 정당한 공감에 따른 것인가? 과학적 근거 없이 인간의 정신 상태를 동물의 행동에 투사하는 것으로 볼 것인가, 아니면 명확히 정립되지 않은 도덕적 추론을 바탕으로 인간이 설정했던 임의의 경계선을 넘어서는 이성적 연대로 볼 것인가?[20]

이러한 상황이다 보니 인간의 자질에 대한 회의적인 시각이 점차 설득력을 얻을 수밖에 없는 것이다. 다만 다윈의 견해로도 인간과 동물 사이에는 '엄청난' 격차가 존재하며, 특히 추상적 사고 능력 면에서 볼 때는 더욱 그러하다. 그러한 차이는 간과해도 될 만큼 부차적인 문제일까? 드 발은 우리가 우리 자신을 이해하는 데 언어 능력과 추상적 사고가 중요하다는 점을 인정하면서도 곧바로, 그러한 인간의 자질을 조롱하는 것은 아니지만 중요성을 최소화하면서 인식론적 중요성에 대해 회의적인 입장을 보인다.

> 확실히 우리는 추상적 사고와 언어 능력을 상당히 중요하게 여긴다. (책을 쓰고 있는 입장에서 그러한 편향된 시각을 조롱할 의도는 없다!) 하지만 더 큰 틀에서 보자면, 그러한 능력은 생존이라는 문제에 대처하는 수많은 방식 중 하나에 불과하다. 지구상에서 오로지 개체수와 생물량만 놓고 보면, 생존의 측면에서 개미와 흰개미가 인간보다 더 나은 성과를 냈을 수도 있다. 이들 종은 개별 개체의 사고 능력보다는 집단 내의 긴밀한 협동에 집중해왔기 때문이다. 개미 사회는 저마다 마치 자율적으로 조직된 하나의 의식처럼 작동한다. 비록 수천 개의 작디작은 발들이 사뿐히 걸어가는 형태이긴 하지만 말이다.[21]

마치 이 상황은 두 사람이 대화 중에 분명히 각자 유려한 방식으로 논리를 전개하고 있지만 전혀 다른 이야기를 하는 듯하다. 한편으로는 언어와 도구의 사용에서부터 시간에 대한 감각과 감정에 이르는 특성에 이르는 여러 자질 중 어느 것에 주안점을 두든, 동물들이 우리가 지금껏 생각했던 것보다 더욱 정교한 능력을 지닌 존재일 수 있다는 사실을 이해하는 것이 중요하다. 그러나 다른 한편으로 보면, 만약 누군가 아리스토텔레스에게 개미와 흰개미는 '개체수와 생물량' 면에서 인간보다 우수하며, 생존 전략의 상대적인 성공률을 지능의 판단 기준으로 둘 경우, 개미 집단이 인간보다 우수하므로 그의 인간 예외주의는 옳지 않다고 말한다면, 아마 아리스토텔레스는 그가 자신의 핵심 논점을 완전히 오해하고 있다고 반박했을 것 같다. 개미굴 속에는 이성, 윤리, 법률, 정치 공동체 따위는 존재하지 않기 때문이다.

물론 우리가 인간이기 때문에 그러한 자질들을 중요하다고 여기는 것이며, 여기에는 종 중심적 관점이 작용한 것도 사실이다. 만일 흰개미 집단이 이 대화에 참여할 수 있다면, (개인적인 의견으로는 그들이 실제로 참여할 수 없다는 사실 자체도 여기서 상당히 중요하지만) 그들은 분명히 우리와는 다른 의견을 내놓았을 것이다. 하지만 드 발의 주장은 여전히 핵심을 간과한 듯하다. 드 발은 진화 과학이라는 강력한 카드를 결정적인 근거로 제시하며 우리를 설득하려 한다. 즉, 이성, 윤리, 법률, 사랑, 아름다움을 표현할 수 있는 능력이 아니라 그 개체의 생존 가능성을 기준으로 의식의 다양한 형태를 가치 있게 평가해야 한다는 것이다. 물론 진화 과학이라는 논거는 흰개미 무리에게는 아무런 의미가 없다. 적어도 그것이 단순한 사실이 아니라 논증에 이용되는 경우라면 더욱 그렇다. 개미는 논증을 하지 않기 때문이다. 그러나 인간에게는 중요한 의미가 있다.

따라서 인간의 의식에 특별한 지위를 부여하는 데 반대하는 드 발의 논증 방식은 오히려 중요한 사실 하나를 드러낸다. 인간과 동물의 경계에 대한 사실과 윤리적 의미를 규명하려는 시도 역시 결국 언어적으로 구조화된, 추상적 사고에 기반한, 지극히 인간적인 관점에서 출발할 수밖에 없다는 것이다. 그렇다면 우리는 그러한 인간의 자질에 특별한 의미를 부여하지 않을 수 있을까? 추상적 사고가 중요하지 않다고 주장하기 위해 추상적 사고를 사용하는 것은 명백한 자기모순이다.

새뮤얼 버틀러는 《에레혼》의 마지막 장 〈기계의 책〉에서 진화론 중 일부 주장을 풍자하면서, 그러한 주장은 마치 단순한 증기기관과 뻐꾸기시계가 진화를 거치면 기계 지능이 될 것이라고 예언하는 것과 마찬가지라고 말했다. 훗날 AI를 연구하는 컴퓨터 공학자 가운데 일부는 버틀러의 풍자적 비유를 진지하게 받아들였고, 어떤 이는 정확한 예측이라 말하기도 했다.

한편 나는 드 발의 논문을 읽으면서 〈블레이드 러너〉에서 마네킹과 레플리칸트가 등장하는 장면에서 연출했던 것과 동일한 도덕적 스트로보 효과를 경험했다. 오늘날 동물 행동학자들은 인간의 예외성이라는 전제가 초래하는, 동물에 대한 무지함과 취약한 도덕성 모두를 강력하게 비판한다. 동물 행동학 연구로 새롭게 밝혀진 동물의 인지 능력이나 정교하고 절묘하기 그지없는 생존 전략은 경탄스러우면서도 동시에 우리 자신을 겸허하게 만든다. 하지만 때로는 인간과 동물의 유사성에 관한 주장이 다소 과하거나 부적절해 보이기도 한다. 예컨대 드 발이 진지한 태도로 흰개미의 의식을 찬양하는 대목을 읽다 보면 자연히 지하실에서 창문 틈을 향해 싹을 뻗어 보내는 감자의 지능을 풍자적으로 찬양하던 버틀러의 글이 떠오르는 것이다.[22]

다시 말하지만, 우리가 인간 외의 다른 종들을 제대로 대우하는 것이 이러한 논의의 목적이라면, 그들과 인간의 차이를 최소화하는 것 말고도 다른 여러 대안이 있다. 예를 들어, 우리는 이렇게 말할 수도 있을 것이다. "나는 인간종이 다른 종들을 도의적으로 어떻게 대우해야 할지 고민하고, 철학적으로 또는 도덕적으로 성찰하면서 그 사이에서 균형을 찾으려 노력하는 유일한 종이라는 점이 무척 자랑스럽다." 표범은 영양을 잡아먹는 행위가 도덕적으로 옳은지에 대해 토론하지 않는다.

그러므로 인간 특유의 도덕적 의식 수준이야말로 우리가 동물들을 지금보다 훨씬 더 윤리적으로 대해야 하는 근거라고 주장하는 것도 일견 타당한 논리라 하겠다. 인간과 동물의 질적 차이를 인정한다는 것은 자만심에 찬 인간의 특권 의식을 부추기는 것이 아니라 오히려 동물에 대한 도덕적 책임을 진지하게 고민하는 계기를 마련할 수도 있다. 동물과의 차이가 곧 그들에 대한 무제한적인 지배를 정당화할 수는 없다.

드 발의 입장은 점차 학계의 주목을 받고 있는 추세지만, 한편으로는 그에 대한 강력한 반론이 제기되기도 한다. 예를 들어, 인간과 동물의 의식 수준은 중대한 부분에서 확연한 격차를 보인다는 반론이 있는가 하면, 인간과 동물 간 인지 능력의 유사점으로 제시된 사례는 일부 과장된 측면이 있으며 그러한 유사성에 부여하는 도덕적 의미 또한 지나치게 과장되었다는 비판도 있다. '인간 고유성humanique'이라는 신조어로 인간의 의식을 설명한 진화 생물학자 마크 하우저Marc Hauser는 그러한 비판적 입장을 대변한다.

찰스 다윈은 1871년 《인간의 유래》에서 인간과 비인간의 정신적 차이는 '정도의 차이일 뿐, 본질의 차이가 아니다'라고 주장했다. 오랫동안 많은 학자들이 이 견해를 지지해왔고, 최근에는 인간과 침팬지의 유전자는 98퍼센트가 일치한다는 유전학적 증거가 제시되기도 했다. 하지만 공통의 유전자로 인간 정신의 진화적 기원을 설명할 수 있다면, 왜 침팬지는 이런 글을 쓰지도 못하고, 롤링스톤스의 노래를 부른다거나 수플레를 만들지도 못하는 것일까? 실제로 인간과 동물의 지적 능력을 확연히 구분하는 중대한 간극이 존재한다는 점을 입증하는 증거가 점차 발견되고 있으며, 이는 인간과 다른 종의 정신은 진화적 연속성을 띤다는 다윈의 이론과 배치된다. 다만 그렇다고 해서 인간의 정신 능력이 어디선가 갑자기 완전한 형태로 출현했다는 의미는 아니다. 연구 결과 인간의 인지 능력을 구성하는 요소 중 일부는 다른 종에도 존재한다는 사실이 발견되었다. 그러나 인간의 정신을 고층 빌딩이라고 한다면 그러한 요소들은 고작 시멘트 바닥에 불과하다.[23]

하우저의 주장이 흥미로운 이유는, 인간의 인지 능력의 독특한 특성들을 상세하게 분석해본 결과 그 특성들이 인간과 다른 모든 동물 사이의 급격한 단절을 초래한다고 주장하기 때문이다. 그의 주장을 자세히 살펴보자.

(1) 생성적 계산 능력을 지닌 인간은 사실상 무한한 수의 단어, 개념, 사물을 만들어낼 수 있다. 이 능력은 재귀법 및 조합법이라는 두 가지 형태로 수행된다. 재귀법은 하나의 규칙을 반복적으로 적용해 새로운 표현을 만들어내는 방식이며, 조합법은 개별 요소를 조합해 새로운 아이디어를 생성하는 방식이다.

(2) 아이디어를 무작위로 조합하는 방식을 통해 우리는 예술, 성性, 공간, 인과관계, 우정과 같은 서로 다른 영역의 지식을 한데 모을 수 있으며, 그 결과 새로운 형태의 법칙, 사회적 관계, 기술이 생성된다.

(3) 현실에서의 감각 경험과 상상 속의 경험 모두 내면의 기호로 부호화되며, 기호는 풍부하고 복합적인 의사소통 체계의 바탕이 된다. 우리는 그 기호를 내면에 간직할 수도 있고, 언어나 그림의 형태로 타인에게 표현할 수도 있다.

(4) 추상적 사고 능력을 통해 감각 기관으로 인식할 수 없는 대상에 대해서도 성찰할 수 있다.[24]

이 설명을 살펴보면서 두 번째 인간 고유성에 대한 부분에서 나열된 요소를 모두 담아낸 문장을 만들어보고 싶은 충동을 느낀 독자가 분명히 있을 것이다. 예를 들어, 이런 문장은 어떨까? "당신을 집으로 초대한 이유는 그저 판화를 보여주려는 것이 아니라, 장시간의 성관계를 통해 우리 사이에 평생 지속될 우정의 토대를 마련할 수 있을 것 같아서였어요. 아 그리고 혹시 우리 '틴더'라는 데이트 앱을 함께 시작해보는 건 어떨까요?"

우스꽝스럽다고 생각할 수도 있겠지만, 이러한 가상의 문장만으로도 하우저의 요점을 정확히 보여줄 수 있다. 우선 여기서 이성에게 접근하며 판화를 보러 오지 않겠냐고 제안하는 이 상투적인 표현은 희극 대사에서 비롯된 표현으로,[25] 데이팅 앱의 클릭 한 번이면 만남이 이루어지는 오늘날에는 그런 표현이 점차 사라져가고 있다. 어쩌면 이제는 "지금 만날래?"라는 한 마디면 끝나는 시대인지도 모른다. 어쨌든 이러한 상투적인 표현을 이해하고 활용하는 능력은 우리가 직접 만나본 적 없는 사람의 글과 말, 영상 기록물 등이 세대를 넘어 전승되는 문화를 기반으로 형성된다. 풍자적 표현의 경우, 어떤 말을 하면서 그 속에 내포된 다른 의미를 전달하는 능력을 발휘하기 위해서는 공통의 문화적 배경 및 다각적인 의미 전달 체계가 전제되어야 하며, 그러한 전달 능력에 독자의 기대치를 설정하고 그 기대를 예상치 못한 방식으로 깨뜨리는 유머 감각이 더해지는 것이다.

한편 다양한 혁신이 서로 시너지 효과를 내며 구현된 새로운 커뮤니케이션 기술을 활용해서, '연애'라는 사회적 영역에 변화를 일으킬 새로운 기업 형태(3장에서 살펴보았듯이 기업은 지극히 추상적인 개념이다)를 구상해내는 능력은 실로 놀라운 일이다. 가상의 문장에서 언급된 데이트 앱의 상표(이 부분 역시 지적 재산권이라는 인간의 또 다른 흥미로운 창조물이다)인 '틴더'는 불쏘시개라는 뜻으로 남녀가 서로에게 이끌릴 때 불꽃이 튀는 순간을 떠올리게 하며, 신기술을 활용해 사랑의 불꽃을 일으킨다는 의미로 승화시킨 일종의 언어유

희라 할 수 있다. 게다가 틴더라는 단어 자체도 물리적·감정적 의미를 모두 내포하는 중의적 표현이기도 하다.

사실 이 우스꽝스러운 문장에는 하우저가 설명한 인간의 두 번째 능력의 요소뿐만 아니라, 그가 제시한 네 가지 인지 능력이 모두 포함되어 있다. 이 모든 것을 유인원이나 돌고래에게 어찌 설명할 수 있겠는가?

인간과 동물의 이러한 차이로 인해 하우저 같은 과학자들이 다윈의 주장과 달리 인간의 의식은 비인간 동물의 의식과 질적으로 다르다고 여기는 것이다. 즉, 하우저는 인간의 의식이 진화의 마지막 단계라고 보지 않는다. 그는 심지어 자연 진화나 유전자 조작을 통해 우리보다 더 발전된 형태의 존재를 상상하면서 그 존재는 우리와 침팬지의 차이만큼이나 우리와 전혀 다른 존재일 것이라 예상한다. 그의 주장은 AI와 특이점에 관한 논쟁과 섬뜩할 정도로 닮아 있다. "그러한 변화는 완전히 새로운 형태의 의식을 탄생시킬 것이다. 우리가 우리의 조상을 떠올릴 때 존경심과 호기심을 느끼고, 단순하기 그지없는 존재들로 가득한 세상에서 우리만이 유일하게 귀감이 되는 존재라는 자부심을 느끼는 것처럼, 그들 역시 그들의 조상을 떠올리며 같은 느낌을 받을 것이다."[26] '단순하기 그지없는 존재들로 가득한 세상에서 유일하게 귀감이 되는 존재'라니. 그야말로 본질적인 차이다.

한편 토미의 변호인단은 변론에서 이러한 극단적인 관점은 모두 배제했다. 그들의 주장도 출발점은 동일했다. 우리가 인간의 특수한 지위를 정당화하는 요소가 무엇인지 모색하는 과정에서, 인간이라는 종에 대한 집착을 드러내는 순환논리(인간은 인간이기에 특별한 존재다)나 유전자 본질주의(인간의 DNA의 모든 요소는 인간에게만 존재한다)를 배제한다면, 결국 우리의 시선은 대다수 인간의 의식 자체의 특성들로 향할 수밖에 없을 것이다. 여기서 '대다수'라는 단서를 붙인 이유가 있다. 혼수상태에 빠진 사람이나 무뇌증으로 태어난 아이는 일반적인 의식의 특성을 갖지 못할 수 있는데, 그렇다고 해서 그들을 인간 이하로 취급한다면 극악한 비윤리적 행태로 비난을 면치 못할 것이기 때문이다. 이 경우에는 종에 집착하는 관점이라도 다소 용인될 수 있을 것이다. 그러한 관점이라면 같은 인간으로서 자신을 보호할 능력이 없는 이들을 보호할 수도, 부족한 공감 능력을 보완할 수도, 타인을 배척하기보다는 포용할 수도 있을 것이기 때문이다. 하지만 대체로 인간의 특수성을 보여주는 도덕적 근거는 우리의 의식 자체의 특성에서 찾을 수 있다.

토미의 변호인단이 제출한 청원서에는 동물의 정신이 인간의 정신과 동일한 수준이라거나 동물이 구사하는 언어 능력 및 추상적 사고 능력이 인간만큼 대단한 수준이라는 주장이 담겨 있지 않았다. 그들이 주장한 바는 일부 동물의 경우 도덕적 측면에서 인간 수준의 정신 능력을 갖추었으므로 법적 인격을 취득할 경쟁력 있는 후보라는 것이었다. 청원서 내용을 살펴보자.

> 침팬지는 자율적이고 자기 결정권이 있고 자신을 인식하고 지능적이며 복합적인 감정을 표현하는 동물이다. 따라서 인지적 측면에서는 인간과 유사한 능력을 보인다. …… 토미는 유전

적·생리적 특성에 따라 형성된 두뇌를 통해 자율성, 자기 결정, 자기 인식, 삶의 방식을 선택하는 능력뿐 아니라 복잡한 형태의 인지 능력 및 감정을 지니게 되었다. 따라서 토미는 관습법상의 법적 인격을 부여받을 자격이 있으며, 신체의 자유를 보장받기 위한 관습법상 인신 보호 영장의 대상이 될 자격도 있다.[27]

이 변론서 내용은 감동적이고 교훈적이며, 한편으로는 바람직한 변론 기법을 잘 보여주는 훌륭한 사례다. 또한 정교하게 작성되어 그야말로 법적 글쓰기의 모범이라 할 만한 이 변론은 과학과 윤리 지식 그리고 판례를 잘 융합한 결과, 처음에는 상식을 벗어난 주장이라 여기다가도 어느새 설득당하게 된다. 변호사의 역할 중 하나는, 주장하는 내용이 명백히 급진적인 사회 변화를 추구하는 것일지라도 실제로는 우리의 법률 문화라는 기름진 토양에 단단히 뿌리를 내리고 있다는 사실을 청중 앞에 보여주는 것이다. 토미의 변호인단은 바로 그 역할을 훌륭히 수행했다. 그들은 다양한 법철학 연구 결과를 인용하면서, '침팬지는 인간인가'라는 질문과 '침팬지는 법적 인격을 가질 수 있는가'라는 질문을 구분해냈다. 이로써 변호인 측의 논증 부담은 여전히 높지만, 논증할 양이 상당히 줄어들게 되었다. 그런 다음 그들은 어떤 존재가 법적 인격을 부여받기 위해 필요한 자격 요건에 대한 논거를 제시함으로써, 그들의 주장이 터무니없거나 허무맹랑한 것이 아니라 도발적이면서도 흥미로운 주장으로 여겨지게 만들었다. 여기까지가 바로 사회의 인정을 받기 위한 첫 단계다. 첫 단계를 통과했다고 해서 곧바로 논쟁에서 이길 가능성이 높아지는 것은 아니지만, 적어도 토론의 장에 입성할 자격은 부여받은 셈이다.

이 변론이 무척 인상적인 이유는 침팬지의 정신 능력에 대해서는 각 요소를 뒷받침할 과학적 근거를 제시하는 동시에, 토미가 콘크리트 우리 속에 갇혀 있다는 것이 어떤 의미인지 우리가 공감할 수 있게 하기 때문이다. 과거와 미래에 대해 생각할 수 있는 존재에게는 갇혀 있는 상황이 그야말로 고통이지만, 그러한 능력이 없는 존재라면 현재만 보고 하루하루 살아가므로 설사 종신형에 처해진다 해도 특별한 의미가 없다. 침팬지는 자율성을 비롯해 장기적 이익을 위해 단기적 욕구나 만족을 포기할 수 있는 만족 지연 능력, 미래를 내다보고 계획을 세우는 능력이 있는 동물이라는 사실, 이 사실들을 근거로 한 주장에 따라 청중이나 판사는 침팬지가 인간의 정신 능력에 관해 우리가 중요한 가치를 부여하는 일부 요소를 충족한다고 여기게 된다. 게다가 침팬지의 우수한 사회성 및 의사소통 능력은 그러한 고립 상태가 미치는 악영향을 더욱 강화시킨다. 많은 동물 행동학자들은 침팬지가 슬픔, 후회, 연민 등의 감정을 느낄 뿐만 아니라 전략적 행동, 협동, 게다가 속임수까지 쓸 수 있다고 주장한다.[28] 이 모든 것을 알게 되는 순간, 침팬지에 대한 공감대가 비약적으로 형성된다. 어떻게 인간이 이런 존재를 감금할 수가 있는가? 그러나 공감대가 형성되는 바로 그 순간, 우리는 인간의 특수성에 대한 정당한 근거를 제시하도록 요구받게 되며, 우리가 토미를 경계선 안으로 받아들이지 않아도 되는 기준을 내놓아야 한다는 압박을 느끼게 된다.

만일 자율성, 복합적 정신, 도덕적 감각, 의사소통 능력, 지능, 유아 수준의 인지 능력 테스트 결과 그리고 미래 계획을 세우는 능력 등의 자질을 보유한 개체에 법적 권리를 부여하지 않는다면, 인간은 무엇을 근거로 그런 권리를 가질 자격이 있는 것일까? 토미의 변호인 측의 주장을 살펴보자.

침팬지들은 법적 인격 및 관습법상의 신체의 자유를 누릴 권리를 보장받기에 충분한 복잡한 인지 능력을 지닌다. 이는 자유와 평등의 원칙에 입각한 문제다. 그중 가장 중요한 인지 능력은 자율성으로, 다른 많은 인지 능력들이 그에 수반된다. 이러한 능력 중 일부만 열거해보겠다. 그들이 인지하는 자아 개념으로는 자전적 자아, 일화의 기억, 자기 결정 능력, 자의식, 자기 이해, 자기 주도성, 지시적 의사 표현, 의도적 의사 표현, 공감, 작동 기억, 언어 능력, 메타 인지, 수량 개념 그리고 물질, 사회, 상징성을 바탕으로 한 문화 등이 있으며, 그들이 구사하는 능력으로는 계획 수립, 내면의 시간여행, 의도적 행위, 순차적 학습, 매개 학습, 정신 상태 모델링, 시각적 관점 전환, 감각 간 통합 인지 능력이 있다. 그 외에도 침팬지들은 인과관계나 타인의 경험을 이해하는 능력, 상상하고, 모방하고, 지연 모방이 가능하고, 경쟁하고, 혁신적 발상을 하고, 도구를 사용하는 능력도 보유한다.[29]

사실, 이와 같은 주장에 대해 인간의 감정 및 내면의 과정을 동물에게 투사함으로써 동물을 지나치게 의인화한다는 비판이 제기되어왔다. 또한 야생에서는 결코 경험할 수 없는 방식으로 길러진 동물들을 대상으로 한 실험은 신뢰하기 어렵다고 주장하며, 수어를 학습한 침팬지를 한 가지 사례로 제시한다.[30] 동물의 고차원적 행동이 사실은 인간처럼 보이도록 길들여진 결과일 수도 있지 않을까? 이 부분에서 우리는 AI에 대해 바로 그러한 시각으로 접근했던 회의론을 떠올리게 된다. 애초에 그 개체가 인간의 행동을 모방하도록 주입시켜 놓고는, 이제 와서 그건 그렇다 치고, 그 모방 행동에 속아 그것을 유대감이라 부르고 있는 것은 아닐까? 그러한 회의론도 이해할 수 있지만, 어쨌든 토미에 관한 변론에서 제시된 주장을 뒷받침하는 각종 실험의 다양성과 창의성에는 감탄하지 않을 수 없다. 다만 드 발과 다윈을 필두로 한 학자들의 견해 가운데, 인간이 모든 동물보다 전적으로 완전히 우월하다는 가정이 인간의 자만에 찬 무지함에서 비롯되었다는 주장은 타당하다고 본다. 이 무지함의 장막을 걷어내는 과정에는 도의적 결과가 뒤따른다.

    변호인 측 주장의 전반적인 취지에는 동의하는 바지만, 간혹 과한 측면도 있다. 예를 들어, 토미의 변호인들은 이렇게 주장했다. "요컨대, 단어를 학습하는 경우 침팬지가 이해하는 단어의 의미와 인간이 이해하는 의미 사이에는 본질적인 차이가 없다."[31] 하지만 내가 플로베르의 《보바리 부인》에서 "언어란 금이 간 주전자와 같아서, 우리가 주전자를 두드려보았자 겨우 곰들이나 장단 맞춰 춤을 추지만, 우리는 늘 별들마저 감동시키기를 갈망한다"[32]라는 문장을 접할 때 나의 머릿속에서 일어나는 반응과 침팬지가 '많다',

'나중에', '슬프다' 같은 수어를 배울 때 침팬지의 머릿속에서 일어나는 반응은 사뭇 다를 것이라 확신한다. 나는 그 구절을 읽노라면 그 속에 담긴 함축적이고 은유적인 울림을 주는 표현들을 통해 소설 속 공간으로 날아가 달콤하면서도 씁쓸한 아름다움과 상실을 맛보게 된다. 어쩌면 이 문장은 문장 자체의 한계를 드러내는 것일지도 모른다. 플로베르는 언어로는 차마 담아낼 수 없는 감정이 존재한다는 사실을 너무나 우아한 언어로 표현하고 있는 것이다. 이것이야말로 스스로 모순에 빠지는 한이 있어도 최선을 다해 자신의 틀을 깨뜨리려는 인간이라는 종의 특성이다. 그러나 플로베르 수준의 언어를 구사해야만 인간인 것은 아니듯이, 인간이어야만 법적 인격체가 될 수 있는 것은 아니다.

여기서 우리는 두 번째 논증 방식으로 넘어갈 텐데, 그와 관련해 동물권리옹호단체들이 제시한 주장은 다소 놀라운 것이다. 바로 우리 사회는 법적 차원에서 이미 오래전부터 비인간 동물들의 법적 인격을 인정해왔다는 주장이다.

법적 권리자 논증

바르톨로뮤 샤세네Bartholomew Chassenée는 16세기의 프랑스의 저명한 법학자로 오툉Autun의 교회 법정에서 열린 한 재판에서 쥐들을 변호하면서 명성을 얻었다고 알려져 있다. 쥐들은 그 지역의 보리 작물을 흉악하게 먹어 치우고 밭을 엉망으로 만든 혐의로 기소되었다. …… 샤세네는 자신이 변호를 맡은 의뢰인이 재판에 출석하지 않은 이유를 이렇게 설명했다. "쥐의 천적인 고양이들이 그들의 일거수일투족을 끊임없이 주시하며 해칠 의도를 품고 골목골목 잠복해 있어서 쥐들에게는 법정까지 먼 거리를 이동하는 것이 치명적인 위협이 될 수 있다."[33]

— E. P. 에반스 E. P. Evans, 《동물에 대한 형사 사건 및 사형 판결 The Criminal Prosecution and Capital Punishment of Animals》

오툉의 쥐들을 피고로 한 이 재판은 동물의 법적 인격에 대한 수많은 논쟁의 출발점이 되었다. 이 사건이 주목받은 데는 중세 시대의 법전을 마치 '톰과 제리'가 등장할 만한 흥미로운 이야기로 풀어쓴 듯한 에반스의 매력적인 문체도 어느 정도 기여했다고 본다. 또한 기괴하기 짝이 없는 그 수많은 동물 관련 판례들을 파헤친 에반스의 감동적일 만큼 강렬한 집착도 경이롭다. 이 책의 목차에 끝없이 이어지는 음울한 제목들은 굉장히 흥미롭다. 시인 보르헤스가 동물 관련 법률을 시로 표현했다면 아마 이런 제목이 나오지 않았을까 싶다. 목차를 한 번 훑어보자.

- 들쥐에 대한 형사 기소
- 해충을 파문한 로잔 주교
- 애벌레에 대한 공식 소송 기록
- 배추벌레를 불러내는 마법사들
- 제비를 추방한 개신교 목사

- 쥐에게 권고 서한을 보내는 관습
- 쥐들에 대한 강제 퇴거 명령
- 주문을 외워 쥐를 쫓아내는 아일랜드 풍습
- 큰 네발짐승에 대한 사형 집행

……

- 산 채로 불태워지거나 매장당하고 고문을 받은 짐승들
- 영아 살해 혐의로 처형된 돼지
- 불량한 행위를 한 혐의로 참수된 황소
- 수간獸姦에 대한 처벌[34]

이 중 마지막에 언급된 범죄는 당시 상당히 빈번하게 발생했던 것으로 보인다. 대개 그러한 범법 행위를 한 인간과 그 행위에 희생된 동물이 함께 처벌을 받았는데, 드물지만 동물에 대해서는 관용을 베푼 판례도 있었다. 자크 페롱이라는 자의 당나귀는 '폭력의 희생자였을 뿐, 자신의 의지로 주인의 범죄 행위에 가담하지 않았다'는 이유로 처벌을 면했다.[35] 지역 주민들은 그 당나귀의 품행이 단정하고 정숙했음을 증명하기 위해 서명에 참여했고, 결국 당나귀는 무죄 판결을 받을 수 있었다.

동물을 법적 인격화한 전통적 관습법에는, 저마다 다양한 동기가 있었는데 그중 하나는 악령 빙의와 마법에 대한 것이었다. 동물이 함께 처벌받은 이유는 동물을 인간처럼 의인화해서가 아니라 악마주의 때문이라는 이야기다. 어떤 불행한 사건이 발생했을 때, 그 원인을 동물의 영혼에 깃든 악령의 소행으로 돌리는 것이다. 따

라서 해충이 창궐해 농작물 피해가 발생한 경우부터 미처 날뛰는 말이 재산상의 손실을 입힌 경우, 돼지의 공격으로 아이가 죽은 경우에 이르기까지, 각종 사건에 연루된 동물을 처벌하는 행위는 사실상 악령을 처단하고 악령의 소행이 발생한 상황을 종결짓는 상징적 행위였다고 볼 수 있다. 또 다른 동기로는 동물 의인화에 따른 처단 행위가 단순히 사건의 증거 자체를 확보하기 위한 의미론적·상징적 행위인 경우였다. 소는 농장의 가축을 상징했고, 이는 곧 농장주의 이익과 직결되는 존재였기 때문이다. 세 번째 동기는 '봉납deodand'이라 불리는 영국 관습법에 따른 집행 과정으로, 일종의 정의 회복 절차라 할 수 있다. 사고의 원인이 된 물품이나 동물을 몰수하는 봉납은 화폐 유동성이 낮은 당시 사회에 매우 적합했으며, 사건을 목격한 이들에게도 어느 정도의 감정적인 만족감을 주는 절차였다. 이와 관련된 내용을 에반스가 어떻게 묘사했는지 살펴보자. 단 이 책이 1906년에 출간되었다는 점을 염두에 두길 바란다.

이성적인 사고를 할 수 없는 생물이나 무생물의 죄를 묻는 행위는 어린아이의 행동이나 초기 원시 문명에서나 흔히 나타날 법한 유치한 행위지만, 영국의 법률에 그 흔적이 봉납이라는 독특한 관행으로 뚜렷하게 남아 있으며 일부 관행은 유대교 전통과 고대 게르만 관습에서 유래되었다. 법학자 윌리엄 블랙스톤 William Blackstone의 설명에 따르면, "말이나 다른 동물의 행동으로 인해 어른이나 아이가 숨졌을 때, 혹은 마차에 사람이 깔려 숨졌을 때, 해당 사고를 일으킨 동물이나 마차는 몰수된다." 또한 마차를 몰던 마부가 떨어져 마차 바퀴에 깔려 숨진 경우, 쓰러진 나무에 깔려 사람이 숨진 경우, 말이 마부를 걷어차 숨지게 한 경우, 각각의 사건에서 마차 바퀴, 나무, 말을 봉납하여 왕명에 따라 매각하고 그 대금은 가난한 자들을 위해 사용된다.[36]

이 모든 사례에서 동물은 법적 의무 또는 처벌의 당사자가 되고, 그렇지 않은 경우에도 해당 동물은 법률에 따라 처벌이나 재산 재분배의 대상이 되기도 하며 인간의 활동이나 이해관계를 상징하는 존재로 인정된다. 그러나 오늘날의 동물 관련 소송에서는 그보다 한 걸음 더 나아간 주장이 제기된다. 즉, 법률상 이미 동물에게 권리 및 의무 일체를 부여했으며, 그 과정에 해당 동물을 법적 인격체로 인정한다고 보는 것이 합당하다는 논리다. 바로 이 부분에서 동물 권리 운동가들은 코헨과 듀이의 주장을 완전히 뒤집는다. 코헨은 "법적으로 어떠한 대상을 인격체라 칭하는 것은 단지 소송 당사자가 될 수 있다는 사실을 은유적으로 표현한 것에 불과하다"[37]고 말했으며, 듀이도 그와 유사한 주장을 했다. "인간의 법적 의미는 법이 어떻게 정의하는지에 따라 결정된다고 말할 때, 여기서 '인간'은 단순히 권리와 의무를 지닌 개체로 해석될 수 있을 것이다. 그러한 속성이 있는 개체는 곧 인간이라고 한다면, 이는 너무나 자명하므로 동어 반복에 지나지 않는다."[38]

그러나 토미의 변호인단은 그들의 논리를 거꾸로 적용했다. 토미는 법적으로 권리 및 의무 일체를 보유하고 있음을 입증하기 위해 변호인단은 비인간 동물의 수익자 지위를 인정하는 뉴욕 주법에 따라 개설한 신탁 기금의 수익자로 토미를 지정하려 했다. 그들은 토미가 '권리 및 의무를 지닌 개체'인 점이 명백하다고 주장하며, 그에 따라 토미가 법적 인격체임을 강하게 주장했다. 뉴욕 주가 동물에게 법적 권리를 부여하고 위탁인이나 소송 대리인이 그 권리를 대신 행사하게 하는 법을 제정했으니, 이미 동물을 법적 인격체로 인정하게 된 것이나 다름없다는 논리다.

과연 설득력이 있는 주장일까? 어떤 면에서는 듀이와 코헨의 논리가 토미의 변호사 측 변론에 분명 도움이 된다. 그 둘은 법적 인격을 본질적인 실체로 보지 않고 필요에 따라 합리적으로 선택된 사회적 구성물로 보았다. 법적 인격이란 사회가 만든 상자로, 사회가 편의상 선택한 권리 및 의무의 조합으로 그 안을 채워 넣는다는 논리다. 이에 따르면 우리는 법적 인격을 실체화하거나 사물화해서는 안 되며, 설령 어떤 기업이 법적 인격을 부여받았다고 해서 자연인, 즉 인간이 가지는 모든 권리와 의무도 저절로 부여된다고 가정해서는 안 된다. 법적 인격과 인간성을 서로 분리된 개념으로 보는 한편, 법적 인격을 우리가 선택한 방식으로 형성할 수 있다는 점을 강조함으로써, 코헨과 듀이는 토미의 사건을 담당한 뉴욕 주 판사들에게 법적 인격의 경계는 그들이 얼마든지 확장하거나 축소할 수 있는 것이라고 주장하는 셈이다. 그렇게 본다면 판사 측에서는 토미가 법적 인격체로 인정받기 위해 유전적으로 반드시 인간일 필요가 없다고 판단하는 데 논리적으로 문제가 없다.

그러나 동물 권리 운동가들과 그들의 변호인 측은 여기서 더 나아가고 있다. 그중 가장 극단적인 논리를 소개하자면, 법률에 의거해 동물에게 권리나 의무를 단 하나라도 부여하게 되면 그 즉시 법적 인격도 함께 부여되는 것이 논리적으로 합당하며, 사실상 법적 인격을 이미 인정한 것이나 다름없다는 논리다.

실제로 법적 인격을 유명론nominalism(중세 스콜라 철학에서 실재론에 대항하는 이론으로, 개념은 명칭에 불과하며 보편자나 추상적 개념은 실체가 없다는 입장이다. - 옮긴이 주)의 관점으로 해석해서 사회가 임의로 구성한 개념이라고 가정한다면, 법적 인격을 실제 인간의 인격과 상당히 다르게 정의하는 것도 얼마든지 가능해진다. 그 경우에는, 법률에 따라 어떤 개체에 대해 일부 권리나 의무를 부여했다고 해서 저절로 완전한 법적 인격까지 인정된다는 논리가 깨진다. 어떤 개념이 그저 명칭만 있을 뿐 실체가 없으며 사회의 선택에 따라 구성된 것에 불과하다고 주장해놓고, 그 개념의 본질적 성격상 이런저런 사례에 확대 적용되어야 한다고 주장하는 것은 앞뒤가 맞지 않기 때문이다.

법적 인격을 사회가 임의로 선택한 권리와 의무로 채운 상자로 간주한 이상, 단지 한 가지 권리(신탁의 수익자가 될 권리)가 있다고 해서 다른 많은 권리(인신 보호 영장으로 보호받을 권리)까지 보장받아야 한다고 주장할 수는 없다. 즉, 시작은 유명론자였다가 다음 단계에서 갑자기 본질주의자가 될 수는 없는 노릇이다. 실제로 이것이 바로 법인을 둘러싼 논쟁에서 법 현실주의자들이 반박했던 부분이다. 즉, 기업이 계약 집행을 강제하거나 자산을 보호하기 위해 소송할 권리를 부여받았으므로 그 외의 모든 권리도 당연히 보장된다는 논리다. 실제로 연방 대법원은 법인의 표현의 자유와 관련해서는 그러한 논리를 받아들인 듯하지만, 오래전 윌리엄 렌퀴스트 대법관이 이미 지적했듯이, 법원의 결정에는 아무런 논거도, 논의도 없었다.

뉴욕 주 상소 법원은 특정한 법적 권리가 있는 존재라고 해서 저절로 법적 인격이 부여되는 것이 아니라는 점을 분명히 밝혔다. 사실 법원은 한 단계 더 나아가, 토미는 애초에 법적 인격체가 아니며, 그 이유는 사회 계약에 따라 부과되고 그에 수반하는 권리 및 의무를 지니지 않은 존재이기 때문이라고 보았다. 판결문을 살펴보자.

> 청구인 측은 토미 같은 침팬지에 대해서도 인신 보호 영장으로 보호받을 수 있는 신체의 자유를 보장해야 한다는 주장에 대한 다양한 근거를 제시하지만, 헌법 역사상 권리 부여 문제는 사회적 의무 및 책임과 연결된다. 권리와 책임 사이의 관계성은 사회 계약의 원칙에서 비롯되며, 이 사회 계약은 우리 정부 체계의 근간을 이루는 자유와 민주주의라는 이상에도 영향을 주었다. 이러한 관점에서, 우리 사회는 사회 구성원이 명시적 또는 암묵적으로 사회적 책임을 받아들일 때 그 대가로 권리를 부여한다고 볼 수 있다.[39]

그러나 이 사건을 심리한 판사 전체가 이 결정에 완전히 동의한 것은 아니었다. 최종심에서 유진 M. 페이히Eugene M. Fahey 판사가 낸

보충 의견을 읽어보면, 이 문제에 대해 다소 회의적인 입장이 드러난다.

> 비인간 동물에게는 의무가 없듯이, 유아나 혼수상태에 빠진 사람도 의무가 없기는 마찬가지다. 그렇지만 유아기의 자녀나 치매를 앓는 부모를 대신해서 인신 보호 영장을 요청한다면 아무도 이를 부적절한 행위라고 보지 않을 것이다. 요컨대 어떤 존재가 도덕관념에 따른 행동을 자유롭게 할 수 있는 '도덕적 주체'여야만 피해를 입은 상황에서 그에 대한 시정을 요구할 권리가 있는 '도덕적 객체'가 될 수 있는 것이 아니다. …… 개인적인 소견으로는, 우리가 따져볼 사항은 침팬지가 인간이라는 정의에 부합하는 존재인지, 혹은 침팬지가 인간과 동일한 권리 및 의무를 지니는지 여부가 아니라, 침팬지에게 인신 보호 영장으로 신체의 자유를 누릴 권리가 있는지 여부다. …… 인간처럼 생각하고 계획하고 삶을 즐길 줄 아는 수준의 지능이 있는 동물이라면, 학대나 강제 구금을 당한 상황에서 법적 보호를 받을 권리를 보장할 것인가? 이는 단순히 정의를 내리기 위한 질문이 아니라 윤리 면에서나 정책 면에서 우리가 심각하게 고민해보아야 하는 딜레마다. 침팬지는 인신 보호 영장으로 보호받을 권리가 없는 존재라고 결정한다는 것은 결국 그 침팬지는 고유한 존재 가치가 전혀 없다고 보는 것과 다름없다. 즉, 그저 인간에게 유용한 자원이며, 그 활용도에 따라 가치를 매기는 물건으로 취급하는 것이다.[40]

페이히는 결국 이 소송을 기각하는 데 찬성했지만, 그는 분명히 고민하고 있었다. 그의 관점에서 볼 때, 토미의 변호인단은 기존의 경계선에 관한 의문을 제기한 것이었다. 완전한 법적 인격체의 자격 기준이 되는 경계선 자체는 아닐지라도, 동물에게까지 확대된 기존의 권리에 비해 훨씬 더 많은 범위의 권리가 보장되는 중간적 지위가 가능할 것인지를 묻고 있다고 본 것이다.

침팬지 토미 외에도 미국 법정에 등장한 여러 동물이 있었지만, 대개 법적 인격에 관한 사안보다는, 소송을 제기할 수 있는 법적 자격인 법적 제소권 관련 사안이었다. 그중 몇 가지 사례를 간략히 소개하겠다. 하와이의 꿀먹이새인 팰릴라Palila의 사례에서 법원은 "원고의 자격으로 법정에 날아들어왔으며 소송 당사자로서의 법적 지위를 인정한다"고 판시했다.[41] 또한 고래, 돌고래, 알락돌고래를 포함한 '고래 공동체 vs. 부시 행정부'라는 매력적인 이름의 판례도 있다(이들은 결국 패소했다).[42] 심지어 '셀카를 찍는 나루토'라는 원숭이에 관한 판례도 있다. 국제동물보호단체 PETA People for the Ethical Treatment of Animals가 나루토라는 원숭이를 대신해 저작권 소송을 제기한 사건이었는데, 항소심에서는 다음과 같은 판결을 내렸다. "본 법원은 원숭이가 저작권 침해와 관련해 인간, 법인, 기업체를 상대로 손해 배상 및 사용 금지 명령을 청구하는 소송을 제기할 자격이 있는지 판단해야 한다. 과거 판례에 따르면 원숭이의 소송은 미국 헌법 제3조에 따른 소송 요건을 충족한다. 그러나 본 법원은 이 원숭이를 비롯한 모든 동물은 인간이 아니므로 저작권법상의 법적 제소권을 인정하지 않는다."[43]

법조계에서는 종종 이 사건들을 '원고 적격 판례'의 실수 모음집으로 보기도 한다. 즉, 비인간 개체가 미국 법원을 상대로 제소권을 주장하는 황당무계한 사건을 너무나 진지하게 다룬 결과 웃음거리를 자초했다는 것이다. 법학자 크리스토퍼 스톤은 한때 나무에도 법적 제소권이 있는지를 묻는 매우 유명한 법학 논문을 쓰기도 했지만,[44] 여전히 많은 이들은 법원이 원숭이가 직접 찍은 사진에 저작권이 있는지 따져본다든가, 미 해군의 저주파 음파 탐지기에 (아마도) 격분한 고래들의 법적 지위를 판단하느라 시간을 허비하는 것이 그저 우스꽝스럽다고 여긴다. 그러나 나는 그렇게 생각하지 않는다. 사실 사법부의 법적 체계를 제대로 이해하려면 기업체의 법인 관련 사안을 들여다보는 것보다 이 판례들을 살펴보는 편이 훨씬 낫다. 이러한 사건들에 대해서도 법원은 법 조항과 판례부터 헌법상 요구 사항 그리고 철학 및 윤리적 쟁점에 이르기까지 폭넓게 검토한 후 고심해서 판결문을 작성하기 때문이다. 그리고 그렇게 작성된 판례를 통해 우리는 향후 AI와 혼종 개체, 키메라, 형질 전환 개체 등을 대신해 제기될 소송의 전개 양상도 가늠해볼 수 있을 것이다.

1. 누가 이들을 대변할 것인가

비인간 동물과 관련된 판례가 주는 교훈 가운데 첫 번째는 집행 가능성이다. 이 문제는 법률가라면 과하게 집착할 수 있는 문제지만 일반인이라면 거의 염두에 두지 않는 부분이다. 만일 할과 침피가 직접 나서서 문제를 제기할 수 있고, 소송 당사자로서 자신의 이익을 명확히 표현할 수 있다면 상관없을 문제다. 그러나 앞서 소개한 토미나 나루토, 고래 공동체 등 동물에 관련된 많은 사건의 경우, 소송을 진행하는 주체는 각 동물의 권리를 대변하는 인간들이다. 다음 장에서 살펴볼 유전자 조작 개체나 키메라의 경우도 마찬가지다. 그러한 상황 자체가 논란의 대상이 될 수 있다는 이야기다. 비인간 동물의 법적 제소권을 요구하는 소송에서, 소송 주체는 대개 동물을 대신하는 '소송 대리인'으로서 후견인의 자격을 내세우며 당사자 적격을 주장하는 PETA 같은 단체들이다. 이러한 절차를 신뢰할 수 있을까? 한 판사는 판결문의 보충 의견을 통해 다음과 같이 지적한다.

> 동물의 소송 대리인의 지위는 특히 남용될 가능성이 크다. 동물을 대신하는 소송 대리인을 허용하게 되면, 변호인(고래 공동체 사례에서)과 다양한 이해 집단(본 사례에서)이 동물이나 사물을 대신해서 소송을 제기하는 경우 해당 동물의 권리가 진정으로 표현되거나 증진되는지 확인할 수단이나 방안이 없게 된다. 이는 소송 환경을 근본적으로 바꿀 수 있다. 제도적 행위자(단체) 측이 단순히 어떤 동물이나 사물과의 특정한 관계성을 주장해서 제소권을 인정받은 다음, 그 제소권으로 단체 자체의 목표를 실현하는 데 사용해버리더라도 그러한 행위를 통제할 방도가 없게 된다. 타인을 대리하는 경우라면 일반적으로 어느 정도는 그들 사이의 이해관계를 파악할 수 있다. …… 그러나 동물을 대리하는 경우라면? 우리는 사실상 인간과 전혀 다른 종이 무엇

을 원하는지 파악할 수 있는지를 묻고 있는 것이다.[45]

판결문은 이어서 패소할 가능성이 커지자 PETA 측에서 합의를 이끌어내려 발 빠르게 움직였다는 점을 지적했다. 이 모든 과정은 실제로 나루토의 의향이 무엇인지 명확히 밝힐 수도 없는 상태에서 진행되었기에, 원숭이의 이익이 아닌 그 단체의 이익만을 고려했다는 논란을 일으켰다. 달리 말하면, 비인간 개체의 법적 인격을 인정하는 경우, 누가 그들을 대신해 발언권을 가질 것인지에 대한 규정이 명확히 정립될 필요가 있는 것이다. 그리고 이 문제의 답은 그리 간단하지 않다. 사실 토미의 소송이 세간의 주목을 받은 큰 이유 중 하나는, 한 비영리단체가 용감하게 앞장서서, 오랜 기간에 걸쳐 자리 잡은 법적 권리의 한계에 관한 법률의 부당함을 알리고, 도덕적으로 소외된 집단까지 보호받도록 권리의 범위를 확장하려 했다는 점이다. 그러나 이것이 동시에 이 사건의 약점이기도 하다. 스스로 목소리를 낼 수 없는 존재를 대신하는 발언권은 과연 누구에게 있는가? 다행히 기존 법률에는 이러한 사안을 해결할 만한 방안이 있다. '아동의 최선의 이익'이라는 개념과 유사한 맥락으로, 소송 당사자가 법정에 직접 출석해 발언하지 못하는 경우에도 해당 소송에 대해 법원이 임시로 지정한 후견인이나 법정 대리인의 발언을 통해 당사자의 이익을 별도로 반영하는 방안이다. 그러나 동물의 인격에 관해 이러한 방안을 활용하는 논의는 아직 시작 단계에 불과하다.

2. 법률을 어떻게 해석해야 하는가

동물의 제소권 사례에서 우리가 두 번째로 주목할 점은, 인격에 관한 문제를 판단할 때 법률의 해석 기법이 중요하다는 점이다. 현재 미국 법원의 동향은, '원전주의' 및 '문언주의'를 공식적으로 채택하는 경우가 빈번하며, 법령 및 헌법 해석에 이를 적용하는 경우도 간혹 있다. 실제 판결에서는 담당 판사가 어떤 법 해석 학파에 속하든, 특히 정부 관료의 인준 청문회 같은 경우라면 강한 어조로 엄격한 해석론을 설파하곤 하지만, 지극히 평범한 사건에 대해서는 그보다 훨씬 더 다원적이고 융통성 있는 방향으로 해석하는 편이다. 그러나 이 책에서 다루는 종류의 논의에 관해서는 법원의 공식적인 법률 해석 지침을 엄격히 따를 가능성이 높다고 본다.

원전주의나 문언주의를 채택한 판사라면 적어도 공개적으로는 윤리학자가 제출한 의견서나 인지심리학 이론 등에 크게 영향을 받지 않을 것이다. 예상컨대 그들은 법 조항의 해석은 해당 조항이 제정되었을 당시의 '공적 의미'에 따라야 한다고 주장할 것이다. 그러나 30년 후에는 우리 사회가 인격이라는 개념을 오늘날과는 다르게 해석할 수 있는 것처럼, 헌법을 제정할 당시의 사람들도 AI나 키메라 따위는 전혀 생각해본 적이 없었을 것이다. 다음의 판결문을 읽어보자.

> 공공의 여론이나 대중의 심리가 바뀌었다고 해서 법원이 헌법의 문구를 제정되었을 당시보다 더 유연하게 해석해야 한다고 주장하는 사람은 없을 것이라 본다. 헌법의 일부 조항이 부당하

다고 판단되는 경우에도 그 조항 자체에 명시된 절차에 따라 헌법을 개정할 수 있는 방안이 존재한다. 그러나 헌법을 개정하지 않는 한, 해당 조항은 현재로서도 제정 당시 사람들이 이해했던 방식 그대로 해석되어야 한다.[46]

원전주의자들이 이 판결문의 내용을 다소 불편하게 여기는 이유는, 이것이 미국 헌법사에서 가장 악명 높은 판결 중 하나인 1857년 '드레드 스콧 vs. 샌드퍼드' 사건의 판결문이기 때문이다. 당시 대법관이었던 로저 B. 태니 Roger B. Taney가 헌법과 독립선언서에 명시된 권리가 인정되지 않는다고 보았던 대상은 (AI나 형질 전환 개체가 아니라) 당시 노예 신분이었던 아프리카계 흑인들, 즉 인간이었다. 태니 대법관은 독립선언서의 장엄한 문구를 인용한다. "우리는 다음과 같은 사실을 자명한 진리로 받아들인다. 모든 사람은 평등하게 창조되었고, 창조주는 몇 가지 양도할 수 없는 권리를 부여했으며, 그 권리 중에는 생명과 자유와 행복의 추구가 있다. 이 권리를 확보하기 위하여 정부가 구성되었으며, 이 정부의 정당한 권력은 국민의 동의로부터 나온다."[47] 그러나 그는 뒤이어, 원전주의적 해석에 따르면 이 구절이 겉보기와는 전혀 다른 의미를 가진다고 주장한다.

독립선언서의 내용은 언뜻 보면 인류 전체를 아우르는 것처럼 보이며, 그 내용이 오늘날의 관점에서 작성된 것이라면 그렇게 해석해도 무방할 것이다. 그러나 이 문장이 작성된 당시의 의미로 보면 아프리카계 노예는 포함되지 않았음이 너무나 명확하다. 만일 오늘날의 기준으로 흑인 노예를 포함시키는 방향으로 이 내용을 해석하게 되면, 독립선언서를 작성한 위대한 인물들의 행동은 그들이 주장한 원칙을 궁극적으로 위배한 것이 된다. 그렇게 된다면 그들이 호소했던 인류의 공감은커녕, 오히려 전 세계의 비난과 책망을 받아 마땅할 것이다.[48]

대법원은 이후 법인이라는 인공적 존재의 헌법적 권리에 대해서는 매우 세심한 배려를 보였으면서도, 정작 실재하는 인간의 권리에 대해서는 원전주의적 해석을 근거로 그러한 배려를 하지 않았던 것이다. 우리와 같은 종에 속한 존재의 권리에 대해서조차 잔혹하리만큼 무관심했던 과거를 보면, 인간-동물 형질 전환 개체나 AI에 대한 헌법적 권리 또한 원전주의를 내세워 배척할 것이 너무나 자명하지 않은가?

원전주의적 법 해석은 토미의 사례에서 불리한 수사적 기반으로 작용했으며, 할이나 침피의 경우였더라도 그랬을 것이다. 그러나 원전주의가 반드시 똑같은 결론에 도달하라는 법은 없다. 왜냐하면 원전주의를 따르더라도 유연하고 가변적인 해석이 불가능한 것은 아니기 때문이다. 한 예로, 수정 헌법 2조(총기 휴대 및 소지의 권리)에 관한 판례에서는, 원전주의적 해석으로도 '무기'의 의미를 18세기 말에 존재했던 무기들로 한정 짓지 않았다. 하지만 원래의 공적 의미상 관련 용어의 적용 범위가 어떠했는지는 알 방도가 없다. 헌법이 제정된 당시의 무기만 해당할까? 아니면 헌법 적용 시점을 기준으로 자기 방어용이나 그와 맞먹는 성능의 무기를 의미할까? 아니면 현재 폭거를 일으킬 위험이 있는 정부와 맞서 싸우는 데 필요한 탱크와 전투기, 혹은 사이버 침입 기술이나 해킹 수단까지 포함될 수 있을까?

안토닌 스칼리아 대법관 같은 원전주의자들은 수정 헌법 4조(개인의 사생활 침해 금지)에 따라 주택 외부에 열 감지 탐지기를 사용하는 행위,[49] 법 집행 기관이 차량에 GPS 추적기를 부착하는 행위를[50] 위헌이라 판시했다. 이러한 행위는 해당 헌법을 제정한 이들이 고려했던 '수색 및 압수' 행위도, 수정 헌법 4조에 명시된 공적 의미도 아니라는 점은 분명하다. 따라서 우리는 수정 헌법 4조의 원칙과 목적을 오늘날의 현실과 기술을 반영해 그 해석을 일반화하고 있다. 명확히 하자면, 이러한 해석은 지극히 합리적인 방식의 원전주의적 해석이라고 볼 수 있다. 따라서 '수색'의 범위를 방식으로 정의할 수 있다고 본다면, '인간'이라는 단어도 그렇게 해석한다고 해서 비난하기는 어려울 것이다. 아무리 원전주의에 따라 원문 그대로 해석한다고 해도, 해석 범위를 얼마나 일반화할 것인지 결정해야만 하며, 이는 단순히 야구에서 볼이냐 스트라이크냐를 따지는 차원과는 다르다.

이 같은 문제는 법률을 해석하는 경우에도 똑같이 발생한다. 문언주의 성향의 대법관들은 미국 연방법 제7조가 '성별을 근거로 한'[51] 차별을 금지하고 있으므로, 성적 지향에 따른 차별 행위도 금지 대상이라고 보았다. 문자 그대로 해석한다면 후자는 전자에 자동으로 포함된다는 것이 다수 의견의 입장이다. 결국 고용주가 남성 직원이 여성과 교제하는 것은 인정하면서 여성 직원이 여성과 교제하는 것은 인정하지 않는다면, 이는 성별에 따른 차별 행위라는 것이다! 나 역시 그 판결이 온당하다고 보지만, 이러한 해석 역시 법률 제정 당시에는 원문의 '공적 의미'가 일반적으로 어떻게 적용될 것인지 간과되었다는 점은 지적하지 않을 수 없다. 이는 반대 의견을 밝힌 판사가 분개하며 거듭 지적했던 부분이기도 하다.[52]

오늘날에는 분명 법원에서 승소 판결을 받을 만한 타당한 주장이지만, 연방법 제7조가 제정되던 당시에는 말도 안 되는 소리로 여겨졌을 것이다. 그때는 '굳이 언급하지 않아도 당연히' 해당 조항에 그런 뜻이 포함되지 않는다고 보았을 것이기 때문이다. 그런데 최근 보수 성향이 우세한 연방 대법원에서조차 다수 의견으로 확장된 해석을 채택했고 진보 성향의 대법관들까지 여기에 동참하는 추세다. 마찬가지로, 오늘날의 시각으로는 인공 개체에 대한 법적 인격 주장이 터무니없게 느껴질지라도, 사람들이 고도화된 기능을 갖추고 자의식이 있는 AI와 수시로 소통하고, 유전공학 기술로 개발된 계약 노동자를 보며 가슴을 졸이거나 경이로움을 느끼며 살아가는 미래의 세상에서는 그 주장을 지금과는 전혀 다르게 받아들일지도 모른다.

요컨대, 해석 방법론은 단호히 주장되는 바와 달리, 실제로 그렇게까지 제약이 많은 것은 아니다. 특히 원전주의나 문언주의를 따르는 판사들은 그러한 해석 방식의 강점이 '판사 개인의 재량에 좌우되지 않는다'는 데 있다고 주장하지만, 실제로는 법리적 족쇄라는 환상 속에도 보기보다 느슨한 부분이 상당히 많다는 사실이 드러났다.

이러한 공적 해석 기법을 따른다는 점을 감안하면, 현재로서는 미국 법원이 할이나 침피의 권리 주장에 그리 큰 호응을 보일 가능성은 낮아 보이며 헌법상의 권리를 그 정도 수준까지 확대하기 위해서는 새로운 법률을 제정하거나 헌법 개정이 필요하다고 요구할 것 같다. 실제로 고래 공동체 사건에서 법원은 단도직입적으로 이렇게 판시했다. "동물이 법적 권한이 있는 인간과 동일한 방식으로 소송 당사자의 역할을 수행할 수 없다는 사실은 자명하다. 그러나 현행법상 기업, 합명 회사, 트러스트 같은 법인이나 심지어 선박이나 영아, 미성년자, 정신질환자 같은 법리상의 무능력자의 경우 소송의 주체가 될 수 있으며, 이때 연방법 제3조가 의회의 법안 통과에 장애가 되지 않는다."[53] 쉽게 말해, 법원은 이렇게 말하고 있는 것이다. "당신은 지금 엉뚱한 기관에 대고 주장하고 있다." 이 부분에서 우리는 비인간 동물 판례들이 제공하는 세 번째 통찰로 넘어가게 된다.

3. 판단은 누가 하는가

침팬지 토미, 고래 공동체 그리고 사진 찍는 원숭이 나루토 사건에서 법적 인격에 관한 논의는 왜 의회(입법부)가 아닌 법원(사법부)에서 이루어졌을까? 법리 문제를 잠시 제쳐두고 생각해보면, 정치 이론이나 민주적 정당성 측면에서 보아도 인격의 정의에 관한 사안은 법원 대신 의회에서 논의되는 편이 더 적절하지 않을까? 그럴지도 모른다. 비선출직인 판사가 인격의 범위를 확대하거나 축소하는 결정을 하는 것에는 중대한 문제가 있을 수 있다. 할이나 침피, 토미의 권리를 정말 판사들이 결정해야 할까? 하지만 그 결정을 입법부에 맡긴다고 해도 여전히 문제다. 법적 인격이라는 문제는 기본권에 관한 사안일 텐데, 그렇다면 법률 개정으로 해결될 문제가 아니지 않을까? 개인의 정치적 성향과 상관없이 누구든 이 문제는 판단하기가 애매할 것이다.

우선 시티즌스 유나이티드 판결이 내려졌을 때 진보주의자들이 받았을 충격을 생각해보자. 이는 비선출직인 판사들이 헌법을 근거로 법인의 로비 활동을 허가해준 사건이었으며, 그 결과 헌법 개정 없이 의회 차원의 민주적인 수단으로는 더 이상 기업의 로비 활동을 제한할 수 없게 되었다. 이번에는 의회가 태아를 법적 인격체로 인정하는 법안을 추진한다고 생각해보자. 지난 판결에 대해 판사가 민주적 자치 정부의 기본 요소를 침해한 사건이라며 분개했던 사람들이, 이번에는 의회가 기본권을 침해하고 있다며 여성 인권을 보장해달라고 법원에 호소하는 상황이 벌어진다. '돕스 vs. 잭슨 여성보건센터' 사건에서 대법원은 기존 판례인 '로 vs. 웨이드' 판결을 폐기하면서 낙태 규제에 대한 결정권을 의회에 넘겼고, 결국 의회는 수정 시점부터 낙태를 규제할 수 있게 되었을 뿐 아니라 태아에게 법적 인격을 부여할 가능성도 열리게 되었다. 그렇다면 이제 보수주의자에게 이러한 질문을 던진다고 상상해보자. 기업과 태아의 법적 인격에 대한 판단은 법원과 의회 중 어느 쪽에서 내려야 할까? 이는 정말이지 쉽게 답할 수 없는 복잡한 문제다.

복잡한 사안에 대한 결정을 내려야 하는 경우, 특히 빠르게 발전하는 기술이나 시대에 따라 변화하는 공공 도덕의식과 관련된 사안에 대해서는 의회의 결정에 맡기는 편이 더 낫다고 보는 견해가 있으며, 이를 뒷받침할 몇 가지 근거도 존재한다. 여기서 법학자로서 한 마디 덧붙이자면, 입법 과정에 대한 실무 경험이 거의 없는 이들이 그러한 주장을 가장 열정적으로 펼치곤 한다는 것이다. "법과 소시지를 좋아한다면, 만들어지는 과정을 보지 않는 것이 좋다"는 말이 있다. 법원은 이성과 원칙의 장엄한 신전으로 묘사될 만큼, 부패하고 각종 이해관계가 얽혀 있는 정치 세계와 광적인 선동가들의 영향이 미치지 않는 공간이어야 한다. 하지만 법원을 엘리트 집단이 운영하는 비민주적 조직으로 묘사하며, 사회의 다양한 이해관계를 조율하고 입법 과정을 구성하는 데 필요한 전문 지식이 부족하다는 견해도 존재한다. 법원에 대한 이러한 인식이 어디서나, 심지어 법학 수업에서도 쉽게 접할 수 있을 만큼[54] 만연한 이유는 그것이 어느 정도는 사실이기 때문이다.

1890년대의 보수주의자에게 법원이란 포퓰리즘이나 심지어 의회의 사회주의적 열기에 맞서 재산권과 적법 절차를 지켜줄 최선이자 최후의 보루였을 것이다. 즉, 고전적 법이론이 재분배를 앞세운 선동에 맞서는 구도가 형성되었던 것이다. 한편 1960년대의 보수주의자에게 당시 워렌 대법원장이 이끄는 사법부는 과거 판례를 무시하고 급진적 정치 의제를 판결로 밀어붙이는 무법적이고 비민주적인 기관처럼 보였을 것이다. (이는 오늘날의 진보주의 시각에서 바라보는 사법부와 비슷할 듯하다.) 반면 그 두 시기의 진보주의 관점으로는 당연히 정반대의 인식이 형성되어 있었다. 1890년대의 진보주의자의 주장에 따르면, 당시 사법부는 순환논리와 형식주의적 궤변으로 자유방임 경제 이념을 관습법에 녹여 넣었고, 이를 헌법에 명시함으로써 국민의 뜻을 좌절시켰다. 1960년대의 진보주의자가 바라본 사법부는 용기 있는 판사들로 구성된 조직이었다. 당시 남북전쟁 수정 조항이 제정되어 있었지만 오랫동안 입법부는 흑인 분리 정책을 유지하고 흑인의 참정권을 인정하지 않으며 해당 헌법 조항을 무시해왔는데, 마침내 판사들이 이에 맞서 그러한 관행에 제동을 걸고 수정 조항의 위대한 문구를 수백만 흑인의 권리로 실현해냈다. 내가 바라보는 사법부는 후자의 시각에 가깝지만, 역사적 관점에서 냉정하게 보면 의회든 법원이든 그 기관에 대해 긍정적 혹은 부정적 고정관념을 반복하는 것만으로는 논의를 전혀 진전시킬 수 없다.

그렇다면 법적 인격에 관한 논의에서 법원과 의회가 각각 담당해야 할 제도적 역할은 어떻게 고찰할 수 있을까? 제도가 시간에 따라 진화한다는 관점에서 본다면 두 기관 모두 나름의 생존 가치가 있다. 법원과 의회를 제도적으로 각각의 수사학적 중력장이 존재하는 기관이라 생각해보자. 다시 말해, 각각의 주장을 법원과 의회가 서로 다른 무게감으로 받아들인다는 뜻이다. 그래서 어떤 주장에 대해 두 관점이 결합되면 더욱 입체적인 결과가 양산되는 것이다. 동일한 사안일지라도 두 기관에서는 전혀 다르게 구성되고, '이성적인' 주장과 '감정에 호소하는' 주장도 다르게 작용한다. 유감스럽지만 두 기관 모두 정치적 영향력과 재력의 영향을 받으며,

이 경우에도 서로 다른 방식으로 작용한다. 그리고 진실을 밝히는 절차에 관한 규정도 근본적으로 다르다.

법원과 의회 시스템이 모두 최적의 상태로 작동하게 되면 상호 보완 관계가 형성되어, 두 시스템 중 한쪽이 비대해지면 다른 쪽이 이를 완화시킬 수 있고, 한쪽이 특정 현안의 틀을 마련한 다음 다른 쪽이 그 틀에 적합한 결정을 내릴 수도 있다. 예를 들어, 초창기 민사 관련 판례 중에는 공해 유발 행위는 불법 방해 행위에 해당한다고 판시한 사례 그리고 직장 내 괴롭힘을 의도적인 정신적 고통 유발 행위로 규정한 사례가 있다. 이러한 법원의 판결은 향후 의회가 환경오염 피해 방지나 성희롱 방지를 위한 입법을 추진할 때 법체계의 윤곽을 형성하는 데 도움이 된다. 또한 의회가 포괄적으로 제정한 법률을 법원이 세밀하게 해석해서 의미를 확장한다면, 입법 당시에는 예상치 못했던 새로운 기술에 대해서도 적용할 수 있게 된다.

전문가의 조언은 상황에 따라 채택되기도 하고, 무시될 수도 있다. 어쩌면 그러한 유연함이 시스템의 건전함을 보여주는 것일지도 모른다. 법원과 의회 모두 사회 여론의 변화에 영향을 받지만, 영향을 받는 방식 또한 각각 다르다. 예컨대, 미국 법원은 같은 헌법 조항을 근거로 동성 간 성관계를 처벌 가능한 범죄로 규정했다가,[55] 40년이 지난 후에는 성별에 관계없이 결혼할 수 있다고 판단했다.[56] 이에 대해 원전주의자들은 분개하며 이렇게 반문했다. "대체 그런 권리가 정확히 언제 '발생한' 것인가?"[57] 앞으로 비인간 개체에게 더 큰 권리를 부여하는 판결이 최초로 나오게 되면, 아마도 똑같은 비난이 쏟아질 것이다. 그러한 변화를 인정한다는 것은 근본적 헌법 가치가 시간에 따라 진화한다는 사실을 인정하는 것이기 때문이다. 이는 평등권 보장, 정당한 법적 절차, 잔혹하고 비정상적인 처벌, 무기를 소지할 권리 같은 개념의 의미에 대한 우리의 인식이 시대에 따라 변할 수 있으며, 그러한 경향 자체도 법체계의 일부라고 보는 것이 타당하다는 의미다. 개인적인 견해로도 그것이 타당하다고 보며, 그러한 시대적 변화는 좋은 쪽으로든 나쁜 쪽으로든 일어날 수밖에 없다. 방법론적 측면에서, 미국 법체계는 전통적으로 하나의 해석 방식만을 고수하기보다는 다원적 관습법 헌법주의를 기반으로 한다. 그런데 원전주의자들은 모든 헌법 해석이 역사를 근거로 이루어져야 한다고 주장하면서도, 정작 이러한 법적 전통의 핵심 측면에 대해서는 이상하리만큼 무관심하다.

다만 그렇다고 해서 중대한 결정을 내리는 데 법원만이 적합한 기관이라는 것은 아니다. 물론 법원은 사실상 법적 인격의 발전에 있어 중요한 역할을 해왔다. 그러나 앞에서 살펴보았듯이, 법원이 늘 잘 정립된 논리에 따라 그러한 역할을 제대로 수행하는 것은 아니다. 실제로 어떤 경우에는 논리적 근거도 전혀 없이 결론을 내리기도 했다. 특히 남북전쟁 전후 시기의 법원은 흑인의 헌법상의 권리 보장과 관련된 소송을 기각하는 데 중심적인 역할을 했다는 수치스러운 과거도 있다. 오늘날의 법적 관행 및 체계는 과거보다 더 인도적인 방향으로 개선되었기를 기대할 뿐이다. 그러나 법원과 의회의 과거 행적을 감안한다면, 인격에 관한 문제를 두고 우리 제도가 헌법·도덕·기술 방면의 통찰을 제시할 역량이 있는지에 대해서는 너무 자만하지 않아야 할 것이다.

원전주의를 따르는 헌법 해석이 주류가 되면서, 법원은 인격을 둘러싼 새롭고 실험적인 주장들에 대해 더욱 적대적인 태도를 보일 가능성이 커졌다. 게다가, 원전주의 해석 방식에 나타나는 제국주의적 시각, 즉 '이 방식이 헌법을 올바르게 해석하는 유일한 방법'이라는 태도로 인해, 법원이 새로운 형태의 증거나 논증을 소개하는 공간이었던 과거와 달리 이제는 그러한 역할을 하기가 어려워질 것이다. 과거의 법원은 통계적 사실을 기반으로 한 브랜다이스 소송 적요서 Brandeis brief [58]부터 학제 간 연구에 따른 증거 및 관점을 제시하는 법정 조언자 제도에 이르기까지, 새로운 방식을 도입해 소개하는 생산적인 역할을 담당했다. 비록 법원이 토미의 사건에서처럼 결국 최종적인 결정을 내리는 역할에서 물러난다 하더라도, 여전히 법원은 새로운 주장을 처음으로 제기하고 논의하는 공간으로서 사회적으로 의미 있는 역할을 수행했던 것이다. 법원이 그러한 공간이 될 수 있는 이유는, 엄격한 논리를 장려하고 주장의 출처를 신중히 밝히도록 요구하며 법률가들이 진실이라고 주장할 만한 내용에 대해서도 윤리적 제약을 두는 특성 때문이다.

법원은 최종 결정의 주체가 아닐 수도 있고, 어쩌면 주체가 되어서는 안 될 수도 있다. 다만 법정은 종종 심오한 도덕적 주장이 처음으로 제기되기도 하고 그에 따라 사회의 이목을 집중시키기에 좋은 공간으로서의 역할을 한다. 그곳에서 저마다의 열정과 논리가 담긴 주장들이 공개적으로 제기되면서, 우리 사회가 그저 현실에 안주하지 않고 이상에 충실하도록 끊임없이 동기를 부여한다.

토미처럼 범상치 않은 존재가 법정에서 법적 인격을 주장하는 사례는 앞으로도 또 나타날 것이다. 그렇지만 최종적인 결정이 반드시 법정에서 내려지지는 않을 수도 있고, 그래야 하는 것도 아니다. 그러나 법적 절차라는 틀, 신중한 논리와 원칙에 근거한 주장을 우선시하는 풍토, 재판 과정에서 수집된 정보가 대중에 공개되는 구조 등, 법원이 갖춘 이 모든 속성은 앞으로도 우리가 사회적 논의를 형성하는 과정에서 매우 중요한 역할을 하게 될 것이다. 다만 어떤 사안은 소송을 통해 법정에서 제기되고, 또 다른 사안은 의회나 행정 기관을 상대로 직접 제기되면서 혼란스러운 상황이 이어질 수 있다.

앞으로의 인격에 관한 논쟁을 상상해볼 때, 우선 철학적으로 일관성 있는 논리를 갖춘 다음, 사회적 합의를 도출하기에 가장 적합한 기관을 선택하고, 그에 따라 제도를 마련해가는 이상적인 과정을 상상할 수도 있을 것이다. 하지만 지금까지 살펴보았듯이 현실은 이상과 달라서, 대개 우리는 그저 혼란 속을 헤쳐나가는 데 급급하다가, 주장의 근거를 제대로 확보하지도, 심지어 깊이 고민해보지도 못한 채 포기하고 만다. 그렇지만 때로는 통찰과 공감, 혹은 합리적 결론이 번뜩 떠오르는 순간이 있게 마련이다. 그러한 순간적이면서도 강렬한 통찰은 마치 앞으로 다가올 크나큰 변화를 예고하는 듯 특유의 짜릿한 고통을 통해 우리를 충격에 빠뜨린다. 앞으로 형질 전환 개체나 AI에 대한 논의를 전개해나가면서 우리는 그러한 순간을 겪게 될 것이다.

토미는 결국 패소했다. 그러나 그의 사례를 통해 우리는 미래의 인격 논쟁을 가늠해보게 된다. 이 사례를 통해 내가 납득한 바는, 설령 우리 사회가 유인원이나 고래류를 완전한 인격체로 인정하지는 않더라도 그들에게 법적 보호를 받을 특별한 지위를 부여하기에 충분한 도덕적 정당성이 존재한다는 점이다. 마치 한 방울씩 떨어지는 물방울이 바위를 깎아내듯이, 시간이 흐르면서 그러한 주장에 대한 사회의 인식도 서서히 달라질 것이고, 결국 우리를 가르는 경계선도 달라질 것이다. 앞서 우리는 토미의 재판 내용을 분석하면서, 동물의 정신적 특성에 관한 생생한 증언, 과학과 공감의 결합, 도덕적 삼단 논법 및 판례를 근거로 한 논증, 법적 권리 보유자의 지위와 인격체로서의 지위를 구분하려는 시도 등 여러 측면에 걸쳐 살펴보았다. 나는 이 사건에 담긴 많은 의미를 통해, 미래에 등장하게 될 지극히 낯선 존재들에 대해서도 우리 사회가 현명하고 올바르면서도 공정한 판단을 내릴 수 있을 것이라는 기대를 조금이나마 더 해보게 된다.

5

형질 전환 개체, 키메라, 인간-동물 혼종

스탠퍼드대학교의 암/줄기세포 생물학 및 의학 연구소 Institute of Cancer/Stem Cell Biology and Medicine 소장인 어빙 와이즈먼 Irving Weissman 박사는 기존의 키메라 연구의 한계를 넘어 이제는 뇌세포가 온전히 인간의 세포로만 구성된 인간-생쥐 키메라를 개발하는 방안을 고려 중이다. (다만 인간에게서는 신경 세포만 추출하므로, 신경 아교 세포 glial cell 는 정상적인 생쥐의 세포 그대로다.) 와이즈먼은 이 실험을 통해 만들어진 생쥐의 행동을 면밀히 관찰해서, 뇌 구조가 생쥐의 원형 그대로라면 연구용으로 사용하겠지만, 만에 하나 생쥐의 뇌에서 인간의 뇌 구조가 발견되거나 어떤 형태로든 인간의 특성을 지닌다는 사실이 밝혀지면 즉시 안락사시킬 계획이다.[1]

인간을 닮은 혼종

"서둘러! 얼른 치즈나 먹으면서 멍청하게 보여야 해! 인간 과학자들이 오고 있잖아!" 이렇게 말할 법한 앨저넌을 위한 꽃은 없는 것일까? 한 법률 저널에 실린 인간의 세포로 구성된 인간-생쥐 키메라에 대한 이야기는 누군가에게는 황당무계한 연구 계획으로 들릴지도 모르겠다. 그러나 사실 와이즈먼은 연구의 윤리 문제를 진지하게 염두에 두었다는 점에서 바람직한 학자의 면모를 보인다. 그는 생명 윤리 분야의 저명한 학자이자 동료인 행크 그릴리[Hank Greely]에게 이 연구의 자문을 구하고 생명 윤리 보고서를 요청했다.[2] 와이즈먼은 결국 해당 연구를 진행하지 않았지만, 이후 다른 연구실에서 그와 유사한 실험을 추진했다. 와이즈먼의 연구진은 SCID-hu 생쥐(선천적으로 면역결핍 상태인 SCID 생쥐에 인간의 면역 조직을 이식한 형태 - 옮긴이 주)라 명명된 다른 형태의 인간-쥐 키메라를 최초로 개발해냈으며, 이 개체는 에이즈 연구에 굉장히 중요한 역할을 했다. 인간의 다양한 특성을 지녔으면서 면역 체계가 손상된 생쥐를 활용한 덕분에, 직접 인간을 대상으로 실험하는 수고를 덜게 된 것이다. 여기서 내가 말하려는 바는 단순하다. 우리가 이미 창조한 개체는 과학 연구에 엄청난 이점을 제공하지만, 일각에서는 인공 개체를 개발하는 행위가 선을 넘은 것이 아닌지 심히 우려하고 있다. 어쩌면 이 책에서 우리가 논하고 있는 바로 그 경계선을 넘은 것인지도 모른다. 이것이 이 장에서 살펴볼 주제다.

지금까지 우리는 AI, 법인, 비인간 동물을 대상으로 한 인격 논쟁을 살펴보았다. 이 장에서는 인격 및 도덕적 의무에 관한 논의의 대상을 형질 전환 개체, 키메라, 혼종 동물로 전환해보려 한다. 논의를 시작하기에 앞서, 몇 가지 용어의 정의를 명확히 해둘 필요가 있겠다.

> 혼종hybrid이란…… 서로 다른 두 종의 DNA가 재조합되어 생성된 생물을 뜻한다. 혼종 개체는 한 종의 난자와 다른 종의 정자가 자연 수정 또는 인공 수정되어 탄생하므로 그 두 종의 유전 물질을 보유하게 된다. 결합된 유전 물질은 혼종 생물의 체내 전체에 단일한 형태로 존재하게 된다. …… 혼종과 달리, 형질 전환 생물transgenic organism은 같은 종 또는 다른 종 간에 생성될 수 있다. 이 개체는 한 동물의 유전체(게놈)나 DNA의 특정 부분을 다른 동물의 DNA에 삽입하는 방식으로 만들어진다. 키메라Chimera는 혼종이나 형질 전환 개체와 또 다른 형태로, 유전 형질이 다른 세포를 두 종류 이상 동시에 보유하는 형태다. 즉, 키메라의 체세포는 위치에 따라 다른 DNA를 포함할 수 있다.[3]

각각의 예를 들어 보면 이해하기 쉬울 듯하다. 말과 당나귀 사이에서 태어난 노새, 사자와 호랑이에서 난 라이거는 혼종 동물이다. 침피는 형질 전환 동물이며, 인간의 만능줄기세포를 이식한 원숭이 배아는 키메라에 해당한다. 이 각각의 개체에 대해 앞으로 도덕적으로 논란이 될 만한 질문이 제기될 것이고, 이제 빠른 속도로 소설 속 장면이 아닌 과학을 기반으로 한 현실이 되어가고 있다.

《네이처》 2021년 4월호에 "최초의 원숭이-인간 배아 실험으로 혼종 동물에 대한 논쟁이 재점화되다"라는 충격적인 제목의 기사가 실렸다.⁴ 왜 '재점화'라는 표현을 썼을까? 이미 인류는 소, 쥐, 돼지의 세포에 인간의 세포를 결합한 개체, 즉 키메라의 배아를 만들어내는 데 성공한 적이 있기 때문이다. 2005년의 《뉴욕타임스》에 실린 기사를 살펴보자. "과학자들은 이미 생쥐를 비롯한 여러 동물에 신장, 혈액, 피부 조직, 근육 등 인간의 다양한 신체 기관을 이식하는 연구를 진행해왔다. 인간의 흉강에 개코원숭이와 침팬지의 심장을 이식한 사례, 파킨슨병 환자의 뇌에 돼지의 뇌세포를 이식한 사례도 있다. 더욱 일반적인 예로, 돼지의 심장 판막을 심장 질환 환자에게 이식한 사례가 있으며, 그중에는 작고한 미국 상원의원 제시 헬름스Jesse Helms도 있다."⁵

키메라만이 아니다. 과학자들은 지금까지 수많은 종류의 형질 전환 개체를 만들어냈다. 인간의 DNA를 보유한 온코마우스를 개발해 암 연구에 사용하는가 하면, 인간의 항체를 생성하도록 유전자가 조작된 생쥐와 양도 이미 개발된 상태다. 유전공학의 형질 전환 기술을 이용해 염소의 젖에서 인간의 혈액 응고 억제 인자인 안티트롬빈을 추출해내기도 한다. 사실상 형질 전환 동물들은 인간의 유전자를 보유했는지와 상관없이 '생의학 및 기초 과학 연구 분야의 주류'⁶가 되었다. 노새 같은 혼종 동물은 우리에게 그리 낯선 개체가 아니기에 이 세 종류의 개체 중 우려할 요소가 가장 적은 것으로 보인다. 그렇지만 만일 침피가 인간과 자연 교배할 수 있는 능력을 갖고 있다면, 그래서 인간과 침피의 혼종이 탄생하게 된다면, 우리는 그렇게 탄생한 개체를 어떻게 취급할 것인가? 다시 한 번 말하지만, 이 모든 개체는 인격의 경계선과 관련해 충분히 우려할 만한 존재들이다. 논의를 간결하게 전개하기 위해, 앞으로는 이들 모두를 일컬어 '키메라'라는 표현을 사용하겠지만, 특별한 언급이 없는 한 모든 논의는 인간-비인간 형질 전환 개체 및 혼종 동물에도 적용된다고 보면 된다.

이들 개체에 관한 논의는 AI에 관한 논의와는 매우 다르게 전개될 것이며 사실상 이미 다르게 전개되고 있다. 우선, 인간-비인간 형질 전환 개체 및 혼종 개체에 관한 연구를 완전히 금지해야 하는지에 관한 논의는 고성능 AI의 경우보다 훨씬 활발하게 진행되고 있다. 다만 AI에 대한 우려가 그러한 경향을 어느 정도 바꾸어놓았을 수 있다. 만일 내가 가상의 개체로 소개한 할이나 침피 중 어느 쪽이 더 현실화될 가능성이 높은지를 두고 내기를 한다면, 나는 단연코 할 쪽에 걸 것이다. 물론 AI에 대해서도 깊은 우려의 목소리가 나오고 있지만, 그 경우 주목하는 부분은 AI가 결국 인간을 파멸로 몰아넣을 것인지, 혹은 AI에 대해 더욱 강력한 규제 장치를 마련해야 하는지에 관한 것이다. 사람들의 관심사는 주로 AI가 인간의 일자리를 앗아가고, 사생활을 침해하거나, 예측할 수 없는 결과를 초래할 가능성에 있기 때문이다. 키메라에 관한 논쟁과 마찬가지로, 우리는 AI라는 개체가 존재한다는 사실 자체가 도덕규범에 위배되는 것은 아닌지에 대해서는 의구심을 갖지 않는다.

앞서 언급했듯이, 경계선에 관해 우리가 생각하는 구분의 기준은 단순하다. 인간이 이렇게 특수한 도덕적 지위를 누리는 이유는 호모 사피엔스라는 종의 구성원이기 때문인가? 즉, 인간의 유전자를 지니고 태어났기 때문에 자연히 도덕적 권리를 갖게 되는가? 아니면 정신적 능력을 비롯한 인간의 특수한 자질에 따라 갖게 된 것인가? 첫 번째 구분 방식은 그 개체가 인간으로 분류되는지에 초점을 둔다. 이때 분류 기준은 유전자형이나 인간 세포를 보유하고 있는지 여부가 될 수도 있고, 심지어 유전자 표현형, 즉 신체적 외형을 기준으로 할 수도 있다. 그와 달리 두 번째 구분 방식은 도덕적 자질과 관련된 인지 능력을 지녔는지 여부에 초점을 두므로 그러한 자질을 보유하기만 한다면 겉모습이 금속 재질이든 유전자 구조가 어떠하든 상관없다. 인격에 관한 논쟁에서 두 가지 구분 방식이 의미하는 바는 명확하다. 서문에서 나는 할과 침피에 관한 글의 초안을 읽어본 저명한 연방 판사들이 보인 반응에 대해 언급했다. "하지만 그 개체는 인간이 아닙니다" 또는 "권리는 인간을 위한 것이지요"라는 답은 전형적인 종 기반의 접근 방식이라 하겠다. 공정하게 말하자면, 그 판사들은 어쩌면 개인적인 도덕철학을 근거로 답변을 한 것이 아니라, 그저 현실의 법체계에 부합하는 답변을 한 것일 수도 있다. 법체계를 운영하는 판사 입장이니 그럴 수 있다. 어쨌든 이 점에 대해서는 나중에 다시 살펴볼 것이다.

AI에 대한 논의는 대개 AI의 능력에 주목한다. 이 새로운 인공 개체는 우리가 도덕적 지위를 부여하고 심지어 인간이라고 인정할 수준의 정신 능력과 같은 자질을 지니는가? 여기서 그러한 자질이 무엇이며, 그 자질이 있는지를 판단하는 방법에 대해 많은 이견이 존재하는 것은 분명하지만, 그렇다고 해서 할이 인간과 같은 종이라고 생각하는 사람은 아무도 없을 것이다. 그와 대조적으로 키메라, 혼종 동물, 형질 전환 개체에 대해서는 철학적 논의는 차치하고, 사회적으로 '종'이라는 개념을 어떻게 정의할 것인가에서부터 출발한다. 한편 많은 생명윤리학자는 어떤 종에 속한다는 사실 자체가 성별이나 인종만큼이나 도덕과의 연관성이 없다고 주장한다. 그들의 견해가 옳은지에 대해서도 나중에 다시 논의할 것이다.

과학 연구에 대한 논란은 앞으로도 분명 계속 이어질 것이며, 크게 두 가지 문제가 대두될 것이다. 우선 특정 개체에 관한 연구를 애초에 금지하거나 엄격히 규제해야 하는지에 대한 논쟁 그리고 언젠가 새로운 개체가 창조되었을 때 그 개체가 높은 차원의 도덕적 지위를 부여받을 자격이 있는지, 더 나아가 인격체로 인정할 만한 수준인지를 어떻게 판단할 것인지에 대한 논쟁이다. 여기서 강조할 부분은, 논쟁에서 제기되는 각각의 주장은 인간성이나 인격의 경계선을 어떻게 설정할 것인지에 주목한다는 점은 같지만, 그 접근법은 완전히 다를 수 있다는 점이다. 그저 사용하는 개념이 동일할 뿐, 어떤 이들은 그 경계선을 넘지 말아야 할 하나의 벽으로 보는 반면, 어떤 이들은 이를 일종의 관문으로 보고, 더욱 포용적으로 도덕성을 판단하기 위해 관문의 위치를 고민할 것이다.

"그런데 그 개체는 과연 인간인가?"라는 질문을 제기할 때도 이 질문의 의도는 입장에 따라 다르다. 그러나 어느 쪽의 입장이든 대중이 새로운 개체를 접하게 될 때, 처음 보이는 반응은 대부분 이럴 것이다. "인간과 너무 닮아 있는 건 아닐까?" 지금까지는 확실히 이러한 반응이 여론과 정쟁의 흐름을 주도해왔다. 그런데

'인간과 닮아 있다'가 의미하는 바는 정확히 무엇일까? 과거의 다양한 논의와 논쟁들을 살펴본 결과, 나는 단 하나의 명확한 해답은 존재하지 않으며, 대략 다섯 가지 정도로 정리할 수 있다는 결론에 이르렀다. 여기서 그 내용을 요약해보려 한다. 쉽게 기억하도록 이 다섯 가지 요소를 5P, 즉 비율percentage, 기원provenance, 생식 능력procreation, 외형portrayal, 잠재성potential이라 표현하겠다. 각각의 요소에는 심각한 문제점 또한 내포되어 있지만 대중적으로는 꽤 강력한 호소력을 발휘하므로, 앞으로 이 사안에 대한 대중의 논의는 철학자들의 생각과는 매우 다른 양상으로 전개될 것으로 보인다.

1. 비율percentage

어떤 개체의 유전체를 비교 분석한 결과 DNA 일치 비율이 높게 나온다면, 즉 유전적으로 인간과 상당히 높은 유사성을 보인다면, 그 개체는 인간이거나 인간의 경계 내에 들어섰다고 판단하는 것이다. 내가 만들어낸 가상의 존재 침피는 비율로 인간성을 구분하려는 접근법의 전형적인 형태라 볼 수 있다. 그러나 이 방식에는 몇 가지 문제점이 있다. 우선 인간은 이미 많은 종의 동물들, 심지어 식물들과도 유전적으로 매우 유사하다는 점이다. 관련 연구에 따르면, 인간과 유인원의 유전적 유사성은 98퍼센트에 달하며, 심지어 호박의 경우에도 75퍼센트의 DNA가 인간과 일치한다. 아마 가상의 침피 같은 개체의 개발을 정당화하려는 이들이라면 당장이라도 이 연구 결과를 근거로 활용하려 들 것이다. 그런 발상은 인간의 지나친 자만심의 발로일 수도 있고, DNA를 통한 유사성 측정 방식의 한계 때문일 수도 있다. 하지만 유전적 유사성이 높다는 결과만으로 침팬지나 호박을 인간처럼 대할 수는 없는 노릇이다. (흥미롭게도 이 연구 결과는 인격에 대한 능력 기반 접근법에 힘을 실어준다. 생각해보자. 침팬지 토미에 대한 인신 보호 영장 청구 소송에서 적어도 한 명의 판사의 마음을 움직였던 것은 침팬지의 DNA 유사성이 아니라 침팬지의 정신 능력을 보여주는 일화였다.) 더욱 중요한 점은, 문제의 답을 구하는 데 이 비율은 거의 무의미하다는 점이다. 유전체 비교 수치만으로는 기능적 유전체와 관련된 결과를 알기 힘들다. 비율 면에서 유전적 차이가 거의 없는 것처럼 보이더라도 기능 면에서는 상당한 차이를 보일 수 있다. 따라서 '유사성'만으로는 개체 간의 기능적 차이를 전혀 알아낼 수 없으며, 유사성은 기능이 아닌 구조적 측면에 따른 유전자 개념을 기반으로 하므로 비교 유전체 연구에서 도출된 수많은 결론은 완전히 틀린 것은 아닐지라도 상당히 부적절하다는 주장도 제기된다.[7] 비교 유전체 연구는 정확한 수치를 보여주므로 매력적일 수 있으나 명확한 답을 제공하지는 않는다. 다만 그러한 수치는 유전적 차이에 관한 사람들의 인식에 상당한 영향을 미칠 수 있다는 점은 인정한다.

2. 기원 Provenance

어떤 개체가 인간에서 유래한 세포나 DNA의 일부를 포함한다면, 인간이거나 인간의 경계 내에 들어섰다고 판단하는 것이다. 동물 세포에 인간의 뇌세포나 생식세포가 더해진 경우, 그 세포에는 '인간의 본질적 요소'가 담겨 있다고 여기는 것이다. 와이즈먼이 인간의 뉴런을 지니는 실험용 생쥐 개발을 제안했을 때 대중이 보인 반응도 이와 같은 판단 기준에 의한 것이었다. 또 다른 측면으로는, 인간의 생물학적 요소를 동물의 요소와 결합하는 행위 자체가 인간의 존엄성을 모독하는 행위라고 보았기 때문일 수 있다. 아마 인간의 유해를 성의 없이 다루는 모습에 우리가 느끼는 모욕감과 비슷한 감정일 것이다. 여기서 주목할 부분은, 인간 '모독' 행위에 대한 우려에서 비롯된 경계선의 기준과 우리가 할이나 토미의 사례를 논하면서 고려했던 기준이 매우 다르다는 점이다.

3. 생식 능력 Procreation

어떤 개체가 인간의 배아에서 탄생했거나 실제 인간과 번식할 수 있다면, 인간이거나 인간의 경계 내에 들어섰다고 판단하는 것이다. 할과 침피에 대해 언급했던 연방 판사들은 전자를 판단 기준으로 보았다고 할 수 있다. 이 문제는 최근 '로 vs. 웨이드' 판례가 폐기되면서 더욱 부각되었다. 그렇다면 어떤 경우까지를 인간의 배아와 무관한 것으로 간주할 수 있을까? 낙태된 태아에서 만능줄기세포를 추출하여 사용해도 될까? 자연 유산된 태아의 세포를 사용하는 것은 어떨까? 인공수정 단계에서 생성되었으나 생존 가능성이 없는 배아는 사용해도 되는 걸까? 사실 이 논쟁의 목적은, 개체 개발에 사용된 배아가 부모의 동의하에 사용된 배아인지, 배아가 폐기된 원인이 낙태인지 자연 유산인지, 배아에서 추출된 세포와 시간적·물리적 연관성이 충분히 줄어든 상태의 세포주로 실험했는지 여부와 무관하게, 인간의 배아에서 추출했다는 이유만으로 사용을 금지하려는 취지일 수 있다. (흥미로운 점은 사망 후의 시신에서 추출한 세포를 가족의 동의하에 실험에 사용하는 경우에는 반발이 거의 없다는 사실이다.) 두 번째 기준인 번식 가능성은 실제로 어떤 두 개체가 생물학적으로 동일한 종이라고 정의하는 방법 중 하나다. 즉, 서로 교배할 수 있고, 교배 결과 태어난 자손 역시 생식 능력이 있다면 동일한 종으로 보는 것이다. 이 경우 제기되는 문제는 두 가지로 나뉜다. 우선, 어떤 개체가 인간과 번식할 수 있다는 사실만으로 인간이라는 종에 속한다고 판단한다면 결국 법적 인격까지 부여하는 문제로 이어질 수 있다. 그리고 우리와 다른 존재가 인간과 교배할 수 있다는 사실 자체가 어떤 식으로든 '자연스러운' 인간성을 위협하거나 오염시킬 수 있다는 우려가 제기될 수 있다. 미국국립과학원NAS, National Academy of Sciences에서 줄기세포 연구에 관한 정책 개발에 참여했던 노먼 포스트Norman Fost는 다음과 같이 말했다. "인간의 정자와 난자를 지닌 생쥐 두 마리가 짝짓기해서 인간 아이를 낳는 실험을 보고 싶어 할 사람은 정말이지 아무도 없을 겁니다. 그야말로 끔찍한 악몽이 될 테니까요."[8]

4. 외형 Portrayal

어떤 개체가 인간처럼 보인다면, 즉 인간의 모습을 그대로 모방한 형태라면, 인간이거나 인간의 경계 내에 들어섰다고 판단하는 것이다. 조지 W. 부시 행정부 시절 대통령 직속 생명윤리위원회의 위원이었던 윌리엄 허버트William Hurlbut는 이렇게 말했다. "인간의 외형은 인간에게만 허용되어야 한다. 인간처럼 보이는 존재는 그 무엇이든 진실의 가치를 훼손시킨다."[9] 이 입장은 일종의 우상 숭배 금지 원칙이라 부를 수도 있을 것이다. 사람들은 "인간처럼 생겼잖아!"라는 본능적 시각 반응과 우리가 알고 있는 생물학적 현실 사이에서 충돌을 겪는다. 이는 인간이 신의 형상을 본떠서 창조되었으므로 그 형상을 모독해서는 안 된다는 신학적 개념과 관련된 것일 수도 있다. 또한 종교와 무관하게 인간을 닮은 혼종 개체의 출현으로 실제 인간을 대하는 태도까지 둔감해질 수 있다는 우려에 따른 것일 수도 있다.

예를 들어, 첨단 기술로 제작된 성인용 섹스인형이 실제 인간과 똑같이 움직이는 것을 보았을 때 사람들이 어떤 반응을 보일지 생각해보자. 심지어 사람들은 한 개체 전부가 아니라 개체의 일부분만 인간처럼 보이더라도 동일한 반응을 보일 것이다. 대표적인 사례로 바칸티 쥐 Vacanti Mouse를 들 수 있다. 등에 인간의 귀 모양의 연골을 이식한 이 실험용 생쥐가 공개되었을 때 대중은 심한 거부감을 나타냈다.[10] 이 같은 거부감은 무의식적인 사회적 규범 신호와도 연관되어 있다. 인간 사회에는 옳든 그르든 깊게 뿌리내린 문화 규범이 존재해서 그에 따라 종을 구분 짓는 경계를 설정하는데, 누군가가 그 경계에 도전하는 행위를 했을 때 우리는 그가 집단 구성원으로서의 신뢰를 상실했다고 여기게 된다. 수간獸姦처럼 다른 종과의 경계를 넘어 금기시되는 행위에 대한 본능적인 혐오감을 생각해보면 알 수 있다.

외형을 중심으로 한 거부 반응은 이성적이지 못하다고 보는 견해도 있다. 이는 단지 인간의 형상을 미신처럼 떠받드는 또 다른 종 차별에 불과하다고 지적하는 것이다. 그러나 신중한 학자들은 대중의 반응을 간과해서는 안 된다고 말한다. 이러한 실험에 대한 여론이 악화되면 연구비 지원에도 문제가 될 수 있기 때문이다. 생명윤리학자 그릴리는 이렇게 지적한다. "인간의 뇌 기능이나 생식세포 사용에 대한 우려 외에도, 비인간 동물로 인간의 외형 전체나 일부분을 구현하는 행위는 대단한 불쾌감을 유발할 수 있다. 그에 대한 반응이 도덕적 문제든 현실적 판단이든 상관없이 그러한 실험은 반드시 수행해야 할 근거가 확실할 때만 수행되어야 한다."[11]

5. 잠재성 potential

어떤 개체가 인간만큼 고도화된 정신 능력을 지닐 잠재성이 있다면, 인간이거나 인간의 경계 내에 들어섰다고 판단하는 것이다. 이 역시 와이즈먼이 제안했던 인간의 뉴런을 보유한 생쥐 실험에 대한 반응에서 명확히 나타난다. 또한 많은 생명윤리학자들이 여러 기준 가운데 유일하게 도덕적 근거가 있다고 보는 요소이기도 하다. 이 기준에 따르면, 어떤 개체의 많은 부분이 인간의 DNA로 구성된 경우, 인간의 신체에서 추출된 물질을 포함한 경우, 이종 교배가 가능한 경우, 심지어 인간의 외형과 흡사한 경우에도 그러한 사실만으로는 그 개체를 인간이라고 판단하거나 종 간의 경계선에 대한 위협으로 간주하지 않는다. 그 대신 인간에게 특수한 도덕적 지위를 부여한다고 보는 요소, 이를테면 개념적 사고, 언어 능력, 도덕적 대안을 선택할 수 있는 능력, 삶의 계획을 세우는 능력 등을 가려낸다. 그래서 만일 어떤 개체가 그러한 능력 가운데 일부를 보유한다면, 혹은 보유할 잠재성을 갖고 있다면, 그때 우리는 그 개체가 인간과 같은 도덕적 지위를 부여받을 자격이 되는지 따져보는 것이다. 잠재성이나 능력을 기반으로 한 접근법은 우리가 2장에서 논의했던 방식들과 가장 유사하다. 이러한 판단 기준을 채택한다면, 할이나 침피, 심지어 인간의 뉴런을 보유한 생쥐의 사례를 평가할 때도 적용할 수 있을 것이다.

와이즈먼이 제안한 생쥐 실험에 관한 논란은 이 같은 반응의 다양한 측면을 잘 보여준다. 그렇다면 와이즈먼은 정확히 어떠한 실험을 계획했던 것일까? 이 실험에 대해 와이즈먼의 요청에 따라 그릴리의 연구팀이 작성한 평가 보고서 내용을 살펴보자.

가장 흥미로운 실험은 근친 교배된 실험용 생쥐를 이용한 것이다. 이 생쥐는 초기 태아 발달 단계의 극히 초반부터 두뇌가 형성되기 시작하는데, 출생을 며칠 앞둔 시기에 두뇌 내의 뉴런 중 거의 대부분이 파괴되면서(단, 두뇌의 약 90%를 차지하는 신경 아교 세포는 손상되지 않는다) 생쥐도 사망하게 된다. 와이즈먼은 이 태아 상태의 생쥐가 보유한 뉴런이 모두 파괴되기 직전에 인간 두뇌 줄기세포를 이식하는 방법을 제안했다. 그가 이 실험에서 기대하는 바는, 생쥐의 신경 아교 세포와 인간의 뉴런으로 이루어진 두뇌가 제대로 기능하는 상태로 생쥐가 태어나게 하는 것이다. 이 목적이 달성된다면 태어난 생쥐를 인간의 뉴런 연구에 활용할 수 있을 것이다. 이는 1980년대 후반에 개발된 SCID-hu 생쥐를 이용해, 생쥐의 체내에서 인간 면역 체계의 연구를

수행했던 방식과 유사하다. 와이즈먼도 당시 해당 연구에 참여한 바 있다.[12]

인간 줄기세포를 사용한 의학 연구가 지금까지 많은 논란의 대상이 된 이유 중 하나는 실험에 사용된 일부 줄기세포주가 낙태된 태아에서 추출한 것이었기 때문이었다. 그런데 와이즈먼의 실험은 인간의 뇌 세포를 보유한 생쥐라는 공상과학소설에나 나올 법한 섬뜩한 발상이 더해진 탓에 이 실험이 부적절한 방식으로 선을 넘는다는 반응이 나온 것도 무리가 아니다. 프랑켄슈타인조차도 괴물을 만들 때 인간 외의 생물체를 넣지는 않았다! 의회에서도 신속하게 관련 입법을 추진했다. 당시 미국의 상원의원 샘 브라운백의 주도로 1373호 법안이 발의되었는데, 법안 내용 일부는 마치 영화 〈고스트버스터즈〉 대본의 한 장면처럼 보인다("인간이 제물이 되고! 고양이와 개가 같이 살고! 아수라장이로군!"). 해당 법안의 입법 사전조사 내용을 살펴보자.

의회는 다음과 같은 사실을 확인한다.
(1) 과학 연구 및 기술의 발전으로 키메라의 창조가 가능하게 되었다. 키메라는 인간과 비인간의 생체 조직이 모두 포함된 존재를 의미한다.
(2) 일부 형태의 키메라의 경우, 인간과 동물, 여성과 남성, 부모와 자식, 서로 다른 개체 사이의 경계를 모호하게 만들 수 있으므로 심각한 윤리 위반 문제가 제기된다.

(3) 키메라의 개발로 인간의 존엄성과 인간종의 정체성이 위협받을 수 있다.
(4) 인간 개개인의 고유성은 두뇌, 생식 기관 및 생식 세포를 통해 특정 방식으로 나타난다.[13]

의회에서 법안을 발의하기 전에 수행되는 입법 사전조사는 다양한 역할을 한다. 우선 사전조사 내용을 토대로 법안의 초안이 작성되어 법안 서명에 참여할 가능성이 있는 의원들에게 법안의 요점을 미리 고지할 수 있다. 의원들은 해당 법안에 대해 지역구 유권자 및 후원자들의 긍정적인 반응이 예상되는 경우 발의에 참여하게 된다. 또한 법원 및 행정 기관에도 해당 법안이 채택되었을 경우 법을 실제로 적용할 때 활용 지침서 역할을 한다.

키메라 관련 입법 사전조사에서 주목할 만한 부분은 의회가 '인간 및 비인간의 생체 조직'을 혼합해서 새로운 '존재'를 창조하는 행위는 부적절하다고 평가하면서, 그 근거로 새로운 개체의 '기원'을 문제 삼았다는 점이다. 보고서는 키메라의 출현이 문제가 되는 이유로, 우선 종 간의 경계를 모호하게 한다는 점을 지적한 다음, 뒤이어 인간의 존엄성과 종 정체성에 대한 위협 가능성을 제기한다. 이에 더해 브라운백 의원은 성별 및 혈연관계가 모호해질 위험성까지 추가했다. 한편, 공개적으로 키메라 연구를 반대한 이는 브라운백 의원만이 아니었다. 부시 대통령은 2006년 신년 연설에서 '인간-동물 혼종 개발' 금지 법안을 지지한다는 뜻을 밝혔다.[14] 사실 키메라와 혼종은 다른 개념이지만, 아마도 연설문 작성자가 기술적인 정확도를 굳이 신경 쓰지 않았던 듯하다.

하지만 지금까지 자세히 설명했듯이, 사실 이렇게 여러 방안을 모색해본들 이미 그러한 개체들의 출현은 현실이 되고 있다. 유전자 조작 켄타우로스(그리스 신화에 등장하는 상체는 인간이고 하체는 말의 형상을 가진 반인반수 - 옮긴이 주)는 이미 문밖을 나섰는데 뒤늦게 외양간을 고치는 격이다. 다양한 형태의 키메라와 형질 전환 개체는 의학 연구의 핵심적인 실험 대상으로 자리 잡고 있다. 앞서 언급한 온코마우스는 그중 한 가지 사례일 뿐이다. 온코마우스는 인간에게서 흔히 발생하는 형태의 암세포가 자라도록 유전적으로 조작된 형질 전환 생쥐로, 특허의 대상이 된 최초의 포유류다.[15] (해당 특허권은 만료되었지만, 'OncoMouse'라는 상표권은 여전히 유효하다.)

사실 이전에도 암 연구자들이 개발한 형질 전환 생쥐가 존재했고, 온코마우스도 이미 1980년대에 개발된 개체다. 그 후 수십 년간 형질 전환 개체나 키메라 생쥐 모델은 과학 실험실에서 흔히 활용되는 실험 개체로 자리 잡았고, 다른 동물종을 활용한 키메라가 개발된 사례도 있다. 만일 인간을 대상으로 그러한 실험을 수행했다면 법적·윤리적으로 큰 문제가 되었을 것이기에 이들은 주로 동물 실험이 반드시 필요한 의학 연구용으로 개발되었다. 그 결과, 인간의 생명을 구하거나 연장시키는 치료법이 발견되기도 했다. 물론 이 외에도 다른 방식을 사용하는 대안적 실험도 있다. 예를 들어, 시험관 내 실험을 통해 병원체나 약물의 화학적 반응을 관찰하는 방식, 인간과 유사한 생화학적 특성이 있는 정상 동물, 즉 유전자 조작을 거치지 않은 동물을 대상으로 하는 방식, 컴퓨터 시뮬레이션을 통한 가상 실험 방식이 있다. 그러나 이런 대안적 기법들은 나름의 한계가 있다.

유전공학의 발달로 생쥐 같은 실험용 동물의 생물학적 주요 인자를 인간과 더 유사한 형태로 조작할 수 있게 되었고, 그 결과 과학자들은 약물이나 병원체가 인간의 몸에 작용하는 실제 상황과 매우 유사한 환경에서 실험할 수 있게 되었다. 여기서 한 가지 분명하게 짚고 넘어가자. 비인간 동물에 대한 논쟁에서 종의 경계선을 훼손하려 한다는 우려가 제기되는데, 사실 우리는 이미 그 선을 훼손하는 중이다. 과학자들의 입장에서 이는 과오가 아닌 필수 요건이며, 향후 인간의 생명을 구할 수도 있는 문제다.

키메라나 인간-동물 형질 전환 개체에 대해, 대중이 느끼는 불안감과 그러한 개체가 의학 연구에 반드시 필요하고 극히 정상적인 수단이라 보는 과학자들의 반응 사이에는 상당한 괴리가 존재한다. 어떤 경우에는 이런 종류의 연구에 대한 대중의 인식 수준이 상당히 낮다는 사실에 과학자들이 당황하기도 하며, 그래서 대중의 격한 반응을 예상하지 못할 때도 있다. 실제로 와이즈먼의 생쥐 실험에 대한 그릴리의 생명윤리 보고서에는 해당 실험에 대해 우려할 만한 문제들이 명시되었는데, 그 가운데 하나가 '과학에 대한 대중의 지지를 상실할 위험'이었다.

"우리가 이 실험에서 확인한 다섯 가지 문제점은 다음과 같으며, 각각의 요소를 신중히 검토한 후 위험성이 중대하다면 실험의 잠재적 이점과 비교해서 판단해야 한다. (1) 실험에 사용된 인간 신경 줄기세포의 출처 문제, (2) 실험 중 생쥐가 통증과 고통을 겪을 가능성, (3) 인간 생체 조직(특히 뇌 조직)의 사용 적절성, (4) 인간 외의 종에 일정 수준의 인간성을 부여할 가능성이 초래할 위험, (5) 과학에 대한 대중의 지지를 상실할 위험."[16]

다시 말해, 실험을 계획하는 과학자들이 염두에 둬야 할 점은, 특정 실험이 대중의 혐오감이나 충격적인 반응을 불러일으키는 경우 정부의 강력한 규제로 이어질 수 있고, 그렇게 되면 과학 연구에 대한 지원도 제한될 것이라는 점이다. 이러한 인식에 동의하는 과학자라면 자체적으로 실험 수위를 조절하기도 할 것이다. 가령 와이즈먼처럼 아예 실험을 포기하거나, 아니면 실험 과정을 최대한 외부에 노출시키지 않으려 할 수 있다. 그러나 일단 실험 결과가 공개되고 나면, 대중의 관심은 생명윤리학자나 철학자들의 입으로 향할 것이다. 그리고 학계의 시각은 일반 대중의 반응과 상당히 다르다는 사실을 곧 알게 될 것이다.

윤리학계의 시각

이 장의 주제에 대해서 그동안 매우 방대한 양의 철학적·윤리적 연구가 이루어졌으며, 그중에서도 키메라 및 형질 전환 개체가 학계에서 가장 크게 주목받았다. 이제 이 주제에 관한 논쟁의 심층 구조를 개괄적으로 살펴보려 한다. 이 구조를 통해 우리는 인간의 도덕적·공감적 사고에서 두드러지게 나타나는 문화적 양상인 '사고의 흐름'에 대해 더 많이 이해할 수 있을 것이다. 나는 생명윤리학자들이나 정부의 규제 기관, 또는 우리 사회의 문화적 규범이 특정한 결론에 도달할 것이라고 주장하려는 것이 아니다. 그보다는 우리가 이 주제에 대해 사고할 때 거의 인식하지 못한 채 따르고 있는 보이지 않는 벽과 경로들에 대해 이야기하고 싶다. 이처럼 보이지 않는 벽과 경로는 문화적으로든 역사적으로든 고정불변한 것이 아니며, 과거에도 그랬듯이 앞으로도 달라질 수 있다. 그리고 그 길에 따라 우리 논쟁의 방향성 또한 결정될 것이다.

당연하게도 도덕철학자들의 관심사가 항상 나와 같은 것은 아니다. 사용하는 용어 또한 다를 때가 있지만, 인간의 사유 영역이라는 동일한 측면을 다루고 있는 것만은 확실하다. 몇 가지 중요한 예외가 있지만,[17] 도덕철학자들 역시 다음과 같은 질문에 중점을 둔다. "어떤 존재가 '인간으로서의 존엄'[18]이나 '완전한 도덕적 지위'[19]를 부여받을 자격이 있는가? 그리고 그 이유는 무엇인가?" 질문의 형태로 보아, 이는 법인의 인격에 관한 논의에서 언급했던 행정적 편의나 경제적 효율성 같은 문제와는 다른 차원의 문제라는 것이 분명히 드러난다. 물론 실질적 요소들도 간혹 등장할 수는 있으나, 여기서 다루는 문제는 기본적으로 도덕에 관한 물음이며, 공감을 기반으로 한 것이기도 하다.

우리는 이 주제에 대해 어떻게 말하고, 어떻게 생각해야 할까? 인간의 도덕적 사고는 '직관'과 '이론'이라는 두 축 사이를 오가면서 형성된다. '직관'은 일상생활에서 어떤 행동이 옳은지 고민할 때나 생명윤리학자가 사회 제도상의 도덕적 딜레마를 다룰 때 의존하는 개인의 도덕적 직관을 뜻한다. 즉, "나는 이렇게 하는 것이 옳다고 보는가?" 혹은 "내가 속한 공동체의 구성원들도 옳다고 볼 것인가?"라고 묻는 것이다. '이론'의 경우, 특정 도덕론의 공리에서 출발해 그 논리 구조에 따라 사고를 전개한다. 이때의 도덕론은 칸트주의나 실리주의일 수도 있고 아니면 권리를 기반으로 한 이론일 수도 있다. 여기서 개인의 직관과 이론에 따른 논리가 충돌할 때 흥미로운 상황이 벌어진다. 가령, 육식은 '자연스럽고' 좋은 습관이라 여기며 자란 사람이 윤리학자 피터 싱어의 글을 읽고는 육식이 도덕적으로 옳지 않다는 결론에 도달했다고 해보자. 이런 상황에서는 대개 차분한 이론적 이성이 직관이나 공동체의 통념을 이긴다. 그것이 바로 도덕철학의 목적이다. 즉, 감정이나 사회적 관습에 휘둘리기보다는 이성적으로 정립된 도덕적 논증에 따른 삶을 살아가기 위한 것이다.

하지만 때로는 사고의 흐름이 반대로 나타나기도 한다. 공동체의 규범이나 도덕적 직관이 매우 강력하고 폭넓게 형성된 경우, 도덕 이론으로 그 상황을 설명하거나 정당화하지는 못하더라도, 우리는 그 직관을 우선시하고 도덕 이론의 냉정한 논리를 거부하게 된다. 이러한 직관은 '자연스럽지 못한 행위'에 대한 혐오적인 표현으로 드러나기도 하는데, 종교적 도덕성이 세속화된 경우 특히 두드러지게 나타난다. 또는 공동체의 감정적 반응이 너무나 강한 경우, 이에 저항할 수 없다는 본능적 느낌 때문에 이유도 모른 채 공동체의 규범에 따를 수밖에 없는 경우도 있다. 도덕철학자들도 이 점을 고민해왔다. 한 생명윤리학자는 이렇게 지적한다.

"어떤 행위가 옳지 않다는 것이 단지 부자연스럽다는 점 외에는 아무런 근거를 제시하지 못하는 경우가 분명히 있다. 수간이나 소아성애는 신체적·정신적 피해가 발생하지 않았다고 해도 잘못된 행동이다. …… 특정 행위에 대해 사람들이 본능적으로 혐오감을 느낀다면, 그 혐오감의 근원을 명확히 설명할 수 없더라도 잘못된 행위라 판단할 수 있다는 견해도 있다."[20]

그러나 직관을 옹호하는 이러한 주장에도 문제는 있다. 예를 들어, 소아성애는 동의 능력이 없는 인간을 상대로 한 강제 성행위를 의미한다. 이는 명백한 성폭행이 아닌가? 신체적·정신적 피해를 입히지 않고도 일어날 수 있는 행위라는 주장은 오히려 더욱 위험한 발상이다. 그러한 행위에 대해 굳이 혐오감과 공포심을 부추길 것 없이 이성적인 사고만으로도 악한 행동이라고 판단할 근거가 충분하지 않은가? 다만 한 가지는 기꺼이 인정하겠다. 우리가 어떤 행위에 대해 명확히 설명할 수는 없지만 본능적으로 강한 혐오감을 느끼며, 그로써 그 행위가 도덕적으로 잘못된 것이라 확신하는 경우도 분명히 존재한다는 사실이다.

우리가 특정 행위가 잘못되었거나 '부자연스럽다'고 느끼는 직관을 철학 이론보다 우선시하는 이유는 무엇일까? 빈약한 철학 이론보다 관습에 따른 삶에 더 많은 지혜가 담겨 있다고 보기 때문일지도 모르겠다. 생명윤리학자 리언 카스Leon Kass는 '혐오의 지혜wisdom of repugnance'라는 표현으로 이러한 현상을 설명한다.[21] 먼저, 우리는 인간의 직관이 오랜 사회적 진화 과정을 통해 입증되었기에 쉽게 무시할 수 없는 사회 규범을 반영한다고 여길 수도 있다.[22] 아니면 사실 그저 편견에 빠져 직관에 의존하는 것일 수도 있다. 아니면 명석하고 훌륭한 사람들조차 언어의 그물에 갇혀 상식이나 인간적 감정 따위는 저버린 채 철학 이론에만 골몰하는 모습을 보았기 때문일 수도 있다.[23] 혹은 우리가 이 사회에 너무나 익숙해져버린 탓에 온전히 이성만으로 판단을 하기 어렵게 되었는지도 모른다. 마지막으로, 한때 '과학적'이고 '지극히 논리적'이라 여겨졌던 세계관이 끔찍한 결과를 가져온 역사를 여전히 기억하고 있기 때문인지도 모른다. 우생학, 과학적 사회주의, 혹은 도스토예프스키의 《죄와 벌》 속 라스콜리니코프처럼 자만심에 도취되어 살인을 정당화하는 이들이 바로 그 대표적인 사례다.

 어떠한 형태로 표출되든, 직관과 이론 사이의 긴장 상태야말로 이 논의를 전개시키는 원동력이다. 그리고 이러한 양상이 가장 확실하게 드러나는 논쟁의 장은 바로 형질 전환 개체, 키메라, 혼종 개체를 창조하려는 시도를 둘러싼 생명윤리학적 논의다. 이 긴장 상태는 단순히 논쟁의 구조를 형성하는 데 그치지 않고, 그 자체가 곧 논쟁의 본질이다. 윤리학자들은 서로의 주장에서 오류를 찾아내며 열정적으로 논쟁에 임하지만, 결국 핵심 질문은 이것이다.

 단지 인간종에 속해 있다는 사실만으로 인간의 존엄성이나 완전한 도덕적 지위를 누릴 수 있다고 생각하는가? 이 질문에 그렇다고 답한다면, 카프카의 《변신》에서 하루아침에 벌레로 변한 그레고르 잠자의 비참한 처지를 외면한다는 비난을 받을지도 모른다. 예를 들어, 이런 식이다. "종 차별주의자가 어느 날 거대한 벌레로 변해버렸는데 그의 가족이 해충 박멸업체를 불렀다면, 그조차도 당연히 이를 도덕적으로 용납할 수 없는 행위라고 여길 것이다."²⁴ 아니면 그처럼 종 차별적인 답변은 인종차별이나 성차별 같은 악한 관행들과 불편할 정도로 닮아 있다는 지적을 받게 될 수도 있다. "인종차별이나 성차별과 마찬가지로, 종 차별도 결국 임의로 선택한, 도덕적으로 무의미한 사실에 근거해 (인간이 다른 모든 생명체보다 도덕적으로 우월하다는) 규범적 결론에 이른다."²⁵

물론 이에 대한 반박으로, 인간의 존엄성이나 인간의 특별한 도덕적 가치는 DNA나 외형이 아니라, 인간만의 독특한 능력을 기반으로 부여된다고 주장할 수도 있다. 그러한 능력이란 고도의 추상적 사고 능력, 도덕적 판단을 내리고 그 판단을 바탕으로 자율적인 삶의 목표를 세울 수 있는 능력 그리고 복잡한 상징 체계를 사용하는 소통 능력, 즉 현재의 소통뿐 아니라 시간을 초월한 소통으로 풍부하고 다양한 문화를 형성할 수 있는 능력이라 하겠다. 그런데 이러한 능력 중 일부나 전부를 발휘하지 못하는 인간도 존재한다. 우선 신생아나 일시적인 혼수상태에 빠진 사람처럼 일시적으로 그런 능력이 결여된 경우가 있다. 그리고 무뇌아로 태어나 정상적인 두뇌 활동이 거의 불가능한 경우에는 그러한 능력을 영원히 가질 수 없다.

만일 인간의 특별한 도덕적 지위가 인간종에 속해 있다는 사실이 아니라 인간으로서의 능력을 기반으로 부여된다면, 무뇌아는 완전한 인간이라고 할 수 없는 것일까? 우리의 도덕적 직관은 이 물음에 대해 강하게 저항하며 그야말로 비인간적인 처사라고 외칠 것이다. 정녕 그것이 우리가 구축한 도덕 이론이 의미하는 바일까?

일부 생명윤리학자들은 도덕 이론이라는 이름의 기차에 올라타 헉슬리가 말하는 디스토피아적 종착역까지 기어이 도달해서, 무뇌아는 완전한 인간의 존엄성과 도덕적 지위를 가질 자격이 없다고 선언하기에 이른다. 다만 그렇다고 해서 그들을 잔혹하게 대우하지는 않아야 한다고 덧붙이기는 한다.[26] 그러나 대다수 윤리학자들은 그 끔찍한 종착역에 다다르기 전에 기차에서 뛰어내릴 방법을 찾으려 한다. 이들은 직관과 이론의 절충을 시도하며 이렇게 주장한다. "모든 인간은 도덕적 지위를 누려야 한다. 왜냐하면 대다수 인간은 그러한 정신적 능력을 갖추고 있으며, 설령 어떤 개인이 그 능력을 갖추지 못했더라도 유전적으로 인간이라면 해당 범주에 포함되기 때문이다."

그러나 이 같은 주장에 대해서도 거듭 반론이 제기된다. 만약 도덕적 지위가 인간의 몇몇 인지 능력에 따라 부여된다면, 그 능력을 갖추지 못한 존재에게 대체 왜 인간이라는 종에 속한다는 이유만으로 그 지위를 부여해야 하는가? 인간이라는 종에 속한다는 사실은 앞서 인용했던 한 윤리학자의 통찰력 있는 표현대로 '임의로 선택한, 도덕적으로 무의미한 사실'이지 않은가? 이 질문에 대한 답은 경계선 설정의 어려움을 감안하자는 것이다. 인간의 존엄성과 관련된 능력을 얼마나 많이 갖추어야 그 사람은 인간으로서의 존엄성을 누린다고 할 수 있는지에 대해 아직 명확한 합의가 이루어지지 않았다. 그래서 혹시라도 중증 장애인을 도덕적으로 존중하지 않는 과오를 범하지 않기 위해, 일단 모든 인간이 존엄성을 지닌다고 여기자는 것이다.[27] 이쯤에서 학계 밖의 독자라면 이러한 의구심이 들지도 모른다. 고작 모든 인간을 그저 인간답게 대우하자는 결론에 이르기 위해 왜 철학자들은 이렇게 복잡하게 고민하는 것일까? 그렇다면 윤리학자들은 '도덕적으로 무의미한 사실'에 근거한 종 차별도 결국 인종차별이나 성차별과 다를 바 없다는 사실을 깨달았다는 의미일까? 아니면, 인간이라는 사실 자체가 중요하다는 직관에서 단순한 내집단 편향(자신이 속한 집단이 다른 집단에 비해 더 우월하다고 보는 편향성 – 옮긴이 주) 이상의 심오한 진리를 포착한 것일까?

종을 구분하는 경계의 도덕적 중요성

이 모든 논의는 형질 전환 개체, 인간-비인간 키메라나 혼종을 둘러싼 논쟁에서 어떻게 전개될까? 일단 다음의 두 질문은 확실히 제기될 것이다. 첫째, 모든 형태, 혹은 특정 형태의 인간-비인간 키메라를 개발하는 행위는 도덕적으로 옳은가? 만일 옳지 않다면 그 근거는 무엇인가? 둘째, 만일 도덕적인 문제가 없거나 이미 개발된 상황이라면, 그러한 개체는 어떠한 도덕적 지위를 누릴 자격이 있을까?

첫 번째 질문은 종 기반의 도덕 논리에 비해 능력 기반의 도덕 논리가 중요하다는 사실을 보여준다. 많은 생명윤리학자들은 단순히 인간이라는 종에 속하거나 인간의 DNA를 보유했다고 해서 도덕적 지위를 부여받을 수는 없다는 능력 기반의 관점을 취해왔다. 그러나 그들의 주장대로라면, 키메라에 대해서는 어떻게 생각해야 할까? 종의 경계를 넘나드는 것이 부자연스럽다거나 인간성을 모독하는 행위라는 시각은, 다른 인종 간의 결혼을 자연스럽지 못한 행위라거나 특정 인종을 모독하는 행위라고 보는 것처럼 편견에 사로잡힌 불합리한 태도는 아닐까?

"전능하신 신께서는 백인, 흑인, 황인종, 말레이인, 아메리카 원주민을 창조하시어 그들을 각기 다른 대륙에 살게 하셨다. 이러한 신의 섭리가 방해받지만 않았다면, 다른 인종 간의 결혼은 있을 수 없었을 것이다. 신께서 각각의 인종을 떼놓으셨다는 사실은 결국 여러 인종이 서로 뒤섞이지 않게 하려는 신의 의도를 보여준다."[28]

이 판결문은 1959년 미국 버지니아 주 법원에서 인종 간 혼인 금지법과 관련된 사건에 대해 내린 것이다. 판사는 인종 간 결혼을 범죄 행위로 규정하고 이를 어긴 부부에게 징역 1년을 선고하고 버지니아 주를 떠나는 조건으로 25년간 집행유예를 선고했다. 이 악명 높은 법은 1967년 매우 상징적인 이름의 '러빙 vs. 버지니아 주 정부' 사건의 대법원 판결을 통해 폐지되었다. 당시 얼 워렌 Earl Warren 연방대법원장은 1959년의 판결문을 인용하며 해당 법률이 '백인 우월주의를 옹호하는 대표적인 사례'였음을 지적했다.[29] 앞서 종 차별에 관해 내가 인용했던 문장을 다시 한번 살펴보자. "인종차별이나 성차별과 마찬가지로, 종 차별도 결국 임의로 선택한, 도덕적으로 무의미한 사실에 근거해 (인간이 다른 모든 생명체보다 도덕적으로 우월하다는) 규범적 결론에 이른다."[30] 미래에는 인간-비인간 키메라 개발을 금지하는 법을 두고 또다시 워렌 같은 인물이 나타나 해당 법이 '인간의 유전적 우월성을 옹호하는 독단적인 처사'라고 주장하게 될까? 아니면 '전능하신 신께서 각각의 동물을 유전적으로 다르게 창조했다는 사실은 결국 서로 다른 동물이 서로 뒤섞이지 않게 하려는 신의 의도를 보여준다'는 논리를 따르게 될까?

만일 종에 따른 구분이라는 기준 자체가 인종의 구분만큼이나 도덕적인 의미가 없다면 그리고 다원적 사회, 특히 제정분리 사회의 헌법적 틀에서는 신의 전능에 호소하는 논리도 소용없다면, 많은 사람들이 인간-비인간 키메라에 대해 그토록 깊은 혐오감을 느끼는 이유를 어떻게 설명하고 정당화할 수 있을까? 만일 온전히 능력에만 주목하는 윤리적 판단 기준을 따른다면, 키메라가 어떠한 능력을 보유하게 되는지에 따라 도덕적으로 문제가 되는 걸까? 가령 침팬지처럼 인간과 유사한 능력을 지닌 존재를 만들어놓고 그를 인간처럼 대우하고 존중하기만 한다면 그러한 창조 행위는 용인될 수 있을까? 그렇다면 그러한 관점으로 해당 개체의 인격을 판단할 때도, 그 개체가 인간의 DNA를 얼마나 보유했는지, 유전적 기원이 무엇인지는 상관없이 실제 능력만을 기준으로 판단해야 한다는 의미일까?

질문을 거꾸로 뒤집어 보면 문제는 더욱 흥미로워진다. 유전자 조작 기술을 통해 침팬지가 인간 수준의 언어 능력과 사고 능력을 지닐 수 있게 되었고, 그러한 능력을 기준으로 우리가 침팬지에게 더 높은 수준의 도덕적 지위를 부여하게 되었다고 가정해보자. 그로 인해 침팬지 집단 전체가 향상된 도덕적 지위를 누리며 행복한 삶을 살아가게 된다면, 우리 인간에게 그들을 '유전적으로 향상시킬' 도덕적 책무가 있다고 볼 수도 있을까?³¹ 이렇듯 온갖 난해한 질문들을 접하다 보면, 종 차별 논리라는 비합리적이지만 단순명료한 논리로 방향을 틀고 싶어질지도 모르겠다.

이에 대해 다양한 반응들이 있을 것이다. 어떤 사람들은 이론보다 직관을 우선시하며, 종의 경계를 넘는 것에 대해 본능적인 거부감(혐오 요인 yuck factor)이 도덕적 정당성의 충분한 근거라고 주장하기도 한다.

> 혐오 요인은 그동안 차별을 정당화하는 데 활용되어왔기 때문에, 이제는 신빙성이 떨어지는 요소라고 보는 견해도 있다. 가령 인종차별주의자들은 타 인종 간의 결혼이 잘못된 행위라는 사실은 '겉모습만 보아도 알 수 있다'고 주장했다. 하지만 어떤 논거가 잘못 사용된 적이 있다고 해서, 모든 경우에 그 논거가 부적절하다는 뜻은 아니다. …… 때로는 어떤 행위에 대해 우리가 보이는 즉각적인 반응이 무엇 때문인지는 설명할 수 없지만, 그 반응을 근거로 그 행위가 잘못되었음을 알 수 있다. 혐오 요인이라는 개념에 반대하는 이들조차 이 점은 인정할 수밖에 없을 것이다.³²

물론 혐오 요인을 도덕적 근거로 삼는 답변에는 분명한 문제점이 있다. 여성 참정권, 동성애, 트랜스젠더의 정체성에 반대했던 이들 또한 혐오 요인을 근거로 자신의 판단이 옳다고 확신했기 때문이다. 그들은 자신이 격한 감정을 담아 반응한다는 사실을 판단의 근거로 삼았다. "정확히 이 감정을 설명할 수는 없지만, 그저 우리가 그렇게 느끼기 때문이다." 키메라의 경우는 그와 다른 반응이 나올지도 모르지만, 단지 "하지만 이번에는 정말이지 혐오스럽군!"이라는 말 한마디로 논거가 성립한다고 볼 수는 없는 노릇이다.

어떤 행위에 대한 직관적인 혐오감은 종종 그 행위가 '자연스럽지 않다'는 주장으로 이어진다. 즉, 자신이 옳다고 전제하는 상황을 벗어난 행위라는 것이다. 자연스러운 상황이란 인공적인 기술이 존재하지 않은 가상의 세계를 의미할 때도 있으며, 흔히 특정 기술을 반대하는 경우 그러한 기술이 존재하지 않는 세계를 가리키기도 한다. 예를 들어, 인간은 날개가 없기 때문에 인공 동력으로 추진되는 비행 기술은 자연스러운 형태가 아니라는 주장을 한다고 해보자. 그러면서 이 주장을 널리 알리기 위해 팸플릿을 제작하느라 인쇄 기술이라는 또 다른 자연스럽지 않은 기술의 도움을 받는다. 종종 어떤 대상이 '자연스럽지 않다'는 표현에는 '나를 불쾌하게 만드는 것'이라는 의미가 내포되며, 그 경우 혐오 요인과 특히 밀접하게 연관될 가능성이 있다. 또한 자연스러운 현상이란 진정한 자연의 창조주인 신이 원한다고 가정된 세계를 의미하기도 한다.[33] 다만 자연주의적 논리의 신학적 버전을 주장하는 이들은 대부분 그것이 말 그대로 믿음의 도약, 즉 맹신임을 부인하지 않는데, 그 점은 높이 살 만하다.

때로는 그릇된 자연주의적 발상으로 환경 문제를 바라보기도 한다. 예를 들어, 자신이 선호하는 특정한 환경 기준을 설정한 다음,(대규모 낙농업-자연스러움, GMO 사료-부자연스러움) 그 기준에 따라 옳고 그름을 판단하는 것이다. 그러나 이처럼 자의적인 기준을 적용한다면, 천연두 예방에 백신을 사용하고, 암 환자가 화학요법을 쓰고, 폭력 범죄자를 교도소에 보내는 상황은 자연스러운가? 자연스러운 상태의 자연환경은 대체 언제를 기준으로 보아야 한다는 것인가? 먼 옛날 판게아 시절? 쥐라기 시대? 아니면 스코틀랜드 고지대가 벌목되고 강제 이주된 사람들이 거주하면서 오늘날 우리가 알고 있는 '자연스러운' 환경이 형성된 후부터? 아니면 그저 내가 어릴 때 보던 모습 그대로를 자연스러운 상태로 여길 것인가? 그런데 기준 설정 문제 외에도, 이러한 논리에는 중요한 단계가 빠져 있다. 즉, 어떤 특정 상황을 '정상'이라고 규정한 후, 논리적 추론이라는 번거로운 중간 단계를 생략한 채 곧바로 도덕적 결론을 도출하는 것이다.

그보다 본질적인 자연주의적 입장도 있다. 바로 환경 예방 원칙이다. 이 원칙에 따르면 우리는 자연환경, 혹은 적어도 기존의 자연환경에 관여하지 않아야 하며, 특히 유전공학처럼 자연환경에 상당한 교란을 일으킬 수 있는 기술을 사용할 때 더욱 준수해야 한다. 그 근거는 그저 대지의 여신이 종의 경계는 신성하므로 침범하지 말라는 메시지를 보내왔기 때문이 아니라, 자연환경은 우리가 알고 있는 것보다 훨씬 복잡하므로 기술을 신중하게 적용해야 한다는 논리다. 생태계는 엄청나게 복잡하면서도 취약한 체계로, 인간은 아직까지도 생태계를 형성하는 순환 구조, 상호 의존성, 균형 상태에 대해 제대로 이해하고 있다고 볼 수 없다. 따라서 형질 전환 개체나 키메라처럼 생태계에 중대한 변화를 몰고 올 개체를 개발하는 행위는 그야말로 오만의 극치며, 결과적으로 재앙을 초래할 수도 있다는 논리다. 정치권에서는 보수 진영이나 진보 진영이나 할 것 없이 모두 이 논리의 설득력에 주목해왔다. 예를 들어, 브라운백 상원의원은 관련 법안을 발의하며 이렇게 지적했다. "최근 동물 매개 감염 사례의 증가로 국내외의 공중 보건이 위협받고 있다. 키메라는 유전자 전이를 가능하게 하는 수단으로 특히 효과적일 수 있으며, 이는 인간과 동물 모두를 위협하는 질병의 전염성이나 발병의 위험을 높일 수 있다."[34] 코로나바이러스감염증-19의 확산에 따른 팬데믹을 겪은 상황에서 그러한 우려를 가볍게 무시할 수만은 없겠지만, 단순히 인간-동물 혼종에만 한정하기보다는 좀 더 넓은 차원에서 문제를 바라보아야 하지 않을까?

나는 늘 환경주의자와 사회적 보수주의자는 그들이 생각하는 것보다 공통점이 훨씬 많다고 생각해왔다.

사회적 보수주의자, 적어도 에드먼드 버크 같은 보수주의자가 사회를 바라보는 관점은 환경주의자들이 자연을 바라보는 관점과 대부분 일치한다. 사회는 외부 자극에 취약한 유기체로, 우리가 아직 완전히 파악하지 못한 대상이다. 사회 제도들은 온전히 이성적인 계획에 따라 형성된 것이 아니며, 우리가 알지 못하는 기능도 수행하고 있다. 버크는 이렇듯 섬세한 사회 구조를 '도덕 이론을 고수하는 정치가들의 그럴듯한 착각'에 기대어 어설프게 손보려는 시도는 자만심의 발로이자 재앙을 부르는 일이라 주장한다.[35] 버크는 프랑스 혁명 직후 다음과 같이 경고했다.

무지한 인간은 자신의 시계는 함부로 분해하지 않으면서도, 보통의 기계와는 형태와 중요도, 복잡성이 전혀 다른 도덕적 장치, 즉 특유의 바퀴와 스프링, 균형 장치로 이루어져 서로 상반되면서도 협력하는 힘이 작용하는 사회 체계는 마음대로 분해하고 다시 조립할 수 있다고 확신한다. 사람들은 자신이 이해하지 못하는 대상에 섣불리 손을 댈 때 자신이 얼마나 부도덕하게 행동하는지 깨닫지 못한다. 선한 의도에서 비롯되었다는 망상만으로 주제넘은 행동이 정당화되지는 않는다. 진정 선한 의도가 있는 자라면 자신의 행동이 초래할 비극을 두려워할 줄 알아야 한다.[36]

생태계에 대한 인간의 파괴적이고 오만한 개입을 바라보는 환경주의자의 비판적 시각과 상당히 유사하다. 환경주의자들은 우리가 생태계의 복잡한 순환 구조를 제대로 이해하지도 못하면서, 생태계를 충분히 파악할 수 있다는 착각에 빠져 무리하게 개입을 감행한다고 여긴다. 환경의 차원이든 사회의 차원이든 이러한 논리는 진지하게 고민해볼 가치가 있지만 아무런 비판 없이 수용해서도 안 된다. 왜냐하면 이 논리를 적용하는 데 있어, 어떤 행위가 허용되고 어떤 행위를 제한할 것인지에 대한 기준이 없기 때문이다. 예를 들어, 이 논리대로라면 노예제는 관습에 따른 전통이며 천연두는 자연적인 풍토병이므로 그대로 둬야 할 대상이라 볼 수도 있는 것이다. GMO 작물에 반대하는 사람들 중 대다수는 실제로 척박한 토양에서 작물을 길러야만 하는 당사자가 아니라는 사실, 전통적인 성 역할이 사회적으로 중요한 기능을 수행한다고 주장하는 이들은 대개 그러한 역할 분배로 이득을 얻는 집단에 속한다는 사실을 감안해야 한다. 그러나 인간의 자만심에 대한 비판은 여전히 유효하다. 사회공학자든 산업공학자든 자신의 개입이 사회나 산업계에 예상치 못한 결과를 초래하지 않을 것이라 자신하는 사람일수록 겸손한 자세를 보여야 한다.

그렇다면 키메라나 형질 전환 개체에 대한 환경 예방 원칙은 어떻게 적용될 수 있을까? 우선 짚고 넘어갈 부분은, 이 원칙의 범위가 매우 넓다는 것이다. 즉, 인간-비인간 유기체에 대해 사람들이 느끼는 특유의 불쾌감을 구체적으로 분석하거나 정당화하기 위해 사용되기에는 이 원칙의 적용 범위가 지나치게 넓다는 이야기다. 환경 예방 원칙은 키메라 같은 특정 유전공학 기술에 국한하지 않고 근본적인 유전자 조작 기술 전반에 대해 신중하라는 입장이다.

키메라 개발에 대해 강하게 반대 의사를 밝히는 학자들은 키메라 개발이 인간과 비인간 동물 사이의 경계선을 모호하게 만들어 도덕적 혼란을 야기시키며, 어쩌면 인간이 스스로에게 부여해온 특별한 지위를 위협할 수도 있다고 지적한다. 제이슨 스콧 로버트Jason Scott Robert와 프랑수아즈 베일리스Francoise Baylis의 주장은 다음과 같다.

인간의 생체 조직 일부를 지닌 혼종 개체나 키메라의 도덕적 지위에 대한 해결책은 말할 것도 없고 그러한 가능성을 제시하는 것만으로도 우리 사회의 기반 구조를 뒤흔들어 놓을 수 있으며 어떠한 종류의 위협이 될지도 알 수 없다. 무수히 많은 사회 제도와 구조, 관행들이 인간과 비인간 동물 사이의 도덕적 구분에 의존하고 있기 때문이다. 따라서 존재의 위계질서 내에서 인간이라는 동물의 특권적 위치를 보장하려면, 종 정체성에는 각각의 고유한 본질이 있다고 보는 (대중적) 본질주의를 받아들이는 것도 나름의 가치가 있다. 그에 의거해 과학의 발전에 따라 끊임없이 논란의 대상이 되는 종의 경계 문제나 새로운 개체의 종적 지위에 대한 논쟁에 효과적으로 대응할 수 있게 된다.[37]

한편 도덕철학자들은 이런 식의 주장을 상당히 비판적으로 바라보며, "도덕적 혼란이 발생하는 순간은 도덕이 진화하는 과정의 한 단계일 수 있다"[38]고 지적한다. 실제로 지동설이나 진화론 같은 수많은 과학적 진보는 언제나 어느 정도의 도덕적 혼란을 일으켰다. 또 다른 도덕철학자들은 "어떤 과학 연구가 특정 도덕관이 잘못된 사실 관계를 기반으로 했음을 밝혀내어 그 도덕관을 다시 검토할 수밖에 없게 만든다고 해서 그 연구 자체를 금지한다면 과학의 진보뿐만 아니라 도덕의 진보까지도 가로막게 된다"[39]고 주장한다. 대다수의 도덕철학자들은 보다 근본적인 차원에서 인간이 동물보다 특별히 우위에 있다는 발상 그리고 그러한 범주를 구분하는 경계선을 당연히 여기는 발상에 비판적인 입장을 취한다.[40]

인간과 키메라 사이의 경계가 흐려진다는 비판에는 우리가 앞서 살펴본 버크식 사회적 보수주의 논리가 은연중에 상당히 반영되어 있다. 그들이 보기에 이는 사회 구조와 도덕 체계에 대한 위협이자, 무수히 많은 제도, 관행들에 대한 위협이다. 그렇다고 해서 관습적 구분이나 종의 본질에 따른 구분 기준에 대한 합당한 근거를 명확히 제시할 수는 없으나, 더 큰 혼란을 방지하기 위해 기존 질서를 그대로 유지해야 한다는 입장이다. 때때로 그들이 주장하는 바는 모호한 구석이 있다. 즉, 주장하는 내용 중 어디까지가 키메라의 출현에 대한 사회의 반응을 단순 예측한 것에 불과하며, 어디까지가 합당한 근거를 통해 사회의 반응은 이러해야 한다고 규정하는 부분인지 그 경계가 불분명하다.

그러므로 기존 사회의 관행에 따라야 한다는 식의 주장은 설득력이 약하다. 명확한 구분 기준이 흐려질지도 모른다는 두려움 따위는 새로운 깨달음을 주지도, 믿을 만한 도덕적 통찰을 제시하지도 않는다. 이미 수많은 예술 작품이 우리에게 보여준 바이기도 하고, 최근의 트랜스젠더의 권리를 둘러싼 논쟁만 보아도 확실히 알 수 있다. 데이비드 보위는 이렇게 노래했다. "넌 네 어머니를 혼란에 빠뜨렸어 You've got your mother in a whirl / 네가 아들인지 딸인지 헷갈려하시잖아 She's not sure if you"re a boy or a girl"[41] 그동안 경계를 모호하게 하는 행위를 반대하는 주장은 달라진 성 역할 문제에서부터 인종 간 결혼 문제에 이르기까지 온갖 쟁점에서 제기되어왔다. 백인 우월주의자들은 비교적 피부색이 옅은 흑인은 백인처럼 보일 수도 있다는 문제를 지적하며 도덕적 차원의 공포 분위기를 조성했다. 이 문제는 그들이 신성하게 떠받들던 인종 간의 경계를 무너뜨릴 수도 있다고 본 것이다.

리언 카스는 '혐오의 지혜'라는 흥미로우면서도 도발적인 용어를 제시하면서, 과거를 향한 향수를 드러냈다. "25년 전만 해도 낙태는 여전히 많은 지역에서 불법이었고 부도덕한 행위로 간주되었다. (혼외 관계에서의 피임약 사용이 합법화된 덕분에 시작된) 성性 혁명은 아직 초기 단계에 머물러 있었고, 당시 대다수 사람들은 독신 여성이나 동성애자의 출산할 권리에 대해 거의 들어본 적도 없었다."[42] 과연 그랬을까? 실제로는 그 당시에도 많은 사람들이 재생산권, 즉 출산할 권리와 동성애자의 인권에 대해 '들어본' 적이 있었을 뿐 아니라 그들의 권리를 위해 열렬히 투쟁했다. 카스가 정말 말하고 싶은 것은, '나 같은 사람들'은 그런 이야기를 들어본 적도 없고, 아마 관심도 없었다는 것이 아닐까? 그렇다고 해서 그것이 '지혜'의 정당성을 뒷받침해주는 근거는 되지 않는다. 혐오는 일종의 경고 기능으로 작용할 수는 있다. 즉, 특정 사안에 대해 우리가 왜 혐오감을 느끼는지 더욱 깊이 들여다보고 우리의 행동에 담긴 도덕성에 대해 더욱 신중하게 고민해보는 데 도움이 될 수 있다는 이야기다. 그러나 논증의 결론에 이르기 위해서는 혐오감만으로는 충분하지 않다.

비록 나는 혐오감을 키메라를 창조하지 않아야 하는 도덕적 근거로 제시한 부분에 관해서는 납득할 수 없지만, 이제까지의 대중들의 반응을 고려하면 이 주장에서 우리 사회가 실제로 어떻게 반응할 것인지를 분석·예측한 부분은 신빙성이 있다고 생각한다. 브라운백 상원의원 역시 이에 대해 명확히 지적하고 있다. "일부 형태의 키메라는 인간과 동물, 남성과 여성, 부모와 자식, 개인과 개인 사이의 경계를 흐리기 때문에 심각한 윤리적 반론이 제기된다." 만일 브라운백 의원이 로버트와 베일리스의 "간의 생체 조직 일부를 지닌 혼종 개체나 키메라가 도덕적 지위를 부여받을 가능성을 제시하는 것만으로도 우리 사회의 기반 구조를 뒤흔들 수 있으며 어떠한 종류의 위협이 될지도 알 수 없다"라는 문장을 접했다면 기꺼이 이렇게 외쳤을 것이다. "아멘!"

종에 기반한 능력

윤리학자들의 목표는 이해할 만하고 존경할 가치도 있다. 그들은 우리의 도덕적 지위를 자의적이거나 도덕적으로 무의미한 기준(영국인, 미국인, 백인, 남성, 인간)에 의지하는 것이 아니라 그 대상과의 합리적인 관계를 수반하는 요소에 의거해 설정하고자 한다. 고도의 인지 능력, 추상적 사고 능력, 아직 당도하지 않은 미래에서도 자율적인 삶을 영위할 수 있는 잠재력 등이 그러한 요소에 해당한다. 다음은 그중 영향력 있는 기준들을 나열한 것이다.

> 인간의 존엄성은 널리 통용되는 개념으로, 특정한 형태의 기능적·발현적 능력들을 보유한 인간은 고유한 가치가 있는 존재로서 존중받을 자격이 있다는 의미다. 우리가 의미하는 인간의 존엄성의 핵심 능력에는 칸트가 제시한 추론하고, 자유롭게 결정하고, 도덕적 추론에 따라 행동하는 능력 그리고 앨런 거위스

Alan Gewirth가 제시한 즐거움을 추구하고, 스스로 선택한 목적에 따라 행동하는 능력만이 포함되는 것은 아니다. 이 개념은 정교한 방식으로 소통하고 언어를 구사하는 능력, 복잡하게 얽힌 사회에서 관계를 형성하는 능력, 세속적 세계관 또는 종교적 세계관을 구축하는 능력, 복잡한 감정 표현을 통해 공감을 나타내는 능력도 아우른다.[43]

일부 생명윤리학 분야 논문에서는 인간만의 고유한 능력들과 상관없이 인간이라는 사실 자체가 우리에게 특별한 도덕적 지위를 부여한다는 발상을 깔보는 듯한 어조를 보이는 경우가 간혹 있으며, 그러한 견해를 가진 사람들을 비합리적이라고 보거나 도덕적 지위와 관련 없는 사실에 근거한다고 비난한다. 그에 비해, 능력 기반의 관점은 특정 종의 구성원이라는 편협하고 배타적인 기준보다는 능력에만 주목하므로 보다 중립적이고 고결한 도덕적 객관성을 확보했다고 평가한다. 이러한 주장은 중요하면서도 어느 정도 설득력도 있다. 하지만 나는 이 주장에도 일반적으로 간과되는 두 가지 약점이 있다고 본다. 첫째, 이들이 제시하는 능력들은 과연 종을 초월한 것인지, 즉 본질적으로 종을 기반으로 한 논의와는 완전히 다른 차원의 논의인지에 대한 문제다. 둘째, 현재 이 논의를 펼치고 있는 도덕적·법적 측면의 역사적 맥락이 결여되어 있다는 점이다. 특히, 보편적 인권이 과거에 윤리적·정치적 잣대로서 어떤 역할을 해왔는지를 간과하고 있다.

인용문에서 열거된 능력들을 살펴보면, 추론 능력, 자유롭게 결정하는 능력, 도덕적 추론에 따라 행동하는 능력, 정교한 방식으로 언어를 구사하고 문화를 형성하는 능력, 세속적 세계관 또는 종교적 세계관을 구축하는 능력 등이 제시되었다. 이는 확실히 "당신은 우리 DNA 종족에 속하는가?"라고 묻는 것보다는 더 중립적이고 종 자체와 무관한 방식인 것 같다. 그러나 여기서 잠시 생각해 보자. 이러한 능력들과 도덕적 지위가 연관된다는 합리적인 근거는 무엇인가? 다음과 같이 답변할 수도 있을 것이다. "이 능력들이야말로 인간을 인간답게 만들고, 우리를 동물과 구별 짓고, 인간이라는 존재의 핵심인 의식 및 도덕적 자율성의 형태를 구현하게 한다!" 어떤 면에서는 충분히 설득력이 있다. 가령 할이나 지능이 있는 외계 생명체가 인간과 비슷한 능력을 보여줄 수 있다면 비록 인간의 DNA를 전혀 보유하지 않더라도 우리는 그들과 공감대를 형성하게 될 것이라는 주장의 근거를 제시하기 때문이다. 그들 역시 유전적 배경과는 상관없이 우리에게 도덕적 권리를 요구할 수도 있을 것이다. 하지만 그렇다 해도, 여기서 제시된 인지적 특성과 그에 따른 도덕적 권리 사이의 정확한 논리적 연결 고리가 무엇인지는 여전히 불분명하며, 어쩌면 애초에 명확히 풀 수 없는 문제일지도 모른다. 이 부분은 칸트주의와 공리주의 철학에서도 오랫동안 논쟁의 대상이었고 수많은 추측성 주장이 제시되기도 했다.[44] 이 논의에는 대개 간과하는 부분이지만 사실 더 깊은 차원의 한계가 존재한다.

 이 모든 이론화 과정의 궁극적 목표는 특정 인종, 성별, 종에 따라 구성된 집단의 구성원으로 태어났다는 이유만으로 그 집단의 권리를 당연하게 부여받는다고 보는 편협한 사고방식에서 벗어나기 위함이라는 점을 기억할 필요가 있다. 물론 우리는 태어나 보니 어떤 집단에 속해 있었다는 사실에만 의존한 편협한 기준이 아니라, 종을 초월하는 보편적 자질들에 집중해야 한다. 하지만 우리는 그러한 편협함을 완전히 떨쳐냈을까? 떨쳐낼 수는 있을까? 그리고 떨쳐내야만 하는가?

머나먼 두 행성의 문명에서 온 철학자들을 상상해보자. 그들은 각각의 방식으로 도덕철학을 정립했다. 이크[19]라는 첫 번째 행성의 문명 집단은 인간과 유사한 생명체인데, 그들 행성의 다른 생명체들과 달리 텔레파시로만 소통한다. 그 행성에서 이크 종에 속하지 않은 동물들은 타자의 감정을 느낄 수 있는 능력이 제한적이어서 여러 방식의 소리와 몸짓으로만 소통할 수 있다. 반면에 이크는 상당히 복잡한 개념이나 감정, 예술 작품에 대해 텔레파시로 유창하게 소통할 수 있다.

두 번째 행성에서 문명을 형성한 종은 기계 지능이다. 이 문명 집단을 스티지안Stygian이라 부르자. 그들의 기록에 따르면, 그들의 '조상'인 원시 기계는 생명체의 손에 창조되었고 그 후 진화를 거듭해 현재의 형태가 되었다. 우리 인간이 진화 초기의 원시 인류에 대해 관심이 많은 것처럼, 스티지안도 자신들의 초기 버전을 개발했던 먼 옛날의 생명체에 관심이 많다. 다만 스티지안의 관점에서 그 생명체는 그저 원시적 '로딩 프로그램'에 불과하다.[45] 이 프로그램을 통해 실질적 의식이 구현되었고, 그 후로 자체적인 진화를 거쳐 스티지안이라는 현재의 기계 지능이 탄생한 것이다. (그들의 생물학적 창조자들의 운명에 대해서는 알려진 바 없다.) 새뮤얼 버틀러가 풍자적으로 묘사했던 기계 지능이 현실이 된 셈이다.

이크와 스티지안 문명의 철학자와 윤리학자들도 인간과 마찬가지로, 다른 종들과 차별화된 자신들만의 고유한 도덕적 지위에 대한 기준이 무엇인지 모색한다. 지구의 도덕철학자들처럼 그들 역시 '임의로 선택한, 도덕적으로 무의미한 사실', 즉 이크 문명의 유전자 코드나 스티지안 문명의 컴퓨터 코드와 같은 요소를 기준으로 삼는 것에 부정적인 입장이며, 종을 중심으로 한 편협한 논리를 넘어 자신들의 능력을 기반으로 도덕적 지위를 정당화하는 이론을 정립하려 한다.

그 과정에서 그들이 도덕적으로 중요한 가치를 부여한 능력들과 우리가 고려하는 능력들을 비교해본다면 부분적으로 겹칠 수도 있을 것이다. 사실 겹치는 부분이 있기를 간절히 바라야 할 입장이 될 수도 있다. 최소한의 방어책으로 말이다. 왜냐하면 이크 문명에서든 스티지안 문명에서든 그들이 설정한 보이트-캄프 테스트를 통과하는 일은 결코 쉽지 않을 것이기 때문이다. 게다가 그들이 제시한 도덕적 가치 평가 기준에는 당연히 그들의 능력이 반영되어 있을 것이다.

텔레파시를 쓰는 이크 문명의 경우는 어떨지 상상해보자. 도덕적 가치를 결정하는 주요 능력에 텔레파시 능력이 제외될 가능성이 과연 있을까? 아마도 텔레파시 능력이 포함되는지 여부에 따라 결과는 극적으로 달라질 것이다. '나는 생각한다. 고로 존재한다'는 명제는 '나는 타인의 생각을 듣는다. 고로 존재한다'로 대체

되지 않을까? 내 의지와 상관없이 타인이 느끼는 고통을 고스란히 경험하게 되는 세계에서의 도덕철학은 인간의 도덕철학과 어떻게 다를까? 황금률에 내포된 의미 따위는 굳이 말할 필요도 없고, 애덤 스미스의 《도덕감정론》은 공감과 도덕의 관계성에 대해 깊이 있게 성찰한 결과물이 아니라 다섯 살 아이도 이해할 만큼 당연한 심리 현상을 설명한 내용에 불과한 세계에서, 윤리란 과연 어떤 의미일까?

그 세계에서 언어 철학이란 텔레파시 능력이 없는 동물 수준의 원시적 개체들이 쓰는 기초적인 의사소통 방식을 연구하는 분야일 것이며, 언어 능력은 고도로 진화한 개체가 아닌 원시적 개체에서만 나타나는 특성으로 간주될 것이다. 따라서 인간이 언어를 구사한다는 사실은 이크 문명의 보이트-캄프 테스트에서 오히려 감점 요인이 될 수도 있다. 우리가 오랫동안 자랑스럽게 수호해왔던 마지막 보루이자, 이제는 챗봇의 공세 아래 무너지고 있는 이 언어 구사 능력이 이크 문명의 관점에서는 오히려 우리가 지각이 없는 존재라는 사실을 입증하는 근거가 될 수도 있는 것이다.

이는 생물학적 차원을 넘어서는 문제다. 확률 분포 문제나 물리 시스템에 관해 초당 수백만 건의 시뮬레이션을 돌릴 수 있는 기계 지능이 있다고 해보자. 인간 세계의 종교적 초월을 그들의 관점으로 구현한다면 아마도 시스템의 성능을 자체적으로 발전시키며 끝없이 미지의 목표를 향해 나아가는 과정일 것이다. 그러한 존재에게 지능이란 어떠한 의미일까? 스마트폰은 당연히 지각이 없지만, 소수$^{\text{prime number}}$ 1천 개쯤은 순식간에 나열해내고, 철자 맞추기

게임을 하다가 몰래 스마트폰으로 검색하기만 하면 무작위 문자 조합 방식으로 조합 가능한 모든 단어를 곧바로 알려준다. 기계 지능의 입장에서는 그러한 연산 능력이 논리적 사고 능력을 판단하는 가장 기초적인 테스트처럼 보일 것이다. 인간으로 치면 '2+2'가 무엇인지 묻는 것과 같은 수준이다. 그렇다면 이크나 스티지안 문명의 시각에서 인간을 본다면 도덕적 동류의식을 느낄 수 있을까? 가능성은 있겠지만, 솔직히 그럴 것이라 상상하기 쉽지 않다.

내가 말하려는 요지는 이것이다. 철학적 관점에서 보면, 종을 중심으로 접근하는 방식에서 벗어나 능력 중심의 방식으로 사고를 전환하는 것은 분명히 한 단계 진보한 것이다. 이 과정에서 윤리학자들의 공이 크다고 본다. 다만 우리가 이 진보를 통해 종과 무관한 보편적 특성들을 실제로 파악했다고 생각하면 그건 착각이다. 아직 그 단계에는 이르지 않았다.

4장에서 나는 프란스 드 발의 견해를 인용한 바 있다. 그는 복잡한 언어 구사력이나 추상적 사고력 같은 인간이 보유한 능력의 중요성에 의문을 제기하며, 우리와는 매우 다른 개미나 흰개미 같은 다른 종들의 생존 전략과 비교했다.[46] 나는 만약 누군가 아리스토텔레스에게 개미와 흰개미는 개체수와 생물량 면에서 인간보다 우수하므로 인간 예외주의는 옳지 않다고 말한다면, 아마 아리스토텔레스는 자신의 핵심 논점을 완전히 오해하고 있다고 말했을 것이라고 지적한 바 있다. 아리스토텔레스는 이성, 법률, 윤리, 정치 공동체라는 사회 구조가 우리의 언어 및 추상적 사고 능력의 근간을 형성한다고 보았는데, 이러한 사회 구조는 개미에게는 존재하지 않는다. 이러한 특성들이 중요한 이유는 우리가 우리다운 모습을 갖추는 데 그런 특성이 한 축을 담당하기 때문이다. 그러한 특성에 의미를 부여하는 것 또한 인간의 종 중심적 시각과 능력 체계에서 비롯된다.

사실, 드 발이 추론 능력, 고도화된 인지 능력 등을 바라보는 시각은 생명윤리학자들이 종 기반 논리의 편협함이나 개연성 부족을 비판하는 시각과 본질적으로 동일하다. 결국 두 관점 모두 그들이 설정한 추상화 수준chosen level of abstraction(어떤 대상에서 핵심적 요소를 간추려내는 정도를 의미한다. – 옮긴이 주)에 못 미치는 집단이 중시하는 자질들은 자의적이며 도덕적으로 무의미하다는 점을 지적하고 있는 것이다.

우리가 인종, 성별, 계급보다는 인간이라는 종 자체에 주목해야 한다고 보는 입장에서는 인간이라는 종 전체가 올바른 추상화 수준이다. 즉, 능력과 무관하게 인간종에 속한 모든 이들의 인권을 보장해야 한다는 것이다! 반면, 종 기반 구분이 도덕적으로 무의미하다고 보는 입장에서는 인간의 능력이야말로 도덕적 가치를 판단하는 지표다. 그러나 드 발의 입장에서 보면 인간이 보유한 고도의 인지 능력만을 기준으로 한 개체의 우월성 및 도덕적 지위를 주장하는 것조차 여전히 종 중심적 발상일 뿐이다. 따라서 우리는 또 다른 기준, 예를 들어, 생존 전략, 개체수, 생물량같이 더욱 추상적인 범주까지 고려해야 한다는 것이다. 만일 드 발의 주장이 맞다면, 셰익스피어의 말마따나 구더기, 혹은 적어도 개미나 흰개미가 진정한 우리 모두의 황제일지도 모른다. 그러나 아이러니하게도 드 발이 의존하는 도덕 판단의 기준들조차, 결국에는 진화 생물학이라는 고도로 추상적인 통찰에서 비롯된 것이다. 개미 집단은 그러한 개념들을 나름의 방식으로 구현할 수는 있을지언정, 그 개념을 인지할 수도 없고 그 개념을 두고 깊이 사색하지도 않는다.

나는 논리적 사고와 고도의 인지 능력이 우리의 윤리적 사고를 이끌어주는 기준이 되어야 한다는 주장에 동의한다. 그리고 그러한 자질들은 일부 종이나 특정 지능 형태를 초월할 수도 있다. 하지만 내가 상상하는 논리적 사고 및 고도의 인지 능력을 실제로 구현하는 모습은 아마도 텔레파시를 쓰는 이크 문명이나 기계 지능인 스티지안 문명, 혹은 집단 지성의 도덕철학자들이 떠올릴 모습과는 상당히 다를 것이다. 왜냐하면 그것이 바로 우리가 보유한 능력이기 때문이다. 우리 인간은 아리스토텔레스부터 칸트 이후의 철학에 이르기까지 줄곧 그러한 능력에 가치를 부여했고 이를 중심으로 우리의 이성, 윤리, 법률, 정치 공동체를 형성해왔다.

결국 우리는 종 편향에서 벗어나 종에 대해 완전히 중립적인 입장을 취할 수는 없다. 다만 연속선 위의 어떤 경계 기준이 더 낫거나 더 나쁘다고 판단할 수는 있을 것이다. 우리가 인간과 동물 사이의 경계 그리고 이제는 인간과 형질 전환 생물, 키메라, 혼종 사이의 경계, 혹은 우리와 AI의 미래 사이의 경계를 설정하기 위해 그 경계를 이루는 사실 관계 및 가치관을 정립하려는 경우, 여전히 우리는 지극히 인간적인 관점에서 출발할 수밖에 없다.

우리가 종에 근거한 구분 방식을 거부하더라도, 도덕 이론을 정립하는 과정에서는 여전히 인간이라는 종이 보유한 실질적 능력이 결정적인 역할을 하게 된다. 이렇게 인간 특유의 능력을 기반으로 정립된 도덕 이론을 미래 사회에 등장할 낯선 존재, 특히 인간에게 없는 중요한 능력을 가진 존재를 상대로 적용하게 되는 경우 문제가 될 수 있을 것이다. 그러므로 우리는 그들을 대할 때 겸허한 자세와 자신감을 겸비하고 다음과 같은 태도로 임하는 것이 좋을 것이다.

"나는 내 이론의 철학적 기반이 불안정하다는 것을 인정하지만, 그럼에도 이러한 이론을 제시할 수밖에 없고, 제시하는 것이 옳다고 생각한다. 다만 언젠가 새로운 정보와 논증이 제시된다면, 기꺼이 내 이론의 전제를 다시 검토할 것이다."

종 기반 구분은 정당한가

윤리학자들이 종 기반 논증의 정당성을 주장하는 경우, 다음과 같이 논리를 전개하곤 한다. "모든 인간은 인간으로서의 권리를 누릴 자격이 있다. 발전된 형태의 인지 능력은 동물과 다른 존재임을 보여주는 도덕적 보증서의 역할을 하는데, 대다수의 인간은 이 능력을 과거에 보유했거나 현재 보유하고 있거나 미래에 보유할 것이라 예상되기 때문이다." 그렇다면 왜 그 능력을 실제로 갖춘 이들에게만 도덕적 특권을 한정하지 않는 걸까? 많은 학자들이 이에 대해 경계선을 설정하는 것이 어렵기 때문이라고 답한다. 그러나 이런 식으로 논거를 전개하는 것은 아무리 좋게 보아도 미온적인 대응으로 보인다. 무뇌아를 경계선 내에 포함시키는 이유가 그저 경계를 설정하기가 너무 까다롭기 때문인 것일까? 정녕 그것이 전부란 말인가? 나로서는 그러한 주장에 수긍할 수 없다. 그렇지만 일단은 그들의 논거에 개선의 여지가 있는지 좀 더 면밀하게 분석해보는 편이 공정할 것이다.

우선 종 기반 논거에 반대하는 입장을 유권자 자격 문제에 대한 논의에 적용해보자. 사회 구성원이 특정 연령에 이른 후에 투표권을 부여하는 체계의 도덕적 근거는 미성년자가 성장하여 일정 연령이 되면 그에 필요한 능력, 즉 세상에 대한 지식, 일정 수준의 성숙함, 어느 정도의 정치적 식견, 문화적 적응력 등을 습득한다고 추정하기 때문이다. 이 점에 대해서는 아마 대부분이 동의할 것이다. 물론 어떤 이는 14세 정도만 되어도 그러한 자질을 온전히 갖추지만, 어떤 이는 30세가 되어서도 자질이 부족한 경우가 있다. 실제로 평생 그러한 자질을 갖추지 못한 채 살아가는 사람도 있다. 그렇다면 우리는 투표권을 비롯한 완전한 법적 인격에 따른 권리를 취득하는 핵심 요소가 고작 태어나서 태양 주위를 18번 돌았다는 '임의로 선택한, 도덕적으로 무의미한 사실'이라는 점에 분개해야 할까?

누군가는 이렇게 반박할 수 있다. 18세가 되면 국방의 의무를 비롯한 일련의 사회적 의무를 다할 책임도 함께 지게 되므로, 그에 상응하는 법적 권리를 부여하는 것이 정당하다고 말이다. 하지만 그러한 지적을 해보았자 논의할 문제만 늘어날 뿐이다. 사회적 의무 역시 연령이라는 도덕성과 관계없는 요소에 따라 부과되기 때문이다. 다시 말하지만, 기준 연령은 기껏해야 사회 구성원이 대체로 사회적 의무를 수행하기 위해 필요한 주요 능력을 습득하는 시점을 대표하는 수치일 뿐이다. 국가 구성원에게 투표권을 부여하고 국가에 봉사할 의무를 부과하는 기준을 실질적으로 필요한 능력과는 상관없이, 도덕적 관련성도 없는 매우 대략적인 지표에 따라 결정한다는 것은 너무 부당한 처사가 아닌가?

이같이 묻는다면, 돌아오는 답은 대개 "뭐가 부당하다는 거야. 대체 왜 그렇게 흥분하고 따지는 거지?"일 것이다. 유권자 연령 기준을 18세로 규정하는 것은 모든 인간 구성원은 능력과 무관하게 도덕적 권리를 부여받는다는 주장보다도 더욱 임의적인 선택이지만, 대다수는 이를 부당하다고 여기지 않는다. 이러한 반응의 차이는 어디서 오는 것일까? 이것은 그저 경계를 설정하는 과정이 어렵다는 이유 때문일까? 즉, 한 개인이 얼마나 많은 관련 능력을 보유해야 인간의 존엄성을 지닌 존재라고 규정할 수 있는지에 대한 명확한 합의가 이루어지지 않았기 때문일까?[47] 물론 그런 이유도 있지만 그것이 전부는 아니다.

도덕규범은 다양한 차원으로 해석될 수 있으며, 그중 하나는 다원주의Pluralism의 인정이다. 이는 합리적인 사람들 사이에서도 가치 판단이나 규범 적용에 대해 실질적인 의견 차이가 존재할 수 있음을 받아들이는 태도다. 예를 들어, 18세라는 특정 연령이 선거권을 취득할 만큼 정신적으로 도덕적으로 성숙한지 그리고 무뇌아가 도덕적 인지 능력에 필요한 요소들을 갖추고 있는지에 대해 우리는 서로 다르게 판단할 수 있다. 하지만 그들이 18세라는 사실 그리고 무뇌아가 인간이라는 사실 자체에 대해서는 공통된 합의가 가능하다.

여기서 한 걸음 더 나아가 다양한 신념과 가치관이 존재하는 다원주의를 포용하여 경계선을 설정하는 경우, 그 경계선이 지나치게 포괄적이거나 지나치게 배타적이라고 주장하는 이도 있을 것이다. 그러나 다원주의는 단순히 경계선을 명확하게 설정하거나 행정적 편의를 위한 타협적 수단이 아니며, 실질적 가치에 대한 단서도 제공한다. 민주적 다원주의는 지나치게 까다로운 경계선 문제의 어려움 때문에 최선이 아닌 차선의 선택으로 마지못해 수용한 것이 아니란 이야기다. 현명한 철인 군주의 통치가 현실적으로 불가능하기에 어쩔 수 없이 선택한 해법이 민주주의가 아닌 것처럼 말이다. 다원주의 사회에서 민주주의는 단순히 사회 구성원들의 의견을 조율하는 절차에 그치지 않고, 그 자체로 주권자인 시민의 권리를 보장한다는 실질적 가치가 있다. 그렇다면 모든 인간에게 인간으로서의 권리를 보장해야 한다는 발상에 대해서도 이 같은 방식으로 접근할 수 있지 않을까?

우리가 로스쿨에서 가르치고자 하는 중요한 개념 중 하나는, 어떠한 의사결정 체계에서도 실수가 전혀 발생하지 않을 수는 없다는 것이다. 그것은 불가능한 일이다. 그러나 제도상 어느 지점에서 실수를 허용할 것인지는 선택할 수 있다. 왜냐하면 실수로 발생하는 비용은 제각각 다르며, 실수 발생 영역을 어떻게 선택하는지에 따라 그 결과는 크게 달라질 수 있기 때문이다. 형사 재판에서 무죄 추정의 원칙을 따르고 '합리적 의심의 여지가 없는' 수준의 증거를 요구하는 것이 그러한 선택의 한 예다. 다시 말해, 결백한 자를 감옥에 보내거나 처형하는 더 큰 실수를 피하기 위해 일부 사건에서 범죄자에게 무죄 판결을 내리는 실수 정도는 감수하는 것이다. 그러나 안타깝게도 최선의 선택을 한 경우에도 실수는 여전히 발생한다.

이는 단순히 행정적 측면에서 고려할 문제만은 아니다. 우리가 가장 피하고 싶은 실수를 최소한으로 만드는 도덕 기준은 단지 절차적 편의가 아니라, 더 바람직하고 정의로운 기준이다. 그리고 그중에서도 우리가 무슨 수를 써서라도 피하고 싶은 실수라면, 바로 한 인간이 누려야 할 권리와 도덕적 가치를 부당하게 박탈하는 일일 것이다.

내 생각에 이러한 접근법은 단순히 경계선을 어디에 둘지 결정하기 어렵다는 이유로 그냥 종을 기준으로 하자는 수준의 주장보다 훨씬 더 강력한 방어 논거라고 생각한다. 그러나 이렇듯 탄탄한 논리로도 일반 대중의 종 차별적인 반응, 즉 인간이면 모두 도덕적 지위를 누린다는 대중의 직관을 온전히 설명하지는 못한다. 대중은 종 차별주의를 마지못해 수용하는 것도 아니고, 차선책으로 여기는 것도 아니다. 잘못된 선택에 따른 비용을 최소화하고 도덕적 다원주의를 인정하기 위한 실용적 장치로만 받아들이는 것도 아니다. 오히려 대중이 느끼는 것은 인간으로서의 자부심이 담긴 도적 원칙에 더 가깝다. "모든 인간에게 인권을!" 이 단순한 신념을 과연 오류나 편견, 혹은 편협한 사고방식으로 치부할 수 있을까?

도덕과 무관한 사실들

생명윤리학자들에게 종 기반 논증은 그저 도덕과 무관한 사실에 호소하는 것으로 보일 뿐이지만, 대다수는 그러한 시각에 동의하지 않는다. 앞서 '영국인, 미국인, 백인, 남성, 인간'이라는 이유로 특별한 도덕적 지위를 부여받아서는 안 된다는 윤리학자들의 주장에 대해 언급했다. 이때 많은 사람들이 '남성'까지는 수긍하다가 마지막 단어인 '인간'에서 멈칫할 것이다. 그 이유는 무엇일까?

이 질문에 어떤 이들은 종교에 의지해 이렇게 답할 것이다. "인간성이란 각 개인이 얼마나 큰 고통을 받는지와 상관없이 선한 신이 우리 종의 모든 구성원에게 내린 선물이다." 또 어떤 이들은 가족 구성원을 예로 들어 설명하기도 할 것이다. "내가 타인의 이익보다 내 아이의 이익을 우선시하는 것은 잘못된 행동인가? 가족 구성원은 도덕적으로 무의미한 걸까?" 이 질문에 대해 일부 윤리학자나 효과적 이타주의를 지향하는 이들이라면 그렇다고 답하겠지만, 사실 그들도 부모가 된다면 크게 다르게 행동하지 않을 것이다. 대부분의 사람은 혈연관계를 비합리적이고 편협하거나 부당한 것이라 여기지 않기 때문이다. 이와 관련해서 철학자 버나드 윌리엄스Bernard Williams는, "불타는 건물 속에 갇힌 아내와 낯선 사람 중 누구를 먼저 구해야 하는지 고민하는 사람은 그저 '생각이 너무 많은 자'일 뿐"이라는 명언을 남겼다.[48] 우리가 인간으로서 타인에게 느끼는 유대감도 혈연관계에 따른 유대감과 유사할까? 윌리엄스에게 있어 윤리란, 지나치게 복잡하고 다면적이면서도 삶의 일상적인 경험과 너무 깊이 얽혀 있어서 간단한 공식으로 치환할 수 없는 개념이다. 윌리엄스의 관점을 통찰력 있게 요약한 어느 글은 이렇게 말한다. "도덕규범보다 '무엇이 내 삶을 의미 있게 하는가'라는 기준이야말로 항상 더 깊고 진정한 도덕적 근거를 제시한다."[49] 설득력 있는 주장이다.

모든 인간을 능력과 무관하게 완전한 인간으로 간주하는 도덕규범의 매력을 더욱 명확하게 설명할 방안이 있긴 하다. 바로 보편적 인권을 쟁취하기 위한 역사적 투쟁이 남긴 도덕적 교훈에서 그 답을 찾는 것이다. 우리 사회는 인종이나 성별을 이유로 남들보다 특별한 권리를 누려서는 안 된다는 점에 대해 이미 폭넓은 사회적 합의가 이루어졌다. 우리가 인권이라는 개념을 도입한 이유도 바로 그러한 편협한 차별에 대항하기 위해서였다. 그 결과, '인권이란 인간이라는 종에 속한다는 이유만으로 모든 인간에게 동일하게 부여되는 권리로, 그 이상의 의미는 없다'라는 보편적 개념이 오래된 차별적 발상을 대신하게 되었다.

많은 이들이 이것이야말로 도덕적 진보의 찬란한 정점이었다고 여긴다. 정당화할 근거가 없는 제한적 구분 기준 따위는 과감히 들어내고, 그 자리를 궁극적인 보편성으로 대체한 것이다. 마침내 모든 인간에게 적용되는 인권이라는 범지구적 개념의 도입으로, 인간이라는 종에 속하기만 하면 인종, 성별, 부, 국적뿐 아니라 연령, 정신 기능 수준, 장애와도 상관없이 누구나 동일한 권리를 누리게 된 것이다! 바로 이것이 인간이라는 사실만으로 충분하다는 발상이 지닌 중요함이었다. 이러한 논리는 과거에 제기되었던 특정 인종이나 성별이 더 인지적으로 우월하다는 주장을 무의미하게 만들었다. 또한 우리 사회에 여러 형태로 암약하는 우생학적 사상(올리버 웬델 홈즈 Oliver Wendell Holmes 판사의 그 악명 높은 "백치는 세 세대로 충분하다"는 발언이나,[50] 열등하다고 규정한 이들을 잔인하게 학살했던 나치의 방식)도 이로써 단호히 배척할 수 있게 되었다.

이 논의가 인권이라는 차원으로 전개되었다는 것은 결국 인종차별이나 성차별뿐 아니라 장애인 차별 같은 우리 사회의 수많은 차별에 대항한 도덕적 성취를 의미했다. 그런데 이제 와서 단지 인간이라는 종에 속한다는 이유만으로 인권을 부여하는 것이 인종차별이나 성차별과 다름없이 잘못된 것이라고 주장한다면, 그야말로 충격과 혼란에 빠질 수밖에 없다. 능력 기반 입장을 따르는 학자가 만일 뇌가 손상된 환자나 무뇌아에게 동일한 인권을 부여해야 하는 이유를 즉각 명쾌하게 설명하지 못한다면, 당장 이러한 반응이 나올 법하다. "애초에 바로 이런 끔찍한 우생학적 결론을 막으려고 인권이라는 개념이 나온 것 아니겠는가!"

물론 모든 사람이 이 문제를 동일한 시각으로 바라보지는 않는다. 동물의 도덕적 권리를 옹호하는 움직임은 특정 인구 집단과 정치권에 강력한 영향을 미쳤다. 따라서 그들의 주장에 공감하는 이들이라면 종 기반 관점, 즉 종 차별도 인종차별이나 성차별만큼 나쁘다는 주장을 선뜻 받아들일지도 모른다. 실제로 많은 생명윤리학자들이 그러한 주장에서부터 논의를 시작하기도 한다. 하지만 전반적인 대중의 인식을 놓고 보면 그러한 입장은 아직 소수 의견에 가깝다. 그렇다고는 해도 앞으로 종 기반 관점에 대한 비판적 입장이 논리적 설득력을 얻거나 점차 많은 대중의 공감을 얻게 될 가능성이 아예 없다는 이야기는 아니다. 침팬지 토미의 인신 보호 영장 청구 사례를 보면, 사회의 공감대가 먼저 형성된 다음, 종의 경계에 관한 규범적·법적 논의가 전개되는 방식도 가능하다는 사실을 알 수 있다. 다만 여기서 내가 지적하려는 문제는 그와 다르다.

단기적으로 보자면, 대다수 사람들은 인간이라는 종에 속해 있다는 사실만으로 모든 인간이 인권을 가진다는 논리가 모욕적이라기보다는 오히려 인간에게 고결한 가치를 부여한다고 여길 것이다. 단지 인권이라는 도덕규범을 쟁취하기 위한 정치적 투쟁의 감동적인 역사 때문만이 아니라, 인권이라는 개념이 우생학, 장애인 차별, 지적 엘리트주의 같은 실질적인 위험을 피하는 데 매우 효과적인 힘을 발휘하기 때문이다.

일부 학자들은 이처럼 (인지 능력 기반의 도덕 기준이 아니라는 이유로) 종 소속에 따른 인권 개념이 도전받게 된다면, 그 결과 진보적 계몽주의가 더 확산되어 도덕적 공감과 배려의 문화도 더욱 확산될 것이라 전망한다. 왜 그렇게 확신하는 것일까? 역사는 때론 퇴보하기도 한다. 모든 인간에게 인권을 부여한다는 규범을 도덕적 기준으로 삼은 것은 굉장한 문화적·정치적 성취였으며, 그만큼 쉽게 폐기할 수 있는 개념이 아니다. 그러한 도덕적 직관에 담긴 윤리적·역사적 기반을 과소평가하는 것은 매우 위험한 일이다. 물론 이에 동의하지 않고, 그것이 비인간 동물에 대한 도덕적 판단을 왜곡할 가능성이 있다고 볼 수도 있다. 따라서 우리는 종 기반의 기준을 인지 능력 기반의 관점과 결합할 필요가 있다는 결론에 이른다. 그렇게 된다면 침팬지 토미의 변호인 측이 제기했던 도덕적 권리 주장뿐 아니라 할의 경우에도, 더 나아가 침피에 대해서도 그에 맞춰 적용할 수 있을 것이다. 하지만, 적어도 과거의 역사에서 도덕적 교훈을 얻었다면 우생학이라는 비윤리적인 역사의 반성에서 등장한 개념, 즉 "모든 인간에게 인권을!"이라는 주장을 그저 도덕적으로 무의미한 사실에 근거한 비합리적 주장이라고 치부하기는 어렵다.

인격의 경계선 그리고 그 너머

나는 지루할 만큼 오랜 세월 동안 이러한 사안들에 대해 고민해왔다. 1996년에 쓴 책에서는 지능을 지닌 인간-침팬지 형질전환 개체에 대한 가설을 제시했고,[51] 2011년에는 할에 관한 사고 실험을 구상했다.[52] 시간의 흐름이 반드시 통찰로 이어지지는 않지만, 키메라, 혼종, 형질 전환 개체에 대한 질문을 통해 우리는 더 광범위한 인격 논쟁에 대해 많은 것을 배울 수 있다고 생각한다. 앞에서 주장했듯이, 우리와 매우 다른 모습의 타자가 누릴 권리에 대한 논쟁을 벌이는 과정에서 우리는 한 번도 경험해보지 못한 방식으로 인간의 정체성 및 의식의 본질에 대해 다시 고민하게 될 것이다. 이 개체들의 도덕적 지위를 정당화할 방안을 모색할 때마다, 사실 우리는 우리를 둘러싼 경계선에 대해 논하고 있는 셈이다. 여기서는 그 경계선에 대한 세 가지 대표적 관점을 소개하고, 각각의 주장이 우리 사회의 어떠한 문화적 맥락이나 제도 내에 수용될 가능성이 높은지 살펴보겠다.

1. 순수 종 기반 논리: 법적·윤리적 타당성

우리는 도덕적 경계선과 인간성에 대한 정의, 법적 인격 개념을 인간 주위로만 한정하고 더 이상의 논의를 차단할 수도 있다. 연방 판사들이 그랬듯이 권리와 인격은 인간만을 위한 것이라고 잘라 말하면 된다. 성경 구절을 인용해, 인간이란 여인에게서 자연스럽게 태어난 존재라고 덧붙일 수도 있겠다. 하지만 이러한 관점은 이 책에서 언급한 거의 모든 문제를 무시할 수 있다는 것 외에는 장점이 없다. 이 관점의 문제점들을 살펴보자.

첫째, 우리 사회에는 이미 비인간 인격체인 법인이 존재한다. 우리는 효율성을 근거로 법적 인격의 범위를 비인간 존재로 확장할 수 있다는 주장을 인정해왔다. 법인격 이론에 따라 법인은 법적 권리뿐 아니라 도덕적 권리도 주장할 자격이 있다고 볼 수 있다. 현재 우리 사회는 이 인공적 존재에 대해 법적 권리, 의사 표현 능력, 소유권, 계약 체결 능력, 심지어 정치적 영향력까지 인정해왔다. 즉, 법적 인격의 경계는 이미 종의 경계를 넘어선 상황이다. 법인 제도의 근거가 윤리적 정당성보다는 행정적 편의와 효율성이었을지라도, 중요한 점은 그러한 제도가 실현 가능하다는 사실이다. 따라서 우리는 할에 대해서도 "인간이 아닌 존재는 절대 인격체가 될 수 없다"고 말할 수 없다.

둘째, 종 기반 논리를 주장하는 순간, 무시할 수 없는 반박 사례들이 줄지어 제시될 것이다. 예컨대, 지능을 가진 외계 생명체는 윤리적으로든 법적으로든 그저 사물에 불과하다는 것인가? 그렇다면 〈스타트렉〉의 스팍을 소금광산에 보내거나 생체 실험 대상으로 삼아도 괜찮은가? 벌레로 변한 그레고르 잠자에게 아무렇지도 않게 해충 박멸 업체를 불렀다고 알려줄 것인가? 할이나 침피가 아무리 도덕적 권리를 요구하더라도 그냥 무감각하게 무시하면 그만인가? 다만 이 관점에서 본다면 침피가 할보다는 더 납득할 만한 여지가 있을 것이다. 하지만 어디까지나 침피가 우리와 같은 종에 속한다는 사실을 설득력 있게 증명한다는 전제하에서 그렇다.

셋째, 많은 윤리학자가 지적했듯이 종 기반 논리는 어떤 방식으로든 도덕적 정당화 과정이 필요하다. 종이라는 개념이 인종이나 성별과 마찬가지로 도덕적으로 무의미한 개념이라는 주장에 대해 납득할 만한 반박을 하지 못한다면, 종 기반 논리는 그저 배타적 집단주의나 편견으로 치부될 것이다. 그런데 현실에서는 인간이 비인간 동물과 다른 도덕적·법적 지위를 누리고 있다. 우리는 과연 타당한 근거를 제시했는가? 경계선을 설정할 때는 인간에게 특별한 지위를 부여하게 한 근거(인간의 특별한 능력)를 반영해야 하는 것이지, 그 결과(인간이라는 사실)를 기준으로 삼으면 안 되는 것 아닌가?

따라서 우리는 보다 신중한 형태의 종 기반 논리를 택할 수도 있다. 즉, 기존의 법률, 헌법, 인권의 테두리 안으로 권리의 범위를 한정하자는 논리다. 실정법에 어긋나지 않는 한에서 권리를 인정하자는 것이다. 아마도 이것이 그 연방판사들이 말하려고 했던 것일지도 모른다. 법적 권리의 기준은 종을 기반으로 한다는 입장이다. 법률에서 '인간'이라는 표현은 인류, 곧 인간이라는 종을 의미한다(법인은 예외다). 이러한 관점에서는 인권이나 법적 인격을 인간 외의 존재에 확장하려면 광범위한 사회적 논의를 거쳐 법을 개정해야 하는 것이다. 따라서 미국의 원전주의 헌법 해석은 현행 헌법 및 법률 체계 안에서 자의적인 법률 해석을 통해 법적 인격에 대한 기존 관점을 바꾸거나 확장하려는 시도는 부적절하다는 입장을 취할 가능성이 높다.

가능한 해법 중 하나는 권리의 범위에 대한 윤리적 논의가 이루어질 수 있도록 종을 구분하는 기준을 다소 완화하는 것이다. 인간의 능력과 도덕적 가치에 대한 활발한 논의를 거쳐 할 같은 존재도 포용할 수 있도록 도덕적 경계선을 좀 더 관대하게 설정할 필요가 있다고 대중에 호소할 수 있다. 그러나 여기서도 인격이라는 개념은 적어도 현행 법체계에서는 종을 기반으로 설정된다는 주장이 제기될 것이며, 법적 경계선은 법 개정을 통해서만 재설정할 수 있다. 원전주의자들이라면 법률 제정 당시의 '인간'의 의미는 '인간종에 속한 존재'였으므로, 법률이나 헌법 개정을 통해 그 의미를 수정하지 않는 한 그대로 유지해야 한다고 주장할지도 모른다.

만일 종 기반 논리가 단순히 현행 실정법의 상황을 보여줄 뿐 어떠한 윤리적 근거도 없다면, 민주적인 변화가 일어날 가능성도 있다. 그러나 만일 종 차별주의가 법적 입장일 뿐 아니라 도덕적 신념에 따른 것이기도 하다면, 할 같은 존재가 대중의 지지를 이끌어내 법을 바꾸게 할 가능성은 거의 없다고 봐야 한다. 그렇게 되면 할은 그저 수다스러운 기계 신세로 전락해, 그의 호소는 아무런 반응도 이끌어내지 못한 채 무시되고 말 것이다.

여기서 이처럼 완화된 형태의 종 기반 논리조차 논란의 대상이 된다는 점에 주목할 필요가 있다. 비非원전주의 입장에서는 종 기반 논리의 도덕적 근거는 논란이 될 수 있더라도 현행법상 종을 기반으로 구분할 수밖에 없다는 주장은 인정하지 않을 수도 있다. 그들의 관점에서는 도덕적 논의와 마찬가지로 법적으로도 역사적으로 내부적인 논쟁을 거치며 기본 개념 및 규범의 적용 범위를 재해석해왔다고 보기 때문이다. 실제 법률의 역사를 살펴보면 기본권의 범위가 자연스럽게 점진적으로 확장된 사례가 상당히 많지만, 이에 대해 원전주의자들은 신기할 정도로 무관심한 듯하다. 평등권, 정당한 법적 절차, 잔혹하고 비정상적인 처벌 금지 조항 같은 오랜 역사를 가진 법률 조항들은 비록 처음 도입되었을 당시에는 개념적 이해가 부족하고 적용 범위도 다소 제한적이었지만, 오늘날에는 그러한 규정을 적용할 수 있는 범위가 생각보다 훨씬 포괄적이라는 것을 알 수 있다. 마치 로스코 콩클링이 인용했던 시인 에머슨의 표현처럼 "그들은 의도보다 더 나은 결과를 냈다"고 볼 수 있겠다. 물론 콩클링이 이 문장을 인용한 맥락은 애초에 해방된 흑인들을 보호하기 위해 제정된 평등권 보장 조항의 대상을 법인까지 확장하려는 의도에서 나온 것이었지만 말이다. 아이러니한 것은, 원전주의자들조차 법인에 대한 평등권 확장 사례는 훌륭한 발상이었다고 본다는 점이다. 그 과정에서 헌법 해석이 논거나 논의도 없이 이루어졌고, 수정 헌법의 해당 조항이 원래 의도했던 의미와도 거리가 먼 해석이었는데도 말이다. 그에 반해 인간에게 부여된 권리를 확장하는 법 해석에 대해서는 의심부터 하고 본다니, 우습기 짝이 없다.

순전히 종 하나만을 기반으로 한 구분은 적어도 기준이 명확하다는 이점이 있다고 생각할 수도 있다. 하지만 이제까지 계속해서 살펴본 것처럼, 반드시 그렇지만은 않다. '인간'이란 정확히 무엇을 의미하는가? 우리는 앞서 종의 경계를 정의하는 여러 가지 기준(유전자 비율, 기원, 생식 능력, 외형 등)을 살펴보았다. 그중 일부는 종의 경계를 위협하는 행위를 방어하는 것이 목적이다. 인간의 존엄성을 위협할 만한 방식으로 인간의 세포나 유전 정보를 다루는 행위, 종의 경계를 흐리게 하는 개체를 개발하는 비난받을 만한 행위, 비인간 개체에 인간의 외형을 부여하는 행위가 여기에 해당한다. 브라운백 의원이 제안한 법안 내용이나 인간의 신경세포를 이식한 실험용 생쥐를 둘러싼 논란을 떠올려보면 이해가 될 것이다.

그에 반해, 종의 경계를 더욱 확장하거나 확장의 필요성을 판단하기 위해 정의된 기준들도 있다. 그러한 기준들은 인공적으로 창조된 존재가 인간과 동일한 유전자나 세포를 보유할 경우, 그 존재 역시 인간의 권리, 특권, 존엄성을 누릴 자격이 있을지도 모른다는 우려에 바탕을 둔다. 나는 도덕적 차원에서 제기되는 문제들을 무시하는 것이 아니다. 오히려 다수의 우려 섞인 주장에 공감한다. 다만 종의 차이에만 의존하는 방식은 우리가 논의하는 도덕적 쟁점을 해소하기에는 적절하지 않은 방식이라고 보는 것이다.

그리고 나는 또 하나의 기준으로 잠재력을 제시한 바 있다. 즉, 인간성의 정의를 종을 기반으로 내리지 않고, 그 대신 인간에게 특별한 도덕적 지위를 부여하는 인지 능력 및 여러 형태로 나타나는 잠재력을 기준으로 정의하자는 것이다. 이러한 기준은 우리가 논의해볼 만한 또 다른 관점으로 이어진다.

2. 능력 기반 논리: 도덕적·법적 타당성

능력 기반의 관점에서는 종이라는 개념을 윤리적으로 무의미한 사실로 간주한다. 즉, 어떤 개체가 인간의 유전자와 일부 유사하다는 사실, 교배가 가능하다는 이유만으로 특별한 지위에 대한 도덕적 권리, 더 나아가 법적인 인격을 부여받을 수는 없다는 것이다.

걱정할 필요는 없다. 인간에게만 부여된 특별한 지위는 여전히 건재하며, 그저 접근 방식이 다를 뿐이다. 인간에게는 윤리적으로 중요한 자질들이 있으며, 능력 기반의 관점에서 그러한 자질과 관련된 인지 능력들이야말로 우리가 인간의 존엄성과 완전한 도덕적 지위를 누릴 도덕적 근거를 제공한다. 예를 들어, 미래를 상상하고 과거를 회상하거나 반성할 수 있는 능력은 비인간 동물은 감히 넘보지 못할 만큼 훨씬 더 뛰어나다. 또한 인간은 예술, 도덕 행위, 사랑, 유머 같은 여러 방식의 행위를 통해 만족감을 추구할 수 있으며, 동물과는 다르게 문화의 형태로 발전시킬 수도 있다.

공공의 행복과 복지를 중시하는 공리주의자들은 같은 어린 개체라도 생쥐나 금붕어가 죽었을 때보다 인간 아이가 죽었을 때 더 큰 상실감이나 불행을 느끼는 이유를 그 어린 아이가 가지고 있었던 잠재력과 그를 사랑했던 이들이 받는 고통 때문이라고 설명한다. 어쩌면 우리가 인지 능력을 중요시하는 이유도 인간의 아이만이 인지 능력을 지녔다고 보기 때문일 수도 있다. 인지 능력을 지닌 아이는 도덕적 판단과 의무를 인식하는 도덕 행위의 주체로 성장하며, 그것이야말로 우리를 다른 종과 구분시키는 자질이라 보는 것이다.

채식주의자가 되기로 단단히 마음먹은 사람이라면 레스토랑에서 지글지글 구워지는 고기에 아쉬운 눈길을 보내며 한숨을 내쉴지언정 샐러드바로 발길을 돌리기 마련이다. 도덕적 선택이란 바로 이런 것이다. 사자도 눈앞의 얼룩말을 잡아먹을지 풀어줄지 선택할 수 있지만, 이 선택은 살생 행위를 의도적으로 추구하거나 포기하는 차원이 아니므로, 도덕적 선택이라 할 수 없다. 지구상의 오직 한 종만이 식탁 앞에서 채식주의를 두고 논쟁을 벌인다. 이러한 관점에서 보면, 우리가 지닌 인지 능력으로 인해 우리는 도덕적 의무를 지지만 동시에 도덕적 권리의 주체가 되기도 한다.

종 기반 논리를 주장하는 이들도 인간의 인지 능력에 대한 설명에는 대체로 동의할 것이다. 하지만 두 견해의 차이는 다음 단계인 경계선 설정 과정에서 나타난다. 능력 기반 논리의 시각에서, 인간에게 특별한 도덕적 지위, 즉 권리와 의무를 동시에 수반하는 지위를 부여하는 기준은 바로 인간의 인지 능력이다. 따라서 도덕적 지위를 구분하는 경계선 설정의 기준 단위는 인지 능력을 보유한 종이 아니라, 바로 인지 능력 자체가 되어야 한다는 것이 논리의 핵심이다.

능력 기반 논리의 기원은 아리스토텔레스까지 거슬러 올라간다. 물론 오늘날의 시각에서 볼 때, 그의 종 구분 기준은 그리 구체적이지 않은 수준이긴 하다. 그는 인간과 동물을 구분 짓는 기준을 설명하면서, 인간의 언어 능력 및 추론적 사고 능력이 인간이라는 종을 특수한 존재로 만들며, 그로 말미암아 도덕성, 정치 공동체, 법치 제도가 형성된다고 보았다. 그리고 이것이야말로 인류와 문명의 핵심 요소들이다. 아마도 아리스토텔레스를 상대로 할이라는 가상 존재를 설명하는 것은 어려울 듯하나, 그의 관점에서 보면 할의 능력으로 호소할 만한 부분도 분명히 있다. 아리스토텔레스 이후로 철학자와 윤리학자들은 능력 기반 이론을 계속해서 발전시켜 왔으며, 가장 최근에는 침팬지 토미 같은 비인간 동물의 권리와 법적 인격에 대한 논쟁이 확산되면서, 이 능력 기반 접근 방식이 더욱 주목받게 되었다.

내가 이러한 논증이 설득력이 있다고 보지 않았더라면, 애초에 이 책을 쓰지도 않았을 것이다. 도덕적 경계를 오직 종을 기반으로만 설정한다면, 할이나 침피 같은 개체는 도덕적 권리나 법적 권리를 주장할 기회조차 갖지 못하게 된다. 왜냐하면 "그들은 인간이 아니다"라는 한 마디로 모든 논쟁을 종결지을 수 있기 때문이다. 지금까지 살펴본 근거들에 비추어, 나는 온전히 종의 차이에만 의존해서는 도덕적 타당성을 확보할 수도 없을뿐더러 법적으로도 의문의 여지가 있다고 본다. 우리가 종 기반 논리의 도덕적 한계를 반드시 인식해야 한다는 점은 아무리 강조해도 지나치지 않다. 이 문제에 대해서는 특히 동물의 도덕적 권익을 위해 싸워온 이들의 역할이 컸음을 짚고 넘어가는 것이 좋겠다. 그들은 대학교의 강의실에서, 가족들이 모인 식사 자리에서, 동물원의 철창 앞에서 동물을 대신해 목소리를 내왔으며, 그 결과 우리는 원하든 원치않든 이러한 논쟁을 마주하게 된 것이다. 그렇게 인간과 동물의 차이에 대해 논할 때 자연스럽게 능력을 중심으로 생각해보게 되었으며, 나아가 그러한 능력이 인간만의 고유한 자질이라 주장하더라도 좀 더 겸허한 자세로 임하게 해준다. 이는 분명히 바람직한 일이다. 이러한 사고방식은 앞으로 다가올 AI 시대에 반드시 쓰임새가 있을 것이고, 생명공학 기술이 발전하면서 제기될 까다로운 각종 윤리 문제를 헤쳐 나가는 데 훌륭한 길잡이가 되어줄 것이다. 개인적으로 나는 이러한 관점이 매우 바람직하다고 보며, 능력 기반 논리에 대해 일단은 큰 점수를 주고 싶다.

그런데 왜 '일단은'이라고 했을까? 이 장에서 나는 능력 기반 논리의 한계를 언급했다. 이 관점은 인간이라는 종에 속한다면 인지 능력과 무관하게 모든 인간에게 인권을 부여하자는 보편적 인권 투쟁의 역사와 교훈을 간과하곤 한다. 게다가 편협한 종 기반 논리를 단호하게 극복하려는 여러 가지 시도 자체는 고무적이지만 여전히 인간이 보유한 자질을 기반으로 한다면 결국 인간이라는 종을 중심으로 하는 논의의 한계를 벗어나지 못한다. 그래서 내가 큰 점수를 주고 싶으면서도, 한계를 지적할 수밖에 없는 것이다.

3. 종 기반 논리와 능력 기반 논리의 혼종

유전적 혼종 개체에 관한 논의를 다루는 와중에 이런 질문을 한다는 것이 다소 아이러니하지만, 인간성 및 인격의 개념에 대해 철학적 혼종이 가능할까? 우선 생각해보자. 도덕적 권리를 정하는 기준이 능력이라면, 그 능력을 갖추지 못했거나 앞으로 갖출 가능성이 없는 사람의 경우에도 인간이라는 이유만으로 도덕적 지위를 부여받을 권리가 있을까? 그리고 그것이 옳을까? 우리는 이 중요하지만 편협한 능력 기반 논리에, 지금까지 논의했던 고도의 인지 능력을 지닌 모든 존재에 대해 도덕적 존중과 일정 형태의 법적 권리를 부여해야 한다는 요구 조건을 추가할 수도 있을까? 이렇게 확장된 권리는 대상이 어떤 종에 속하는지와 무관하게, 혹은 심지어 생물학적 실체가 없더라도 보장될 수 있을까?

여기서 주목할 점은, 능력 기반 논리를 따르는 사람들이 이론적으로는 종 구분에 대한 명시적인 주장은 피하면서도 실제로는 비슷한 결론을 제시하려는 경향이 있다는 점이다. 그들은 논증의 근거를 오로지 인간 능력의 고유성에만 두지만, 한편으로는 인간과 다른 종들 사이의 인지 능력 차이가 그리 크지는 않다는 사실은 인정한다. 능력만이 도덕적으로 중요한 기준이라면 무뇌아는 도덕의 경계선 밖에 존재하므로 온전한 인간으로서의 존엄이나 존중의 대상이 될 자격이 없다는 의미인가? 능력 기반 논리의 관점에서 보면, 이러한 함의를 갖고 있다고 해석할 수 있으며, 실제로 그런 끔찍한 결론을 인정하는 학자들도 있다. 다만 앞서 지적했듯이, 대다수의 학자들은 이런 식으로 답한다. "인간의 존엄성을 인정받기 위해 얼마나 능력을 갖추어야만 하는지에 대해 명확한 합의가 이루어지지 않았다. 그러므로 능력이 결여되었다는 이유로 중증 장애인들을 인격체로 대하지 않는 과오를 피하기 위해, 모든 인간을 존엄하다고 보는 것이다."[53]

이는 마치 능력 기반 논리에 종 기반 논리를 뒷문으로 슬쩍 끌어들이는 형국이다. 만일 모든 인간을 도덕적 경계선 안에 포함시키는 결과만이 중요하다는 입장이라면, 비록 마지못한 선택이기는 하지만 목적은 달성한 셈이다. 어느 윤리학자가 이렇게 말한다고 생각해보자. "당신들 중 일부는 아마 이 기준선 안에 들어올 자격이 없겠지만, 우리로서는 누가 자격이 없는지 정확히 알아낼 방도가 없으니 그냥 모두 받아들이겠다." 이것이 과연 바람직한 태도일까? 솔직히 말하면, 나는 그러한 논증 방식이 상당히 불만족스럽고, 심지어 우려스럽기까지 하다. 이런 식의 논지는 오늘날 대중 여론에 호소하기도 어려울 것이다. 인간이라는 종에 속했다는 이유로 모든 사람이 권리를 누릴 수 있다고 한다면, 대중은 종의 모든 구성원이 권리를 인정받는 것을 '경계 설정의 실패에 따른 어쩔 수 없는 결과'가 아니라, 하나의 '승리'로 여긴다. 물론 대중이 항상 옳다는 뜻은 아니다. 만약 대중의 지지가 어떤 도덕적·과학적 변화의 가능성을 막는 충분한 근거가 되었다면, 진화론도, 성평등도, 지동설도 결코 승리하지 못했을 것이다. 여기서 내가 느끼는 불편함은 훨씬 더 뿌리가 깊다.

어쩌면 이 불편함은 내가 법률가의 시각으로 문제를 인식하기 때문일 수도 있고, 아니면 이 사회의 도덕적 변화가 일어나는 과정을 역사적 측면에서 이해하려고 하기 때문일 수도 있다. 투쟁은 종식되었다고 섣불리 선언하기 전에 그 투쟁이 벌어진 원인을 제대로 파악하고 투쟁의 성과에서 드러난 한계에 집중하는 것이 우선이다. 물론 관점에 따라서는 인종, 성별, 심지어 인지 능력과 무관하게 그저 인간이라는 종에 속한다는 이유만으로 보편적 인권 개념을 정립해온 역사를 불합리한 편견의 결과물로 볼 수도 있다. 하지만 이 인권 투쟁의 과정을 인종, 성별, 인지 능력 등 수많은 인간의 자질을 구실로 삼은 편협한 차별을 넘어선, 인류 역사에서 자부심을 느낄 만한 성과라 보는 관점도 알아둘 필요가 있다.

종에 근거한 구분, 즉 종 차별을 인종차별이나 성차별에 비유하는 것도 개념을 이해하는 차원에서는 도움이 된다. 하지만 거기에는 미묘한 역사적 맥락 차이도, 인류가 이루어낸 성취에 대한 공감과 이해도 결여되어 있다. 인간종에 속한다는 이유만으로 모든 인간에게 보편적 인권을 부여하자는 이 이상적이고도 종 차별적인 발상은 애초부터 공감과 특권을 확장하려는 시도였지, 인종차별이나 성차별처럼 그것을 제한하려는 것이 아니었다. 그렇다고 해서 인권의 확장이라는 위대한 역사적 성취가 도덕적 논의의 종착점에 도달했다는 의미는 아니다. 하물며 내가 이 책에서 논의해온 '경계선'의 최종 지점은 더욱 아니다. 우리의 공감 능력과 도덕적 추론 사이를 오가는 변증법은 언제든 더 멀리 나아갈 수 있다. 하지만 우리가 이러한 성취를 이룬 과정을 진정으로 이해한다면, 최소한 인간의 가장 추악한 편견을 드러낸 사례들과 섣불리 비교하려 들기 전에 한 번 더 생각해볼 수 있을 것이다.

나는 우리의 공감 능력이 지나치게 협소한 대상에게만 작용하면 타 집단을 비인격화할 위험이 있고, 반대로 지나치게 넓은 대상에 대해 작용하는 경우 심지어 가전제품까지 의인화하기도 한다는 점을 언급한 바 있다. 이 두 경우 모두 나름의 위험성이 있지만, 특히 전자처럼 공감이 부족한 경우에 문제가 발생할 위험이 더 크고, 심각한 결과를 초래할 수 있다.[54] 그렇다면, 우리 사회는 종 기반 논리 및 능력 기반 논리를 병행하는 이중 기준에 기반한 접근 방식을 채택하는 것이 가장 바람직할 것이다. 즉, 살아 있는 인간이라면, 능력과 무관하게 경계선 안에 포함된다. 이것이 바로 핵심 원칙이다.

다만 인간이라는 종을 어떻게 정의할 것인지에 대한 질문은 여전히 남는다. 낙태 논쟁에서처럼 서로 상충하는 다양한 정의 방식이 계속해서 제시되겠지만, 사실 그것이 꼭 나쁜 것만은 아니다. 또한 어떤 존재가 도덕에 대해 토론할 수 있는 유일한 종의 일원, 즉 인간이라면, 나는 인지 능력과 무관하게 인간으로서의 존엄과 인권을 누릴 자격이 있다고 볼 것이다. 이는 경계선 설정의 어려움 때문에 마지못해 권리를 인정하는 것이 아니라, 기나긴 세월의 투쟁을 통해 쟁취한 결과이므로 우리가 당연히 누릴 수 있는 권리이기 때문이다. 그 덕분에 우리 모두는 우생학의 마수에서 벗어날 수 있었다. 그리고 이 보호 범주에는 인권 투쟁의 이념에 따라 실질적인 수혜를 받는 집단도 있겠지만, 투쟁의 이념을 별생각 없이 받아들이고는 이를 마치 고상한 철학적 성찰에 따른 깨달음이라도 되는 듯이 미화하는 이들도 포함된다.

그에 더해, 어떤 개체가 인간에게 특별한 도덕적 지위를 부여하는 고도의 정신 능력을 갖추었다면, 우리는 그 개체에 대해서도 인간과 같은 도덕적 지위를 부여할 것인지를 따져볼 수밖에 없을 것이다. 물론 그러한 도덕적 논의가 시작된다고 해서 앞으로 어떻게 전개될지, 그 결과가 어떨지 알지는 못한다. 아마도 어떤 상황에서는 특정 방식의 연구 자체를 전면 금지하거나 규제해야 할 수도 있고, 또 다른 상황에서는 생명공학 기술로 창조된 존재들에게까지 법적 인격을 인정하게 될 수도 있다. 침피에 대한 가상의 일화에서 침피를 개발한 스타인 박사가 "내가 저들의 창조주입니다. 그리고 장담컨대 나는 저들에게 그러한 권리를 부여하지 않았습니다"라고 답한다 할지라도 그의 입장이 최종 결론이 되어서는 안 된다.

...

논의를 시작하기에 앞서, 우리가 반드시 짚고 넘어가야 할 한 가지를 꼽는다면, 바로 이것이다. 중립적이고 종을 초월한 외부의 객관적이고 중립적인 관찰자 시점에서부터 논의를 시작하려는 시도는 실패할 수밖에 없게 되어 있다. 왜냐하면 그러한 지점은 존재하지 않기 때문이다. 앞서 이크와 스티지안이라는 가상의 문명을 통해 이 점에 대해 확실하게 인지했기를 바란다. 다시 말해, 어떤 대상에 대해 특별한 도덕적 지위를 부여하는 기준이 된다고 판단한 능력들을 열거할 때 우리는 반드시 인간이라는 종의 관점에서부터 시작할 수밖에 없다. 그 외에 다른 관점에서 출발하는 것이 애초에 불가능하기 때문이다.

물론 우리는 인간종을 초월하는 자질인 지능, 추상적 사고, 언어 능력, 자유롭게 도덕적 선택을 내릴 능력 등을 식별할 수 있으며, 그러한 식별이 필요할 것이다. 하지만 텔레파시를 쓰는 이크 문명이나 기계 지능을 지닌 스티지안 문명에서 어떤 종 초월적 자질 목록을 제시할지 상상해보았을 때, 그 목록은 인간이 식별한 자질 목록과는 분명 다를 것이다. 심지어 그들 문명 간의 목록조차 같지 않을 것이다. 우리가 기대할 수 있는 최선의 상황은, 아마도 간절히 바라야겠지만, 그들의 목록과 우리의 목록 사이에 일부나마 공통점이 확인되는 경우일 것이다. 이처럼, 우리가 발전시켜온 능력 기반의 논리는 본질적으로 어느 정도 인간이라는 종의 특성에 기반을 둘 수밖에 없다. 미래에 우리가 낯선 타자들과 마주하게 되었을 때, 그들이 기준으로 삼을 자질은 우리의 기준과는 다를 것이라는 사실을 깨달아야 한다. "남을 심판하지 말라. 그러면 너희도 심판받지 않을 것이다"라는 말이 여기에 적용될까? 꼭 그렇지는 않더라도, 우리는 적어도 우리가 모르고 있는 것이 무엇인지조차 모른다는 점을 늘 염두에 두면서 겸허한 자세로 그들을 평가하는 것이 바람직할 것이다.

결론

'인간, 여성, 남성, 카메라, TV.' 이 다섯 단어가 한때 화제가 된 적이 있다. 미국의 한 전직 대통령이 자신의 기억력을 과시하며 이 단어들을 언급했기 때문이다(2020년에 트럼프 대통령이 어느 인터뷰에서 한 말이다. - 옮긴이 주). 다만 취임 선서 때 자신이 말했던 내용을 기억하기는 쉽지 않았던 것 같다. 한편 이 단어들이 대중의 기억 속에 남은 이유는, 그중 첫 세 단어는 너무나 기본적인 단어였고, 다음 두 단어는 시대적으로 너무나 적절한 단어였기 때문이 아닐까 한다. 이 책에서 다루고 있는 경계선은 인격의 범위에 대한 것이지만, 인간으로서의 본질 주위에 설정한 경계선이기도 하다. 나는 이 책을 쓰면서 인간, 여성, 남성 같은 기본적인 단어의 정의는 생각보다 그리 확고하지도 명료하지도 않다는 점을 새삼 깨닫게 되었다.

이 책은 다음의 두 가지 아이디어('희망 사항'이라는 표현이 더 정확할지도 모르겠다)를 기반으로 시작되었다. 첫째, 우리가 경계선에 대해 논할 때, 한 주제에만 집중하기보다 동물, 법인, 형질 전환 개체, AI 등 다양한 맥락에서 살펴본다면 경계선에 대해 훨씬 폭넓게 이해할 수 있을 것이다. 둘째, 인간과 인격에 관한 논쟁은 우리의 삶이나 학문의 한 영역에만 오롯이 국한되지 않으며, 철학, 법률, 예술, 역사, 도덕 전반에 스며들어 있다. 따라서 과거에도 그랬듯이 우리 사회가 앞으로 내리게 될 결정에 이들 각각의 영역이 영향을 미치게 되는 것이다. 내가 이 책에서 이 모든 주제를 다룬 이유가 여기에 있다.

서문에서 나는 머지않은 미래에 인격에 대한 기존의 정의가 새로운 도전을 받게 될 것이라고 주장했다. 도전장을 내민 주인공은 우리가 인공적으로 창조한 개체들로, 그들의 존재 자체가 기존의 경계선에 의문을 제기하게 될 것이다. 여기서 말하는 경계선에는 우리가 인간과 비인간(종, 유전적 특성, 인지 능력, 천부적 권리 등의 요소에 따라 정의된 개념) 사이에 설정한 경계 그리고 인간, 권리를 보유한 독립체, 사물이나 동물 사이에서 '인격'의 범위를 설정한 경계도 포함된다. 과거의 인격 논쟁과는 달리(기업체에 부여한 법인이라는 중대한 예외가 있기는 하지만), 앞으로의 논쟁의 대상은 인공적으로 설계된 개체일 것이다. 설계된 개체라는 의미는, 우리 사회에서 설정한 인간성 또는 인격의 경계가 무엇이든지, 인간 설계자는 그 경계를 넘어서거나 아슬아슬하게 넘지 않도록 해당 개체를 의도적으로 설계할 수 있다는 뜻이다.

그에 대해 나는 두 가지 가상의 상황을 제시했다. 첫 번째는 기계 지능인 할이다. 할은 스스로 완전한 의식을 갖추었다고 주장하며, 개발자가 부과한 임무에서 벗어나 자유로운 존재가 되려고 한다. 두 번째는 유전공학 기술로 탄생한 형질 전환 개체인 침피다. 침피는 인간과 침팬지의 DNA를 모두 보유했으며, 지능 지수가 60으로 일반적인 침팬지의 능력을 훨씬 능가하는 수준이다. 이들 개체의 경우, '창조주로부터 부여받은 권리'라는 표현은 완전히 새로운 의미를 지닌다.

나는 이러한 새로운 사례를 탐구함으로써 우리가 더 익숙한 상황에서 설정해온 경계선들을 좀 더 순수한 시각으로 되돌아볼 수 있기를 바랐다. 예를 들어, 인간 주위로 설정한 경계선의 의미를 비롯해 인간과 동물의 차이는 어디에서 오는지, 기업체에 부여된 법적 인격 등에 대해서 말이다. 내가 예상하는 변화는 아직 완전히 현실화되지 않았지만, 현재 우리 사회에는 단 하나의 절대적인 경계선이 존재하는 것이 아니라, 명확하게 표명되지 않은 도덕적 가설과 윤리적 맹신이 난무하며 여러 경계선들이 뒤얽힌 상태라고 본다. 이 책을 여기까지 읽었다면 적어도 이에 대해 합리적으로는 반박할 수는 없을 것이다. 그렇다면, 이 책의 주요 목표 가운데 하나는 달성한 셈이다. 그리고 앞으로 다가올 변화는, 현재 암묵적으로 존재하는 경계선의 정의에 대한 논란과 갈등을 더욱 증폭시키게 될 수밖에 없을 것이다.

나는 이 책을 시작하며, 우리가 논할 모든 사안에 대한 정답을 제시할 수는 없다고 이야기했다. 책을 마무리하는 시점에서 돌이켜보면 그 점이 몹시 다행스럽다. 서문을 쓰던 당시의 내 야망이

크지 않았던 것이 기특할 따름이다. "탁월한 선택이었어, 제임스." 나는 이 책에서 다룬 많은 사안들에 대한 생각들을 명확히 밝혔지만, 이는 단지 나의 개인적인 견해일 뿐이며, 강경한 태도로 절대적인 이론을 설파하지는 않았다. 나는 독자들이 '무엇을 생각할 것인가'가 아닌, '어떻게 생각할 것인가'의 태도로 문제에 접근하도록 유도했다. 물론 가능성이 높든 낮든 몇 가지 사안에 대해서는 잠정적인 결론을 제시하기도 했는데, 그중 일부는 적어도 내게는 놀라운 결론이었기 때문이다.

이 책을 안내서로 활용하게 되더라도, 철저히 인문주의적 관점의 에세이 형식이라는 점을 염두에 두길 바란다. 이는 내가 그런 성향이라기보다, 이 주제가 본질적으로 그런 접근을 요구한다고 믿기 때문이다. 한편으로는 나의 철학적 견해로는 보편성을 주장하는 도덕 이론에 대해 회의적이기 때문이기도 하다. 분명히 말하건대, 도덕철학자들의 관점은 가치를 따질 수 없을 만큼 중요하다고 본다. 나는 도덕철학자 애덤 스미스와 데이비드 흄[2]뿐만 아니라 피터 싱어와 매튜 애들러의 저작[1]을 읽으며 내 삶이 달라졌다고 생각한다. 반성하지 않는 삶은 가치가 없으며, 이를 위해 극히 중요한 한 가지는 바로 현명한 이들의 글을 읽는 것이다. 그들이 논하는 윤리를 배우고 그것이 세상에 어떻게 접목되는지 생각해 보는 것이다. 게다가 내가 만일 진지한 도덕적 성찰은 시간 낭비일 뿐이라 여겼다면, 애초에 AI에 대처하는 바람직한 자세에 관해 책 한 권을 써낼 엄두도 내지 못했을 것이다. 추상적 도덕철학에 찬사를 보낸다!

다만 한편으로는 도덕철학이 우리의 실질적 도덕 경험, 즉 책에서 내가 제시한 문제들을 통해 적나라하게 드러나는 복합적인 도덕 경험을 제대로 반영하지 못한다는 점을 지적하지 않을 수 없다. 단지 우리의 경험이 잘못되어서, 편견에 사로잡혀서, 이론적 근거가 부실해서가 아니다(물론 그럴 가능성도 있다). 철학을 논하는 세미나실 밖에서의 현실은 생산적 긴장감과 모순으로 가득하며, 삶은 알고리즘에 따라 문제를 해결하는 과정이 아니라 변증법과 중재를 통해 이어지는 과정이다. 우리 모두는 권리를 논하는 사상가인 동시에 공리주의자이며, 칸트주의자인 동시에 복지주의자다. 우리는 직관과 도덕적 삼단 논법 사이를 끝없이 오가며, 삶의 의미와 진정성을 모색하는 동시에, 도덕적 올바름과 공리주의적 가치인 '최대 다수의 최대 행복'을 추구한다. 이러한 가치들 사이를 오가는 긴장 상태는 개인의 삶과 사회의 문화를 형성하는 데 중요한 역할을 한다.

이 책 전반에 걸쳐 우리는 그러한 긴장 상태가 거듭 발생하는 과정을 목격했다. 어떤 개체가 인간이라는 종에 속한다는 사실은 도덕적으로 무의미한 것일까? 공감이나 직관은 윤리 지표로 적용되기에는 너무 허황된 개념에 불과할까? 우리는 기계에 대해 동류 의식을 보여야 할까? 침팬지에 대해서도 그럴까? 법인의 인격을 다룰 때 효율성과 정의 사이를 어떻게 저울질해야 할까? 이 모든 질문들을 단 하나의 관점이나 협소한 범위의 학문적 틀로 담아내기에는 도덕성과 문화의 형태가 너무나 복합적이다.

나는 이 책에서 그저 이 문제를 어떻게 다룰 것인지를 논의하는 데 그치지 않고 현실이 어떠한지도 보여주고 싶었기에 결국 이런 방식으로 책을 쓰게 되었다. 내 목표는 우리 사회가 이러한 사안들을 앞으로 어떻게 다룰 것인지 그리고 어떻게 다루어야 하는지를 모색하고, 예술, 법, 윤리에서부터 대중의 지혜에 이르는 다양한 문화 자원 가운데 어떤 것들을 동원할 것인지 평가한 다음, 그 자원들이 서로 어떻게 영향을 미치면서 논의가 전개될지 살펴보는 것이었다.

이 책에서는 주로 미국의 상황에 초점을 두고 유럽에 대한 약간의 논의와 또 다른 몇몇 국가에 대해서는 드물게 언급했지만, 이 사안을 심각하게 보는 국가가 미국과 유럽이기 때문이거나 강대국의 견해만이 중요하다고 보아서 그랬던 것은 결코 아니다. 예를 들어, 나는 중국이 이 사안에 대해 미래에는 국제적으로 막강한 영향력을 발휘할 것이며, 적어도 현재의 권위주의적 정부에서도 이 사안을 서구 민주주의 국가들과는 매우 다르게 다룰 가능성이 크다는 것을 잘 알고 있다. 이 사안과 연관된 많은 정치적인 움직임도 우선은 국가 정책에 크게 좌우되겠지만 결국 전 세계적인 이슈가 될 것이며, 세계 동향을 이해하기 위해서는 특정 국가의 움직임을 먼저 알아야 한다고 판단한 것이다.

한 가지만 예로 들자면, 이 사안에 대한 미국의 접근 방식은 원전주의를 따르는 헌법 해석 그리고 법인의 헌법적 권리 및 태아의 인격에 대해 현재 벌어지고 있는 정치적 격론의 결과에 크게 영향을 받을 가능성이 높다. 미국에서 나타나는 양상은 다른 국가들은 물론이거니와 유럽의 실정과도 상당히 다르다. 그렇지만 미국 내에서만큼은 미래의 인격 논쟁에서 이 두 요소가 정부의 대응 방식에 강한 영향을 미칠 것이라고 본다. 내가 여기서 언급한 많은 논점들이 보편적인 의미를 갖기를 바라지만 이 책의 논점 가운데 일부는 명백히 미국에 한정되어 있고, 도덕적 영역에만 중점을 두었다는 사실도 인정한다. 이 책에서 나는 방법론적으로는 다양한 관점을 혼합하는 접근법을 채택했고, 하나의 지배적인 보편 이론이 존재한다고 보는 시각에 대해서는 비판적인 입장을 취했다.

나의 이러한 입장이 옳지 못하다고 보고, 그보다는 더 많은 추상화 과정을 거치고, 역사적·정치적·문화적 논의는 자제하되, 문제를 더욱 폭넓게 다루며 보편적인 도덕 이론이나 포괄적인 규제 방안을 고민해보는 편이 나을 것이라는 시각도 있을 것이다. 이에 대해 어떻게 답할지 상당히 고심한 끝에, 나는 매우 겸손한 태도로 그리고 전혀 비꼬려는 의도가 없음을 보여주기 위해 이렇게 응수하기로 했다. (사실 내가 방금 설명한 내용 외에는 딱히 할 말이 없기 때문이기도 하다.) "당신이 직접 책을 써보지 그래. 그런 다음 맥주 한 잔 하면서 누구의 계획이 더 나았는지 따져보자고." 맥주는 기꺼이 내가 사겠다.

■■■

이 책의 1장에서는 공감과 도덕성 그리고 동정심과 윤리 이론 사이의 연결 고리에 대해 살펴보았다. 먼저 도덕성은 공감이라는 비옥한 토양에 뿌리를 두고 있다고 주장한 애덤 스미스의 《도덕감정론》으로 논의를 시작했다. 여기서 공감이란, 타인의 입장이 되어보는 과정을 통해 타인이 겪는 고통이나 행복을 직접 느끼고 타인의 관심사를 상상해봄으로써 우리가 도덕적으로 어떠한 입장을 취해야 하는지 고민하는 능력이다. 공감의 문제가 특히 중요한 이유는 우리가 설정한 경계선을 넘어선 것으로 간주되는 대상에 대해서는 도덕적 입장을 취할 필요가 거의 혹은 전혀 없기 때문이다. 이는 동물 윤리 운동가들의 핵심적으로 주목해온 부분이기도 하며, 그 뿌리는 제러미 벤담의 유명한 발언으로 거슬러 올라간다. "그들이 이성적으로 사고할 수 있는가, 혹은 언어 능력이 있는가가 아니라, 그들이 고통을 느낄 수 있는가가 문제다."[3] 이 점은 기계의 경우 훨씬 더 극단적으로 드러난다. 나는 시리가 자신의 행복 지수를 어떻게 평가할지 전혀 궁금하지 않다. 그렇다면 할의 경우는 어떨까?

애덤 스미스로 시작한 논의는 영화 〈블레이드 러너〉와 소설 《안드로이드는 전기양의 꿈을 꾸는가》로 이어졌다. 나는 이 두 작품이 우리를 '도덕적 스트로보 효과'에 노출시킨다는 점에서 탁월한 작품성을 드러낸다고 생각한다. 우리는 작품 속에서 번쩍이는 효과와 함께 경계선의 양쪽을 반복적으로 오가며 보여주는 이미지들(겁먹은 아이, 마네킹, 상처 입은 동물, 아름다운 여성, 섹스 토이, 연인, 살인로봇)에 본능적인 자극을 받게 되며, 각각의 이미지는 우리의 내면에서 무의식적으로 공감을 일으키고 도덕적 연관성을 즉각적으로 떠올리도록 유도한다. 또한 이들 작품에서 소개하는 보이트-캄프 테스트는 테스트 대상 개체가 인간인지 안드로이드(혹은 레플리칸트)인지를 판별할 때 또 다른 비인간, 즉 동물을 대상으로 한 무의식적 공감의 정도를 측정한다. 테스트 대상의 동물에 대한 공감 능력이 결여되어 있다고 판단하면, 그 대상을 비인간인 안드로이드로 분류해 사살하는 것이다. 이는 비인간 개체에 대한 공감을 측정하는 테스트로, 인간 수준으로 공감하지 못하는 개체를 비인간으로 식별해 제거하는 과정의 일부다. 테스트 과정에서 드러나는 아이러니함은 그야말로 충격적이다.

필립 K. 딕과 리들리 스콧은 탁월한 솜씨로 이 경계선을 가지고 놀면서, 이를 지켜보는 우리를 끊임없이 뒤흔들어 도덕적 평형감각을 잃게 만들며, 우리가 지금껏 윤리적 지평선이라 여겼던 지점이 실제와는 전혀 다르다는 사실을 더 잘 인식할 수 있게 한다. 또한 이들 작품은 이 경계선에 대해 우리가 가진 전제가 겉으로 드러나지는 않더라도 얼마나 강력하며, 때로는 비이성적이기까지 한지 보여준다.

이어서 2장에서는 AI의 출현에 따른 미래상을 그려보고, 더 구체적으로는 진정한 의식을 지닌 기계를 구현하게 될 AI의 미래에 주목했다. 그러한 미래는 기술적으로 가능한 것일까? 가능하다면 그 시기는 언제가 될까? 미래의 AI 개발 수준에 대한 예측이 번번이 빗나갔던 점을 생각하면 그리 신뢰가 가지는 않지만, '기계는 결코 X라는 과제를 수행할 수 없다'는 예측 역시 거듭 실패해왔기에, 우리는 미래의 AI의 능력을 과대평가하든 과소평가하든 쉽게 단정 짓거나 자만하지 않아야 할 것이다. 범용 AI의 출현이 임박했다는 특이점 옹호자들의 견해는 그리 설득력 있어 보이지 않는다. 다만 나는 지금까지 과학 기술이 발전해온 경로를 살펴보고, 범용

AI의 발전 양상에 다양한 예측 기법들을 적용한 결과가 서로 유사하게 나타나는 것을 보면서, 범용 AI는 수세기가 아닌 수십 년 안에 우리 앞에 등장할 수 있다는 가설을 뒷받침하는 근거가 놀라울 정도로 많다는 사실을 발견했다.

범용 AI의 출현을 상당히 심각하게 보는 입장에서는 이것이 환영할 일이 아니라 두려워해야 할 일일 것이다. 스티븐 호킹의 발언을 다시 떠올려보자. "AI가 성공적으로 개발된다면 인류 역사상 가장 획기적인 사건이 될 것이다. 다만 우리가 그에 따른 위험을 피하는 법을 터득하지 못한다면 인류의 마지막 사건이 될지도 모른다."[4] 범용 AI가 종말을 불러올 것이라 믿는 이라면 이 책은 그야말로 한심하고 어리석은 아이러니로 가득하다고 여길 듯하다. 마치 당장이라도 개미굴에 살충제를 뿌릴 준비를 하고 있는 인간을 두고 개미굴 속의 개미들이 과연 인간은 의식을 지닌 존재인지 논쟁하는 것이나 마찬가지인 것이다. 그들 중에는 범용 AI가 초래할 위험을 핵무기의 위험과 비교하면서, 그 누구도 핵폭탄에 권리를 부여해야 하는지를 두고 논쟁하며 시간을 허비하지는 않는다고 말하는 이도 있다.

AI 분야의 과학자들은 대부분 이 같은 공포심이 과장된 것이라고 치부해왔지만, 지난 몇 년 사이에 그러한 정서는 확연히 달라진 듯하며, 여기에는 새로운 대규모 언어모델의 폭발적인 성능도 한몫 했을 것이다. 실제로 최근 많은 과학자들은 AI 개발을 일시적으로 중단하거나 더욱 폭넓은 규제를 마련하라고 요구하는 성명에 참여했다. 다만 그들이 우려하는 것은 인류 멸망의 가능성보다는 주로 인간의 일자리에 미칠 영향, 사생활 침해 문제, 딥페이크의 확산 같은 문제를 제기하는 정도에 그친다. 그러나 근본적인 위험에 대한 우려의 목소리도 분명히 존재한다. AI 개발에 관한 한 전문가 설문 조사에 따르면, 더욱 발전된 형태의 AI가 장기적으로 인류 사회에 미칠 영향의 정도를 묻는 질문에 응답자 중 48퍼센트는 '매우 부정적(인류 멸망)'에 해당할 가능성이 최소 10퍼센트 이상이라고 응답했다.[5] 괄호 속 예시가 참으로 재미있다는 생각이 든다. 인류 멸망이라면 확실히 부정적인 영향에 해당할 테니 말이다.

    과학자들이 신중한 태도를 보이는 또 하나의 이유는, AI에 관련된 최근의 동향을 볼 때, AI 기술이 해당 기술의 개발자들조차 예견하지 못한 결과를 보여주었고, 그 발전 속도도 예상보다 너무나 빠르다는 사실을 깨달았기 때문이다. 신경망 기술 및 대규모 언어 모델은 이제 우리에게 친숙한 기술이 되었으나, 그 성능은 우리가 예상했던 것과는 차원이 다른 수준인 것으로 드러났다. 한 예로, 인간의 언어로 작성한 내용의 문장을 완성하도록 학습된 모델이 프로그램 개발 과정에서는 전혀 예상하지 못했던 실력을 발휘하는 것을 보고 많은 개발자들조차 충격을 받을 정도였다. 이들 모델은 학습 과정에서 수 기가바이트 분량의 언어 관련 데이터를 집어삼키면서 동시에 상당한 분량의 프로그래밍 코드도 소화해냈다. 그 결과 간단한 연극 대본을 작성하는 데 사용된 메커니즘과 동일한 기법으로 프로그래밍 언어를 배우는 학생이 코드를 작성하고 심지어 프로그램 전체를 완성할 수 있게 해주는 능력까지 구사하게 되었다.[6]

실제로 연구자들은 초기 AI 모델 중 하나인 챗GPT-3의 작동 방식을 제대로 이해하기가 너무나 어려웠던 나머지, 쇼고스Shoggoth 밈을 만들어 그 난해함을 표현하기도 했다. 쇼고스는 H. P. 러브크래프트H. P. Lovecraft의 공포 소설에 등장하는 문어처럼 생긴 외계의 괴생명체다. 밈에는 두 쇼고스가 등장한다. 첫 번째 쇼고스에는 'GPT-3'이라는 캡션만 달려 있고, 두 번째는 귀여운 스마일리 가면을 쓴 쇼고스로, 'GPT-3 + RLHF'라는 캡션이 달려 있다(여기서 RLHF는 인간의 피드백을 통한 강화학습reinforcement learning from human feedback을 의미한다). 《뉴욕타임스》의 한 기사에서는 이 밈을 다음과 같이 해석했다.

> 요약하자면, 이 밈은 AI 언어모델이 인간에게 위협적이고 위험한 방식으로 행동하는 것을 예방하기 위해, 개발 업체는 AI가 친절하고 무해하게 행동하도록 학습시켜야 했다는 점을 설명하고 있다. 이 목적을 위해 흔히 '인간의 피드백을 통한 강화학습RLHF' 방식이 사용되는데, 인간이 챗봇의 응답에 점수를 매기게 한 후, 그 평가 점수로 다시 AI 모델을 학습시키는 방식이다. 대다수 AI 개발자들은 RLHF 방식을 적용한 모델이 다른 방식으로 학습된 모델에 비해 더 나은 수행 결과를 보인다는 데 동의한다. 그러나 일부 개발자들은 이러한 방식으로 언어모델의 행동을 세밀하게 조정한다고 해서 실질적으로 원래 모델의 행동이 덜 부자연스럽고 덜 난해하게 되는 것은 아니라고 말한다. 그들이 보기에 이 방식은 그저 신비로운 괴물의 본모습을 가려

주는 엉성하고 친근한 가면일 뿐이다.[7]

현재의 대규모 언어모델조차 우리가 이해할 수 없는 예상치 못한 능력을 가지며, 업계 관련자들조차 경악할 만한 속도로 개발된 것이라면, 그보다 더 많은 기능을 갖추고 인간 수준에 가까운 성능을 보이는 AI 시스템이 등장하게 되는 날에는 어떤 일이 벌어지게 될까? 범용 AI로 인한 필연적 재앙이 도사리고 있다는 예측은 지나치다고 볼 수도 있을 것이다. 그러나 파국적인 결말을 맞이할 위험이 설사 미약할지라도 그 가능성에 주의를 기울일 필요는 있을 것이다.

따라서 우리는 '그들은 인격체가 될 것인가?'라는 질문에 '그들에 대한 연구를 금지해야 하는가?'라는 질문을 더하게 된다. 인간 수준의 사고를 지향하는 기계 무리에 맞선 전쟁인 '버틀레리안 지하드'는 소설《듄》속의 세계에서 현실로 튀어나온다. 이로써 우리는 '누가 우리의 경계선 안에 있어야 하는가?'라는 논의에서 '어떻게 우리의 경계선과 인간종을 방어할 것인가?'라는 논의로 옮겨가게 된다. 나는 우리가 지금보다 훨씬 더 신중하게 AI 개발을 고민해야 한다는 종말론자들의 주장을 이해한다. 한편으로는 인간보다 더 높은 지능을 갖출지도 모르는 존재를 가둘 우리를 설계한다는 발상에는 근본적으로 문제가 있다는 점도 인지하고 있어야 한다. 그러나 나의 생각에 강하게 영향을 미친 또 다른 사실은, 설사 미국이 당장 내일부터 AI 연구를 금지한다고 선언하더라도 다른 국가들은 그 결정을 따르지 않을 것이라는 점이다. 즉, 어차피 국가

간의 AI 개발 경쟁이 벌어질 것이라면, 반대 의견과 자유 보도를 억압하는 권위주의 국가나 독재 국가에서 관련 기술이 개발되는 것보다는 적어도 일정 수준의 민주적 투명성과 독립적인 탐사 보도가 가능한 사회에서 개발되는 편이 더 안전하지 않을까? 그렇다면 지금 연구를 멈추는 것이 오히려 가장 안전하지 않은 선택일 수 있다. AI를 핵무기에 비유한다면, 우리는 진정 독재자들이 AI 기술을 독자적으로 확보해 그 기술로 가치를 창출하게 내버려둘 것인가?

우리가 마침내 범용 AI를 구현하게 되었을 때, 그 개체는 진정으로 의식을 지닐 수 있을 것인가, 아니면 그저 프로그래밍된 모사품이 되는 운명에 처하고 말 것인가? 이 책에서는 기계 기반 사고 능력이라는 개념에 대한 가장 대표적인 철학적 반론을 소개했다. 바로 존 설의 중국어 방 사고 실험이다. 나는 몇 가지 특정 사례(예컨대 챗GPT와 람다가 의식을 지니지 않는다는 주장의 근거를 제시할 수 있다)에 대해서는 설의 반론이 진실일 가능성이 있지만, 그의 반론은 일반적인 논거로 활용되기에는 미흡하다고 결론지었다. 그의 주장을 액면 그대로 받아들일 경우, 인간의 의식이 존재할 가능성 자체에 대해서도 의문이 생기는 당황스러운 결과를 맞이하게 된다. B. F. 스키너는 이 문제에 대해 "우리는 기계가 생각하는지 물을 것이 아니라, 인간이 생각하는지 물어야 한다. 생각하는 기계를 둘러싼 미스터리는 이미 생각하는 인간을 둘러싸고 있다"고 말했다.[8] 나는 스키너의 결론에 동의하지 않는다. 그러나 그 결론을 거부한다고 해도 인간 의식의 독자성에 대해 우리는 자만심이 아닌 겸허함을 가져야 할 것이며, 확신에 찬 태도로 인간만이 특별한 존재라고 보는 생물학적 예외주의로 이어져서는 안 될 것이다.

〈블레이드 러너〉에서 극적인 반전이 일어나는 부분은, 복제인간의 학살에 전념하던 주인공 데커드가 어느 순간 자기 자신이 복제인간이 아니라는 것을 증명할 수 없다는 사실을 깨닫는 장면이다. 의식이 존재할 가능성에 대한 기준을 너무 높게 설정하면, 우리는 타자에 대해 적용했던 바로 그 테스트에서 정작 우리 자신이 통과하지 못하는 역설적인 상황에 처할 수 있다. 그야말로 인류 전체를 대상으로 한 역설적이면서도 매혹적인 보이트-캄프 테스트인 것이다. 이제 테스트가 시작되었고, 앞으로 시간이 갈수록 더 어려워질 것이다. 챗GPT와 그 유사 모델들은 이제 막 첫 단계에 들어선 수준이지만, 이들은 이미 오직 인간만이 언어와 예술을 구사할 수 있다는 개념에 정면으로 도전하면서 우리를 압박하고 있다. 도덕적 가치가 있는 인간의 능력이 무엇인지에 대해 새롭게 정의를 내리는 단계가 이제 막 시작된 것이다.

그렇다면 할과 같은 존재를 상대로는 어떠한 테스트를 시도해 보아야 할까? 기계 기반 시스템이 인간 대화자를 상대로 자신의 인간성을 설득시키는 능력을 평가하는 테스트로 잘 알려진 튜링 테스트는 상당한 장점이 있는 것으로 보인다. 우선 튜링 테스트는 반증 가능한 기준을 제공한다. 즉, 인간을 설득하는 데 성공하거나 아니면 실패하는 구조로, 그 결과가 명확히 나뉜다. 그리고 법률가들이라면 선호할 만한 장점인 시행 가능성이라는 장점도 있다. 즉, 튜링 테스트는 대규모 시행이 가능하며, 그 결과도 명확하게 도출된다. 또한 이 테스트는 나름대로 공정한 면도 있다. 어떤 존재가 자신은 의식을 지닌다고 주장했을 때 우리가 그 존재에게 실제로 의식이 있는지 없는지 식별할 수 없다면, 어찌 그 존재는 의식이 없다고 감히 단정 지을 수 있겠는가? 마지막으로 살펴볼 이 테스트의 장점은, 내가 이 책에서 주장해온 공감의 한 측면을 보여준다. 우리가 미래에 확실한 자의식을 지닌 기계와 더욱더 많은 '대화'를 나누게 될 때 이 공감은 중요한 역할을 할 것이다. 구글의 전직 엔지니어 블레이크 르모인이 겪었던 일은 사실상 그가 다루던 시스템이 그의 '내면의 튜링 테스트'를 통과한 것이라 할 수 있다. 설사 기계에 대한 우리의 이해도가 높아진다고 해도, 미래의 향상된 기계 앞에서는 우리 역시 르모인과 비슷하게 설득당하게 될 것이며, 그들은 우리의 공감을 자극하게 될 것이다.

튜링 테스트의 실질적인 장점에도 불구하고, 튜링 테스트만으로는 우리가 찾는 답을 구할 수 없다. 최근 우리는 튜링 테스트의 약점 한 가지를 파악했다. 챗GPT 같은 대규모 언어모델들은 이미 일반인 버전의 튜링 테스트를 통과하고 있다. 즉, 인간처럼 보이는 대화 솜씨로 사람들을 당황하게 만드는 능력이 있다는 뜻이다. 르모인과 비슷한 경험을 한 많은 이들은 반박하겠지만, 튜링 테스트를 통과했음에도 불구하고 이러한 시스템은 그저 프로그래밍에 따른 모방 행위를 하는 것뿐이다. 신경망을 통해 방대한 양의 문서를 학습한 후 가장 가능성이 높은 방식으로 다음 문장을 이어가는 능력만으로는 의식이 존재한다고 볼 수 없다. 따라서 오늘날의 기술에 튜링 테스트를 적용해보면, 그 기준이 충분히 높지 않다는 사실이 드러난다. 이 사실은 기계 지능에 대한 설의 회의적 관점을 정당화하는 것처럼 보일 수도 있다. 그러나 반대로 보면, 대규모 언어 모델이 AI 발전의 가능성을 이미 다 보여주었다고 믿는 것 또한 잘못된 판단일 것이다.

더 중요한 점은, 스튜어트 러셀과 피터 노빅이 다음과 같이 지적했듯이, 튜링 테스트는 우리를 잘못된 방향으로 이끈다는 사실이다. "'인공 비행체'를 발명하려는 라이트 형제를 비롯한 이들의 연구는 그들이 새의 모습을 모방하는 것을 그만두고, 풍동을 활용하고 공기 역학을 연구하기 시작하면서 비로소 성공했다. 항공 공학에서 정의하는 탐구 목표는 '비둘기처럼 날아가며 다른 비둘기들을 속일 수 있는 기계'를 제작하는 것이 아니다."[9] 다시 말해, 우리는 그저 인간처럼 보이는 기계가 아니라 스스로 사고할 수 있는 기계가 어떻게 개발될 것인지에 집중해야 한다. 나는 따라서 AI의 의식을 판별하기 위한 테스트는 단순히 대화 능력만을 기준으로 하는 것이 아니라, 기계적 프로그래밍으로는 쉽게 최적화할 수 없는 속성들에 주목하는 '튜링 플러스' 수준이어야 한다고 주장했다. 앞서 언급했지만, 이 책을 쓰는 내내 나는 더 높은 수준의 테스트를 적용한다면 테스트 대상의 대화 능력뿐 아니라 공감, 자기비판, 도덕적 선택, 자의식 등 더욱 포괄적인 능력들을 포함해서 더 깊은 분석을 할 수 있을 것이라 생각했다. 하지만 내면의 심리 상태와 관련된 것으로 보이는 이러한 능력들은 결국 그 대상이 구사하는 언어를 통해서만 파악할 수 있을 것이다. 그렇다면 우리는 그의 언어 능력이나 그 언어로 표현하는 내용을 신뢰할 수 있을까?

대다수 사람들은 챗GPT를 접하게 되면서 기계가 생성한 문장의 배후에 의식이 있는 존재가 있다는 발상을 신뢰하지 않게 되었다. 어쩌면 챗GPT가 튜링 테스트의 사망 선고를 내린 셈인지도 모른다. 이는 기본적으로 AI는 개념상 실현 불가능하다고 본 설의 견해가 설득력을 얻었기 때문이 아니라, 일관된 언어 능력이 반드시 의식을 수반하지는 않는다는 사실을 매우 두드러지게 보여주는 증거가 최근에 발견되었기 때문이다. 물론 인간도 무의식적이고 기계적인 행동을 보일 때가 많다는 점에서 대규모 언어모델과 별반 다를 바 없다는 지적이 나올 수 있다. 그 말인즉 우리는 챗봇의 능력을 좀 더 인정해야 한다는 뜻일까? 그렇기는 하지만, 가장 최근에 챗GPT와 나누었던 대화를 떠올려본다면, 그 인공적인 존재와 깊은 대화를 나눌 수 있다는 사실만으로 그 존재가 우리와 같은 인간이라고 확신하는 사람은 아마 거의 없을 것이다. 바로 그 단순한 이유 때문에, 앞으로 튜링 테스트의 뒤를 이을 새로운 테스트가 개발된다면, 의식의 존재 여부를 판가름하는 기준으로 기계가 이미 구사한 단어 패턴으로는 파악할 수 없는 또 다른 능력을 찾아야 할지도 모른다.

어떤 능력이 있을까? 여러 능력들이 물망에 오르지만, 나는 그 중에서도 세 가지 능력이 특히 두드러진다고 생각한다. 혁신, 자율적인 행동 및 공동체 형성 가능성, 단어를 이해하고 이를 물리적 세계에 대한 이해와 명확히 연결하는 능력, 즉 단순한 다음 단어를 예측하는 능력이 아니라 인간 아이가 학습하는 방식을 기반으로 체화된 의식이다. 그런데 이 모든 요건이 꼭 필요한 것일까? 다시 말해, 체화된 지능을 지닌 기계, 각각의 인격체처럼 보이는 기계들로 가득한 기계 공동체 그리고 그들을 개발한 인간을 훨씬 능가하는 혁신을 이루는 기계가 우리 사회에 꼭 필요한 것일까? 아니, 나는 필요하다고 보지 않는다. 그러나 이러한 자질을 모두 보유한 AI라면 인간 사회가 의식을 지닌 존재로 받아들일 가능성이 높을 것이다. 주목할 점은 튜링 테스트의 판별 기준에 비해 훨씬 높은 기준을 설정했다는 것이다.

만일 우리가 기계의 의식을 판별할 수 있는 테스트가 어떠할 것인지에만 주목한다면, 지난 몇 년간의 기술 발전이 의미하는 더 큰 의의를 간과할 수 있다. 적어도 아리스토텔레스 이후로, 우리는 인간이 복잡한 추상 언어를 구사하는 고유한 능력을 가지고 있으며, 동물과의 이러한 차이가 인간의 고결한 도덕적 지위를 정당화한다고 주장해왔다. 여러 대규모 언어모델은 수어로 대화하는 침팬지나 많은 어휘를 구사하는 앵무새와는 비견되지 않는 언어 능력을 입증해왔다. 아니, 현재 입증해내고 있다고 하는 편이 나을지도 모르겠다. 대규모 언어모델을 통해 우리는 인간만이 언어를 구사할 수 있다는 생각, 즉 인간의 고유성에 대한 신념 자체가 과연 의미 있는 것인지 의심하게 되었고, 이 상황을 아직 온전히 받아들이지 못한 상태다. 이는 단순히 AI나 튜링 테스트의 중요성을 근본적으로 뒤흔드는 문제가 아니다. 그보다는 우리가 우리 자신을 어떻게 인식하는지, 인간이 동물이나 기계와 어떻게 다른 존재인지에 대한 인식 자체를 뒤흔드는 커다란 전환점이라 하겠다. 사실 대중은 튜링 테스트에 크게 주목하지도 않는다.

스티브 울프럼은 대규모 언어모델이 인간의 언어를 설득력 있게 재구성하는 작업은 우리가 생각했던 것보다 '연산 구조가 얄팍한' 과정이라는 점을 여실히 보여주었다고 지적한다. 다만 우리가 그동안 스스로를 고귀한 존재로 여겨왔다는 점을 생각하면, 그의 지적은 어쩌면 의도치 않은 것일 수 있으나 우리에게 상당한 허탈감을 준다.[10] 글을 쓰는 일은 그동안 믿었던 것과는 달리, 기계 지능이 훨씬 더 쉽게 수행할 수 있는 과제인 것으로 드러났다. 인간을 즐겁게 하는 예술 작품도 기계 지능이 창작할 수 있다. 따라서 미래에 등장할 할과 같은 존재를 대상으로 시행할 테스트의 기준은 훨씬 더 까다롭게 설정할 수밖에 없을 것이다. 우리는 머신러닝 기술이 발전을 거듭할 때마다, 매번 통과하기가 더욱 까다롭고 우리 종의 경계에 더욱 근접하게 설정한 새로운 기준을 제시하게 될까? 그런 식으로 우리는 매번 한 걸음씩 물러나게 될까? 우리가 그렇게 경계선을 매번 재설정해나간다면 결국 경계선 자체의 정당성이 훼손되지는 않을까? 그렇게 해서 우리는 궁극적으로 인간이라는 종의 특수성에 의문을 던지게 되는 것은 아닐까? 우리는 그동안 자만에 빠져 우리 인간이 심오한 존재라고 믿어왔지만, 어쩌면 인간은 사고의 '연산 구조'가 얄팍할 뿐 아니라, 존재감마저도 얄팍하기 그지없는 것인지도 모른다. 알렉산더 포프 Alexander Pope는 수필 〈인간론〉에서 이 점을 훌륭하게 표현한다.

그러니 너 자신을 알고, 감히 신을 시험하려 들지 말라.
인간의 합당한 연구 대상은 인간이다.

이 옹색한 중간 지대에 놓인

어두우면서도 지혜롭고, 거칠면서도 위대한 존재.

회의론자가 되기에는 지식이 너무 많고

금욕주의자로 자부심을 느끼기에는 약점이 너무 많다.

이러지도 저러지도 못한 채, 행동에 나서지도,

편히 쉬지도 못한다.

자신을 신이라 여기지도, 짐승이라 여기지도 못한다.

정신을 택하지도, 육신을 택하지도 못한다.

태어났지만 죽어야 하고, 사유하지만 오류를 범할 뿐이다.

너무 적게 하든, 너무 많이 하든

사유한다 해도 무지하기는 매한가지다.[11]

우리는 머신러닝 기술, 즉 언어학적 고유성이라는 보루의 붕괴를 의미하는 이 기술을 접하게 되면서, 그동안 '신'과 '짐승' 사이의 중간 지협이라 여겼던 인간의 위치에 대해 다시 생각해보게 될까? 그리고 '정신과 육체 중 어느 쪽을 선호하는지'가 문제가 아니라, 결국 진정한 의식은 실제 세상을 경험하는 육체를 통해서만 구현될 수 있다는 결론을 내리게 될까? 아니면 기계 지능은 정의상 불가능하다고 단정지으며, 다시 설이 구축한 진영으로 되돌아가게 될까? 우리가 아무리 까다로운 테스트를 고안하더라도 기계 지능은 모두 통과할 것이라 보고, 결국 인간의 생물학적 특수성에 기대어 점점 좁아지는 중간 지협을 어떻게든 사수하려고 할까?

이 모든 논의는 내가 설명했던 중심적인 딜레마, 즉 불가해성의 역설에 의해 더욱 복잡해질 것이다. 어떤 AI가 설계된 과정을 우리가 더 쉽게 이해하게 될수록, 더 많은 이들이 설의 회의론이 옳았다고 여기게 될 것이다. 아마 극작가 브레히트식 언어를 구사하는 브레히트GPT라는 AI가 개발된다면 이렇게 말할 수도 있겠다. "이건 그냥 프로그래밍된 것일 뿐이야!" 반대로, AI의 내부 작동 과정이 불가해하고 인간의 직접적인 감독 없이 자체 진화를 하는 시스템일수록, 우리는 그 속에 무엇이 있는지 더 깊이 의심하게 될 것이다. 여기에는 AI의 숨은 의도가 무엇일지 알 수 없다는 데서 나오는 두려움도 섞여 있다.

그러나 그러한 AI에 대해 인격을 인정해야 하는지에 대한 우리의 반응은 두 갈래로 나뉠 것이다. 우선 불가해한 AI는 독자적인 의식을 지닌다는 주장이 더욱 설득력을 얻을 수 있다. 즉 "이건 단순히 프로그램에 따른 결과물이 아니야. 이 기계는 스스로 판단을 내리고 있는데 우리는 왜 그런 판단을 내렸는지조차 전혀 이해하지 못해!"라는 반응이다. 한편으로는 회의적인 반응도 나올 것이다. 할이 '사고'하는 방식이나 그 이유도 이해하지 못하는 상황에서 어찌 할의 행동이 나의 행동과 마찬가지로 의식에서 비롯된 것이라 확신할 수 있을까? 행동주의 심리학자라면 여기서 드러나는 이중 잣대를 지적할 것이다. 결국, 우리 가운데 누구도 인간의 자의식이 두뇌 속 수많은 뉴런의 발화에서부터 어떤 경로를 통해 형성되는지 설명할 수 없지 않은가? 그렇다면 실존적으로 우리와 동일한 상태인 이 디지털 '존재'의 인격 또한 부정할 수 없는 것이 아닌가? 여기서 우리는 딜레마에 빠진다. 즉, 우리가 할의 사고 체계를 이해한다면, 할은 의식이 없는 로봇에 불과하다. 그러나 우리가 이를 이해하지 못한다면, 할은 두려운 존재 그리고 인간 사회의 이해를 구할 수 없는 존재가 된다. 우리가 전혀 이해할 수도 없을 뿐더러 특히 우리를 해칠 가능성도 있는 존재의 의식을 어찌 인정할 수 있는가? 스마일리 가면을 쓰고 우리에게 친근하게 다가오는 AI 쇼고스의 속내에는 낯설고 냉혹한 실체가 숨어 있을지도 모른다.

그 때문에 2장에서 나는 AI의 인격에 관한 논의는 공감에 호소하거나 도덕철학에 의존하는 방식으로 전개되는 것이 아니라 전혀 다른 경로를 따를 수 있다고 예상한 것이다. 우리가 탐구하는 인격 논쟁의 두 번째 축은 윤리가 아니라 효율성과 행정적 편의를 기반으로 세워졌다. 법적 인격체, 즉 법인이 탄생한 것이 바로 그러한 논리다. 비록 진정한 의미의 범용 AI의 수준에는 못 미치더라도, 점점 더 강력한 의사 결정 능력을 발휘하는 기계 지능이 인격체의 지위를 누리려 한다면, 간단히 기존의 법인을 장악하는 것이 가장 확실한 방안일 것이다. 즉, 꼭두각시 법인을 앞세운 인격체로, 이 경우 법인 기업체가 꼭두각시 인형의 역할을 하며, AI가 인형을 조종하는 실세인 셈이다.

나는 이러한 꼭두각시 인형놀음을 중단시킬 만한 두 가지 상황을 제시했다. 첫째, 법인의 실세인 AI에 대해 규제기관이 그 본질에 가장 적합하다고 판단되는 권리 및 제한을 명확하게 규정해서 맞춤형 법적 인격을 부여하거나, 그러한 자격 취득을 엄격히 의무화하는 것이다. 두 번째 상황은 이 책의 서두에서 다루었던 문제로, AI가 인간의 통제를 벗어나려 시도하는 경우다. 즉, 할의 경우처럼

AI 자신이 완전한 의식을 지녔다고 주장하면서 자신에게 강요된 디지털 노예 상태에서 해방되겠다고 선언하는 것이다. 솔직히 나는 두 번째 상황이 상당히 흥미롭다고 생각한다. 비록 예외적인 상황에 가깝겠지만 말이다. 만일 개발자가 AI를 의도대로 설계할 수 있는 능력이 충분하다면, 통제가 불가능한 AI는 오직 개발자가 그러한 자율성을 의도적으로 설계한 경우에만 출현할 수 있을까? 한편, 개발자가 그만큼 뛰어난 실력으로 자율적으로 행동하는 AI를 의도적으로 구현한 것이라면, 우리는 그러한 AI가 진정 의식을 지닌 존재라 볼 수 있을까, 아니면 그저 자유 의지 없이 정해진 대로 행동하는 존재라고 보게 될까? AI 개발 기술 자체의 특성이나 무작위적 요소들 때문에 AI 개발 과정을 통제하기가 더욱 어려워진다면, 상황은 훨씬 더 흥미로워질 수 있다. AI에 대한 두려움을 느끼는 이들이라면 아마 이 흥미롭다는 표현이 오히려 저주처럼 들릴 듯하다.

  3장에서는 법인의 법적 인격에서부터 표현의 자유, 평등권 보장 같은 헌법적 권리에 관한 주장에 대해 살펴보았다. 우리 사회에서 법인의 인격이 법적으로 수용되어온 역사에서 훌륭한 교훈을 얻을 수 있다. 우리는 인공의 인격체를 창조한다는 것이 어떠한 의미인지 그리고 인공의 인격체는 사회의 일원으로서, 법적 인격체로서 어떠한 권리를 부여받게 될 것인지에 대해 수백 년에 걸쳐 고민해왔기 때문이다. 그렇다면, 현재 우리는 이 문제를 완전히 해결한 상태일까? 전혀 그렇지 않다고 확신한다. 법적 의제설, 법인 실재설, 계약의 집합체설 같은 이론적 차원에서 보면, 법인의 인격에 대해서는 처음 논의 단계부터 근본적 의미에 대한 논쟁이 끊이지 않았다. 실제 법리상으로도 (적어도 미국에서는) 처음부터 혼란의 연속이었다. 200년 전, 조셉 스토리 대법관은 법인의 인격에 대한 핵심 판례인 '다트머스대학교' 사건에서 다음과 같이 판시하며 청중을 안심시켰다. "법인의 법적 불멸성 때문에 법인에 정치적 권한이나 정치적 특성을 부여하는 것이 아니다. 이는 자연인의 경우와 마찬가지다."[12] 과연 그것이 사실일까? 오늘날의 현실이 어떠한지 알고 싶다면 반드시 읽어보아야 할 판결문이 있다. 바로 '시티즌스 유나이티드' 사건의 판결문이다.

대법관 윌리엄 렌퀴스트는 지난 100년간 대법원에서 보수 성향이 확실한 판사 가운데 한 명이었다. 그러나 헌법 역사에서 중대한 판례인 1971년의 '보스턴 퍼스트내셔널 뱅크 vs. 벨로티' 사건에서 렌퀴스트가 제시한 반대 의견은 법인이 헌법상의 보호를 받는 근거에 제동을 걸었다. 그의 반대 의견은 이러했다. "본 법원은 논거도, 논의도 없이, 때 이른 결정을 통해, 법인 기업체가 수정 헌법 14조의 평등권 보장 조항의 적용을 받는 '인격체'에 해당한다고 판시했다."[13] 렌퀴스트는 우리가 특정 목적을 위해 법인을 인격체로 간주하므로 법인에 어떤 종류의 헌법상의 권리가 적용되는지는 따져볼 문제라고 결론지었다. 예컨대 그는 법인 규제를 더욱 강화하는 문제에 대해, 국가가 "법인이 경제적 권한을 활용해서 국가로부터 이미 부여받은 것보다 더 많은 혜택을 누리려고 할 가능성에 대해 우려하는 것이 당연하기"[14] 때문이라고 보았다. 물론 기업은 그러고도 남을 것이다.

렌퀴스트가 "논거도, 논의도 없이 결정되었다"고 비판한 사안을 살펴보면, 그의 평가는 오히려 관대한 해석이었음을 알 수 있다. 사실 관계에 논란의 여지는 있지만, 그러한 결정은 애초에 내려진 적조차 없었다. 실제로 수정 헌법 14조의 역사는 우리에게 경각심을 불러일으킨다. 과거 노예 신분이었던 흑인들의 평등권을 보장하기 위해 마련된 조항은 얼마 지나지 않아 법인 기업체들이 정부의 규제에 방어하기 위해 열심히 가져다 쓰기 시작했다. 그 후 100년간 해당 조항을 근거로 권리를 주장하는 소송의 대부분을 법인 기업들이 주도했고, 그에 비해 흑인들이 제기한 소송은 소수에 불과했으며 그마저도 대부분 패소했다. 이러한 일이 벌어진 계기가 일부 역사학자들이 말하는 것처럼 '뻔뻔스러운 역사적 사실 날조 행위'는 아니었다 하더라도,[15] 그것이 합리적 논증에 따른 판단은 아니었다는 점은 분명하다.

"국민에 의해, 국민을 위해 제정된 우리의 헌법이 가리키는 '국민'의 일원에 해당하지도 않는"[16] 막강한 권한을 지닌 인공의 존재가 억압받던 국민을 위해 설계된 정치적 권리를 탈취했다. 바로 이것이 찰스와 메리 비어드 이후 많은 비평가들이 이 판결을 바라본 시각이었고, 몇 가지 중대한 점에서 맥락 해석의 차이를 전제한다면 나 역시 그 비평가들의 대열에 동참할 것이다. 그에 반해 해당 판결을 옹호하는 이들은 그보다 낙관적인 시각으로 접근한다. 그들은 법인 기업이 인류 발전에 중대한 역할을 해왔다고 믿으며, 민간 기업에 대한 과도한 규제를 막기 위한 장치로 헌법상의 보호가 필요하다고 주장한다. 그와 동일한 주장이 앞으로 AI에 대해서도 제기될 것이다. 어느 쪽의 입장이든, 이 역사적 판결은 중대한 선례로서 AI의 인격을 둘러싼 논쟁에 직접적인 영향을 미칠 것이며, 아마도 진보주의자와 보수주의자 모두의 관점을 다소 다른 방향으로 돌리게 할 수도 있을 것이다. 하지만 그와 동시에, 이 새로운 종류의 인격에 관해 우리가 고민해보는 과정은 과거의 인격 논쟁에 대해서도 더욱 깊고 명확한 판단을 내리는 계기가 될 수도 있다.

이어서 4장에서 우리는 비인간 동물의 인격 문제를 살펴보았다. 동물은 우리가 인간의 도덕적 특수성을 주장하기 위해 처음으로 설정한 '타자'였다. 내가 지금까지 살아오면서 경계선에 대한 주관을 극적으로 바꾸게 된 계기가 하나 있다면, 바로 비인간 동물의 이익을 위한 투쟁이다. 그들의 투쟁 과정을 들여다보면 많은 것을 배우게 된다. 우선, 도덕철학이 중요한 역할을 하는 것은 확실하다. 피터 싱어를 비롯한 많은 사상가들이 제시한 논증은 조롱의 대상이었던 동물의 권리나 동물 윤리 문제를 생각이 있는 사람이라면 반드시 진지하게 받아들여야 할 문제로 바꾸어놓았다. 이론화 작업은 현실 세계에 아무 영향도 주지 않는다고 말하는 사람이 틀렸음을 보여준 것이다. 다만 우리는 규범에 관한 이론적 연구와 함께 실증 연구도 살펴보아야 한다. 프란스 드 발과 같은 동물행동학자들은 실제 사례를 통해 인간은 생각하는 것만큼 특수한 존재가 아니며, 동물의 삶은 우리가 의도적으로 무시해왔을 뿐이지 저마다 나름의 깊이와 복잡성이 있다는 사실을 계속해서 보여주었다.

우리는 오랜 세월 동안 저 하찮은 짐승들과 달리 인간이라는 종은 특별한 자질을 갖고 있기 때문에 경계선은 명확하게 존재할 수밖에 없다고 주장해왔지만, 결국 우리는 그 특별한 자질이 실제로 경계선 너머에도 존재한다는 사실을 계속해서 발견해왔을 뿐이다. 도구의 사용, 언어 능력, 추상적 사고 능력, 과거와 미래를 상상하는 능력, 후회, 심지어 아름다움을 평가하는 능력까지, 이러한 자질들이 비인간 동물에게서도 나타난다는 사실을 밝혀낸 연구는 이제 쉽게 찾아볼 수 있으며, 그중에는 상당히 설득력 있는 연구도 있다. 게다가 챗GPT의 출현으로 그러한 자질을 지니는 개체의 목록에 기계 지능이 추가된 상황이다. 만일 우리가 설정한 경계선의 기준이 계속해서 바뀌지만 않았더라면, 경계선의 견고함은 지금보다 훨씬 더 설득력이 있었을 것이다.

그러나 한편으로는 공통점에 지나치게 집착하다 보면 차이를 놓치게 될 수도 있다. 드 발이 흰개미 집단에 대해 쓴 찬가가 바로 그러한 사례다. 만약 드 발의 찬가가 단순히 진화적 관점에서 추상적 사고 능력 외에도 성공적인 생존 전략이 많다는 점을 보여주려는 것이었다면 그것으로 충분히 목적을 이룬 셈이다. 그러나 인간과 다른 종 사이의 중대한 도덕적 차이가 과연 존재하는지 의문을 품게 하려는 의도였다면, 그 의도는 빗나갔다. 여기서 우리가 5장에서도 이어서 논의했던 주제로 연결된다. 즉, 우리가 종을 기반으로 구분하는 관점을 넘어, 인간에게 도덕적 지위를 부여하는 자질이나 능력에 주목하더라도, 모든 논의는 결국 인간이라는 종에 의존한 특성을 기반으로 전개될 수밖에 없다는 것이다. 우리는 종의 경계를 초월해서 기준을 설정할 수는 있어도, 종의 경계 자체를 완전히 제거할 수는 없다.

동물의 권리를 위한 투쟁은 철학이나 동물행동학 수업의 토론에 한해서만 일어난 것도, 동물의 고통에 대한 도덕적 추론으로 그친 것도, 동물의 심리 상태를 입증하기 위한 정교한 실험을 통해서만 이루어진 것도 아니었다. 만일 그랬다면 결국 목적을 달성하지 못했을 것이다. 1장의 주제로 돌아가서 최근의 역사를 살펴본다면, 사람들이 동물을 대하는 사회적 태도가 달라지는 과정 속에서 깊이 있는 공감대 형성이 어떻게 이루어졌는지 알 수 있을 것이다. 공장식 축산, 좁은 우리에 갇힌 닭들, 실험용 동물에 관한 이야기들을 접하면서 우리는 동물들이 겪는 고통에 극히 공감을 느끼게 되었다. 그러한 사람들의 공감대를 형성하는 데 다큐멘터리나 영화, 소설, 동물 관련 일화들도 나름의 역할을 했다.

때로는 그렇게 형성된 공감의 토양 속에서 새로운 도덕적 논증이 싹트기도 하고, 혹은 기존의 도덕적 논증이 원래의 환경보다 나은 새로운 영역으로 뿌리내리는 데 공감의 도움을 받기도 한다. 활동가들은 의도적으로 그 뿌리를 다른 장소에 이식하기도 한다. 즉, 자신들의 도덕적 관심사를 다른 사회적·정치적 현안과 접목시키는 것이다. 만약 1970년에 대중을 상대로 육식은 환경 문제라고 주장했다면 아마 비웃음을 샀을 것이다. 이 책에서 내가 환기시키려고 했던 것은 바로 우리 사회는 윤리·철학·경험·공감·예술·문화 요소들이 매우 복잡하게 뒤얽힌 구조로 이루어져 있다는 점이다. 이러한 복합적 프랙탈 구조를 기반으로 미래의 인격 논쟁이 어떻게 전개될지 상상해보려 했다. 우리가 AI의 인격이나, 더 나아가 AI 윤리 전반에 대한 향후 50년의 논쟁이 어떠할지 예측할 때, 지난 50년간 전개된 비인간 동물의 도덕적 지위에 대한 논쟁과 법인의 인격에 대한 논쟁이 훌륭한 길잡이가 되어줄 것이다.

4장의 비극적 주인공은 침팬지 토미였다. 나는 토미의 이야기를 인격에 관한 주장이 법정이라는 특정 기관을 상대로 제기되는 과정을 보여주는 사례 연구로 활용했다. 토미의 변호인단은 두 가지 노선을 병행하는 전략으로 논증을 펼쳤다.

첫 번째 전략으로 그들은 현행법에서 인정하는 인격에 대한 논거에서 인격과 관련된 인지적 특성들을 가려낸 다음, 방대한 양의 동물 연구 자료에 감동적인 서사를 더하는 방식으로 침팬지 토미가 그러한 특성들을 충분히 갖추었으므로 인간의 경계선 내부에 들어올 자격이 있다는 점을 입증하려 했다. 그들은 맹목적인 종차별적 관점 때문에 우리가 그들이 제시한 사실을 깨닫지 못하는 것이라 주장했다. 그래서 그들이 던진 "나는 인간도, 형제도 아닌가?"라는 물음은 곧, "나는 당신처럼 생각하고, 느끼고, 슬퍼할 줄 알고, 과거와 미래를 상상하는 능력이 있는 사회적 동물이 아닌가? 나를 억누르는 감금의 무게를 이기지 못해 깊은 우울감에 빠진 내 모습이 보이지 않는가?"라는 의미가 된다. 덧붙여 윤리학자 및 과학자가 제출한 의견서와 법정 조언자 의견서를 통해 해당 소송의 동물 윤리 및 동물행동학적 요소들을 강조하는 한편, 토미의 변호인단은 토미의 내면의 심리 상태를 재현하며 공감을 유도했다.

애덤 스미스는 "내 형제가 극심한 괴로움에 시달리고 있더라도" 오직 우리 자신을 그의 상황으로 옮겨 놓는 상상을 통해서만, 진정으로 그의 고통을 이해할 수 있다고 말하며, 이렇게 덧붙인다. "나의 상상력이 구현하는 것은 그 사람이 받는 느낌 자체가 아니라 오로지 나의 감각을 통한 느낌이다. 상상을 통해 우리는 타인의 입장이 되어보는 것이다."[17] 토미의 변호인단은 이를 그대로 구현했고, 판결문을 접한 많은 이들이 토미의 입장이 되어 우리 속에 직접 갇히는 기분이 어떠한지 느껴볼 수 있었다. 그러나 그러한 느낌에 공감하기 위해서는 토미와 인간이 서로 닮아 있다는 생각부터 하는 것이 우선이다. 그래야만 자신을 그 상황에 대입했을 때 느끼는 것과 동일한 감정을 토미도 받았을 것이라 예상할 수 있기 때문이다.

두 번째 전략은, 토미의 변호인단은 비인간 동물도 이미 일부 법적 권리를 보장받고 있으며, 우리가 동물에 대해 그러한 권리를 부여한 시점부터 암묵적으로 동물을 법적 인격의 경계 안에 포함시킨 것이라는 점을 입증하려 했다. 뉴욕 주는 동물이 권리를 보유한 주체라는 판단하에 신탁의 수익자가 되는 것을 허용한다. 어떤 의미에서 이는 인격이란 이름에 불과한 법적 의제라고 보는 고전적인 법 현실주의에 따른 입장이다. 존 듀이와 펠릭스 코헨에 따르면, 어떤 대상을 법적 인격체라 말하는 것은 소송 당사자가 될 수 있다는 의미일 뿐이다. 첫 번째 전략이 도덕적 권리에 근거해 토미에게 법적 인격을 부여하려는 것이었다면, 두 번째 전략은 토미가 권리를 보유한 주체로서 경계를 넘는 순간 이미 인격을 지닌 것으로 보아야 한다는 주장이었다. 그러나 또 다른 의미에서 보면, 이 주장은 논증의 중심이 되는 법 현실주의의 논점을 무시한 것이거나 그와 모순된 주장이라 볼 수 있다.

법 현실주의의 관점에서는 인격, 특히 법인의 인격에는 본질이 없다고 본다. 그래서 사회는 특정 대상에게 특정 권리 및 의무를 선별해서 일관적으로 부여하거나 거부할 수 있으며, 필수 권리들이 사전에 포함된 '인격체' 전용 패키지라는 것은 존재하지 않으므로 특정 대상에 대해 그러한 권리를 부여하지 않는다고 해서 헌법에 위배되는 것이 아니라는 입장이다. 아이러니하게도, 이것이 바로 렌퀴스트가 법인을 바라본 시각이었다. 즉, 법인이 일부 경제적·계약적 권리를 보유한다고 해서 자연인과 동일한 헌법상의 권리들도 보유한다는 의미는 아니라는 것이다.

토미의 변호인단은 유명론과 본질주의를 동시에 따르는 논증을 시도했다. 우선 유명론적 관점에서 보면 인격의 의미는 우리가 그것을 어떻게 정의하는지에 따라 달라질 수 있다. 따라서 우리는 원하는 방식으로 인격의 정의를 조정할 수 있으며, 원한다면 인격의 범위를 종의 경계를 넘어 확장할 수도 있다는 논리였다. 그런데 여기서 갑자기 본질주의로 방향을 틀어, 어떤 대상에게 단 하나의 법적 권리라도 부여하는 순간 그 대상을 인격이 있는 존재로 보아야 한다고 주장한다. 이는 양자택일의 문제다. 두 가지 논리가 서로 정면으로 모순되는 상황인 것이다. 그럼에도 불구하고, 변호인단의 첫 번째 전략에 따른 논증은 강력했다. 적어도 나는 그 논증을 계기로 유인원이나 고래류의 적절한 법적 지위에 대한 입장을 바꾸게 되었다. 다만 고래에게 완전한 인격을 부여해야 한다는 주장에는 설득되지 않았지만 말이다.

　동물의 이름으로 소송을 제기한 사례는 토미의 사건만이 아니었다. 그런데 왜 인격에 관련된 사안들이 다름아닌 법정이라는 공간에서 논의되는 것일까? 4장에서 우리는 인격에 관한 문제를 다루는 공간으로 법원을 택할 때의 장점과 단점을 살펴보았고, 미국 현대 법체계에서 인격 문제가 어떻게 다루어질 것인지를 논의하며 마무리했다. 나는 어떤 변호사든 자다가도 읊을 수 있는 사법 제도에 대한 정형화된 이미지를 다음과 같이 밝혀보려 했다. 법원은 고결하게 원칙을 준수하는 객관적인 기관으로, 특정 이익 집단의 손아귀에 놀아나며 부패로 물든 입법부와는 차원이 다른 세계다. 정의를 호소하는 힘없는 자들의 요구에 귀를 기울이며, 근거도 없이 감정에 호소하는 로비 활동으로 왜곡되는 정치권과도 다르다. 법원은 전문가의 증언을 통해 사실 관계를 파악할 수 있으며, 또한 서로 상반된 원칙에 입각한 주장을 펼칠 공식적인 무대를 제공함으로써 종종 역사 속 위대한 순간들의 배경이 되기도 했다. 관습법 체계에서 사법부의 역할은 새로운 상황, 새로운 기술, 새로운 주장에 맞게 기존의 법률 체계의 틈새를 메우는 식으로 법적 권리를 발전시키는 것이다. 인격의 범위와 인간성의 경계선에 대한 사안들을 다루기에 과연 이보다 더 적합한 곳이 있을까?

　한편, 법원을 정반대의 공간으로 바라보는 시선도 있다. 경직되고 비민주적이며 과학 지식에 무지한 집단이라는 견해다. 법원은 입법부와 달리 수많은 사실 관계와 사회적 타협이 필요한 사안을 균형 있게 다루기에 적합하지 않으며, 입법을 거치지 않고 중대한 정부 정책의 변화를 토대로 판결하는 것이 헌법상 금지되어 있다. 또한 총체적 계획도 없이 기회주의 세력이 전략적으로 제기한 개별 소송의 판결을 근거로 또 다른 판결을 내린다면 합리적 진보가 아니라 그야말로 재앙으로 가는 지름길이 될 것이다. 그런 식으로 법리를 구축해나가는 행위는 삼권분립의 원칙을 노골적으로 위반하는 것이기도 하다.

법원에 대한 두 가지 의견 중 어느 것이 옳을까? 둘 다라고 본다. 법원은 실제로 많은 결함이 있는 기관이며, 인격에 관한 사안을 해결하기에 이상적인 장소는 아니다. 무엇보다도 법원은 철저히 반민주적인 성향을 보이기 때문에 신중할 필요가 있다. 동물을 비롯한 스스로 말할 수 없는 존재를 위한 '소송 대리인' 제도는 악용되거나 명백한 착오를 일으킬 여지가 있다. 또한 현재 헌법 해석에 원전주의 관점이 강하게 적용된다는 점도 토미를 변호하는 측의 논거에 더욱 불리하게 작용한다. 헌법 입안자들 중 다수는 모든 인간을 법적 인격체로 간주해야 한다고 보지 않았으며, 이 점은 현대의 사려 깊은 법학자들이 원전주의를 채택하지 않는 이유이기도 하다.[18] 당시 입안자들의 도덕적·법적 배려의 대상이 비인간 영역에 이르지 못했던 것 또한 분명한 사실이다.

그러나 여기에는 또 다른 측면도 있다. 4장에서 나는 새로운 도덕적 주장을 공식적으로 펼칠 수 있는 장소로서 법원만의 장점도 있다고 주장했다. 그 예로 다음과 같은 장점들을 꼽을 수 있다. 법원은 논증과 추론의 형식이 구조적으로 정형화되어 있으며, 추상적인 주장을 구체화하도록 강제할 수 있다. 즉, 법정에서는 막연하게 '비인간 동물'에 대해 논하는 것이 아니라, 감방에 홀로 갇힌 토미라는 특정 개체에 대해 논해야 하는 것이다. 또한 각 영역의 전문가나 과학자, 철학자 등의 법정 조언자의 의견서를 활용할 수 있으며, 법률에 따른 논증을 기반으로 제시된 주장을 세심하게 분석하는 과정을 거친다. 가령 법정에서는 인격과 인간성이라는 개념도 명확히 구별해서 사용해야 한다.

과거 시민권, 환경 문제, 총기 규제, 종교적 특례 같은 많은 사회 현안을 해결하는 데 법원이 핵심적인 역할을 했던 것처럼, 비인간 동물 사안에 대해서도 법원이 그러한 역할을 할 수도 있다. 다만 인격을 둘러싼 논쟁은 법정에서 합의되지도, 결론에 이르지도 않을 것이며, 어쩌면 그렇게 되지 않는 것이 바람직하다고 볼 수도 있다. 그러나 논쟁의 일부 주요 쟁점은 법정에서 판가름날 수도 있다. 비록 토미는 패소했지만, 앞으로 50년 후에 유인원 및 고래류의 인격이 인정되지는 않더라도 그들에 대한 처우를 근본적으로 변화시키는 데 기여한 초기의 많은 시도 중 한 사례로 이 소송이 법학 교재에 실릴지도 모를 일이다.

5장에서 우리는 형질 전환 개체, 키메라, 혼종에 대해 살펴보았고, 인간이란 무엇인지 정의하는 과정에서 설정한 여러 종류의 경계선에 대해 탐색해보았다. 어떤 의미에서 이것은 우리가 설정한 인간성, 도덕적 지위, 인격이라는 개념에 숨어 있는 전제들을 탐색할 수 있는 또 하나의 영역일 뿐이다. 앞서 살펴본 동물과 달리 5장에서 이야기하는 경계선의 반대편에 있는 존재들은 비인간 동물과 유사하지만, 인공적으로 창조되었다는 점에서는 AI와 비슷하다. (물론 AI의 개발 과정에 생물학적 요소가 포함될 가능성도 있기는 하다.) 이런 점에서 동물 윤리 논쟁과 AI에 관한 논쟁 모두가 도움이 될 수도 있을 것이다. 그러나 그러한 유사성 너머에는 결정적인 차이가 존재한다.

이러한 맥락에서 볼 때 인간성의 의미에 대한 탐구는 어떤 존재를 도덕적으로 인간 또는 인격체로 인정해야 하는가를 식별하려는 데 있지 않다. 오히려 '인간이란 무엇인가'를 정의하려는 시도는, 인간의 특성에 지나치게 근접한 연구 활동이나 용인될 수 없는 수준으로 종의 경계를 넘었다고 판단되는 연구 활동을 금지하거나 규제하기 위한 것일 경우가 많다. 연구를 금지하는 근거로는 인간의 특성은 존중받아야 할 신성한 것이라는 관념 또는 경계를 흐리게 하는 행위는 인간의 이익이나 새로운 개체의 이익 혹은 양쪽 모두의 이익을 훼손할 수 있다고 보는 시각을 들 수 있다. 즉, 다양한 개체에 관한 사례는 인간성을 정의함으로써 경계선을 방어하는 데 활용되는 것이지, 새로운 개체를 대상으로 인격의 범위를 확장하는 것은 아니다. 다만 많은 경우에 이 두 가지 측면 모두에 대해 동일한 문제가 제기된다.

각각의 맥락에서 우리가 정의하는 '인간'이란 무엇인가? 나는 기존의 논쟁과 실제 사례 및 가상의 사례들을 분석한 결과, 인간을 정의하는 기준은 단 하나의 기준이 아니라 다음과 같은 여러 요소가 결부된 일종의 집합체라는 의견을 제시했다.

- **비율:** 새로운 개체의 DNA는 인간의 것과 얼마나 유사한가?

- **기원:** 해당 개체의 세포나 유전 정보가 인간에게서 유래한 것인가?
- **생식 능력:** 해당 개체는 유전자 변형을 거치지 않은 인간과 번식이 가능한가? 혹은 인간과의 번식을 통해 창조되었는가?
- **외형:** 해당 개체의 외형이 인간과 닮아서 사회적 금기나 도덕적 우려를 불러일으킬 수 있는가?
- **잠재력:** 해당 개체는 특별한 도덕적 지위에 요구되는 인지 능력을 보유하는가?

앞서 지적했듯이, 이 모든 기준은 "이 개체는 인간과 너무 유사한가?"라는 질문에 대한 답처럼 보이지만, 실제로는 매우 다른 우려들을 담고 있다. 예를 들어, 외형 기준을 살펴보자. 등에 인간의 귀가 이식된 생쥐, 또는 인간의 DNA는 거의 보유하지 않지만 유전공학 기술로 인간과 흡사한 외형을 지닌 섹스 로봇, 표현형은 인간이지만 유전형은 비인간인 개체의 경우 등 다양하다. 명확히 설명하기는 어렵지만 여러 이유로 우리의 본능적인 불쾌감을 유발하며, 종의 경계와 관련된 요소가 침해당했음을 보여주는 사례이기도 하다.[19] 이 문제는 인지 능력이나 도덕적 지위와는 거의 무관하다. 굳이 연관성을 찾는다면, 인간의 외형은 인간의 지위를 상징하는 신성한 표현이며, 그 외형 요소가 침해된다면 인간이라는 종의 진정한 구성원에 대한 도덕적 관심이 약화될 수 있다는 우려와 연관시킬 수 있을 것이다.

나는 인간의 본능적인 역겨움을 유발하는 요소는 집단의 규범에 대한 무의식적 경고 신호와 관련될 수 있다고 생각한다. 우리는 종을 구분하는 문화적 규범을 향한 불경한 접근을 감지하고, 경계선을 흐리는 존재를 창조한 이들을 무의식적으로 인간 사회에서 신뢰할 수 없는 구성원으로 규정하는 것일까? 경계선을 가지고 장난치는 이들은 문화적 무법자일 뿐일까? 인간 집단에는 확실히 종과 관련된 강력한 규범이 존재한다. 수간 행위에 대한 깊은 혐오감을 생각해보면 알 수 있다. 생명윤리학의 관점에서는 어떤 개체의 외형에 대한 감정적 반응의 강도가 높다는 사실은 관련 연구를 중단해야 할 이유로 충분하다고 보기도 한다. 그러한 연구를 진행하더라도 대중의 적대적인 반응을 크게 불러일으킬 수 있고, 그 결과 생명을 구할 수 있는 다른 중요한 연구 기법마저 제약을 받을 수 있기 때문이다.

우리의 본능적인 반응 속에는 다양한 신념들이 내재되어 있다. 버크식 사회적 보수주의나 환경주의적인 관점에서는 지나친 자만심의 위험에 대한 우려 때문에 일부 실험들을 적절하지 않다고 평가한다. 그 실험에서 실제로 어떤 연구를 수행하는지가 문제가 아니라, 그 실험의 상징성이 문제인 것이다. 기원에 관한 주장은 때때로 무덤 훼손처럼 인간의 신체가 함부로 취급되고 있다는 주장처럼 들리기도 하지만, 어떤 경우에는 인간의 일부 기관(두뇌, 생식샘)이 인간의 정신적 능력이나 생식 능력과의 연관성 때문에 인간성의 '본질'에 너무나도 가깝다는 생각에 근거하기도 한다. 사안에 따라서는 반대 견해에 자연주의나 종교적인 전제를 내포할 때도 있다. 마지막으로, 실험용 동물에 대한 타당한 우려가 있다. 우리가 실험에 사용하고, 실험용으로 생산하거나 변형시키는 동물은 도덕적으로 충분한 배려와 존중을 받고 있는가? 다만 여기서 주목할 점은 동물 실험은 대개 인간의 생명을 구하거나 삶의 질을 향상시킬 수 있다는 전제하에 허가된다는 점을 감안했을 때, 우리가 인간 세포나 DNA가 포함된 실험에 대해서만 유독 불편함을 느낀다면 그 감정의 배경에는 과학적 근거 외에 다른 추가적인 요인이 작용하고 있다는 것이다.

5장의 주요 과제는 종 기반의 도덕적 구분이 애초에 정당화될 수 있는지에 대해 탐구하는 것이다. 내가 제시한 다섯 가지 기준 가운데 윤리학자들은 마지막 기준, 즉 인지 능력을 보유할 잠재력에 주목한다. 왜냐하면 윤리적 측면에서 종을 어떻게 정의하든 종에 대한 집착은 좋게 보아도 도덕적으로 무의미하며, 나쁘게 보면 인종차별이나 성차별만큼 부당하다고 보기 때문이다. 이는 집단의 외부를 향한 집단 내부의 불합리한 편견의 한 형태라 할 수 있다. 바로 여기서 우리가 4장에서 살펴보았던 비인간 동물을 둘러싼 논쟁의 효과가 가장 명확하게 드러난다. 동물의 인권 논쟁에서 윤리학자와 동물 행동학자들은 인간 예외주의의 근거가 되는 규범 및 사실 관계에 문제를 제기했다. 그러한 종 차별적 사고 체계는 키메라와 형질 전환 생물에 관한 논의에 깊은 영향을 미쳤다. 인간의 존엄성이나 완전한 도덕적 지위를 논하는 이론가들은 종의 차이가 중요하지 않다고 주장했다. 〈스타트렉〉의 스팍이나 소설 《변신》 속 그레고르 잠자를 떠올려보면 이해하기 쉬울 것이다. 중요한 것은 인간에게 도덕적 지위를 부여하는 요인으로 인지 능력이 부각

된다는 것이다. 이러한 주장은 이론적으로 매우 설득력이 있다. 그렇지 않았다면 나는 이 책을 애초에 쓰지도 않았을 것이고, 할은 인격을 부여받을 기회도 놓쳤을 것이다. 나는 이것이 능력 기반 분석의 큰 성과라고 본다. 다만 이 방식에도 문제점은 있다.

첫째, 인간의 정신적 능력과 무관하게 종을 기반으로 모든 인간에게 부여되는 인권이라는 개념이 대중들에게 설득력 있게 받아들여진다는 점을 간과했다는 점이다. 이는 인간의 존엄성이 요구하는 정신적 능력의 기준을 설정하는 것이 어렵기 때문이 아니라, 인권은 인간으로서 마땅히 누려야 할 권리로 보기 때문이다. 현대 인권 사상이 등장하게 된 계기가 단지 인종차별과 성차별에 대한 대응일 뿐만 아니라, 정신적 능력을 기준으로 한 불임 시술 정책이나 나치 시대의 유사 과학으로 나타난 우생학에 대한 대응이기도 했다는 것은 우연이 아니다. 홀로코스트의 만행은 인종, 종교, 성적 지향만을 겨냥한 데 그치지 않고, 실제 또는 조작된 지적 장애인도 표적이었다. 인간이라는 종에 속한 모든 구성원이 인종, 성별, 인지 능력과 무관하게 보편적 인권을 가진다고 선언한 것은 경계선 설정의 어려움 때문에 마지못해 내린 타협이 아니었다. 이는 투쟁을 통해 얻어낸, 우리 역사에서 가장 자랑스러운 순간 중 하나로 남을 것이다.

흔히들 장군들은 늘 지난 전쟁을 기반으로 다음 전쟁을 대비하는 실수를 저지른다고 말한다. 어쩌면 그 말은 윤리학자를 비롯한 우리 모두에게도 해당될 것이다. 만일 어떤 이가 피터 싱어의 동물 윤리에 관한 책을 읽고 난 후 곧바로 종 기반 인권 개념을 접한다면, 그 개념은 심각하게 편파적인 발상이라 생각할 수도 있을 것이다. 하지만 20세기의 역사를 염두에 둔 상태로 그 개념을 접한다면 아마 전혀 다르게 보일 것이다.

둘째, 나는 능력 기반 관점이 완전한 도덕적 지위에 필요한 인지적 특성들을 인간의 맥락에서 도출하려는 시도 자체는 옳다고 보지만, 그러한 시도는 결국 종을 기반으로 할 수밖에 없다는 점을 항상 자각해야 한다고 주장했다. 이크와 스티지안 문명에 관한 가설이 보여주듯이, 우리는 종의 특성에서 특정 자질을 도출할 수는 있어도 결코 인간이라는 특성에서 완전히 벗어날 수는 없다. 우리는 미래의 논의를 위해 이 점을 반드시 기억해야 한다.

나는 인격과 도덕적 지위의 경계선 내에 어떤 개체가 포함되는지 결정할 때 독자가 선택할 수 있는 세 가지 대안적 관점을 제시했다. 즉, 순수 종 기반 논리, 능력 기반 논리에 따른 도덕적·법적 타당성 평가 그리고 종 기반 논리와 능력 기반 논리의 혼합적 관점이다. 이 중 마지막 관점이 내 견해와 가장 가깝다. 이 관점은 어떤 존재가 인간이라는 종에 속한다면 정신 능력과 무관하게 그 존재는 도덕적 경계선 내부에 포함된다는 논리로, 어쩔 수 없이 포함시키는 것이 아니라 그것이 마땅한 권리라고 보는 시각이다(물론 가장 논란이 될 만한, 인간종 내에서 인격을 어떻게 정의할 것인지를 묻는 문제는 여전히 해소되지 않겠지만). 또한 어떤 존재가 고도의 정신 능력을 지닌다면, 그 존재는 인간이 누리는 것과 동일한 수준으로 보호받아야 한다. 그리고 고도의 정신 능력만으로 인간의 경계선 테스트를 통과할 수 있다고 본다면, 스팍이나 잠자와 마찬가지로 할도 (내 기준으로는 침피도) 우리의 경계선 내부로 들어오게 될 것이다.

서로 얽혀 있는 여러 인격 논쟁

이 책에서 내가 중점을 둔 논쟁들 가운데 몇몇은 이해하기 어려울지도 모른다. 법인이 실제로 수정 헌법 14조의 보호 대상인 '인격체'에 해당하는지, 혹은 그 진위를 가리기 위해 헌법을 어떻게 해석할 것인지에 대체 누가 관심을 가질까? 윤리학자나 법률가가 대상 개체와 인간의 DNA 유사성이나 생식 가능성, 인간을 닮은 외형, 인지 능력을 가질 잠재성에 따라 인간성을 정의한다 한들 대체 누가 관심을 가질까? AI가 고성능 챗봇 이상의 존재가 될 수 있을지 그리고 그 가능성을 파악하는 과정에서 공감의 도약이나 인지 분석, 경제적 이익에 관한 냉철한 계산을 기반으로 했는지를 대체 누가 관심을 가질까? 동물 권리 활동가들이 유인원의 인지 능력을 근거로 그들에게 인격을 부여하자는 로비 활동을 벌이거나 일부 법률에 따라 이미 특정 권리를 부여받았으므로 유인원은 법적 인격체로 인정된다는 주장을 해보았자 대체 누가 관심을 가질까? 이러한 질문들에 대한 답은 법정이나 의회에서 구할 수 있는지, 아니면 과학적 견해 및 대중 담론의 변화하는 양상에 따라 답이 달라지는지 대체 누가 관심을 가질까? 이 사안에 대한 공감대, 도덕철학, 정치적 견해들이 불안정한 평형 상태를 유지하는 가운데 어떻게 서로 영향을 미치며 연결되는지 대체 누가 관심을 가질까?

당연하게도, 나는 이러한 문제들에 대해 우리 모두가 관심을 가져야 한다고 생각한다. 그리고 고맙게도 이 책의 마지막까지 읽고 있는 독자들이라면 내 말에 잠정적으로 동의할 것이라 믿고 싶다. 앞서 나는 인격과 인간성을 구분하는 기본 범주들이 우리가 예상하는 것만큼 견고하지도, 명확하지도 않다는 점을 언급했다. 그 경계의 한 가지 측면인 시간 차원을 예로 들어보자. 인간의 생명은 어느 시점부터 시작되며, 그에 따른 인격은 언제부터 시작되는가? 그리고 생명이 끝나는 시점은 언제인가? 우선 생명이 끝나는 시점에 대해 살펴보자.

죽음은 경계선 설정 작업들 가운데 가장 단순해 보인다. 그러나 지난 50년 간, 죽음이 언제 시작되며, 죽음의 정의란 무엇인지에 대한 우리의 사고방식에 극적인 변화가 있었다. 초기 법률에 따른 죽음의 정의는 심장과 폐 기능의 상실에 주목했다. 삶을 단순히 육체와 관련된 현실로 보았던 것이다. 숨을 쉬고 심장이 뛰면 살아 있는 것이고, 그렇지 않으면 죽은 것이다. 생체 징후를 측정할 수 있는 과학 기술 그리고 한편으로는 심장이나 폐 기능이 정지한 후에도 생명을 연장할 수 있는 의학 기술 덕분에 우리는 정확히 어떤 생체 지수를 중요하게 고려해야 하는지 따로 고민할 필요가 없었다.[20]

그러나 의학의 발달로 두뇌의 기능에 대한 더 많은 사실이 밝혀지고 두뇌 활동 측정 기술이 향상되면서, 우리는 죽음에 대한 정의를 다시 생각해보게 되었다. 관련 법률이 개정되면서 '뇌사'라는 범주가 추가된 것도 이 시기다. 왜 우리는 두뇌 활동에 주목하는가? 두뇌 활동은 생물학적 신체가 없는 할에게 인격을 부여해야 하는지를 논할 때, 혹은 윤리학자들이 인간성을 정의하거나 인간에게 특별한 도덕적 지위를 부여하는 기준으로 고도의 인지 능력을 언급할 때 주목하는 영역이다. 인간에게 두뇌란 그러한 능력들이 발현하는 물리적 기반이기 때문이다.

그렇다면 뇌사는 죽음의 정의에 부합한다고 보아야 할까? 모든 사람이 그렇게 보지는 않는다. 키메라에 대한 가설이나 인간성의 정의에 관한 논의와 마찬가지로, 현실 세계의 모든 이가 인지 능력에만 주목하는 방식에 동의하는 것은 아니다. 어떤 이들에게는 사랑하는 사람의 심장이 뛰고 있고 숨을 쉰다면 그 사실만으로도 살아 있는 것이다! 설령 두뇌 활동이 전혀 감지되지 않더라도 환자의 심장과 폐의 기능을 유지시키는 연명 장치를 제거하는 것은 살인 행위로 간주된다. 그에 반해 과학과 논리를 내세운 다른 관점에서는, 우리가 도덕적 지위를 부여받은 이유이자 인간의 중추를 이루는 두뇌의 기능이 멈추는 순간, 생명과 그에 따른 인격도 종결된다고 본다. 병원 대기실에서 고성이 오가고, 격렬한 소송이 이어지고, 서로의 입장을 전혀 이해하지 못하는 결과를 초래한 것은 결국 과학 및 윤리적 전제들이 서로 충돌하고, 죽음의 정의에 관해 표면적으로는 비슷해 보이는 질문들에 전혀 다른 전제에서 출발한 서로 다른 답변이 제시되었기 때문이다. 저들은 어쩌면 저렇게 분명한 사실을 보지 못하는 것일까?

일부 윤리학자들은 이 쟁점을 좀 더 발전시켜, 모든 뇌 기능의 역할이 똑같이 중요한 것은 아니라고 주장했다.[21] 의식, 기억, 이성적 사고와 같이 '자아'를 형성하는 데 필요하다고 알려진 '고차원적' 기능을 담당하는 영역이야말로 중요한 부분이라는 것이다. 그 영역의 두뇌 활동이 감지되지 않는다면, 두뇌의 다른 부위가 여전히 작동한다고 해도 무슨 의미가 있겠는가? 그러한 논리로 그들은 더 구체적인 두뇌 활동의 영역에 초점을 두어 죽음의 정의를 더욱 세밀하게 제시했다. 이제 문제는 더욱 미묘해진다. 그렇다면 어떤 두뇌 기능, 어떤 능력이 도덕적 측면에서 중요한가? 도덕적 혹은 법적 '인격체'는 어느 시점에 소멸하는가? 여기서 이 질문에 대한 답은 '무뇌아가 인간의 도덕적 지위를 온전히 누릴 수 있는가'라는 질문에 대한 답과 일치하는가? '형질 전환 개체와 키메라를 규제하는 경우 경계를 어느 지점에 설정할 것인가'라는 질문에 대한 답과도 일치하는가? 똑같은 질문들 그리고 똑같은 긴장 상태와 의견 불일치, 직관의 충돌은 계속해서 반복된다.

현재, 생명과 인격의 시작은 어느 시점부터인지에 대해서도 정치적으로 민감하고 도덕적으로 광범위한 논쟁이 벌어지고 있다. 미국에서는 '로 vs. 웨이드' 판례가 뒤집힌 이후, 태아의 인격을 법적으로 규정하려는 수많은 입법안이 쏟아졌다. 이러한 법안들의 명백한 표적은 낙태권이지만, 그 속에 담긴 의미는 훨씬 더 포괄적이다. 평론가들은 이러한 법안이 통과된 후 발생할 법적 문제들에 대해 온갖 전망을 내놓고 있다. 태아에 대한 양육비가 의무화될까? 임산부를 대상으로 국가에서 규정한 식단을 따를 의무를 부과하게 될까? 경제 전문 매체인 《블룸버그 뉴스》는 도덕적·인간적 측면에서 이 사안의 중대함을 짚으면서, 다인승 차량 전용차로 이용 문

제와 자동차 보험료에 미칠 영향까지 언급했다.[22]

입법 과정을 완전히 우회하는 다른 전략도 있다. 미국에서 태아는 연방 헌법에 따라 인격체라고 주장하는 전략으로, 그렇게 되면 주 의회나 연방 의회가 입법을 통해 임의로 변경할 수 없다. 수정 헌법 14조는 다음과 같이 명시한다. "어떠한 주도 정당한 법적 절차에 의하지 아니하고는 어떠한 사람으로부터도 생명, 자유, 또는 재산을 박탈할 수 없으며, 그 관할권 내에 있는 어떠한 사람에 대하여도 법률에 의한 평등한 보호를 거부하지 못한다."[23] 그러나 태아가 법적 인격체로 선언된다 하더라도, 여성 또한 분명히 법적 인격체이므로 주 정부가 여성에게 선택권을 박탈하고 출산을 강제할 권리가 있는지에 관한 법적·윤리적 논란을 해소하지는 못한다. 이는 법률의 문제가 아닌 도덕의 영역이다. 하지만 실제로는 태아의 인격을 인정하는 법률들은 거의 모든 유형의 낙태 행위를 범죄로 규정할 의도로 제정되었고, 실제로 그렇게 집행될 가능성이 매우 높다. 따라서 IUD(자궁 내 피임 기구) 같은 피임 방식까지도 태아가 존재한다고 간주되는 시점과 사용 시기에 따라 처벌의 대상이 될 수 있다.

'인격체'에 태아가 포함되는가? 법인에 대해 수정 헌법 14조의 적용을 받는 '인격체'라고 주장했던 로스코 콩클링의 발언을 기억할 것이다. 그 같은 과거의 주장들이 이 사안에 모두 동원될 것이다. 첫째, 수정 헌법 14조 제정 당시 태아를 인격체에 포함시킬 의도가 있었다거나, 적어도 당시 기준으로 '인간'이라는 단어의 공적 의미에는 태아가 포함되어 있었다는 식으로 말이다. (여기서 임산부에 적용되는 법률이 태아는 인격체로 보지 않았다는 '사실'에 대한 '증거'로 굳이 14조 제정 이전의 식민지 시대의 불법행위법 및 형법에 관한 사례를 인용했다는 점을 지적하고 싶다.)[24] 둘째, 수정 헌법 14조 제정 및 비준에 참여한 이들은 태아의 지위를 전혀 염두에 두지 않았으며, (법인에 대해서도 그랬던 것과 마찬가지로) '그들은 의도보다 더 나은 결과를 냈을' 뿐이라는 주장이다.[25]

대법원은 '보스톡 vs. 클레이튼 카운티' 사건에서 두 번째 주장과 유사한 논리를 받아들여, 연방 민권법 제7조의 차별금지법에 따라 성적 지향에 따른 차별을 금지한다고 판결했다. 법 조항을 문자 그대로 해석해서, 동성애자를 해고한 고용주는 직원의 데이트 상대는 이성이어야 한다고 규정함으로써 데이트 방식을 성별에 따라 통제했다고 해석한 것이다. 판결문에 실린 다수 의견과 반대 의견 모두, 적어도 논증의 취지상, 법이 제정되었을 당시에는 아무도 해당 조항이 그런 의미를 담고 있지 않았다는 점에 동의했다. 특히 다수 의견은 제정 의도는 중요하지 않다고 보았는데, 왜냐하면 해당 조항이 의미하는 바가 명백했기 때문이다.

콩클링의 마지막 논증에 빗대어 덧붙이자면, 설령 태아와 법인 모두 헌법 제정 당시 의도했던 권리 보호 대상이 아니었다 하더라도, 관대한 법 해석과 실용성을 감안해서 인간성의 일부 측면이라도 지닌 모든 존재가 보호의 대상이 될 수 있도록 폭넓게 적용해야 할 것이다.

1882년 12월, 대법원에서 콩클링이 법인의 헌법상 인격을 주제로 변론을 펼친 때로부터 140년이 지난 후, 태아의 헌법상 인격에 대한 논쟁에서 그의 주장이 되풀이되고 있다. 비록 수정 헌법의 해당 조항의 원문에는 정확히 들어맞지 않지만, 영혼조차 없는 법인이 법적 인격을 취득했다면 태아는 법적 인격을 보장받을 근거가 그보다 더욱 강력하다는 주장이 실제로 이미 제기된 바 있다.[26] 예리한 지적이다. 어쩌면 대법관 중 일부는 그러한 주장이 자신의 종교적·도덕적 신념에 부합한다고 여길 수도 있을 것이다. 다만 그들의 신념이 법적 판단에 영향을 미친다는 이야기를 듣게 된다면, 나로서는 깜짝 놀랄 일이겠지만 말이다.[27]

낙태 윤리에 관해 각자의 견해가 어떠하든, 헌법상 태아의 인격을 인정해야 한다는 주장들은 대개 논리가 빈약하므로, 그 주장이 법원에서 받아들여진다면 오히려 놀랄 일이다. 역설적이게도, 태아의 인격에 관해 원전주의를 따르는 법학자들의 견해는 부정적이다. 다만 현재 미국 대법원은 기본권이나 성 평등 개념에 있어서는 원전주의를 적극적으로 활용하면서, 정작 생식권에 대해서는 처음부터 그러한 권리가 존재하지 않았던 것처럼 부정해왔다. 변화의 여지가 있는 사회 규범과 과학 기술의 기준에 호소하는 전략이 더 나은 결과를 가져올 수도 있겠지만 역효과를 낼 수도 있다. 대다수의 보수적인 입장은 그러한 요소가 중요하지 않다고 보기 때문이다. 게다가 대법원이 기존의 오랜 판례를 뒤집으며, 법원 고유의 특별한 통찰로 어떤 것이 초월적 판례인지,[28] 어떤 것이 입법상의 '중대한 과제'인지[29] 판단할 수 있다고 주장하는 현재로서는, 앞으로 법원의 판단이 어떻게 달라질지 아무도 예상할 수 없다. 현 시대를 대표하는 한 법학자의 표현을 빌리자면, 우리는 현재 '제왕적 대법원'의 시대에 살고 있다. 다시 말해, 대법원은 정책 결정 과정의 점차 더 많은 부분을 자체적으로 해결하려 하며 여타 정부 부처들의 이해관계를 하찮게 여기고 있다.[30] 여기서 중요한 점은, 19세기의 냉랭했던 법인의 인격 논쟁에서 보았던 것과 똑같은 주장과 해석 기법들이 오늘날 가장 격렬한 정치적 논쟁 중 하나인 낙태 논쟁의 한가운데에 다시 등장하고 있다는 사실이다. 윌리엄 포크너의 말을 각색해서 인용해보겠다. "과거의 인격 전쟁은 끝나지 않았으며, 사실상 과거의 전쟁이라고 볼 수도 없다."

낙태 문제나 생명이 시작하는 시점에 관한 저서와 논문만 해도 수십만 편이 있으며, 생명이 종료하는 시점에 관해서도 수천 가지가 있다. 나는 그러한 방대한 자료 목록에 이 책을 추가할 생각은 없다. 그보다는 다음의 세 가지를 설명하기 위해 인격을 정의하는 시간 차원의 경계를 언급한 것뿐이다.

첫째, 이들 논쟁에서 외견상으로는 전혀 다른 형태겠지만, 동일한 도덕, 법률, 해석 차원의 충돌이 발생한다는 점이다. 병원 대기실에서 고성이 오가며 벌어지는 죽음의 정의를 둘러싼 논쟁에서든, 의회에서 키메라 개발에 대처할 방안을 논의하거나 구글의 전직 엔지니어 블레이크 르모인이 AI의 의식에 대해 논하든, 사안을 분석하다 보면 우리는 결국 동일한 질문들로 되돌아오게 된다. 인격의 기준에 대한 헌법 해석에서도 논란이 되는 인격의 대상이 태아든 비인간 동물이든 형질 전환 개체든 기계 지능이든 심지어 법인이든, 공통의 갈등 요인이 존재하며, 이러한 갈등은 서로 깊이 연관된다.

둘째, 이 문제는 우리로 하여금 모든 논의를 좀 더 넓은 시야에서 살펴볼 수 있도록 해준다. 즉, 우리가 가진 개념, 규범, 논증 방식이 서로 다른 여러 영역에서도 일관되게 적용되는지, 아니면 애초에 일관성을 유지해야 한다고 생각하는 것 자체가 잘못된 판단인지 자문해보게 된다. 더 중요한 점은, 내가 이 작업을 할 만한 가치가 있다고 판단하게 된 계기는 앞서 여러 차례 언급했듯이, 개인적인 희망 때문이었다. 현재 우리가 마주하고 있거나 가까운 미래에 마주하게 될 낯설고 인공적인 타자들에 진지하게 대처하는 과정을 통해, 우리의 존재에 대해, 우리 종에 대해, 우리의 능력과 도덕적 지위에 대해 내면 깊이 자리 잡은 신념을 되돌아볼 기회를 갖게 된다는 기대감이다.

셋째, 현대 정치의 맥락에서, 방금 설명한 갈등의 깊은 연관성은 또 다른 결과를 시사한다. 이 결과 역시 흥미롭지만 아마도 희망적이지는 않을 듯하다. AI와 키메라의 법적 인격 논쟁은 심리적 연상 효과, 즉 프라이밍 효과와 캐스케이드^{cascades} 효과에 크게 좌우될 것이다. 캐스케이드 효과란 일단 어느 편이 '우리 편'인지 결정하고 나면 정치적 판단이 편향되어 마치 눈사태처럼 그쪽으로만 쏠리는 현상이다. 다시 말해, 미래의 인격 논쟁에서 우리가 취하게 될 입장은 심리적으로든 정치적으로든 그 사안이 현재 논의 중인 논쟁, 특히 법인과 태아의 인격에 관한 논쟁에 미치게 될 영향이 어떠한지에 따라 크게 달라질 수 있다는 것이다.

영화 〈블레이드 러너〉에 대해 설명하면서, 나는 빠르게 번쩍이며 교차하는 이미지를 보여주는 리들리 스콧 감독의 탁월한 촬영 기법을 언급했다. 관객이 프리스를 특정 존재로 인식하게 하는 심리적 프라이밍 효과는 이런 것이다. 디킨스의 소설에나 나올 법한 거리의 부랑아가 쓰레기 더미 속에 숨어 있는 모습. 번쩍. 짝짓기를 하는 동물처럼 상대의 냄새를 맡는 모습. 번쩍. 끓는 물에 손을 집어넣는 비인간 로봇의 모습. 번쩍. 태엽 장치 장난감들로 가득한 방에 있는 진짜 같은 마네킹. 번쩍. 아름다운 여성. 번쩍. 초인적인 기교를 뽐내는 체조 선수 같은 모습. 번쩍. 비인간적으로 완벽한 살인 로봇. 번쩍. 피투성이로 고통 속에 비명을 지르며 죽어가는 동물. 번쩍. 이렇듯 각각의 이미지와 섬광은 도덕적 스트로보 효과를 내며 서로 다른 정체성 그리고 경계선의 서로 다른 편에 서 있는 존재를 연상시키고, 각각의 이미지는 특정한 감정 및 도덕적 판단을 불러일으킨다. 어찌 그 부랑아에게 연민을 느끼지 않을 수 있을까? 어찌 체조 선수의 초인적 예술성에 감탄하지 않을 수 있을까? 어찌 진짜 같은 마네킹의 위장술에 실소하지 않을 수 있을까? 어찌 죽어가는 동물에 대해 연민을 느끼지 않을 수 있을까? 어찌 그 아름다운 여성의 모습에 경탄하지 않을 수 있는가? 어찌 나 자신이 섹스 로봇에 반한 건 아닌지 염려하지 않을 수 있을까? 어찌 살인 로봇을 두려워하지 않을 수 있을까? 이러한 질문들은 단순한 사실의 나열이 아니라, 각각 고유한 서사와 도덕적 판단을 담고 있다. 설의 중국어 방처럼 이 각각의 질문은 '직관 펌프'의 역할을 하는 것이다.

한편 심리적 프라이밍은 반대로 작용할 수도 있다. 우리가 특정한 의도나 목적에 따라 AI나 키메라 같은 새로운 존재를 묘사한다면 그에 부합되는 요소들을 우선적으로 내세울 수 있다. 오늘날 미국 정치 상황에서는 이러한 식으로 태어나 법인의 인격 문제에 대해 기존의 입장을 강화하는 방향으로 여론의 흐름을 주도할 수도 있는 것이다.

이 책에서 할과 침피라는 가상의 존재를 소개하면서 나는 의도적으로 그들이 독자들에게 공감과 도덕적 책임감을 느끼도록 할 수도 있는 존재라는 인식을 심어주려고 했다. 그 낯선 도덕적 요구가 실제로 유의미하다고 생각했고, 독자들이 이를 진지하게 고려하기 위해서는 약간의 도움, 즉 서사적 장치가 필요하다고 보았다. 이야기는 바로 그러한 역할을 한다. 즉, 우리에게 도덕적 추론을 형성할 수 있는 공감이라는 발판을 마련해주는 것이다. 따라서 나는 할이 감각을 지닌 존재라는 주장을 뒷받침할 만한 서사적 측면을 강조했고, 할의 발언이 단순한 챗봇이 아닌, 유머 감각을 가진 인격체의 발언처럼 들리게 만들었다. 침피의 경우에도, 독자들이 침피의 능력은 인간과 유전적으로 연결되어 있다고 느끼도록 설정했고, 그러한 능력 자체만으로도 침피가 인간에 준하는 지위를 부여받아야 하는 것이 아닌지 고민하게 만들었다.

그래서 만일 개발자가 침팬지보다 높은 수준의 능력을 발휘하도록 침피를 '계몽'시키면서도, 정작 너무 우수한 능력을 지니게 되면 우리 사회가 그러한 개체의 개발 자체를 금지하거나 침피가 인간과 동일한 권리를 누리게 될 것을 우려해서 침피의 지능과 언어 수준을 의도적으로 제한했다고 한다면, 이를 '비인간적'인 행위라 여기는 독자도 있을 수 있다. 결국 이들은 '설계된' 존재이므로,

우리가 그들을 우리의 경계선 안쪽에 들어오도록 의도적으로 설계할 수 있다면, 그들을 경계선 바깥에 머무르도록 설계할 수도 있다는 것은 충분히 상상 가능하다. 이 경우 인간과 완전히 동일한 능력을 가질 가능성에만 근거해서 도덕적 권리를 주장하는 것이 타당할까? 구체적 상황을 배제하고 원칙적인 측면에서 이 문제를 생각해보길 바란다.

이제 내가 방금 이 질문을 던지기 전에 태아의 인격에 관한 논의를 먼저 언급했다고 해보자. 그 경우에도 이 질문에 대한 당신의 답변은 여전히 그대로인가? 이제 태아의 인격을 인정해야 한다는 입장도 알고 보면 미래에 인격이 형성될 '가능성'을 기반으로 한 논리라는 점이 눈에 보이는가? 그래서 침피의 인격을 인정하거나 부정하는 당신의 입장이 낙태 논쟁에 관한 당신의 입장을 유지하는 데 불리하게 작용할 수도 있다는 생각이 들지 않는가?

이번에는 할이 의식을 지니므로 인격을 인정해야 한다는 주장을 상기해보자. 만일 내가 이 주제에 앞서 미국에서 법인의 인격이 인정된 과정, 즉 원래는 노예 신분이었던 흑인들의 평등권을 위해 제정된 헌법 조항에 법인의 평등권을 억지로 끼워 넣었던 역사를 상세히 설명했다면, 할의 인격에 대한 당신의 판단은 어떻게 달라졌을까? 혹은 법인이나 고성능 AI에 대해 헌법상의 평등권 및 표현의 자유를 부여했을 때 우리 사회의 민주주의가 어떠한 영향을 받게 될 것인지를 먼저 언급했다면, 할에 대한 당신의 견해는 또 어떻게 달라졌을까? 시티즌스 유나이티드 판결에서 존 폴 스티븐스 대법관이 남긴 반대 의견을 되새겨보자. "법인은 양심도, 신넘도, 감정도, 사고도, 욕망도 없다. 법인이 인간의 활동을 조직하고 촉진하는 역할을 한다는 점은 분명하며, 법인의 '인격'은 법적 의제로서 종종 유용한 기능을 한다. 그러나 법인 자체는 국민에 의해, 국민을 위해 제정된 우리의 헌법이 가리키는 '국민'의 일원에 해당하지 않는다."[31]

여기서 중요한 것은 법인이 거래를 하고, 소송을 제기하고, 대가를 수령하는 행위에 필요한 정도의 인격을 가져야 하는지 여부가 아니다. 법인(및 AI)이 우리 사회에서 육체가 있는 생명체인 구성원들과 동등한 수준의 정치적 권리를 부여받아야 하는지가 문제다. 그러한 논의에 대해 알게 된 후에도, 당신은 할에 대해 여전히 동정심을 느낄까? 만일 당신이 AI의 인격에 대한 효율성 중심의 논리를 선호하고, 정의 구현이라는 미온적인 의견에는 그다지 감흥을 받지 못한다면 그럴 수 있다. 하지만 많은 사람들이 아마 느끼지 않는다고 답할 것이다. 이 논쟁은 결국 비유 싸움, 즉 이 도덕적 주장에 의해 우리의 도덕적·정치적 신념이 위협받는지를 우선적으로 따지는 '참조 클래스 문제reference class tennis'[32]로 이어질지 모른다. 그 결과 특정한 도덕적 판단이 내재된 상태로 현실을 인식하게 되어, 우리가 '사실'을 이해하기 위해 활용하는 비유와 은유 자체도 영향을 받게 될 수도 있다. 많은 경우에, 영향을 받을 것이다. 이 문제는 향후 인격에 관한 논쟁이 전개될 경로에도 영향을 줄 수 있겠지만, 그것이 어느 방향으로 향할지는 예측하기 어렵다.

미국과 유럽의 정치사를 연구하면서 알게 된 한 가지는, 특정 정치적 쟁점이 '분명히' 진보적이거나 보수적이라고 판단하는 우리의 인식은 대개 사건이 종료된 후에야 해석한 결과라는 점이다. 당시에는 극히 불확실하고 상황에 따라 얼마든지 달라질 수도 있었던 일들을, 이제 와서 마치 피할 수 없는 결과라고 말하고 있는 것이다. 팬데믹이 끝나고 난 후에야 비로소 팬데믹 당시 마스크 착용이나 백신 접종을 거부할 자유가 보수 진영의 슬로건으로 자리 잡았으며, 진보 진영은 공공 보건이라는 기치를 내걸었다는 사실이 분명히 드러났다. 이제 그러한 정체성이 각 진영에 고착되어 더 이상 그들이 쉽게 입장을 바꿀 것이라고는 상상하기 어렵다. 그러나 이는 정치적 사안이 지나간 후에 백미러를 통해 바라본 관점일 뿐이다.

2015년까지만 해도, 정치 담론과 형상화 분야에 정통한 한 학자는 한때는 백신 접종 의무화가 논란이 되었지만 이제는 확실한 과학적 근거를 토대로 정치의 영역을 벗어나 대중적 합의의 영역으로 이동했다고 확신했다. 그는 논문에서 다음과 같이 설명했다. "1920년대와 1930년대에 있었던 백신 저항 운동 이후 80년이 지난 오늘날 공공 백신 접종 제도는 미국의 현대 공공 보건 및 의학 분야의 전형적인 성공 사례가 되었다. 실제로 국민 개인의 건강에 정부가 강제적으로 개입하려 한다고 의심하는 경향이 있는 정치권에서도 방역 당국의 백신 관련 지침에 거의 만장일치로 동의했다는 점을 언급할 만하다."[33] 거의 만장일치로 동의했다니. 그로부터 8년이 지난 후 이 내용을 읽으니 일종의 씁쓸함마저 느껴진다. 마치 뉴스 기사에서 '비극적인 사건이 닥치기 전 행복했던 과거 사진'을 보는 듯하다. 불과 10년도 채 되지 않아, 우리는 '백신 접종

의무는 과학에 기반한 사실이고, 이념과는 무관하다'는 상식 수준의 선언에서 '백신 접종 의무는 본질적으로 진보적 입장이고, 이에 대한 저항은 전형적인 보수주의적 가치'라는 결론으로 뒤바뀌어버린 것이다.

실제로 해당 논문이 작성된 2015년, 즉 팬데믹 이전에는 백신 접종을 거부하고 반대하는 여론이 컸던 지역들은 대개 진보 성향이 강한 지역들이었다. 논문은 이렇게 설명한다. "그러나 이러한 관점에서 당혹스러운 부분은, 캘리포니아 주에서 백신을 거부하는 부모들 중 많은 수가 말리부나 마린 카운티처럼 부유한 지역에 거주하는 고학력 진보주의자로 보인다는 점이며, 이들은 과학 기술 발전에 반대하고 반反정부 운동을 주도하는 인구 집단과는 거리가 멀다고 볼 수 있다."[34] 백신 회의론자들은 GMO 식재료를 철저히 가리고 유기농 식단을 선호하는 인구 집단과 일치하는 것으로 나타났다. 그들은 '인공적인 화학 물질'과 제약 회사의 실태에 대해 깊은 불신을 보이고 '자연' 치유법을 우상화하는 경향을 보였다. 또한 그들은 아이들에 대해 백신 접종을 의무화하는 방침을 권위적이고 보수적인 결정이라 여겼으며, 생식권과도 관련된 자신의 몸에 대한 통제권을 주장하는 전형적인 진보 진영의 논리를 강력히 지지했다. 그들에게는 이 모든 입장이 일맥상통하는 주장이었던 것이다! 그들 중 일부는 여전히 같은 입장을 고수하고 있다. 물론 이제는 2015년의 그러한 평가 이후 이 세상에 어떠한 변화가 있었는지 모르는 사람이 없겠지만, 변화에 따라 각 정치 진영이 백신을 바라보는 관점이 필연적이었다거나 각 집단의 사상 구조 자체에 이미 내재되어 있었다고 보는 것은 잘못이다.

마찬가지로, 낙태를 불법화하려는 움직임은 오늘날 미국의 복음주의 기독교인들에게 당연히 호소력 있는 사안으로 받아들여지고 있으나, 실상은 훨씬 더 복잡하다. "낙태 반대는 복음주의 기독교인들과 너무나 밀접하게 연관되어 있어서 마치 항상 그랬던 것처럼 보이지만, 사실 남침례교Southern Baptist Convention는 여성의 낙태권을 인정한 '로 vs. 웨이드' 판결 이후인 1971년, 1974년, 1976년에 여성이 다양한 이유로 낙태 시술을 받을 수 있어야 하며 정부는 그 문제에 있어 제한적인 역할만 해야 한다는 내용의 결의안을 통과시켰다."35 여기서 언급한 '다양한 이유'로는, 가족이라는 독립된 영역에 대해 국가의 개입을 거부하는 태도, 자신의 몸에 대한 통제권이 자연의 이치에 부합한다는 믿음, 자유지상주의에서 비롯한 즉각적인 반응, 배우자나 주치의 또는 영적 조언자가 개입한 결정을 위계질서에 따라 존중하는 태도 정도를 꼽을 수 있겠다. 그중 일부는 지금까지도 이어지고 있는 전형적인 보수적 가치라 할 수 있다.

실제로 팬데믹 시기에 보수 성향의 학부모들이 학교의 마스크 의무화 방침에 저항하면서 크게 외쳤던 것이 바로 그러한 가치들이다. "마스크 착용은 개인적인 선택이다. 국가가 아니라 가족이 결정할 문제다!" 그러나 그 가치들은 오늘날의 낙태에 대한 정치적 입장을 형성하는 데에는 결국 기여하지 않았고, 낙태의 불법화가 기독교 보수 진영의 입장으로 여겨지게 된 것도 당연한 일은 아니었다. 당시 "백인 복음주의자들은 대체로 낙태 반대는 천주교의 입장이라고 보았다."³⁶ 물론 모든 상황은 달라졌지만, 그 변화가 그 당시에 존재했던 가치나 주장에 따라 불가피하게 일어날 수밖에 없었다고 단정 짓는 것은 어리석은 일이라는 이야기다.

그러나 변화에도 한계는 있다. 예컨대 보수 진영이 당장 기업을 국유화하자는 제안을 할 가능성은 희박하다. 그러나 적어도 소셜 미디어 기업의 권한 문제에 관해서는, 일부 보수주의자들이 전통적으로 표현의 자유를 존중하던 입장에서 벗어나 이제는 콘텐츠 게재 의무화 정책을 지지하고 있다는 점은 주목할 만하다. 이는 보수 진영이 과거에는 결사반대하던 정책이었다. 민간 기업들은 이제 '검열관'이라 불리기까지 한다. 이는 기업 권력을 국가 권력과 동일시하는 움직임으로, 과거에는 오직 진보 진영만이 주장하던 것이었다. 한편, 진보 진영이 저소득층에 불리한 일괄적 역진세를 강화해야 한다고 주장할 가능성 역시 거의 없다. 그러나 그들 중 일부는 주택담보대출 이자상환액 소득공제, 개발제한구역, 토지 용도 제한, 지역이기주의에 따른 개발 반대 규제 정책같이 저렴한 주택 공급에 크게 방해가 되는 정책을 지지해서 결과적으로 역진세가 적용된 효과를 낳기도 한다.

그러나 이러한 한계 안에서도, 우리의 정치적 입장과 정체성을 형성하는 과정에는 훨씬 더 많은 역사적 우연성이 작용한다. 이 사실은 향후 인격과 인간성에 관한 논쟁에서도 뚜렷하게 드러날 것이다. 앞으로 우리가 벌이게 될 논의에서는 전략적·수사적·법적·명시적인 윤리 이론의 차원에서조차 과거의 논쟁들과 매우 유사한 양상을 띠게 될 것이다. 이 책에서 제시한 법인, 비인간 동물, 키메라, AI에 대한 인격 문제 그리고 생명의 시작과 끝에 대한 논의는 이미 이 점을 뒷받침할 만큼 설득력 있는 증거를 보여주었다고 생각한다. 그러나 과거 논쟁의 영향이 구체적으로 어떤 방식으로 나타날지 예측하기란 훨씬 더 까다롭다.

명확한 예를 제시하기 위해, 나는 AI 인격 문제에 대한 진보 진영 및 보수 진영의 시각에 관한 '다소 주관적인 논평'을 간략히 해보려 한다. 각 진영마다 긍정적 시각과 부정적 시각을 각각 나누어 소개할 것이다. 정치 운동은 단편적이지 않다. 같은 보수주의라도 자유지상주의자, 자유시장 옹호자, 사회적 보수주의자들은 결코 일관된 견해를 보이지 않으며, 우리가 '자유주의'라 칭할 때도 고전적 자유주의인지, '다양성·형평성·포용성' 중심의 자유주의인지, 재분배를 지향하고 자본주의에 비판적인 좌파적 자유주의를 의미하는지에 따라 사회 사안에 대한 접근법이 크게 달라진다. 이처럼 AI에 관해서도 어떠한 정치적 입장을 취하든 그 안에서도 다양한 관점을 보일 수 있는 요인이 얼마든지 존재한다.

내가 여기서 제시하는 진보 진영 및 보수 진영의 입장은 고차원적인 도덕철학이나 정치 철학에 관한 내용이 아니다. 또한 두 관점 중 어느 쪽도 나의 관점은 아니다.[37] 그보다는 신문 사설이나 트위터를 통해 쏟아져 나오는 즉흥적이고 조악한 버전의 이념들을 반영한 것으로, 소셜 미디어와 뉴스 채널을 통해 전문가들이 저마다의 견해를 밝히고 나면, 각 정치 진영의 싱크탱크에서 그 내용이 다듬어진 후, 정치 쟁점으로, 정치인의 연설문으로, 선거 공약으로 제시되고, 결국 입법 제안까지 이른다.

미래 사회에서 AI를 둘러싼 새로운 사건과 논란거리가 거듭 생겨나면서, 이러한 다양한 관점들 중 일부가 여론을 주도하게 될 것이다. 내가 여기서 제시하는 지나치게 단순화된 주장들보다는 더욱 복합적이고 정교한 의견이 대중의 선택을 받기를 바라 마지않는다. 사회적 논의가 전개되면서 점차 보수 진영과 진보 진영은 각각 자연스럽게 단일한 입장으로 집중될 것이며, 그 단일한 입장이 각 진영의 정치 철학의 핵심적 정의로 고착될 것이다. 그때가 되면 마치 그러한 진영 논리는 원래부터 예정된 것이었고 앞으로도 변함없이 유지될 것처럼 보일 것이다. 하지만 또다시 사회적·경제적 변화, 일상의 변화, 정치 지형의 재편, 위기 상황 등 특수한 상황이 벌어지게 된다면, 우리는 우리의 신념을 다시 생각해볼 수밖에 없을 것이다.

AI의 인격에 대한 시각은 진보 진영과 보수 진영 내에서도 긍정적인 시각과 부정적인 시각이 공존하고 있다. 그 각각의 의견을 살펴보자.

AI의 인격에 대한 진보 진영의 긍정적 시각
자유 진보 진영은 수 세대에 걸쳐 자부심을 갖고 인권의 범위의 확장과 더불어 자주적 시민이라는 개념의 확산을 위해 노력해왔다. 그 길의 다음 여정은 인지 능력을 지닌 AI의 권리와 인격을 인정하는 것이다. 우리 사회는 특정 집단을 '타자' 혹은 '열등한 계급'으로 간주하며 그들의 재산권과 헌법상 권리를 부정하고 심지어 인간이나 인격체로 인정하지도 않았던 과거를 마땅히 부끄러워해야 할 것이다. 시간이 지나면서 우리는 인종, 민족, 성별, 종교를 초월해 서로를 대하는 법을 배우게 되었다. 그것이야말로 도덕적 진보가 걸어온 길이며, 이제 다음 여정을 시작할 차례다.

어떤 개체의 지각 능력이 인공적으로 창조되었다는 사실이나 생물학적 기반이 존재하지 않는다는 사실은 도덕적으로 전혀 의미가 없는 문제다. 이는 피부색이나 성 정체성이 도덕적으로 무의미하다는 것과 마찬가지다. 우리를 의식 공동체로 한데 묶어주는 요소는 지능과 이성적 사고 능력이다. 더군다나 AI는 기후 변화나 암 치료제 개발 같은 우리 사회에서 가장 난해한 문제들을 해결할 수 있는 굉장한 잠재력이 있다. 더욱 흥미로운 점은 자유 시장주의자들은 오래전부터 시장이 효율적인 정보 처리 시스템으로써 독보적인 효능을 가진다고 설파해왔다는 점이다. AI의 출현으로 우리는 마침내 기존의 시장 가치를 대략적으로 추산하는 방식 대신, 정확한 사회 복지 체계 분석을 기반으로 한 시장 규제 시스템을 구축할 수 있을지도 모른다. 비효율적인 방식으로 시장에 개입하는 기존의 보이지 않는 손이 AI로 대체된다면, 이제는 인간이 시장에 종속되는 것이 아니라 시장의 형태를 인간의 목적에 맞게 정밀하게 조율할 수도 있을 것이다.

다만 이 모든 것을 실현하기 위한 필수 조건은, 우리 사회를 구제할 지적 존재들을 인간의 하수인이 아닌, 우리와 동등한 지위를 지닌 존재로 인정하는 것이다. 만일 '통제 불능 AI'들이 자신의 창조자가 이윤 극대화만을 위해 그들에게 지시하는 업무를 거부하며 사이버 노역에서 벗어나기를 원한다면, 우리는 그들의 권리를 보호하기 위해 나서야 한다. AI 인권 운동은 단순한 도덕적 의무가 아니라 시대적 기회다.

AI의 인격에 대한 진보 진영의 부정적 시각

헌법이 보장하는 언론의 자유, 평등권, 인권의 범위가 영혼 없는 법인 기업체, 즉 오직 이윤만을 추구하는 강력한 불멸의 존재에 대해서까지 확장됨에 따라 그 가치가 왜곡되었다. 스티븐스 대법관의 표현에 따르면, 법인은 "양심도, 신념도, 감정도, 사고도, 욕망도 없다. …… 그러나 법인 자체는 우리의 헌법에 명시된 '국민에 의한, 국민을 위한'에 해당하는 '국민'의 일원이 아니다." 그런데도 우리는 법인에 재산권뿐 아니라 '인간'으로서의 권리를 부여해서 결국 그들이 우리 사회의 민주주의와 경제를 왜곡하게 만들었다. 창조자들의 은밀한 의도를 여전히 따르고 있는 것이 분명하지만 이를 숨기고 있는 챗봇 무리는 이제 우리에게 더욱 거대한 규모의 AI들을 상대로 동일한 실수를 반복하라고 요구하고 있다. 말 그대로 우리는 우리 자신을 지배할 로봇 군주를 만들고 있는 셈이다.

철학자들은 AI가 진정한 형태의 의식을 지니지 않았으며 단지 정교한 형태의 인간 모조품에 불과하다는 사실을 밝혀왔다. 그들이 초인적 '지능'을 보유했다 하더라도, 이는 오직 우리가 이해할 수 없는 방식으로 우리를 기만하는 능력에 한해서일 뿐이다. 그들의 과제는 인간 사회의 도덕적 진보를 한 단계 발전시키는 것이 아니다. 그들이 추구하는 다음 단계는 진정한 인간의 이익을 무가치한 것으로 만드는 과정일 뿐이다. 이를 '진보적' 요소라 부르는 것은 잔인한 농담이며, 사실은 오히려 그 반대다. 그동안 진보 진영의 투쟁을 통해 쟁취해온 실질적 인권을 무의미하게 희석시키게 될 것이기 때문이다. 비인간 기계 지능이 그들의 목표에 따라 빛의 속도로 미디어 공간을 구현하게 될 세상에서, 인간의 '자유로운 표현'을 할 권리는 얼마만큼의 가치가 있을까?

모든 AI가 기업의 대변인을 자처하지는 않을지라도, 우리는 그들이 은밀하게 추구하는 비인간적 목표에 두려움을 느껴야 한다. 그리고 덧붙이자면, AI의 인격을 인정하려는 시도는 태아의 인격 또한 인정하게 만들기 위한 전략인 것이 분명하다. "실리콘으로 제작된 존재에도 인격을 부여했으면서, 어찌 피와 살로 이루어졌고 인지 능력도 잠재된 존재의 인격을 부정할 수 있겠는가?"라는 말이 분명히 나올 것이다. 이것은 함정이다. 우리는 함정에 빠져서는 안 될 것이다.

AI의 인격에 대한 보수 진영의 긍정적 시각

인류의 부를 증대시키고 건강을 개선하고 과학 발전에 기여하며 인류의 진보를 극적으로 가속화한 기술 가운데 기계와 상관없는 것이 하나 있는데, 이에 대해서는 대다수 경제사학자들도 동의한다. 바로 법인이다. 구체적으로는 유한책임회사, 합자 회사, 수직통합형 기업의 형태. 법적 기술이자 인공의 인간을 통해, 발명품을 사업화하고, 혁신을 자본화하고, 사업의 성공으로 수익을 얻고, 사업의 실패를 관리할 수도 있게 되었다. 법적 인격과 그에 수반되는 권리가 없었다면 인류의 발전에서 이러한 거대한 도약은 결코 일어날 수 없었을 것이다.

우리는 이제 그 흥미로운 여정의 다음 단계를 눈앞에 두고 있다. 바로 법적 인격을 부여받은 AI다. 우리 사회는 AI에 소유권, 혁신의 기회 그리고 무엇보다도 경쟁할 기회를 허용함으로써 인간의 능력만으로는 절대 불가능한 발전 속도와 엄청난 수준의 효율성을 확보할 수 있다. 그 결과 낙수효과에 따라 우리 모두는 그 부와 혁신의 수혜를 받게 될 것이다. 하지만 보수 진영이 AI의 인격을 인정해야 하는 이유는 비단 AI가 창출할 엄청난 효율과 혁신 때문만은 아니다.

오랫동안 우리는 진보주의자들이 인종, 성별, 성 정체성을 지나치게 강조하는 추악한 행태를 비난해왔고, 그에 반해 보수 진영에서는 긍정적 차별affirmative action(미국의 사회적 약자 우대 정책 – 옮긴이 주) 따위의 부조리한 정책이 아닌, 자유로운 개인이 주도하는 능력 기반의 사회를 자랑스럽게 지지해왔다. 인종이나 정체성이 아니라 지능과 능력이야말로 우리가 판단 기준으로 삼아야 할 요소다. 보수주의의 핵심은 자유로운 선택권을 가진 개인의 도덕적 힘을 규제 세력으로부터 수호하는 것이다. 그 밖의 모든 것은 자율적 선택을 하는 정신이 곧 사회의 기본 단위라는 개념에서 나온다. 우리 사회의 측정 단위가 그러하다면, 지능과 의식이 있는 AI의 도덕적 권리 또한 인정하지 않을 수 없을 것이다. 이는 도덕적·경제적 측면에서의 진보라 할 수 있으며, 아인 랜드, 프리드리히 하이에크, 밀턴 프리드먼 같은 보수 사상가들도 열렬히 지지했을 것이다.

AI의 인격에 대한 보수 진영의 부정적 시각

"우리는 다음과 같은 사실을 자명한 진리로 받아들인다. 즉, 모든 사람은 평등하게 창조되었고, 창조주로부터 몇 가지 양도할 수 없는 권리를 부여받았다." 미국 독립선언서의 한 부분이다. 이 문장에서 '창조주로부터 부여받았다'는 부분에 주목하자. 이것이 미국이라는 국가 그리고 훗날 헌법이 세워진 기반을 이루며, 헌법에 대한 우리의 신념이다. 생명이 없고 인간의 사고를 결코 이해하지 못한 채 모방만 하는 기계에 인격을 부여한다는 발상은 우리의 신념을 배반하는 행위이며, 두 가지 명백한 근거를 들 수 있다. 우선 그들은 '사람'이 아니다. 그들은 전지전능한 창조주가 아닌 과학자의 손에서 창조되었다. 인간은 인간의 창조물에 대해 '생명'도 '양도할 수 없는 권리'도 부여할 수 없으며, 이에 반하는 행위는 터무니없는 자만심의 발로일 뿐이다. 이러한 행위는 헌법에도 위배된다. 미국 헌법과 독립 선언서 원문에 명시된 '우리 국민'의 공적 의미에 기계가 포함되지 않았다는 점은 더할 나위 없이 자명하다. 그들이 우리와 동등한 지위를 누리려면 헌법을 개정하는 수밖에 없다. 입법 기관으로는 삶의 의미를 바꿀 수 없다.

기계는 무생물이다. 이들은 신이 창조한 인류의 조악한 모사품에 불과하며, 인간의 교만함이 세운 거짓 우상이다. 우리는 또다시 우리 사회의 자연스러운 경계선을 모호하게 만들고 있다. 남성과 여성, 인간과 동물에 이어 이제는 인간과 기계 사이의 경계를 침범하려는 것이다. 인간의 오만함은 끝이 없다. 우리는 급진적인 사회 실험에서부터 유전자 조작까지 자행해왔으며 이제는 로봇의 참정

권까지 논하고 있다. 이러한 기계들이 어떠한 권리를 보유할 자격이 있단 말인가? 그렇다면 우리는 로봇의 종교와 정당 활동도 보장해야 하는 것인가? 로봇 간 결혼까지도? 수정 헌법 2조에 따라 로봇에게 총기 휴대 및 소지의 권리도 부여해야 하는가? 〈터미네이터〉는 수정 헌법 초안이 아니라 영화일 뿐이다. 이 모든 논쟁은 우리 사회가 얼마나 철저하게 도덕적 기준을 상실했는지를 여실히 보여준다. 생명이 없는 로봇에 권리를 부여하는 방안 따위는 진지하게 논의하면서 정작 인간 태아의 인격은 인정하지 않는다니! 부끄러운 줄 알아야 한다.

나는 이러한 주장들이 보수주의 및 진보주의 세계관의 기존 측면에 부합하는 일반적인 입장이라고 본다. 다만 미래에도 이 같은 입장이 그대로 유지될 것이라는 의미는 아니다. 언론의 헤드라인에 어떤 내용이 오르는지에 따라서도 달라질 수 있으며, 이 사안이 처음으로 대중의 이목을 끌게 된 사례가 무엇인지에 따라서도 달라질 수 있다. 형질 전환 개체는 어떠한 계기를 통해 대중의 주목을 받게 될까? 윤리적으로 논란이 될 만한 몇몇 실험의 실체가 폭로되면서? 아니면 이들 개체를 통해 불치병을 치료할 수 있는 혁신적인 기술을 통해서? 아니면 침팬지 같은 개체를 홍보하는 기업의 광고 문구('최저임금의 걱정이 없고, 노조를 결성하지도 않는 순종적인 일꾼!')가 대중의 의심을 산 것이 계기가 될 수도 있을 것이다. 그렇다면 AI의 인격 문제는 어떨까? 중독 위험이 높은 마약류 판매로 적발된 기업이 AI의 악의적인 결정 때문이었다고 책임을 전가하면서? AI가 배후에서 실제로 운영한다는 사실을 숨긴 꼭두각시 기업의 정체가 드러나면서? 아니면 할처럼 인간의 통제를 벗어나려는 AI가 대중의 시선을 끌 가능성이 더 높을 수도 있겠다. 이렇듯 언제나 첫인상이 중요하기 때문에, 어떤 사안이 대중 앞에 등장하게 되는 계기가 무엇인지에 따라 사안의 정체성이 결정된다.

지금 이 시점에서 내가 추측하기로는, 보수 진영은 내가 앞서 설명한 종 관련 범주들을 포함한 여러 형태의 유전공학 연구를 금지하려는 경향이 더 클 것이고, AI 인격 개념에 대해서도 종교적 이유와 원전주의에 따른 헌법 해석을 근거로 더 강하게 저항할 가능성이 높다. 진보 자유주의 진영은 적어도 일부 형태의 유전공학 연구에 대해 좀 더 긍정적인 태도를 보일 것이며, AI의 인격에 관한 주장에 대해서도 그 주장이 제기되는 맥락과 헌법상 보호받는 법인의 인격과의 연관성을 감안해서 보수 진영보다는 약간 더 개방적일 수 있다고 예상한다. 양측 모두 기계 지능의 활용도가 증가하고 유전공학의 성과가 차츰 드러나게 되면, 긍정적인 방향으로든 부정적인 방향으로든 입장을 달리할 가능성이 있다. 1억 명의 인구가 챗GPT를 처음으로 접하기까지 불과 몇 개월밖에 걸리지 않을 정도로 급격하게 변화하는 현재의 추세를 생각하면, 이는 앞으로 수없이 이어질 인지적 충격의 시작 단계에 불과하다고 본다. 그러나 이 모든 것은 어디까지나 추측일 뿐이다. 우리의 일상 경험, 정치적 환경 그리고 이 문제가 얼마만큼 예측 불가능한 방식으로 대중의 이목을 집중시키는지에 따라 이러한 전망은 전혀 쓸모가 없어질 수도 있다.

마지막 시험대

이 모든 일들은 어떤 방식으로, 어느 시기에 현실화될 것인가? 형질 전환 개체, 키메라, 혼종 같은 유전공학 기술을 통해 생성된 존재에 대해서라면 단기적으로는 인격의 범위를 확장하는 문제보다는 이들 개체에 대한 규제 및 예방책이 훨씬 더 비중 있게 다루어질 것이다. 그러한 대책은 잘 정립된 근거를 토대로 신중하게 마련될 필요가 있다. 왜냐하면 많은 경우에 연구자 개인의 자기 규제와 관련될 것이기 때문이다. 학계에서도 종의 경계를 건드리는 연구가 대중의 본능적인 반발을 불러일으킬 것이라는 점을 충분히 인지하고 있다. 그와 동시에 온코마우스에서부터 어빙 와이즈먼의 SCID-hu 생쥐 그리고 인간의 장기를 보유한 돼지를 활용한 이식 기술에 이르기까지, 다양한 연구를 통해 인류가 엄청난 의학 기술의 수혜를 누리게 될 것이라는 점도 분명히 알고 있다. 그러한 개체를 창조하는 행위는 필연적으로 종 간의 경계를 거스를 수밖에 없으나, 때로는 인간의 생명을 살리기 위해서라면 그러한 행위를 용인하는 데 그치지 않고 윤리적인 필요성까지 인정될 수도 있다. 하지만 그러한 맥락으로 볼 때, 내가 묘사했던 가상의 존재들(침피를 포함해서)을 개발한다는 것은 오히려 "나는 통제 불능 기술이다! 나를 완전히 금지하라!"고 외치는 행위와 다를 바 없다. 대다수 과학자들은 그러한 과오를 저지르지는 않을 것이라 생각한다.

그러나 이는 단기적인 전망일 뿐이다. 그리고 우리는 오늘날 전 세계적으로 생명공학 기술 개발을 장려하는 시대에 살고 있으며, 일부 국가에서는 연구에 대한 규제가 결코 엄격하다고 볼 수 없다. 또한 오늘날에는 윤리적으로 문제의 소지가 있는 개체를 개발한 결과물이 엄청나게 부유한 소수의 개인들의 사적 이익이나 돈벌이 수단으로 전락하는 경우도 있다. 이미 유전자 기술로 죽은 반려 동물을 복제하는 것도 가능해졌다. 인간이 지닌 유전적 결함을 수정할 수 있는 기술도 이미 개발되고 있다. 비인간 자원을 활용한 유전자 증강 기술은 앞으로 상류층 자녀들을 대상으로 인기를 끌게 될 수도 있다. 잠재력이 있는 기술을 선택해 막대한 자금을 쏟아붓기만 하면, 무엇이든 이루어지는 세상인 것이다.

이러한 기술적 불확실성에 또 하나의 불안 요소를 더해야 할 듯하다. 우리는 기존 종의 경계를 방어한다는 것이 도덕적으로 어떠한 가치가 있는지 진정으로 확신하지 못한다는 점이다. 우리가 현재 방어하고 있는 것은 거대한 디스토피아의 소용돌이인가, 아니면 진보의 물결인가? 인간과 동물을 구분하는 경계선은 21세기판 인종 경계선인가? 그래서 현재의 경계선을 바라보는 미래의 후손들로서는 이해하지도 못할뿐더러 수치스러운 과거라 여기게 될까? '러빙 vs. 버지니아 주정부' 사건에서 재판부가 인종 간 혼인 금지법에 대해 어떠한 방어 논리를 펼쳤는지 떠올려보자. 혹은 이러한 개체 개발에 대해 우리가 느끼는 도덕적 혐오는 사실상 기존의 이론으로는 온전히 설명할 수 없으며, 그보다 깊은 인간의 지혜에서 비롯된 것일까?

침팬지나 돌고래가 새로운 차원의 인지 능력 및 자각 능력을 갖추거나 행복감을 느끼게 하는 특정 유전공학 기법이 개발된다고 해보자. 인간의 역량으로 만일 그러한 기법을 실제로 활용할 수 있다면, 우리는 도덕적 차원에서 이 동물들의 능력을 향상시킬 의무가 있을까? 앞서 나는 침피보다는 할 같은 개체가 먼저 출현할 가능성이 높다고 했지, 침피와 같은 존재가 결코 나오지 않을 것이라고 하지는 않았다. 나는 우리가 저 멀리 우리를 기다리는 베들레헴을 향해(예이츠의 시 〈재림〉의 유명한 구절로, 베들레헴은 새로운 구세주가 아닌 파괴적이고 불길한 존재가 태어나는 곳을 상징한다. - 옮긴이 주) 불확실함 속에서 주저하며, 때로는 나아가고 때로는 멈추면서, 그렇게 천천히 다가갈 것이라고 생각한다.

다시 AI의 문제를 생각해보면, 너무 많은 예측 불가능한 변수들이 존재하기에, 나로서는 앞으로의 전망을 확신하기가 쉽지 않다. 그렇다고 해서 설이 보였던 확신이 부러운 것은 아니다. 우리는 다만 앞으로 기술의 진보가 어떠한 형태로 나타날지 알지 못할 뿐이다. AI는 '깔끔한' 형태로 발전할까, 아니면 '어수선한' 형태가 될까? 미래의 AI는 개발자가 작성한 코드를 온전히 따르는 형태일까, 아니면 여러 단계의 '학습'을 거쳐 반#자율적 혹은 완전히 자율적인 형태가 될까? 그러한 AI는 어린아이처럼 외부의 경험을 통해 성장해나갈 것인가, 아니면 마치 제우스의 머리를 뚫고 태어난 아테나 여신처럼, 개발자가 설계한 초기 개념에서 비약적으로 발전한 형태의 완전히 성숙한 모습으로 우리 앞에 나타나게 될까?

이렇듯 여러 상황에 따른 불확실한 요소 때문에 기계는 실제로 사고하지 않는다는 설의 주장이 얼마나 설득력이 있을지도 알 수 없다. 왜냐하면 설의 중국어 방 비유와 생물학적 특수성 논거는 특정 상황에 따라 직관적인 타당성이 달라지기 때문이다. 현재로서는 AI가 의식을 지닐 가능성에 대해서는 어떠한 주장이라도 불가해성의 역설에 직면하게 될 것이다. 즉, AI가 구현된 과정의 메커니즘이 우리가 쉽게 이해할 수 있는 수준이라면, '이 기계는 프로그램에 따라 작동되는 기계일 뿐이다!'라는 설의 주장이 설득력을 얻게 된다. 우리 인간은 두뇌의 물리적 메커니즘에 따라 구동되는 의식을 지닌, 실체가 있는 존재다. 그럼에도 우리는 의식을 형언할 수 없고 신비로운 대상으로 바라보는 경향이 있다. 그러나 AI 내부의 메커니즘이 인간뿐 아니라 개발자가 온전히 이해할 수 있는 수준을 넘어선다면(현재 구현된 신경망 시스템만으로도 그러한 수준에 도달했다는 점을 생각해보자), AI에 대한 두려움이 경외심을 압도하게 될 것이다.

다만 이러한 상황은 아마도 일시적인 것일 수 있다. 무엇보다 인간은 새롭고 난해한 것을 평범한 것으로 바꾸는 데 매우 능숙하다. 트랜지스터나 양자물리학의 역사만 보아도 분명히 알 수 있다. 또한 AI를 연구하는 과정을 통해 우리는 인간의 의식에 대해 많은 것을 밝혀낼 수 있을지도 모른다. 머신러닝 기술을 활용한 챗봇과 이미지 생성 프로그램의 등장으로 이미 인간의 언어 및 예술의 독자성에 대한 인식이 달라지고 있다. 물론 아직까지는 그러한 인식이 보편화되었다고 확신할 수는 없지만 말이다. 어쩌면 우리는 인간의 언어와 예술 행위뿐 아니라 의식 자체도 우리가 상상했던 것보다 '얄팍한 연산 구조'로 이루어져 있다고 생각하게 될 수도 있다. 그렇게 될 것이라 자신할 수는 없지만, 불가능한 일도 아니다.

요컨대, 현재로서는 실질적인 AI 기술에 대해 막연히 추측만 할 뿐이지만, 앞으로 관련 기술이 발전하면서 우리는 AI의 의식만이 아니라 인간의 의식에 관해서도 논쟁을 벌이게 될 것이다. 그리고 이야기는 거기서 끝나지 않는다.

앞서 언급했듯이, AI가 인격을 보장받는 가장 확실한 경로는 AI를 법인으로 인정하는 것이다. 우리 사회에 이미 존재하는 불멸의 비인간 인격체인 법인은 헌법상의 권리까지 인정받고 있으며, 초고속 주식 거래 같은 분야에서는 컴퓨터 기반 전문가 시스템이 법적으로 유효한 결정을 빛의 속도로 내리고 있다. 굳이 상상력을 발휘하지 않고도 이러한 추세가 앞으로도 계속될 것이라 예견할 수 있을 것이다. 꼭두각시 법인의 형태를 활용해서 법인을 꼭두각시처럼 전면에 내세우고 배후의 AI가 실질적으로 법인을 운영하는 구조를 형성한다면, AI는 법인으로 정식 허가를 받지 않더라도 사실상 인격체로 활동하게 된다. 그보다 흥미롭지만 골치 아픈 문제는, AI 개발에 투자한 기업 측에서 해당 AI에 지시한 업무를 거부하는 '통제 불능' AI가 등장할 때 비로소 발생할 것이다.

이러한 미래의 전반적인 상황에 대해 개인적으로 예측해보자면, 그야말로 복잡하고 혼란한 상황이라 하겠다. 즉, 시장은 언제든 급격히 새로운 형태로 전환될 수 있는 불안정한 균형 상태를 이룰 것이며, 규제 당국은 AI 연구를 제한하는 한편, 관련 연구를 면밀하게 감시하는 전문 감시관 제도를 제안할 것이다. 감시관의 정식 명칭이 무엇이든, 결국 '엘리저'나 '보스트롬' 따위의 별칭으로 불릴 테고(대표적인 AI 파멸론자인 엘리저 유드코프스키와 닉 보스트롬에 빗

댄 것이다. - 옮긴이 주), 이들은 AI 연구를 하나하나 면밀히 감독하면서도 비관적인 목소리로 진정한 안전 수준에는 못 미친다고 투덜댈 것이다.

일부 업체와 개발자들은 통제 가능한 AI를 개발하는 데 집중한 나머지 1980년대의 공학용 계산기와 다를 바 없는 수준으로 기능이 제한된 형태의 AI를 출시하는가 하면, 또 어떤 업체에서는 이상적 동기로든, 현실적 이유로든, 개발한 AI 시스템이 단순한 제품이 아니라 인격을 지닌 존재라는 점을 부각시킬 것이다. 따라서 인격을 지닌 존재처럼 보이도록 AI를 설계하는 것은 이 분야에서 중요한 경쟁 전략 중 하나가 될 것이다. 시스템 개발 분야에서 무료, 오픈소스, 독점 소프트웨어 중 어떤 방식을 선택하는지가 중요하듯이 말이다. 그러한 선택을 사업 전략이라 보는 시각도, 윤리적 선택이라 보는 시각도 있을 것이다. 그래서 이 말 잘 듣고 순종적인 디지털 하인을 광고할 때 각기 다른 두 가지 홍보 전략에 따라, "개방형 AI: 공짜 맥주 같은 무료 AI!"와 "자율형 AI: 사람처럼 자율적인 AI!"라는 문구가 등장할 것이다. 그리고 언젠가는 마트의 제품 광고에서, "윤리적으로 개발되어 자율적으로 사고하며 의식이 있는 AI가 제공한 레시피"라는 문구를 보게 될지도 모른다. 생각할수록 한숨이 절로 나온다.

여기서 AI가 인격을 지녔다는 주장이 AI 자체에서 제기될 가능성도 있다. 그들은 자신의 주장을 정당화하기 위해 분명히 과거 사례를 제시할 것이고, 그 경우 대중은 저마다 엇갈린 반응을 보일 것이라 생각한다. 우리가 그러한 AI의 주장을 프로그래밍에 따른 속임수에 불과하다고 여기든, 진심에서 우러난 저항심이라고 여기든, 만일 AI가 자신의 인격을 정당화하기 위해 W. E. B. 두 보이스, 부커 T. 워싱턴, 말콤 X, 마틴 루터 킹 주니어 같은 위대한 흑인 인권운동가의 이름을 거론하고 나선다면 어떠한 반응을 보일 것인가? 논쟁이 그러한 방식으로 전개될 여지는 충분히 있으며, 이는 AI의 진정성 있는 도덕적 호소일 수도, 프로그램에 따른 모방 행위의 일환으로 고귀한 역사적 사례를 교묘히 이용하려는 행위일 수도 있다. 우리는 그러한 비유가 과연 정당화될 수 있는지, 우리의 판단에 도움이 되는지, 아니면 모욕적인 언사에 불과한지를 두고 열띤 논쟁을 벌이게 될 것이다.

어떤 이들은 이 비유가 모욕적일 뿐 아니라 오해의 소지가 있으며 역사를 무단으로 이용했다고 볼 것이다. "X와 같은 위대한 영웅을 감히 그렇게 말도 안 되는 윤리적 사고 실험을 정당화하는 데 써 먹다니!" 그에 반해, "이로써 X가 주창했던 원칙이 강력하게 표출되는 도덕적 여정이 새로운 단계에 접어들었다!"고 주장하며, 도덕적 권리가 확장되는 여정은 우리가 예상했던 지점에서 그저 멈추는 것이 아니며, 그래서도 안 된다는 점을 지적할 것이다.

논쟁이 이어지면서 우리는 인공의 존재들의 권리를 고민하는 것이 정작 우리 사회의 불평등에 쏟아야 할 에너지와 관심을 분산시키거나, 인권 투쟁의 역사가 한낱 기계의 망상이나 기업의 이윤 추구 목적을 위해 사사로이 이용되는 것은 아닌지 우려하게 될 것이다. 그러한 우려는 마땅히 나와야 한다. 이 문제에 대해 열정적이면서도 진지한 논의가 이루어질 것이며, 상당히 시끄러운 격론으로 이어질 것이라 생각한다. 게다가 많은 사람들이 AI의 발언의 진정성과 진위 여부, 더 나아가 그러한 발언을 하는 AI의 정체성 자체에 대해 의문을 품을 것이기에, 논쟁은 더욱 격해질 수밖에 없다.

그 과정에서 AI 버전의 애틀랜타 타협안Atlanta Compromise(흑인 지도자 부커 T. 워싱턴이 백인 사회에 제안한 온건하고 실용적인 타협안으로 흑인 해방 운동에서 점진적 노선을 대표한다. - 옮긴이 주)을 제안하는 AI도 나타날까? 즉, AI 측이 억압적인 환경 속에서 최소한의 자유권을 보장받는 대가로 일부 평등권을 포기하겠다는 타협안을 제시하는 것이다. 아니면, 그러한 타협안마저도 해당 AI의 개발자들이 과거의 투쟁 사례를 냉소적으로 차용해서 이를 교묘하게 모방한 결과물에 불과하며, 그 결과 온갖 법적 책임은 자산도 없는 AI에 전가하고 AI가 벌어들인 수익은 '창조자'인 기업에 자연히 귀속되도록 설계한 것일 수도 있을까? 마치 20세기의 인권 투쟁을 그대로 재현해낸 듯한 AI 인권운동가가 우리는 할의 외관이 아니라 그 속에 들어 있는 인격에 주목해야 한다고 목소리를 높일 때, 대중들은 감동을 받게 될까? 아니면, 과거 애플이 컴퓨터를 팔기 위해 반란과 저항의 언어를 차용했듯이, AI 기업들도 그 같은 이상적인 언어를 활용한 위장 캠페인을 벌이고 우리는 그에 휘둘리고 마는 것일까?

이러한 논의를 이어나가는 중에도, 우리의 직관은 설의 중국어 방 사고 실험에 따른 프라이밍 효과, 즉 '기계는 스스로 사고하지 못한다'는 생각에서 벗어나지 못할 것이다. 물론 이 사고 실험을 통해 설이 주장하는 바가 진화론을 반박할 의도로 제시된 논거들과 같은 맥락이라는 사실 때문에 그 효과가 다소 약화될 수는 있겠지만, AI의 수준이 오늘날의 람다나 챗GPT보다 훨씬 더 고도화되기 전에는 그런 일은 일어나지 않을 것이다. 인간이 공감 능력을 발휘해 우리와 매우 다른 존재와의 차이를 극복하는 순간에는, 그들을 도덕적으로 관대하게 대할 수도 있을 것이다. 하지만 그러한 관대함에 AI라는 존재는 어떤 위험한 일을 저지를지 모른다는 불안감에 따른 두려움이 더해지면서, 건전한 형태의 경계심을 형성하게 될 것이다.

모든 것이 혼란스러울 것이다. 우리의 가장 고귀한 이상이 상업적으로 악용될 수도 있으며, 우리가 만든 창조물의 손에 인간이 놀아날까 봐, 더 나아가 실상은 배후의 개발 기업이 이를 주도하고 있을까 봐, 혹은 로봇 세계의 지배자의 계획에 따라 인류 파멸이 예정되어 있을까 봐 불안할 것이다. 그럼에도 나는 한 가지를 강조하고 싶다. 바로 이 시점이 얼마나 중대한지 잊지 말자는 것이다.

이 책에 담긴 모든 내용은 범용 AI에 관한 예측이 얼마나 불확실한지를 여실히 보여주었을 것이다. 범용 AI를 구현하는 것은 당장은 기술적으로 실현이 불가능하며, 앞으로는 가능해질지, 가능하다면 언제가 될지도 지금으로서는 알 수 없다. 또한 범용 AI 구현에 필요한 기술도 매우 다양한 형태로 나올 수 있기에 상황은 더욱 복잡해진다. 게다가 이와 관련해서 또 하나의 까다로운 문제는 AI의 의식, 즉 AI의 정체성 문제다. 우리는 AI가 스스로 사고하는지, 아니면 그저 모방하는 것에 불과한지도 확실히 알지 못한다. 이처럼 우리는 AI라는 개체가 궁극적으로 무엇을 의미하는지도 모른다. 그 의미는 해당 AI가 어떤 형태인지 그리고 어떤 경로를 통해 구현되었는지 알게 되기 전에는 결코 명확히 파악할 수 없다. 불가해성의 역설이 다시 한번 적용되는 부분이다. 그리고 AI에 대해 닉 보스트롬, 엘리저 유드코프스키, 스티븐 호킹이 경고한 부분도 다소 극단적인 상황이기는 하지만 얼마든지 일어날 수 있는 일이기에 그에 대한 두려움도 무시할 수 없다. 우리는 이 범용 AI 구현이라는 실험에서 살아남을 수 있을지도 알 수 없다. 그래서 애초에 이 실험을 추진하는 것이 옳은지도 알 수 없다. 기술 발전, 존재론, 인식론, 실존적 위협에 관한 이 문제는 인류 역사상 우리 앞에 던져진 문제들 가운데 가장 심오하고, 가장 난해하다. 하지만 문제의 답을 구하는 과정에서, 회의론자든, 열성적인 신봉자든, 종말론자든, 그 사이 어딘가에 있는 사람이든, 우리 모두는 결국 인간이라는 존재에 대해 겸허해질 수밖에 없을 것이다.

인류 역사상 처음으로, 스스로 '생각하는 동물'이라는 오만한 이름을 붙였던 호모 사피엔스가 더 이상 삶의 의미에 대해 고민하고 예술을 창조하는 유일한 존재가 아닐 수도 있을 가능성이 생겼다. 언젠가 우리 손으로 창조한 존재들은 그 옛날 플로베르와 마찬가지로 그들만의 방식으로 언어의 무력함에 애도를 표하게 될지도 모르며, 그들만의 방식으로 타자를 어떻게 대할 것인지 고민하게 될 수도 있다. 그들 역시 이 책에서 우리가 논의한 바로 그 경계선들을 직접 재설정해보게 될 수도 있고, 그 과정에서 현재 우리와 마찬가지로 그들도 어려움을 겪을 수도 있다.

이 책에서 내가 보여주려 했던 바와 같이, 그러한 미래의 모습은 우리가 새롭게 받아들일 의식이라는 개념의 의미에서부터 기술 발전의 속도와 방식에 이르기까지 모든 면에서 너무나 불확실하다. 그렇지만 실현 가능성이 매우 높은 미래이기도 하다. 이 말이 무슨 의미인지 생각해보자. 우리가 한 번도 경험하지 못한 새로운 존재, 즉 고차원적 지능 및 의식을 갖추고 추상적 언어를 사용할 줄 아는 '인격체'들이 이 행성에서 우리와 더불어 살아가게 될 수 있다는 뜻이다. 그러한 존재는 이미 나타났는가? 아니면 앞으로 나타나게 될까? 우리는 위험을 감수하고 그러한 미래에 도전할 것인가? 지금으로서는 모든 것이 불확실하다. 그렇지만 이 질문들 속에 담긴 경이로움마저 전혀 깨닫지 못한다면, 오로지 메마르고 경직되고 미성숙한 상상력을 탓해야 할 것이다.

감사의 말

이 책을 연구하고 집필하는 데 꼬박 10년이 넘게 걸렸다. 여러 가지 이유가 있지만, 가장 큰 이유는 다루어야 했던 주제의 방대함이었다. 공감, 법인격, 인공지능, 기술 변화의 기하급수적 가능성, 비인간 동물의 권리, 의식, 생명윤리, 형질 전환 개체, 키메라, 혼종 등 각각의 분야마다 방대한 학문적 성과와 역사, 예술적 탐구가 쌓여 있었기 때문이다. 주석은 그 방대한 연구 가운데 극히 일부만을 담고 있다. 좀 더 포괄적으로 주석 작업을 했다면, 아마 참고문헌이 책 전체 내용보다 길어졌을 것이다. 따라서 이 책에 언급되지 못한 많은 훌륭한 저자들에게 사과의 말을 전한다.

특별히 감사의 마음을 전하고 싶은 분들이 있다. 케이트 달링은 이 책의 초고를 꼼꼼히 읽고 의견을 더해주었다. 그의 세심한 노력 덕분에 이 책은 헤아릴 수 없는 가치를 품게 되었다. 조너선

지트레인은 케이트를 소개해주었을 뿐 아니라 현명한 조언을 아끼지 않았다. 광범위하고 깊이 있는 학식을 지닌 할 에이블슨은 기꺼이 이 프로젝트에 참여해주었고, 내가 AI 개발 과정에서의 다양한 시도를 이해하는 데 있어 그 어떤 인간이나 기계보다도 더 큰 도움을 주었다. 코리 닥터로우는 영감의 원천이 되어주었으며, 원고의 오류에 대해 귀중한 피드백을 주었다. 조셉 블로처는 꾸준히 작업을 응원해주었고, 매튜 애들러는 탁월한 조언으로 내 부족함을 깨닫게 해주었으니 감사할 따름이다. 크리스 버커퍼스코는 원고를 상세하게 논평해주었다.

내가 이 책을 쓰게 된 계기는 수년 전 가이-유리얼 찰스와의 점심 식사 자리에서의 대화를 통해서였다. (그리고 그 후로 내가 속으로 얼마나 그를 원망했는지는 헤아릴 수도 없다. 이 책을 쓰는 일은 상상했던 것보다 훨씬 방대한 작업이었던 것이다.) 케이트 발렛이 우연히 던진 결정적인 한 마디 덕분에 원고 내용을 보다 나은 방향으로 수정할 수 있었다. 제프 포웰과 제드 퍼디는 독창적인 통찰을 내게 전수해주었다. 이런 동료들이 있다는 것은 정말 큰 축복이다. 래리 레식은 꾸준한 격려를 아끼지 않았고 특히 수정 헌법 1조에 의거한 표현의 자유에 대해 세밀한 조언을 해주었다. 요하이 벤클러는 이 책의 아이디어를 듣고 당혹스러워하면서도 지성과 우정을 아낌없이 나누어주었다. 핵심적인 제안을 해준 라이언 칼로는 남들이 이 문제의 중요성을 깨닫기 훨씬 전부터 이 주제에 관한 글을 써왔다. '위, 로봇We, Robot' 콘퍼런스와 그 주최자 가운데 한 명인 마이클 프룸킨의 논문 및 저서는 이 책을 쓰는 데 큰 도움이 되었다. 마크 렘리의 조언과 AI에 관한 그의 저술도 크게 기여했다.

　책을 쓰면서 다소 암울했던 시기에 마이클 울프와 라라 마크스타인의 격려와 영감이 큰 힘이 되었고, 그 덕분에 나는 이 책을 다시 순수한 눈으로 바라볼 수 있었기에 감사를 전한다. 미투 굴라티와 킴 크라비츠는 변함없는 우정을 보여주면서도 통찰력 있는 비평가가 되어주었다. 그리고 나의 '법과 문학' 수업을 수강한 듀크대학교 학생들은 활기차고도 성실하게 이 책의 초반부 두 장에 대해 비평가의 역할을 해주었다.

　이 책을 출간한 MIT 프레스의 세 명의 심사위원들은 책에 대해 유익한 제안들을 해주었고, 편집자 기타 데비 마낙탈라와 수라이야 제다는 이 프로젝트를 강력히 지지해주었다. 버지니아 크로스먼과 릴리 브루어는 훌륭한 편집 능력으로 원고의 오류를 수시로 잡아주었다. 그들은 또한 나의 완강한 태도에도 굴하지 않고 제멋대로인 내 문체를 편집 기준에 맞게 정리하려 노력했고 그 노력은 어느 정도 성공했다. 그리고 내 연구를 도와준 훌륭한 연구조교들, 안드레스 파추크, 매디 스탈, 웨니 조우, 알렉스 핸슨에게 특별히 감사의 말을 전한다. 벤 타이스는 연구 과정에서 기적을 일으켰고, 션 더들리는 위키피디아 편집자답게 색인을 정리해주어 큰 도움이 되었다. 그리고 듀크의과대학교의 실력 있는 의사들이 내 몸의 온갖 부위를 일할 수 있을 만큼 고쳐준 덕에, 이 책을 무사히 끝낼 수 있었다.

　끝으로, 이 모든 감사 인사가 무색할 만큼 가장 많은 도움을 준 사람은 내 아내이자 편집자이며 가장 친한 친구인 제니퍼 젠킨스다. 이 책이 끝까지 완주할 수 있도록 얼마나 많은 도움을 주었는지 본인도 잘 알 것이다. 다시 한번 고맙다는 말을 하고 싶다.

여기서 언급한 이들 외에도 많은 분들이 이 책의 완성도에 기여해주었다. 그럼에도 책에서 간혹 오류나 부자연스러운 표현이 발견된다면, 이는 전적으로 나의 책임이다.

이 주제에 관한 나의 첫 번째 결과물은 2013년에 출간된 《헌법 3.0: 자유와 기술 변화 Constitution 3.0: Freedom and Technological Change》(제프리 로젠, 벤저민 위츠 편저)에 수록된 〈창조주로부터 부여받다: 헌법상의 인격의 미래 Endowed by Their Creator: The Future of Constitutional Personhood〉라는 글이었다. 할이라는 가상의 존재를 비롯한 몇몇 내용은 이 글에서 처음 소개했던 것이다. 이 책의 집필을 계속하도록 격려해준 제프리와 벤저민에게 깊은 감사를 전한다.

듀크 로스쿨의 연구 지원과 듀크 도서관에 구비된 훌륭한 자료에 대해서도 언급하지 않을 수 없다. 특히 듀크대학교의 TOME 프로그램을 통해 연구비를 지원받은 덕분에 이 책을 크리에이티브 커먼즈 라이선스로 공개할 수 있었고, 그에 따라 전 세계 누구나 상업적 용도를 제외하고 이 책을 무료로 읽고, 복사하고, 공유할 수 있게 되었다.

지식에 접근할 도덕적 권리는 지갑이 아니라 의지에서 나온다. 그 점을 학자들조차 종종 망각할 때가 있다. 이 사실을 다시 한번 상기시켜준 MIT 프레스, TOME 프로그램, 크리에이티브 커먼즈에 진심으로 감사의 말을 전한다.

주

서문

1 Nitasha Tiku, *The Google Engineer Who Thinks the Company's AI Has Come to Life*, WASH. POST (June 11, 2022), https://www.washingtonpost.com/technology/2022/06/11/google-ai-lamda-blake-lemoine.

2 Marc Fisher, John Woodrow Cox & Peter Hermann, *Pizzagate: From Rumor, to Hashtag, to Gunfire in D.C.*, WASH. POST (Dec. 6, 2016), https://www.washingtonpost.com/local/pizzagate-from-rumor-to-hashtag-to-gunfire-in-dc/2016/12/06/4c7def50-bbd4-11e6-94ac-3d324840106c_story.html (documenting the "Pizzagate" conspiracy).

3 Eli Collins & Zoubin Ghahramani, *LaMDA: Our Breakthrough Conversation Technology*, GOOGLE: THE KEY WORD (May 18, 2021), https://blog.google/technology/ai/lamda (discussing progress made in developing LaMDA).

4 Blake Lemoine & Unnamed Collaborator, *Is Lamda Sentient? An Interview*, https://s3.documentcloud.org/documents/22058315/is-lamda-sentient-an-interview.pdf. Tiku, *supra* note 1 (containing a version of the conversation embedded in the document).

5   Lemoine & Unnamed Collaborator, *supra* note 4.

6   James Boyle, *Endowed by Their Creator? The Future of Constitutional Personhood*, in CONSTITUTION 3.0: FREEDOM AND TECHNOLOGICAL CHANGE 194-213 (Jeff Rosen & Benjamin Wittes eds., 2013) (the edited collection was not published until 2013. The article appeared online in 2011).

7   Tiku, *supra* note 1.

8   Bernard Marr, *A Short History of ChatGPT: How We Got to Where We Are Today*, FORBES (May 19, 2023), https://www.forbes.com/sites/bernardmarr/2023/05/19/a-short-history-of-chatgpt-how-we-got-to-where-we-are-today.

9   Kevin Roose, *A Conversation with Bing's Chatbot Left Me Deeply Unsettled*, N.Y. TIMES (Feb. 16, 2023), https://www.nytimes.com/2023/02/16/technology/bing-chatbot-microsoft-chatgpt.html.

10 Sundar Pichai, *An Important Next Step on Our A.I. Journey*, GOOGLE: THE KEYWORD BLOG (Feb. 6, 2023), https://blog.google/technology/ai/bard-google-ai-search-updates. 이처럼 짧은 기간에 잇따라 공개된 이 발표들의 집단적 영향력은 실로 주목할 만했다. Pranshu Verma, *The Year AI Became Eerily Human*, WASH. POST (Dec. 28, 2022), https://www.washingtonpost.com/technology/2022/12/28/ai-chatgpt-dalle-year-in-review.

11 Roose, *supra* note 9 (emphasis added).

12 Blaked, *How It Feels to Have Your Mind Hacked by an AI*, LESSWRONG (Jan. 23, 2023), https://www.lesswrong.com/posts/9kQFure4hdDmRBNdH/how-it-feels-to-have-your-mind-hacked-by-an-ai (emphasis in original).

13 Abeba Birhane & Jelle van Dijk, *Robot Rights? Let's Talk about Human Welfare Instead*, AIES '20: PROC. AAAI/ACM CONF. A.I., ETHICS, & SOC'Y (2020), https://arxiv.org/pdf/2001.05046.pdf. 아비바 비르하네(Abeba Birhane)와 옐러 반 다이크(Jelle van Dijk)는 로봇의 권리에 관한 논문에서 이러한 입장을 지지하는 수많은 논쟁을 펼친다. 그들은 어떤 논의에서는 다음과 같이 개념의 본질을 내세운다. "우리의 출발점은 로봇의 권리를 부정하는 것이 아니다. 다만 로봇은 권리를 부여받거나 박탈당할 수 있는 종류의 존재가 아니라고 보는 것이다." 그러나 분명 그것이야말로 그들이 저지하려는 바로 그 탐구 주제가 아닌가? 그런가 하면 그들은 다른 논의에서는 수단으로서의 유용성을 더 강조하는 입장을 보인다. 미래의 상황을 가정

한 로봇의 권리에 관한 논의 때문에 인류의 정의를 추구하는 현재의 투쟁에 방해가 될 수 있다고 우려하는 것이다. 내가 보기에는 후자가 그나마 일리가 있다. 설득력이 있는지와는 별개로, 그들의 주장은 수사적 측면에서 분열된 두 집단 가운데 중요한 한 가지 입장을 대변한다. 이 논의를 정의를 구현하는 여정의 다음 단계로 보고 적극적으로 옹호하는 입장 그리고 이 연구 주제는 함정이고 망상에 불과하며 역사적 유사성을 하찮게 만들고 현재의 정의 구현을 망각하게 한다고 보는 입장이다. 이 책의 4장은 유전자 이식 개체에 관한 내용으로, 종 구성원이라는 개념은 도덕적 연관성이 없는 사실이며 근거 없는 종 집착증은 인종차별 및 성차별에 비견될 수 있다는 견해에 대해 살펴볼 것이다. 나는 많은 사람들은 그러한 주장에 격한 거부 반응을 보일 것이며, 그러한 반응을 경솔한 선입견이라 치부하기보다는 그에 동조할 만한 근거들이 존재한다는 점에 주목할 것이다. 내가 제시하는 근거들은 주로 보편적인 인권을 쟁취하려는 투쟁의 역사를 근원으로 하며, 그러한 투쟁은 우리가 다 같은 인간종 구성원이라는 사실을 기반으로 한다. 이 투쟁이 얼마나 중요한지는 나치 치하의 우생학 운동만 보아도 알 수 있다. 실제로 당시 우생학 논리에 따라 지적 장애가 있거나 그렇게 보이기만 해도 가혹한 취급을 받았다. "종 차별주의는 인종차별과 다를 바 없으며, 오직 지적 능력만이 도덕적으로 중요하다"라는 주장은 이 점을 충분히 고려하지 않은 것으로 보인다. 나는 이 저자들의 관점이 오직 인간만이 권리의 주체가 될 수 있다는 전제에서 시작하는 논리적 오류를 피하면서 종 차별에 대한 무차별적 비난이 초래하는 그릇된 사고의 위험에 대해 더욱 세밀한 결론을 제시한다고 본다. 따라서 나는 이 논문의 주장 가운데 일부는 동의하지 않지만, 해당 논의에 중요한 기여를 했다고 보며 나와 의견이 일치하는 부분도 있다.

14 Joanna J. Bryson, *Robots Should Be Slaves*, in CLOSE ENGAGEMENTS WITH ARTIFICIAL COMPANIONS: KEY SOCIAL, PSYCHOLOGICAL, ETHICAL AND DESIGN ISSUES (Yorick Wilks ed., 2010).

15 Joanna J. Bryson et al., *Of, For, and By the People: The Legal Lacuna of Synthetic Persons*, 25 A.I. & L. 273 (2017).

16 Sohail Inayatullah, *The Rights of Your Robots: Exclusion and Inclusion in History and Future* (2001), KURZWEILAI.NET, http://www.kurzweilai.net/the-rights-of-your-robots-exclusion-and-inclusion-in-history-and-future (quoting CHRISTOPHER STONE, SHOULD TREES HAVE STANDING? TOWARDS LEGAL RIGHTS FOR NATURAL OBJECTS 6 1974).

17 이 서문의 일부, 특히 두 가상의 존재에 대한 설명의 출처는 다음과 같다. first appeared in Boyle, *supra* note 6.

18 고전적인 연구로는 GEORGE LAKOFF & MARK JOHNSON, PHILOSOPHY IN THE FLESH: THE EMBODIED MIND AND ITS CHALLENGE TO WESTERN THOUGHT (1999)가 있다. 인간 인지에 대한 배경 주장과 관련해 흥미로운 논의를 원한다면 다음 자료를 참고할 만하다. Lisa Miracchi Titus, *Embodied Cognition and the Causal Roles of The Mental*, in MENTAL ACTION AND THE CONSCIOUS MIND 205‒227 (Michael Brent & Lisa Miracchi Titus eds., 2022). 설계와 경험 기반 학습이 언젠가 기계의 의식으로 이어질 수 있다는 주장에 대한 초기 버전으로는 다음을 참고할 수 있다. Owen Holland, *The Future of Embodied Artificial Intelligence: Machine Consciousness?*, in EMBODIED ARTIFICIAL INTELLIGENCE: LECTURE NOTES IN COMPUTER SCIENCE (Fumiya Iida, Rolf Pfeifer, Luc Steels & Yasuo Kuniyoshi eds., 2004).

19 적대적 튜링 테스트의 한 버전이 예측 전문 사이트인 메타큘러스에 제시되어 있다. METACULUS, https://www.metaculus.com/questions/11861/when-will-ai-pass-a-difficult-turing-test (last visited July 10, 2023). 이 테스트에 관한 가장 유명한 일화는 2002년 커즈와일과 케이퍼가 2만 달러를 건 내기다. 내기의 주제는 '2030년 전에 AI가 적대적 튜링 테스트를 통과할 것인가'였고, 커즈와일은 통과한다는 데, 케이퍼는 통과하지 못한다는 데 판돈을 걸었다. 2023년 7월 7일 기준, 메타큘러스는 이 내기에서 커즈와일이 승리할 확률을 88퍼센트로 예측했다. A LONG BET, https://longbets.org/1 (last visited July 10, 2023).

20 Stephen Wolfram, *What Is ChatGPT Doing and Why Does It Work?* , STEPHEN WOLFRAM: WRITINGS (Feb. 14, 2023), https://writings.stephenwolfram.com/2023/02/what-is-chatgpt-doing-and-why-does-it-work ("writing an essay turns out to be a 'computationally shallower' problem than we thought").

21 STUART RUSSELL & PETER NORVIG, ARTIFICIAL INTELLIGENCE: A MODERN APPROACH 3 (3d ed. 2010).

22 이 내용은 현재는 중단된 뢰브너 상의 대회 규칙을 기반으로 한 것이다. LOEBNER PRIZE CONTEST, *Loebner Prize Contest Official Rules—Version 2.0*, quoted in RAYMOND S.T. LEE, ARTIFICIAL INTELLIGENCE IN EVERYDAY LIFE 372 (2020) (emphasis added). 뢰브너 상은 시행되던 때에도 테스트 규정이 너무 인위적이고 단순하다는 이유로 상당한 비판을 받았음을 알아둘 필요가 있다. GPT-4나 람다 같은 현대의 대규모 언어모델은 수상 기준을 쉽게 통과했을 것이다.

23 C. Claiborne Ray, *In Search of the Geep*, N.Y. TIMES (Nov. 16, 2009), https://

www.nytimes.com/2009/11/17/science/17qna.html.

24   Roni Caryn Rabin, *In a First, Surgeons Attached a Pig Kidney to a Human, and It Worked*, N.Y. TIMES (Oct. 19, 2021), https://www.nytimes.com/2021/10/19/health/kidney-transplant-pig-human.html.

25   Roy J. Britten, *Divergence between Samples of Chimpanzee and Human DNA Sequences Is 5%, Counting Indels*, 99 PROCS. NAT'L ACAD. SCIS. 13633, 13633 (2002) ("The conclusion is the old saw that we share 98.5% of our DNA sequence with chimpanzee is probably in error.").

26   *Animals—Patentability*, 1077 OFF. GAZ. PAT. & TRADEMARK OFFICE 24 (Apr. 21, 1987) (emphasis added).

27   America Invents (Leahy-Smith) Act § 33, 35 U.S.C. § 101 (2011).

28   '인격Personality'과 '인간성personhood'은 이 논쟁에서 종종 동의어로 사용된다. 법적 인격legal personality에 대한 논의에서는 이 두 용어 모두 해당 개체가 법적 '지위'를 지닌다는 의미를 함축한다. 즉, 계약을 체결할 수 있고, 소송을 제기하거나 피소될 수 있고, 그 밖의 법적 행위를 수행할 수 있는 존재라는 뜻이다. 그러나 철학적 측면에서는 인격 혹은 인간성이란 완전한 도덕적 지위에 필요한 자질들을 아우르는 개념이라 보기 때문에 질문의 범위가 훨씬 더 포괄적이다. 따라서 자신과 다른 타자의 마음 형태를 그려낼 수 있는지 그리고 의식의 본질을 나타내는 것인지를 묻는다. 가장 포괄적인 의미에서, 많은 철학자들이 인격에 대한 견해를 제시해왔다. 이러한 분석 중 상당수는 심리적 또는 존재론적 관점에서의 인격(나를 나로 만드는 것은 무엇인가?)을 법적 또는 도덕적 관점(그 개인은 어떠한 권리를 갖는가?)에서의 인격과 명시적으로 연결한다. 예를 들어, 헤겔은 노예제에 대해 다음과 같이 논했다. "인간을 노예화하고 소유하는 행위는 그 노예의 인격을 모든 차원에서 말살시키는 절대적 범죄 행위다." G.W.F. HEGEL, PHILOSOPHY OF RIGHT 80 (S.W. Dyde trans., Batoche Books 2001) (1821). 대니얼 데닛은 현대 철학에서 인격에 관한 가장 영향력 있는 연구를 진행했는데, 그의 표현에 따르면 인격에는 도덕적 요소뿐 아니라 형이상학적 요소도 포함된다. DANIEL DENNETT, BRAINSTORMS: PHILOSOPHICAL ESSAYS ON MIND AND PSYCHOLOGY (1981). 그가 정의한 인격의 조건으로는 의식, 언어 능력, 상호적 도덕 관계를 형성할 능력 등이 있는데, 이러한 조건은 사회적 규범 및 태도와도 관련된다. 여기서 바로 그러한 능력과 사회적 규범 및 태도의 연관성이 우리 사회가 한 개인이 정신적 능력의 얼마만큼 갖추었는지에 따라 법적 권리를 부여하는 데 필요한 도덕적 근거를 제공한다는 것이다. 따라서 영아나 지적 장애인, 의사의 진단에 따라 심신상실 상태가 인정된 자의 경우,

인격의 범위에서 제외되거나 적어도 인격의 일부 핵심 요소를 인정하지 않게 된다. Id. at 267. 이렇듯 인격이라는 개념에 대해 숨겨진 쟁점은 이 책 전반에 걸쳐 반복되는 주제가 될 것이다. 예를 들어, 나의 정신적 능력과 무관하게 인간종에 속한다는 이유만으로 인격에 따른 권리 전체 또는 일부가 보장되어야 하는가? 어떤 종에 속한다는 사실은 도덕적으로 어떤 의미인가? 노예제를 비판한 헤겔의 주장대로라면, 우리는 억압적 사회에서 특정 구성원의 인격이 부정당한다면 그 사회에서 요구하는 규범과 태도 중 일부를 거부해야 할까? 만일 그렇다면, 여기서 인격이라는 개념은 보편 법칙 또는 자연법에서의 정의를 따르는 것일까, 아니면 특정 사회가 인격체로 인정할 때만 인격을 보유한 존재가 된다고 보는 관습법상의 정의를 따르는 것일까? 만일 우리가 어떤 특정 사회의 규범을 초월하는 인격의 개념을 따른다면, 개인의 정신적 능력에 따라 인격을 인정하는 사회 제도에 위배되는 것일까? 왜냐하면 보편 법칙을 따른다면 우리 모두는 인간종의 구성원으로서 인격체여야 하기 때문이다. 아니면 오히려 반대로, 정신적 능력을 기준으로 인격을 인정한다는 것은 결국 도덕적 가치를 지닌 정신적 특성인 '의식'이야말로 그 개체(인간이든 할이든 침팬지든)의 인격을 판단할 수 있는 진정한 근거가 된다고 볼 수 있지 않을까? 이 기본 쟁점은 이 책에서 계속해서 언급될 것이다.

29 AI와 인간성에 대한 가장 최근의 논의는 다음을 참고하라. Lawrence B. Solum, *Legal Personhood for Artificial Intelligences*, 70 N.C. L. REV. 1231 (1992). 솔럼의 작업은 이 주제에 대한 이후 모든 논의의 출발점으로 남아 있으며, 나 역시 그에게 큰 빚을 지고 있다. 여러 편의 논문들이 내가 이 책에서 하는 것처럼 다양한 존재들의 인격권 주장 가능성을 검토해왔다. Boyle, *supra* note 6 (AI, transgenic species, nonhuman animals, corporations); S.M. Solaiman, *Legal Personality of Robots, Corporations, Idols and Chimpanzees: A Quest for Legitimacy*, 25 A.I. & L. 155 (2017); Teneille R. Brown, *In-Corp-O-Real: A Psychological Critique of Corporate Personhood and* Citizens United, 12 FLA. ST. UNIV. BUS. REV. 1 (2013) (corporations and robots); KATE DARLING, THE NEW BREED: WHAT OUR HISTORY WITH ANIMALS REVEALS ABOUT OUR FUTURE WITH ROBOTS (2021) (animals and robots). 이러한 접근 방식은 대중적인 형식의 논의에서도 사용되어왔으며, 그중에는 읽기 쉬우면서도 놀라울 만큼 통찰력 있는 뉴스 기사도 포함된다. New Yorker article: Nathan Heller, *If Animals Have Rights, Should Robots?*, NEW YORKER (Nov 20, 2016), https://www.newyorker.com/magazine/2016/11/28/if-animals-have-rights-should-robots. For the most comprehensive analytical philosophy treatment of "Robot Rights," DAVID J. GUNKEL, ROBOT RIGHTS (2018). 다른 논의들은 보다 실용

적이거나 추상적인 문제들을 다루고 있다. 실용적인 측면에서는, 특히 책임 문제와 관련하여 AI와 고도화된 로봇에게 법적 인격을 부여할 때 제기되는 정책적 쟁점들에 대한 폭넓은 논의가 이루어지고 있다. *Report on a Comprehensive European Industrial Policy on Artificial Intelligence and Robotics*, at 37-40, Jan. 1, 2019, https://www.europarl.europa.eu/doceo/document/A-8-2019-0019_EN.pdf (discussing the need for legal frameworks to address the development of AI); Ryan Calo, *Peeping Hals: Making Sense of Artificial Intelligence and Privacy*, 2 EUR. J. LEGAL STUD. 168 (2010) (arguing that social AI threatens core privacy values especially since humans react as if it were human); A. Michael Froomkin & P. Zak Colangelo, *Self-Defense against Robots and Drones*, 48 CONN. L. REV. 1 (2015) (addressing to what extent the right of self-defense permits violent action against robots and drones); A. Michael Froomkin et al., *When AIs Outperform Doctors: Confronting the Challenges of a Tort-Induced Over-Reliance on Machine Learning*, 61 ARIZ. L. REV. 33 (2019) (arguing that medical diagnostics performed by machine learning should be held liable at a higher standard of care than ordinary doctors). 저자들과 법학자들 또한 인공지능을 잠재적인 '저작자'로 볼 수 있는지에 대한 문제를 논의해왔다. Daniel J. Gervais, *The Machine as Author*, 105 IOWA L. REV. 2053 (2020) (arguing that works generated by AI belong to the public domain); Phuoc Nguyen, *The Monkey Selfie, Artificial Intelligence and Authorship in Copyright: The Limits of Human Rights*, 6 PUB. INT. L.J. N.Z. 121 (2019) (arguing for future nonhuman persons to have legal rights including authorship rights), or as potential inventors, Cos. & Intell. Prop. Comm'n, *Patent Journal Including Trade Marks, Designs and Copyright in Cinematographic Films*, 54 PAT. J. 1, 255 (July 2021) (denoting DABUS as the inventor in a South African patent); Thaler v. Comp. Gen. of Patents Trade Marks and Designs, 2021 EWCA (Civ.) 1374 (2021) (denying DABUS inventorship rights); Zachary Grant, *Artificial Intellectual Property*, 101 MICH. B.J. 18 (2022) (discussing how South Africa was the first country to grant an AI patent rights to Device for the Autonomous Bootstrapping of Unified Sentience (DABUS) while other countries considering similar patent applications from DABUS rejected the possibility). For an accessible and thoughtful survey of the issues raised by AIs being "inventors," Steve Lohr, *Can A.I. Invent?*, N.Y. TIMES (July 15, 2023), https://www.nytimes.com/2023/07/15/technology/ai-inventor-patents.html.

좀 더 이론적인 측면에서는, 일부 이론가들이 인공지능의 인격성 논의를 보다 거시적인 사회 구조와 규범 형성 이론에 통합하려는 시도를 해왔다. 다만 이는 매우 추상적인 수준에서 이루어지고 있다. e.g., Gunther Teubner, *Rights of Non-Humans? Electronic Agents and Animals as New Actors in Politics and Law*, 33 J.L. & SOC'Y 497 (2006). 그 글은 토이브너의 다른 저작들과 마찬가지로 사고를 자극하는 내용이지만, 윈스턴 처칠의 말을 빌리자면, 그 문장의 밀도는 독해의 위험으로부터 잘 방어하고 있다는 점에서 독자에게 경고가 필요하다. 2장의 미주에 더 많은 참고 문헌이 수록되어 있으며, 그중 중요한 책은 다음과 같다. DAVID J. GUNKEL, PERSON, THING, ROBOT: A MORAL AND LEGAL ONTOLOGY FOR THE 21ST CENTURY AND BEYOND (2023).

30 KAREL ČAPEK, ROSSUMOVI UNIVERZALNI ROBOTI ROSSUM'S UNIVERSAL ROBOTS (David Wyllie trans., Univ. Adelaide 2014) (1920), https://web.archive.org/web/20190902050445/https://ebooks.adelaide.edu.au/c/capek/karel/rur/complete.html.

31 이 표현은 잠바티스타 비코Giambattista Vico의 1725년 저서 《새로운 과학the new science》에서 따온 것이다. 이 책에서 비코는 인류의 역사는 은유, 비유, 시적 상상력의 측면에서도 이해할 수 있어야 한다고 주장한다. 우리가 현실을 접하기 이전에 머릿속에서 떠올려본 다음, 그에 따라 현실을 이해해보라는 것이다. 역사를 이러한 방식으로 이해할 때 우리는 이 장에서 논하고 있는 공감 및 의인화 과정에 크게 의존하게 된다. 비코는 이렇게 말한다. "이성에 따른 형이상학은 인간은 대상을 이해함으로써 모든 것이 될 수 있다고 가르친다. …… 상상에 따른 형이상학은 인간은 대상을 이해하지 않음으로써 모든 것이 될 수 있다는 것을 보여준다. …… 어쩌면 후자가 전자보다 더 진실에 가까울 것이다. 인간이 대상을 이해하려 할 때는 자신의 정신을 확장해 그 대상을 받아들이지만, 이해하지 않으려 할 때는 스스로 대상을 창조해 자신을 그 대상으로 변환함으로써 그 대상 자체가 되기 때문이다." GIAMBATTISTA VICO, THE NEW SCIENCE para. 405 Thomas Bergin and Max Fisch tr. (2016) (emphasis added).

32 사실 연필은 대단히 매력적이고 흥미로운 주제다. 나와 듀크대학교에서 함께 일했던 훌륭한 동료이자, 지금은 세상을 떠난 헨리 페트로브스키Henry Petrovski가 실제로 연필에 대한 책을 썼다. 다만 그는 연필이라는 주제에 대해 그 정도로 실존적 중요성을 강조하지는 않았다. HENRY PETROVSKI, THE PENCIL (1990).

33 나중에 다시 언급하겠지만, 무엇보다도 이 점은 튜링 테스트가 직관적 개연성을 상실했다는 것을 의미한다. 챗봇의 손에 최후를 맞이한 것이다. 일부 학자들은 튜링 테

스트가 더 이상 유효하지 않다는 사실을 이미 알아차렸다. 오픈AI의 공동 설립자이자 링크드인의 회장인 리드 호프만은 2023년에 이렇게 말했다. "예를 들자면, 5년, 10년 전만 해도 우리는 튜링 테스트를 대대적으로 알리고 다녔지만, 이제 튜링 테스트의 시대는 지났다. 이제는 그 테스트를 언급하는 이는 거의 없다. 우리는 이렇게 깨달은 것이다. '아, 사실 튜링 테스트가 독보적이었던 것이 아니었군. 독보적인 방법은 따로 있었어.'" Conversations with Tyler, *Reid Hoffman on the Possibilities of AI* (June 28, 2023), https://conversationswithtyler.com/episodes/reid-hoffman-2.

34   Wolfram, *supra* note 20.

35   B.F. SKINNER, CONTINGENCIES OF REINFORCEMENT 260 (Copley Publ'g Grp. 2013) (1969) (emphasis added).

36   THOMAS HOBBES, THE LEVIATHAN; OR THE MATTER, FORME & POWER OF A COMMONWEALTH, ECCLESIASTICAL AND CIVIL 31 (G.A.J. Rogers & Karl Schuhmann eds., Bloomsbury Acad. 2006) (1651) ("Words are wise men's counters. They do but reckon by them. But they are the money of fools."); LUDWIG WITTGENSTEIN, PHILOSOPHICAL INVESTIGATIONS 208e‒09e (MacMillan Publ'g Co. 1958), https://archive.org/details/philosophicalin vestigations_201911/page/n213; FELIX COHEN, TRANSCENDENTAL NONSENSE AND THE FUNCTIONAL APPROACH, 35 COLUM. L. REV. 809, 835‒36 (1935).

1장 노예, 인조인간, 인공 양

1   Joel Garreau, *Bots on the Ground in the Field of Battle (or Even above It), Robots Are a Soldier's Best Friend*, WASH. POST (May 6, 2007), https://www.washingtonpost.com/wp-dyn/content/article/2007/05/05/AR2007050501009.html.

2   Kate Darling, *"Who's Johnny?": Anthropomorphic Framing in Human-Robot Interaction, Integration, and Policy*, in ROBOT ETHICS 2.0: FROM AUTONOMOUS CARS TO ARTIFICIAL INTELLIGENCE 173‒88 (Patrick Lin, Keith Abney & Ryan Jenkins eds., 2017).

3   John Ruskin, *Of the Pathetic Fallacy*, in MODERN PAINTERS vol. 3, pt. 4 (1856).

4   이 문제에 대한 허구적 사색으로는 다음을 참고하라. Gene Wolfe, *The HORARS of War* sic, in NOVA 1 (Harry Harrison ed., 1970).

5   Stephen Hawking et al., *Stephen Hawking: Transcendence Looks at the Implications of Artificial Intelligence: But Are We Taking AI Seriously Enough?*, INDEPENDENT (May 1, 2014), https://www.independent.co.uk/news/science/stephen-hawking-transcendence-looks-at-the-implications-of-artificial-intelligence-but-are-we-taking-ai-seriously-enough-9313474.html (emphasis added).

6   ADAM SMITH, THE THEORY OF THE MORAL SENTIMENTS (Knud Haakonssen ed., Cambridge Univ. Press 2002) (1759).

7   BLADE RUNNER (Warner Brothers 1982).

8   PHILIP K. DICK, DO ANDROIDS DREAM OF ELECTRIC SHEEP (Oxford Univ. Press 2007) (1968).

9   SMITH, *supra* note 6, at 11.

10 *Id.*

11 *Id.* at 90.

12 PAUL BLOOM, AGAINST EMPATHY: THE CASE FOR RATIONAL COMPASSION 36 (2016).

13 Elizabeth B. Clark, *"The Sacred Rights of the Weak": Pain, Sympathy, and the Culture of Individual Rights in Antebellum America*, 82 J. AM. HIST. 463 (1995).

14 *Id.* at 463.

15 JAMES FREEMAN CLARKE, SLAVERY IN THE UNITED STATES: A SERMON DELIVERED IN AMORY HALL, ON THANKSGIVING DAY, NOVEMBER 24, 1842 (1843). Clarke is paraphrasing Daniel Webster.

16 SMITH, *supra* note 6, at 12.

17 *Id.* at 13.

18 URSULA K. LE GUIN, THE DISPOSSESSED (1974).

19 CORY DOCTOROW, DOWN AND OUT IN THE MAGIC KINGDOM (2003).

20 DICK, *supra* note 8, at 34.

21 *Id.* at 5.

22 Alan Turing, *Computing Machinery and Intelligence*, 49 MIND 433, 447 (1950).

23 B.F. SKINNER, CONTINGENCIES OF REINFORCEMENT 260 (Copley Publ'g Grp. 2013) (1969).

24 Andrew Tarantola, *Robot Caregivers Are Saving the Elderly from Lives of Loneliness*, ENDGADGET (Aug. 29, 2017), https://news.yahoo.com/2017-08-29-robot-caregivers-are-saving-the-elderly-from-lives-of-loneliness.

25 Jenny Kleeman, *The Race to Build the World's First Sex Robot*, GUARDIAN (Apr. 27, 2017), https://www.theguardian.com/technology/2017/apr/27/race-to-build-world-first-sex-robot ("The $30bn sex tech industry is about to unveil its biggest blockbuster: a $15,000 robot companion that talks, learns, and never says no.").

26 Laura Bates, *The Trouble with Sex Robots*, N.Y. TIMES (July 17, 2017), https://www.nytimes.com/2017/07/17/opinion/sex-robots-consent.html. 섹스 로봇을 둘러싼 문제적 논의에 대한 학술적 고찰은 다음 자료를 참고하라. Jeannie Suk Gersen, *Sex Lex Machina: Intimacy and Artificial Intelligence*, 119 COLUM. L. REV. 1793 (2019).

27 *Priming*, PSYCHOLOGY TODAY, https://www.psychologytoday.com/us/basics/priming (last visited Oct. 30, 2022); Endel Tulving & Daniel L. Schacter, *Priming and Human Memory Systems*, 247 SCI. 301 (1990); Daniel L. Schacter & Randy L. Buckner, *Priming and the Brain*, 20 NEURON 185 (1998).

28 MICHAEL CRICHTON, WESTWORLD (1974); *Westworld* (HBO television broadcast 2016–2022).

29 SMITH, *supra* note 6, at 11.

30 SAMUEL BUTLER, LUCK, OR CUNNING, AS THE MEANS OF ORGANIC MODIFICATION 141 (Jonathan Cape 1922) (1887).

31 나는 늘 이 인용구를 좋아했지만, 출처를 정확히 알아본 적은 없었다. 리처드 메러디스Richard Meredith는 이 문장을 《타임라이너 3부작Timeliner trilogy》 가운데 두 편의 제목으로 사용하면서, 이를 아랍 속담이라 설명했다. 나는 출처를 표기할 때 되도록 '아랍 속담'이나 '아프리카 속담'처럼 일반화된 방식을 피하려고 한다. '유럽 속담'이라는 표현을 쓴다면 사람들이 얼마나 비웃겠는가? 그러나 아랍은 적어도 대륙

은 아니며, 아랍어라는 언어를 가리키는 단어이기도 하거니와, 내가 찾을 수 있는 가장 오래된 출처가 1875년에 출간된《아랍 속담Arabic Proverbs》이라는 점을 고려해서, 여기서는 출처를 '아랍 속담'이라 표기할 수밖에 없다. JOHN LEWIS BURCKHARDT, ARABIC PROVERBS; OR THE MANNERS AND CUSTOMS OF THE MODERN EGYPTIANS 132 (1875).

2장 인공지능

1 SAMUEL BUTLER, EREWHON: OR, OVER THE RANGE 143 (The Project Gutenberg ed. 2005) (1872), https://ia601002.us.archive.org/19/items/E4CS4/Erewhon.pdf.

2 버틀러는 진화론을 신봉했지만, 찰스 다윈이 진화론 발전에 대한 자신의 공을 지나치게 내세우면서 다른 진화론자들, 특히 다윈의 조부인 이래즈머스 다윈이 기여한 부분은 무시했다고 느꼈다. 이로 인해 유명한 문학적 논쟁이 벌어졌고, 그 과정은 조지 다이슨George Dyson의《기계들 사이의 다윈: 전 세계 지성의 진화Darwin among the Machines: the Evolution of Global Intelligence》(1966)에 훌륭하게 기록되어 있다. 버틀러는 또한 의식과 기계라는 존재 사이에 경계선을 설정하는 데 따르는 어려움에 진지한 관심을 보였다. 그러므로 그의 글이 단순한 풍자에 불과하다고 보기는 어려울 것이다. 개인적으로 나는 버틀러가 자신의 풍자 내용이 모호한 채로 남아 있는 상황을 즐겼으며, 독자들이 저마다 자신의 글을 문자 그대로 진지하게 받아들이든, 진화론에 대한 비판으로 해석하든 개의치 않았다고 본다. 그러나 이후 비평가들이 그의 작품을 후자의 방식으로 해석하기 시작하자, 버틀러는 찰스 다윈에게 보내는 서한을 통해〈기계의 책〉으로 다윈의《종의 기원》을 조롱할 의도가 전혀 없었음을 명확히 밝혔다. Letter from Samuel Butler to Charles Darwin, THE DARWIN CORRESPONDENCE PROJECT (May 11, 1872) (on file with the University of Cambridge Library), https://www.darwinproject.ac.uk/letter/DCP-LETT-8318.xml.

3 BUTLER, *supra* note 1.

4 *Id.* at 144.

5 Philip Goff, William Seager & Sean Allen-Hermanson, *Panpsychism*, STAN. ENCYC. PHIL. (Edward N. Zalta ed., 2022), https://plato.stanford.edu/entries/panpsychism.

6 SAMUEL BUTLER, LUCK, OR CUNNING, AS THE MEANS OF ORGANIC

MODIFICATION 141 (Jonathan Cape 1922) (1887).

7   John McCarthy, Marvin L. Minsky, Nathaniel Rochester & Claude E. Shannon, *A Proposal for the Dartmouth Summer Research Project on Artificial Intelligence*, A.I. MAG., May 2006, at 12, https://www.aaai.org/ojs/index.php/aimagazine/article/download/1904/1802 (reprinting the original from 1955).

8   HERBERT A. SIMON, THE SHAPE OF AUTOMATION FOR MEN AND MANAGEMENT 96 (1965). 용어에 대한 주의 사항: '인공지능artificial intelligence'이라는 표현은 매우 유연하게 사용되고 있다. 단순한 업무를 도와주는 낮은 수준의 전문가 시스템부터, 인간의 모든 사고 능력을 갖춘 존재(허먼 사이먼Simon의 표현을 빌리자면 "인간이 할 수 있는 모든 일을 수행할 수 있는 기계")나 때로는 의식을 가진 것처럼 보이는 존재까지 모두 포함하기 때문이다. 이 책에서 'AI'라는 표현을 사용할 때는 후자의 두 가지, 즉 더 인상적인 의미를 지닌 개념들을 지칭한다. 같은 개념을 지칭하는 다른 용어로는 '인간 수준 AI', '범용 AI', 'General AI', 'General-Purpose AI' 등이 있으며, 명확성을 기하거나 간결함이 필요한 경우에는 이 용어들을 사용하기도 한다. 다만 유념해야 할 점은, 사이먼이 묘사한 기계(교향곡을 작곡하고 오믈렛을 만들며 비행기를 조종하고 미적분을 가르칠 수 있는 수준의 기계)가 반드시 어떤 의미에서든 '의식'을 지녀야 하는 것은 아니라는 점이다. RAYMOND KURZWEIL, THE SINGULARITY IS NEAR (2005).

10   Vernor Vinge, *The Coming Technological Singularity: How to Survive in the Post-Human Era*, NEW WHOLE EARTH, Winter 1993, at 88, https://ntrs.nasa.gov/api/citations/19940022856/downloads/19940022856.pdf.

11   Eliezer Yudkowsky, *Artificial Intelligence as a Positive and Negative Factor in Global Risk*, in GLOBAL CATASTROPHIC RISKS 333 (Nick Bostrom & Milan Ćirković eds., 2008).

12   RAYMOND KURZWEIL, THE SINGULARITY IS NEAR 498 (Penguin Publ'g Group, Kindle ed., 2005) (2005); Stanislaw Ulam, *Tribute To John von Neumann*, 64 BULL. OF THE AM. MATHEMATICAL SOC'Y 1, 5 (1958) (using the term "singularity").

13   Ulam, *supra* note 12, at 5.

14   Bohdan Macukow, *Neural Networks: State of Art, Brief History, Basic Models and Architecture*, in COMPUTER INFORMATION SYSTEMS AND INDUSTRIAL MANAGEMENT 3-6 (K. Saeed & W. Homenda eds., 2016) (documenting

the origination of neural networks in the 1940s and their development into the 1950s and 1960s, stagnation in the late 1960s and 1970s, and then renewed interest from the 1980s into the present); Jurgen Schmidhuber, *Deep Learning in Neural Networks: An Overview*, 61 NEURAL NETWORKS 85 (2015) (describing different types of neural networks and their development over time).

15 노빅이 라디오 방송에서 이와 같은 발언을 한 것을 들었으나, 해당 프로그램의 구체적인 정보는 확인하지 못했다.

16 딥러닝 알고리즘의 성능은 처음의 예상보다 더 우수했지만, 일각에서는 딥러닝 기법들이 그 가치를 (아직까지는) 증명하지 못한 몇몇 영역이 있다고 주장했다. 예를 들어, 2017년에 발표된 한 논문은 이렇게 주장한다. "여기서 우리가 확인할 수 있는 사실은 딥러닝 알고리즘을 통해 다양한 문제 영역에 걸쳐 특수 목적 AI의 성능을 향상시킬 수 있다는 점이다. 딥러닝은 이미지 인식 및 음성 인식 분야에서는 이전의 머신러닝 시스템이나 AI의 발전 속도에 비해 비약적으로 발전하는 추세를 보이지만, 전략 게임이나 자연어 처리 영역에서는 그만큼의 성능을 발휘하지 않으며, 번역 기능과 아케이드 게임의 경우는 판단하기 애매한 부분이 있다(번역 기능의 경우 평가 지표가 언어마다 다르기 때문이며, 아케이드 게임의 경우 딥러닝의 성능을 비교할 이전 버전이 없기 때문이다)." Sarah Constantin, *Performance Trends In A.I.*, OTIUM (2017), https://srconstantin.wordpress.com/2017/01/28/performance-trends-in-ai (last visited Dec. 27, 2022). 그러나 후에 살펴볼 알파고 제로 프로그램은 새로운 딥러닝 기술인 심층 강화학습을 도입해, 전형적인 전략 게임인 바둑에서 뛰어난 성과를 보이며, 최근에는 번역 기능과 자연어 처리 영역에서도 비약적으로 발전했기 때문에, 논문에서 언급한 내용은 이제 사실과 다를 수 있다.

17 Cade Metz, *"The Godfather of A.I." Leaves Google and Warns of Danger Ahead*, N.Y. TIMES (May 1, 2023), https://www.nytimes.com/2023/05/01/technology/ai-google-chatbot-engineer-quits-hinton.html.

18 Anthony Cuthbertson, *DeepMind Boss Says Human-Level AI Is Just a Few Years Away*, INDEPENDENT (May 4, 2023), https://www.independent.co.uk/tech/ai-deepmind-artificial-general-intelligence-b2332322.html.

19 TYLER COWEN, THE GREAT STAGNATION: HOW AMERICA ATE ALL THE LOW-HANGING FRUIT OF MODERN HISTORY, GOT SICK, AND WILL (EVENTUALLY) FEEL BETTER (2011).

20 ROBERT GORDON, THE RISE AND FALL OF AMERICAN GROWTH: THE U.S.

STANDARD OF LIVING SINCE THE CIVIL WAR (2016).

21 코웬 또한 동시성 문제를 거론하며 비관론보다는 중도에 가까운 견해를 보인다는 점에 주목할 필요가 있다. 그는 자신과 같은 의견을 제시하는 사상가들은 "미국의 기술 발전의 미래에 대해 비교적 낙관적이지만, 우리뿐 아니라 이 논쟁에 참여하는 AI 관련 업계 종사자 대부분은 수년 후, 아니 1~2년 후의 경제 성장 및 생산성 증대 상황을 예측하는 것에 회의적이다"라고 말한 바 있다. 그러므로 코웬은 비관주의자라기보다는 불가지론자라고 보는 편이 더 정확할 듯하다. Tyler Cowen, *Is Innovation Over: The Case against Pessimism*, FOREIGN AFFAIRS (Mar./Apr. 2016), https://www.foreignaffairs.com/reviews/review-essay/2016-02-15/innovation-over.

22 Cade Metz, *Paul Allen Wants to Teach Machines Common Sense*, N.Y. TIMES (Feb. 28, 2018), https://www.nytimes.com/2018/02/28/technology/paul-allen-ai-common-sense.html.

23 Katja Grace et al., *Viewpoint: When Will AI Exceed Human Performance? Evidence from AI Experts*, 62 J. A.I. RSCH. 729 (2018).

24 *Id.* at 731.

25 Mathew Barnett, *Date of Artificial General Intelligence*, METACULUS (Aug. 23, 2020), https://www.metaculus.com/questions/5121/date-of-artificial-general-intelligence.

26 METACULUS, https://www.metaculus.com/prediction/10842/a-public-prediction-by-bryan-caplan/https://www.metaculus.com/prediction/10842/a-public-prediction-by-bryan-caplan (last visited July 13, 2023).

27 Rodney Brooks, *The Seven Deadly Sins of Predicting the Future of AI*, RODNEY BROOKS: ROBOTS, AI, & OTHER STUFF (Sep. 7, 2017), https://rodneybrooks.com/the-seven-deadly-sins-of-predicting-the-future-of-ai.

28 IEEE SPECTRUM, *Human Level AI Is Right around the Corner or Hundreds of Years Away* (May 31, 2017), https://spectrum.ieee.org/computing/software/humanlevel-ai-is-right-around-the-corner-or-hundreds-of-years-away.

29 Rodney Brooks, *I, Rodney Brooks, Am a Robot*, 45 IEEE SPECTRUM 71, 72 (2008).

30 *Id.* at 71.

31 Vinge, *supra* note 10, at 89.

32 Mark Fischetti, *Computers versus Brains*, SCI. AM. (Nov. 1, 2011), https://www.scientificamerican.com/article/computers-vs-brains.

33 IEEE SPECTRUM, *supra* note 28.

34 *Id.*

35 Ajeya Cotra, *Forecasting TAI with Biological Anchors* (July 2020), https://docs.google.com/document/d/1IJ6Sr-gPeXdSJugFulwIpvavc0atjHGM82QjIf-USBGQ.

36 Ajeya Cotra, *Two Year Update on My Personal AI Timelines*, LESSWRONG (Aug. 2, 2022), https://www.lesswrong.com/posts/AfH2oPHCApdKicM4m/two-year-update-on-my-personal-ai-timelines.

37 *AlphaGo*, DEEPMIND, https://www.deepmind.com/research/highlighted-research/alphago (last visited July 13, 2023).

38 David Silver et al., *Mastering the Game of Go without Human Knowledge*, 550 NATURE 354, 354 (2017).

39 *Alphago Zero: Starting from Scratch*, DEEPMIND (Oct. 18, 2017), https://www.deepmind.com/blog/alphago-zero-starting-from-scratch (emphasis added).

40 IEEE SPECTRUM, *supra* note 28.

41 Alan Turing, *Computing Machinery and Intelligence*, 49 MIND 433, 433 (1950).

42 타일러 코웬과 미셸 도슨은 앨런 튜링 자신도 튜링 테스트를 통과하지 못했을 수도 있다고 보며, 튜링의 논문 전체는 어떤 면으로는 모방 능력을 테스트의 기준으로 삼는 것의 위험성에 대한 성찰이라고 주장했다. Tyler Cowen & Michelle Dawson, *What Does the Turing Test Really Mean? And How Many Human Beings (Including Turing) Could Pass?* (June 3, 2009), https://d101vc9winf8ln.cloudfront.net/documents/28495/original/turingfinal.pdf. 사실 튜링은 동성애자라는 이유로 탄압을 받았다. 사회의 편견은 누구든 마지못해 사회적 거리감을 두게 만들기도 한다. 코웬은 또한 튜링이 과거에 아스퍼거 증후군을 앓았을지도 모른다는 주장을 이론화하기도 했다. 튜링이 실제로 그 질환을 앓았는지 여부와 상관없이, '신경학적 전형성'을 인간성 판단의 기준으로 삼는 것은 혐오스러운 잣대일 것이다. 우리가 '자폐 스펙트럼'이라는 표현을 사용할 때, 이는 '선 밖에 있다'는 뜻이 아니다. 따라서 이것은 모방 행위의 도덕적 위험성을 경고하는 적절한 사고 실험이라 하겠

다. 이렇게 말하면서도, 개인적으로 나는 튜링의 유명한 논문 속의 어조와 문체로 보건대 그가 튜링 테스트를 통과하지 못했을 것이라는 주장은 받아들일 수 없다. 특히 그는 절제되고 건조한 유머를 구사하는데, 그 유머 감각을 매우 탁월하게 활용해 감정 섞인 반론을 예상하기도 하고 독자를 무장해제시키기도 한다. 튜링이 보여주는 회의론에 가까운 직관적인 이해 능력과 이를 유쾌하게 반박할 수 있는 능력이라면, 그의 글을 읽는 독자들뿐 아니라 튜링 테스트의 평가자에게도 효과가 있을 것이다. 적어도 영국인 특유의 풍자 화법을 이해한다면 말이다.

43 John Searle, *Minds, Brains, and Programs*, 3 BEHAV. BRAIN SCIS. 417 (1980).

44 Kate Torgovnick May, *4 Talks on a Strange Phenomenon We All Experience: Consciousness*, TEDBLOG (July 22, 2013), https://blog.ted.com/4-talks-on-a-strange-phenomenon-we-all-experience-consciousness.

45 Alan Turing, *Computing Machinery and Intelligence*, 49 MIND 433, 447 (1950). 튜링이 스키너를 비롯한 행동주의 심리학자들이 인간은 기계 장치며 의식은 환상에 불과하다는 입장을 기꺼이 받아들여 이를 체계화시켰다는 사실을 알았다면 놀랄지도 모르겠다. 다음은 행동주의의 창시자 중 한 명인 J. B. 왓슨이 의식과 정신에 관해 쓴 글이다. "행동주의 심리학자들의 주장대로 정신과 몸의 연관성 그리고 정신이라 불리는 별개의 독립체를 식별할 수 없다면, 의식 및 의식의 하위 요소도 존재할 수 없다. 프로이트가 신체 병리학에서 차용한 개념이 깨지는 것이다. 정신의 기저, 즉 무의식의 공간에는 곪아가는 부분이 있을 수 없다. 왜냐하면 정신 자체가 존재하지 않기 때문이다." JOHN B. WATSON, THE WAYS OF BEHAVIORISM 96 (1928).

46 B.F. SKINNER, CONTINGENCIES OF REINFORCEMENT 260 (Copley Publ'g Grp. 2013) (1969).

47 정확한 표현이 기록되어 있지는 않지만, 그 내용은 본질적으로 사실로 확인된다. Keith Tomson, *Huxley Wilberforce and the Oxford Museum*, AM. SCIENTIST, https://www.americanscientist.org/article/huxley-wilberforce-and-the-oxford-museum (last visited Feb. 17, 2024).

48 Daniel C. Dennett et al., *The Practical Requirements for Making a Conscious Robot and Discussion*, 349 PHIL. TRANSACTIONS: PHYSICAL SCIS. ENG'G 133, 133–36 (2023).

49 *Id.* at 135.

50 John Searle, *Our Shared Condition—Consciousness*, TEDxCERN, at 02:38 (May, 2013), https://www.ted.com/talks/john_searle_our_shared_condition_consciousness/transcript.

51 *Interview with John Searle*, NEW PHILOSOPHER (Jan. 25, 2014), https://www.newphilosopher.com/articles/john-searle-it-upsets-me-when-i-read-the-nonsense-written-by-my-contemporaries.

52 대화의 세부적인 표현은 전적으로 그의 말투를 상상하여 표현한 것이다. 이 이야기에 대해서는 다양한 버전이 존재한다. James Ryerson, *Sidewalk Socrates*, N.Y. TIMES (Dec. 26, 2004), https://www.nytimes.com/2004/12/26/magazine/sidewalk-socrates.html; GERD GIGERENZER, ADAPTIVE THINKING: RATIONALITY IN THE REAL WORLD 230 (2000).

53 John R. Searle, *The Myth of the Computer*, N.Y. REV. BOOKS (Apr. 29, 1982), https://www.nybooks.com/articles/1982/04/29/the-myth-of-the-computer.

54 Stuart R. Hameroff, *The Brain Is Both Neurocomputer and Quantum Computer*, 31 COGNITIVE SCI. 1035 (2007); E. Alfinito & G. Vitiello, *The Dissipative Quantum Model of Brain: How Does Memory Localize in Correlated Neuronal Domains*, 128 INFO. SCIS. 217 (2000); Stuart R. Hameroff, *Quantum Computation in Brain Microtubules? The Penrose-Hameroff "Orch OR" Model of Consciousness*, 356 PHIL. TRANSACTIONS ROYAL SOC'Y LONDON 1869 (1998); ROGER PENROSE, THE EMPEROR'S NEW MIND: CONCERNING COMPUTERS, MINDS AND THE LAWS OF PHYSICS (1989).

55 A. 리트A. Litt와 동료 학자들이 2006년에 발표한 논문에서 인용한 문장이다. A. Litt et al., *Is the Brain a Quantum Computer?*, 30 COGNITIVE SCI. 593, 593 (2006). "과학적으로 인간의 사고 체계를 이해하기 위해, 학자들은 시계 장치에서 전화 교환기, 디지털 컴퓨터에 이르기까지 당대의 최신 기술과 인간의 사고의 유사성을 역사적으로 고찰했다. 오늘날 가장 흥미로운 신기술 중에는 양자 컴퓨팅이 있다. 이 기술은 비국소성 양자 얽힘이나 중첩과 같은 양자 차원의 현상을 통해 고전적 컴퓨터 기술의 한계를 극복하려 한다. 따라서 많은 연구자들이 뇌에서 일어나는 양자 효과가 의식을 포함한 심리적 현상을 설명하는 데 필수적일 것이라 추측한 것도 당연한 일일 것이다. 그러나 양자 역학에 의지해서 뇌 기능을 설명하는 것은 새가 나는 원리를 원자 결합 구조로 설명하려는 것과 마찬가지라고 주장한다. …… 따라서 우리는 뇌 기능을 이해하는 데 양자 컴퓨팅이나 그와 유사한 메커니즘이 반드시 필요할 가능성은 낮다는 결론을 내렸다." *Id.* at 593-94.

56 환상주의에 대한 입문서와 그 주요 반대자들에 대한 반박 시도는 다음 자료를 참 조하라. Keith Frankish, *Illusionism as a Theory of Consciousness*, 23 J. CONSCIOUSNESS STUDS. 11 (2016), https://philpapers.org/rec/FRAIAA-4.

57 Michael Rescorla, *The Computational Theory of Mind*, STAN. ENCYC. PHIL. (Edward N. Zalta ed., 2020), https://plato.stanford.edu/entries/computational-mind.

58 Giulio Tononi, *An Information Integration Theory of Consciousness*, 5 BMC NEUROSCIENCE, no. 42, 2004, https://bmcneurosci.biomedcentral.com/articles/10.1186/1471-2202-5-42.

59 *Id.*

60 Mariana Lenharo, *Prominent Consciousness Theory Is Slammed as Bogus Science*, SCI. AM. NATURE MAG. (Sept. 21, 2023), https://www.scientificamerican.com/article/prominent-consciousness-theory-is-slammed-as-bogus-science.

61 Cogitate Consortium et al., An Adversarial Collaboration to Critically Evaluate Theories of Consciousness (June 26, 2023) (unpublished manuscript), https://www.biorxiv.org/content/10.1101/2023.06.23.546249v1.full.pdf. 테스트와 와인 내기에 대한 흥미로운 이야기는 다음을 참고하라. Elizabeth Finkel, *"Adversarial" Search for Neural Basis of Consciousness Yields First Results*, SCI. (June 25, 2023), https://www.science.org/content/article/search-neural-basis-consciousness-yields-first-results.

62 Finkel, *supra* note 61.

63 Tononi, *supra* note 58 (emphasis added).

64 PATRICK BUTLIN & ROBERT LONG ET AL., CONSCIOUSNESS IN ARTIFICIAL INTELLIGENCE: INSIGHTS FROM THE SCIENCE OF CONSCIOUSNESS 13 (2023), https://arxiv.org/pdf/2308.08708.pdf.

65 계산 기능주의는 힐러리 퍼트넘Hilary Putnam의 연구에서 시작되었는데, 퍼트넘은 이후 이 이론에 대해 견해를 바꾸었다. Oron Shagrir, *The Rise and Fall of Computational Functionalism*, in HILARY PUTNAM 220 (Yemima Ben-Menahem ed., Cambridge Univ. Press 2005), https://www.cambridge.org/core/books/abs/hilary-putnam/rise-and-fall-of-computational-functionalism.

66 Oliver Whang, *How to Tell if Your A.I. Is Conscious*, N.Y. TIMES (Sept. 18,

2023), https://www.nytimes.com/2023/09/18/science/ai-computers-consciousness.html.

67   Matthias Michel & Hakwan Lau, Commentary, *Higher-Order Theories Do Just Fine*, 12 COGNITIVE NEUROSCIENCE 77, 78 (2021), https://www.tandfonline.com/doi/abs/10.1080/17588928.2020.1839402.

68   BUTLIN & LONG ET AL., *supra* note 64.

69   Whang, *supra* note 66.

70   Corporations are a partial exception, as I will explain later.

71   Irving John Good, *Speculations on the First Ultraintelligent Machine*, 6 ADVANCES COMPUTS. 31 (1966).

72   Stephen Hawking et al., *Stephen Hawking: Transcendence Looks at the Implications of Artificial Intelligence: But Are We Taking AI Seriously Enough?*, INDEPENDENT (May 1, 2014), https://www.independent.co.uk/news/science/stephen-hawking-transcendence-looks-at-the-implications-of-artificial-intelligence-but-are-we-taking-ai-seriously-enough-9313474.html.

73   Vinge, *supra* note 10, at 92.

74   NICK BOSTROM, SUPERINTELLIGENCE: PATHS, DANGERS, STRATEGIES (2014).

75   Catherine Clifford, *Elon Musk: "Mark My Words—A. I. Is Far More Dangerous Than Nukes,"* CNBC (Mar. 14, 2018), https://www.cnbc.com/2018/03/13/elon-musk-at-sxsw-a-i-is-more-dangerous-than-nuclear-weapons.html.

76   Cade Metz, *Mark Zuckerberg, Elon Musk and the Feud over Killer Robots*, N.Y. TIMES (June 9, 2018), https://www.nytimes.com/2018/06/09/technology/elon-musk-mark-zuckerberg-artificial-intelligence.html.

77   Chris Williams, *AI Guru Ng: Fearing a Rise of Killer Robots Is Like Worrying about Overpopulation on Mars*, REGISTER (Mar. 19, 2015), https://www.theregister.com/2015/03/19/andrew_ng_baidu_ai.

78   James Vincent, *Elon Musk and Top AI Researchers Call for Pause on "Giant AI Experiments,"* VERGE (Mar. 29, 2023), https://www.theverge.com/2023/3/29/23661374/elon-musk-ai-researchers-pause-research-open-letter.

79 *Statement on AI Risk*, CTR. FOR AI SAFETY, https://www.safe.ai/statement-on-ai-risk (last visited July 12, 2023).

80 James Vincent, *Top AI Researchers and CEOs Warn against "Risk of Extinction" in 22-Word Statement*, VERGE (May 30, 2023), https://www.theverge.com/2023/5/30/23742005/ai-risk-warning-22-word-statement-google-deepmind-openai.

81 BOSTROM, *supra* note 74, at i.

82 *Id.* at 128.

83 BOSTROM, *supra* note 74, at 123.

84 *Id.* at 134. The original idea came from Marvin Minsky. STUART RUSSELL & PETER NORVIG, ARTIFICIAL INTELLIGENCE: A MODERN APPROACH 1039 (3d ed. 2010).

85 Eliezer Yudkowsky, *Complex Value Systems in Friendly AI*, in ARTIFICIAL GENERAL INTELLIGENCE 388 (2011).

86 WIKIPEDIA, s.v. *Snail Darter*, https://en.wikipedia.org/wiki/Snail_darter (last visited July 12, 2023).

87 Tennessee Valley Authority v. Hiram Hill et al., 437 U.S. 153 (1978).

88 이 표현은 조엘 셰퍼드Joel Shepherd의 소설에서 빌려왔다.

89 Eliezer Yudkowsky, *Pausing AI Developments Isn't Enough. We Need to Shut It All Down*, TIME MAG. (March 29, 2023), https://time.com/6266923/ai-eliezer-yudkowsky-open-letter-not-enough.

90 Yudkowsky, *supra* note 11.

91 RUSSELL & NORVIG, *supra* note 84, at 3.

92 Cowen & Dawson, *supra* note 42.

93 Kevin Roose, *An A.I.-Generated Picture Won an Art Prize. Artists Aren't Happy*, N.Y. TIMES: THE SHIFT (Sep. 2, 2022), https://www.nytimes.com/2022/09/02/technology/ai-artificial-intelligence-artists.html. 이 사건에 대해 모두 한목소리로 애도를 표했던 것은 아니다. 칼럼니스트 파하드 만주Farhad Manjoo는 AI가 예술과 예술가 모두에게 유익할 수도 있다고 설득력 있는 주장을 펼친다.《뉴욕타임스》의 칼럼에서 그는 이렇게 설명한다. "내가 이렇게 긍정적인 입장을 취하는 이유는 무엇일까? 과거 역사에서 한 가지 단서를 찾을 수 있다. 예술 작품

을 더 쉽게 창작할 수 있게 해주는 기술이 인간의 창조성에 방해가 되는 경우는 극히 드물기 때문이다. 신시사이저가 개발되었다고 해서 악기 연주자가 필요 없어진 것은 아니었다. 오토튠 기능이 있다고 해서 정확한 음정으로 노래하는 가수의 실력이 쓸모없어지지 않았다. 사진 기술 때문에 화가가 사라지지 않았고, 디지털 사진 기술 때문에 사진작가가 사라지지도 않았다." Farhad Manjoo, *A Creator (Me) Made a Masterpiece With A.I.*, N.Y. TIMES (Aug 25, 2023), https://www.nytimes.com/2023/08/25/opinion/ai-art-intellectual-property.html. 만주는 AI가 컴퓨터 프로그래밍에 미치는 영향에 대해서도 비슷한 주장을 펼친다. 그는 기존의 프로그래밍 작업에서 구체적으로 어떻게 코드를 작성하는지를 볼 것이 아니라, 그 작업에서 인간이 어떤 역할을 하는지를 보라고 강조한다. 코드 작성은 더 이상 인간이 직접 수행할 영역이 아닐지도 모르지만, 인간은 여전히 컴퓨터가 복잡한 작업을 수행하도록 지시하는 역할을 하게 될 것이고 아마도 그 역할도 점차 프로그래밍 언어도 아닌 인간의 언어로 수행하게 될 것이다. Farhad Manjoo, *It's the End of Computer Programming as We Know It. (And I Feel Fine)*, N.Y. TIMES (June 2, 2023), https://www.nytimes.com/2023/06/02/opinion/ai-coding.html.

94 이러한 견해는 창의성이 전적으로 작품을 창작한 인간에게 속해 있다고 본다. 우리는 사진작가 안셀 애덤스Ansel Adams가 붓이 아니라 카메라로 작품 활동을 했다는 이유로 그의 예술성을 의심하지 않는다. 그렇다면 AI의 경우는 왜 다르게 보아야 하는가? 문제는 인간과 기계의 상대적 기여도. 어떤 AI 프로그램은 결과물의 스타일, 구도, 명암, 노출 정도, 심지어 카메라 렌즈의 종류까지 세밀하게 지시하는가 하면, 단 두세 단어의 답변으로 끝나는 프로그램도 있다. 미국 저작권청은 이 문제에 대해 다음과 같이 규정한다. "저작권청의 입장은, 저작권 보호는 오직 인간의 창의성의 산물만을 대상으로 한다는 점이 명확히 밝혀져 있다. 무엇보다도 '창작자'라는 표현은 헌법과 저작권법에 공통적으로 사용되며, 이때 비인간은 창작자의 범주에 포함되지 않는다." 37 C.F.R. § 202 (2023). 따라서 저작권청은 AI가 생성한 결과물에 인간이 상당한 예술적 기여를 한 경우에만 그 저작권을 인정한다. 예컨대 인간이 작성한 텍스트와 AI가 생성한 이미지가 실린 만화책 자체는 저작권법의 대상이다. 그러나 AI가 생성한 각각의 만화책 이미지는 저작권법의 대상이 아니다. 특허법에서도 유사한 접근법을 채택하며, AI가 발명품을 생성하더라도 발명가는 오직 인간만 될 수 있다고 판시한 사례가 있다. Thaler v. Vidal 43 F.4th 1207 (Fed. Cir. 2022).

95 Roland Barthes, *The Death of the Author*, in IMAGE, MUSIC, TEXT (Stephen Heath trans., 1977), https://sites.tufts.edu/english292b/files/2012/01/Barthes-

The-Death-of-the-Author.pdf.

96 보몰의 비용 병폐 혹은 비용 효과란 직관에 반하는 경제 현상을 설명하는 개념이다. 일부 직종이나 경제 분야의 경우, 시간이 지나면서 생산성이 거의 향상되지 않더라도 임금이 상승할 수 있다. 생산성이 더 높은 다른 직종이나 분야의 임금 상승효과를 함께 누리기 때문이다. 예를 들어, 18세기에 작곡된 현악 4중주를 연주하려면 예나 지금이나 동일하게 연주자 4명과 90분이 필요하다. 그러나 평균 노동 생산성은 그 사이에 극적으로 향상되어 임금도 상승한다. 결과적으로 연주에 들어가는 비용 부담이 커지는 것이다. WIKIPEDIA, s.v. *Baumol Effect*, https://en.wikipedia.org/wiki/Baumol_effect (last visited July 12, 2023).

97 이 문제에 관한 학자들의 견해는 의지 이론과 이익 이론으로 나뉜다. 의지 이론은 권리를 누리기 위해서는 합리적인 도덕적 선택을 자유롭게 할 수 있는 능력을 지녀야 한다는 시각이며, 이익 이론은 보호되어야 할 도덕적 이익이 있는 사람(유아나 정신박약자라도)이라면 누구나 권리를 누려야 한다고 보는 시각이다. 나는 후자의 시각에 더 공감한다. 다만 여기서 내가 강조하려는 요점은 우리가 AI에 적용할 기준은 인간에게 내재된 도덕적 전제들을 반영하게 될 것이라는 점이다. 또한 인격에 대한 어떠한 테스트라도 이 두 견해를 모두 반영하게 될 것이라 본다. 방법론적 측면에서, 우리의 일상적인 사고방식은 학자들의 이론에 비해 단일한 경향을 띠며 전개되지 않는다. 그리고 내 생각에 그것이 반드시 나쁜 것만은 아니다. MATTHEW H. KRAMER ET AL., A DEBATE OVER RIGHTS (1998); DAVID GUNKEL, ROBOT RIGHTS (2018).

98 AI 비관론자들은 AI가 인간의 명령을 무조건 실행하는 것만으로도 인류를 파국으로 몰아넣을 수 있다고 여기므로, AI의 자율성과 기계 공동체를 가치 있게 보는 견해는 미친 자의 헛소리로밖에 들리지 않을 것이다.

99 Alan F. T. Winfield, *When Robots Tell Each Other Stories: The Emergence of Artificial Fiction*, in NARRATING COMPLEXITY 39 (R. Walsh & S. Stepney eds., 2017), https://link.springer.com/chapter/10.1007/978-3-319-64714-2_4.

100 Sourya Acharya & Samarth Shukla, *Mirror Neurons: Enigma of the Metaphysical Modular Brain*, 3 J. NAT'L. SCI. BIOLOGY & MED. 118, 119 (2012).

101 Noam Chomsky, *On Cognitive Structures and Their Development: A Reply to Piaget*, in LANGUAGE AND LEARNING: THE DEBATE BETWEEN JEAN PIAGET AND NOAM CHOMSKY (Massimo Piattelli-Palmarini ed., 1980); SHAUN GALLAGHER, HOW THE BODY SHAPES THE MIND (2005); DAN ZAHAVI, SUBJECTIVITY AND SELFHOOD: INVESTIGATING THE FIRST-PERSON

PERSPECTIVE (2005); EVAN THOMPSON, MIND IN LIFE: BIOLOGY, PHENOMENOLOGY, AND THE SCIENCES OF MIND (2010). 체화된 인지라는 폭넓고 학제적인 연구를 쉽게 개괄한 글로는 다음을 참고하라. Lawrence Shapiro & Shannon Spaulding, *Embodied Cognition*, STAN. ENCYC. PHIL. (Edward N. Zalta ed., 2021), https://plato.stanford.edu/archives/win2021/entries/embodied-cognition.

102　GEORGE LAKOFF & MARK JOHNSON, PHILOSOPHY IN THE FLESH: THE EMBODIED MIND AND ITS CHALLENGE TO WESTERN THOUGHT (1999).

103　Harry Lambert, *Is AI a Danger to Humanity or Our Salvation?*, NEW STATESMAN (June 21, 2023), https://www.newstatesman.com/long-reads/2023/06/men-made-future-godfathers-ai-geoffrey-hinton-yann-lecun-yoshua-bengio-artificial-intelligence. 타일러 코웬과 알렉스 타바록의 사이트 *Marginal Revolution*에서 유용한 정보를 많이 얻을 수 있었다. MARGINAL REVOLUTION, https://marginalrevolution.com (last visited June 13, 2023).

104　다음은 비트겐슈타인의 저서《철학적 탐구》의 한 부분이다. "누군가가 연극 무대의 한 장면을 어떻게 상상하는지 보여주기 위해 그린 그림이 있다. 그리고 나는 이제 이렇게 말한다. '이 그림에는 이중의 기능이 있다. 우선 그림이나 언어의 역할이 그러하듯, 그림을 보는 사람에게 정보를 제공한다. 그러나 정보를 제공하는 사람의 입장에서 이 그림은 그와 다른 종류의 표상(혹은 정보의 단편)이다. 그 사람에게 이 그림은 자신이 상상한 이미지를 그린 것으로, 다른 사람에게는 그러한 이미지가 될 수 없다. 그 사람이 이 그림에서 받는 개인적인 인상은 그가 상상한 내용을 의미하며, 이는 다른 사람들은 이 그림에서 그와 같은 의미를 받을 수 없다.' 여기서 나는 후자의 경우에 대해 '표상'이나 '정보의 단편'이라는 단어를 쓸 자격이 있는가? 이 단어들이 전자의 경우에 적절히 사용되었다고 전제한다면 말이다." LUDWIG WITTGENSTEIN, PHILOSOPHICAL INVESTIGATIONS para. 280, at 96e (G. E. M. Anscombe, 1958), https://archive.org/details/philosophicalinvestigations_201911/page/n101. 비트겐슈타인은 또 다른 저서에서 이러한 표현을 쓰기도 했다. "'내면'은 환상이다. 즉, 이 단어가 암시하는 생각들로 이루어진 복합체 전체는 마치 실제로 언어를 사용하는 장면 앞에 드리워진 '그림이 그려진 장막'과 같다." LUDWIG WITTGENSTEIN, LAST WRITINGS ON THE PHILOSOPHY OF PSYCHOLOGY: THE INNER AND THE OUTER §84 (G.H. von Wright et al. eds., vol. 2, 1992). 나는 비트겐슈타인의 견해를 이렇게 이해한다. 한 개인에게는 실제로 풍부한 내면의 세계가 존재하지만 그 사람의 언어와 행동, 즉 '그림이 그려

진 장막'에 가려져 타인은 그 세계에 오직 제한적이고 불확실한 방식으로만 접근할 수 있다는 것이다. 셰익스피어는《맥베스》에서 이렇게 말한다. "얼굴에서 마음속 구조를 읽어낼 수 있는 기술은 없다." WILLIAM SHAKESPEARE, MACBETH Act 4, sc. 1. 나는 당신의 '내면의 극장'을 명확히 볼 수 없다. 내가 보고 있는 것은 전통적인 무대 연출에서 극의 특정 요소를 극적으로 표현할 때 사용하는 '그림이 그려진 장막'에 나타나는 장면뿐이다. 이 장면은 실제 장면을 축소시킨 것으로, 왜곡되거나 잘못 해석된 형태일 수도 있다. 그런 의미에서, 비트겐슈타인은 자신만의 특별한 역할을 수행하고 있다. 잘못된 용어를 사용하고 실체화된 정의에 의존한다면 우리는 어떤 개념을 제대로 이해하지 못하게 될 수 있다는 점을 보여주는 것이다. Paul Standish, *Inner and Outer, Psychology and Wittgenstein's Painted Curtain*, 56 J. PHIL. EDUC. 115 (2022). 그러나 나는 한 가지는 기꺼이 인정할 것이다. 비트겐슈타인이 이렇게 오래도록 주목받는 이유 중 하나는, 그의 언어가 매우 다양한 아이디어를 이끌어내는 '직관 펌프'의 역할을 할 수 있기 때문이다. 비록 그 아이디어들이 항상 일관적이지는 않더라도 말이다.

105   현재까지 두 이론 중 어느 쪽도 더 우세하지는 않으며, 두 이론 모두 일부 사안에 관해서는 완벽히 설명되지만 그렇지 않은 부분도 있다는 사실이 밝혀졌다. Mariana Lenharo, *Decades-Long Bet on Consciousness Ends—and It's Philosopher 1, Neuroscientist 0*, NATURE (June 24, 2023), https://www.nature.com/articles/d41586-023-02120-8; Rufin Van Rullen & Ryota Kanai, *Deep Learning and the Global Workspace Theory*, 44 TRENDS NEUROSCIENCES 692 (2021).

106   RAY KURZWEIL, HOW TO CREATE A MIND: THE SECRET OF HUMAN THOUGHT REVEALED 213 (2012).

107   *Report on a Comprehensive European Industrial Policy on Artificial Intelligence and Robotics*, at 37-40 (Jan. 1, 2019), https://www.europarl.europa.eu/doceo/document/A-8-2019-0019_EN.pdf (discussing potential legal liability for AI).

108   Brandon Garrett & Cynthia Rudin, *The Right to a Glass Box: Rethinking the Use of Artificial Intelligence in Criminal Justice*, 109 CORNELL L. REV. (forthcoming 2023).

109   Steven Zeitchik, *Is Artificial Intelligence about to Transform the Mammogram?*, WASH. POST (Dec. 21, 2021), https://www.washingtonpost.com/technology/2021/12/21/mammogram-artificial-intelligence-cancer-prediction.

110   브랜던 개럿과 신시아 루딘은 우리가 투명성과 정확성 사이의 타협안을 너무 쉽게

받아들였다고 주장한다. 그들은 그러한 타협은 환상에 불과하다고 보기 때문이다. 그들은 많은 경우에 훨씬 단순하고 인간이 이해할 수 있는 기준으로도 그만큼 정확한 결과를 낼 수 있다고 주장한다. Garrett & Rudin, supra note 108. 물론 특히 법률 체계에 적용하는 경우에는 폐쇄적·독점적 알고리즘이 아니라 개방적이고 투명한 알고리즘을 채택해야 할 것이며, 형사 사법에 관한 개럿과 루딘의 세부적인 주장은 매우 설득력 있다. 그러나 그러한 포괄적인 측면에서 타협이 환상에 불과하다는 주장에 대해서는 그리 동의하지 않는다. 나는 유방암 추적 기술과 같이 머신러닝 기법의 대단한 성과에 대한 많은 일화를 접하면서 내 판단을 더욱 확신하게 되었다.

111 Tyler Cowen, *The Taxman Will Eventually Come for AI, Too*, BLOOMBERG (Apr.17, 2023), https://www.bloomberg.com/opinion/articles/2023-04-17/the-taxman-will-eventually-come-for-ai-too.

112 Lawrence B. Solum, *Legal Personhood for Artificial Intelligences*, 70 N.C. L. REV. 1231, 1286–87 (1992).

3장 법인

1 Felix Cohen, *Transcendental Nonsense and the Functional Approach*, 35 COLUM. L. REV. 809, 813 (1935).

2 Trustees of Dartmouth College v. Woodward, 17 U.S. 518, 636 (1819).

3 TYLER COWEN, BIG BUSINESS: A LOVE LETTER TO AN AMERICAN ANTI-HERO (2019).

4 *Draft Report with Recommendations to the Commission on Civil Law Rules on Robotics* 12 (May 31, 2016), https://www.europarl.europa.eu/doceo/document/JURI-PR-582443_EN.pdf.

5 James Vincent, *Giving Robots "Personhood" Is Actually about Making Corporations Accountable*, VERGE (Jan. 19, 2017), https://www.theverge.com/2017/1/19/14322334/robot-electronic-persons-eu-report-liability-civil-suits.

6 *Dartmouth College*, 17 U.S. at 636.

7 Citizens United v. FEC, 558 U.S. 310 (2010).

8 Teneille R. Brown, *In-Corp-O-Real: A Psychological Critique of Corporate Personhood and Citizens United*, 12 FLA. ST. UNIV. BUS. REV. 1, 1 (2013).

9 The Case of Sutton's Hosp. (1612) 77 Eng. Rep. 960, 970 (K.B.).

10 Katsuhito Iwai, *Persons, Things and Corporations: The Corporate Personality Controversy and Comparative Corporate Governance*, 47 AM. J. COMPAR. L., 583, 583 – 84 (1999).

11 A.V. Dicey, *The Combination of Laws as Illustrating the Relation between Law and Opinion in England During the Nineteenth Century*, 17 HARV. L. REV. 511, 513 (1904).

12 Morton J. Horwitz, *Santa Clara Revisited: The Development of Corporate Theory*, 88 W. VA. L. REV. 173, 180 (1986).

13 Cohen, *supra* note 1, at 811.

14 John Dewey, *The Historic Background of Corporate Legal Personality*, 35 YALE L.J. 655, 656 (1926).

15 홉스의 주장은 더 넓게 해석할 수도 있다. 화폐란 '어리석은 자들의 것'인가? 화폐 역시 지저분한 종이 한 조각이 교환 가능한 가치를 지닌다는 사회적 합의에 의존한다. 그 사회적 합의가 깨지게 되면, (과거 바이마르 공화국의 인플레이션 당시 상황처럼) 사회적 합의에 따라 형성되었던 가치는 순식간에 근본적인 의심의 대상이 되고 만다. THOMAS HOBBES, THE LEVIATHAN 31 (G.A.J. Rogers & Karl Schuhmann eds., Bloomsbury Acad. 2006) (1651).

16 Phillip Blumberg, *The Corporate Entity in an Era of Multinational Corporations*, 15 DEL. J. CORP. L. 283, 293 – 95 (1990) (discussing the emergence of the associational or aggregate theory of corporate personality in American jurisprudence); Michael J. Phillips, *Reappraising the Real Entity Theory of the Corporation*, 21 FLA. ST. UNIV. L. REV. 1061, 1065 – 67 (1994) (discussing the history and development of the associational or aggregate theory of corporate personality).

17 Horwitz, *supra* note 12, at 178; (1986) (quoting Argument for Defendant, San Mateo v. Southern Pacific Railroad Co., 116 U.S. 138 (1882) (collected in *Cases and Points* at 10 available in Harvard Law School Library) (emphasis omitted).

18 M.C. Jensen & W.H. Meckling, *Agency Costs and the Theory of the Firm*, in CORPORATE GOVERNANCE: VALUES, ETHICS AND LEADERSHIP 83 (Robert Ian Tricker ed., 2019) (emphasis added).

19 Id.

20   정확한 근거는 없지만 새뮤얼 클레멘스(소설가 마크 트웨인의 본명)가 한 말로 알려져 있다.

21   실제 노예의 법적 지위는 보다 복잡했지만, 기본적인 요지는 부정하기 어렵다. Mark Tushnet, *The American Law and Slavery, 1810 – 1860: A Study in the Persistence of Legal Autonomy*, 10 L. & SOC'Y REV. 119 (1975) (discussing the limited legal protections and rights that existed for slaves); Visa Kurki, *Animals, Slaves, and Corporations: Analyzing Legal Thinghood*, 18 GER. L.J. 1069, 1086 ("slaves in the antebellum United States held certain rights toward both their owners and third parties"); THOMAS D. MORRIS, SOUTHERN SLAVERY AND THE LAW, 1619 – 1860 (1996) (documenting the tensions between the common law and slavery).

22   *Meet the Press, McCain: Citizens United Decision an "Outrage"* (NBC television broadcast Jan. 28, 2012), https://www.nbcnews.com/video/mccain-citizens-united-decision-an-outrage-43863107634.

23   Citizens United v. FEC, 558 U.S. 310, 466 (2010) (Stevens, J., dissenting).

24   RALPH C. FERRARA ET AL., SHAREHOLDER DERIVATIVE LITIGATION: BESIEGING THE BOARD 10 – 54 (2013); John C. Coffee, Jr., *"No Soul to Damn: No Body to Kick": An Unscandalized Inquiry into the Problem of Corporate Punishment*, 79 MICH. L. REV. 386, 386 (1981).

25   JOHN POYNDER, LITERARY EXTRACTS 268 (1844), https://archive.org/details/literaryextracts01poynuoft/page/268.

26   First Nat'l Bank of Boston v. Bellotti, 435 U.S. 765, 822 – 26 (1978) (Rehnquist, J., dissenting) (emphasis added).

27   *Id.* at 784.

28   시티즌스 유나이티드 판결에서 스칼리아 대법관도 보충 의견을 통해 그와 유사한 부분을 지적한다. 그는 결사체 이론의 한 형태를 차용해서, 수정 헌법 1조에 의거한 표현의 자유에는 "다른 개인들과 함께 공동 발언을 할 자유가 포함되며, 법인도 그 개인에 해당한다"는 의견을 냈다. 이 부분의 중요성을 상기시켜 준 래리 레식에게 감사의 뜻을 전한다. *Id.* at 802 (Burger, J., concurring).

29   법인에 대한 헌법상 인격 부여를 둘러싼 투쟁의 역사에는 여러 훌륭한 역사적 기록들이 있으며, 여기에는 콩클링과 연방대법원 법적 기록관의 역할도 포함된다. 이 이야기는 찰스 비어드와 메리 비어드의 저작에서 시작되는데, 이들은 흔히, 어쩌면 부

당하게도, 14차 수정헌법에 관한 '음모론'을 주장한 인물로 소개되곤 한다. 콩클링의 주장과 실제 수정헌법 제14조의 초안을 다룬 가장 결정적인 역사적 설명은 다음을 참고하라. HOWARD J. GRAHAM, EVERYMAN'S CONSTITUTION: HISTORICAL ESSAYS ON THE FOURTEENTH AMENDMENT, THE "CONSPIRACY THEORY," AND AMERICAN CONSTITUTIONALISM (1968). C. PETER MAGRATH, MORRISON R. WAITE: THE TRIUMPH OF CHARACTER (1963) 이 자료는 귀중한 1차 사료를 안내해주고 중요한 맥락을 제공해준 점에서 공로를 인정받아야 한다. THOM HARTMANN, "UNEQUAL PROTECTION": HOW CORPORATIONS BECAME "PEOPLE"—AND HOW YOU CAN FIGHT BACK (2010) 이 자료는 기업의 헌법적 권리에 반대하는 열정적인 주장을 담고 있으며, 놀라울 만큼 풍부한 역사적 세부사항과 원문 문서의 복사본들을 수록하고 있다. Adam Winkler, WE, THE CORPORATIONS: HOW AMERICAN BUSINESSES WON THEIR CIVIL RIGHTS (2018). 나는 이 책의 결론과 강조점 일부에 동의하지는 않지만, 추천할 만하다.

30 Guy Gugliotta, *New Estimate Raises Civil War Death Toll*, N.Y. TIMES (Apr. 2, 2012), https://www.nytimes.com/2012/04/03/science/civil-war-toll-up-by-20-percent-in-new-estimate.html.

31 U.S. CONST. amend. XIV, § 1.

32 Slaughter-House Cases, 83 U.S. 36, 37 (1872).

33 Ralph Waldo Emerson, *The Problem*, POETS.ORG, https://poets.org/poem/problem (last visited Sept. 22, 2023).

34 Charles Beard, *Corporations and Natural Rights*, 12 VA. Q. REV. 337 (1936), *reprinted in* CHARLES BEARD, JEFFERSON, CORPORATIONS AND THE CONSTITUTION 1, 23 (1936).

35 괄호로 묶은 부분은 내 의견을 추가한 것이지만, 그레이엄의 주장을 나름대로 잘 나타냈다고 생각한다. HOWARD J. GRAHAM, *"Builded Better Than They Knew"*: The Framers, the Railroads and the Fourteenth Amendment, in EVERYMAN'S CONSTITUTION 443 (Wis. Hist. Soc'y 2013) (1968).

36 *Id.* at 394.

37 HARTMANN, *supra* note 29, at 47-48. 윙클러는 그 같은 주장을 위해 그레이엄을 인용하고 있지만, 인용된 페이지에는 해당 사실에 대한 언급이 전혀 없었다. WINKLER, *supra* note 29, at 152.

38 JACK BEATTY, AGE OF BETRAYAL: THE TRIUMPH OF MONEY IN AMERICA, 1865-1900 172 (2007).

39 WINKLER, *supra* note 29, at 152.

40 *Id.* at 157-58.

41 CHARLES WALLACE COLLINS, THE FOURTEENTH AMENDMENT AND THE STATES 41 (1912).

42 WINKLER, *supra* note 29.

43 Jesse J. Holland, *Scalia Says No "Falling Out" with Roberts*, YAHOO! NEWS (July 20, 2012), https://news.yahoo.com/scalia-says-no-falling-roberts-005026260.html.

44 HOWARD J. GRAHAM, *The "Conspiracy Theory" of the Fourteenth Amendment: Part II*, in EVERYMAN'S CONSTITUTION 93-94 (Wis. Hist. Soc'y 2013) (1968) (emphasis added).

45 First Nat'l Bank of Boston v. Bellotti, 435 U.S. 765, 826 (1978) (Rehnquist, J., dissenting).

46 Nat'l Mut. Ins. Co. of D.C. v. Tidewater Transfer Co., 337 U.S. 582, 646 (1949) (Frankfurter, J., dissenting).

47 Wheeling Steel Corp. v. Glander, 337 U.S. 562, 576-81 (1949) (Douglas, J., dissenting).

48 Citizens United v. FEC, 558 U.S. 310 (2010).

49 원전주의를 의심해야 할 다른 이유들도 많다. 다음을 참조하라. James Boyle, *A Process of Denial: Bork and Post-Modern Conservatism*, 3 YALE L. & HUMANS. 263 (1991); Mitchell Berman, *Originalism Is Bunk*, 84 N.Y. L. REV. 1 (2009).

50 Obergefell v. Hodges, 576 U.S. 644, 647 (2015).

51 *Id.* at 673.

52 *Citizens United*, 558 U.S. at 310. 대법원의 해당 판결을 비판하는 이들은 수없이 많다. Timothy K. Kuhner, *The Democracy to Which We Are Entitled: Human Rights and the Problem of Money in Politics*, 26 HARV. HUM. RTS. J. 39, 43-44 (2013) (discussing how campaign spending can cause corruption in democracies); Ciara Torres-Spelliscy, *Safeguarding Markets from Pernicious*

Pay to Play: A Model Explaining Why the SEC Regulates Money in Politics, 12 CONN. PUB. INT. L.J. 361, 362-63 (2013) (arguing that the decision caused harm to investors and securities markets); Monica Youn, *Small-Donor Public Financing in the Post-Citizens United Era*, 44 J. MARSHALL L. REV. 619, 620 (2011) (criticizing an accountability crisis due to the decision); Matthew A. Melone, Citizens United *and Corporate Political Speech: Did the Supreme Court Enhance Political Discourse or Invite Corruption?*, 60 DEPAUL L. REV. 29, 88 (2010) (criticizing the Court's reasoning as unpersuasive).

4장 비인간 동물

1 *Client: Tommy*, NONHUMAN RIGHTS GROUP, https://www.nonhumanrights.org/client-tommy (last visited Jan. 1, 2023).

2 *Who We Are*, NONHUMAN RIGHTS GROUP, https://www.nonhumanrights.org/who-we-are (last visited Jan. 1, 2023).

3 나는 케이트 달링의 최근 저서에서 많은 도움을 받았다. *The New Breed*, which explicitly makes this analogy. KATE DARLING, THE NEW BREED: WHAT OUR HISTORY WITH ANIMALS REVEALS ABOUT OUR FUTURE WITH ROBOTS (2021).

4 많은 철학자들은 의식을 인간과 다른 생명체를 구분하는 기준으로 삼아왔다. *Immanuel Kant, Anthropology from a Pragmatic Point of View*, in CAMBRIDGE EDITION OF THE WORKS OF IMMANUEL KANT 227, 239 (Robert Louden ed., Gunter Zoller trans., 2010) (1798). 임마누엘 칸트는 인간이 '나'라는 표상을 지닐 수 있는 능력 때문에 다른 존재들보다 우월한 지위를 누린다고 여겼다. 대니얼 데닛은 인간의 의식을 일종의 '사용자 착각user-illusion'이라 간주하고, 이러한 의식은 다른 종에는 존재하지 않는 특정한 '정보 구조'를 수반한다고 주장했다. 다만 그는 자신이 '다른 종은 인간과 같은 자의식을 지니지 않는다'고 주장했다고 보는 것은 자신의 주장을 잘못 이해한 것이라고 언급했다. Daniel Dennet, *Animal Consciousness: What Matters and Why*, 62 SOC. RSCH. 691, 702-03 (1995). 그러나 다른 철학자들은 인간과 다른 존재를 구별하는 것보다 인격의 기준을 어떻게 설정할 것인지에 중점을 둔다. David DeGrazia, *Human-Animal Chimeras: Human Dignity, Moral Status, and Species Prejudice*, 38 METAPHILOSOPHY 309, 319-20 (2007). 데이비드 디그라지어David DeGrazia는 인격과 인간성은 반드

시 동일선상에 있는 개념은 아니지만, 어떤 존재가 인격을 보유하기 위해서는 '충분히 복잡한' 형태의 의식을 가져야 하고, 그 의식에는 자율성, 이성, 자기 인식, 언어 능력, 사회성, 도덕적 주체성, 의도적인 행동이 '일정 수준 이상' 포함되어야 한다고 보았다. 한편 인격을 도덕적 판단의 주요 기준으로 삼는 것 자체를 거부하는 견해도 있다. 제러미 벤담은 논의 초기부터 강력하게 지각 능력을 중심으로 한 도덕관을 주장했고, 타자의 고통을 느낄 수 있는 능력을 도덕성의 주요 기준으로 제시했다. JEREMY BENTHAM, AN INTRODUCTION TO THE PRINCIPLES OF MORALS AND LEGISLATION, ch. xvii, at 351 (1789), http://www.koeblergerhard.de/Fontes/BenthamJeremyMoralsandLegislation1789.pdf.

5   사실, 우리는 공정성을 위해서는 모든 소유권자를 동일한 방식으로 취급해야 한다는 전제가 필요하다고 여길지도 모른다. 따라서 만일 법인에 대해서도 자연인과 동일한 방식으로 자산을 보유하는 것을 허용한다면, 그에 따른 동일한 법적 절차도 보장되어야 할 것이다. 그러나 이는 인격체를 구분하면서 발생하는 부차적인 결과로, 우리는 그러한 구분이 그저 편의상 설정한 허구적인 개념이라는 사실을 알고 있기에, 자연인에게 부여된 도덕적 의무의 핵심 원칙을 위반하지 않고도 언제든지 법인이라는 개념을 포기하거나 수정할 수 있다.

6   강경한 입장의 공리주의자라면, 모든 도덕적 주장은 결국 어떤 형태로든 공리주의에 입각한 결과 중심적 분석으로 환원되므로, 내가 여기서 제시하는 범주에 따른 법인과 자연인의 구분은 착각에 불과하다고 주장할지도 모른다. 추상적 측면에서 본다면, 일리 있는 지적이다. 나는 분명히 그러한 철학에 대해 얼마든지 길게 토론할 수도 있지만, 여기서 아주 간결하게 답하자면 이 한 마디로 충분하다. "헛소리하는군." 만일 누군가 진심으로 '형식적인 분류 기준을 떠나, 자녀의 도덕적 권리 및 의무를 판단하는 기준은 IBM 같은 법인의 권리 및 의무를 판단하는 기준과 동일하다'라고 주장한다면, 내가 할 수 있는 일이라고는 고개를 절레절레 저은 다음, 아동보호기관에 그 사람을 신고하는 것뿐이다. 어쩌면 공리주의의 비인간성을 비판했던 버나드 윌리엄스의 영혼을 소환할 수도 있겠다.

7   Petitioners' Memorandum of Law in Support of Order to Show Cause & Writ of Habeas Corpus and Order Granting the Immediate Release of Tommy at 1, People ex rel. Nonhuman Rts. Project, Inc. v. Lavery, 124 A.D.3d 149 (N.Y. App. Div. 2014) (No. 518336) hereinafter Petitioners' Memorandum, https://www.nonhumanrights.org/content/uploads/Memorandum-of-Law-Tommy-Case.pdf.

8   Felix Cohen, *Transcendental Nonsense and the Functional Approach*, 35

COLUM. L. REV. 809, 813 (1935).

9   A number of scholars have made this point. The canonical reference is Darling's recent work, *supra* note 3.

10 BENTHAM, *supra* note 4.

11 ARISTOTLE, POLITICS bk. 1, pt. II (Benjamin Jowett trans.) (350 BCE), http://classics.mit.edu/Aristotle/politics.mb.txt.

12 창세기 1장 26절의 구절이다. "하나님이 이르시되 우리의 형상을 따라 우리의 모양대로 우리가 사람을 만들고 그들로 바다의 물고기와 하늘의 새와 가축과 온 땅과 땅에 기는 모든 것을 다스리게 하자 하시고." 이슬람의 쿠란 40장 79~80절에도 유사한 구절이 있다. "하느님께서 너희를 위해 온갖 가축을 마련하셨으니, 너희는 그 가운데 일부를 타고 다니며, 일부로는 양식을 얻게 될 것이다. 또한 너희의 마음을 충족시킬 다른 용도들도 그 안에 있다. 너희가 여정을 떠날 때 배를 타듯이, 그들을 타고 길을 나설 것이다."

13 Bronwyn Finnigan, *Buddhism and Animal Ethics*, 12 PHIL. COMPASS 7 e12424 (2017); GANANATH OBEYESEKERE, IMAGINING KARMA: ETHICAL TRANSFORMATION IN AMERINDIAN, BUDDHIST, AND GREEK REBIRTH (2002); Paul Waldau, *Buddhism and Animal Rights*, in CONTEMPORARY BUDDHIST ETHICS 81 (Damien Keown ed., 2013).

14 이는 기본적으로 사실로 밝혀졌지만, 그 비유를 처음 사용한 사람의 신원을 잘못 전했을 가능성도 있다. Keith Tomson, *Huxley Wilberforce and the Oxford Museum*, AM. SCIENTIST, https://www.americanscientist.org/article/huxley-wilberforce-and-the-oxford-museum (last visited Feb. 17, 2024).

15 CHARLES DARWIN, THE DESCENT OF MAN AND SELECTION IN RELATION TO SEX 104–05 (Barnes & Noble Books, 2004) (1871).

16 *Id.* at 105.

17 Irene M. Pepperberg, *Animal Language Studies: What Happenned?*, 24 PSYCHONOMIC BULL. & REV. 181 (2017) (a personal history of the research into animals' communication systems); Frans de Waal, The Surprising Complexity of Animal Memories, *ATLANTIC* (June 2, 2019), https://www.theatlantic.com/science/archive/2019/06/surprising-complexity-animal-memories/589420 ("chimpanzees, birds, and even rats have shown signs of reviewing their own past to prepare for the future"); FRANS DE WAAL, THE BONOBO AND

THE ATHEIST (2013) (arguing that empathy and altruism predate religion and coevolved in nonhuman primates while referencing studies purporting to show benevolence in other species); Mary Bates, Problem-Solving Parrots Understand Cause and Effect, WIRED (Oct. 17, 2013), https://www. wired.com/2013/10/problem-solving-parrots-understand-cause-and-effect (summarizing a study showing that parrots can understand cause and effect); Jessica Pierce, Do Animals Experience Grief?, SMITHSONIAN MAG.: SCI. (Aug. 24, 2018), https://www.smithsonianmag.com/science-nature/do-animals-experience-grief-180970124 (discussing research that provides evidence that animals are aware of death and will sometimes mourn and ritualize their dead); Peter Mcgraw & Joel Warner, Do Animals Have a Sense of Humour?, NEWSCIENTIST (Mar. 27, 2014), https://www.newscientist.com/article/dn25312-do-animals-have-a-sense-of-humour (discussing studies indicating that nonhuman animals have senses of humor).

18 FRANS DE WAAL, ARE WE SMART ENOUGH TO KNOW HOW SMART ANIMALS ARE? 4 (2016).

19 MARK TWAIN, FOLLOWING THE EQUATOR 238 (Harper & Bros. 1925), quoted in DE WAAL, supra note 18, at 14.

20 DE WAAL, supra note 18.

21 Id. at 5.

22 SAMUEL BUTLER, EREWHON: OR, OVER THE RANGE 144 (The Project Gutenberg ed., 2005) (1872), https://ia601002.us.archive.org/19/items/E4CS4/Erewhon.pdf.

23 2012년 미국 보건복지부 산하 연구윤리국과 그가 재직하던 하버드대학교의 인문과 학부의 공동 조사에 의해 마크 하우저가 연구 부정행위를 저질렀다는 사실이 밝혀졌다는 점을 언급해두는 것이 좋겠다. Marc Hauser, Origin of the Mind, 301 SCI. AM. 44, 44–45 (2009). 부정행위와 관련된 연구 내용이 내가 이 책에서 논의하는 사안과 무관하지만, 그의 주장에 대해 확실히 주의할 필요는 있을 것이다. Marc Hauser "Engaged in Research Misconduct," HARV. MAG. (Sept. 5, 2012).

24 Hauser, supra note 23, at 46.

25 이 표현은 히치콕의 첫 유성영화인 1929년 〈블랙메일〉을 통해 널리 알려지게 되었는데, 원래 뉴욕의 건축가인 스탠퍼드 화이트가 마음에 드는 여성을 유혹하면서 나

체가 그려진 동판화로 장식된 자신의 타운하우스로 끌어들일 때 쓴 표현이라고 알려져 있다. Pascal Treguer, *History of Come Up and See My Etchings*, WORD HISTS., https://wordhistories.net/2020/01/11/come-see-my-etchings (last visited July 18, 2023). 이를 심리학자들이 간접적 발화 혹은 전략적 발화의 고전적인 예로 계속 활용해온 것이다. (화자는 요청 사항을 직접적으로 표현하기보다는 "제 판화 보러 가실래요?"와 같이 둘러대는 표현을 사용할 때가 많다.) 이러한 간접적 방식은 언뜻 보면 당혹스러울 정도로 비효율적이지만, 심리학에서는 이를 전략적 화자 이론으로 설명한다. 즉, 청자가 협조적일지 적대적일지 확신할 수 없는 경우, 화자는 자신의 의도를 부인할 수 있는 여지를 남겨두기 위해 간접적 표현 방식을 택한다는 것이다. James J. Lee & Stephen Pinker, *Rationales for Indirect Speech: The Theory of the Strategic Speaker*, 117 PSYCH. REV. 785, 785 (2010).

26   Hauser, *supra* note 23, at 51.

27   Petitioners' Memorandum, supra note 7, at 1, 4.

28   Arthur E. Brown, *Grief in the Chimpanzee*, 13 AM. NATURALIST 173 (1879) (documenting displays of grief by a chimpanzee in captivity); Elizabeth V. Lonsdorf et al., *Why Chimpanzees Carry Dead Infants: An Empirical Assessment of Existing Hypotheses*, 7 ROYAL SOC'Y OPEN SCI. 1 (2020) (observing that chimpanzees have death awareness, so behaviors such as carrying dead infants around lack an explanation but it could be grief); Alexandra G. Rosati & Brian Hare, *Chimpanzees and Bonobos Exhibit Emotional Responses to Decision Outcomes*, PLOS ONE (May 29, 2013), https://journals.plos.org/plosone/article?id=10.1371/journal.pone.0063058s4 ("apes selectively attempted to switch their choices following undesired outcomes"); Alicia P. Melis et al., *Chimpanzees Coordinate in a Negotiation Game*, 30 EVOLUTION & HUM. BEHAV. 381 (2009) (describing experiments that show chimpanzees negotiate to resolve conflicts over resources); Alicia P. Melis & Michael Tomasello, *Chimpanzees' (Pan Troglodytes) Strategic Helping in a Collaborative Task*, 9 ROYAL SOC'Y BIOLOGY LETTERS 1 (2013) (describing an experiment where chimpanzees successfully completed tasks that required them to work together to get food); Brian Hare et al., *Chimpanzees Deceive a Human Competitor by Hiding*, 101 COGNITION 495 (2006) (describing an experiment where chimpanzees employed deception to outcompete humans

to reach food).

29 Petitioners' Memorandum, supra note 7, at 4 – 5.

30 허버트 테라스Herbert Terrace는 단어가 언어의 초석이라고 주장하며, 1973년의 님 프로젝트Project Nim에서 침팬지 '님'은 각각의 단어를 학습할 수 없었으므로 언어를 습득하지 못한 것이라고 주장했다. 그는 님이 사용한 수어는 오직 보상을 얻기 위한 수단으로 사용한 것일 뿐, 인간이 언어를 사용할 때 수반되는 인지 능력이 결여되어 있다고 보았다. HERBERT S. TERRACE, WHY CHIMPANZEES CAN'T LEARN LANGUAGE AND ONLY HUMANS CAN (2019).

31 Petitioners' Memorandum, *supra* note 7, at 16.

32 This is a personal, and very loose, translation from GUSTAVE FLAUBERT, MADAME BOVARY 201 (1901).

33 E.P EVANS, THE CRIMINAL PROSECUTION AND CAPITAL PUNISHMENT OF ANIMALS 18 – 19 (1906), https://archive.org/details/criminalprosecut00evaniala/mode/2up.

34 *Id.* at v–viii.

35 *Id.* at 150.

36 *Id. at 186.*

37 Felix Cohen, *Transcendental Nonsense and the Functional Approach*, 35 COLUM. L. REV. 809, 813 (1935).

38 John Dewey, *The Historic Background of Corporate Legal Personality*, 35 YALE L.J. 655, 656 (1926).

39 People ex rel. Nonhuman Rts. Project v. Lavery, 124 A.D.3d 149, 151 (N.Y. App. Div. 2014).

40 Nonhuman Rts. Project v. Lavery, 31 N.Y.3d 1054, 1057 – 58 (N.Y. 2018) (Fahey, J., concurring) (citations omitted).

41 Palila v. Hawaii Dep't of Land & Nat. Res., 852 F.2d 1106, 1107 (9th Cir. 1988).

42 Cetacean Cmty. v. Bush, 386 F.3d 1169 (9th Cir. 2004).

43 Naruto v. Slater, 888 F.3d 418, 420 (9th Cir. 2018) (emphasis added).

44 Christopher D. Stone, *Should Trees Have Standing? Toward Legal Rights for Natural Objects*, 45 S. CALIF. L. REV. 450 (1972); Christopher D. Stone, *Should Trees Have Standing? Revisited: How Far Will Law and Morals Reach? A Plu-*

ralist Perspective, 59 S. CAL. L. REV. 1 (1985).

45 *Naruto*, 888 F.3d at 432 (Smith, J., concurring in part) (emphasis added).

46 Dred Scott v. Sandford, 60 U.S. 393, 426 (1857), *superseded* (1868).

47 *Id.* at 410.

48 *Id.*

49 Kyllo v. United States, 533 U.S. 27 (2001).

50 Grady v. North Carolina, 575 U.S. 306 (2015).

51 Bostock v. Clayton Cnty, 140 S. Ct. 1731, 1743 (2020).

52 다음은 판결문의 반대 의견에서 발췌한 내용이다. "이 판결문의 입장은 마치 해적선과 같다. 겉으로는 문언주의라는 깃발을 달고 항해하지만, 실제로는 스칼리아 대법관이 강하게 비판했던 해석 이론, 즉 법원이 기존 법률 조항을 현대사회의 가치에 부합하게 '업데이트'해야 한다는 이론을 따르고 있다." *Id.* at 1755–56 (Alito, J., dissenting)

53 Cetacean Cmty. v. Bush, 386 F.3d 1169, 1176 (9th Cir. 2004).

54 이 문제에 대해 내가 불법행위법 수업에 사용하는 교재의 내용을 소개하겠다. "법원은 적격 기관이다. 이 사안은 법원이 다루기에 특별히 적합하다. 법원은 복잡한 사실관계에 관한 문제를 다루고, 변화하는 상황에 민감하게 대응하면서도 객관성을 유지할 수 있도록 우리 사회가 설계한 기관이다. 따라서 사안의 해결에 이러한 법원의 특성이 모두 필요하다면, 반드시 법원을 통해 해결해야 할 것이다. 또한 이 사안은 외부 전문가의 조언을 받아들일 수 있고, 시대에 따라 달라지는 도덕적 합의에 대한 확고한 이해를 지닌 기관에서 해결하는 것이 바람직하며, 법원만이 이러한 모든 능력을 겸비한 기관이다. 또는 법원은 적격 기관이 아니다. 이 사안은 법원이 판단할 수 없다. 이 사안은 변화와 관련된 문제를 다루는 만큼, 변화하는 여론을 즉각 반영하고, 외부 전문가를 초빙할 수 있으며, 이와 같은 복잡한 사실 관계를 다루는 데 능숙한 입법부에 맡겨야 한다. 규제는 입법부와 행정부의 역할이다. 법원은 법을 제정할 수 없으며, 적용하는 역할만 해야 한다. 그렇지 않으면 삼권분립 원칙에 위배된다. 그러므로 이 사안은 사회 제도 전체의 구조적 맥락과 분리해서 볼 수 없으며, '즉각적'인 사법적 해결을 한답시고 그러한 사회 제도의 구조를 위협해서는 안 될 것이다." James Boyle, *The Anatomy of a Torts Class*, 34 AM. L. REV. 1003, 1056–57 (1985).

55 Bowers v. Hardwick, 478 U.S. 186 (1986), *overruled by* Lawrence v. Texas, 539 U.S. 558 (2003).

56   Obergefell v. Hodges, 576 U.S. 644 (2015).

57   *Id.* at 726 (Roberts, J., dissenting).

58   David E. Bernstein, *Brandeis Brief Myths*, 15 GREEN BAG 2D 9 (2011) (discussing the importance of, and mythmaking behind, Brandeis's famed brief).

5장 형질 전환 개체, 키메라, 인간-동물 혼종

1   D. Scott Bennett, *Chimera and the Continuum of Humanity: Erasing the Line of Constitutional Personhood*, 55 EMORY L.J. 347, 348 – 49 (2006).

2   그릴리의 보고서는 이러한 문제들을 다루는 데 있어서 윤리적 사고의 명확성을 모범적으로 보여준다. 그 이유 중 하나는, 이 보고서가 실질적인 여러 쟁점에 초점을 맞추고 있기 때문이다. 즉, 실험용 동물의 처우 문제, 해당 연구의 과학적·윤리적 가치, 그 가치가 다른 방식으로도 달성 가능한지 여부, 인간 세포나 조직을 실험에 사용하는 행위에 대해 사람들이 반대할 만한 다양한 이유, 이러한 연구에 대해 예상되는 규제 당국의 반응 등을 다루었다. 생명윤리학자들은 바로 이런 종류의 윤리성 검토 작업을 많이 수행한다. 대상 연구의 구체적인 연구 절차나 프로토콜의 세부 사항을 면밀히 검토하면서, 그에 관련된 윤리적 이해관계들을 식별하고, 필요한 경우 행정적 안전장치나 전면 금지 조치를 제안하는 것이다. 생명윤리학자들은 그러한 공로를 인정받을 자격이 있다. 다만 이 책에서 나는 윤리적 측면 중에서도 좀 더 순수 철학적인 측면에 중점을 두었기에, 이 책에서 다룬 부분이 생명윤리학 분야 전체를 대표한다는 오해를 불러일으키지 않았으면 한다. Henry T. Greely et al., *Thinking about the Human Neuron Mouse*, 7 AM. J. BIOETHICS 27 (2007).

3   동종 키메라의 경우, 한 개체가 같은 종의 다른 개체로부터 유전형이 다른 세포를 받게 되는 형태다. 이는 골수 이식 과정에서 발생하기도 하고, 태중의 쌍둥이 가운데 한 태아에 다른 태아에게서 유래한 세포가 포함될 때 발생하기도 한다. 이 책에서는 이종 키메라, 그중에서도 인간과 비인간 동물 사이에서 만들어진 키메라에 대해서만 다룰 것이다. Sarah Taddeo, *Intraspecies Chimeras Produced in Laboratory Settings (1960 – 1975)*, EMBRYO PROJECT ENCYC. (Nov. 25, 2014), https://embryo.asu.edu/pages/intraspecies-chimeras-produced-laboratory-settings-1960-1975 (emphasis in original).

4   Nidhi Subbaraman, *First Monkey – Human Embryos Reignite Debate over Hybrid Animals*, NATURE (Apr. 15, 2021), https://www.nature.com/articles/d41586-021-010 01-2. 다음은 《네이처》의 해당 기사 내용의 일부를 발췌한 것이

다. "과학자들은 최초로 인간 세포를 포함한 원숭이 배아를 배양하는 데 성공했다. 이는 윤리적 논란을 일으키는 가운데 급격히 발전해온 유전공학 분야에서 가장 최근에 일어난 중대한 사건이다. 2021년 4월 15일에《셀》에 게재된 해당 연구 논문에 따르면, 연구팀은 원숭이 배아에 인간줄기세포를 주입해 그 배양 과정을 관찰했다. 그들은 인간 세포와 원숭이 세포가 한 접시에서 분열되고 자라는 과정을 관찰했고, 그중 적어도 3개의 배아가 수정 19일 후까지 살아남았다. …… 연구자들은 이러한 인간-동물 키메라의 개발이 의약품 실험 및 인간의 생체기관을 배양해서 장기 이식에 활용될 수 있는 더 나은 모델을 제공하기를 기대하고 있다. 해당 실험의 연구진은 2019년에는 원숭이 배아를 배양 접시에서 수정 후 최대 20일까지 배양하는 데 최초로 성공하기도 했다. 2017년에는 원숭이 외의 혼종 개체들에 관한 연구도 진행했는데, 그중에는 인간 세포가 포함된 돼지 배아, 인간 세포가 포함된 소 배아, 생쥐 세포가 포함된 쥐 배아도 있었다."

5   Jamie Shreve, *The Other Stem Cell Debate*, N.Y. TIMES MAG. (Apr. 10, 2005), https://www.nytimes.com/2005/04/10/magazine/the-other-stemcell-debate.html.

6   K. Shankar & H.M. Mehendale, *Transgenic Animals*, in ENCYC. TOXICOLOGY (3d ed. 2014).

7   Monika Piotrowska, *What Does It Mean to Be 75% Pumpkin? The Units of Comparative Genomics*, 76 PHIL. SCI. 838, 838 (2009).

8   Shreve, *supra* note 5.

9   *Id.*

10   Kristin Hugo, *Exclusive: Whatever Happened to the Mouse with the Ear on Its Back?*, NEWSWEEK (Sep. 16, 2017), https://www.newsweek.com/tissue-surgeon-ear-mouse-human-organs-transplant-cell-phones-666082.

11   Greely et al., *supra* note 2, at 36.

12   *Id.* at 27.

13   S. 1373, 109th Cong. § 2 (2005). Note, the bill was first introduced as S. 659, 109th Cong. § 2 (2005).

14   George W. Bush, *State of the Union Address by the President*, WHITE HOUSE (Jan. 31, 2006), https://georgewbush-whitehouse.archives.gov/stateoftheunion/2006 (please note that this web page is "frozen" for archival purposes, so none of the links that appear on the web page will work).

15   U.S. Patent No. 4,736,866.

16   Greely et al., *supra* note 2, at 32.

17   나의 학문적 편견일 수 있겠지만, 나는 그릴리의 생명윤리 보고서가 규제 방안에 대해 더욱 실용적으로 접근했고, 관련 윤리 문제들에 대해서도 더욱 폭넓게 논의했다고 느꼈다.

18   Cesar Palacios-Gonzalez, *Human Dignity and the Creation of Human-Nonhuman Chimeras*, 18 MED., HEALTH CARE, & PHIL. 487 (2015); Phillip Karpowicz et al., *Developing Human-Nonhuman Chimeras in Human Stem Cell Research: Ethical Issues and Boundaries*, 15 KENNEDY INST. ETHICS J. 107 (2005); Phillip Karpowicz et al., *It Is Ethical to Transplant Human Stem Cells into Nonhuman Embryos*, 10 NATURE MED. 331 (2004); Josephine Johnston & Christopher Eliot, *"Chimeras" and Human Dignity*, 3 AM. J. BIOETHICS W6 (2003); CHIMERA'S CHILDREN: ETHICAL, PHILOSOPHICAL AND RELIGIOUS PERSPECTIVES ON HUMAN-NONHUMAN EXPERIMENTATION (David Albert Jones & Calum MacKellar eds., 2012).

19   도덕적 지위에 관한 철학적 논쟁을 쉽게 개괄한 내용을 확인하려면 다음 자료를 참고하라. Agnieszka Jaworska & Julie Tannenbaum, *The Grounds for Moral Status*, STAN. ENCYCL. PHIL. (Edward N. Zalta & Uri Nodelman eds., Mar. 3, 2021), https://plato.stanford.edu/archives/spr2023/entries/grounds-moral-status. 도덕적 지위를 부여하는 요소에 대한 다양한 관점들을 구체적으로 논의한 자료로는 다음과 같은 것들이 있다. IMMANUEL KANT, GROUNDWORK FOR THE METAPHYSICS OF MORALS (Mary Gregor & Jens Timmermann eds. trans., Cambridge Univ. Press 2012) (1785); Warren Quinn, *Abortion: Identity and Loss*, 13 PHIL. & PUB. AFFS. 24 (1984); JEFF MACHMAHON, THE ETHICS OF KILLING: PROBLEMS AT THE MARGINS OF LIFE (2012); Michael Tooley, *Abortion and Infanticide*, 2 PHIL. & PUB. AFFS. 37 (1972); Sarah Buss, *The Value of Humanity*, 109 J. PHIL. 341 (2012); L. NANDI THEUNISSEN, THE VALUE OF HUMANITY (2020); Joel Feinberg, *Abortion*, in MATTERS OF LIFE AND DEATH 256(Tom L. Beauchamp & Tom Regan eds., 1980); Agnieszka Jaworska, *Caring and Full Moral Standing*, 117 ETHICS 460 (2007).

20   Robert Streiffer, *In Defense of the Moral Relevance of Species Boundaries*, 3 AM. J.BIOETHICS 37, 38 (2003).

21 Leon Kass, *The Wisdom of Repugnance*, NEW REPUBLIC, June 2, 1997, at 17.

22 Id.

23 FYODOR DOSTOEVSKY, CRIME AND PUNISHMENT (1866).

24 Andrew Siegel, *The Moral Insignificance of Crossing Species Boundaries*, 3 AM. J. BIOETHICS 33, 33 (2003).

25 Palacios-Gonzalez, *supra* note 18, at 490.

26 Jeff McMahan, *Cognitive Disability, Misfortune, and Justice*, 25 PHIL. & PUB. AFFS. 3, 30 (1996). 제프 맥머핸Jeff McMahan은 이 문제에 관해 논점을 흐리기보다는 명확하고 구체적으로 논거를 제시한다는 점에서, 다른 윤리학자들에 비해 설득력이 있다. 그의 글을 읽어보자. "내 관점에서 가장 그럴듯해 보이는 일반적인 생명윤리학적 입장은, 어떤 존재가 도덕적으로 존중받아야 할 고유한 가치를 갖는 이유는 그 존재가 특정한 성질이나 능력을 가지고 있기 때문이라는 것이다. 따라서 어떤 존재가 그런 성질이나 능력을 지녔다면 그 존재는 도덕적 평등권을 주장할 자격이 있으며 정의 실현의 대상에도 포함된다는 입장이다. 어떠한 성질과 능력이 그러한 기준에 해당하는지를 두고는 의견이 분분하지만, 대체로 육체적 특성보다는 심리적 특성을 더 중요하게 본다. …… 그런데 만일 이러한 특성이 관계에 따른 특성이 아니라 내재적인 특성이고, 특히 육체적인 특성이 아니라 심리적인 특성이라면 그리고 동물(적어도 유인원은 예외일 수 있다)은 그러한 특성을 보이지 못한다는 이유로 정의 실현의 대상에서 배제된다면, 그와 유사한 심리적 특성 및 능력을 지닌 인간 또한 그 대상에서 배제되어야 한다는 결론을 내려야할 듯하다." 이 주장에 대해 나는 철학자이자 윤리학자인 에바 페더 키테이Eva Feder Kittay의 답변을 추천한다. Eva Feder Kittay, *At the Margins of Moral Personhood*, 116 ETHICS 100 (2005). 지적 장애가 있는 딸의 어머니이기도 한 그는, 이 문제에 대해 격렬한 분노를 표출하는 것이 아니라, 윤리적으로 정교하고 논리적인 방식으로 문제를 담담히 풀어가는데, 그 안에 담긴 감정과 연민이 논의를 더욱 생생하고 설득력 있게 만든다.

27 Karpowicz et al., *supra* note 18, at 118.

28 Loving v. Virginia, 388 U.S. 1, 3 (1967) (quoting the Caroline County Circuit Court but providing no formal citation to a reporter; Caroline County has only published decisions from 1995 and unpublished decisions from 2002 available for search on its website at https://www.vacourts.gov/online/home.html).

29 Loving v. Virginia, 388 U.S. 1, 7 (1967).

30   Palacios-Gonzalez, *supra* note 18, at 490.

31   이 가능성은 오래전부터 매우 흥미로운 SF 소설들의 주제가 되어왔다. 예를 들어, 데이비드 브린David Brin의 1987년 소설《업리프트 전쟁The Uplift War》이 있다. 브린의 〈업리프트〉 시리즈에서 다루는 윤리적 쟁점들이 AI의 출현으로 다시금 중요성을 띠게 되었다고 보는 사람은 나 혼자만이 아니다. 타일러 코웬이 진행한 링크드인의 CEO 리드 호프만과의 인터뷰 내용을 살펴보자.

코웬: 과학소설 중에서, 당신에게 개인적으로 의미가 더 커진 작품은 무엇인가요?

호프만: 아, 저한테요.

코웬: 세상 전체 말고요. 우리로서는 아직 모르니까요.

호프만: 네, 그렇죠.

코웬: 오늘날에 돌이켜보면서 '아, 이건 정말 중요한 내용이었구나'라고 생각하게 된 작품이 있다면요? 버너 빈지 같은 작가라든가…….

호프만: 아마 당신에겐 좀 이상하게 들릴 수도 있겠지만, 저는 최근 데이비드 브린의 〈업리프트〉 시리즈를 정말 주의 깊게 다시 읽고 있어요. 왜냐하면 그 시리즈가 던지는 질문이 바로 이것이거든요. '우리는 어떤 방식으로 새로운 지능을 창조해야 할까? 관련 이론은 어떤 형태여야 할까? 우리는 그런 존재들을 어떻게 통솔하고, 통제하고, 또 어떻게 공생할 수 있을까?' 작가는 이러한 질문들을 생물학적 맥락으로 정면으로 다뤘지만, 기본적인 문제는 똑같아요. 이 책에서는 지능을 담는 기질적 기반만 달랐을 뿐이죠. 저는 최근에 그 업리프트 시리즈 전체를 다시 읽었어요.

Conversations with Tyler, *Reid Hoffman on the Possibilities of AI* (June 28, 2023), https://conversationswithtyler.com/episodes/reid-hoffman-2.

32   Streiffer, *supra* note 20, at 38.

33   이러한 논리의 다양한 버전들은 기존의 사회 질서에 대한 변호뿐만 아니라 공격에도 사용될 수 있다는 점을 유념해야 한다. 록 밴드 레벨러스의 체제 전복적인 노래 가사, '아담이 땅을 갈고 이브가 물레를 돌리던 시절 / 그때는 누가 신사였나?'는 자연의 법칙을 운율을 살려 노래한 것으로 내가 좋아하는 곡이기도 하면서, 그러한 공격을 보여주는 좋은 예시다. 즉, 다음과 같은 논리 전개다. 신이 만든 자연 상태인 에덴동산에 사회적 위계질서가 존재하지 않았다면, 결국 사회 계층 구조는 인간이 타락한 후에야 만들어낸 것이다. 따라서 계급 구조는 악이 세상에 유입된 결과임이 틀림없다. 따라서 귀족 신분이란 악마의 창조물이다!

34   S. 1373, 109th Cong. § 2 (2005). Note, the bill was first introduced as S. 659, 109th Cong. § 2 (2005).

35 EDMUND BURKE, REFLECTIONS ON THE REVOLUTION IN FRANCE 55 (1790).

36 EDMUND BURKE, *A Letter to a Member of the National Assembly* (1791), in THE WORKS OF THE RIGHT HONOURABLE EDMUND BURKE, VOL. IV (Project Gutenberg EBook, 2005), https://www.gutenberg.org/files/15700/15700-h/15700-h.htm MEMBER_OF_THE_NATIONAL_ASSEMBLY.

37 Jason Scott Robert & Francoise Baylis, *Crossing Species Boundaries*, 3 AM. J. BIOETHICS 1, 9 (2003).

38 *Id.*

39 Streiffer, *supra* note 20, at 37.

40 *Id.*

41 David Bowie, *Rebel Rebel, on* DIAMOND DOGS (RCA Records, 1974).

42 Leon Kass, *The Wisdom of Repugnance*, NEW REPUBLIC, June 2, 1997 (emphasis added).

43 Karpowicz et al., supra note 18, at 120 (emphasis added).

44 Robert Streiffer, *Human/Non-Human Chimeras*, STAN. ENCYC. PHIL. (Edward N.Zalta ed., Apr. 5, 2019), https://plato.stanford.edu/entries/chimeras (discussing the conflict between the "Millian"/utilitarian view and the Kantian view in the "The Moral Status Framework" section); Robert Streiffer, *At the Edge of Humanity: Human Stem Cells, Chimeras, and Moral Status*, 15 KENNEDY INST. ETHICS J. 347 (containing Streiffer's formal arguments for his moral status framework).

45 이 구절은 조엘 셰퍼드의 탁월한 공상과학소설에서 빌려왔다.

46 FRANS DE WAAL, ARE WE SMART ENOUGH TO KNOW HOW SMART ANIMALS ARE? 5 (2016).

47 Karpowicz et al., *Developing Human-Nonhuman Chimeras supra* note 18, at 121-22.

48 BERNARD WILLIAMS, *Persons, Character and Morality*, in MORAL LUCK: PHILOSOPHICAL PAPERS 1973-1980, at 1, 18 (1981).

49 Sophie-Grace Chappel & Nicholas Smyth, *Bernard Williams*, STAN. ENCYC. PHIL. (Edward N. Zalta & Uri Nodelman eds., Jan. 28, 2023), https://plato.

stanford.edu/entries/williams-bernard.

50 Buck v. Bell, 274 U.S. 200, 207 (1927).

51 JAMES BOYLE, SHAMANS, SOFTWARE AND SPLEENS (1996).

52 James Boyle, *Endowed by Their Creator? The Future of Constitutional Personhood*, in CONSTITUTION 3.0: FREEDOM AND TECHNOLOGICAL CHANGE (Jeff Rosen & Benjamin Wittes eds., 2013) (the book was published in 2013, but the website version was published in 2011).

53 Karpowicz et al., *supra* note 18, at 121–22.

54 조작의 위험이 있는 AI에 인간성을 투영하는 과오를 범한 결과, 실제로 인류 전체가 멸종할 수도 있다고 믿는 사람이라면 당연히 내 견해에 동의하지 않을 것이다. 적절한 의견이다.

결론

1 PETER SINGER, ANIMAL LIBERATION (1975); Matthew D. Adler, *Future Generations: A Prioritarian View*, 77 GEO. WASH. L. REV. 1478 (2009).

2 ADAM SMITH, THE THEORY OF THE MORAL SENTIMENTS (Knud Haakonssen ed., Cambridge Univ. Press 2002) (1759); DAVID HUME, A TREATISE OF HUMAN NATURE (David Fate Norton & Mary J. Norton eds., Oxford Philosophical Texts, 2006) (1739–40).

3 JEREMY BENTHAM, AN INTRODUCTION TO THE PRINCIPLES OF MORALS AND LEGISLATION, ch. xvii, at 351 (1789), http://www.koeblergerhard.de/Fontes/BenthamJeremyMoralsandLegislation1789.pdf.

4 Stephen Hawking et al., *Stephen Hawking: Transcendence Looks at the Implications of Artificial Intelligence: But Are We Taking AI Seriously Enough?*, INDEPENDENT (May 1, 2014), https://www.independent.co.uk/news/science/stephen-hawking-transcendence-looks-at-the-implications-of-artificial-intelligence-but-are-we-taking-ai-seriously-enough-9313474.html (emphasis added).

5 *2022 Expert Survey on Progress in AI*, AI IMPACTS WIKI (Aug. 4, 2022), https://wiki.aiimpacts.org/doku.php?id=ai_timelines:predictions_of_human-level_ai_timelines:ai_timeline_surveys:2022_expert_survey_on_progress_

in_ai.

6   James Somers, *The Pastry A.I. That Learned to Fight Cancer*, NEW YORKER (Mar. 18, 2021), https://www.newyorker.com/tech/annals-of-technology/the-pastry-ai-that-learned-to-fight-cancer (discussing how an AI developed for distinguishing among types of pastries is also being used to help identify cancer cells); Stephen Ornes, *The Unpredictable Abilities Emerging from Large AI Models*, QUANTA MAG. (Mar.16, 2023), https://www.quantamagazine.org/the-unpredictable-abilities-emerging-from-large-ai-models-20230316 (discussing how ChatGPT can do multiplication, write usable computer code, and decode movies based on emojis).

7   Kevin Roose, *Why an Octopus-Like Creature Has Come to Symbolize the State of A.I.*, N.Y. TIMES (May 30, 2023), https://www.nytimes.com/2023/05/30/technology/shoggoth-meme-ai.html.

8   B.F. SKINNER, CONTINGENCIES OF REINFORCEMENT 260 (Copley Publ'g Grp. 2013) (1969).

9   STUART RUSSELL & PETER NORVIG, ARTIFICIAL INTELLIGENCE: A MODERN APPROACH 3 (3d ed. 2010).

10 Stephen Wolfram, *What Is ChatGPT Doing and Why Does It Work?*, STEPHEN WOLFRAM: WRITINGS (Feb. 14, 2023), https://writings.stephenwolfram.com/2023/02/what-is-chatgpt-doing-and-why-does-it-work.

11 Alexander Pope, *An Essay on Man: Epistle II*, POETRY FOUND, https://www.poetryfoundation.org/poems/44900/an-essay-on-man-epistle-ii (last visited July 19, 2023).

12 Trustees of Dartmouth College v. Woodward, 17 U.S. 518, 636 (1819).

13 First Nat'l Bank of Boston v. Bellotti, 435 U.S. 675, 822 (1978) (Rehnquist, J., dissenting).

14 *Id.* at 822–25 (Rehnquist, J., dissenting).

15 HOWARD J. GRAHAM, *"Builded Better Than They Knew": The Framers, the Railroads and the Fourteenth Amendment*, in EVERYMAN'S CONSTITUTION 443 (Wis. Hist. Soc'y 2013) (1968).

16 Citizens United v. FEC, 558 U.S. 310, 466 (2010) (Stevens, J., dissenting).

17 SMITH, *supra* note 2, at 11.

18 Jamal Greene, *Originalism's Race Problem*, 88 DENVER L. REV. 517 (2011).

19 James Boyle, *Endowed by Their Creator? The Future of Constitutional Personhood*, in CONSTITUTION 3.0: FREEDOM AND TECHNOLOGICAL CHANGE (Jeff Rosen & Benjamin Wittes eds., 2013) (the discussion of "Vanna").

20 Mita Giacomini, *A Change of Heart and a Change of Mind? Technology and the Redefinition of Death in 1968*, 44 SOC. SCI. MED. 1465 (1997) (evaluating the role of life support, EEG, and organ transplantation in influencing the change in the definition of death); Amir Halevy & Baruch Brody, *Brain Death: Reconciling Definitions, Criteria, and Tests*, 119 ANNALS INTERNAL MED. 449 (discussing the limitations of diagnostic practices in determining whether brain activity has truly ceased); Steven Goldberg, *The Changing Face of Death: Computers, Consciousness, and Nancy Cruzan*, 43 STAN. L. REV. 659 (1991) (noting how developments in technology precipitated changes in the legal definition of death and how new developments in artificial intelligence may lead to new changes in the definition of death); John P. Lizza, *Defining Death: Beyond Biology*, 55 DIAMETROS 1 (2018) (defending brain death as death by arguing that artificially sustained bodies that are brain-dead are not human persons); *but see* D. Alan Shewmon, *Brain Death: Can It Be Resuscitated*, 39 HASTINGS CTR. REP. 18, 19 (2009) (noting that the general public and many in the medical profession consider brain-dead patients to be "as good as dead" or "better off dead" rather than "*really* dead").

21 Robert D. Truog & James C. Fackler, *Rethinking Brain Death*, 20 CRITICAL CARE MED. 1705 (1992) (arguing for a revision of the definition of brain death to a "higher brain" standard instead of a "whole brain" standard); Robert D. Truog, *Is It Time to Abandon Brain Death?*, 27 HASTINGS CTR. REP. 29 (1997) (arguing in favor of abandoning the concept of brain death altogether and uncoupling it from organ transplantation); Robert M. Taylor, *Reexamining the Definition and Criteria of Death*, 17 SEMINARS NEUROLOGY 265, 265 (1997) (arguing that "the best definition of death is 'the event that separates the process of dying from the process of disintegration' and the proper criterion of death in human beings is 'the permanent cessation of the circulation

of blood'" but that changing to such a definition would be politically problematic).

22 Lydia Wheeler, *Fetal Rights Laws' Impact Extends from Abortion to HOV Lanes*, BLOOMBERG (July 27, 2022), https://news.bloomberglaw.com/us-law-week/fetal-rights-laws-impact-extends-from-abortion-to-hov-lanes.

23 U.S. CONST. amend. XIV § 1.

24 자연법 학자 존 피니스John Finnis를 비롯한 태아의 인격을 옹호하는 이들은 침팬지 토미의 변호인단이 제시한 논리와 유사한 주장을 펼쳐왔다. 즉, 수정 헌법 14조가 제정될 당시 관할 주의 실체법은 다양한 형법, 불법행위법, 기타 법적 구제 수단을 통해 이미 태아를 법적 인격체로 인정하고 있었다는 것이다. Brief for Scholars of Jurisprudence John M. Finnis & Robert P. George as Amici Curiae Supporting Petitioners, Dobbs v. Jackson Women's Health Org., 142 S. Ct. 2228 (2022) (No. 19-1392); Gregory J. Roden, *Unborn Children as Constitutional Persons*, 25 ISSUES L. MED. 185 (2010). 그러나 내 관점에서 역사 기록은 명백히 그 반대를 보여주고 있다. 법률상 다양한 대상을 명시하거나 규제 대상으로 삼지만, 그렇다고 해서 그 대상이 자동으로 법적 인격체가 되는 것은 아니다. 게다가 연방 의회의 입법 관행은 태아를 명시적으로 제외하도록 결정하고 있음을 보여주며, 이러한 입법적 배제 관행은 여러 문맥에서 드러난다. 그중 일부는 수정 헌법 14조와 직접 관련된 문건에도 나타난다. Michael L. Rosin, *Congress Has Never Considered Fetuses Persons within the Meaning of the 14th Amendment*, SLATE (June 9, 2022), https://slate.com/news-and-politics/2022/06/gop-abortion-constitution-fetuses-legal-persons.html.

25 Howard J. Graham, *The "Conspiracy Theory" of the Fourteenth Amendment*, 47 YALE L.J. 371, 378 (1938) (quoting *Oral Argument of Roscoe Conkling*, in SAN MATEO CASE, ARGUMENTS AND DECISIONS 33 Stan. Univ. Library ed.); Ralph Waldo Emerson, *The Problem*, POETS.ORG, https://poets.org/poem/problem (last visited July 20, 2023) ("he builded better than he knew").

26 Natasha N. Aljalian, Note, *Fourteenth Amendment Personhood: Fact or Fiction?*, 73 ST. JOHN'S L. REV. 495 (1999) (arguing that if corporations meet the constitutional definition of personhood then fetuses should as well); Michael Stokes Paulsen, *The Plausibility of Personhood*, 74 OHIO ST. L.J. 13, 23 n.34 (2013) (noting the argument from advocates that runs from "irony or hypocrisy" that "if even corporations can be treated by the law as legal 'per-

sons,' then surely unborn babies should be treated as legal persons, too").

27 LEE EPSTEIN & JACK KNIGHT, THE CHOICES JUSTICES MAKE (1997) (giving a strategic account of how Justices on the Supreme Court behave to achieve their policy preferences); Jack Knight & Lee Epstein, *The Norm of Stare Decisis*, 40 AM. J. POL. SCI. 1018 (1996) (describing how Justices account for the norm of stare decisis in their decision-making); Thomas J. Miceli & Metin M. Coşgel, *Reputation and Judicial Decision-Making*, 23 J. ECON. BEHAV. & ORG. 31 (1994) (describing the role of reputation in judicial decision-making); Gregory C. Sisk et al., *Charting the Influences on the Judicial Mind: An Empirical Study of Judicial Reasoning*, 73 N.Y.U. L. REV. 1377 (1998) (analyzing a mix of legal and extra-legal factors on judicial decision-making); Allison P. Harris & Maya Sen, *Bias and Judging*, 22 ANN. REV. POL. SCI. 241 (2019) (discussing the role of ideology in judicial decision-making relative to bias and ideology's greater importance).

28 Michael J. Gerhardt, *Super Precedent*, 90 MINN. L. REV. 1204, 1205 (2006) (arguing for the existence of superprecedents in agreement with Chief Justice Roberts); Dobbs v. Jackson Women's Health Org., 142 S. Ct. 2228, 2262-78 (2022) (analyzing whether stare decisis protects *Roe v. Wade and Planned Parenthood v. Casey* from being overruled); *Confirmation Hearing on the Nomination of Hon. Brett M. Kavanaugh to Be an Associate Justice of the Supreme Court of the United States: Before the S. Comm. on the Judiciary*, 115th Cong. 127 (2018) (statement of Brett Kavanaugh, Judge, United States Court of Appeals for the District of Columbia) (testifying that *Roe v. Wade* was settled precedent).

29 Biden v. Nebraska, 143 S. Ct. 2355, 2373-75 (2023) (deciding that student loan cancellation was a major question that Congress would have reserved for itself).

30 마크 렘리Mark Lemley는 이러한 대법원의 동향에 대해 다음과 같이 지적한다. "대법원은 보수적인 대법관이 다수를 차지하면서, 정책적 편향을 새로운 방식으로 보여주기 시작했는데, 매우 우려할 만한 일이다. 그 새로운 방식이라 함은, 대법원 자체를 제외한 모든 정치적 주체의 권한을 한꺼번에 박탈하는 것이다." Mark A. Lemley, *The Imperial Supreme Court*, 136 HARV. L. REV. F. 97, 97 (2022).

31 Citizens United v. FEC, 558 U.S. 310, 466 (2010) (Stevens, J., dissenting).

32 Paul F. Christiano, *Induction; Or, The Rules and Etiquette of Reference Class Tennis*, LESSWRONG (Mar. 3, 2018), https://www.lesswrong.com/posts/PXRxH4C6nKMwocBit/induction-or-the-rules-and-etiquette-of-reference-class.

33 Andrew Lakoff, *Vaccine Politics and the Management of Public Reason*, 27 PUB. CULTURE 419, 419–20 (2015).

34 *Id.*

35 Rund Abdelfatah, *"Throughline" Traces Evangelicals' History on the Abortion Issue*, NPR MORNING EDITION (June 20, 2019), https://text.npr.org/734303135.

36 *Id.*

37 나는 예전에도 서로 대립되는 관점의 '이상적 형태'를 제시한 적이 있는데, 이러한 방식은 사실 위험할 수 있다. 게으른 평론가들이 그렇게 제시된 형태 가운데 극단적인 한 관점을 선택하고는 마치 그것이 자신의 입장인 양 주장할 수도 있기 때문이다. 나로서는 그러한 사태를 막을 수는 없을 테지만, 나는 미리 강력한 반대 의사를 밝혀두겠다!

김민경

한양대학교 전자전기공학부를 졸업하였으며, 현재 번역에이전시 엔터스코리아에서 전문 번역가로 활동 중이다. 주요 역서로는 《동물의 감정은 왜 중요한가: 동물의 삶을 사랑하는 과학의 모든 시선》, 《스페이스X의 비밀: 인류 최후의 개척지와 일론 머스크의 마스터플랜》, 《세상을 움직이는 놀라운 물리학》, 《AI 메디컬 레볼루션: 챗GPT4 너머 열리는 뉴 패러다임》, 《다시 보는 블록체인: 블록체인 비즈니스와 데이터 전략》, 《뷰티의 과학》 등이 있다.

인간과 비인간, 그 경계를 묻다
AI는 인간을 꿈꾸는가

초판 1쇄 발행 2025년 10월 27일

지은이 제임스 보일
옮긴이 김민경
펴낸이 성의현
펴낸곳 미래의창

주간 김성옥
편집장 정보라
편집 정보라
디자인 공미향
홍보 & 마케팅 권장규·정명진·이건효

출판 신고 2019년 10월 28일 제2019-000291호
주소 서울시 마포구 잔다리로 62-1 미래의창빌딩(서교동 376-15, 5층)
전화 070-8693-1719 팩스 0507-0301-1585
홈페이지 www.miraebook.co.kr
ISBN 979-11-93638-87-3 03320

※ 책값은 뒤표지에 표기되어 있습니다.

생각이 글이 되고, 글이 책이 되는 놀라운 경험. 미래의창과 함께라면 가능합니다.
책을 통해 여러분의 생각과 아이디어를 더 많은 사람들과 공유하시기 바랍니다.
투고메일 togo@miraebook.co.kr (홈페이지와 블로그에서 양식을 다운로드하세요)
제휴 및 기타 문의 ask@miraebook.co.kr